华章经管

HZBOOKS | Economics Finance Business & Management

纺锤顶油井架（1930年）

玛格丽特·伯克·怀特/格蒂图片社提供

德米特里·凯瑟尔/格蒂图片社提供

休·罗伊·卡伦，是休斯敦（也可能是全美国）多年以来最富有的石油大亨，作为五年级的辍学生，他凭借自己富可敌国的实力与温德尔·威尔基（Wendell Willkie）、德怀特·艾森豪威尔等政客进行较量。上图是他儿时就梦寐以求的“大白房子”，建造于大萧条时期。

《时代生活》图片 / 格蒂图片社提供

默奇森免费影集

克林特·默奇森，孤星州最富头脑的石油商，他在 20 世纪中期把与财富有关的新鲜事儿带到了得克萨斯——游泳池、私人飞机、私人岛屿、加州休假地以及蔓延无边的墨西哥大牧场，甚至包括从 J. 埃德加·胡佛到理查德·尼克松等政客。右上图，默奇森正跟朋友在他在马塔哥达岛的府邸谈天说笑。下图，富兰克林·罗斯福、希德·理查森（右），以及罗斯福总统 1936 年造访马塔哥达岛的朋友。

默奇森免费影集

贝特曼/科比斯图片社提供

希德·理查森，得克萨斯石油商中最具神秘感的一位，他所创造的财富，后来被他的侄子们——沃斯堡的巴斯兄弟发展成了得克萨斯第一财富。

贝特曼 / 科比斯图片社提供

上图，理查森现代主义风格的家，坐落在圣乔治岛上。下图，理查森跟密友德怀特·艾森豪威尔在一起。

美联社 / 大世界照片提供

H. L. 亨特（上图摄于 1963 年，左图是他青年时），得克萨斯石油商中的最富者，亦为多年间美国的最富者，他有三个分别独立的家庭，其中有两个生活在秘密中。他的财富之基是庞大无比的东得克萨斯油田，其中心地带是他从四海为家的石油投机商乔伊纳手中收购的。右上图，大神乔伊纳跟亨特及其钻探小组，1930 年那天他们相会在黛茜 · 布拉德福特油井。右下图，亨特在达拉斯的豪宅，弗农山庄。

基尔戈高校档案东得克萨斯石油博物馆免费提供

吴大维提供

德米特里·凯瑟尔/格蒂图片社提供

鲍勃·贝利，美国历史研究中心得克萨斯大学奥斯汀分校

格伦·麦卡锡，大家对得克萨斯百万富翁刻板化印象的原型。他是个豪饮波本酒，喜欢拳脚相加，粗话连篇的休斯敦石油商，20世纪40年代，他一下子飙进了全美的想象力中。上图，在麦卡锡梦寐以求的工程之上的烟火表演，战后新得克萨斯的象征，传奇的三叶酢浆草酒店，在不到五年的时间里，就建成并开业了。

《时代生活》图片库/格蒂图片社提供

《纽约时报》杰里·盖布拉克摄

《什里夫波特日报》图片库，路易斯安那州立大学档案库及特别收藏，诺艾尔纪念图书馆

贝特曼/科比斯图片社提供

尼尔森·邦克·亨特，H. L. 亨特最为著名的儿子（左上，一家人在吃饭），他企图于20世纪70年代末期垄断白银市场，却错失了可以说是世界上最大的财富。左下，另外一个儿子，雷·亨特，重建亨特石油成为美国最大的独立石油商。上图，邦克和他的兄弟拉玛尔以及赫伯特，在1975年联邦窃听案上。右图，法拉妮雅·泰伊，H. L. 亨特的第二任秘密妻子，在路易斯安那州什里夫波特的民事审判上，她企图获得亨特家族财产的一部分。

《什里夫波特》图片库，路易斯安那州立大学档案库及特别收藏，诺艾尔纪念图书馆

美国历史研究中心，得克萨斯大学奥斯汀分校

《时代生活》图片 / 格蒂图片社提供

约翰·默奇森和小克林特·默奇森，他俩是当代得克萨斯的象征，1961 年他们打拼进了全美的商业舞台，不过很快就退出了，最后还把他们老爹的巨额财富耗费了不少。1960 年，他们最出名的是以“达拉斯兄弟公司最重要的所有人”的身份登上了《时代》杂志的封面。右上，两兄弟跟他们的老爹在开会。右下，是小克林特和他的后妈金妮，在他们在巴哈马的私家小岛上，西班牙珊瑚礁。

默奇森影集免费提供

默奇森影集免费提供

贝特曼 / 科比斯图片社提供

上图，赫伯特和邦克·亨特在国会做证，1980年。下图，希德·巴斯，他与理查德·雷恩沃特一起做成了20世纪最伟大的一次投资运作，他俩将5000万美元的财富打造成了50亿美元。

美联社 / 大世界图片库提供

THE RISE AND FALL OF THE GREATEST TEXAS OIL FORTUNES

THE BIG RICH

石油王朝沉浮录

[美] 布赖恩·伯勒（Bryan Burrough） 著 毕崇毅 卜龙祥 邹怡 译

机械工业出版社
China Machine Press

图书在版编目（CIP）数据

石油王朝沉浮录 /（美）布赖恩·伯勒（Bryan Burrough）著；毕崇毅，卜龙祥，邹怡译．—北京：机械工业出版社，2017.4

书名原文：The Big Rich: The Rise and Fall of the Greatest Texas Oil Fortunes

ISBN 978-7-111-56453-9

I. 石… II. ①布… ②毕… ③卜… ④邹… III. 石油政治－研究－美国 IV. F471.262

中国版本图书馆 CIP 数据核字（2017）第 053083 号

本书版权登记号：图字：01-2014-7778

石油王朝沉浮录

出版发行：机械工业出版社（北京市西城区百万庄大街 22 号 邮政编码：100037）

责任编辑：黄丽晓　　责任校对：殷　虹

印　　刷：北京瑞德印刷有限公司　　版　　次：2017 年 4 月第 1 版第 1 次印刷

开　　本：170mm×242mm 1/16　　印　　张：29（含 1 印张插页）

书　　号：ISBN 978-7-111-56453-9　　定　　价：69.00 元

凡购本书，如有缺页、倒页、脱页，由本社发行部调换

客服热线：（010）68995261 88361066　　投稿热线：（010）88379007

购书热线：（010）68326294 88379649 68995259　　读者信箱：hzjg@hzbook.com

献给

马拉、格里芬和戴恩

赞誉／

伯勒为大家献上了一部值得搬上好莱坞银幕的佳作，这个故事把政治调研新闻稿的写作手法和家族戏剧史的创作手法结合得恰到好处……把人物刻画得很丰满，翻看起来，让人爱不释手，它就好像已经整装待发，只待跃上银幕。

——《时代周刊》(*Time*)

在这部引人入胜的家族史中，伯勒绘制了长达几十年之久的商业浪潮，在四大商业巨头的人生对整个热潮的影响下，得克萨斯成为一个政治经济的权势中心……伯勒绝妙地为其手中的每一个特大号的主角赋予了生命，一方面他完成了对这场波澜壮阔的兴衰史的宏大叙事；另一方面，他笔下的人物都变成了史诗一般的绝唱。

——《纽约客》(*The New Yorker*)

当一本书把众多事件编织成了进行曲一般的存在，它那占满其章节的骇人的利己主义、超出想象的财富积累，以及贪婪和短视所遭受的惩罚，如何不让人欢心悦读呢？……读这本书，从头到尾，都能带给你一次绝妙旅程。

——《经济学人》(*The Economist*)

它充满了趣味……文笔无可挑剔。

——米密·施瓦茨（Mimi Schwartz），

《纽约时报书评》（*The New York Times Book Review*）

《石油干朝沉浮录》（指原著）是一本400多页的大作，写的是得克萨斯州的巨富一族在石油商业的驱动下的崛起，它写了很多很多的人物和陪衬性的情节，这使它读起来就像是石化工业场景中的《指环王》。这样说，当然是一种赞美……在伯勒的迷人的故事里，我们仍然可以看到他在其商业经典作——《门口的野蛮人》（*barbarians at the gate*）中不可多得的敏锐视角，很明确的是，书中这些人物的影响之大，已经超越了其他商业巨人对我们的经济、国家、政治特征的贡献。

——《绅士季刊》（*GQ*）

传说栩栩如生……布赖恩·伯勒将20世纪中叶的独立石油商巨头人生的编年史及其家庭……优雅地编织在了一起。这是一本可读而又时髦、漂亮的作品，其中的教训可为当今的管理者所借鉴。

——《商业周刊》（*Business Week*）

宛然一篇孤星州的史诗……这群野猫井钻探者的飞驰而过的历史，他们的干劲儿、大牧场、俗艳非常的豪宅不仅激励了《贝弗利山人》（*Beverly Hillbillies*），而且激励了他们幸灾乐祸的邻居J. R. 尤文（J. R. Ewing）……伯勒引入主人公的手法，展现了其作为小说家追逐细节的眼光。

——《彭博新闻》（*Bloomberg News*）

这真是一本动人之作……不仅研究做得很扎实，而且故事讲得也很活泼、轻巧。伯勒创作的这本书是解开得克萨斯州激发的想象奇境的一个必不可少的向导。

——《书坛》（*Bookforum*）

漫谈的手笔，极其诱人深入的风格……伯勒有着一双善于发现好故事的耳朵。

——《奥斯汀美国政治家报》（*Austin American-Statesman*）

无论是在遣词造句上，还是在人物形象的刻画上，《石油王朝沉浮录》一书将各色人物都撰写得非常丰富，很难再要求谁去写一本比这更好的书……而且该书细节精美，情节紧凑。

——哈里·赫特三世（Harry Hurt III），《纽约时报（商业版）》

前言

要想跟人们把得克萨斯州讲个一清二楚，并非易事，它确实是一个令人费解的州。要想跟人们解释清楚“怎么才算得克萨斯人”也很难。当然对于在美国北方长大的人而言，这个话题很可能没有任何意义。关于一州“身份”的观念，抑或一州公民会将哪个州的“身份”当成他们自身的形象来用，看似有趣，但却离奇，这几乎是南北战争前的观念。艾奥瓦州的人们不会到处炫耀他们是艾奥瓦州人，至少在我认识的这么多艾奥瓦州人里，没人这么干。

不过，假若你也像我一般在得克萨斯州长大的话，它就变成了你的一部分，这就跟你是某个俱乐部的成员一样。这源自得克萨斯的坚韧品性，用我心头比较喜欢的话来说，那就是乡土观念，这种观念可以追溯到得克萨斯还是一个孤立国度的时期，那时它生而奋力维护自己的独立，正是这种经历塑造了它自成一家的得克萨斯传说。俄亥俄州可没有白杨镇，不管俄亥俄州人有多么了不起，我仍觉得他们的文化无任何截然不同。孩童时期，我常常因为自己没有降生在得克萨斯州而惭愧。我永远无法忘却五年级时发生的一件事情，某天有个男孩子对我直呼“掮包客”（carpetbagger），叫得我一头雾水，全然不知道他在说什么。

事关得克萨斯的那些传说都难以失传，其中大部分原因在于得克萨斯人喜欢这些传说。这种现象与石油很有牵扯，得克萨斯之外的人们可能觉得普遍如此，实则非也。在我们的小镇周围的油田里，确实有一些抽油机，但它们到底归谁所有，这事儿我们从未想过。直到16岁那年，我在某个周末参加了韦科市棉花宫的成人礼舞会，才接触到了得克萨斯知名的巨富一族这个阶层：来自高地公园、橡树苑、身着白色晚礼服、头发油光锃亮的男生，以及满身珠光宝气、抓人眼球、袅娜秀美的女生。他们把我迷住，而相比于套在租来的凌乱的燕尾服中的我，他们宛若皇族。

而且，他们确实是皇族，至少是得克萨斯的皇族。他们的口袋里装着扁酒瓶的佳酿，他们对寄宿学校、拉斯维加斯周末、巴黎酒会各种高谈阔论，他们还乘坐喷气式飞机直飞伦敦，而我的脑袋则疯狂旋转，根本停不下来。又过了5年，我在达拉斯当上了《华尔街日报》的小记者，后来又去了休斯敦，我才开始读到并且开始动笔写一些关于巨富一族的事情。然而，那会儿我并没有意识到，20世纪80年代早期和中期恰恰是巨富一族的时代走向衰落的时期。这些男孩子们的父辈正走向破产，他们的大楼也正在面临被卖掉或推倒的命运。得克萨斯长达10年之久的成熟期行将完成，而新的得克萨斯正在被归北方人所有的企业、扬基队的高管及其闪闪发亮的办公园地所占据，新得克萨斯快速变身为一种别样但有点人造味儿的得克萨斯州风味版的俄亥俄州。一些东西消失在风中。

虽然我已经不在得克萨斯居住有20年之久，但是在某种意义上我从未离开过得克萨斯。我的父母依然定居得克萨斯，我经常回去探望他们。然而，当我的编辑建议我围绕得克萨斯石油来写一本书的时候，我竟然很快就在大脑中建构起了写作框架，实际上，也就花了30秒的时间。这本书应该是脱离石油产业自身的，不过会与得克萨斯石油家族相关，正是他们招来了这些传说：亨特家族、巴斯家族、默奇森家族以及卡伦家族。我认为他们是四巨头（the Big Four），尽管之前我并不这么认为，但当我开始研究之后，我发现自20世纪50年代开始，他们就一直被称为四巨头。

为了写作此书，我调研了3年时间，在此期间，我深入钻研了几十份得克萨斯州内外的档案，访问了四巨头家族的在世后裔，读了200多本书，查阅了几千份报纸和杂志文章。其中有一些最可选的素材是我在县法院大楼里发现的，它们就藏在发霉了的行李箱般大小的分类账簿里，这上面虽然字迹潦草，但却满满的都是得克萨斯职员们几十年来统计的土地记录、石油租赁协议以及诉讼案件等的细枝末节。虽然已出版的相关文学作品也不少，但都是各有侧重、缺乏连续性，而且自20世纪80年代的破产潮以来，还未见更新之作。目前，市面上有四本关于亨特的作品，两本写默奇森的作品，还有一本是关于罗伊·卡伦（Roy Cullen）的，而对巴斯家族及其先辈希德·理查森（*Sid Richardson*）的记载就只有零星的报章杂志了。其中最棒的两部要数哈里·赫特三世（Harry Hurt III）1981完成的亨特家族史，这本书叫《得克萨斯富户》(*Texas Rich*)，以及简·乌尔夫（Jane Wolfe）完成于1989年的《默奇森家族》(*The Murchisons*)。这两本书都取材权威，作品出色，尽管可以拿来使用的素材少之又少，但我依然尽了最大努力为他们的故事添加新材料，所以我这部作品将把四大家族的传说向大家一并道来。同时，得克萨斯石油产业首屈一指的历史学家罗杰·奥里恩（Roger Olien）的著作也帮了不少忙。

这些和其他的历史故事都为探索卓著的石油商的兴衰提供了一个起点，而其中许多石油商正在被人们快速忘却。虽然休斯敦华丽闪耀的格伦·麦卡锡（Glenn McCarthy）颇值得名垂青史，但没有关于他的经年作品；要想找个60岁以下，并且还能记得起他那个时代声名远播的传奇的人不容易，可他就是装点了当时《时代》杂志的封面。有关形迹诡秘的希德·理查森的著述就更少了，而此人一度是美国最富之人。我的调查涉足了其他历史学家并不重视或说被忽视的领域，尤其是四巨头在美国政治方面的参与深度。对我而言，最近几十年来，得克萨斯石油界对美国政治的右倾化转变成了我的研究主题，我是说，布什家族必须是从某处冒出来的吧。

你可以称这本书为一部设计精致的历史，也就是说，我用一个叠加的叙述框架，把互不相干的事件整合在了一起，某个特定年龄段的得克萨斯人可能会觉得这些事件似曾相识。对本书引用的一些概念，学院派的历史学家可能并不认同，比如关于得克萨斯石油界的财富是被美国媒体在1948年“发现”的看法。20世纪50年代，关于四巨头涉足华盛顿政坛以及充满羞耻的退出的这些内幕同样也没有人讲过，这些事儿不仅在当时少有人知晓，而且事后更少有人撰文报道。实际上，本书认同的高潮年份——四巨头从1920年到1986

年所处"时代"之中的兴盛年份——很可能会在某个州遭到质疑，至少在我长大那会儿，七年级的学生所学的得克萨斯历史课跟我说的不一样。

创作此书的欢喜之处很多。我最喜欢游历得克萨斯的乡野，它拥有美丽的土地，使人冷静而安详。在开始创作本书之前，我以为我对得克萨斯挺了解的。然后，2005 年的一个清晨，我在西得克萨斯的乡邮 91 号路上行驶着，驶出米德兰，奔向得克萨斯最为偏僻的角落——温克勒县，它坐落在东南部的新墨西哥州挤进得克萨斯边界的肘部的弯曲处。那里应该除了带刺的铁丝网和方圆数公里的大蓝天之外，就没有别的了吧，我大约是这么想的，直到我抵达了一个波浪形的小山峰，刚好在克米特的东边，然后我驶上了一块高地，那里的风景是如此夺人心魄，使得我不得不停车观赏。

在那儿，目光所及之处，是曾经的油井。数量达好几百口，也可能达好几千口，都是机械化的抽油泵，它们金属的大脑袋像节拍器一样迅速地上来又下去，完全呈现在挡风玻璃前，延展向周围的每一条地平线。它就像是从作家埃德加·赖斯·巴勒斯（Edgar Rice Burroughs）的笔端冒出来的，一片迷失的高原，充斥其间的并非恐龙一族，而是美国工业的钢铁、电线和辛勤的汗水。我突然意识到，人类已经在旷野活动了多年，绘制地图，在地上钻孔打井，而且，我能想象得出，他们怀揣着百万美元返回达拉斯、休斯敦以及沃斯堡的家中的情形。这就是那个得克萨斯，这就是那个美利坚，这就是我从未见到的那一面，而我猛然间就特想知道是哪些成就了他们的人生与财富。他们的故事，就像这本书呈现给你的，正是我想象中的一切，而且还要多。

我希望你会喜欢《石油王朝沉浮录》。能够撰写这样一本书，实为乐事一桩。你在此中读到的每一件事都是真实的，但其中的任何谬误都是我自己的，而且仅是我自己的。如果你有任何疑问或者评论，尽可发到我的邮箱 bburrough@comcast.net。我现在跟我的爱妻和两个儿子住在新泽西的城郊，由荷兰隧道向西半小时即可抵达。对于那些土生土长的得克萨斯老乡啊，我希望你们放过我。

布赖恩·伯勒（Bryan Burrough）

新泽西的最高峰

目录

第1章

"下头有东西……"

1

1901 年 1 月 10 日，周五的清晨，得克萨斯东南部，博蒙特镇的人们在毯子下醒过来，黎明浸满寒意，风中夹杂着一个少见的满是忧郁气息的北方人的口哨声，风儿掠过行驶在闹区未铺柏油的道路上的四轮平板马车和货运马车。博蒙特沿着内奇斯河的河岸呈八字形分布，从墨西哥湾向内 15 英里[一]左右，它是一个伐木业兴盛的小镇，镇上都是锯木厂，它们将从东得克萨斯运来的巨大的树干劈开、切割。

小镇西南部 4 英里处，在那贫瘠的海滨荒野之地上，青春痘一般点缀着沼泽和落水洞，外加一处显眼而孤独的土墩。牲口会跑到它周围啃草吃，当地人叫它"大丘陵"（Big Hill），但是它根本就算不上丘陵，顶多算一个地上凸起的土墩，仅仅 15 英尺[二]高。此刻，草原上的牧草在北风中泛起波浪，给那个碱性的、泛白的波峰让路，这让它看起来像是一位谢了顶的老爷爷。年长的孩子有时候会拿大丘陵上闹鬼的故事来吓唬年幼的孩子，还有传说说海盗简·拉斐特（Jean Lafitte）把宝藏埋在了这里。有时候在晚上你能看到奇异的光影在跳舞。大丘陵时时飘起有邪行的味道，原因是腐朽的地表上有飞溅和冒泡的硫磺泉。

㊀ 1 英里 = 1.609 千米。

㊁ 1 英尺 = 0.3048 米。

在土墩顶部，透过蒙蒙晨雾隐约可见，一座钻油塔的骨架竖立在那儿，那是三角形格子状的木制品，有 64 英尺高。那天清晨，在它的下面，两个男人正在干活，其中一个是长着方下巴的年轻人，名叫柯特·哈米尔（Curt Hamill），他的帮手叫派克·伯德（Peck Byrd）。上午 9 点左右，一辆平板马车在下面停了下来，他们的老板、柯特的兄弟阿尔带着新的钻头，迈着沉重的步伐在大丘陵徘徊。原来那个钻头在他们钻到坚硬的岩石之前就已成碎片了。

哈米尔兄弟为人诚恳，是铁打的男人，他们以埋头苦干直到筋疲力尽而知名。他们原本干的是钻水井的行当，三年前转行开始钻探石油，他们曾在达拉斯南部的科西卡纳钻出过零星的原油，最终也未能拯救油井的涓滴命运。然后，他们被召唤到了博蒙特，而今已经在钻探这口新油井上忙活了七个星期，钻到了 1100 英尺，从下面拉上来的淤泥中发现了石油的五彩光泽。除了物主，他们没跟任何人说，物主让他们往更深里钻。而就那斑斓光影的石油迹象也能使博蒙特的乡亲们惊叹。小镇周围的绝大多数人都觉得他俩在这里找石油是愚昧的，每个人都晓得唯一有石油的美国土地是在东部，要去宾夕法尼亚，或者北上堪萨斯去找才对。

阿尔把钻头提起来，和柯特一起把它绑在钻柱上，接着开始将钢铁的管道放进钻孔中。柯特爬上石油井架的高处，登上旋转板，开始操作电梯，他用钢丝绳将管道渐渐坠入泥土中。一个小时之后，他们已经往钻孔里面填充了 35 个管道对接接头，深入到 700 英尺左右，就在那时，管道开始猛烈地晃动起来，片刻之后，钻探设备也开始震动和颤抖。

哈米尔兄弟就这样看着，目瞪口呆，红棕色的钻探泥浆在钻孔中沸腾起来，开始还是慢慢地，接着就开始变快，直到整个钻探平台完全被打湿。一阵嘶嘶作响的声音，伴随泥浆往上飞涌着撕裂开来，咕噜咕噜地就像有个地下巨怪正在向上喷东西。它们身下的大丘陵开始隆隆作响，钻探泥浆的涌流开始暴涨和飞跃，直接在他们面前形成了一个喷泉。接着，突然间喷泉爆炸了，泥浆凶猛地喷涌而出，直直地射向石油井架之上的晨空。

阿尔和派克·伯德滚到一个铁丝网的下方，这个满是泥浆的间歇泉把柯特浑身都给浇透了，溅到旋转板上，立刻遮挡了他的视线。他纵身想要跳到梯子上去，像个杂技团的特技演员一样从地面上一掠而过。不过，多年之后他说他从不记得这档子事。阿尔喊他快跑，但是柯特停下了。岩石开始从钻孔里喷射出来，喷向天空之后，在他们的周围坠落。伴随而来的是臭鸡蛋的味道。陷在间歇泉里面的游动滑车开始从地面升空，而柯特意识到它要是撞到石油井架的顶部，一切都将毁掉。柯特勇敢而艰难地跋涉在混合着泥浆和岩石的水里，到达石油井架后，他开始摇晃钻台，用力把阻止该机械装置的离合器踢了出去。接着他用力往外冲，翻滚着向南去找阿尔。

就在那时，钻管带着一股气流开始从钻孔中漫天射出，足足有好几吨，它们从定滑轮中似火箭般一飞冲天，一下子冲向了石油井架。随之管道飙升到高高的空中，破碎成好多段，轰然坠落在地面上，所有人赶紧用手保护自己的脑袋。片刻之后，柯特用衬衣的下摆擦了擦自己的眼睛，就在同时，他忽地想起了锅炉，它还点着火呢。要是火苗把从钻孔里面逸出的天然气点着了……原本匍匐在地面上的三个人站了起来，跑向锅炉坑，把一桶一桶的水泼到燃烧室里面，灭掉了火焰。接着他们往外跑开。从土丘下面的安全地点，他们看着满是泥浆的间歇泉的喷流缓缓变弱，慢慢地、慢慢地，后来停住了。

一片寂静。

三个人蹑手蹑脚地爬回了大丘陵。石油井架依然竖立着，有些勉强，但所有的机械装置都成了废墟。钻柱倒向一边，刚刚的爆发把它从钻孔中投掷了出去，在土丘一侧突兀着，就像一个投出去的矛。钻台上盖着六英尺厚的泥浆，废弃的管道满地都是，阿尔看到这一切想：全是租来的管道，这下子他们要全部埋单了。

钻探工讨厌这样的爆裂，这类事情能把几个月的心血毁于一旦。阿尔只好找了一个铁锹，开始清理残局，就在那时，猛然之间一段六英尺长的泥浆从钻孔中像炮弹一样喷射了出来。接着，沉默又一次包围了大丘陵，三个人大眼瞪小眼地看着。阿尔侧着身子缓缓地靠近钻孔，小心翼翼地，就像栖息于阳台边缘一样，往里面看了看，过了好一阵儿他的眼睛才回过神来，不过接着他就看到了它：下头有东西。钻孔里有东西均匀地涌上来，然后又下沉到了一片黑暗中。阿尔就这么看着，它又一次涌上来，接着又往下沉，现在它的运动开始有规律了。那是最长的几秒钟，里面的那个东西，藏匿在一片暗影之中，又一次向上起伏着，然后消退回去。对阿尔·哈米尔而言，这就像是看到了地球的那颗小心脏，而且它还在呼吸。

接下来发生的一切将要改变历史的进程。

2

美国有一个关于得克萨斯州的传奇，说的是那些令人惊叹的富有的石油商将滚动着的黑色原油的自喷油井转变成政治权力，这些富有的石油商乘着他们的私人飞机巡视着他们在罗得岛上丈量的大牧场，一边在自家的私人小岛上啜饮着波本（bourbon，一种威士忌），管理着分公司，一边密谋和策划着如何撬动整个国际市场。在流行文化里，得克萨斯石油商常以两种形象出现，一种是左右各挽着一个金发美女的盛气凌人的大笨蛋，另一种是制片人奥利弗·斯通（Oliver Stone）和《琼斯母亲》（*Mother Jones*）杂志中的一个同样邪恶的形象：戴着黑色的斯泰森毡帽的恶棍用自己的百万美元控制着华盛顿的政治权力。他可以是年轻、浪荡和淫秽下流的样子，就像詹姆斯·迪恩（James Dean）在《巨人》(*Giant*) 一书中刻画的盲目采油者杰特·林克 (Jett Rink)；也可以是饱含表面平静、背地里搞阴谋以及干不法勾当的那种人，就像来自电视产业界的达拉斯的J. R. 尤因（J. R. Ewing)，不过他几乎一直都愚蠢而粗鲁，而且还带点神秘，带点经典的异于美国的味道。

传奇背后的真相实际上就是数量大得让人目瞪口呆的金钱。这里真的就有一些得克萨斯的穷小子因为发现了自喷油井，一夜之间变成了亿万富翁。那些谁拥有私人岛屿，谁拥有超大型豪宅，谁拥有冠军橄榄球队，谁跟影星睡过觉，谁跟总统格斗过，谁试着垄断过一两个国际市场等闹腾的家族先辈的故事真就发生在这里。回到电视流行之前，回到《富贵名流的生活方式》(*Lifestyle of the Rich and Famous*) 流行之前，他们就是《贝弗利山人》(*Beverly Hillbillies*) 的原型，他们就是一边享受地对着《时代》杂志封面上的自己，一边坐在用水泥打造的水池边。他们助力了得克萨斯石油界，使之成为一个经济和政治的顶级活动中心，这个圈子所做的一切，无论大小——从安然公司到两任布什总统，再到超级碗——都使美国变成了当今我们想要的样子。

这是他们的故事，通过四大得克萨斯家族以及他们几个同僚的生活来铺陈，比如，在某些情形下，哪些人升得最高？哪些人摔得最惨？他们的父辈都起家于默默无闻的状态，而且所有人都经历了命运的急转弯，在四年左右的时间里打下了财富的根基。他们结婚、生孩子、丧子，他们摇身一变成为美国第一批只穿衬衫不穿外套的亿万富翁，改变了何为富贵的美国观念，甚至还作为东道主接待了外国来访的那些国王和女王们，他们还积累了符合他们年龄段的各种玩具：豪宅、大牧场、牲口、飞机、游艇、长款豪华轿车、摩天大楼、酒店以及内阁成员。随着他们对美国最有权势家族的地盘进行重新洗牌，最后还把他们最喜爱的三位得克萨斯的儿子推进了白宫的椭圆型办公室，他们把美国人迷住了，接着是疑惑，再接着，在炮火声的致命齐射之后，他们被刻画成臭名昭著的人物。

没过多久，他们的这种拌沙拉一般的日子溶解成了一种混合着纵情酒色的冗长而枯燥的连祷、家族纷争、丑闻以及谋杀，直到在破产中崩溃掉。有些人撑了下来，仅剩下为数不多的人在今天依然可以掰着手指头数自己到底有多少百万的美金。恰如将故事背景设定在得克萨斯的几乎所有电影中，他们的故事是一个宏大的、蔓生的美国史诗，这段历史充满了催人振奋的高潮和轰然的坠落，而这一切，差不多都起始于一位性情古怪名叫帕蒂罗 · 希金斯（Patillo Higgins）以及那个被他们叫作大丘陵的奇怪的隆起的尘沙之丘。

3

对于外州人而言，想要花心思了解一下得克萨斯，那还是很困难的。第一项挑战就是它庞大的地理面积：南北长 801 英里，东西长 777 英里。如果让得克萨斯坐拥东部的海滨，它将占据缅因州、佛蒙特州、新罕布什尔州、马萨诸塞州、康涅狄格州、罗得岛州、纽约、宾夕法尼亚州以及俄亥俄州的全部，而且还能剩下一部分给北卡罗来纳州。它的广袤无边包含了缺少冰原的美国北部的所有景色：东得克萨斯的松树林、西得克萨斯的沙漠和沙丘、沿海的沼泽和荒野、高达 8000 英尺的山峦，片片平原也是相当的平坦，树木繁茂，一路从达拉斯延伸到厄尔巴索，宛若一条蒙古蚯蚓。

第二项挑战就是得克萨斯心态：傲慢、固执、独立。对一个州而言，这或许在 1901 年那会儿并没什么好惊讶的，毕竟那时得克萨斯才刚被除去独立国家地位 56 年。在此期间，得克萨斯人击溃了最后一波科曼奇族，并把和解边界推到了它的平原地带。该州令人窒息的乡土观念就是它的孤立主义政策的副产，直到 19 世纪头 10 年的晚些时候，欧洲人都在大举涌进东部城市时，得克萨斯几乎没有体验到任何移民涌入的滋味。老路子更加根深蒂固，变革遭到抵制。来自外部的利益，特别是商业利益，都遭遇了怀疑的目光。19 世纪 90 年代，一股进步主义席卷了得克萨斯，得克萨斯州检察长趁机对垄断巨头标准石油发起了几次反垄断起诉，尽管该企业在该州几乎没有业务。由于能够自给自足以及对外界并不怎么关心，得克萨斯人想到自己时，总是觉得得克萨斯第一，美国第二。到 1901 年，“在得克萨斯，19 世纪的美国价值观可是一点儿都没有被侵蚀掉，”历史学家 T. R. 费伦巴赫（T. R. Fehrenbach）写道，“他们也没有理由改变，在一个世纪的爆炸性征服和和解中，土地就改变了一丁点儿，而人基本没变。”

世纪转折之际，得克萨斯依然是半个（南北战争前的）老南方，半个（南北战争前的）老西部，这个边疆社会哗众取宠的傲慢矫情，真没什么可得意的。随着美国其他地方的工业化，得克萨斯人依旧过着以土地为生的日子。在得克萨斯东半部，满是棉花，而且仍然依靠黑人和贫穷的按收益分成的佃农摘棉花，棉花是这儿的经济作物。这里广阔的牧场虽有一两处足有特拉华州那么大，横跨在西得克萨斯和柄状的狭长区域上，那儿的牛仔会赶着成群的牛羊，把它们带到新铁路上卖给北上的肉类企业主。这里唯一值得一提的产业就是伐木业，东得克萨斯的蛮荒之地散布着锯木厂，木材就是这里锯的。1901 年以前，这里从未有过一家可以引以为豪的数百万美元级的企业，直到休斯敦的木材商约翰·亨利·柯比（John Henry Kirby)，就是那位寓言一般的“松林王子”组建了巨头企业柯比伐木业。

得克萨斯那会儿就是发展如此迟缓的农耕之地，直到 19 世纪 90 年代，帕蒂罗·“萌芽”·希金斯（Patillo“Bud”Higgins）——得克萨斯石油旗下的“强尼·阿普尔西德”的出现。希金斯是每个时代都会呼唤的那种梦想家，在当时那个以牲畜和牛仔知名的得克萨斯，这位独臂的博蒙特怪人就开始想象在得克萨斯的土地下潜藏着巨量的石油，而在周边将生发出一座座巨大的城市。1863

年生而为枪匠之子的他，自信，电线杆一般瘦削，喜欢徒步逍遥游。希金斯曾是一个少年小流氓，他的左臂是在某个醉酒的晚上丢掉的，当时他和两个少年伙伴朝着黑人街坊疯狂开火，跟当地的一名副警长干了起来，希金斯射中并杀死了他，而副警长的回火击中了他的左臂，后来只能锯掉。有个陪审团称这次事件为自卫。

在他 20 几岁时，用今天的说法，希金斯变成了再生的基督徒，一方面他当上了一名教堂执事，另一方面他开始投身于许多挣钱的生计。他在铁路当过差，开着货运马车运过锯木厂的木屑，后来还试着干起了细工木匠、鱼贩子、房地产代理商。1886 年，他留意到博蒙特的砖块全都是从休斯敦和新奥尔良运来的，他就开了一家造砖厂，属于当地第一家造砖厂。三年之后，他决定要找到使自己的烧窑效率更高一些的办法，于是他北上调研其他造砖厂，足迹遍及印第安纳州、俄亥俄州、宾夕法尼亚州。在代顿和印第安纳波利斯，他见到用石油火焰烧出的砖块比木材取火烧出的砖块更加平整。这使他为之着了迷，他直奔宾夕法尼亚州西部的油田，想亲眼看看石油买卖都是些什么玩意。

他在这个产业的婴儿期就意识到了商机，当时石油产业也就 30 年。1859 年，有个名叫埃德温·德雷克（Edwin Drake）的人第一次在那儿发现了石油；抽出的石油大部分炼成了煤油和各种润滑油。后来许多年，这一行业都在约翰·洛克菲勒的巨头企业——标准石油的掌控之下，希金斯沿途造访的那些地方都已受到巨头越来越多的垄断性尝试。在宾夕法尼亚州获悉的这些事情点燃了希金斯的想象力。因为那儿已发现石油的踪迹并在地表就能看到，储油的迹象在各个渗出而成小泉的硫磺泉中，是个人就能发现。希金斯的父亲曾经是邦联的士兵，而希金斯依然记得他老爹讲过的博蒙特周围叛军用某种含油物质润滑枪支的故事，这种物质就是在小镇的南部发现的，就是在大丘陵发现的。当他还是小孩子的时候，他还在那儿的硫磺泉和它的底部洗澡、嬉戏过，还带着主日学校的那些同学到附近野餐过好多次。希金斯回到得克萨斯，并确信大丘陵下面肯定有石油。

这种对纺锤顶地下储有石油的信念改变了得克萨斯，希金斯制订了一个乌托邦式的发展计划，这项计划很完整，包括管道网、炼油厂、炼铁厂、深水港以及一座他称之为格拉迪斯市（根据他在主日学校最爱的一名同学格拉迪斯·宾汉（Gladys Bingham）起的名字）的城市。博蒙特压根没人把他这项计划中的任何事情当回事，不过在1892年希金斯还是绞尽脑汁从他所属的教堂说服了一个成员——这位伐木工名叫乔治 W. 卡罗尔（George W. Carroll）——跟他一起签署了一份5000美元的票据，他需要拿来购买那个覆盖了差不多半个纺锤顶的1000英亩[㊀]地块的租赁权。卡罗尔一加入进来，很多毗邻的土地所有者也把他们的租赁权签给了他。他俩一起成立了一家工厂，名叫格拉迪斯市加工厂。

他雇了一名钻水井的钻工来钻孔，但他在碰到流沙之后就放弃了；第二个钻工尝试了，也没好到哪里去。1893年，当全美范围内的经济萧条来临时，希金斯已经没有多少现金了，这吓跑了很多投资者。不过他依然拒绝放弃。他指望着通过为纺锤顶的储油潜能搞一份官方背书，来招徕新的投资者，希金斯邀请了一名国家地质学家来评估他的地块，令他懊恼的是，这位地质学家不仅宣称他的风投项目是无望的，而且还在博蒙特的报纸上把对此事的见解发表了出来，劝告小镇应尽力避免“把钱浪费在那些不靠谱的团队的痴心妄想或者疯疯癫癫的观念上，徒劳地展望着能够发现石油或者可用的天然气”。

也就在这个节骨眼上，紧急求助于当地的幻梦破灭之后，希金斯走运了——八成他自己是这么想的。在达拉斯南部的科西卡纳发现的零星石油把一些东部的石油商吸引到了得克萨斯，还吸引来了一个集团——西弗吉尼亚野蛮兄弟集团，该集团找到格拉迪斯市董事会，就收购它的租赁权进行商谈，该集团向它许诺，只要发现石油，就给它一部分提成。希金斯害怕失去控制权，对此予以拒绝，但是董事会的其他成员不顾一切地想要收回他们投进去的钱，否决了他的看法。然而，野蛮兄弟也没取得进展。就像之前的两次尝试一样，该集团的钻工采用了冲击钻井设备，它通过反复向下重敲来钻孔，虽然当时这算得上一种对策，但是还是没能破解流沙的难题。当希金斯和董事会其他成员争吵起来，他炒掉了公司。乔治·卡罗尔上诉了，希金斯最后被迫将自己的股票卖了出去。到1898年，尽管希金斯依然决心在纺锤顶追求他的石油之梦，他还是回到了房地产行业。

当然，他还是无法把大丘陵抛诸脑后。为了能眼看着把这油井钻出来，

㊀ 1英亩 = 4046.86平方米。

希金斯做了最后一次挣扎，他在一家全美性的杂志发了一篇广告。而他就收到一条答复，而且还是来自一位时运耗尽的人物，此人名叫安东尼·卢卡斯（Anthony Lucas），他一度担任奥匈帝国海军的船长，对一种被称为盐穹的地质结构中蕴含着储油的可能性非常着迷，就字面而言，这种含盐的穹顶地质结构像《青春都一样》中在美国的墨西哥湾海岸线上的座座土丘下到处都是。卢卡斯认为盐穹之内经常潜藏着硫磺，有时也会有石油。在跟希金斯会面之后，他断定大丘陵就是一个典型的盐穹。

卢卡斯钻探了一口油井，并且在他拉到地表上来的一堆泥土中发现了薄薄的一层石油光泽，不过这个孔很快就坍塌了。这下卢卡斯和希金斯都没有钱再开工钻油井了。现在卢卡斯扛起了大丘陵的旗。他回到东部，花了好几个月的时间来游说大的石油公司，他甚至还在标准石油公司赢得了一些观众。但是专业人士说他疯了，任何傻瓜都知道盐穹里只有一样东西——盐。最后，在匹兹堡，卢卡斯在詹姆斯·古费（James Guffey）和詹姆斯·盖利（James Galey）那里找到了愿意倾听的人，他俩是宾夕法尼亚州最为人知的钻探石油的投机分子（野猫井勘探者）。他们接手了卢卡斯积攒的地皮，并让他加进来分成。正是古费和盖利聘请了哈米尔兄弟并派遣他们去钻探大丘陵。开工四个月后，那口油井爆炸了，而阿尔·哈米尔则认为他看到了地球在呼吸。

4

当哈米尔兄弟开始把油井井架上面的废墟拖走时，突然间从钻孔里一声咆哮喷薄而出。泥浆再一次冒出了地面，一阵天然气再一次随之而来。接着，随着哈米尔兄弟和派克·伯德争抢着找掩护的地方，墨绿色液体的间歇泉从地面喷了出来。大伙儿惊奇地看着它，喷泉变得越来越强，直到在早晨的天空喷到了 100 英尺的最高点。傻眼之后，他们让伯德跑着去找卢卡斯船长，卢卡斯一阵狂奔，半小时之后就跑了过来。“阿尔！阿尔！”卢卡斯大吼道，指着黑色的液体柱问道，“那是什么？那是什么？”

“石油，船长！”哈米尔欢呼道，“石油！每一滴都是石油！”

卢卡斯从未见过这样的景象，没人见过，卢卡斯一号井永远地改变了世界，这口第一号油井的产油量比当时美国现存的所有油井加总之后的还要高。事实上，数日之后纺锤顶周边草原的产油量就超过了世界上其他地方的油井加总之后的产油量。得克萨斯这批油井中的前 6 口油井，有 3 口的产油速度超过整个俄国的油井的产油速度，还有一口全球最高的产油井。然而它不可告人的小秘密就是博蒙特周边发现的石油的品质很差，无法被炼成煤油。但是这里产的石油能够作为不错的燃料油——而这改变了一切。如此之多的黑色原油从博蒙特涌流而出使得油价一下子滑落到了 3 美分一桶——一杯水都要花 5 美分的，这使得铁路和蒸汽船公司从以煤炭当燃料转换为以石油当燃料，一下子经济实用了起来。1905 年，圣菲铁路公司以石油为燃料的火车头从 1901 年时的 1 辆跃升到了 227 辆。[1] 其他产业也开始跟风，英国、美国和德国的帝国舰队也开始这么干。今天所有以石油及其副产品为动力的一切——从汽车到喷气式战斗机、烧烤架和除草机——都始自纺锤顶。

纺锤顶附近的钻油热激发了自加利福尼亚州淘金热以来的最为壮观的新繁荣。为了控制住发现的第一口油井的顶部，哈米尔兄弟花了漫长的 10 天的时间，不过，没花多少天，它周围就竖起了越来越多的油井钻塔——到次年夏天的时候，加起来足有 214 口油井。有一阵子，石油的发现把博蒙特转变成了一座经典的繁荣小镇，成了泥浆、血汗、石油商、妓女、各色小偷和盗贼，以及任何愿意干活并想快速捞到一桶金的人的大狂欢。得克萨斯石油界的时代开始了。

但是，如果说纺锤顶为得克萨斯创造了一个石油产业，那么，这个产业只有很少一部分落到了得克萨斯人的控制中。纺锤顶的这份大钱最初是在从东部返回的有权势的得克萨斯商人和精于此道的石油商之间分配的，有个得克萨斯派别是由前州长吉姆·霍格（Jim Hogg）牵头的，是奥斯汀的政客和海湾石油公司的律师们组成的联盟。1901 年 7 月，也就是发现那口自喷油井的 6 个月之后，吉姆·霍格以 180 000 美元的成交价收购了纺锤顶小山的一块很有价值的土地的租赁权。其余的得克萨斯辛迪加组织是围绕东得克萨斯的一流的木材商建立的，包括亨利·柯比在内。达拉斯的纺织品商人，沃斯堡的牲畜交易商——刚好差不多得克萨斯每一个拥有现金的商人都把希望投在了纺锤顶上。

不幸的是，这些得克萨斯人对石油的了解几乎为零。一次又一次地，他们被来自宾夕法尼亚州和其他地区油田的富有经验的东部石油商算计。这一切转折的契机点（至少最初）是詹姆斯·古费，当他把纺锤顶的大部分石油卖给了一个他从未听说过的公司时，他就成为那个促成“世纪性的大买卖”的人，而收购方——欧洲最大的石油生产商荷兰皇家壳牌公司的高管层甚至还需要拿一张地图来确定博蒙特的位置，而这桩交易使得壳牌成了国际巨头。匹兹堡的梅隆家族先是资助古费，后来又把古费的成果收购，用一家新公司，这家公司名字很贴切，叫海湾石油公司，飞速地挤进了墨西哥湾海岸的油田竞争中，这家公司成了美国最大的一家石油公司。宾夕法尼亚州的皮尤家族——太阳石油公司的创始人——通过大量的活动席卷了纺锤顶的市场，包括铺设管道，购置配套的储油设施，购入大量的石油，他们又不得不在宾夕法尼亚州的马库斯·胡克（Marcus Hook）建了炼油厂。从纺锤顶“断奶”的另一家公司是得克萨斯公司，这家公司后来更名为德士古公司。

在这种竞争的面前，许多得克萨斯本地的集团都蔫了，把纺锤顶油田的大部分拱手让给了东部人。不过，这次繁荣依然创造了第一批得克萨斯石油商，而随着博蒙特周围的这些新油田的前景开始衰退，他们便开始成扇形地展开去找寻新的盐穹来钻探。他们很快就找到了。1903 年，他们在一片呈弧形分布的新油田中，发现了小型版的纺锤顶油田，分布在休斯敦的周围——先是在巴特森和酸湖，1903 年又在离休斯敦商业区 18 英里处的汉贝尔发现了新油田。而后，什么也没发现……1904 年，1905 年，以及 1906 年年初，得克萨斯沿岸任何一个可以识别出来的盐穹都被像病人一样戳来戳去，但结果是没有找到任何新的纺锤顶。繁荣开始被“断奶”，直到 1906 年年中，有人在俄克拉何马州发现了新油田，因此，好几百人又开始北上去混。

在得克萨斯商界的觉醒过程中，得克萨斯的政客面对的确实是一个恼人的新现实。事实上，得克萨斯发现自己陷进了跟帕蒂罗·希金斯同样的处境之中：得克萨斯人发现了石油，控制权却跑到了东部商人的手中，而且还没有任何手段可以确保下一次发现自喷油井时不再发生这种状况。尽管得克萨斯本地人牵头的集团依然控制着在墨西哥湾沿岸发现的石油储备的一部分，但几乎所有新建的陌生的基础设施（储油罐、输油管道、炼油厂）都被东部的利益集团控制着。对他们更加不利的地方是，东部人所居的地位使他们能够制定游戏规则，并且在某种程度上决定得克萨斯人所产石油的价格；凭着这种优势地位，那些可恨的扬基佬把得克萨斯人彻底挤出这场石油盛事只是时间问题。

结果是，该州的救赎恰恰就在它的反垄断法律的字里行间，这些法律条文禁止石油企业的整合，也就是说，那些储油、运输、炼油的公司是不允许生产石油的，虽然有大量的例外，但是在 1905 年到 1910 年期间，奥斯汀的政客们行动起来，谋求确保得克萨斯本地人在石油游戏中的立足点，在一片反东部的喧嚣之中，他们击溃了两项原本将允许整合的举措。“整合”，一位立法者谴责说，“将使北方的大资本家彻底夺取走得克萨斯石油产业的控制权。”当可恶的标准石油公司尝试悄悄地通过资助一位名叫乔治 A. 伯特（George A. Burt）的华丽、耀眼的实业家混进得克萨斯时，得克萨斯的立法者用法律来强制执行。伯特在博蒙特外面创建了世界上最大的炼油厂，1906 年，当得克萨斯油价上升时，伯特威胁说将从俄克拉何马州进口更加廉价的石油，试着把油价驱赶下来。得克萨斯的司法部长——罗伯特·万斯·戴维森（Robert Vance Davidson）用一系列诉讼和罚金对他进行了扫射，回敬了他，最后迫使标准石油拆除了它的炼油厂，只能在路易斯安那州的巴顿鲁日市重建。司法部长的信号很明确：别跟得克萨斯胡来。

1910 年左右，结局是得克萨斯石油业的控制权依然分摊。东部的利益集团（壳牌石油、太阳石油、海湾石油以及其他石油公司）控制着采购、运输、炼油、石油及其副产品分销，而得克萨斯本地人则活跃在石油的勘探和生产中。官方的这种产业分配一直持续到 1917 年，直到立法者们意识到州外输入的资本对石油产业的成长很关键，最终通过了一项法律，允准大企业进行整合。无论如何，正是中间这些年见证了得克萨斯本地人在充满风险的找油行当中站稳了脚跟，而且这种情况还将持续几十年之久。好几百家小企业，许多独自行动突然冒出来开始找石油，至少在 20 世纪 10 年代，他们的收获惨淡，没找到多少石油。一年又一年过去了，就是没有新的纺锤顶。许多企业都玩儿没了，几十个石油商重返了他们的老路，当起了农民、职员或者律师。多亏他们死硬着厚脸皮的政治领导者，得克萨斯人赢得了找寻他们自己的石油的权利。

现在，他们需要做的就是继续找寻。

5

纺锤顶或许改变了世界，但是它没怎么改变得克萨斯，至少开始的时候没有。纺锤顶的繁荣为得克萨斯本地人以及新来者除了提供藏有黑色宝藏的金库外，并没有提供给他们学会做石油买卖的课堂。

有几个人很快就明白了这个道理。在他们之中有一个是年轻的艾奥瓦州的富二代，叫霍华德·休斯（Howard Hughes），在这里出了第一口自喷油井之后，他就从密苏里州西南部的一座铅矿中逃了出来。休斯和他的一个伙伴被石油俘获了心智，这个伙伴叫沃尔特·贝德福德·夏普（Walter Bedford Sharp），帕蒂罗·希金斯早期的几口油井中有一口就是此人钻探的。他俩开始在路易斯安那州北部开放的油田钻探油井。他们的钻机穿不透固态岩石，这使他俩很沮丧，所以休斯和夏普研发了一种能够穿透固态岩石的钻头。1908 年申请专利后，休斯破岩钻头成了一项行业标准，而且到 1909 年休斯家族返回休斯敦时，老休斯飞速地变成了一个有钱人。没过多久，他就成立了休斯器具公司，这家公司使他的儿子成为传奇一般的小霍华德·休斯——最为富有的得克萨斯石油商，尽管只是名义上的。当他在 20 世纪 20 年代成年时，霍华德·休斯逃离了得克萨斯，去了好莱坞，从此之后就再也没回来。

在石油产业开始的早些年间，最为知名且最盈利的由得克萨斯人运营的石油企业是汉贝尔石油 & 炼油（Humble Oil & Refining）公司，它组建于 1917 年，由休斯敦和博蒙特的石油商组成的全明星队进行大规模整合，他们之中很多人都是起家于纺锤顶。多年以后，公司创始人——像沃尔特·方德伦（Walter Fondren）、罗伯特·李·布莱弗（Robert Lee Blaffer）以及未来的得克萨斯州长罗斯·斯特林（Ross Sterling）这样的人物在休斯敦被人们当作“旧富”（old money）。作为识时务的、进取的找油和采购石油储备的商人，汉贝尔的人以 1700 万美元的价格向标准石油公司出售了 50% 的控制权，这是当时得克萨斯石油业短暂的历史中最大的一桩交易案。汉贝尔，后来成了更为知名的埃克森，在得克萨斯油田中维系着一种权力，这种情况持续了几十年。它在达拉斯的对手是木兰石油公司，这家公司是由标准石油公司逃离得克萨斯后的剩余部分组建的。标准石油公司在木兰石油公司保留了少量而可观的股权，这一力量逐渐变强，而木兰公司最声名远播的便是矗立在达拉斯商业中心的总部，那栋巨大的霓虹灯建筑，这一达拉斯的地标从 50 英里外就能看到。

在 20 世纪 10 年代的那段艰苦岁月，通过在这一满是风险的买卖中分摊风险，那些管理汉贝尔石油公司、木兰石油公司以及几十家小竞争对手的石油商幸存了下来。通过这样做，他们还分摊了高额利益。如果用当地的标准，他们确实相当的富有，但是第一代得克萨斯石油商中没有一人——除了霍华德·休斯这一个显著的例外——打造出真正可以在全美称奇的财富，也没人真正在美国历史上留下长久的印迹。他们的成功，无论如何都激发了一个撩弄人心的问题：如果真在外头找到另一个纺锤顶油田，如果它被一个独自工作的得克萨斯人发现而不是被一家大公司发现，情况会不会巨变呢？如果帕蒂罗·希金斯有能力把纺锤顶油田据为己有的话，那他会富有到何种程度呢？

一口油井，一份财富。它正是神话般的东西，就像得克萨斯石油业的黄金国一样，而随着新十年的到来，一大批年轻的第二代石油商开始把它找寻。

第2章

溪滨学家

有一天我们将会住进一座巨大的白房子。

——休·罗伊·卡伦（Hugh Roy Cullen）

1

到1920年，也就是发现纺锤顶油田20年之后，石油的发现并未改变得克萨斯多少。在48个州中，它的产油量只排名第4位。在20世纪头10年，许多油田的工人逃离了得克萨斯，奔向俄克拉何马州新开的油田去工作了。“你为什么在得克萨斯州浪费时间呢？”有一个人对不久之后就大为出名了的地质学家——华莱士·普拉特（Wallace Pratt）问道，“你为什么不来俄克拉何马州呢？所有的石油都在那儿呢。”当时不管是从地里抽出的什么石油都被东部的利益集团紧紧地掌控在手中，在纺锤顶开花的那些最大的公司现在都回东部建立总部去了，海湾石油公司在匹兹堡建立总部，太阳石油公司在费城建立总部。即便是得克萨斯公司，当那群以休斯敦为家的高管跟东部的投资者发生冲突之后，也把总部设在了纽约。学院派更是将得克萨斯州看作是东部利益集团的经济殖民区，这一观点直到它失真数年之后依然阴魂不散。

当第一次世界大战（简称“一战”）在1918年11月签署停战协议之后，所有这一切在几个月内就起了变化。战争年代对美国中部很有益处，在1914年到 1918 年之间，平均工资上升了 63%。美国依然是一个农业国家，不过它的农民做得好了很多，一战期间，小麦和玉米的产量都翻了一番，棉花则增至三倍。受战时限制因素，加上动荡不定的年代的节俭作风的强化，使得许多美国人把新赚到的钱藏在床垫下面或者存到储蓄账户里面——直到战争结束才转变。

接着，1919 年，爵士时代开辟的消费性开支狂欢到来了。一时间整个美国，战时的过度吝啬给爆炸性的家庭日常开支让路了，大家终于开始打开他们的钱包去买美国石油所锻造出来的各种新科技。农民购置了几十万台拖拉机，家庭主妇预订了新的火炉和一排排的新房屋，一家家企业预订了新的工业锅炉。不过，没有任何单品能够像汽车卖得那么快。1900 年那会儿，美国只有 8000 辆汽车，到 1921 年时，这一数字变成了 1050 万辆。而且每一辆都需要汽油，在 1900 年到 1920 年之间，美国的能源需求增长了五倍。

随着美国的炼油厂勒紧裤腰带地生产足够的燃料来满足这个国家的新胃口，需求的飙升还是使战后汽油产量不足的缺陷显现了出来。主要的石油公司都把它们的勘探预算不是翻倍了，就是再翻倍，争抢着寻找新油田，数十个地聘请地质学家和侦察员，派他们前往西南地区的每一条铺好的路附近找寻石油的踪影，它们之中大多数以前可不是这么干的。1920 年，美国就钻了将近 34 000 口油井，这是五年前数字的两倍多，繁荣潮从堪萨斯州、阿肯色州、肯塔基州、路易斯安那州以及加利福尼亚州来了又走。

然而，突然间寻找石油的不只是石油商了。爵士时代召来了一阵子“变富有”的狂热潮，带来了经典的美式投机性风投热。到处都是华而不实的发起人，他们利用现代广告来推动普通公民把他们的储蓄投入到新兴的而且往往是充满风险的投资中：佛罗里达州和加利福尼亚州的房地产，内华达州的金矿银矿以及石油。各色杂志上充斥着在俄克拉何马州、堪萨斯州和得克萨斯州发财致富的故事，其中只有几个是真的。美国西南部的油田“以令人眩晕的速度创造着百万富翁”，《科学美国人》（*Scientific American*）1917 年在提及诸如创建辛克莱石油公司的俄克拉何马人汤姆·斯里克（Tom slick）和哈里·辛克莱（Harry Sinclair）时，如是写道：“三四年前还深陷贫穷潦倒的人，到了今天已屡次化身百万富翁。”《星期六晚邮报》(*Saturday Evening Post*)1918 年对它的读者如是说，油田是“童话成真的地方”，是新的石油之王们登台亮相，好几百人——是的，甚至好几千人发大财的地方……一切就像魔术般一夜间就喷涌了出来”。[1]

激励着这一切炒作的是自纺锤顶以来得克萨斯的第一批真正的自喷油井。1917年，它们在昏昏欲睡的游侠小镇、沃斯堡的西边爆发了。游侠小镇的油井纯属侥幸发现，它们是由在得克萨斯太平洋煤炭公司工作的工程师发现的，工程师钻孔寻找煤炭，却找到了石油的踪迹。小镇的父母官将25 000英亩土地的租赁权交给这家公司，给的回报就是钻四口油井。第一口油井产出的只有天然气，但是第二口和第三口油井却都是史诗一般的自喷油井，都是可以拿来生产高质量的汽油的墨绿色的原油满满的间歇泉。急流被打开了。

游侠小镇以及一系列其他小型油田的发现把好几千的新来者吸引到了得克萨斯州的油田。他们中的绝大多数人当起了劳工，在钻油台上当起了“粗暴的钻工”，拖运输油管道，或者在灼热的天气中铺设输油管道，这些输油管道很快就像蛇一样跨越了得克萨斯。然而，许多人追求的是自己找石油，而直到现在这一活动的大部分都是属于大公司的势力范围。这些人被称为“个体”石油商或者“野猫井钻探者”，因为他们倾向于在未经勘探的区域钻探，大家叫这类油井为野猫（初探）井。第一批个体石油商都曾是在其他领域——棉花、牲畜、干货——赚了不少钱的商人，他们将勘探石油当作副业。

奈何许多农场主和牧场主都确定以及肯定在他们手中的未开发的大片的处女地之下就是藏有石油，整个得克萨斯，那些以钻水井谋生的人都被恳求他们试水探勘石油的邀请函包围了。实际上只有几个人发现了一些石油。1918年，当一个陷入困境的棉花农场主——S. K. 富勒（S. K. Fowler）在债权人向他施压，要求他用大牧场清偿债务时，他决心钻探一口井，再谈放弃，自此，得克萨斯北部小镇——伯克伯内特（Burkburnett）周边的繁荣潮开始了。富勒从小镇土生土长的居民那里筹集了12 000美元，聘请了一个承包商，让他大为惊喜的是，他发现了石油，他初次发现的这口油井一天能够往外倾吐2200桶㊀石油。

这个行业的进入门槛，正如经济学家所言，太低了。在早些年间，要想将一口浅层油井钻到1600英尺的深度，只要用不到一万美元就能做到，这样的现金额度只要聚一伙儿当地的经商者把他们的储蓄集中一下就能办妥。这就使得

㊀ 1石油桶 = 158.987立方分米。

看起来任何人都能当个体石油商，而且到20世纪20年代早期，游侠小镇和伯克伯奈特的繁荣潮中诞生的那些野猫井勘探者构成了得克萨斯商业的一个欣欣向荣的新中产阶级。不管怎样，以个体石油商谋生要比钻探单单一口油井复杂多了。

对于许多野猫井钻探者而言，成功与否，取决于他们跟大石油公司的关系，这些大公司包括海湾石油公司、得克萨斯公司、达拉斯的木兰汽油公司（后来被美国石油公司吞并了），以及休斯敦的汉贝尔石油公司，这家公司的一半所有权归洛克菲勒家族的新泽西标准石油公司所有。主要的石油公司就像是得克萨斯石油业的希腊天神，这些拥有庞大权势的大企业能够并且往往会决定平凡的野猫井钻探者的命运。像汉贝尔石油公司的首席地质学家华莱士·普拉特和L. P. 加勒特（L. P. Garrett），海湾石油公司在休斯敦的办事人，他们就是得克萨斯石油界的宙斯和阿波罗，他们能够使任何个体石油商或富有或毁灭。

每个人都理解这种游戏规则。几乎没几个个体石油商有钱创建必要的基础设施来炼制石油或者将汽油销售给大众，在20世纪20年代，能够做到这些的只有大公司。总体来说，那些发现石油的个体石油商会指望着尽可能快地把油井卖给其中一家大公司。油井能够使一个普通的得州人变得富有，通常情况下是将发现卖给海湾、木兰、德士古或者汉贝尔公司。然而，独立石油商和大公司之间的这种共生关系还要深入得多。大公司囤积地皮，钻探自家的油井，但是它们无力遍地去钻油井，在得克萨斯这样大的州更不可能。它们坐拥数百万英亩的地皮，但却没有足够的时间和金钱去钻探，个体石油商承担一部分成本和风险，双方分割各种收益，并且如果产量真正可观的话，大公司就猛地挤进来，来个完全收购。在很多案例中，大公司会预先支付给个体石油商现金——叫作“干井费”——到一片可能储油的地块钻探。因此，野猫井钻探者转身成了石油业的前线人员，去发现一处一处的小石油井，随后大公司将之转变成大油田。

“大公司……渴望辅助个体石油商，”休斯敦的野猫井勘探者乔治·斯特雷克回想道，“它们喜欢看到外头的每一口野猫井都被钻探了，它们会给你一些能让你拿到租赁权大礼包的建议。当你需要某些东西时，你可以到某家大公司去租借，而且当油井看起来产量不错时，它们就会跑过来，在你完成全部的油井勘探前就买下全部的产权。”所有人都懂这个游戏，难点就在于发现石油。

在一战之后的这段喧闹不已的年间，在所有一窝蜂涌进游侠小镇、伯克伯内特以及其他繁荣小镇的扎在泥泞中的帐篷来闯荡的好几千人中，有四个人发现了最多的石油。其中有两个人是用老路子，将油井钻得入地更深一些。还有一个人是靠自己的心智。第四个人则是靠一支钢笔搞定的。要是得克萨斯石油界也来一座拉什莫尔山的话，他们几个的脸足以将之装点。一个是乡下好小伙，一个是爱骂人的家伙，还有一个是天才，最后一个是重婚者。在那个年代，他们以四巨头闻名，他们是得克萨斯最为富有的家族的创始人，这几个任性的投机商人白手起家，不知道从哪里冒出来的，然后一个挨一个地被颂扬为全美国最富有的人。

2

1920年，在某个秋日的下午，两个大男人骑马缓行在野草丛生的大草原上，此地距离休斯敦商业中心7英里。[⊖]这两人中，年轻的那位是想当石油商人的39岁的休·罗伊·卡伦，他带着一个比他岁数大的人，他的投资人——R. E. 布鲁克斯（R. E. Brooks）法官，穿越在他们租赁的地皮上，布鲁克斯指指点点，把自己觉得比较明智的开钻地点指给卡伦看。卡伦是一个认真的人，高不到6英尺，有一双大大的蓝眼睛，一头经常梳到一边的浓密黑发，还有一双巨大的手，他正在这片土地上寻找被浸渍而下沉的地方，寻找一种迹象，他觉得有石油埋在下面的迹象。

“看呢，法官，那儿有下沉的迹象。”卡伦说道，指着一块泥土。

“我看不到它啊，”法官说，“我想它在上升呢。”

对卡伦而言，就算法官没本事找到一桶石油也不重要，重要的是布鲁克斯法官和休斯敦的主要公民把钱投进了这个钻探现场就成。卡伦礼貌地邀请布鲁克斯法官前来挑选破土的地点，而且他确实这么做了。当卡伦意识到他们并没有东西可以拿来标记钻点的时候，他就走到一堆被得克萨斯人别有风味地称为

⊖ 这个钻点大约位于休斯敦天体观测窗今天所处位置往南一英里处。

“奶牛薄片”的牛粪前，拣起几块，并把它们摞成一堆——这位后来成为休斯敦最大的野猫井钻探者正是用这种方式找到了他的第一口油井，在他用手拣起的一摞牛粪下面发现的。

历史并未善待罗伊·卡伦，这位五年级的辍学生在他得意的时候可能排得上美国最为富有的人。如果得克萨斯之外也有人记得他的话，经常会把他当成得克萨斯极端保守主义的早期倡导者，情不自禁地写信狂人，他跟从富兰克林·罗斯福到德怀特·艾森豪威尔这样的政治家都斗过。卡伦性格坚定、缺少幽默感，而且有一点好骂人。在他鼎盛时期，卡伦是一个福克纳式的人物，穿着夏日的白色套装。

他这个老爷们，从杰西·詹姆斯（Jesse James）到埃尔维斯·普雷斯利（Elvis Presley）的时代都经历过，卡伦生于贫穷，在圣安东尼奥长大。用他自己的话说——他是唯一撑下来的那个——他经历过艰难的童年，深受家庭动荡、财务逆转、经常跟其他男生拳脚相加的影响。他老妈露易丝（Louise），是一位被卡伦偶像化了的人物，她是一位来自南卡罗来纳州的苗条女人，南北战争时期，联盟部队将她的家族的大农场一把火夷为了平地，在那之后，她搬到了得克萨斯，嫁给了一位名叫詹姆斯·贝克（James Beck）的表亲，并在圣安东尼奥定居下来。然后，她生了 5 个孩子。19 世纪 70 年代贝克死了之后，露易丝嫁给了一位四处巡游的牲畜交易商，此人名叫西塞罗·卡伦（Cicero Cullen），并搬到了达拉斯北部丹顿外面的一个农场住。罗伊（Roy）是卡伦夫妇的两个儿子中的第一个，1881 年出生，当他两岁的时候，他们家搬回了圣安东尼奥。

西塞罗·卡伦的老爹——伊齐基尔·卡伦（Ezekiel Cullen）曾在反墨西哥起义中战斗过，而且还参与创建了得克萨斯第一所公共学校。不幸的是，他的家系是西塞罗唯一拿得出来的资产。罗伊 4 岁的时候，他抛弃了家庭，后来只出现过一次——抛弃家庭两年之后，他谁也没告诉就回到了圣安东尼奥，劝说露易丝让他带着两个男孩去照相，然后立即诱拐他们到了达拉斯。露易丝聘用了一位律师并追赶着找他，但是卡伦驾着一辆遮盖的四轮马车逃跑了，带着罗伊和他的兄弟迪克（Dick），一路奔向凤凰城。没过几周他就懦弱地回来了，原来卡伦从四轮马车上摔下来并被轧了过去，虽然这孩子没受伤，但是西塞罗·卡伦认识到自己不是当父亲的料。他把孩子还到了露易丝手中，罗伊从那时起很多年都没见过他老爹。

绑架孩子这一出给卡伦一家人灌输了一种深陷其中的心态，使卡伦跟他老妈的关系更密切了。由于特别担心家里再发生这样的事情，露易丝一直等到卡伦 8 岁才敢让他去上学，这使他最后真正到校学习时，年龄比班上的其他小孩至少大了两岁。从多年以后的故事看，卡伦给人的印象是一位固执、自傲的孩子，这种性格品质伴随着他进入成年。他为自己家里的贫穷感到羞愧，他对老妈对他讲的他祖父伊齐基尔·卡伦的声名，以及他老妈对战前南方的记忆很着迷。其中后者给卡伦渐渐灌输了一种对东部、北部的大多数事情的不信任感，这一心态也伴随着他大半辈子。

作为一个孤独的男孩，卡伦在他的床铺的上头挂了一块毯子，并在晚上躲在里面借着提灯的光亮跟地图和几十本书待在一起，包括沃尔特·司各特（Walter Scott）爵士、托马斯·卡莱尔（Thomas Carlyle）、莎士比亚、狄更斯（Dickens）、威廉·布莱克斯通（William Blackstone）爵士等名家所写的很多历史类著作。他做着周游世界的白日梦，做着拥有一家属于自己的企业的白日梦。他最热爱的梦想就是某天建造一所规模巨大的白色的庄园之家，带有门廊、格子凉亭、后花园的那种，就像他挚爱的家族曾拥有却被联盟军队烧毁的那种庄园。他跟他老妈保证，某天，他们一定会一起住进这样的大房子的。

他同母异父的兄弟们在年少时就离开了家，而到五年级的时候，那会儿正是卡伦 12 岁的年纪，家里面没钱花了。不惜违抗他老妈，他从学校辍学了，然后在一家糖果厂每天工作 10 小时。然而，他要去看看世界的想法经常在心里骚动。16 岁时，听到他老爸生病了，卡伦离家直奔达拉斯，他在那里跟一位同母异父的姐妹住在一起，他尝试着跟他爹修复关系，但进展并不如意。为了能在生活中找到一条出路，卡伦报名参军，想为美西战争效力，不过在他父亲通知某位军官他的年龄不够之后，他被拒收了。当卡伦同母异父的姐妹同其丈夫搬到圣安东尼奥东边的一个德国移民小镇——舒伦堡后，卡伦也跟着去了。他在那儿的一家棉花收购公司谋到了一份工作，这家公司名叫莱利兄弟公司。到了 18 岁，他对棉花生意也有了足够的了解，就当起了采购员——粗纱公司的代表，负责跟农民谈判他们的农作物的价格。一家休斯敦的公司聘用了他，并把他派往俄克拉何马州西部的曼格姆镇，这是他那位正在康复的老爹重新找的定居之地。

1900 年，俄克拉何马州的领土依旧是美国的西大荒，而卡伦和他的马背上的生意，差点就在一场暴风雪中垮掉。他利用空闲时间，将他爹撒手不管、快废掉了的农场扩建了，养了一批牲畜，直到某个漆黑的晚上，一群盗马贼把大部分牲畜全给偷跑了，卡伦提着一把柯尔特左轮手枪去追寻，不过让他松了一口气的是，他在一处没人值守的偏远牧场上找到了他的那群牲口。1903 年 12 月，他花了很久时间才回得克萨斯，他娶到了那位被他献殷勤献了 5 年之久的静谧的舒伦堡女孩——莉莉·克兰茨（Lillie Cranz）。他们又回到俄克拉何马州定居下来，卡伦购置土地并且建了一处棚屋，他俩的第一个孩子——小罗伊（Roy Jr.）以及随后的两个妮子——莉莉（Lillie）和艾格尼丝（Agnes）就是在这里出生的。

虽然卡伦花了 7 年才当上了独立的棉花经纪人，但 1907 年的一场金融危机就把他的大部分储蓄全吞噬了进去，而棉花市场迟迟不见起色。到 1911 年时，他转眼就 30 岁了，痛苦地寻求某种改变。他对南部城市来了一次即兴的调查，当他在报纸上读到休斯敦市的大佬们正在计划着挖掘一条直达墨西哥湾航道这件事，印象颇为深刻——他们指望着在 1900 年的那场飓风之后，在一片狼藉的加尔维斯顿湾附近开凿人工航道。机缘巧合的是，莉莉的父母在它的沿路上拥有一块儿地。将他在俄克拉何马州的家资变现之后，卡伦信心百倍，举家搬到了休斯敦。他在哈德利街租了一处平房，在商业区租赁了一间办公室，并且把心思放在了对房地产买卖的关注上。

1911 年的休斯敦还是一个沉睡的海湾之城，人口有 78 000 人，而且这儿的男女老少还成天在汗渍中过着拍苍蝇、擦额头、啜饮冰茶的日子。空气潮湿的令人感到压抑，英国的领事还因当地太闷热而能领取消暑费。这里没有几条铺好的路——通往商业区的主干道，名叫特拉维斯，是由海贝铺就的——只要赶上下雨，这些路就难以通行，散发着恶臭的绿色液体就从阴沟里冒出来，涌向路面。空气的潮湿程度达到了床单一年有 9 个月都是受潮的程度。尽管城市的北部和东部散布着油田，但此地却没有几个真正的石油商，有一个很出名的例外是休斯敦家族，他们家那个古怪的小男孩霍华德，倒是经常被看到在地处南区的街坊开着他的三轮车转来转去。休斯敦当时的最富之人，像约翰·亨利·柯比和老吉姆·韦斯特，都是在东得克萨斯的木材业以及跨界石油、棉花和牲畜贸易的商业中发财的。

卡伦想方设法把他老婆家的那片地卖给了一个名为R.E.布鲁克斯（R. E. Brooks）的石油商，这人是他的新邻居的一位朋友，不过除此之外，他买入的少，卖的也不多。“房地产买卖，”多年之后他说道，“那些年间，在休斯敦并未真正兴盛起来。”在他放弃之前，他坚持了4年之久，虽然满是沮丧。然后，他返回到了他唯一懂得的老买卖——棉花贸易。他在休斯敦的棉花交易中心购买了一个席位，在得克萨斯的各路报纸上打广告向大家宣称他有意收购大捆大捆的棉花运往休斯敦。他拿到了银行贷款，但这也提示了他自己的储蓄还有多少，他还有孩子要养育，而商业至少在最初是停滞不前的。1915年的一天，他一边沉思着自己凄凉的前途，一边拖着沉重的脚步来到他的办公室，此时一个名叫吉姆·奇客（Jim Cheek）的男士探头探脑地走进了门厅。奇客是一位房地产开发商，当时正忙着在小镇周围建房子。

“罗伊，我有一个提议给你，”奇客说，“你能到我办公室待几分钟吗？”

正像全得克萨斯的商人一样，奇客正思量着涉足石油行业。然而，他对石油一窍不通，不过他有做房地产买卖的经验，所以他算计着要是他买足够多的采矿权的话，可能就会有人来钻探石油了。他询问罗伊·卡伦是否愿意来为他工作，在得克萨斯收购土地租赁权。这工作简单，只要有那么一丁点发现石油的可能性，大多数农民会为了几美分的利润把他们的租赁权转出去。“我对石油可是什么也不懂，吉姆，”卡伦说，“我这一辈子还没读过一份土地租赁权协议呢。”然而，奇客的出价很让人心动：他承担所有成本，出一份丰厚的薪水，外加他们所发现的石油收入的四分之一。卡伦跟莉莉商量了一下这件事，并感到他难以拒绝这个提议。这就是罗伊·卡伦如何在34岁这么老的一个岁数才不小心变成了石油商的缘故。

他先是直奔休斯敦公立图书馆，在那里很快就把所能找到的关于石油的地质学的书都翻阅了一遍。他所能发现的却只有各种神话、童话故事和臆测。要知道，第一件货真价实的地球物理学设备要到20世纪20年代才得到广泛的应用，它所应用的使声波在地下结构中反射的技术是在一战期间研发出来的。有些人认为石油漂浮在地下的河流上，或者汇集在地下的凹处。书本上描述的石油行当到处是有身怀发现石油的特异功能的人，发誓拥有X射线眼睛的牧师，以及能用从魔杖到超自然感知能力来引导钻头的漂流客。20世纪10年代，大型石油公司开始招募地质工程师，但是他们的才华一直遭到怀疑。正如一位石油商所抱怨的："岩石！岩石！萨姆，所有你讨论的全是岩石，你觉得他们会认为我们开的是采石场吗？"

在美国，能够找到石油的地儿，就像在纺锤顶一样，都是一些已经有石油迹象或者已经存在油井的地域附近。有几家公司开始"地理测绘"，论证他们可以通过地上的一切来推理地下的世界逻辑。研究地表的学问被通俗地称作"溪滨学"，从所做的分析来看，它是研究河床和山坡的。后来，当卡伦自己开始在他认为地势低的地方以及其他有希望的地方钻探油井时，他就成了一名有声望的溪滨学家。卡伦将地质学的新工具拿来为己所用，尤其是地震仪，但是他所做工作的大部分都是跟着自己的直觉走。

卡伦为奇克规划的第一站是中得克萨斯的科里尔郡，奇克在那里的学校组织召开了一场农民会议。"先生们，"卡伦紧张地对着人群说，"我不是一个石油商，我是一个棉花商，但是我要加入石油行业，如果大家能把租赁权交给我，我会尽一切努力把它们开发了。"一早上卡伦就签了43份租赁协议，每一份一美元外加"其他有价值的报酬"。要是卡伦和奇克能够找到人来钻探油井，或者发现了石油，他们将与地主分享一定比例的利润。这些都是大大的假设，因石油拿到钱的得克萨斯农民少之又少。

在接下来的五年内，卡伦游荡在西得克萨斯，无论去哪儿都不忘拿下租赁权，他甚至漂到了西部的皮克斯河，南部的格兰德河去。虽然他长时间都回不了家，但这份薪水相当高，没过多久卡伦就把攒够的钱在亚拉巴马和奥斯汀的角落买了一栋两层的房子。不久，他老妈也搬了进来，莉莉又生了两个孩子，都是女孩。卡伦在这些年里签到了好几百份租赁权协议，他和奇克想方设法吸引投资者过来，最后以25 000美元的成本整整钻了三口井。因为三口井全是干井，所以钱都打了水漂。虽然卡伦被好好上了一课，但是他还通过吉姆·奇克和其他的新朋友在休斯敦的商业区拿到了一大把为他带来财富的合同。

到1920年，莉莉开始抱怨他出差太多，自己受不了。那时卡伦马上就要奔四口井了，而他的一群孩子都不怎么了解他。他就不能像其他的为人父的爷们一样在休斯敦找份工作吗？这就是为何当时只知道一些书本知识，以及努力工作和为人诚实品性的他决心自己钻探一口油井的。为了取得金融支持，他拿到了布鲁克斯法官的赞助，此人帮助他组建了一个由12名杰出市民组成的投资小组，其中包括约翰·亨利·柯比、詹姆斯·贝克上校——他是后来老布什第一届政府时的国务卿詹姆斯·贝克的爷爷。这个小组为卡伦提供了4万美元，然后他又从自己的储蓄中拿出了2万美元。在休斯敦南部选好一片40英亩的地块之后，他就准备在他放了一块牛粪的土地上开始他的钻探计划了。[2]

那为什么不钻得更深一些呢？当然可以钻得更深，但存在一些技术难题，而且钻得越深越费钱，所以卡伦把这个问题扔到了资助他的第二国民银行的董事会。“这件事的难点在于，”卡伦对他们说，“大家都指望着在地表发现石油，但是要是石油就存在地表上部的话，我们不需要什么门道就发现石油了……所以我们必须钻得更深，才能找到石油。”

鉴于卡伦的所有投资者，包括大吉姆·韦斯特、约翰·柯比和其他投资者，都已经损失了他们在达蒙的高地的收益，这一提议也只是碰碰运气。尽管如此，他们依然支持他按这个新点子去干。然后，卡伦直奔弗里奥砂层钻下去，这次真钻到了他创业生涯里的第二口自喷油井，这口油田几乎和第一口油井的储量旗鼓相当。在一个雨夜，它出油的速度来势凶猛，把圣诞树都给吹倒了，喷涌而出的石油把他的钻井员的眼镜盖得严严实实的，使得他花了好几个小时才控制住这一口新油井。投资者不仅拿回了成本，还获得了不少收益，如果说卡伦的未来财富之路还没有铺就，但他作为石油商的名声却打了出来。对此，后来一个名叫J. E. 达夫（J. E. Duff）的投资者评价说：“卡伦这个爷们可是很有胆识的，如果卡伦觉得哪块地皮下有石油，他会不顾一切、耗尽最后一美元也要往下钻，其他人怎么看，他一点都不理会。而且对于发现石油，他有一双离奇的鼻子。不过，就算有油田从他鼻子底下溜过去了，也不能使他狼狈，没有什么可以使他消沉。”[3]

第二口皮尔斯连接处的油井为卡伦创造了一首新颂歌，成了启发他的新赞语。他专门在破旧的、被遗弃的盐穹的侧翼开钻，并且是往更深里钻，如果没有发现油井的话，他会钻得更深一些。与他在油田一起奋战的帮手，甚至在睡梦之中都模仿他那简洁的口令："汉子们，让我们往深里钻。"其中有好多人，在接下来的 30 年还要与卡伦一起工作。陪伴他一生的业务经理林恩·米德（Lynn Meador）有次调侃道："我跟你们打赌，就算当大家把卡伦先生埋入坟墓里时，他也会猛然站起来喊号子，汉子们，让我们往深里再多钻几英尺。"[4]

对卡伦这种钻探策略持欢迎态度的人，其中就有吉姆·韦斯特，这个爱吵架的伐木商从最开始就跟了卡伦。后来，韦斯特自己也钻石油，但他所钻的油井都是不冒油的。1927 年，他把卡伦邀请到他在商业区的办公室里，并把一份交易递给他看。就像 25 年后卡伦回忆时说的，韦斯特对他说："我有 300 万美元的现钱，还有一家韦斯特生产公司，这家公司未来也就那样，所以我想把 300 万美元投在我的石油公司上，要是你加入进来的话，我给你四分之一的利润。你来当总裁，公司全权交给你来掌管。"卡伦告诉他需要时间想想这个提议。

接下来的周四，韦斯特还是没有从卡伦那里听到回信，韦斯特就再次打电话给他。韦斯特问他："上周六我就给了你一个提议，而从那之后我竟然一个字的回信都没收到，我要给你将近 100 万美元的回报，而你为何连句话都不回我，你怎么想的啊，罗伊？"

"不感兴趣啊。"卡伦说。

韦斯特听后很无语，然后咆哮道："不感兴趣，我的上帝，你想要什么啊？"

"告诉你我想做什么吧，"卡伦说，"我要和你一起玩石油，不过咱们得五五分，你投一美元，我也投一美元，但是必须让我来全权运筹帷幄，不许带有任何干涉。"韦斯特听后沉默了一会儿说，"罗伊，我不晓得你有没有这么多钱啊。"

卡伦确实没有这么多钱。"我拿出 5000 美元，"卡伦说，"而你呢，也拿出 5000 美元，然后我们利润采取五五平分。"

韦斯特对此不理解。"我要拿 300 万美元给你用，卡伦，它的四分之一可远远多于 5000 美元啊，放着肥肉你不要，你要自己出 5000 美元？"

"对啊，"卡伦继续说，"这样子安排的话，我就不是给你打工了。"

然后，他们抛硬币决定了谁的名字应该放在前面。卡伦赢了，卡伦的名字放前面，这家新的合伙人企业就被命名为"卡伦和韦斯特"（Cullen & West）。

卡伦买了联盟工具的两套钻井设备，第一套完全归卡伦所有，然后，他把它们运到了本德堡县蓝桥油田的东部，此地位于休斯敦以南。从1913年起，蓝桥油田的盐穹上产出了不少好油田，但后来就开始下滑。韦斯特反对他的选址，他说："我在蓝桥油田的旁边钻探过了，那里没有石油的，你这是在浪费钱。"

卡伦面带恶意地看着他的新合伙人，说道："管事儿的应该是我吧，是不是啊，吉姆？"

韦斯特说："当然了，但是——"

"那我们就在这里钻，"卡伦说。

他们在一个名叫巴西特·布莱克利（Bassett Blakely）的地块上开始了钻探工作，卡伦再一次直奔弗里奥砂层钻下去，而且他这次真就又钻到了一口好油井，日产将近有6000桶。到1927年年底，卡伦很快就接二连三地又钻到了4口新油井，而且日产量都稳定可观。上涨的信心使卡伦觉得，他能在休斯敦周边那些旧油田下面未经动土的更深的砂层钻探到石油，所以卡伦宣布他要进军汉贝儿油田的遗迹之下。这片被遗弃的旧油田，地处距离休斯敦商业区16英里的东北方，汉贝儿是得克萨斯州最古老的油田之一，此地在1903年就发现了盐穹，这时距发现纺锤顶油田才两年。它的产量后来就跟其他旧油田一样，也开始萎缩了下来。到卡伦开始研究汉贝儿油田旧址的地质状况时，这儿就跟油田版的鬼城一样，到处是被遗弃的钻井平台，油田四处都是坑坑洼洼的、没被用过的深坑。

吉姆·韦斯特觉得卡伦简直就是疯了。"他们已经在那里钻出了好多油井，想在汉贝儿油田旧址找地儿钻新油田都没什么选择余地，"韦斯特抗议道，"就算那里曾经还有什么石油，现在也是空无一物。"卡伦摊开地图，他指着一个点，然后告诉韦斯特说，他要在油田的东南角钻探。韦斯特问他什么时候去视察一番。卡伦说他没打算去现场看。"你连看都不看就要租地皮，"韦斯特问他，"你疯了吗，罗伊？"

"我们对汉贝儿整个油田旧址都有地质报告，"卡伦说，"去现场看了也帮助不大，没什么意义。"

"好吧，但对我有意义！"韦斯特咆哮道，"我要去那里看看！"

"去吧，吉姆，"卡伦说，"我想陪你一起，但是我可能最近需要赶紧准备好了，开钻。”

吉姆·韦斯特从他的巡视之旅回来之后，更是铁了心要阻挡他的合伙人这么干。“你必须把旧的钻井设备拆了才能找到地钻新油井，”他说，“你还必须得把那些深坑都填平，那个油田就像是块瑞士奶酪。”

卡伦不理会他说什么。他俩的性情是相反的，而且他觉得他俩的合作坚持不了多久。在汉贝儿油田旧址，卡伦的手下把旧的钻井设备拆了，搞出了一块可以钻新油井的地方来。当他们钻到第三纪中新世砂层时，卡伦就开始研究周边的旧油井，大多数油井都填满了盐水。凝视着他的油田日志，以及他从图书馆借来的书，卡伦理解到，油田的 3000 英尺以下是蓝色泥沙带，钻探手称之为秋葵带或坚硬黏土带。蓝色泥沙带再往下是 5 英尺深的盐水，然后是更多的秋葵。盐水和秋葵带淹没了油井，钻探旧油井的钻工们放弃了，没再继续打穿这一层。

对于海湾地带的深油井钻探者而言，这是必须解决的第一个挑战，但是卡伦觉得他有个主意打穿这一层。一等到钻头钻到了秋葵带的最下面一层，他就让负责推设备的人手给它们上套，用外面一层的管道隔绝可能进入管道的水流，这层管道就一路下去直到秋葵带，把水阻隔在外面。这个方法还真凑效了，盐水和秋葵全都被阻隔在了油井的外面，这下就可以自由地往深里钻了。然后，卡伦钻出了一口纯正的“管线石油”井，因为这次钻出来的石油杂质如此之少，所以可以直接送入输油管线，卖给大公司。

但是卡伦决心要钻得更深一些，钻到汉贝儿油田旧址下从没有人抵达过的处女层。这样，不管怎样，却把一个深油井钻探者可能遇到的最大的障碍带到了卡伦的面前，令人望而生畏的“使人恶心的页岩”——杰克逊页岩，恰如地质学家给它起的学名，大约位于海湾沿岸的油田的 3500 英尺以下，钻头一钻到这里，崩碎的页岩碎石就会缠住钻头，并对它施加压力，钻头就动弹不了了。还没有钻探者钻透过杰克逊页岩带，加上有那么多含油层地处较浅的油田可以钻探，很少有人去打杰克逊页岩带以下的石油的主意。

卡伦让他的钻探手道尔顿·布朗（Dalton Brown）“加水稀释”，就是往井里面注水，使井里不再充满钻探出的淤泥，这样就能使破碎的杰克逊页岩从钻头上被清洗下来。在经过“令人惊恐的一瞥”之后，卡伦是这么描述的，布朗开始用这个办法，钻头确实能够更轻松地往下钻了。不过，他们又碰上了一个杰克逊页岩的“桥梁”的阻挡，他们必须钻透这个“桥梁”才能继续往下钻。卡伦已经想好了对策，那天很晚的时候，他指挥布朗将钻头用作打桩机，先拉起来，再让它坠下去砸在杰克逊页岩的“桥梁”上，努力用这个方法打穿它。他持续地把水注入到井里面，好让钻头更自由地往深里钻。虽然花了好几个小时，但这个主意很管用，到午夜的时候，当卡伦在钻井平台旁边躺下想补补觉时，他们穿透了地下泥雪覆盖的含油层，这正是备受欢迎的母马砂层。4 个小时后，卡伦听到布朗大叫道：“醒来，卡伦，我觉得它要喷了！”[5]

在黎明前微弱的亮光下，卡伦看到石油和天然气从井里凶猛地喷出来，连接油井和储油池的 4 英尺长的倒流管，在来势汹涌的喷流中开始松动，然后疯狂地晃动起来，击打着空气。卡伦冲到储油池，跳到它的上面，然后抓住到处晃动的倒流管，直到他手下把它固定住，这一鲁莽大胆的举动其他的石油商可不敢干，但卡伦却接二连三地干了又干，他的钻探队就爱他这一点。多年以后，林恩·米德回想起卡伦的钻探队在本德堡县遭遇的一次危险的爆裂。要是当时冒出一个火花的话，就有可能使他们全部当场毙命，但是本可以坐在自己车里安安稳稳地指挥施工的卡伦，却坚持在全是钻井平台的危险中去指挥。当有个小伙子惊慌地跑开，浑身都是石油的卡伦一把拽住他的腰带，把他拽了回来。那次，他们花了一整天才把半吨重的水泥颈圈盖在油井上面，卡伦一直撑到了最后。

“这只不过是卡伦为数众多的壮举之一，但这却使那些懂他的人对他更是充满了仰慕之情，”米德说，“他从来不是直接跟他的手下说‘你们做这个做那个，应该这么做……’的人，如果需要解决某个危险的难题时，他直接跟大伙说，‘跟我来。’”

在汉贝儿油田旧址地下深处的母马砂层，卡伦发现了一系列大油井，这不仅打开了这个油田的新生机，也打开了海湾沿岸地区的其他大油田的新生机，一口口的新油田被发现。这是卡伦在坚硬黏土层上斩获的大胜利，无论如何，在石油业以外，他还没有名声，所以在当时他也就在一群五年级辍学生之间广受认可。7 年之后，1935 年，匹兹堡大学工程系静悄悄地调研了在得克萨斯州导致钻探深油井的诸多情况，然后他们给卡伦颁发了科学博士学位，以褒奖他在勘探石油领域获得的成就。

在汉贝儿油田旧址发现石油之后，卡伦返回了蓝桥油田继续钻探石油，当然，他又钻到了很多又大又好的新油井。晚上，他和莉莉坐在他们家走廊的摇摆椅上，啜饮着冰茶，聊起了他们的孩子以及他们的生活。当时卡伦已经快 50 岁了，双鬓已经开始泛白，不过他的银行账户已经开始明确地向世界宣告：卡伦明摆着就是个百万富翁嘛，不过又有几个人知道他的银行账户呢。与其他石油商不同的是，他把油井死死地攥在手里，就是不卖给任何人，尽管吉姆 · 韦斯特不断煽动他把油田转手。

1929 年秋天，在休斯敦自家门廊里闲坐的罗伊 · 卡伦，是一个幸福的大男人。不管怎样，1930 年又是新一年。

\第3章

希德·理查森与约翰·克林特

1

就在罗伊·卡伦这个顾家的大男人奔波忙碌于休斯敦周边废弃的油田时期，得克萨斯州内其他的野猫井勘探者则忙于在新的、地图上未标明的地区寻找石油。就像 20 世纪头 10 年在兰杰和伯克伯内特发现的油田，一夜之间使那些原来默默无闻的乡村土地被各大石油商争抢和囤积，一下子就摇身变成了繁荣的新兴小镇。这样的盛况，在 1921 年韦科东部的梅希亚可以看得到，在 1922 年奥斯汀东部的卢灵找得到，紧接着，一大批自喷油井的发现，又把西得克萨斯空旷的平原推到了钻探石油的前线。这些新兴小镇化身为年轻气盛、精力爆棚的得克萨斯人移动版的盛宴，他们像短程赛跑一样从一口自喷油井奔向下一口自喷油井，跟打了兴奋剂一样购买和交易土地，钻两三口油井，然后再疯狂消失在风中，奔赴下一个小镇去狂欢。

历史上头一次，把一大把野猫井勘探者实实在在地变成了富人。不过，得克萨斯州的第一批石油商发现，创造财富容易，维持财富却很难。其中，有一个典型的案例，此人名叫埃德加 B. 戴维斯（Edgar B. Davis），是马萨诸塞州一个做橡胶买卖商人的儿子，这个身高马大、重达 350 磅[㊀]的梦想家在卢灵发现了石油。作为 20 世纪 20 年代被吸引到得克萨斯州的古怪的石油商的典型代表，

㊀ 1 磅 = 0.453 592 37 千克

在参与了知名的神秘人物埃德加·凯斯（Edgar Cayce）主持的降神会之后，戴维斯拉到了卢灵的城市奠基人来帮助他钻探石油。用他自己和支持者的钱，戴维斯钻了一口又一口的干油井，总共钻了6口干油井。最后，在1922年8月热气腾腾的一天下午，在花掉了他的最后一美元之后，他办公室的家具被变卖了，电话也停机了，他开车来到乡下，祈求第7口油井和最后一次尝试能不能有转机，他停下车之后，凝视着眼前的一切，然后幸运降临了：一股石油喷了上来，射到了得克萨斯州的苍穹里。

卢灵油田延绵12英里，在沿着它的走向钻出了一口又一口的油井之后，戴维斯在1926年以1200万美元的价格转手卖给了马格诺利亚（Magnolia），换算成今天的美元的话，大约为3亿美元。接着，他过起了大手笔花钱的狂欢之旅，然后就一路走向了最让人匪夷所思的衰落，在得克萨斯石油业的历史中特别醒目。他先是在卢灵外举办了一次烧烤晚会，据称是得克萨斯州历史上最为盛大的一次烧烤晚会，他把相邻3个县的人们都邀请了过来。然后，他开始给他的手下发奖金，他给他的5名手下一人发了一张200 000美元的支票。他为卢灵修建了两家俱乐部，这两处产业一处是献给白人的，一处是献给黑人的。接着，他又捐给他的家乡马萨诸塞州一张100万美元的支票。

当他踏上了圣安东尼奥的旅途时，他的财富就已经在他的指缝间划走，他在旅途中撞见了一位老朋友，这个人是J. 弗兰克·戴维斯（J. Frank Davis），他曾经是报业界的人士。弗兰克当时是霉运透顶，而埃德加·戴维斯一时兴起，建议他写个剧本。然后，他们俩想到了一个话题：再生，埃德加打包票说，他会对这件事从头到尾地提供赞助。很快，弗兰克·戴维斯草草地就搞出了一个三幕剧的框架，并给这部剧起名为《阶梯》（*The Ladder*）。这部剧的大致情节是1344年一群住在英国城堡里的人物所经历的三次复兴，第三幕大约在1926年完稿于纽约。不论从哪个方面去评论，这都是一部极其糟糕的剧本，但是这两个戴维斯却丝毫都看不出来，兴致就像着魔一样旺盛。埃德加赞助了一位百老汇的节目制作人，那年夏天，他俩还在底特律和克利夫兰将这部剧推上舞台试演。

尽管各路剧评都极为看衰这部剧，但戴维斯坚持要征服百老汇。《阶梯》于1926年10月22日在曼斯菲尔德剧场首演，由安托瓦内特·佩里（Antcinette Perry）和休·巴克勒（Hugh Buckler）领衔主演，演员阵营云集实力派。这部剧是一个巨大的失败，尽管这样，戴维斯还是让它连续上演了两年之久，据称，这破费了戴维斯 150 万美元。这是戴维斯财富耗尽的前奏。随着戴维斯的钱包吃紧，马萨诸塞州竟然把他告上了法庭，要他归还退税款。他支付不起，大萧条又把他搞得一贫如洗，1935 年，他破产了。1948 年，《纽约客》的一个记者在卢灵发现一文不名的他，70 多岁的年纪，靠打桥牌度日，1951 年，他一声不响地就告别了世界。

20 世纪 20 年代晚期，得克萨斯州到处都是埃德加 · 戴维斯这种类型的人。大多数都被人遗忘了，有一些则成了百万富翁，只有很少的人创造了历史。

2

在这个充满肾上腺激素的领域埋头苦干的有两个好兄弟，他俩的交情延绵了一生之久，是来自雅典小镇的两个特别有眼光的小伙子，雅典小镇在达拉斯东南方的 60 英里处。在他们的少年时期，雅典小镇还是一个深藏在东达拉斯的松树林里的小地方，通往那里的路是泥泞小道，跑在上面的车是四轮轻便马车。这里生活着大约 3000 个农民，他们依靠在沙质土壤里种庄稼挣扎着谋生。这个小地方直到 19 世纪 40 年代才迎来了第一批拓荒者，到 1900 年时这里的大家族是默奇森家族，他们的族长托马斯 · 弗兰克 · 默奇森（Thomas Frank Murchison）是从密西西比迁徙到东得克萨斯的，最后于 1855 年在雅典小镇定居了下来，在这里的杂货店干起了记账员。[⊖]外号名为 T. F. 的他，很快就开了一家自己的杂货店，在常年借钱给那些付不了账单的人之后，T. F. 在 1890 年创立了雅典小镇的第一家银行。这个两层楼的新建筑紧紧挨着默奇森店铺，建在了一个广场上。

T. F. 默奇森有 6 个孩子，当他于 1902 年去世时，他把所有的东西都留给了他的 3 个儿子。约翰和他的爱妻克拉拉于 1893 年举办了婚礼，他们的房子是维多利亚时期风格的，占据了整条泰勒街，这条街以“大农场街”知名，前后一共有 8 个孩子在这里长大成人。默奇森家族的每个人身上都有股南北战争时期的气息。尽管 T. F. 默奇森并未参与美国内战，但是他喜欢让人叫他“默奇森

⊖ 默奇森家族将他们的姓氏“默奇森”（Murchison）读写为“默基森”（Murkison）。

上校”，他对扬基人、美国东部的人或铁路产业的人士不怎么待见，这是他们一整个大家族的态度。小镇里，大多数人都墨守成规地穿得风尘仆仆的，默奇森的儿女和孙儿孙女却穿着擦得铮亮的皮鞋、量身定做的羊毛衣去布鲁斯私立学院读书，这很让大家侧目。默奇森家族的人“有些势利”，他们家族的某个老相识这样评价道：“他们觉得他们比雅典小镇的其他人要优越，因为他们是默奇森家族的人。”[1]

但是有个例外，就是约翰和克拉拉的第三个小孩，他个头矮小，相貌平平，有着雪人的敦实体型，脑袋很大，鼻子长得跟豆沙包一样，头和身体之间甚至找不到脖子，脸部更是发育得像一盘化了的冰激凌。但长相磕碜、吸引力不足的克林特·威廉·默奇森却有着宛如瑞士表一般运转精准的心智。他不仅倔强，而且独立，并且对他老爹古板的处事方式很鄙视，年轻的小克林特就是随手带着算盘的汤姆·索亚，他 7 岁的时候，喜欢捉松鼠，然后把它们的皮剥下来，赚点零花钱。他喜欢户外运动，喜欢到小镇外，带着一个黑人一起钓钓鱼，而不管他那群邻居的鄙夷眼光。当他的兄弟们在银行找到了工作，少年克林特却流连于雅典小镇里面的各种牲畜大卖场带来的兴奋，商人们徘徊着想以最好的价格交易牛马。他发现这类买卖特别刺激而让人着迷，所以，还是少年的他就通过牲畜交易赚了不少外快。

与他一起玩耍的老男孩是希德·理查森（Sid Richardson），希德的老爹是一个酒吧老板，在小镇外还拥有一家桃园，另外，他还是默奇森银行的一个客户。在他们即兴远足跑到路易斯安那州购买牲畜的期间，克林特和希德建立了终身的友谊，他们在路易斯安那的牲畜大卖场先是买了奶牛，然后转手卖了赚取少许利润。第二次世界大战之前的雅典小镇，实际上成了后来的得克萨斯石油界大富翁的故乡，很多少年都成了大富翁，其中很多还成了默奇森的运营伙伴。

1915 年，已经 20 岁的克林特跟着他哥哥弗兰克，也去了三一大学（Trinity College）读书，这是一所地处达拉斯南部沃克西哈奇的大学，类型属于长老会大学，它的毕业生一般都会去政府部门供职。小克林特对他哥哥喜欢的这些课程特别厌恶，所以他就带着一帮人玩双骰子游戏，当学校管事儿的老师发现了，小克林特就被开除了，踏上了返乡的火车。垂头丧气的他很不情愿地在银行找了一个工作。由于天生精通数字，加减乘除不在话下，其他人必须在纸上进行运算的大数乘法，他想想就能计算出来。但他觉得银行出纳员的职位就是个囚笼。他向他老爹抱怨说，他买卖牲畜的一周所得，就比银行出纳员的一月所得还多，在他老爹惊愕之余，他甩手不干了。还没过多少天，美国就加入了第一次世界大战，心气浮躁而又跃跃欲试的克林特想要参军，好去外头见见世面，而且他还真的入伍了。

尽管克林特 · 默奇森特别想被派到海外去打仗，但却被指派到美国军需部的汽车运输部去效力。他在得克萨斯州、阿肯色州的部队间调来调去，最后被调到了密歇根州，正是在密歇根服役时，第一次世界大战在 1918 年 11 月收尾了，然后部队就让他退伍回家了。这时，已经 23 岁的他渴望征服世界，赢得一席之地，按着他的计划大展宏图。他跟一位年纪轻轻的石油商直奔沃斯堡，此人正是那个在他服役期间一直给他写信说可以去北得克萨斯赚大钱的老伙伴，就是那个和他一起在桃园摘桃子的哥们：希德 · 理查森。

3

对于一个被歌颂为最富有的美国人而言，希德 · 理查森在历史上却留下了很少的踪迹，要知道，希德 · 理查森辞世时，他手中掌控的石油储量要比其他三大石油公司的总量还要多。没有传记作家给他立传，关于他的生世与故事的踪影，只能在一本本杂志的注解中去寻觅，尽管他在有生之年也接受过新闻采访，但大多只是一些格言警句，以及一些来路可疑的故事。石油产业的历史研究也把他弃在一边，有一本长达 1647 页关于美国石油开发史的书，名叫《1975 年石油勘探者的艰辛征程》（*1975's Trek of the Oil Finders*），这本厚重的巨著却只提到他 3 次。在这个世界充满到处刺探消息的记者之前，一生保持单身的希德 · 理查森不喜欢写信（对默奇森明显是个例外），偏爱用电话或直接让助手来主笔重要的商务沟通，他的门徒，名声非凡的传教士葛培理（Billy Graham）有一次说道："很多年前，希德 · 理查森告诉我，'不要把东西写在纸上，如果你用电话沟通的话，他们就无法用你的话来给你制造不必要的麻烦。'"

希德 · 理查森去世之后，他的后人以他的名义向得克萨斯州的好几所大学捐献了大厦：向得克萨斯大学捐献了一所希德 · 理查森礼堂；向休斯敦的莱斯大学捐献了一个希德・理查森学院；还向韦科的贝勒大学捐献了一栋物理科学楼；另外还向沃斯堡的得克萨斯基督教大学捐献了一处希德・理查森科学中心。不过，他的家族成员对理查森的职业生涯还是讳莫如深，虽然我们现在能够在米德兰的二叠纪盆地名人堂和博物馆看到他的画像，但是在这里存放的唯一在世的传记文档却是限制访问的，只能在希德・理查森家族的允准下才能翻阅。

现在我们对理查森早年历史的所知，大多来自理查森自己跟他的朋友、家族成员、偶然造访的记者所进行的谈论，不管哪个听众，都知道这些是不能全信的。他出身寒微，而这一点是确定的。理查森生于 1891 年，他的名字希德・威廉（Sid William）是他老妈南妮起的，起源于一个前来巡游演讲的福音传道者的名字，他是南妮和约翰・伊萨多・理查森的第 7 个儿子，他的前 6 个兄妹之中有 3 个在 7 岁之前就夭折了。1903 年的一份姓名地址录显示，理查森一家人住在距广场西半条街的公共大厅开的一个酒吧里。据其家族的人传说，由于家族的生意很火爆，惹得相邻的竞争者很嫉妒。晚年时候，理查森开玩笑说，他家有时穷得叮当响，他只好睡在台球桌上。他的一些友人则开玩笑说，理查森年轻时是一个酒鬼，有时候会喝酒喝得断片了。

家族里传说的故事显示，与他的好友克林特・默奇森不一样，理查森完全就是一个说干就干的人。当他 16 岁的时候，他在一家压棉花的工厂找到了一份每天一美元的课外兼职的活儿，但他因为偷懒被辞退了。据雅典小镇当地的传闻，理查森有一个还不起欠债的恶名，有一个故事是这么讲的，传说一家杂货店的经理告诫他的冷饮售货员，要是他胆敢再赊给理查森一瓶可口可乐，他就把他开除。晚年，理查森最喜欢讲的笑话就是他老爹想尽办法使他改邪归正。

理查森说，8 岁时，他老爹把家里在商业区的一个柜台交给他打理，让他学着做买卖。后来，当他老爹约翰・理查森提议用一头牛跟他做交换，把柜台换回来的时候，希德真的就把柜台让给了他老爹，从他老爹那里得到了一头牛，然后，他吃惊地发现他现在有的是一头大大的公奶牛，不仅没地方去养这头牛，还无法用它去繁殖小牛。“我老爹在我第一次做买卖时给了我一次严重的教训，”理查森有次说，“但他开启了我人生的生意之旅。”还有一个关于理查森的趣事是这样说的，理查森 11 岁时，他老爹建议他是时候拥有一匹自己的马了。

“太好了，”希德说，“那你什么时候给我一匹马呢？”

“我不会给你一匹马，”他老爹说道，“你需要从我这里买一匹马。”

希德说，他用一整个夏天去帮人把桃子装箱，最后他用攒的钱在他老爹那里换到的却是一匹眼睛瞎了的马。

“老爹，你骗我！”他大声叫嚷。

“我没有骗你啊，”他老爹说，“人们会用他们所能使用的一切手段对付你，而你现在就应该体会到其中的教训。”

约翰 · 理查森在业余时间做牲畜贸易，当希德十几岁后，也追随他老爹的脚步试着做起了牲畜贸易。当希德没有去帮别人把桃子装箱的时候，他就带着克林特 · 默奇森到路易斯安那州去买牲畜。实质上，关于理查森和默奇森早年的每一个故事都倾向于描述他俩的兄弟情义。这无疑后来成了真的。但在理查森的一生之中，标志性的全是他喜欢跟能够帮助他最多的人做朋友，所以有人怀疑当时 16 岁的希德 · 理查森跟 11 岁的克林特 · 默奇森交好主要是看上他老爹有钱。事实上，老克林特后来确实借给理查森好几千美元，供他买牲畜用。可见，将小克林特抱在怀里不仅是情义，更是一桩聪明的买卖。

晚年，理查森最喜欢讲的是带默奇森一起长足去买卖牲畜的故事，经常会提到他俩一起去路易斯安那的拉斯顿的那次旅程。就像理查森所说，他决定买一套整洁的正装，把自己打扮成像模像样的圆滑而时髦的城里人，他就靠着这种经不起推敲的行头，以更低的价格买到了牲畜。不管他用了什么法子，理查森和默奇森确实成了牲畜贸易的行家里手。他俩发现“贸易”是一种让人刺激的消遣方式。1909 年，在理查森读最后一年高中的时候，他跟人说他通过牲畜贸易赚到了 3500 美元。

某天，理查森一家人短暂地搬到了（或者说度假性地移居）到了西得克萨斯的矿泉井城，在那里，希德的姐姐安妮开始与一个年轻有为的医生约会，这个人名叫 E. P. 巴斯，他将为理查森的人生带来深远的影响。巴斯有一个杜兰大学的医学学位，然后在理查森一家搬回雅典小镇之后，巴斯于 1909 年迎娶了安妮 · 理查森。有次，理查森驾着一辆四轮单马马车翻了车，把他的一个膝盖下面压碎了，巴斯却用妙手回春之术治愈了伤得如此厉害的理查森。虽然理查森家关于这个故事有很多版本，准确而言，当时究竟具体发生了什么，巴斯是怎么妙手回春的，都已是往事云烟，徒留一些轮廓在尘间。在雅典的亨德森郡历史学会的一个笔记中，理查森的一位外甥说那个事故伤到了理查森的右腿，当时理查森才19岁；在1954年的一次采访中，理查森说他当时15岁，伤到的是左腿。

不管当时是个什么情况，医生想要给他截肢。但是，在手术过程中，E. P. 巴斯想方设法使他避免了截肢之灾——巴斯先是取下了两英寸骨头，创建了一个“水槽”来连接剩下的部分。虽然后来理查森想办法学会了独立行走，但是自此他的一生都成了跛脚状态。有一次他说：“我练习了一种不会让我显得跛脚的走路方式，花了一年时间才练成这种走路方式。现在我用我的短腿迈大步，用我的长腿迈小步。我这种摇摆的走路方式可是我自己的发明。”

1910年9月，理查森被韦科的贝勒大学录取，但是上了两个学期的课之后，他就没再回去上学。因为在阿比林有位雅典小镇的老乡是西蒙斯学院的教务主任，于是他在1911年秋天就去西蒙斯学院报到入学了。校园里传说他是一个既聪明又懒惰的学生，他宁可多喝点威士忌，也不愿多看书。据说，因为理查森经常在宿舍敲了晚钟好久之后，都还不回宿舍，教导主任J. D. 桑德佛（J. D. Sandefer）把他叫到办公室训了好几次。据这一传说讲，桑德佛反反复复地教导理查森说他这是在浪费自己的才华。“要是你把这些浪费时间的做法抛在一边的话，凭着你的头脑和品性，你想干什么干不了，你想成为什么样的人物成不了啊，下决心当个大人物吧。”他这样说道。

有很多故事显示，理查森是一个重度酒鬼，所以我们就能理解他为何喜欢动拳脚了。有一次，他用一种狡黠的妙语嘲讽高尔夫这种运动，他说他唯一一次把球打得18次进洞是在他干了一整瓶波本酒之后。然而，酗酒倒没有对他的学业产生多大的影响，因为1912年1月，在他转入阿比林就读才4个月，理查森的老爹就去世了。然后，就没有人供他继续读书了。他的姐夫“医生”巴斯开始浅尝石油行当，而且很可能是因为巴斯的建议，理查森才决定在油田找份工作。

他从当劳力干起，白天拖拽管线，晚上在钻探平台上给人当学徒。虽然理查森从未提及他最初是在哪个油田起步的，但很可能是1911年在沃斯堡西部的伊莱克特拉新油田进入石油行当的。他最喜欢讲的故事也大多来自于这一时期。有一个故事讲的是，一天晚上，他自己一个人在那里干活，负责往蒸汽炉里添煤块，突然他竟然被土狼包围了起来。他被迫躲到烧得火红的蒸汽炉上面，一只脚换成另一只脚地在上面躲着，直到清晨上白班的工人来了，他才获救。没多久，他的教育背景得到了注意，然后他就被威奇托福尔斯的油井供应公司调去当办公室职员了。理查森说这工作在他跟记账员打了一架之后就不让他干了。不过，那场架让他的一位老板印象深刻，这位老板把他调回了油田，让他到路易斯安那州当石油侦查员。侦查员是石油产业中快乐的间谍，成天都是从一口油井开车到另一口油井，调查产油量的走势和行情，估量竞争对手的战略，收集小道消息。这个工作更多需要的是魅力和讨喜，而非要鬼把戏，理查森天生是一个健谈的人，简直太适合这份工作了。

然而，混迹石油行业却从来都不是理查森的初心、梦想。他想要做的是牲畜贸易。在油田干了两年以后，他又回到了雅典小镇，然后从克林特 · 默奇森的老爹那里借钱买了一群牛羊。但他的这个创业项目没有持续多久，就像理查森 1954 年跟沃斯堡的一位新闻记者所说："我的那群牛羊因为口蹄疫死掉了，我输在了起跑线上，更糟糕的是，我还欠默奇森先生家的银行 6000 美元。我就又回到威奇托福尔斯，在石油行当赚点钱。"

理查森最爱讲的故事是，恰好一年以后的同一天，他又返回雅典的那件事。当石油侦查员，钱比较好赚，所以，理查森开着一辆崭新的凯迪拉克，大摇大摆地就进入了小镇的广场。"我在那个尘土飞扬的广场上转了两圈，好让所有坐在长椅上的人都看到我混得有多么好，然后我驱车到了银行，把默奇森先生的钱都结清了。"他回想到，"再然后，我离开了雅典小镇。看到我混得这么牛，那些坐在长椅上混日子的家伙们全都跑来油田干活了。他们说：'要是那个傻瓜也能赚那么多钱，我们也要去。'"在这些大受触动的人里面，其中有一个就是年轻的克林特 · 默奇森。

4

1919 年春天，默奇森坐着火车回到沃斯堡，理查森终于盼到了这一天，当时默奇森还穿着他的军装呢。默奇森原本打算见过他之后，接着再回雅典小镇。但是，理查森坚持说服他直接去工作。理查森干的第一件事就是大步带着默奇森走到华舍兄弟男人装给他买了一身正装。"现在军装你得给我脱了，"理查森说道，“你穿着军装找人说话时，人们可都是要找你聊战争的，但我们就只跟他们谈石油，除了石油之外，什么也别跟他们胡扯。”所以，直到 6 个星期以后，默奇森才回家看妈妈。[2]

尽管他们都来自雅典小镇，但是他们并不是很搭。默奇森是一个精力旺盛、缺乏耐心，而且跟在他之前的大多数乡村来的小伙子一样，他觉得自己知识不够用。他最喜欢的书是词典，经常靠着词典造一些更大的词，炫耀自己的词汇量。坐车的时候，他最喜欢做的就是让同行的伙伴问他这个词是什么意思，那个字又怎么解。与此同时，理查森最讨厌自负了。不论是秀一顶俏皮的帽子，还是搞一块装饰方巾，抑或抛一个名字出来，任何能够刺激理查森说一些尖酸刻薄的话的事情，理查森通常都会报以扭曲的笑意。当默奇森用到某个大词时，理查森会皱起眉头然后说：“默克，和我再说说那个词什么意思来着？”

默奇森当时很腼腆，而且一辈子如此，要是他不必非得跟人说话的话，他就会尽量避开，不说话。虽然他在家人和朋友面前很暖人，但是在外人面前，他会让人觉得冷漠，甚至偶尔让人觉得粗鲁。与他形成强烈对比的是，理查森则是一幅得克萨斯精英的样子，他喜欢说笑，喜欢放声大笑，喜欢用一种来自蛮荒之地的口音骂人。一直到多年之后，只要他的下属或家人犯了错误，他的脸还是会立刻阴沉下来，然后骂对方是蠢货或傻瓜，要是被他骂的对象垂头丧气了，他又会把对方一把拽过来，给对方一个拥抱。“希德，”伴他一生的有位好友说，“就是能让你感觉很好。”

1919 年夏天，全美国最热门的石油游戏都集中到了嘈杂而兴盛的伯克伯内特小镇，这个小镇坐落在红河与俄克拉何马州交界的地方。理查森和默奇森在基督教青年会招待所找了房间住，然后就匆忙加入了这场石油游戏。他们拿自己的积蓄，其实，其中有很大一笔钱是从默奇森的老爹那里借来的，就开始狂热地做石油土地租赁买卖了。对于这两个急于成功的乡村小伙儿来说，这次冒险是很刺激的，那里的街道还是站满妓女的泥泞之路，脏兮兮的石油商们在角角落落里交易着一卷卷的土地租赁合同，深夜里还会有枪声回旋。租赁合同交易完全是关于油田情报的，他俩困窘地搬到了巴斯在威奇托福尔斯的房子里，这里很快成了他们招待油田的老朋友的俱乐部。在此期间，默奇森利用闲余的时间去追求他想娶的女孩子安妮·怀特了，安妮是一个娇小、迷人的女人，家是泰勒市最富有的家族之一。之前，当默奇森还是青少年的时候，他就开始向安妮求过婚，尽管当时默奇森的老爹也帮他说情，但是安妮的老爹还是觉得他们年龄太小，不适合结婚。现在，在安妮来威奇托福尔斯玩的期间，她接受了他的求婚，并且这次她老爹也同意了。他们的婚姻代表了东得克萨斯最杰出的两大家族的联姻，成了泰勒市当年的大事。理查森在走廊里摇摇晃晃地当引座员。要么是默奇森的财富一夜之间增多了，要么是他老爹又给了他更多的钱，这对新人离开招待会时开了一辆黄色的劳斯莱斯，这是克林特·默奇森送给安妮的礼物。当年圣诞节，他又给安妮的老爹买了一件貂皮大衣。

等到默奇森回到威奇托福尔斯的时候，油价又涨回来了，然后克林特又开始忙着去租赁更多的土地。正是从这时开始，他才发挥出他的天才来。人生头一次，他开始钻探自己的油井了。跟大多数的野猫井勘探者一样，他也常年现金短缺，所以他就把一份租赁合同里的份额卖了，拿钱去买钻井平台钻另一口油井，如此地循环往复。他把这种方法叫作“耍手段理财”，这让其他石油商都带着敬畏感看他。默奇森对银行业务和借贷操作的直觉式的才华，被他很轻松地转化成了对油田钻探和地质学的理解。当比他大一些的罗伊·卡伦依然信奉他的溪流地质学时，默奇森则把自己的信念放在了科学上。他雇用的第一批人手里面，有一位才华十足的地质学家，名叫厄内斯特·克鲁苏伊特（Ernest Closuit)，他是默奇森从海湾石油公司哄骗过来的。数月之内，他们俩就发现了在商业上很可观的数量的石油，克林特的好几口油井都是在御夫座牧场打出来的，而且很快，克林特就带着安妮搬到了一处租赁的房子里住。他们需要有自己的地方住，在 1921 到 1925 年期间，安妮生了 3 个孩子，全是男孩子：先是约翰，然后是小克林顿（Clinton Jr.)，再然后是伯克（Burke)。

到那时，默奇森已经不再和理查森一起工作了。尽管家族成员推测，可能是源于单身汉的理查森愿意冒更大的风险，但他们并未解释过具体原因是什么。实际上，是默奇森不再需要理查森了，他现在已经会玩石油游戏了，而且不同于理查森的是，默奇森还有家族的钱可以用来好好玩。郡的租赁记录显示，理查森花了好些年才把他在红河沿岸最后的地块脱手，但那时他已经破产了。从达拉斯的报纸上剪下来的一块小纸片显示，理查森在 1922 年返回东得克萨斯，试着钻探一口他自己的油井。土地记录显示，为了钻油井，他跑去跟十几个亲戚搭伙，他们拿开采权换来的却是一首歌。理查森靠巴斯的工队钻探了一个井，但却是一口枯井。

与此同时，默奇森却留在北得克萨斯发达了起来。他跟当地一个名叫厄内斯特·费恩（Ernest Fain）的野猫井勘探者结成伙伴，两个人在19世纪20年代，打出了一口又一口的油井。他们的合作带来的繁荣，不仅使他们有钱在威奇托福尔斯的一栋大楼里开始办公，而且最后使他们有能力创立了一项副业，帮助另外的石油商钻探油井，他们叫它“合同钻探”。到1925年，默奇森转眼30岁，他已经成了一个富人，每月大约能收入30 000美元。但是北得克萨斯的繁荣在萧条，他又开始四处寻找新的机会。当厄内斯特成了去别的区域钻探的障碍后，默奇森就解除了跟他的合伙人关系。

他拿着自己的实收款项，大约有500万美元，把安妮和孩子安置在圣安东尼奥这个大都会。他跟他的朋友开玩笑说，他要退休了，但他内心真正想要的是一种安顿下来的生活，可以在一间整洁的办公室就上那么几个小时的班，能在厄内斯特·克洛苏伊特和新的雇员团队在油田工作的时候，过着回家吃晚饭的生活。当时，圣安东尼奥周边发现了不少新油田，默奇森就选了其中好一些的油田，然而他一直以来真心向往的是往南一直延伸到墨西哥边境的广袤的牲畜牧场，这与理查森一样，理查森真正想当的是一位优雅的牧场主。

无论如何，他设想的生活在圣安东尼奥并未实现，那年冬天，默奇森带着安妮和她的姊妹去纽约度假，送她们到新奥尔良上了船。当安妮回来之后，安妮发现她皮肤上长了好多暗黄色的斑点。医生诊断她是患了黄疸，很可能是由船上污染了的水导致的。她的状况很快恶化了，被送进了医院，然后在1926年5月离开了人世。默奇森悲伤欲绝，他把孩子们交给亲戚照管，然后消失了，开车去了州外，独自一人绕着州游荡，游荡了好几个星期，还经常带一瓶威士忌在身边。但他手里剩下的公司开始衰落了。“当安妮去世后，”多年后默奇森告诉他的秘书说，“人们都说那一年我都成天醉醺醺的。”

5

虽然早在18世纪初，得克萨斯州就迎来了第一批定居的美国人，但是却没有人想跟得克萨斯州西部地区扯上什么关系。出了沃斯堡，走 600 英里就能到埃尔帕索，再往西就是荒芜的、毫无生机的大平原，大部分都是燥热的。印第安人一被驱逐，前来定居的美国人发现这里除了可以放牧牲畜，就没有别的用处，而且 20 世纪头 10 年的一场大旱把许多经营小牧场的老板撵回了东部。20 世纪 20 年代，去西部谋发展肯定不是好主意，离开西部才是上策，大多数县城就算有建好的路，也是相当少，而且沿途也就有三两小镇，镇上也就几百人。对于大多数得克萨斯人的谋生来说，整个地区都不在考虑范围之内。

在发现纺锤顶油田 20 年后，石油商开始跑到平原去找油田，在那里交易租赁合同，从沃斯堡到佩科斯的每一位牧场主都跟来钻石油的人说，自己的地下面有石油。大多数情况下，地质学家对此都是嗤之以鼻。这里只钻探了很少的油井，没有一口井打出过石油来，最多只发现了惨白的石油的踪影。然后，就像纺锤顶上发生的，当地一个名叫鲁伯特 G. 里克（Rupert G. Ricker）的律师开始在他的家乡大盐湖周边收购租赁合同，大盐湖坐落在圣安东尼奥西部的高原平地上，就一个犄角旮旯那么大。当里克钱不够用了，他就把手里的租赁权卖给他的一个老战友，此人认识一个希望把这块地卖给大公司的同伴。因为找不到接手人，而他们手里的租赁合同又要超期，所以他们只好必须得钻出一口井来。命运来得恰恰好，打出来的正好是一口自喷油井，这口井就是圣丽塔一号油井，正是这口井一下子使西得克萨斯的地皮全都被热卖了起来。

所有的大公司都加入了进来，从米德兰和奥德赛的那些小镇一路向南，到格兰德河（Rio Grande），再到埃尔帕索。1926 年，一个名叫耶茨（Ira Yates）的牧场主，一直对那些石油侦查员死缠烂打，求他们在佩科斯郡他的地皮上钻一口油井，他也求过罗伊·卡伦，但罗伊·卡伦拒绝了这一机会，不过最后总算钻了一口井，它同样是一口自喷油井，而这开启了耶茨油田（Yates Fields）的传奇故事，这是在得克萨斯州发现的最大的一口油田。同年，一个名叫罗伊·韦斯特布鲁克（Roy Westbrock）的、说话特别快的倡议者，被聘来钻探一口井，本来他没指望会打出多少让那些疑神疑鬼的投资者满意的油井，他跑到更西边的地方去打油井，跑到了边远的温克勒县，该县围绕着新墨西哥的东南角。正如他们给它起的名字一样，亨德里克斯油田把几十个石油商全吸引到了西得克萨斯最边远的角落。

正是在这个最荒无人烟的犄角旮旯之地，温克勒县，得克萨斯人发现了大量的石油，而这个油田的量级不仅在克林特·默奇森的职业生涯，而且在希德·理查森的职业生涯里，都尤为显著。那里还没有真正的小镇，唯一可定居的地名叫科米特，这个地方是以西奥多·罗斯福的儿子命名的，他曾在一次打猎中造访过此地，但这个地方也不过只有几户人家。这里没有修好的路，也没有邮局，更没有电话，就没几个人。根据1920年的人口普查，这里只有81个人，到1926年时，只有6名选民。这里没有河流或湖泊，只有一片又一片泛黄的草地，一处又一处的沙丘，而这里滚烫的热风把野草的种子吹洒到荒野的角角落落里。不过，亨德里克斯油田的大发现造就了得克萨斯兴旺繁荣的小镇，它就叫温克（Wink），这里先是建了一个牲畜牧场，然后，几个月之内，就成了上万油田工作者、投机商、妓女、赌徒以及支撑他们的批发商的家园。

西得克萨斯的自喷油井将默奇森从酒精和抑郁症里拯救了出来，很碰巧，他在温克勒县早就有一些租赁地。然后，默奇森就派他的地质学家厄内斯特·克鲁苏伊特去西部钻油井，而且克鲁苏伊特已经开始分析从新油田拿到的数据了，默奇森则开始忙着打电话。跑到边远地区，穿着满是泥泞的牛仔靴到处奔走，晚上住在可能被风吹走的帐篷里，这些可不是克林特·默奇森的菜，他通过电话发现的石油比他的同行在地上找到的石油多了去了。到1926年年底，他在亨德里克斯周边就买到了80英亩的土地。

有一天晚上，他和克鲁苏伊特在圣安东尼奥会面，他们的试验油井是一口好油井。没花几周时间，他们就又钻到了十几口好油井。问题是开采出来的石油没有地方放。当时，默奇森做了其他石油商都会做的一件事：他建造了两个巨大的、储量50万桶的储油池。离他们的油田最近的铁路尽头站是佩奥特，就在温克的南边，但是没有途径把油运到那里去。虽然默奇森也不懂输油管线，但是他决定试着自己建一条。佩奥特的一位伐木场的工人告诉他，要是默奇森愿意花钱的话，他可以找一条二手的输油管线拿来铺。默奇森搞定了贷款的问题后，就立即动工建造输油管线了。但是，输油管线还没有修到佩奥特，他就听到了一个让他很受打击的消息，汉贝尔石油公司也开始建造自己的输油管线，默奇森自家的石油产量没法满足输油管线的运量，要是其他的石油商都跑去用汉贝尔石油公司的输油管线的话，那他将面临巨大的损失。

接着，有一天傍晚，当默奇森沿着温克那条泥泞大道往南走时，他突发奇想，为什么不为当地人提供天然气来取暖和照明呢？他已经有一条输油管线，只要花几周时间就可以把它沿街一路铺过去。所以，他以每户 5 美元一月、公司 10 美元一月的价格邀请当地的常住人口接入他的输气管线。尽管天然气在英国已经有一个世纪的使用史，但是在美国，天然气还没怎么被采用，而且大多数石油商都是任由他们发现的天然气白白飞向大气。默奇森对这一买卖的简单至极很是惊喜，管线一修好，他所需要做的就是按月坐收大把大把的美元了。当西得克萨斯其余的小镇说它们也想修建自己的输油管线时，默奇森就兼并了温克天然气公司，然后把油气管线修到了佩科斯、巴斯托和佩奥特。他在俄克拉何马州的一位朋友说他的小镇也需要来一条，默奇森就派出施工队，把油气管线往大北方修，到 1928 年中期，他就已经有装配好的油气管线，可以把天然气输送到金菲思尔和亨尼西了。他还派销售人员去南得克萨斯兜售这个主意，很快他就签署了一大批合同，开始向纳瓦索塔、席里、贝尔维尔和哥伦布输送天然气。

1928 年晚期，在向达拉斯的好几家银行扩大了贷款之后，默奇森搬进了一处建筑时髦的公寓里，叫枫之台。他的室友是一个来自兄弟会的近视眼，名叫威福得·凯恩（Wofford Cain），他运营着俄克拉何马州这边的油气管线业务，虽然此人很难取悦，但他们俩却在后来一起共事了几十年。1929 年 1 月，为了归置公寓中他在圣安东尼奥的办公室里那一堆堆的文件，默奇森在达拉斯商业区的美国交易大厦的 15 层租赁了房子，他跟他的兄弟弗兰克和厄内斯特·克鲁苏伊特一起搬了过去，正式把他们的漫长的天然气运营业务整合在了单独的一家公司里，他们决定把这家公司叫作南方联合天然气公司。默奇森可是要大摆南方联合天然气公司的棋局了，这可是他那些得克萨斯的同行连想都没想过的。他想把它打造成一家全国性的公司，把它的股票和债券在北方的股市上开售。默奇森负责安排和建造油气管线，克鲁苏伊特负责钻探天然气，弗兰克·默奇森则被派到芝加哥去筹集资金。

克林特和克鲁苏伊特很轻松地把他们这一头的工作做好了。那年春天，在他和威福得·凯恩去新墨西哥州游玩的时候，他们发现了他们的下一批客户地，阿尔伯克基和圣菲，这两个地方竟然没有一个用天然气。然后，他俩放下打猎和钓鱼，花了好几周时间谈判收购一家小型石油公司的事情，这家公司在法明顿附近发现了天然气。他俩一搞定天然气供应问题，默奇森没怎么费力就拿到了特许权，开始为圣菲供应天然气。但是，阿尔伯克基就是另一回事了。那里有一大堆竞争者想把他撵出去。在一次城市议会上，市长问哪一个投标的能够提供 25 000 美元现金的债券来确保其中标之后的可行性。每个人都举起了自己的手，当市长把价格抬高到 5 万美元，只有默奇森和另一个人举起了手。当市长把要价提高到了 10 万美元，只有默奇森举起了手。他潦草地写了一张支票，然后就把钱拿走了。

当他们散会出了大厅之后，凯恩瞪着他说："我们银行里没有这么多钱啊。"

"我们回去之后再考虑这个。"默奇森说。

默奇森后来大半辈子都是这么玩的，作为一位银行家的儿子，他懂得他总能找到一个好说话的贷款人。当时，他就直接上火车去了达拉斯，去找他老爹在那里的一位老朋友，南森·亚当斯（Nathan Adams），他是达拉斯第一国民银行的总经理。亚当斯是默奇森的这块大布丁里的一个重要元素。默奇森只需要跟他见一次面，就可以贷到 10 万美元。"如果你诚恳而且真正努力地去做，你的贷款人就会陪你玩。"后来他告诉凯恩说。

第4章

大重婚者与大繁荣

你不能去反对一个人，认为人家妖魔附体，天生长着一副五行相克的面相。他只不过就是有时很难与普通人一起相处罢了。

——玛格丽特·亨特·希尔（H. L. and Lyda，1994）

1

20世纪20年代，在东得克萨斯州的四分之一处，达拉斯、休斯敦与路易斯安那州的什里夫波特三点连成的三角地带有一片稠密的松林，这可是美国人所知的一个落后地带。这里零零散散分布着覆盖有柏油纸的村庄和锯木厂，这片区域没几条铺好的路，电话也很少见，几乎看不到多少室内管道，更见不着几个人。在尝试着把棉花、玉米和山药都种了个遍之后，十几年的干旱使这里的白人农场主颇为遭罪，经常有银行上门催债。懒洋洋的舍伍德森林总是在经济萧条的边缘上摇摇欲坠，东得克萨斯大多如此，这里的居民大多贫穷得很，而且性格多疑，是看重圣经的基督教原教旨主义者。1926年，一个打保票说能在这些松树针密集的地下发现石油的男人来到了得克萨斯，在得克萨斯州扮演起令人难以相信的罗宾汉。

这个人就是哥伦布·马里昂·乔伊纳，要知道当他来到东得克萨斯时，他已经是66岁的高龄了。他个子高挑、和蔼可亲、腰部稍微弯曲，他自称曾是一个知名的石油商。他从一个农场溜达到一个农场，到处去谈论他对石油前景的看法，但他的时间更多地花在了拉斯克县几位年纪很大的寡妇身上，那是一个靠近路易斯安那州州界的小县城。这些夫人拿茶饮和下午漫谈款待他，并且还把她们的开采权交给他。这位老先生没有提及的是，当时他已经穷得只剩下 45 美元，而且他是在达拉斯的报纸上读了她们丈夫的讣告后，才找到这些寡妇的。

看你跟谁谈了，乔伊纳要么是个精明狡诈之徒，要么是个完全凭运气的石油勘探者，再要么就是此二者的某种组合。出生在美国南北战争前夕的亚拉巴马州，他有一个法学学位，还在田纳西州的立法机构服务过一个任期，而后他便在俄克拉何马州的版图上，找了个靠近他姐姐的地方定居了下来。他姐夫是位乔克托族（美洲原住民中的文明化五部族之一）的印第安人，把他推荐给部族的首领们。乔伊纳的法律头脑令他们印象深刻，就这样，他们雇用乔伊纳来为他们的开采权进行销售谈判。乔伊纳一度暴发起来，用他的收入累积买了 1.2 万英亩的基本农田。但是正如修・罗伊・卡伦遭遇的一样，1907 年的大危机也使得乔伊纳一无所有。就这样身无分文，他漂流到俄克拉何马州的油田，在那里靠贩卖租赁权勉强度日，住在木板搭成的房子里，乞讨为生。

正是那时，他遇上了劳埃德医生。劳埃德的真名是约瑟夫・伊德尔伯特・达勒姆，他是一位面容苍老、满脸褶皱、重达 300 磅的胖子，他从西部的辛辛那提游荡至此，凭借在药理学方面接受的一星半点的思维训练，一路混迹江湖，在他经营的“阿隆佐医生的高超医药秀”中拿各种毫无价值的药物沿街叫卖，到处忽悠人。那次投机取巧结束后，劳埃德又开启了墨西哥（1912 年，新墨西哥州成为美国第 47 个州）、爱达荷州和加拿大育空地区的淘金之旅，最终在读了足够的地质学书籍后，来到了俄克拉何马州的油田试一下运气。20 世纪第一个 10 年末期，当他开始跟乔伊纳联手时，劳埃德宣称自己是举国知名的地质学家，那当然是不可能的。乔伊纳和劳埃德两人一起为几个钻井的风险项目筹集过资金，这其中多数是来自农场主们和寡妇们的支持。他俩可都是哄骗女人的高手，劳埃德自己就有六任前妻，因此他对假名的嗜好就不言而喻了。在这个二人转的组合里，乔伊纳是商人，劳埃德则是他的“专家”——一个负责将各种数据堆积成厚厚的地质学报告的角色，其中多数都是废话连篇。他们从未找到数量可观的石油，但他们确实筹集到了足够的钱来谋生。

20 世纪 20 年代，在俄克拉何马州钻了一连串不冒油的干井后，乔伊纳开始到东得克萨斯进行商业冒险，并在腊斯克县拿到他的第一批租赁权。其时，石油侦察员已经在这片地区嗅探了 20 年，尽管钻探了一两口油井，但无人斩获真正的大油井。即便如此，乔伊纳有一种直觉或灵感，奔着能够整合到一块 5000 英亩的租赁权的想法，他在 1925 年就搬到了达拉斯，在禁卫军摩天楼搞到了一个[illegible]间房大小的办公室，并渐渐地说服了好些东得克萨斯州的寡妇们把她们的开采权转让给他。到 1927 年的时候，他手中的土地已经多到可以让他去畅想钻探石油了，恰在此时，劳埃德被拉入伙。这个一度贩卖万应灵药的精明商人粗制滥造了又一个厚厚的报告——《关于得克萨斯州腊斯克县的地质、地形及产油报告》，这篇报告把腊斯克县的地质构造描述成一个由背斜构造、岩丘、地质断层构成的迷宫，而在这个迷宫里储藏着世界上最大的油田。这篇报告没有一个字是真的，但是到了精明的乔伊纳的手里，这篇报告却打动了腊斯克县的几十个寡妇和她们的一些朋友。就这样，乔伊纳和劳埃德拿到手中的开采权几乎逼近了 4000 英亩，另外还拿到了他们钻探一口油井所需的成千美元。

到 1927 年 8 月份，乔伊纳把他的设备准备好了：几段生锈的管道、一个 112 英尺高的木制钻塔，以及两个锅炉（其中一个用来做轧棉机的）。他从达拉斯用花言巧语骗来了一位钻工，并用每天三美元的待遇雇用当地的农场小伙来充实自己的钻探队伍，然后他就在一个林间空地破土动工了，这个林间空地属于一位叫黛茜 · 布拉德福特的寡妇，她是乔伊纳最喜欢的一个，54 岁了还喜气洋洋的，被称为黛茜女士。六个月之后，乔伊纳的钻探队钻了 1098 英尺深后管道卡住了。乔伊纳动用他手头最后的资金在井中装填了炸药后进行爆破，即使这样也没能把管道取出来。他放弃了。为了钻探第二口井，他大约又用了六个月的时间才把资金筹集起来，这次乔伊纳从离第一口井 100 英尺远处开钻，这次钻到 2500 英尺时管道又坏了。他告诉黛茜女士别担心，因为劳埃德医生预测油就在 3500 英尺处。他承诺，下一口井一定是自喷油井。

而正在那时，乔伊纳走运了。汉贝尔石油公司的一个钻探队在当地 60 英里不到的地方钻到了石油，这次出油的走向来自一个之前并不知道的位置——伍德宾砂岩地层。一时间，东得克萨斯的所有人都想谈论的是伍德宾砂岩层。乔伊纳一分钟也不浪费地依靠这则新闻变现了，把第三口黛西 · 布拉德福特的油井以25美元一股的价格卖给了当地的几十户家庭。凑够钱之后，他就从什里夫波特把一位名叫艾德·拉斯特的一流的钻探工吸引了过来。拉斯特开始在黛西女士家的林间空地中钻探一口新油井，两天之内就钻到了1200英尺的深度，然后两个锅炉撑不住了。当把锅炉修好后，乔伊纳再次没钱了。拉斯特一度辞职，后又回来。乔伊纳开始从达拉斯开车把一些有希望的投资者接过来参观，炫耀这个新油井，而拉斯特也参与进来，从钻探出的泥土中取样给他们看，发誓说这些泥土中含有石油的迹象。

但1929年10月，股市的崩盘使得乔伊纳没有任何可能去筹集到更多的钱，最后，这次花了整一年的时间才凑够钱继续往下钻。但是，拉斯特在1930年夏天就回到钻探的岗位上，最终在7月末的时候，达到了3456英尺的深度，离劳埃德医生预测的他们能够钻到石油的断层只差44英尺。拉斯特从那个钻探点重新取回井底的一些土样，并震惊地发现它浸满了石油。他开始兴奋起来。一个星期过后，拉斯特提取了第二次、更多的土样，7英寸[⊖]厚，并且发现它同样含有大量石油。那年春天，好奇的石油侦察员开始出现在钻井周边，而拉斯特忧心的是有人知道了他的发现该怎么办，如果消息传出去，那些钻探石油的巨商肯定会把县里剩余的每一英亩土地都抢食了去。实际上，在同一天晚上，一个辛克莱石油公司的侦察员在一个桶里发现了拉斯特的土样，但他将之视为投机石油者的用以引诱一家大的石油公司来并购油井的诡计，之后就置之不理了。

整个热烘烘的8月，乔伊纳和拉斯特都在拼命工作，准备为这口油井——黛西·布拉德福特3号井进行正式的测试，这一测试将采用一种名叫铅柱的设备来吸取任意可测数量的石油。此时，已开始有成打的侦察员开始在钻井区域逗留闲谈，站在一边议论乔伊纳是真的发现了石油的踪迹，还是仅仅伪造成就要钻出石油的样子。

最后，1930年9月5日，一切准备就绪。正当所有准备接近尾声的那个下午，一辆汽车来了，一个6英尺高的穿着衬衫、打着领带、戴着草帽的肌肉男走了出来。

他就是H. L. 亨特（H. L. Hunt）。

⊖ 1英寸 = 0.0254米。

2

H. L. 亨特是一个古怪的男人，一个深深活在自己奇怪的内心的独行侠，一个自学成才的思想家，他极为深信自己是一个被近乎超人类的才华附身的思想家。他可能是对的：在美国商业年鉴里，从未出现过任何一个跟哈罗德森·拉菲埃托·亨特非常像的人来。曾几何时，当就像希德·理查森这类天天四处奔波的瞎掘油井的人们挤不出时间讨老婆、更不用说组建一个家庭的时候，亨特先生却搞出了三个家庭，当然，其中有两个是秘密的。如果有人将他的一生拍成电影的话，没有人相信这会是真的。

这个男人终于使得克萨斯州的石油商人的秘密活灵活现起来，而他那狂妄不羁的家族大剧某天将会俘获整个国家，要知道，他可不是在得克萨斯长大的，前 30 个生日也都不是在得克萨斯过的，并且直到他过完第 30 个生日之后好一段时间，才有人把他引进了石油行业。他出生于 1889 年，他在家里是排行最小的老八，养育他长大的老爹是一位参加过南部联军的退伍军人，生他时已经比较老，战争结束之后，他老爹就带着家人一起移民北方了，举家搬到了地处伊利诺伊州南部地区、圣路易斯东南 70 英里的一家农场。家里人叫他朱恩（June），朱尼尔（Junior）的简称。他父母意识到他有着神童般的智商时，他才刚开始蹒跚学步。多年过后，他的兄弟姐妹都发誓说他 3 岁就能大声朗读报纸。他在数学方面的领悟力成为当地的佳话，人们对这个小家伙不动笔就能进行大额货款的乘法运算颇为惊奇。早些时候，朱恩的数学技艺就已经展现在他对扑克牌游戏的痴迷上，直到他终老的岁月，打牌都是他听之任之的一个嗜好。

他的母亲埃拉，非常溺爱这个家中老小，总是把他夸来夸去，并且用母乳喂养他到 7 岁，多年后，亨特还会带着怪怪的骄傲感唠叨这一点。所有这些奉承和关注，把一种敏锐的资格感灌输到亨特的大脑里，把一种他才华非凡的感觉灌输给他，也让他觉得自己有比日常遇见的阿猫阿狗高得多得多的洞察力，而这种自信也变成了他一生的特质。当亨特出生时，他那位严格但却机智的老爹（别人都称呼他“哈希”亨特，意即假糊涂亨特）已经把最初 80 英亩的农场扩展到了 500 英亩，这可是费耶特县数一数二的大农场了。小亨特在农场帮忙，但到 16 岁生日的时候，他就开始露出不安分的迹象。他跟他老爹开始合不来，当小亨特跟他们说没兴趣读大学时，他老爹和几个哥哥就给他施压，逼着他当了银行职员，他那么会玩数字运算，应该很适合。但是小亨特就跟小他十岁的克林特·默奇森（Clint Murchison）一样，对出纳员这个岗位提不起兴趣来，小亨特渴望去外面看一看世界。

就这样，1905 年的一天，16 岁的 H. L. 亨特把一副牌收起来放在自己的睡袋里后，就一溜烟儿离家出走了。他从圣路易斯火车站搭了一辆火车，驶向堪萨斯州西部，盘算着去当劳工碰碰运气。到那里之后，劳工没当成，他就在霍勒斯市的一家站前小饭馆干起了洗碗工。他硬撑了一个月就干不下去了。然后他就从堪萨斯又跑到了科罗拉多，在那儿找了个收割甜菜的活儿。到了盐湖城南部之后，他又当了一阵子牧羊人。随后，又坐上火车冲着南加利福尼亚奔去，在那儿找了一份驾着两轮骡马车子倾倒砂石的活儿。到了圣安娜小镇后，他干起了第一份在牧场的活儿，又一次与骡马两轮车为伴儿。大约两年的时间，亨特都是由着自己的性子，一份又一份地换工作——跑去阿马里洛城外播种牲口吃的饲料作物，跑到亚利桑那州北部去当伐木工，四处奔波中还差点赶上洛杉矶 1906 年发生的大地震，也就是在大地震发生的前几天，他为了参加半职业化的棒球队才离开了洛杉矶，向里诺城奔去。

有一阵子，他哥哥莱纳德与他在一起。1908 ~ 1909 年年间，他们俩在太平洋西北部地区辗转了个遍，先是在华盛顿州和蒙大拿州帮人收割庄稼，然后又去南北达科他州干。当莱纳德找了份教师的工作后就返回伊利诺伊州了，亨特就独自北上加拿大继续找活干。但当他刚刚抵达萨斯喀彻温省的穆斯乔时，他就收到了父母拍来的讣电，说莱纳德已经去世，但对为何去世只字未提。当亨特回到家里，已经是 1910 年 2 月，参加完莱纳德的葬礼，亨特又去西部待了一年，直到 1911 年 3 月 11 号，当家里拍来他父亲去世的电报，他再次返回家中。

在父亲的丧礼刚过的那段日子，亨特最终开始直面自己的未来。那时，他已经 22 岁，凭着从父亲那里继承的 5000 美元，1911 年他可以在美国任何的行当去创业：农业、放牧、酒馆老板或者其他行当。他无法安安静静地坐着把大学念完，这点他自己清楚。而且亨特还知道自己对这里的农场生活是多么厌倦，再说他已经去西部闯荡过。然后，想着他老爹对他讲过的南北战争时期在阿肯色州南部的小镇造访过的那片草木茂盛的沃土良田，他便决定南飞。正如罗伊・卡伦一样，他对他的南部遗风很是自豪。种植园经营者的悠闲生活吸引着他，1911 年年末，他就来到了他老爹提及的那个小镇——湖边村庄，地处阿肯色州西南部最好的棉花产地的中心地带，刚好是密西西比河流经的内陆。

当时棉花价格在暴涨，湖边村庄的价格也跟着上涨，这个依傍希科河的小镇正值一片繁荣景象。没花几年时间，这个小镇的人口就迅速增加到 1500 人。在旅馆租了一个房间之后，亨特把他爹大部分的遗产花在了一个名叫河口牛肉的农场上，这个农场有 960 英亩大小，距小镇 5 英里远。然后，他又跑到小石镇买了马匹和骡子。第一年，他的棉花被密西西比河 35 年一遇的洪水冲了个一干二净，但是亨特很快就恢复了过来。农场的活由亨特雇来的黑人干，这使得他能够花大把的时间打牌。要知道，他从棉花田里挤出的时间几乎都花在了打牌赌博上。

当亨特二十五六岁的时候，他开始变成一位严肃、独行的青年人，克制稳重、做事专注、遵守戒律。他长着一张书生的面孔，一个柔软的鼻子，以及一双相互隔得有点远的眼睛。他穿衣整洁，不酗酒，在湖边村庄一带被认为是一个触感怪异的人，一个深刻的思想者，一个喜欢读报纸并且偶尔写诗作词的人。尽管那样，人们依然喜欢他。在跟四邻八舍打交道的过程中，赢得了诚实本分的名声。比如，当他为了农收季节跟他人借了钱，他肯定及时如约归还。他也带着自己喜欢的女孩子到处转，但是几乎总是很低调、不炫耀、很少让他人知道，在这个小小的南方小镇上，这使他有了几分神秘感。当他手头宽裕的时候，他就搭上火车去孟菲斯和新奥尔良玩赌注较大的扑克游戏，在那儿，他有了自己的绰号——亚利桑那・斯利姆，后来这一昵称他用了一辈子。接着是 1914 年的秋天，亨特的母亲死了，在她母亲辞世之后的几周内，他就向一位湖边村庄的女孩求婚了，这大概不会太让人吃惊，因为这位女孩跟他母亲埃拉・亨特（Ella Hunt）长得很像。

那会儿，莱达・邦克（Lyda Bunker）是一个长相平平但身材丰满的女教师，出身于当地很有名气的家族，而且当时这位娴熟安静、稳重可靠的女士正要嫁给另外一个人。亨特当时约会的是莱达的妹妹，但是爱情凶猛来袭，尽管他俩当时都有对象，但是他俩为了结婚、在一起，就跟旧恋情撇清了关系，然后在邦克家里举办了一个简单的仪式就完婚了。这对新婚夫妇搬进了邦克家族的一处外租的房子里，建立了家庭。1915 年 11 月，他们迎来了第一个孩子，是个女孩，起名玛格丽特（Margaret）。两年之后，上帝又将一个男婴赐给了他们，起名小哈罗德森·拉斐特·亨特（Haroldson Lafayette Hunt Jr.），昵称哈希（Hassie）。

亨特的财产随着棉花的价格、扑克的输赢而涨跌不定，而现在却有两张嘴要去喂饱，莱达就开始催促他去找一份更加稳定的工作。“朱恩，”她不只一次地恳求道，“你为何不去找一份稳定的工作呢？”但是亨特还是沉浸在从打牌赌博、片片庄田以及棉花赚钱潮中得到兴奋而上瘾，当第一次世界大战开始的 1918 年，他的好运就到头了。执信棉花潮已经没有上涨空间，而且有了终结的表现，他就拿棉花价格势必下降豪赌了一次。但价格并没有如期下降，他丧失了一切，就连他放起来储备的小钱都未幸免于难。根据家族内部的说法，亨特通过去新奥尔良的大赌注扑克游戏，才仅仅使得农庄得救，这次赌博，他想方设法把手里最后的几百美元变成了 10 万美元。农庄土地是保留了下来，但是大部分土地却因为要抵押给银行而变得无用，而那时当他预想的不景气终于来袭时，棉花和土地的价格却一起做自由落体运动了。生平第一次，亨特开始反思自己的这种生活方式，那年他 32 岁，早已不是小孩子了。

1921 年 1 月，正如亨特多年之后回忆起的，正当他与一个叫内尔（Noell）的家族谈判购买土地的价格的时候，他的顿悟产生了。那天下午，在他跟内尔家族的漫长的对话中，他猛然听到其中有一个男的谈及了在埃尔多拉多发生的狂热景象，而这个地方就在南阿肯色州距湖边村庄 70 英里的西边。前一年春天，这里就发现了石油，随后有成千上万的人一拥而入，都想在这个小镇里发现更多的油田。这个消息令人振奋——远比天天祈祷着棉花和土地的价格回升的那一年令人兴奋。亨特跨过门廊，凝望着坠落的夕阳，“你究竟想要做什么？”他问自己，“难道你就打算把余生荒废在这里？为什么不把土地都承包出去，尝试一些新东西呢？”

亨特下定决心回到了湖边村庄，打算去筹集足够的现金，去埃尔多拉多大干一番。两个小镇银行都把他拒绝了，因为当时这两家银行本身就现金紧张。

亨特只从跟他经常打牌的牌友三人组那里筹到 50 美元。这些就已足够，他带上他的伙伴，然后登上了去往埃尔多拉多的火车。他们抵达了这个在动荡不安中的新兴都市，在这里充斥着赌徒、妓女以及各种类型的骗子。

从火车小站的阶梯上，亨特瞥见下面是一条泥泞干道，这就是南华盛顿大街，路上挤满了熙熙攘攘的人群。这个小镇在不到一年的时间之内，从可能的 1000 人爆炸式增长到差不多 5 万人的规模。那时已经没有房间可供出租，搭着帐篷的人群遍布整个城镇。就连最后所剩无多的铺位、理发师的座椅都高达两美元一晚。空间的租价如此昂贵，市政府便开始在人行道上出租地皮，将南华盛顿的东部地盘变成了叫作汉堡胡同的一排户外烧烤街。这一切，在亨特眼里，就是一个聪明人能够轻松赚钱的风水宝地。“我所需要的，”他自言自语地说道，“就是一副牌和一些扑克牌筹码。”

第二天亨特便开始打牌作战。尽管埃尔多拉多满是专业的牌手，但是还有许许多多的新靶子涌入小镇来。亨特大赚了一笔，他接二连三稳妥地赢了几笔大的，有三次拿下了镇里最大的扑克比赛。他很快就攒够了可以在小镇为数不多的宾馆里租一个小房间的钱，又过了些日子之后，他就攒够了在南华盛顿下面租个简陋的小屋的钱，在那里他开了他自己的又黑又脏的桥牌室。又过了几周，他就攒足了钱，接管了那条街上一个宜人的建筑物的第一层，在一个很大的单间里，他摆满了牌桌、椅凳以及可以掷骰子的地面区域。亨特的这个特别的小赌场是一个整洁、安全的地方，与小镇的暴力与肮脏形成对比，他赢得了美名且不惹麻烦。然而，很快，市政府便开始了一场清理运动，关停了妓院和汉堡胡同。

这就是 20 世纪 20 年代的南阿肯色州，埃尔多拉多的扫黄运动被三 K 党（Ku、Klux、Klan）的势力扩大开来。正如亨特多年之后提到的故事一样，那年夏天的一个晚上，一伙儿二三十岁左右的穿着白色长袍的三 K 党党徒来到了他的小赌场外面，“关掉这个地方，”领头的人喊到，“关掉它，不然……”

亨特依然开店营业，但他却再一次陷入了转变职业生涯的思考中。埃尔多拉多现在已经是石油小镇，很自然地，他应该将石油列入自己的工作线路中。他决定从小做起，拉上一个合伙人和几个朋友在小镇外租赁了半英亩布局的一个小地方，通过支付逾期货运，他搞到了一台被闲置在火车小站旁边的二手钻探设备用来钻井。在第一个也是后来被称为“猎运”的钻井实例中，他平生的第一口油井——亨特－皮克林1号，发现了石油，数量可观，直到几周之后才呈现出枯竭的样子。他们倒没有去花3500美元再去搞一个抽油机，与其重启这口油井，他们宁可把这口油井卖给另外一个独立石油商，而这个石油商还没开始付款，就迅速从钻探石油的行业退了出去。这是一次令人沮丧的经历，但是正如亨特多年之后的解释：“这次钻井实现了让我在石油产业起步的目的。”

随着亨特关掉赌场，他开始将注意力放在建立一个能养家糊口的石油企业上。他从几个朋友那里凑集了很多200美元面额的美钞，接着让之前在他家赌场工作的一个叫“隔壁小老头儿”的人，用花言巧语说服了一个名叫罗兰德的农民，把他家40英亩的农田以2万美元的欠条租赁给亨特，这是个亨特付不起的数目。对此，罗兰德有些抱怨，在那个节骨眼上，隔壁小老头儿有义务拿出他农舍的一间房子来安抚他。与此同时，亨特开始在罗兰德的农田里钻井，接着，到1922年1月的时候，他的第二口油井开始以日产5000桶的速度猛烈地出油。很快他就又开了两口油井，而且这两口油井产量都不赖。

在1922年的早些时间，多亏当地官方机构和三K党分部的帮助，埃尔多拉多已经变得很安全，亨特可以把发妻莱达和孩子们接过来了。他们一起搬进了在蜜桃街租的房子里，也就是在这里，一年之后莱达又生下了第三个孩子，一个起名卡罗琳（Caroline）的女婴。亨特在石油行当的运气如潮消长，他碰上了一口两口的好油井，然后就是在气馁中看着它们的产量降落到涓涓细流。他开始从埃尔多拉多的几家银行借款，总是按期如数归还。很快他钻探了足量的油井，此时他手下已有很多雇员，这些人在小镇里被称为“亨特的人”。当亨特的人遇上了麻烦事，他们的老板会给予帮助，会点头借给他们钱。他们是忠诚和不知疲倦的员工，及时地帮助亨特在埃尔多拉多外围地区打出一连串的大油井。

短短3年时间，亨特从一个绅士农场主化身为一个专业的扑克手，接着又在35岁的年龄，一跃化身为成功的石油商人。到1924年年末，他手头掌控着约莫近400万桶探明的石油储量，估值60万美元，在今天大约值700万美元。那一年，他将莱达和孩子们搬进了埃尔多拉多一个崭新的砖造新家里，有3个卧室。由于白天忙于油田事务，晚上积极打牌，亨特很少回家。莱达也不抱怨，她是一个亲切可爱、虔诚于宗教的女人，她跟许多城镇里的人建立友谊，抚养孩子，礼拜日亨特不在家的时候，她就自己拉着孩子们去卫理公会教堂。大都只有一件事，莱达会跟亨特唠叨，那就是钱。亨特总是将钱押注在新的油井上，而莱达则督促他存款，他们的新房既是一个住的地方，又是他们存蓄的一种方式。

1925 年 2 月，莱达为他们生下了第四个孩子，他们把这个小女孩叫莱达·邦克·亨特（Lyda Bunker Hunt）。但是，一个月之后，新家里的暖房装置出了差错，溢出的气体使这个躺在婴儿床上的小女孩窒息而死。莱达绝望了。亨特做了他所能做的来减轻她的悲痛，带着她到纽约，开始了他们生平第一次真正的旅游，然后还在小镇外破土建了新房子，再次莱达有了身孕。在他的小女儿死后的几周之内，亨特经历了最为深刻的变化。可能是因为痛苦，也可能是因为 35 岁的年龄，这算是较早的中年危机吧，也可能他长期以来的计划，不管原因是什么，亨特决定不再把生命继续耗费在总是忙于调度石油、支票存款的乡村石油商人上，阿肯色州的这个偏僻的小旮旯已经装不下他了。

小女夭折 4 个月后，亨特突然间把他所持有的财富换成了一张 600 000 美元的约定期票，接着就去银行兑换成了现金。他跟莱达讲，他正要退出石油行当，带着手头的钱，宣称要拓展他的旅程——独自一人闯佛罗里达。他说他正考虑投资这个州战后的房地产，或许他是这么认为的。但他投资的时机并不是房地产的投资良机，正如他在驶往坦帕的火车上创作的轻喜剧暗示的一样。他将之命名为《不论何时梦成真，我将与你在一起》（*Whenever Dreams Come True, I'll Be with You*）。“直到我遇到你，”他写道，“生活是如此单调无趣……让我若有所失。你是我今生今世的爱恋。”

把怀孕在身的妻子和 3 个不大的孩子留在阿肯色州，亨特奔向佛罗里达去找寻他梦想的浪漫了。

3

一旦亨特遇到他的梦中女郎，她的芳名就会是法拉妮雅·泰（Frania Tye）。她那时 21 岁，在佛罗里达也是初来乍到，不到几周。1925 年，炎热的 9 月，某个下午，她在坦帕市露台宾馆外边的公园找了个长椅坐下来，打发时光。她在布法罗长大成人，老爹是来自波兰的移民，一个木匠。她爸将家族姓氏从“泰伯斯基”（Tyburski）变成了“泰”（Tye）。直到成年时，她都没有明确的职业规划和技能要求，她在专卖店和发廊打打工，她的黑肤貌美，尤其是她丰满的胸脯和苗条醉人的身段，可能使她相信她并不需要那些技能。她个头很小，1.55米，说话时略微带点口音。青春期那会儿，她曾爱过一个波兰的男生，当他在克利夫兰找了份工作，她还跟了过去。但这段恋情很短命，即便如此，当法拉妮雅回到布法罗时，她仍然非常不想在这儿待着。为了渴望中的新起点，法拉妮雅·泰劝说她老爹帮她再次在坦帕市安顿下来，他安置她搬进了在德索托宾馆租的单间，这里的房主答应照看着她点。

当她开始跟同坐在公园长椅上的这位年长的男士讲，自己刚刚从房地产售楼处找到一份工作时，他说他叫贝利（Bailey），而且是她的好运气，因为他对房地产感兴趣。就这样，法拉妮雅把电话号码给了他。后来，她接到一个自称“亨特”的男客户的电话。亨特先生告诉她，他想去看一些房产。当他开车来接她的时候，法拉妮雅发现他竟然就是那天坐在长椅上的那个人。不想惊吓到她的第一批客户，她就什么也没说。他们一起开车出去，看看房产。亨特说他会考虑一下。当他们回到坦帕市时，他邀请她吃晚饭，她礼貌地回绝了。几天之后，他又打来电话。他们再次一起开车出去看房产，而这次当他们回来时，亨特邀请她去他的宾馆，她掴了他一个耳光，说自己不是那种女孩子。

接下来的几周，法拉妮雅·泰再也没看到亨特先生。当他再次打来电话时，已经10月份了，他盛情邀请她吃晚餐，而她也态度缓和下来，亨特就展开了旋风般的求爱攻势。他们每晚都出去就餐、一起啜饮可乐和生姜麦芽酒，一边款待她，一边跟她侃他西部游荡的趣事——伐木、拳击以及半职业的棒球赛。他说自己是个路易斯安那州的石油商人，还说自己的全名是富兰克林·亨特少校，而当她问他是否在军队待过，他说没有，还说在什么南方人们要么是上校，要么是少校。没多久法拉妮雅，无依无靠又孤孤单单，开始心肠软下来，倒在了亨特的浪漫进攻下。就这样趁热打铁，11月10日晚上，在长途驱车去往圣彼德斯堡的路上，亨特向她求婚了，法拉妮雅却找不出任何理由拒绝他。

第二天，亨特带着她到典当店买了一个式样简单的金箍。随后，他们开车去了坦帕市熙熙攘攘的古巴人居住区——优博城，来到一栋刷着白色灰泥的平房，"隔壁小老头儿"和一名拉美裔绅士治安官在那里等着他们。当法拉妮雅问起结婚证书的事情的时候，亨特说佛罗里达不需要这种手续。她一下子懵了，她签了一些类似档案的材料，亨特也签了，就这样晕晕乎乎的，那位拉丁裔绅士已经拿着《圣经》大声宣读起来。

"你愿意接受法拉妮雅·泰作为你合法的妻子吗？"他问亨特。

"我愿意。"亨特回答道。

"你愿意接受富兰克林·亨特作为你合法的丈夫吗？"他问法拉妮雅。

"我愿意。"她说。

治安官宣布他们正式结为夫妻。但这份没有结婚证书的夫妻关系在法律上是不靠谱的，然而对这对儿新婚夫妇而言无关紧要，至少那时是的。她的丈夫可能已经结婚生子的想法，从来没从法拉妮雅的头脑里冒出来过，而亨特呢，除了迅速完成这桩婚事，谁也猜不准他到底在想什么。但是自从他们一起从优博城的那间平房走出来，亨特就将法拉妮雅视为自己的妻子一样对待。在奥兰多度完蜜月之后，亨特说需要回到路易斯安那州出差。当他再次回到坦帕市待了几天之后，他答应法拉妮雅将派人来接她，1926 年 2 月，他确实这么做了，托人告诉她去新奥尔良和他一起参加狂欢节最后一天的活动（Mardi Gras，源自法语"食肉的星期二"的意思）。

在横越墨西哥湾的蒸汽轮船上，法拉妮雅晕船了，当抵达路易斯安那州的时候，她才意识到自己怀孕了。亨特显得极为高兴。在法国人居住区享受了几日之后，他鼓舞她去什里夫波特，在那儿他们先是在一家宾馆短暂住了几天，然后亨特在希恩登街租了一套公寓。法拉妮雅住了进去，准备待产，这个小宝宝预计将在 10 月份出生。亨特经常因为出差而消失，但是现在她是幸福的。他没赶上孩子的出生，这个小男婴继承了他爸的首字母，叫霍华德·李·亨特（Howard Lee Hunt）。

在随后的 3 年里，法拉妮雅对新生活依然很满意，即使这其中有些许不同寻常的地方。亨特每次出差回来都总是那么甜言蜜语、充满歉意，而且总是保证她手头不缺钱花，但是当这对夫妇搬家到一栋位于格拉德斯通街上的小砖房时，一些邻居逐渐变得怀疑起来，经常大声地好奇踪迹不定的亨特少校到底是跑哪里去了。就自身而言，法拉妮雅听到后会说自己从未怀疑过任何事情。她说她老公忙于油田事务的差旅，就那么简单。因为她忙于照料孩子，就没有多少工夫仔细想这个问题。1928 年 10 月，在小霍华德出生两年后，她又生了第二个孩子，这次是个女孩，亨特给她起名为哈罗迪娜（Haroldina）。接着，在 1930 年春天，法拉妮雅又有了第三次身孕。

当时，亨特正把大把的时间花在得克萨斯州的四处奔波中，那年夏天，当法拉妮雅马上进入预产期时，他解释说全家有必要搬迁到达拉斯去。在那儿，法拉妮雅把带来的行李搬进了凡尔赛大街 4230 号的一栋两层砖结构别墅里，这里是全城最好的居住区——高地公园。没多久，她就生了第三个孩子，这个小女孩起名为海伦·希尔达·亨特（Helen Hilda Hunt）。亨特再次没能赶到医院，他太忙了，当时正在东得克萨斯的松林区处理重要的商业事务，在那儿他偶然碰到了贫困潦倒的瞎掘油井的一个人，这个人就是哥伦布·乔伊纳，他俩将联手创造历史。

4

在秘密地将法拉妮雅·蒂尔安顿在什里夫波特后，亨特回到了埃尔多拉多，发现他的发妻带着家小正慢慢地从幼女夭折的痛苦中恢复过来。他们的新房完工了，这是一栋 3 层、8 间卧室、英伦复古风的豪宅，一下子成了那片区域最大的房子。他们把它称为松林。亨特买了一个长毛象似的帕卡德高级轿车，配了个司机天天接送玛格丽特、哈希和卡罗琳上学。家里还在增添人口。1926 年 2 月，当法拉妮雅正举家搬进西南方 100 英里的什里夫波特的新公寓时，莱达生了第二个男婴，他们把这个 12 磅的胖小子起名叫尼尔森·邦克·亨特（Nelson Bunker Hunt）。3 年之后，莱达又生了第三个男婴，叫赫伯特（Herbert），这个名称源自亨特最喜欢的赫伯特·胡佛总统。再后来就是第四个孩子——拉玛尔（Lamar）。

亨特偷偷摸摸的重婚生活丝毫没有影响到他在松林的田园牧歌式的生活。如果有的话，那就是他比以前花更多的时间陪孩子了。哈希在车道上运营柠檬水摊，玛格丽特学着开车，亨特用就餐时间教育他的孩子们，跟他们讲政治、谈音乐，甚至还跟他们聊在银行的董事会供职的复杂性。每天晚餐后，莱达都会弹奏他们那架新买的大钢琴，其他人则会围在旁边一起唱歌。亨特则会兴奋地舞动着双手在莱达周围，柔情地轻哼：“我能够给你的只有爱……宝贝儿。”这是亨特一家最能展示亲密的时光。家里没人亲吻对方——从来没有。有一次，当哈希跑过去要亲妈妈的脸颊时，亨特嘘声吓走了他。“不许这样，”他说，“不要亲吻别人。”没有人知道为什么亨特反对亲吻，但是他在家里的权威地位是不容置疑的，而且始终是。

在他回到埃尔多拉多的时候，他立即忙起了石油买卖。尽管他不愿去把钱押注在一个盲目的石油勘探上，但他更愿意把钱投在已经发现了石油的地方，提高命中率。大多数时间，他自己钻井，有时也从他人手里购买油井。在这些策略下，亨特就像多数石油商，悬赏收集钻井行当的各路消息，试图搞到所有能够搞到的已存在、已在产的油井的一切信息。他第一次成立了自己的公司——亨特石油，收拢了半打经验丰富的石油调研员，派他们到阿肯色州南部地带，尤其是路易斯安那州北部地区新开掘的地带去打探石油勘探的消息。亨特的这几位手下，由无时不在的老人贝利带队，成绩是一等一的好。一次又一次的，他们识别出了最好的钻点。亨特先是在路易斯安那州的门罗市城外的塔勒斯 · 乌刺尼亚油田钻出了石油，接着又在什里夫波特城附近的几处地方钻出了石油。1929 年时，他在埃尔多拉多和什里夫波特成立了办公室，用来运营上百口油井，但是 1.25 美元一桶的油价迫使他把多数的利润拿出来投入到寻找更多的油井上。他摇身变成这片区域里最大的独立运营商，按阿肯色州的标准看，他是一位富人，但是距离真正的富豪还有一些距离。

他第一次把目光投向了得克萨斯州。西得克萨斯的繁荣景象在吸引了克里特 · 默奇森和希德 · 理查森跑到这块平原地带之后，也把亨特吸引了过来。1927 年，他和老人贝利驱车向西，在朗内尔斯县的巴林杰小城附近装配了一条钻探作业线，但是他们尝试着打的几口井都是枯井。然而，与路易斯安那州的油田相比，得克萨斯州西部的这些油田要大许多，无论如何，得克萨斯依旧让亨特很是感兴趣。当达拉斯东部的范（Van）发现石油时，他尝试着租赁一些土地，却发现巨头们已经将最好的地块收入囊中；而他想方设法钻探的一口油井却是枯井。接着，股市崩溃来袭，一夜之间给美国人一场从未见过的经济大萧条开了道。亨特虽然没费多少代价就熬了过来，但是钱袋吃紧，当1930年的夏天到来时，他在得克萨斯还是没有发现一滴石油。

然后，9月5日，亨特接到了一个来自埃尔多拉多的一家油田装备推销员的电话，当时亨特在用的新型钻杆就是这个名叫M.M. 米勒（M. M. Miller）的推销员推销的。实际上，亨特是米勒最好的客户之一，因而，米勒会时不时地提一些建议来巩固他们之间的关系。

“得克萨斯州东部有一个瞎掘油井的正在钻井，而且他可能发现了什么，”米勒说，“他可能会打电话给我们，然后进行一次钻杆测试，我想您也许会感兴趣。”

他当然感兴趣。而这，事实上，正是亨特最为珍视的内部消息。不过，他那星期依然现金短缺，所以在驱车前往得克萨斯州之前，他拨了一通电话给埃尔多拉多的服装店，这个人是个矮胖子，特点是秃顶，名叫皮特·莱克（Pete Lake）。莱克之前就在亨特资金紧张时借钱给亨特，而且对新的交道也很在意。他们同一天出发，开着莱克的车驶进了路易斯安那，他们在什里夫波特停下买了几张地图，接着，就驶向了得克萨斯东部，去寻找那个偏远的腊斯克县的钻探点。那天下午，在经过亨德森（Henderson）的一个小村落6英里之后，他们从满是泥土的道路上拐弯驶进了一片松林中。1英里之后，他们来到了林间空地，那里正有20个人看着哥伦布·乔伊纳和他的全体人员准备测试。有一个乔伊纳的人，M. M. 米勒的兄弟克拉伦斯（Clarence）看到轿车驶过来，就从钻井平台上爬了下来。

一分钟之后，乔伊纳慢慢悠悠地走了过来。

“H. L. 亨特，”米勒说，“这位是C.M. 乔伊纳。”

这两位瞎掘油井的人之间顿时有了一种默契。并不仅仅是因为他俩穿着打扮的行头几乎相同，宽松的长裤、领带、配着白色衬衫和硬草帽。更是因为乔伊纳需要钱，而亨特想要投资。他本来想要替乔伊纳支付油井的套管费用之后，换取租赁权的一定股份的，但是亨特一提这个想法，乔伊纳就把它粉碎了。“一切都在掌控之中，”乔伊纳说，“现在随时就能搞到一串二手的石油套管。”

让亨特没有意料到的是，乔伊纳正站在一张不断张开的诱导之网的中心位置。为了凑集资金，能在黛茜·布拉德福特的土地上钻探第三口井，他已经向当地几十户人家卖了三轮投资证书。只要投资 100 美元，每张投资证书就能拿到四英亩的收益，而他为投资者预留的土地总共 320 英亩，这意味着只有前 80 个投资证书是有效的。他从不是让任何道德规范妨碍筹资的人，但不管怎样，乔伊纳是疯狂地过量销售了投资证书，把属于同一块地的权利卖给多个买家，一个租赁权卖给 11 个不同的人。被人察觉是迟早的事。更糟糕的是，乔伊纳自己的钻工艾德·莱斯特（Ed Laster）为了一家堪萨斯的石油公司背叛了他，拿着本属于他的钻探数据和岩石样本卖。堪萨斯的公司已经开始来这周边抢地皮了。

亨特坐在旁边期待钻杆试验成功的那天下午，他对上述这些丝毫不知道。他看着莱斯特，从钻台上站起来，把 12 英尺长的钻杆放低进入钻孔的底部，它从那里开始钻进地下。当钻到了计划好的深度，穿透了一个天然气气囊，气体嗖嗖地就从钻孔里猛喷了出来。莱斯特快速地把钻杆从钻孔里拽了出来。过了一会儿，装备开始颤动。地面猛烈地隆隆作响，震得塔形井架上的一个支撑架都坏了，还发出了不小的动静。突然间，钻孔中喷出一阵泥浆，喷得有钻台那么高，然后变成一个小泉眼，涌出的汩汩石油淹没了钻台。当喷泉逐渐消退到停顿时，莱斯特用他的手指蘸了蘸，然后放入嘴中。“你觉得怎么样？”有人喊道。

莱斯特尝到了石油的味道。“这应该会是一口相当不错的油井，”他宣布说，“如果我们能让它产量跟上。”

人群一下子冲乔伊纳围了过来，一群穿着工作服的农民冲着他挥舞手臂表示祝贺。乔伊纳闭上眼睛，侧身靠着一棵松树，“还早，”他说，“这还不是一口油井呢。”钻孔喷出的石油需要稳定下来，而这个过程需要花上几星期，在此之前乔伊纳不能确定这口油井到底有多大。

依旧没什么能制止流言的四溢，此种兴奋之情开始向腊斯克县压抑已久的村村落落蔓延开去。到次日清晨，事实上，人们就开始涌入亨德森。主路上开始盖起一排简陋的房子，当地人开始来这里卖汉堡和帆布床，大家还给这块小露营地起了“乔伊纳小镇”的名字。那个 9 月，每天都有更多的石油侦查员和租赁交易商涌入。在亨德森找了间房子，亨特把他的人从埃尔多拉多叫过来，奋力挤进土地租赁抢购的浪潮中，用白条攫取了乔伊纳油井东部和南部的400英亩土地的租赁权，乔伊纳则占据了西部和北部的所有地区。随着这股热浪散播开来，乔伊纳顿时被当地人呼作英雄。报纸宣称他是“腊斯克县油田之父”，之后，每个人都叫他“油田爸”。欧弗顿小镇游行了一整天来表达他们的祝贺。但不可避免的事情终于发生了——他的一个投资者，把他手里的投资证书跟他人比较之后，认识到自己被骗了，然后提起诉讼，要求把乔伊纳手里的土地面积申请破产管理，此举导致《泰勒速递时报》（*Tyler Courier-Times*）迅即出面为乔伊纳辩护，谴责那些出面攻击他们的大英雄的人是“油嘴滑舌的律师”。“不早不晚，现在正式独立的石油勘探者一展身手的时候。”一位编辑写道。

艾德·莱斯特花了将近一个月的时间才把黛茜·布拉德福特3号井完全准备好，先是铺设好石油套管，然后用水泥将它们固定到位。当他们手头的木材用光了的时候，就用旧轮胎来给锅炉填充燃料。在最后的钻杆测试后，莱斯特用一个水泥材质的塞子将钻孔堵了起来。接着，到星期五早上的时候，也就是10月3号，已经有流言传播开来说他正准备钻水泥塞，看看下面有什么。当天早上9点钟的时候，将近8000人穿过松林来到钻井现场。孩子们来这里卖苏打水和三明治，走私者带着自己家酿的威士忌到处叫卖。整个上午，林间空地都迷漫着期待。所有这一切中，独缺乔伊纳，据说他染了一阵子流感，正在达拉斯恢复休养中。

上午十点左右，莱斯特已经钻透了水泥材质的塞子，开始启动泥浆泵，通过泥浆泵把泥浆从钻井的底部清除出来，以期能够把下头的石油释放出来。泥浆泵运行了整个下午，当夜幕降临，灯笼点亮，莱斯特和他的工队又忙活了一个深夜。当他们在次日清晨继续工作时，人群再次聚集过来，但是到了上午，依然没有石油的迹象。此时，乔伊纳露面了，带了一个名叫D. H.伯德（D. H. Byrd）的年轻石油商人一起，爬过钻台周围的铁丝网。这个以“枯孔伯德”（Dry Hole Byrd）知名的年轻商人，曾一口气准确无误地连着钻了56口枯井，跟那年秋天满怀热忱地涌入腊斯克县的诸多年轻人一样，伯德后来摇身变成了达拉斯最有钱的一批人。但是乔伊纳的露面也没能带来任何石油的迹象。傍晚时分，人群才开始散去。

接下来就是星期日，10 月 5 日，莱斯特和他的工队，现在已是目光呆滞、满是疲惫，尽管如此，依然继续擦拭油井。在去完教堂之后，乡下人和城里人又来了，并在这里待了一整天，但是到黑夜垂青地球的时候，依然没有石油的迹象。灯笼再次点亮，莱斯特和他的工队继续工作到深夜。最后，大约在 9 点钟的时候，莱斯特察觉到油井深处传来微弱的咕咕声，转瞬即逝间，他又嗅到了天然气的味道。“把火都灭掉！”他大叫道，“赶快灭掉你的烟头，快！”

地面开始颤抖，钻孔中冒出一股咆哮。正当莱斯特和他的人扑地找掩护的时候，一股黑色的石油从钻台上喷了出来，弧形地飞腾入空，如雨水般打在每个人身上。人群顿时沸腾了，满面尘土的乡下人开始热拥他们的老婆，刚成年的小伙子们在浸着石油的泥巴里旋转跳舞，还有一个工人兴奋地一次又一次地对着空中打手枪，在一两分钟后，莱斯特拧上了一套阀门，将喷出的原油导流到备好的储油罐里。

顿时间，一切安静下来。乔伊纳请伯德来根据仪表估量流量大小。“耳语告诉我。”他说。

伯德检查了仪表后，侧过身，靠近乔伊纳，轻声说：“流量在每天 6800 桶。”

轰然间，乔伊纳无法再故作镇定，“6800 桶，”他大声吼了出来，“太让人难以置信了！”

无论从何种标准看，这都是一口储量可观的油井。那天晚上腊斯克县的老老少少在睡觉时，都开始深信他们睡在石油的海洋之上。可是专家们却并不是那么绝对肯定。几天不到，黛茜 · 布拉德福特 3 号井的流量就减少到了每小时 250 桶，更糟糕的是，它变得“流量看势头”，也就是说，流量开始变得不稳定，这会儿每小时 100 桶，过会儿就每小时 500 桶了。几天之内，就有不少石油侦查员开始视它为怪胎而不屑。

H. L. 亨特可不这么认为。伟大的财富建立在伟大的信念之上，从他观看乔伊纳进行钻杆测试开始，他就确信这里是一个大油田。10 月 20 日，也就是钻出石油的两周之后，亨特在黛茜 · 布拉德福特的南边，开始在自己有租赁权的土地上钻第一口油井。要知道，这些年在乔伊纳租赁地块东部的枯井钻出了好几口油井，这使亨特开始思考，而他做的调研越多，就越确信，油田是向乔伊纳那口油井的北部和西部延展开来的，就是在乔伊纳已经租赁的那 4000 英亩的地面上。一个好主意开始形成，或许，亨特自言自语地沉思道，故事进展不应该是在乔伊纳享有租赁权的土地周边钻探新油井，而是应该去把乔伊纳的租赁权买下来。

大运来了，亨特感觉到，他的大运就在这个瞎掘油井的乔伊纳面临的法律麻烦里。乔伊纳的投资者已经开始控告他了。达拉斯已经有一个针对他的法律诉讼，寻求迫使乔伊纳采取非自愿的破产监管。如果乔伊纳败诉了，他手里所有的租赁权就可能陷入拱手让给法院指定的接收者的窘境中。为了躲避诉讼文书的送达人员，乔伊纳躲进了“高尚的狼”宾馆。但是一个律师塞了 100 美元的支票给旅馆的行李员，把乔伊纳驱赶了出来，然后强迫他去出席了 10 月 31 日的听证会。这是一场混乱的开庭，伴着乔伊纳的律师请求一种自愿的破产管理的是，到法官拿起法槌正式结束听证会的时候，事实上指定了一名接收者。尽管乔伊纳还保持着对他的租赁权的控制力，至少暂时如此。当人群陆续离去，没有人确定究竟发生了什么。就在那时，站在法庭外面的亨特，在走廊里迎面拦住了乔伊纳。

“乔伊纳先生，”亨特说，“我打算买下您的控制权、股票，以及归您所有的石油储量。”

“孩子，”乔伊纳在走开之前，对他说道，“真这样的话，那你就好比在买一头被捅过一刀的猪喽。”

亨特回到东得克萨斯州，更加决意要买下乔伊纳的土地。只要他能够筹集到资金，他觉得乔伊纳就能被说服。不幸的是，在那一刻，亨特手头可供支配的现金总计只有 109 美元。

总计只有 109 美元可供支配的现金。他连续好几天奔波在亨德森和达拉斯之间，跟他能够找到的所有石油商人聊，包括一些主要石油公司的石油侦查员，但是没有人对跟他合伙感兴趣，更不用说给他资助任何现金了。最后，他被迫向他阿肯色州的好友皮特·莱克求助，莱克同意支持他 30 000 美元，换取乔伊纳租赁权的 20%。这个数字足以开启议价了，他和莱克接着就回到了达拉斯，下决心不拿到乔伊纳的土地绝不离开。

在出发之前，亨特将他在埃尔多拉多的 3 个手下叫来加入了这场收购。如果黛茜·布拉德福特 3 号井确实是一片广阔的新油田的前兆，而且如果这个新油田真的是向北部和西部延伸的话，那么深岩石油公司正在钻探的那口油井就能提供证实这种说法是否可信的依据。亨特必须知道深岩石油公司在寻找什么，而且还必须赶在别人前面知道。尽管后来亨特一直否认，法律文件显示他手下的人跟深岩石油公司的钻井工达成了秘密的协议，用 2000 美元的现金购买到了一手的内部消息。亨特将他的 3 个石油侦查员指派到深岩石油公司的钻探现场附近，他们就在那儿随时准备把信息汇报给亨特，以便亨特更好地对付乔伊纳。他付给“油爹”乔伊纳地块的价格，很大程度上就取决于这些汇报信息。

当亨特回到达拉斯，他和皮特·莱克就住进了贝克宾馆——就在商业街上另一家市内上好的“高尚的狼”宾馆的对面。早报上带来了好消息，黛茜·布拉德福特 3 号井东南方的两口新井是枯井，这给乔伊纳的那口油井是个怪胎的说法火上浇油。腊斯克县土地租赁的价格开始直线下滑。亨特认识到，这是绝佳的时机。他打赌，乔伊纳现在很可能会急于出售。尽管如此，首先，他们必须把乔伊纳找出来，亨特找到了一个叫 H. L. 威利福德（H. L. Williford）的熟人，这个油田的伙计之前就把乔伊纳揪出过来一次。有人告诉他说，乔伊纳又得了流感，威利福德就把“高尚的狼”宾馆翻了个遍，发现他藏在其中一间卧室里，就连拖带拽把他弄到了贝克宾馆，而亨特正在那里的阁楼等着他呢。

1930 年 11 月 24 日，那是一个星期一晚上，自发现第一口喷油井之后刚 7 周。3 个人坐在一张桌子前面，亨特很快就切入主题。他准备拿 25 000 美元的现金来换取乔伊纳手里的租赁权，不论发现多少石油，都再从所得收入中拿出 97 500 美元给乔伊纳。这个提议的数字要比乔伊纳这辈子所能指望赚到的数目还要大。但乔伊纳是否动心，他没有表现出来。他们还把交易的细节通篇讨论了一遍，但是这位老辣的瞎掘油井的很及时地表现出要重新考虑的样子。他站起来回到了“高尚的狼”宾馆，许诺说次日清晨再与亨特会面。

当太阳升起的星期二来临时，亨特准备好了。他的一个名叫罗伯特 V. 约翰逊（Robert V. Johnson）的石油侦查员，当时正站在深岩石油公司所开的那口油井旁边，见证了这口油井飞快地逼近了众人所垂涎三尺的伍德宾沙层。不论深岩石油公司的施工队发现了什么，亨特对自己拿到第一手信息都很有信心，当乔伊纳来到之时，他正在他的套房里等着呢。皮特·莱克也在哪儿，还有 H. L. 威利福德。“孩子，”乔伊纳开口了，对亨特语重心长地说道，”为了这些租赁权，你必须向我支付比我们所谈要高的数目。”

“好吧，乔伊纳先生，”亨特回答道，“你觉得它们值多少？”

乔伊纳要求预付款达到 5 万美元，后续的追加款也要提高。他们开始聊起来，聊人生，聊他们的家庭，聊得东克萨斯州，聊黛西·布拉德福特 3 号井。午饭到了，他们在套房里吃。在休息时间，亨特会打电话给手下，倾听他们低声汇报深岩油井的最新进展。傍晚时分，他们依然在谈判。晚饭后又到午夜时，他们依然在商议。直到破晓，他们才有了协议的提纲，此时亨特打电话叫他的律师 J. B. 麦肯泰尔（J. B. McEntire）和两个速记员过来。当他们来到时，他和乔伊纳开始口述条款。作为获得乔伊纳手中全部 4000 英亩土地租赁权、包括黛西·布拉德福特 3 号井以及围绕深岩油井的地面的报酬，亨特同意预先付给 3 万美元（全部来自皮特·莱克的腰包）。后续需要支付的数目从生产的收益中提取，将是 130.5 万美元。文案工作极其详尽，J. B. 和他的速记员花了一整个早上来敲定这个协议。直到当天下午 4 点半，亨特接了一个东得克萨斯州打来的重要的电话时，他们依旧在撰写法律文书。

这个电话是他在亨德森的手下查尔斯·哈丁（Charles Hardin）打来的，向他汇报深岩油井现场的最新进展。“亨特先生，”哈丁说，“我认为他们现在正好钻到了伍德宾沙层了。”亨特回到文案工作中来，4 个小时之后，晚上 8 点半，正当他们就最后的条款细节讨价还价时，哈丁再次打来电话。即使通过电话线，他的兴奋之情都是能够感触到的，“亨特先生，”他说，“他们从深岩油井取出了 16 英尺长的核心样本，其中 10.5 英尺浸满了石油。”

亨特后来坚持说自己曾把这个消息分享给乔伊纳，而几乎可以确定的是他并没有那样做。亨特现在知道了黛西·布拉德福特确实是一口昭示了一片新的大油田的发现号油井，甚至是一口纪念碑式的油井。如果乔伊纳知道的话，他可能会双倍甚至三倍地要价了。但是他并不知道，价格也就没有任何变动。午夜时分，文书工作终于准备完毕，亨特和乔伊纳在上面签了字，然后分享了一盘奶酪和咸饼干，以示庆祝。后来，当亨特回忆起这一刻时，乔伊纳显得极为激动，“孩子，”他说，“我希望你能够赚到 5000 万美元。”即使那个星期晚些时候，当深岩油井的新闻飞速传遍整个东得克萨斯州，把租赁价格推上平流层的时候，乔伊纳看起来仍然很开心。他的麻烦没了。他已经成为富人。而且如果亨特只发现他们预期中的一小部分石油，他也能变得更加富有。

那个星期天，这条历史性的交易就登上了达拉斯诸家报纸的头条。得克萨斯州的石油商人无言以对。它被广为赞扬为该州从未见过的最使人震惊的商业交易；随着得克萨斯州东部油田的巨大储量在未来几个月间变得明显可见，它将被歌颂为世纪性的交易。这个鲜为人知的不速之客，这个隐蔽的重婚者，这个出离专业赌徒生涯刚刚九年的爷们，这个游遍了阿肯色州的家伙一下子抓住了有史以来的大油田的核心地带，这个油田在未来 50 年内将出产高达 40 亿桶的石油。就在大石油公司们打盹的那一刻，H. L. 亨特抢走了东得克萨斯州的重大良机，而最令人难以相信的是，他竟然没用他自己的一分钱。

5

就那一刻而言，尽管，当亨特确信得克萨斯州是一个大型油田时，得克萨斯州的其他石油商还不敢确信。12 月中旬，所有的眼球都转向了腊斯克县的北部边界，刚好就在基尔戈[⊖]小镇外面，一个一贫如洗的瞎掘油井的艾德·贝特曼（Ed Bateman）正在试掘的一口名为楼德拉·克来姆 1 号的油井，这口离布拉德福特 3 号井足足有 15 英里的新油井突然间直接从伍德拜恩井喷出一股石油来。主要的石油商，现在总算相信这片油田是从第一口油井延展至这第二口油井的，他们开始疯狂涌入，购买土地租赁权。下一个引人注目的钻探点赫然耸现在足足有 20 英里的更北边，靠近朗维尤，那里有一队瞎掘油井的正在格雷格县钻探一口叫作莱斯罗普 1 号的油井。1931 年在 1 月 26 日，这口油井破天荒地成为东得克萨斯州第三口自喷油井，随后的几个月内，这里大吼大叫着又冒出了 18 000 人。

莱斯罗普油井验证了一个大家都不敢想象的事情：这些全都来自同一个油田。这个巨大的油田，形状就像前臂，莱斯罗普像是高处格雷格县北部的拳头，黛茜·布拉德福特在腊斯克县的南部尖端处，这一片油田有 45 英里长，5 ~ 12 英里宽。深处美国史上最糟糕的大萧条的水深火热之中，油田带来的新认识放飞了不同于所有美国人所见的一片繁荣景象。正如油田传记作家詹姆斯·克拉

⊖ Kilgore，此时基尔戈常住居民 1000 人左右，当前，已设立市。——译者注

克（James Clark）和米切尔 T. 哈尔鲍蒂（Michel T. Halbouty）描述的："加利福尼亚淘金热、克朗代克淘金热、俄克拉何马土地哄抢热潮，以及过去石油繁荣的疯狂景象在此全都合为一体了。"

一夜之间，人们开始浪潮般涌进来，先是成百成百的人群，接着是成千成千的人群，有搭火车来的，有开车来的，还有骑马和步行来的。腊斯克县那些沉睡的小村落——基尔戈、亨德森、格莱德沃特以及欧弗顿全都人满为患。当宾馆住不下了，小镇的人们就开始对外租房间；当没有空房剩下了，新来者就开始搭帐篷；当买不到帐篷了，人们就睡在开阔的地上。第一批来到的是石油商和石油侦查员，他们每个人都带着大量的现金来购买石油开采权和进行土地租赁交易。两年前 1.5 美元一英亩都卖不出去的租赁权，农民们突然开始要价 1800 ~ 3000 美元一英亩。石油商之后，又来了一群饥饿、无业的打工仔，撑起了好几千工作岗位，有的当钻井工，有的当机械装配工，还有干跑腿差事的小孩。这批之后，又来了干娱乐行当和从事基础设施建设的人群：妓女，赌徒，酒吧老板，油炸厨师，搞音乐的，小偷，只要能够趁机发点小财的都来了。

钻井台的数量按小时增长，几乎到处可见。这场繁荣的震中是格雷格县的基尔戈，这里几天之内就被改造成了一座大油田。为了搭建钻井台，几十栋建筑物，甚至一家银行都被拆毁了。单就一条城市街区上就有 44 个不同的钻井台拔地而起，到 1931 年年中的时候，据说一个人可以从一个钻台一个钻台地跳 6 英里而不用着地。纺锤顶油田被发现之后，东得克萨斯州使得其他繁荣都变得相形见绌，仅 1931 年一年，就钻了惊人的 3067 口新油井，平均每天 8 口井，而且似乎每一口井都发现了石油。新财富以星期为基础抽芽增长，第一批百万级富翁包括艾德·贝特曼（Ed Bateman），他把租赁权以 150 万美元的价格卖给了汉贝尔石油公司——这是亨特付给乔伊纳的现金的 50 倍——外加从未来石油的收益中提取 60 万美元。

至少在最初，亨特着实有点担心自己错过这个大好时机。尽管他现在掌控了黛茜·布拉德福特 3 号井和处于油田核心位置的 4000 英亩土地，但是 109 美元打不了几口井。在他返回埃尔多拉多回家报喜的途中，他在什里夫波特停了下来，向一个银行家请求 5 万美元的贷款，两口油井的钻探成本。路易斯安那州的银行家，不论如何，就像他们在全国的同行中人一样，还不能体会石油行业的复杂之处，只要他们不能用肉眼看到他们的抵押品，就绝不开放他们的小金库。

“你破产了，”这位银行家说，正如亨特回想起那次对话一样，“而且你的陈述表明你破产了。”

“我拿到了乔伊纳的租赁权，”亨特对他说，“这是一片已探明的油田，地下有石油，而这些石油是银行可承兑的资产。”

但在路易斯安那州行不通，这里还不认石油是可承兑的资产。尽管如此，达拉斯就另说了。达拉斯市两家最大的银行——第一国民银行（First National Bank）和共和国民银行（Republic National Bank）是美国境内最先认识到对探明储量进行贷款的明智之处的第一批。正是它们的远见卓识，把达拉斯转变成得克萨斯州石油银行业的“麦加”，推动整个城市未来财富的增长。为了能够贷到 5 万美元再走开，亨特所需要的只不过是与第一国民银行总裁内森·亚当斯（Nathan Adams）的一次会面，亚当斯是克林特·默奇森老爹的朋友。这是第一国民银行和亨特家族长达几十年的深厚友谊的开端。

几天之内，亨特便开始在黛茜·布拉德福特的土地上试探新的油井。为了能够销售掉石油，他很快就铺了一条 3 英里长的管道到最近的铁路运输末端，而且立刻就把自家石油和竞争对手的石油抽出来，以 62 美分一桶的价格卖给了辛克莱石油公司。到亨特钻完他的第一波油井时，成百的经验丰富的钻探施工队已经忙碌在东得克萨斯州。与人间的大神乔伊纳和艾德·贝特曼不同的是，要知道，他俩可是东凑西凑，花了好几个月才完成一口井，而这些主要的石油公司和他们的专业施工队能够在 15 天之内就钻探到伍德宾沙层，有的甚至 9 天或 10 天就能做到。“捕获规则”造成了这种高速的钻探大比拼，这一法律术语的大致意思可以理解为“发现即所有”。地下的石油不会老实巴交地遵循被精准划分的租赁权。而一口紧挨着竞争对手的油井可能就会从两边吸取石油。这没关系，你到手了，就是你的。那些拖沓的可能最后一无所有。因此，钻探的每一口井都是一场比赛。

问题是，正如石油商站在 20 世纪 20 年代的几次石油繁荣之上所发现的，钻探的数量太多会使石油面临这样的风险：地下压力减小，而达不到石油上升到地面所需的压力水平。如果一个油田被“过度钻探”，那么，再多努力也难以使得石油从油井里冒出来。事实上，整个油田都可能被毁掉。早在 1926 年的温克勒县繁荣期，大石油公司就开始主张：为了不使油田被永久损伤，钻探应当得到控制。对于大石油公司来说，这无所谓，但是对瞎掘油井的石油商而言，他们大多数可是小本经营，而且多数需要立即获得收益来保持基本的温饱，因此，他们大为反对。他们将钻探限制，或者叫“配定产量”视为大公司把他们挤出去的阴谋。尽管“配定产量”的做法在温克勒县和其他一些地方曾经试水并且小获成功，但是在这里，在独立石油公司中，克林特·默奇森抗议的最响亮。难题是这个配定产量政策的贯彻落在了得克萨斯铁路委员会的肩上，这个人微言轻的州立机构被大家视为笑柄。铁路委员会设有油田管理机构，但是多数都腐败。总体上看，“配定产量”只在石油商自我约束时才会奏效。

其实，东得克萨斯这场围绕是否应该实施“配定产量”政策的争论几乎与钻探同时发生。州长罗斯·斯特灵（Ross Sterling），一度曾是汉贝尔石油公司的主席，甚至早在大神乔伊纳把黛西·布拉德福特 3 号井带进公众视野之前，就签署了一些“配定产量”法令。但是铁路委员会有心无力，政策成为一纸空文。亨特，这个对于大多数得克萨斯人而言的陌生来客，很快变成“配定产量”政策的最有力的支持者。尽管也是独立石油公司，但他坐拥千万桶石油，因此他需要更多时间来钻采。2 月 5 日，在朗维尤，他第一次公开露面。当时，“配定产量”政策的支持者和反对者正变得异常紧张。“我们不要使大公司凌驾于独立石油公司的规则之上，”他对人群说，“我们要能够使各方都获益的长期性的对话措施。”

“欺骗！”有人大声喊道。

“我没有欺骗任何人，”亨特回应道，“我在阿肯色州支持‘配定产量’政策，我在路易斯安那州支持‘配定产量’政策，所以我同样在得克萨斯州支持配定产量政策。”

围绕“配定产量”政策的争论一直充斥着那个春天，那时油价开始暴跌。之前黛茜·布拉德福特 3 号井，油价一度达到 1.1 美元。到 5 月份，东得克萨斯的采油潮将价格推到 15 美分一桶的价格，现货市场上甚至达到了 2 美分一桶。在这样的价格水平上，任何人想要赚钱几乎都是不可能的。5 月 1 日，铁路委员会对这个油田签发了第一个“配定产量”的法令，将油田的产量限定在

16 万桶每天，而那会儿油田的日产量已经达到了 50 万桶，因此，这项法令又被大家广泛地无视了。得克萨斯的立法机构介入进来，整个夏天都在辩论“配定产量”法令的问题。最后，8 月 5 日，恰在俄克拉何马州州长宣布一项军事管制法令、派出军队关停并开始对州内的油田实行管制的一天后，亨特和 36 个其他的东得克萨斯的油田经营者，给州长斯特灵拍了一封电报，敦促他进行效仿。斯特灵听了他们的建议，8 月 16 日，他宣称东得克萨斯的石油商公开对抗州政府，并宣布了军事管制法律，派出国民警卫队去关停油田。

次日早上，1200 多名国民警卫队士兵，许多还骑着马，开进了腊斯克县和格雷格县，疯狂的钻探呼地一下子停止了。几十个小型石油商，不能偿付他们的账单，要么抛弃了他们的油井，要么将它们卖给大一点的石油商。3 个星期之后，9 月 5 日，州长斯特灵宣布油田重开，但是在严厉的管制下，任何油井每天的产量都不许超过 225 桶。考虑到当时油价的价格是那么低，许多瞎掘油井的想挣钱是不可能的。只有那些资金最充裕的钻探集团，包括那些大公司和租赁地面大的持有者（比如亨特），才能承担得起继续钻探的成本，而他们没有。当他们发现了石油，就简单地把石油留在地下，自信有一天能在未来某个不错的时点卖出去。

缓慢而无疑地，价格开始反弹，在 1933 年年初，价格开始上涨，曾经达到 98 美分一桶，但很快就再次像石头自由下落一样，5 月份油价又跌到了 4 美分一桶。问题很明显：许多瞎掘油井的通过公然藐视配定产量的限制来维系自己的商业存在。这非法的石油，多数都被抽出来灌进油罐卡车，夜间私自运送到路易斯安那州和俄克拉何马州，很快这些非法开采出来的石油就有了“热油”的外号（hot oil，此处，hot 作俚语，意为刚偷来的、非法得来的、危险的意思）。1931 年的秋天标志着坚决而据理力争的独立石油商与州、联邦管制者之间 4 年之久的“热油战争”。整个大萧条中，铁路委员会及其盟友一直在控诉、没收、逮捕、检控热油的经营者，而他们则以贿赂、秘密管道、暴风雪一般的诉讼予以还击。

对于东得克萨斯的大型经营者而言，包括亨特，热油不仅导致价格下挫，也会对油田本身造成损伤。然而，阻止热油的供应却凸显了铁路委员会能力的有限。无路可走之后，汉贝尔石油公司和其他的大公司开始直接向新总统——

富兰克林·罗斯福请愿，恳请总统指派一名联邦石油大臣来压制热油经营者。罗斯福委任了一名名叫哈罗德·伊克斯（Harold Ickes）的高级助手，而到1933年7月14日，总统签发了一条行政命令，不仅是为了维持配定产量政策，而且还指派了几百号联邦探员来执行这项政策。围绕热油的控诉和法律质疑耗费了3年多的时间，有一些甚至一路打到最高法院去了，但是到1936年时，联邦政府最终恢复了东得克萨斯油田的秩序，并且实现了油价的稳定。

6

在整个采油争战期间，亨特就像一个疯子一样钻井。衬衫的袖子总是挽到肘部以上，卡其布的裤子时常溅满污泥，雪茄习惯性地叼在嘴的一边，他一星期每天都从黎明工作到深夜，驱车从一口油井到另一口油井，经常把他的青春期的小儿子希思耶带在身边。他赚的每一分钱——从油田赚的、从第一国民银行的新增贷款、从偶尔的租赁权交易中赚到的——他都再度投资到发掘更多的石油中去了。到1932年年底，尽管“配定产量”政策、一团糟的条件和连绵不断的阴雨，他还是想方设法在东得克萨斯新租赁的土地上，钻探了令人震惊的145口井。70多万美元的收益流进了大神乔伊纳的腰包，但是即使按不到一美元的油价算，亨特也将自己挣到的第一个百万美元甚至更多的钱带回了家。

关闭了他在埃尔多拉多和什里夫波特的公司之后，亨特在人民国家银行大厦开了新办公室，这栋大厦就在泰勒商业区，这是一个幽静古朴气息的小镇，在油田西部边界的西边12英里处。他的一个兄弟谢尔曼辞了他在蒙大拿州大牧场的活儿，成了亨特的左右手。1931年6月，亨特把莱达和孩子们从阿肯色州接了过来，把他们安顿进了沃尔德尔特街一处带有三间卧室、红砖结构的出租房。尽管与七个人一起挤着住——希思耶被送往印第安纳州的柯尔沃军校，家庭仍然过得井井有条。一日三餐会准时在早8点、中午12点、晚6点开始。孩子们都在当地办了入学登记。除了一两次说不清楚的绑架威胁，在一次恐吓之后，得克萨斯的特别行动队队员开始保护这个家庭，所以日子还不错。

亨特的小帝国的基础离高枕无忧还远得很。隐患就在于对乔伊纳的租赁权是否具有合法的所有权。那个老辣的瞎掘油井的把他的石油开采权的股份卖了再卖，不知道卖了多少遍，亨特的律师分析了一下情形，认为亨特事实上只对乔伊纳卖给他的 4000 英亩租赁权中的 2 英亩享有正当的合法所有权。乔伊纳的投资者开始一个接一个地提起控诉，直到 1932 年六七月份，亨特已经遭到了大约 300 份的法律控诉。为了避免与他们一对一进行法庭对抗，亨特让他的律师为这些起诉人提供现金解决方案，这招奏效了。几十个起诉人，大多是贫困的农民，拿了亨特给的 250 美元左右就撤消了上诉。但整个乱摊子依旧需要花费将近 12 年的时光才能清理干净，但是亨特的做法为自己节省了一笔不小的法律开销，而且还免去了可能的法律判决。

而这一切之中，真正的危险是乔伊纳。1932 年秋天，麻烦接踵而至。在一个雨夜的晚上，泰勒城外，亨特和他的兄弟谢尔曼路途中遇上了一辆翻倒的汽车，司机被困在了车里，亨特加入了实施救助的人群，尝试着将车立起来，但在实施救治的过程中，他严重扭伤了自己的后背。由于受伤部位剧痛，他甚至不能动弹。医生给他上了一个钢制支架，并嘱咐他 6 个月内不准下床，必须卧床休养。刚过没几天，11 月 19 日的晚上，当他还戴着钢制支架在泰勒躺着，充满着不祥预兆的风言风语传到了亨特的耳边：大神乔伊纳不开心了。

亨特咒骂起来。他已经尽其所能地抚慰这个老家伙了，他还想干吗？亨特每月都保证乔伊纳收到商定的石油偿付款，通常为 3 万 ~ 5 万美元。因为现在乔伊纳生活得非常奢侈，天天带着他的新女友在达拉斯四处闲逛。每个月，他都会找到亨特要求预支或贷款。亨特一般都会给他，通常还会跟他讲几句省钱多么重要的话，但是，尽管明地里乔伊纳继续在租赁权的法律质疑上站在亨特这边辩护，但是很明显乔伊纳对此颇为怨恨。是他发现了东得克萨斯的大油田，不是亨特，而他却沦落到被迫“乞讨”的境地。

就在距亨特交易两周年纪念日（11 月 26 日）刚好一周的时间，一起马上超出法定时效的诉讼出现了。亨特拖着身子从床上爬下来，驱车来到达拉斯，他把乔伊纳邀请到贝克宾馆的套房。他俩之间仍然保有真挚的情感，他俩相同的地方太多了，他们都对石油充满疯狂，都经历过晦暗难捱的日子，都是突然间的暴发户，就这样他们一起在贝克宾馆过了几天回忆往昔的日子。亨特穿着钢制支架躺在床上，乔伊纳在对面铺位上，笑呵呵地并且还给他端汤送饭。

11 月 25 日傍晚，随着追诉权的法定时效将在次日过期，乔伊纳起身要走。

亨特从床上爬下来，蹒跚地送他出门。他第一次把明摆着的难题提出来，“乔伊纳先生，”他说，“我觉得有些人在积极地策动你起诉我，我希望你不会上他们的当。”

乔伊纳看着亨特，过了好久才说话，泪光闪耀在他的眼角。“我的孩子，”他说，将一只手放在亨特的肩头，“我永远不会那么做的，我太爱你了。”

乔伊纳离开后，亨特先是爬回了床上，然后就陷入了沉思。他一直想这位老人的泪水是为何意。里面有真情实感，但亨特越想，越发觉得大神乔伊纳的泪水实质上代表了什么，那是一片自叹悲哀的泪水啊。

他肯定是要去起诉的。

而更让亨特感到糟糕的是，他现在毫无防备。还是租赁权的问题。他的银行家朋友内森·亚当斯（Nathan Adams）对东得克萨斯油田的储量和前景颇为乐观，而且他从没想过惹上抵押物竟然是属于乔伊纳的法律麻烦。没人想过。如果乔伊纳起诉，他的律师可以对一切申请留置权。想着想着，亨特从床上够到了电话，拨给了他的律师J. B. 麦肯耐尔，要他带着能找到的每一个速记员当晚立即赶到达拉斯。接着他又打给了他的主要购买者大陆供应公司，请他们下派一名信贷主管。午夜时分，所有人都赶到了。在亨特的督导下，他们开始撰写几十份抵押贷款合同，将他的每一英亩土地的优先留置权赋予大陆供应公司和亨特的贷款银行。黎明时分，他们差不多完工了。当这些成稿签署后，亨特让他们传话给亨德森，如果开庭就按照顺序把这些文件呈给公堂。这一切进展神速，没有一点拖沓，不然就未免太迟了。一小时之后，乔伊纳提起了上诉。

亨特的通宵忙碌使他阻止了乔伊纳夺取或冻结他的油井。但是法律控诉仍然能威胁到一切。乔伊纳宣称受到了欺诈。他控告亨特在深岩油井和贿赂深岩石油公司的监管人员上对他撒谎，前者有可能是真的，而后者当然是真的。所有租赁权的估值至少在1500万美元，乔伊纳就此辩称他应该得到的是现在得到的3 ~ 5倍才对。如果有一个法官认同他的说法，亨特就将眼睁睁地看着300万 ~ 500万美元损失掉。与此同时，乔伊纳还在新闻媒体面前摆出一副正人君子的形象。“就我个人而言，我没有丝毫针对亨特的意思，”他对记者说道，这种法律伎俩很快就被炒作起来了。

亨特处境不妙，要知道，那时在许多得克萨斯人心里，乔伊纳仍然是一个平民英雄，另外，“贿赂”深岩公司这件事情在当地法院眼里势必丑陋不堪。随着 1933 年 1 月份审讯日期的临近，法律诉讼一下子多了起来。流言开始激起漩涡，有的说亨特私下里许诺乔伊纳一笔巨款来摆平这场诉讼，有的说乔伊纳发现了亨特以前的种种劣迹，还有的说好多参与原交易的人都收到了恐吓电话、恐吓信。但接着发生的事情，从未有人出来解释过。1933 年 1 月 16 日，正当一群记者、石油侦查员在亨德森法院里就座看开庭辩论的时候，大神乔伊纳站起来开始朗读他的陈词，在对这个案例进行了一次“彻底的调查”之后，乔伊纳宣布：“坚决达到令我满意为止，只要我能满意了，我所提及的欺诈指控就不再成立。”就这样，乔伊纳撤销了上诉。

整个法庭，瞠目结舌，难以置信得下巴都要掉下来了。刚刚怎么回事？没有人知道。乔伊纳匆忙闪人了，随后的数年里也未曾再提起。不知为何，大约就跟东得克萨斯的每个人的看法一样，亨特收买了乔伊纳。亨特做了什么，或者亨特许诺了什么，至今都是一个谜。在未来的几个月里，他俩静悄悄地恢复了过去的交往状态，乔伊纳接受亨特每月给他的补偿款，然后再去纠缠着亨特要预付款。接下来的 14 年间，都是这个样子。1947 年，在多年徒劳无功的钻探冒险失败后，在得克萨斯角角落落的付出最后搞得乔伊纳几乎身无分文，最后他就这样在 87 岁的高龄离开了人世。

“关于我跟乔伊纳的这次交易，著述特别多，”多年后，亨特写道，“而且其中有些带着过于主观的想象，认为整个交易充满了阴谋诡计。但是，事实上这是一次很明智的交易，对我和乔伊纳而言，都是如此。而且乔伊纳所获得的现金、备忘录以及收益偿付款远大于在法律制约下尝试着运营油田所能获得的收益。”[1]

亨特在那个决定性的日子抵达了黛茜·布拉德福特 3 号井，在度过了两年多漫长的时光后，亨特终于稳固了根基。而生活呢，事实上，臻于完美地好。乔伊纳的那档子事情终于一去不返了。在东得克萨斯，他拥有近 200 口出油井，而且还在钻探更多新井。他的两个家庭都被照料着，而且生活得很惬意，最重要的是，他们相互之间都不知道对方的存在。当他有功夫的时候，亨特就会短暂造访他在达拉斯州凡尔赛大街的房子，去看望法拉妮雅和 3 个孩子。与此同时，他的“第一个”家庭开始在泰勒扎下根来，先是在一个狭小的租住房间里，过着挤来挤去的小日子，莱达很快就去挑选了一个永久性住所，那是一处两层、白色柱子、希腊复古风格的宅邸，名曰梅菲尔德住宅区。她花了一年时间来改造它，直到 1932 年 10 月才最终住进去。亨特一家人现在，正式成为得克萨斯人了。而且，即使那时没有人注意到，亨特已然不仅迅速崛起为得克萨斯州最为富有的人，而且跻身世界富豪之列。

第5章

大福大祸的年代

1

几十个得克萨斯石油商给东得克萨斯带来了财富，他们大多来自达拉斯，或者新近定居达拉斯。不过，很少有人像35岁的克林特·默奇森一样狂热地投入到边远落后地区的一片混乱中。默奇森在东得克萨斯土生土长，对这片松树林很熟悉。不幸的是，跟亨特和诸多同行一样，默奇森也没有闲钱去投资，他口袋的钱几乎全都贡献给南部联盟的银行和他主要的债主油田供应公司了。不管怎样，资金缺乏永远阻止不了默奇森的脚步。所有那些需要管道运输向市场的石油，正如他在西得克萨斯所拥有的一样，他会快速地去建一个。只要跟油田供应公司的主管见了一面，他就成功说服他们相信他，而且他们答应出钱，就这样默奇森曾用短短三个月的时间就在油田南部边缘到泰勒建起一条30英里长的管道。1931年夏，他就完全竣工了。默奇森甚至还说服一个合伙人在那里建了一个炼油厂，从而挤进了汽油产业。

好戏只不过刚开始。为了达到目标，在此期间，默奇森到处钻探油井，资金大多都来自南方联盟的银行贷款和租赁权交易。但是东得克萨斯的石油太多了，自己不去分一杯羹，说不过去。欧内斯特·克罗遂特（Ernest Closuit）和他的兄弟弗兰克表示反对，他们觉得身上的负担已经够多了。因此，默奇森与一个来自威奇托福尔斯的朋友——达德利·戈尔丁（Dudley Golding）建立了新的合伙人关系，他有一对钻井设备，而且娘家那边有点钱。随着从所铺管道挣来的现金，默奇森派出人手去购买他们能够买到的每一份租赁权，而且尽可能地压低预付款数额，接着调度达德利·戈尔丁和其他人来钻井。在随后的 3 年中，他们在亨德森和基尔戈钻探了几十口产油井。

油价的崩溃把默奇森打击得厉害，他的那些管线合同让他有义务以每桶远高于 10 美分的价格来购买运输到泰勒的石油，而那是石油所能卖到的最高售价了。银行理解他的处境，允许他延迟一两次还款，而发给员工的薪水，也是他通过花言巧语说服管道石油的最大买家提供预付现金的方式勉强维持。但真正的潜在威胁是配定产量政策，对默奇森而言，抵消手头日渐积聚的这些损耗的唯一办法就是从地下抽取更多的石油，可联邦政府现在开始发话说这不合法律了。默奇森因此怒火中烧。每逢遇到愿意听他说话的人，他都会跟人讲这有多么的不美国，整个政策就是大公司为了要把独立石油公司挤出东得克萨斯而设计的阴谋。正如他的同行所言，“这是我的石油，就算老子把它喝了，也不关你屁事。”

正是这种思考路线促使默奇森转身变成了一个行走在法律之外、公然对抗的热油偷窃者。1932 ~ 1934 年，事实上，他很可能都排得上全东得克萨斯的热油偷窃者，而他真的不在乎谁知道与否。他甚至将跟达德利·戈尔丁的合伙公司重新起名为“美国自由”。为何呢？他说，新名字代表着自由对独裁式监管的反抗。新公司很快就变成了默奇森手里最大的一家公司。世人从未逮到过默奇森如何经营美国自由业务的黑暗面，但是运营热油则是一场猫捉老鼠的故事。联邦政府的探员，铁路委员会机构，以及得克萨斯的巡警可是到处可见，因此，默奇森还不得不派人专门望风。大多数的热油都是晚间开采和冶炼的，然后装进卡车，沿着车辙密布的脏兮兮的小道，车队慢悠悠地驶向达拉斯或什里夫波特。而当联邦探员在周边区域办公的时候，颇具诱饵味道的车队也会派上用场。即使被逮个正着，许多探员也是有可能被贿赂进行疏通的。

这可是个游走在危险边缘的游戏。每晚的热油偷窃行动都使默奇森面临着法庭裁决的风险，甚至更糟，导致自己被捕。铁路委员会知道下面在发生什么，并且反反复复派队突击。这给默奇森带来了一连串的州内诉讼。默奇森则用迷雾一般的文书进行回应，不断将那些存疑的石油所有权从他的一家公司转为另外一家。等到铁路委员会回过神来，意识到究竟发生了什么，再次立案调查又得花费好几个月。当委员会费尽九牛二虎之力才把他揪到法庭上时，默奇森竟然派来一个儿时的好伙伴、一个名叫托迪·李·韦恩（Toddie Lee Wynne）的精明律师来替他出庭。韦恩曾经成功地帮他撇掉了几桩令人颇为厌恶的案子。

20 世纪 30 年代早期，你对克林特·默奇森上述做法的看法很大程度上依赖于你对热油的观感。有好多的瞎掘油井的将他奉为英雄，其他人则将他视为自私的罪犯。随着时间的流逝，他这方面的臭名开始带来害处，当东得克萨斯的石油商汇集在华盛顿准备与哈罗德·伊克斯（Harold Ickes）会面的时候，他的同行将他拒之门外。“我不要跟克林特有半毛钱的关系，我太了解他了，他那双手觉不干净，”石油商 J. R. 帕腾（J. R. Parten）一次回忆道。“他还好吧，我挺喜欢他的，但是克林特是一个彻头彻尾的热油支持者。克林特不想要任何规则约束。他曾通过蔑视法律来发财。他出现在华盛顿，并且问我们他能做什么来帮助我们。我们回应说，‘你最能帮助我们的事情就是以最快的速度坐上飞机，离开这儿。’而他真就这么做了。”默奇森对此充满了憎恶，他觉得自己反抗配定产量政策的辛苦付出应该获得掌声。“假设我真的如他们声称的那般应对所有的事情认罪，”他曾经评判说，“那我该被直接埋在监狱底下，而非关在监狱里了。”

在整个热油战争期间，默奇森心里所想的就是如何打造更多的新管道、新炼油厂和新油田，而这一切都受制于他长期的资金短缺。但是，他找钱的本领要比找石油的本领强多了。1933 年，他在曼哈顿听说到一位名叫拉什顿·阿德瑞（Rushton Ardrey）的年轻信贷负责人，这个得克萨斯州人在银行开了第一个能源部门。在那段时期，所有纽约的银行都机灵地从非短期贷款（对瞎掘油井的）中脱身，说这些买卖的风险实在是太高了。但是阿德瑞却对俄克拉何马的独立石油商提供了一个 5 年期的贷款，当这个消息传到默奇森的耳朵里，默奇森就一路快马加鞭地飞往纽约了。当阿德瑞问他想要贷多少款时，默奇森回答说：“能贷多少我就贷多少。”离开时，他拿到了 100 万的贷款，而且对方还承诺后期将更多地放款给他，而这真是一个非常关键的新搭档。他把阿德瑞称为“大 A 号人物”。随着时间的推移，默奇森将他引荐给几十个其他的石油商，包括希德·理查森。到了1937年，默奇森就迫不及待把阿德瑞拉到美国自由公司工作了，他将负责公司的全职筹款业务。

拉什顿·阿德瑞的贷款使默奇森能够在一个关键的节点再次投入到东得克萨斯中，钻探了几十个油井，建起了不少小炼油厂，当发现劣质原油之后，还建起了沥青加工厂，他甚至还为新奥尔良城外过剩的石油供应购买了巨大的储存罐。他最大的雄心是打算从东得克萨斯一路开去，建一个能够直接抵达休斯敦北部康罗的管线，这个工程建好将能够使独立石油商把石油直接运输到休斯敦轮船航道上的油罐里。到那时，关于热油的争议终于开始逐渐淡出人们的视野，1936年，默奇森至少将自己的财富翻了3倍，单就125口油井的售卖就使他获得了超过两百万美元的收益。最后，他终于不再对配定产量政策吹毛求疵了，他开始变卦宣称自己看到了得克萨斯州油田保护的长远智慧，而大多数石油商认为他作为热油偷窃者的日子算是翻过去了。

1936年年末，有消息表明，热油偷窃者的身份仍揪住他不放。休斯敦的联邦公诉人以超越石油输送的合法限量为由，把他的康罗管线子公司控告了。情势非常严峻，有流言称，默奇森很有可能也被控告。而这场官司的处理将把这个得克萨斯的新来者一路带到白宫。

2

大神乔伊纳发现东得克萨斯油田之时，州内就有富有的石油商，但是还没有真正称得上石油大亨的人物。说到执掌石油财富的人，当时唯一能够算得上号的得克萨斯人是霍华德·休斯。休斯手头不仅真的有石油服务公司，而且自打他离开好莱坞起，就一直经营着石油服务买卖。正是在1930年到1935年这5年的黄金时期，东得克萨斯油田和其他油田的大发现，给该州最富有的家族带来了天机。这60个月带来的财富规模之巨，不仅在当时少有人知，且时至今日也往往被人所低估。实际上，20世纪30年代初，将得州石油所造之现金流的水龙头打开之后的5年，在美国历史上，都算得上财富创造最为壮阔的图景之一。从美国繁荣昌盛的时代，到20世纪90年代因特网的兴起这段时间，从规模上讲，美国在这5年间所创造的富豪的数量是最多的。

讽刺的地方在于，这一现象竟然是在美国历史上最糟糕的经济大萧条期间发生的。但是得州财富的爆发并没有大萧条一来就来了，其爆发是在大萧条之后。在得克萨斯州，有这样一种看法，在好几本写石油产业的历史书中都有提到，这种看法是这么说的，野猫井勘探者之所以能在中东石油抢到头筹，是因为那些大公司低估了中东石油的潜力，然后，中东石油一被发现，那个规模大的简直骇人。事实上，大公司当然知道乔伊纳到底发现了什么，只不过它们是缺少远见，而且当时还缺钱。大萧条对石油产业的冲击很厉害，而且正是它们在勘探石油领域的全面撤退，才使得像亨特这样的人物囤积到令人惊叹的石油储量。正是大公司的撤退创造了得州的大富翁，这一点比其他任何要素起到的作用都大。

话说当东得克萨斯油田的石油第一次喷向天空时，所有大型石油公司却都在大幅缩减它们的预算。比如，壳牌石油公司，由于深受它在 20 世纪 20 年代扩张时的债务所累，它不再收购得克萨斯州的租赁地，而且就算在它手中积压的地块上，它也很少动工钻探。仅 1931 年一年时间，它投在租赁地上的 800 万美元就全打水漂了。海湾石油公司的状况更糟糕，一方面深受经济损失的困扰，另一方面银行的贷款也拿不到，所以它只能眼睁睁地看着就是没钱买地皮。海湾石油公司手中的好多地皮也因为闲置而赔了进去。与此同时，得克萨斯石油公司则再次把重点放在了运营上，更喜欢做炼油、市场方面的工作，不再强调勘探石油方面的业务。只有汉贝尔公司的休斯敦分部的那几个敏锐聪明的经理人，一边减少对勘探业务的投入，一方面又积极地在市场上寻找新的石油储备。它的员工由地质学家华莱士·普拉特（Wallace Pratt）率领，此人制定了一项新政策，强调对已经探明的油田进行兼并，换而言之，汉贝尔石油公司瞄准的是其他人发现的油田。

反过来，恰巧是汉贝尔石油公司的这一新政策，为休斯敦的三大石油家族奠定了基础。在汉贝尔第一批收购的油田中，就有罗伊·卡伦和他那位不服管教的合伙人，大吉姆·韦斯特。到 1931 年时，韦斯特已经督促了卡伦两年之久，他劝说卡伦把他们发现的新油田卖掉。他恳求卡伦说，至少卖一个吧，把本德堡县的莱布斯山卖掉，他还跟卡伦说“不过就是另一个油田嘛”。卡伦听不得他说卖油田，然后韦斯特背着卡伦，跑去试探海湾石油公司在匹兹堡的总部的购买意向，但是发现对方不感兴趣。1932 年 3 月，他给汉贝尔公司派来休斯敦的华莱士·普拉特打电话，华莱士也一直在跟踪他们的动静。去年 11 月，普拉特的地质学家们就把这个油田估计在 1.27 亿桶，并且建议华莱士“只要对方开的条件合理”，就把它买下来。普拉特提出了一项方案，根据该方案，卡伦和韦斯特将能拿到 300 万美元的现金，外加从未来的收入中再拨给他们 1700 万美元，将这个数字换算成今天的美元的话，这项提议大约有 2.5 亿美元。

卡伦咆哮了起来，“油田里的那些宝贝可是值 1 亿美元的，”他跟韦斯特说，“值 2 亿美元也说不准。”

韦斯特也不退让，他辩解道，这个油田不稳定，它已经遭受了两次爆炸。他们俩就这样争论了好几天，火药味越来越浓。最后，卡伦说只要这件事能让他们俩解除合伙人关系，韦斯特就依从了他。“只要把这一桩买卖搞定了，我就跟你解除合伙人关系，”卡伦说，“我绝不会再拼了老命找半年油田只是为了让你卖了。”1932 年，他俩和汉贝尔石油公司达成了交易，而且卡伦对油田的储量的判断是准确的，到 20 世纪 40 年代末，汉贝尔石油公司真的就从这个油田里打出了 1 亿多桶石油。有一本关于汉贝尔石油公司的历史书，上面就称这次收购是一次伟大的交易。

跟汉贝尔做的这次交易把卡伦和韦斯特送上了休斯敦最富有的人的宝座。但是，卡伦还是会按着他的“又是另一天”干下去，当时他才 51 岁，他也受不了油田对他的诱惑，就自己开始单干了，他把之前跟他做过邻居的一位律师聘请了来，此人叫哈里·福尔摩斯（Harry Holmes）。就这样成了他的二把手。他们把新公司叫作金塔纳石油公司，这个名字是卡伦根据他出去钓鱼玩时发现的一个幽灵小镇命名的，小镇就在墨西哥湾沿岸。卡伦也把他的女婿，他女儿艾格尼丝的老公，伊萨克·阿诺德（Issac Arnold），请来了当首席工程师。而且，罗伊现在也结婚了。

到 20 世纪 30 年代中期，得克萨斯州最后一批没有探明的土地就是该州的那些大牧场了，其实在大萧条期间，汉贝尔石油公司就已经在跟其他的大型石油公司抢着去租赁这些地方了。1933 年，汉贝尔石油公司斩获了最大的战果，它把百万英亩的国王牧场的租赁权夺到手中，这是沿海地带上的一片广袤的大草原，从科帕斯克里斯提（Corpus Christ，基督圣体）一路过去，直达墨西哥边境，有 1300 平方英里那么大。这可是美国历史上最大的石油租赁地收购案。国王牧场的北边就是汤姆 · 奥康纳牧场，坐落在维多利亚小镇边上，有 50 万英亩那么大。自从得克萨斯州大变革以来，奥康纳家族就一直在放养牲畜，他们家很活跃的大家长就是汤姆 · 奥康纳本人，他把话跟那些石油商说得明明白白，他不想跟东得克萨斯发生的那些乱糟糟、满是争斗和矛盾的事情沾上任何关系。

不过，卡伦通过直接给奥康纳打电话倒是激发出来了一次会面。这个易怒的小老头牧场主说要找他算账，但他并没有这么干。几个星期之后，卡伦又派出了两人之间的一位共同好友，恰德 · 尼尔姆斯（Chad Nelms）去劝说奥康纳来谈交易。奥康纳心怀警惕地请了律师起草了一套合同。“你告诉这个家伙，这个卡伦，”奥康纳警告道，“要是他们敢改动一个词，或者变动一个句点，改变一个字母，我就让他们把合同全撕了。”然后，卡伦只好照单全收地签了合同。在这项交易里，他同意一英亩地支付一美元地去调研牧场，另外他只能精选出 7500 英亩的地块来钻探。为了减少风险，卡伦以 5 万美元的价格把其中一半的收益卖给了汉贝尔石油公司。

他们钻探的第一个孔叫奥康纳 A-1 号，在 4450 英尺处钻到了盐水，卡伦派他的儿子罗伊再度把孔准备好，他的魔咒又起作用了，这次钻得更深了。数周之后，奥康纳来到旁边看时，钻塔钻到了含油砂的岩层。卡伦用手指在取样岩芯上蘸了蘸，笑了起来，然后转身面向这位老牧场主。“这里有个一英里深的石油池在下面，”他说，“这将是至今发现的最大的油田之一。”

其实这有点言过其实了，但也差不太多。奥康纳油田后来生产了 7 亿桶石油，这使它成了得克萨斯州发现的第十大油田。虽然其他公司最后也获准在这片牧场钻探，但是卡伦和汉贝尔公司在后来的几十年里可是钻了有几百口油井，产出的石油大量地卖给了联邦政府和精炼成航空油。多亏奥康纳油田以及他跟汉贝尔公司达成的交易，到 1936 年，尽管很少有人知道，但是卡伦已然是休斯敦最富有的人了。

3

在 20 世纪 20 年代，罗伊 · 卡伦很幸运地赚到了钱，这使他在大萧条期间都能钻探石油。而对于那些没有这种好运气的人来说——要知道，20 世纪 30 年代初期，一贫如洗的石油商可是有好几百号人呢——钻探油井的唯一一种方式就是“穷孩子可劲儿闹”，换言之，就是处处省、处处借、处处求人，甚至偷设备，然后就是对钻探施工队拿承诺、白条和生活杂货来支付。在西得克萨斯，那些为诸如希德·理查森这样的人打工的非技术工人，把这类工作叫作“豆子工作”，因为他们曾真的就被用豆子支付过工资。

休斯敦的第三大石油财富降落在了穷小子中最不可能的人选上，他就是已经 36 岁的乔治 W. 斯特雷克（George W. Strake）。8 岁时他就成了孤儿，是他在圣路易斯的姐妹们把他养大成人的，斯特雷克身材瘦小，戴眼镜，沉默寡言，笃信天主教，大学毕业后泡过妞，玩过刺激的，20 世纪 20 年代早期才在墨西哥油田找了份工作。后来开始自己单干，通过做租赁权交易，时不时帮人筹划下油井工作赚钱，到 1924 年时，他设法积攒了 25 万美元。为了创办一家集石油勘探、炼油和销售汽油的一体化公司，他带着自己的新老婆在哈瓦那安了家，在那里，他瞄准了成为古巴最大的石油商的目标。与此同时，为了保持现金收入，他创办了一家霍普莫比尔汽车交易商。但是他来之后没过多久，古巴的蔗糖价格大幅下滑，把该国的经济拖入萧条之中。斯特雷克没找见石油，汽车也没卖出去，而且两年不到钱就折腾干净了。

1927 年，他突然跑到了休斯敦的丈人家，一幅除了破产什么也没有的样子。他在得克萨斯既不认识什么人，对得克萨斯地质台面上的重点也是一无所知。不过他有一辆车，因而有两个漫长的年头，他一边在休斯敦周边靠买卖石油租赁权赚取差价勉强维持生计，一边开着车在东得克萨斯和路易斯安那州的乡间小道寻找一种含油的黏土的痕迹，这种黏土在墨西哥油田叫作拉加尔托－雷诺萨。他会停车后穿越林子，带着一把地质学家用的铲子，寻找拉加尔托岩石。最后，在 1929 年的一个午后，当他在康罗村外的河床徘徊时，这个小村子在休斯敦北 30 英里处，他注意到河畔上有个缝隙，缝隙中的水流把土壤冲刷得很干净，他从暴露在外的岩石上切下来好些土，然后用手撵了撵，它们就是拉加尔托，他很确定。

尽管多年前曾在小镇的远端钻探的油井中发现过石油的踪影，而且这还使得几家大公司派来了许多地质考察队，但那会儿还没人从康罗村附近的任何地方发现过石油。回到休斯敦，斯特雷克找来这些大公司的地图研究起来。他越发确信康罗村下头有个大油田。他拿出了自己最后的积蓄，把小镇东南每一处可以到手的地块都租赁了过来，最后租赁了将近 8500 英亩。结果他没钱独力钻井了，不过要是他能吊起某家大公司的兴致的话，它们或许就会替他把这事干了，不就分享收益嘛。然而，汉贝尔拒绝了他。海湾石油公司也把他拒之门外，还有其他六家大公司也拒绝了他。"疯了吧你，"有个石油侦察员对他说，"那儿压根儿没有石油。你在康罗找错地儿了。"

就钻一口井，斯特雷克到处求人。就钻一口井，你们就知道我是对的了。但是那年秋天股市大跌之后，没人听得进去。整个 1930 年，斯特雷克在休斯敦商业区的酒吧、酒店到处徘徊和打探，只要见到石油侦察员和地质学家就去兜售他的想法，为康罗辩解；东得克萨斯的争抢风潮一起，人们更是觉得斯特雷克跑到其他地盘儿找石油简直就是脑袋有病。对任何愿意在他的土地上打一个孔的钻探者，他愿意"跳棋盘"，也就是把临近的地带送给钻探者。到 1931 年春季，随着他的租赁 8 月 31 日就要到期，斯特雷克意识到他要是不自己钻的话，就只能认输了。难题有 3 个。他没有钻塔，也没钱搞一个，并且，尽管在石油行业待了十年，他对如何钻油井也只是有一个无比模糊的概念。

尽管如此，他要试一试，因为他没得选。他的老婆是个银行职员，斯特雷克试着从她的同事那里用土地做交换来筹集资金，没人搭理他。那年休斯敦好多人都等着救济，好多银行也关门大吉，大家连买食物的余钱都没有，更不用说把钱花在油井上了。虽然他一向喜欢独来独往，也总觉得在教堂长椅上就座要比在酒吧高脚凳上坐着舒服得多，斯特雷克还是加入了麋鹿俱乐部，想交些朋友，然而麋鹿俱乐部也没人愿意加入。斯特雷克硬着头皮往前走，终于租到了一个可以钻到 6000 英尺的目标深度的钻塔，钻塔主人把它交付给他是为了在这项钻井中获得一部分收益。不幸的是，钻塔在 100 英里开外的油田上。斯特雷克不得不用卡车把它运送过来，搬运工也要在钻井中获得一部分收益。

不过，钻塔问题一解决，斯特雷克就得要有人手操作它。不幸的是，他不认识在得克萨斯的那些油田工作的任何人，真正钻过油井的就更不认识了。他在康罗认识的唯一一个人是伐木工，此人在他租赁的土地上工作过，并把汉贝尔公司的一个钻机长的名字给了他。钻机长答应来接这个活，并带了一些朋友来充实钻探队，现在他需要一个钻井工了。不幸的是，1931 年 8 月那会儿，差不多每一个钻井工都跑去东得克萨斯忙活了。钻机长给了斯特雷克一个名字，哈维·李（Harvey Lee），这个老钻井工现在也是霉运连连，说是可以在东得克萨斯某个地方能够找到他。

斯特雷克便动身前往松林地区。在每个小镇他都停下询问哈维·李的踪迹。找不见。翻遍一个又一小镇，就是找不见哈维·李。就这样找了整整一星期，又过了闷热的一天之后，他掉头回家，赶巧碰上了一个道路施工队，有个人说他认识哈维·李。其实，哈维·李就住在一个山顶的棚屋里，沿着路上去就能找见他。斯特雷克长途跋涉上了小山，找到了李和他年轻的老婆，发现他俩正在照料一个新生儿，而后斯特雷克便带着这个钻工离开了。

8 月 13 日，康罗东南 3 英里处，在距租赁合同过期只有 18 天时，大家聚集到松林深处的一个开阔地带。耗费了 2 天才把钻塔安装就位。斯特雷克雇用他的伐木工伙计来砍树，用木材来加热锅炉，他们还需要水来给它降温，但是忙活了 2 周之后，钻水井工在地下找不到水，在最后一天，8 月 31 日，因为附近找不到水，哈维·李告诉斯特雷克他们需要手动破土。有了哈维·李告诉他们该做什么，斯特雷克和他的 7 个手下就一起用 3 把链钳干起来，随着太阳开始西沉，他们凭着体力生把钻机一圈一圈地钻进了土中。他们赶在了截止日期之前。

当水源找见了，钻探才真正开始。镇里的乡亲们从康罗跑过来，然后摇摇头叹叹气。全体无一例外地认为斯特雷克疯了。每天都是一场战斗。锅炉甩出冒火的树皮雨，大家把一半的时间花在了赶紧从钻井平台上下来，然后把着火了的泥土铲掉，它们是被干燥的松树针引燃的，有时这个活会占去三四个人。有一天早上，一个森林巡警出现了，明令他们关停，直到斯特雷克在锅炉的顶部安装了铁丝网防火屏障，用来捕捉燃烧的树皮。直到这个防火屏障填满了废墟之前，它都一直工作的好好的，而在那个节骨眼上，锅炉不工作了，随着钻头也减速停了下来。

“斯特雷克先生，我能帮你修好这些锅炉。”他有个手下说道。

“你能吗？”

“是的，先生，如果你把身子转过去一分钟的话。”

这人拿起一把猎枪，对准防火屏障，然后快速连开了 3 枪，把它们全都射掉了。“好枪法。”斯特雷克说道。

10 月 13 日，当他们钻达 4125 英尺时，他们提取了一份岩芯样本，它带着几分石油的光泽。斯特雷克把这份岩芯分成 3 部分，分别装进一个袋子，并把它们送到了汉贝尔公司、海湾石油公司以及得克萨斯公司在休斯敦的办事处。虽然这 3 家公司认识到，如果这个岩芯有效的话，斯特雷克就真有钻一口好油井的材料了。但是不少了解康罗地区的石油侦察员觉得这可能是个把戏，为了使他们感兴趣，斯特雷克一定把样本用外头的石油“伪装过了”。随着钻探继续推进，越来越多的石油侦察员开始来到钻探现场，急于赶快搞清楚“斯特雷克的愚蠢”是不是真的。

接下来的两个月间，斯特雷克开始跟各种机械故障干了起来，从坏掉的钻头到时好时坏的锅炉。最后在 1931 年 12 月 5 日，这口油井钻出了石油——算是吧。它是石油商所称的那种“喷气井”，也就是说，伴随少量石油喷涌而出的是嘶嘶叫的巨量天然气。大多数石油侦察员立即把它当作怪胎看待，斯特雷克钻到的砂层叫作科克雷尔，据知并非石油储藏层。虽然有好几百的租赁权交易商和油田工作者从东得克萨斯赶过来，但几周不到，几乎又全走干净了。为了证明那些心怀疑虑的人是错误的，斯特雷克开始为第二口油井做准备，钻点距第一口 2000 英尺远。

当他钻第二口井时，他从汉贝尔公司的华莱士·普拉特接到了一个电话。在这些大公司中只有汉贝尔愿意为斯特雷克的一座大油田上赌一把。“嗯，”普拉特说，“汉贝尔公司因为太过庞大和精明计较而没能看到你的远见。你把这桩买卖送上门来，我们却拒绝了你。我想我们准备好来为这个错误埋单了。”他问斯特雷克为他的租赁地面要价多少。斯特雷克依然一贫如洗，为他的一半租赁权开了一个很悲观的条件：先期支付 50 万美元，再就是盈利的 350 万美元。汉贝尔公司接受了他的条件，开启了一座前所未见的油田。

1932 年 6 月 5 日，斯特雷克 2 号井在 5000 英尺处发现了石油，黢黑的原油像间歇泉一般，弧形地抛过周围的松林，斯特雷克一直以来都是对的。90 天内，这片区域就又来了 75 个独立运营商，到那年年末的时候，康罗油田就被大家看作该州第二大油田了，仅次于东得克萨斯油田，并且还被当作美国第三大油田。即使在汉贝尔交易案之后，斯特雷克依然持有这片区域的三分之一租赁权，所持资产在未来几十年间将达到几千万美元。一夜之间，他摇身变成了休斯敦第三富有的石油商。[1]

4

当东得克萨斯为亨特、默奇森以及其他石油商创造财富的时候，它却毁了希德·理查森。随着新的高质量原油把油价拉低到近 10 美分一桶，大公司找不到理由去购买理查森在售的地处偏远的、含硫的西得克萨斯石油了。他在沃德县的最好油井创造的财富日渐枯萎成空。1930 年 1 月他每月的现金收入为 2.5 万美元，到 12 月份，就降到了每月 1600 美元，而这些全被银行拿走了。

就几个月的时间，理查森就从耳房搬到了茅厕，真的搬到了茅厕去住了。他从黑石酒店的顶层套间搬进了一个月租 40 美元的女仆用房。当他连这都支付不起的时候，他又搬进了得克萨斯酒店的一个月租 25 美元的单间；当他连这也付不起了的时候，他被撵了出去，收到了索租起诉，在那个节骨眼上，他最好的朋友之一，阿蒙·卡特（Amon Carter），《沃斯堡》报纸的出版商，在沃斯堡俱乐部免费提供给他一个住处。当他被从他的办公室驱赶出去后，理查森就只好在商业区的一家杂货店继续苦心经营了。要是他不在，有个名叫杰克·科利尔（Jack Collier）的冷饮摊摊主就会帮他接付费电话："希德·理查森办公司。"

他唯一的指望就是发现更多石油了。默奇森恳求他来东得克萨斯，但他不愿去，他所有的租赁权和关系网全都在新墨西哥边界上的沃德县和温克勒县。他坚决要继续钻探，即便他在西得克萨斯石油供应装备上的贷款所剩已越来越少。当莫纳汉斯的小旅馆也把他扔到了大街上，他只好逃到了克米特的新旅馆。当克米特这家旅馆也把他扔了出来，理查森就只好跑到镇外的牧场找铺位。绝望之中，理查森诉诸穷孩子闹的办法，用杂货和最终一次性支付来给他的人手付酬。在大萧条期间，像理查森这样的穷小伙每天要用石油支付钻工和各类设备人员 10 ~ 12 美元，这得是在发现了石油的情况下；要是没有发现呢，那钻探者想出什么就给什么。理查森常年在克米特的杂货店赊账，并因为用面包、鸡蛋和牛奶——只要是他们能吃的就成，来给他的人手付酬而出了名。

1931 年，理查森设法在沃德县的奥布赖恩牧场又钻了一口油井，但这口他急需的油井结果却是一个温泉，他预见的所有收益都在银行打了水漂。更糟糕的是，这口井花光了他最后一笔钱。秋天的早些时候，理查德断然是破产了。虽然他在沃斯堡和达拉斯找了那里的银行好几轮，都空手而归，但他依然确信沃德县一定藏有更多的石油。10 月下旬，在默奇森的帮助下，他得到了暂时的缓解，理查森设法从达拉斯第一国民银行的内森 · 亚当斯（Nathan Adams）手中哄骗到了 11 万美元。这笔钱使理查森又打了一系列新油井，这些都在沃德县北边的埃斯蒂斯牧场和斯卡伯勒牧场。虽然好几口井好歹还有点产量，但是到 1932 年年中的时候，理查森的现金流萎缩成了涓涓细流。他的贷款方，包括租赁给他钻井和负责管道安装的石油供应公司开始投诉。他已经在偿付债务上走投无路了。

法院传票员开始到处找他。只要理查森脚一踏上沃斯堡的人行道，他就得盯着看有没有给他送法院传单的。晚些年，他讲到有个贷款人在他跟默奇森外出打猎的时候都跟踪了过去。绝望之下，他只好转向默奇森寻求更多的解救，而默奇森就开始为他偿付贷款了。一年以后，默奇森把他在第一国民银行的贷款全都帮他承担了下来。[一]理查森只好把他在奥布莱恩牧场的最后那些租赁权当抵押。在克米特的温克勒县法院，理查森所涉各种借贷以及惹上的官司的详情都被包含在档案记录了。

晚年的时候，理查森经常说，他那会儿一直穷困潦倒，不得不放弃石油公司好几年。像他的许多传说一样，这么说夸张了。如果说他真放弃过野猫式开采，那也就只有几个月的时间，大约发生在 1932 年到 1933 年的那个冬天，这段时间关于他钻探油井的报道从圣安吉洛的报纸上消失了。根据巴斯家族的传说，当时他姐夫巴斯医生拒绝了他最后一次的贷款恳求，而他之所以能去钻探完全是因为他姐姐安妮从自己的腰包拿了 40 美元给他。理查森说，正是用这笔钱，他才购买到了火车票，再西去闯最后一次。

这个故事明显是真的。根据 1984 年佩里 · 巴斯给《达拉斯晨报》的一次采访，他这个侄子很少接受采访的，他说，1933 年 3 月他们一家正在新奥尔良度假，然后理查森出现了，要借钱。巴斯医生拒绝了他，安妮则把她老公给她用

[一] 理查森所涉的各种贷款和官司的详情可以在克米特的温克勒县法院的档案记录中找到。

做赌马的 40 美元给了理查森，而“家族世交”则说其实是 400 美元。不管数目多少吧，理查森用它买了火车票，返回了沃德县。打这件事发生后，他和巴斯医生就再也没说过话，那成了他俩的最后一次对话。一周之后，巴斯只身回到得克萨斯，因为心脏病突然发作而死在了奥斯汀的一家酒店里。

尽管这件事可能是真的，然而，有人认为，一个月之后，1933 年 4 月，克林特·默奇森说服达拉斯第一国民银行借给理查森的那笔 165 000 美元才真的具有重要性。理查森用这笔钱在沃德县的斯卡伯勒牧场钻了一系列新油井，1933 年秋，4 口井全打出了石油，不过量不多，还不足以偿付他的负债。他撞见的又是涓涓细流，而他真正需要的却是一条亚马孙河。对沃斯堡和达拉斯的第一国民银行的经理们而言，理查森就是噩梦。他的债务现在逼近了 100 万美元，而他们又不能取消抵押品的赎回权，因为他的资产已经微不足道了。他们要么选择一笔勾销贷款，并接受这场巨大的损失，要么想法子把理查森搞成功起来。

完美的解决方案是找一个有钱的合伙人，就是某个能资助钻探以使之生产足量的石油，好偿付银行债务的人。1933 年的大多数时间里，这两家银行都在咨询它们的那些一级大的客户，但没人对支持理查森感兴趣。然后，在 1933 年年末，尤金·麦克埃尔夫尼（Eugene McElvaney），达拉斯第一国民银行的一个副总，想到了一个新人选：查尔斯 E. 马什（Charles E. Marsh），他是好几家得州报纸的联合所有权人，其中就有颇具政治影响力的《奥斯汀美国人》（*Austin American*）。马什，跟他在奥斯汀的邻居、布朗 & 鲁特承包公司的赫尔曼（Herman）和乔治·布朗（George Brown）一样，正在用他手头闲余的资金资助好几个得州的野猫井钻探者。当麦克埃尔夫尼在华盛顿的五月花酒店给他拍电报时，马什同意见一面。“我想要的派对，理查森先生似乎就是急于要跟您在一起哦，”麦克埃尔夫尼 11 月 27 日如此给马什拍电报，“并且我看不出你有不答应这笔对您很是有利的交易啊。”[㊀]

由此可见，希德·理查森把自己的商业保密得多么彻底，要知道这个支持理查森并把他推向巨富地位的人物，直到为这本书进行调研时，理查森的家人都不知道此人。从所有的可能性看，其实，马什的大名之所以没有迷失在历史

㊀ 理查森跟查尔斯·马什的这些交易鲜为人知，但还是能在马什 1966 年死后遗留下的各种公司档案之中窥见一斑，这些档案现存于奥斯汀的林登 B. 约翰逊总统图书馆。

里，是因为他随后还赞助过当时鲜为人知的得克萨斯国会议员林登·约翰逊，这一关系被约翰逊的所有传记记者都记载了下来。他身材高大，做事很自我，无论从哪个角度看，他都是个以自我为重的牛皮大王，他特别愿意把比他差的人拿来当听众，在他最爱的话题——政治上讲个不停，不管对方烦不烦。“马什挥金如土，J. 鲁弗斯·沃林福德（J. Rufus Wallingford）一般的人物，”约翰逊的一个名叫维力·霍普金斯（Welly Hopkins）的助手对一位研究约翰逊总统图书馆的口述历史学者说道，“因为他唯我独尊的性情，有时他会相当粗鲁，对他自己，查尔斯·马什想必是觉得自己什么都能干……他一直都想站在幕后当伟大的实权在握者。”

而马什和理查森是完全不同的人物，这很明显。不过，理查森不介意这个，他刚好需要钱。马什最初承担的义务不瘟不火，至少对他而言是这样。他在达拉斯第一国民银行为他担保了一笔 3 万美元的信用额度。就像一只恶狗，理查森把这笔钱狼吞虎咽地干掉了，先是 1934 年干掉了一万美元，然后又在一月之后干掉了一万美元。“现在基于同样的承诺担保判断，他还要一万美元，这样他就能更加有利地跟他的债主们打交道……但是我们要得到您的允许和事先批准。”

当理查森把打头的这一笔 3 万美元全花干净之后，他索要更多。其实，要是他打算偿清债务或者重新钻探的话，他需要的或许就是 100 万美元了，马什拒不同意，发现自己陷入了跟那些银行一样的困境，要么承担损失更多资金的风险，要么让迄今为止的投资打水漂。为了寻找资金，他开始游说纽约的银行，其中有几家银行刚好成立了石油勘探贷款部。许多年以后，当时跟克林特·默奇森有交情的年轻的银行经理拉什顿·阿德瑞回想起 1934 年发生的这件事时如是说：

查尔斯·马什，此人在奥斯汀有一家报纸，来纽约见过我，说他副业玩一点石油买卖，而且他需要 100 万美元，他在希德的企业中有利益。

“希德欠款有多少？”我问。

“来得克萨斯跟希德聊一聊吧，”马什说道，“我觉得希德都搞不懂自己在干什么了。”我懂他的意思。希德在那片区域对几乎每个人都有欠款，而且是整整

100 万美元。“如果他真的有石油储备的话，让我来先核实一下他的石油储备，真有的话，我就借他 100 万美元。”我来到沃斯堡并且跟希德见了面，不过希德在钻的是野猫勘探项目。我不会把钱借给野猫勘探项目的，但要是油井出油的话，我会贷给他一笔。[2]

不能把纽约的银行诱骗过来，马什深吸了一口气，并且开始加大筹码。到了 8 月，他开始跟达拉斯第一国民银行就一项复杂的交易案进行协商。从现存零星的法律文档看，马什同意为理查森对该银行的债务提供担保，作为回报，该银行同意额外再贷给理查森 21 万美元，在随后的春季再贷给他 15 万美元，其中很大一部分钱都直接拿来偿付了沃斯堡第一国民银行的贷款，据拉什顿・阿德雷回忆，该银行当时正受到来自银行监管机构的压力，要求降低投资于理查森家油井的风险。

我记得有一次（希德）在沃斯堡第一国民银行陷得如此之深，而他们又担心的要死。这事已经恶化到连联邦储蓄银行都开始谴责他们给希德放贷了。他们说：“好吧，我们已经在想方设法让他（偿付）干净，但是我们运气不够啊。”希德是我认识的人里面最能说会道的，他那家伙真是有魅力的，该行对联邦储蓄银行的那人讲，“你去跟他谈谈吧，看看能否帮上忙。”所以，这人眼带怒火地跑了过来，开始来做希德的工作，结果他却同意该行继续多给他一些信用额度，没问题的。[3]

虽然这让债主平静了一阵子，跟查尔斯・马什的合伙关系恰巧赶上了理查森有生以来最为厚颜无耻的一次豪赌，而这使他喊着万福玛丽亚在他的职业生涯中通关了。这次豪赌发生在距离新墨西哥边界两英里处的温克勒县远北地区。这个区域已经钻过一两口油井，发现了天然气，但石油只是零星而已。1935 年春，海湾石油公司开始为计划在克米特东部的租赁地上进行的一项大型的钻探任务，用卡车往里运钻机。尽管大公司在大萧条期间，一般都对进取性的钻探持克制态度，但是海湾石油公司却面临着好几百英亩租赁权的到期，这些十年期的租赁地是 20 世纪 20 年代中期的西得克萨斯热签订的：它必须钻，不钻的话，所有钱全打水漂。海湾石油公司的计划是秘密运作，对该地区的地质状况更是守口如瓶。这片土地本身很是恐怖，沙土和矮树丛在散布的仙人掌小峡谷的分割下，零零散散，但是理查森对这片地很熟悉。随着海湾石油公司的推进，他开始把附近能买到手的租赁权全买过来。他甚至赶火车去华盛顿从纯石油公司骗到了一份租赁权。

理查森究竟是哪来的信心，竟敢来这么一个大赌注，直到今天都是个秘密，就连他的家人也不知道。尽管 H. L. 亨特和罗伊・卡伦发现的第一批大油田成了石油行当的传说，但是却找不出歌颂理查森的一件轶事，真的是一件也没有。多年后，大家倒是有交头接耳地说他曾贿赂过某人，可能是他的密友杰伊・亚当斯（Jay Adams），海湾石油公司在西得克萨斯的运营主管；也有可能是亚当斯免费给了理查森一条内部消息。20 年来一直给理查森当二把手的佩里・巴斯有次跟一个世交说道，理查森想出了一种收集情报的更具创意的方法。在 20 世纪 30 年代，从西得克萨斯拨打长途电话的主要交换站就是漫天尘土的矿泉井镇。根据巴斯的故事，理查森跟那里的两个接线员关系很好，用巴斯的话来讲，他给这些年轻的女士提供“特殊服务”，以此换取她们监听到的信息。“他会从这些接线员那里接到电话，你懂得，传来的声音说：‘哦，希德，海湾石油公司的某个穆尔先生在跟他在匹兹堡的总部打电话呢，你要不要听哦？’”那位世交说道。

不管怎样，他还是得到了海湾石油公司计划的细节，到了 1935 年夏天，理查森已经花掉了查尔斯・马什的大部分投资，把海湾石油公司周围的钻探点全部买到了手中。7 月，理查森打出了石油，日产 100 桶，虽然不是很多。但是，后来每一口油井出的油都越来越多。那年秋天，理查森开始在附近钻探，他买了一家牧场，10 月，他的油井出油的势头更猛，后来的十一二口油井也是如此。这些是在后来知名的基斯顿油田里钻出来的第一批油井，虽然算不上得克萨斯州最大的油田，但仍是一个很好的油田，在头两年就生产了 50 万桶石油。在跟马什平分了利润之后，理查森就去清还他的债务了。然后，理查森将他剩下的美元现钞全都投资到了油井里，然后他在未来的五年里，在基斯顿油田钻探出了 80 口左右的新油井，晚年他跟人发誓说每一口油井都钻出了石油。尽管他还不是一位百万富翁，但他已经在路上了。到 1936 年年初，他又在沃斯堡开了一家新办公室，这时候租金已然不是问题。

有一天，理查森亲自跑到他的老办公室坐了会儿，就是他在沃斯堡商业区的药店兼杂货店，然后去看望那位为他接了好几年电话的苏打水雇员杰克·科里耶。理查森深感当年要是没有他的帮助，他可能很难东山再起。就像一位老朋友回忆时所说："希德跟科里耶说，'如果你有很大一笔钱，你会用它来做什么呢？'然后，科里耶跟他说。'我会把这家药店买下来吧。'然后，希德告诉他，'那你就来吧。'理查森为科里耶买下了药店。"这件事并不是捏造的，多年以后，在科里耶魂归天之后，理查森把这家药店的所有权收了回去，然后又把他为科里耶买的药店的所有权也收走了。因为科里耶和理查森的约定是这样的：科里耶只是在活着的时候拥有这家药店。

第6章

大　富　豪

特伦特家族住在欢乐大道上，那是达拉斯最好的街道。当时，达拉斯是得克萨斯州最大、发展速度最迅猛的城镇，而得克萨斯州在全美则是最大的州，不仅拥有最黑的土地，而且拥有最白的居民。美国是当时世界上最伟大的国家，而女儿是爸爸的唯一的甜心小丫头。

——约翰·多斯·帕索斯，1919

1

大萧条期间铸就的财富在得克萨斯州创造了一个新的社会阶层，多年之后，这个阶层才被人知晓，他们就是大富豪阶层。这一财富的规模层级全面革新了得克萨斯人的认知，而正是20世纪30年代的罗伊·卡伦、克林特·默奇森、希德·理查森和H. L. 亨特这四位后来被称作“四巨头”的石油商，奠定了奢华生活方式的基础，而这种生活方式也将定义得克萨斯石油在世人心中的形象。栋栋豪宅拔地而起，总统想见就见，欧洲度假想去就去，小岛想买就买，孩子随便养，这其中，四巨头有四个家庭要供应，不幸的是，亨特就占了一半。

默奇森，第一个赚到了他的财富，率先开始积聚起那些象征着真正财富的标志物。1927年，他妻子去世两年后，他在离家乡雅典市最近的城市买了一套公寓。一年后，他收购了一个方圆200英亩的马球俱乐部，就在普雷斯顿公路旁，这家俱乐部在商业区北 15 英里的乡村地带。绵延起伏的田园和树林，满是野生动物，为了重现儿时的乡村景象，默奇森又用卡车搬运来了几百只新动物，猪牛羊都有，还有小鸡，以及毛茸茸产奶和黄油的奶牛。原本只有一间棚屋的俱乐部，经过默奇森的修缮，多了两间带仆人房的厢房，并雇用了一群女仆和黑奴管理。竣工之后，他们称之为"大房子"。普雷斯顿公路农场，这是默奇森起的绰号，实在是太广阔了，后来雅典市的中学足球队甚至接受了默奇森的要求，把这里用作夏季的训练营。

默奇森要自己的 3 个儿子都能像自己小时候一样成长，玩玩设置陷阱，玩玩骑马和钓鱼，诸如此类。当孩子们被接来之后，他们正是这样做的。这个已然地处偏远的规划，这个普雷斯顿公路农场被孩子们转变成了蛮荒林地的天堂，他们的宠物浣熊、臭鼬和松鼠在家具上跳来跳去，把女仆们搞得好紧张。默奇森很高兴，自从安妮去世后，他第一次品尝到放松的滋味。尽管如此，默奇森还是有些孤单，所以就开始对着雅典市呼朋唤友，召唤老友来玩。他们往往成群结队，有时石油行业的商业友人也会前来，大家一起把周末的农场变成了欢声笑语的派对，喝着威士忌，打着扑克，掷着骰子，游戏的赌注不仅有现金，还有土地租赁权和特许权凭证。一般情况下，周五晚上，会有一辆风尘仆仆的栗色莱斯勒轿车停在长长的碎石路上，这是希德·理查森从西得克萨斯赶过来了。派对开始，然后是直到深夜的赌博和豪饮，玩完之后，大家就摇摇摆摆地走进默奇森专为友人备好的宿舍，这是一个牛仔风格、内含 12 张床位的大房间。

好友们称他"默克"（Murk），就这样，默奇森为刚刚学会做有钱人的这一代石油商展示了一种新鲜活法。他是第一批拥有和乘坐私人飞机的人，经常坐着双引擎、四座的飞机在老马球场地上起降。他是达拉斯最早修造游泳池的人之一，游泳池按照奥林匹克竞赛用的泳池的标准打造，一竣工就成了他的娱乐中心。泳池旁边摆着牌桌，一旁的木屋处还有烤牛腿和烤全羊的烤架和烤肉叉。考虑到孩子们还不是很会游，默奇森特地在泳池里建造了几个梯子。他非常疼爱孩子们，出钱把他们送到大学公园的公立学校读书，他们通常都会由专职司机驾着一辆皮尔斯银箭牌的车被送到学校。平日晚间，默奇森会跟 3 个孩子挤一张床，默奇森曾发誓说在 3 个孩子成人之前，自己绝不再婚。

一段时间后，默奇森开始渴望得到更多的土地，以便他能和好友们一起打猎钓鱼。1933 年，在墨西哥湾捕捉大海鲢的时候，马塔哥达岛吸引了他的注意力，那是一处 38 英里长的沙洲，紧靠休斯敦西南海岸。该岛的东半部是野生动物的藏身处，岛上满是海岸禽类、白尾鹿，以及野兔，但是该岛的西半部却是一个绵羊牧场。默奇森打上了将其改造为私人寓所的主意，当年他就让美国自由公司买下了这座小岛，并且立即在这片建有围栏的场地上着手建设起来。由于没有连接大陆的堤道，所有建材都是驳船运到岛上，最后在 1936 年，默奇森这个新手笔的大农场建好了：一座水塔、几个仆人房、然后是一座低矮、修长的俱乐部会所，内置可供 35 个人用的铺位。这栋建筑物的前侧的一个阳台迎面就是沙滩，在那个年代，这算是一种很原始的布局形式，乍一看，这个花花公子的大牧场就像突然间从天上掉到汉普顿一样。

其实，早在竣工之前，默奇森就已经带着狩猎的队伍来到马塔哥达岛上打猎了，住宅修好之前，他们睡在租来的游艇上。虽然那里野鹿成群结队，但最常见的是响尾蛇。响尾蛇数量很多，因此，默奇森有好几个月都不准许孩子们上岛。实际上，他还跟自己的 3 个老友——达德利·戈尔丁、他的律师托迪·李·韦恩、希德·理查森发起了一次清洗响尾蛇的小组行动。默奇森专为这项行动设计了一辆狩猎汽车，这是一辆仅仅配备必要装备和凹背座椅的福特汽车。他们穿上狩猎的长靴，背上猎枪，跳到车上。默奇森负责开车，农场的主管和一个向导骑着马带路，如果马在仙人掌丛附近后腿直立起来，说明里面有响尾蛇，然后，向导会下马，用长长的耙把响尾蛇勾起来，然后默奇森他们 3 个一起用猎枪把蛇打死。完事后，大家一起回到游艇上去，拿着平底无脚的玻璃杯狂饮“疯狂火鸡”牌的威士忌，边喝边争论谁杀死的响尾蛇最多。

总之，默奇森过得也算是逍遥自在，尤其是跟大萧条时期大多数的美国人对比的话，他算是神仙般的生活了，但是他的生活也并非全然无忧。1936 年 4 月，在一个冰冷刺骨的早上，普雷斯顿公路农场，他 10 岁的小儿子在出去检查捕捉动物的陷阱时，滑进了一条小溪里，由于他直接穿着湿衣服就去上学了，结果第二天就开始发烧，等默奇森回来，发烧已经演变成了肺炎。他们迅速将伯克送到医院，但这个自幼就很虚弱的孩子，肺部再也没能恢复正常，4 月 11 日，伯克夭折了，埋在了他母亲在雅典小镇的坟旁。默奇森心力交瘁，好友们说，此后再也没听到过默奇森或他家里的任何人提起过伯克的名字。

次年，雪上加霜的事情发生在了默奇森家族身上，大房子里的锅炉爆炸了，将默奇森的所有藏书付之一炬，几乎整个建筑物都被毁坏殆尽。默奇森决定用自己一直渴望打造的一套庄园式的住宅代替它。这段期间，他让两个儿子——约翰和小克林特（已经十几岁）和女仆朱厄尔·皮菲弗尔住进了丽石庄园酒店。1938 年，工程动工之后，默奇森亲自监督每一个细节。竣工之后，这栋建筑将是得克萨斯州最大的私人住宅，总占地达到 3.4 万平方英尺，属于一栋庞大的红色砂石建筑，比足球场还要长，从它的阳台可以俯瞰到 1.5 英里之外的白石溪。仅主人的套房就为默奇森、两个儿子以及留宿的友人或伙伴准备了 8 张标准尺寸的大床，“这样我们就能彻夜畅谈石油了，”他对设计师解释道。由于他见识过纽约外滩华尔道夫酒店的厨房，因此他想要比着建个更大的。他真搞了一个，单单一楼的一条走廊就有 256 英尺长，有位朋友开玩笑说道：“看样子，朱厄尔需要穿溜冰鞋了。”[1]

新家中最引人注目的是二楼的游戏室。它是默奇森自己设计的。阁楼环绕在游戏室周围，用于存放他的藏书，还可在聚会时供乐师使用。放映设备被安装在一个特制的壁橱里，20 世纪 30 年代的风格，默奇森就这样给自己创造了一个家庭影院。庞大的壁炉上面刻着一句话：“运动家精神高于娱乐。”他还请当地的一位画家为每一面墙壁画上野生动植物的壁画。面南的墙壁上画的是北得克萨斯的野生动物，面西的墙壁上画的是东得克萨斯的白尾鹿，面东的墙壁上是西得克萨斯的黑尾鹿、野山羊和草原土拨鼠，面北的墙壁上是南得克萨斯的水鸟。默奇森这种家居装修风格还延伸到邻近的小酒吧，不过，在那儿，他抛开了壁纸，而是全部贴上海鲢鱼的鳞片。

1932 年年初，默奇森一家以及他们的黑人仆人，现在 9 个人了，一起搬进了新家。此时他已 44 岁。大儿子约翰在耶鲁大学念大二，小儿子小克林特在新泽西州的劳伦斯维尔预备学校读书。

默奇森的家居装饰风格还被周边的酒吧模仿，朋友们注意到这个丧子的父亲正变得日渐性情柔和起来。虽然周末的聚会照常，但是不再那么喧嚣，在很大程度上，默奇森戒掉了豪赌，也守住了酒量。这些变化源自一个名叫弗吉尼亚·郎（Virginia Long）的 23 岁的金发碧眼的美人。克林特唤她为金妮，他觉得她长得像瘦版的拉娜·特纳（Lana Turner）。他们相遇是因为艾菲·阿林顿（Effie Arrington），这位女士不久将嫁给他的好友沃福德·凯恩，艾菲就带着她来参加泳池派对。金妮属于默奇森的梦中女郎，也是东得克萨斯人，一个直爽、可以心血来潮、满满正能量的假小子，而且还能射猎野鸭、将钓到的大海鲢收轴卷起，另外，还能像石油商一样满怀气势地打拉米纸牌游戏。尽管明显是相互爱恋，却忍了4年才在一个朋友家悄悄地举行了婚礼。为了订婚，克林特送给金妮一枚16克拉的钻戒，花费了12.5万美元。

对默奇森而言，这简直是小菜一碟。东得克萨斯以及南部联盟输油管创造的收益正源源不断地增加他的财富，并且他还通过将每一分钱用作新的更大数额的银行贷款的担保，将自己的财富涨了5倍。在20世纪30年代初期，他属于最早一批借助银行的能源贷款新政策起家的石油商，随后的10年间，都领先同行，他又第一批把业务多元化发展到石油行业之外的领域。1939年，考虑到通货膨胀，他收购了第一笔非石油领域的资产，这是一家印第安纳波利斯的保险公司，1942年，他又收购了另外一家保险公司。

第二次世界大战结束之后，默奇森开始单干。原因是这样的，他在美国自由公司的合伙人达德利·戈尔丁因1938年的飞机失事而丧生，此事还使得默奇森好几年都不敢坐私人飞机。戈尔丁的去世还引发了他跟遗孀乔治娅的好一段尴尬状况，乔治娅谋求继续积极参与美国自由公司的管理（接替戈尔丁）。当她怒气冲冲地指派了一名独立董事的时候，默奇森干脆叫自己的律师托迪·李·韦恩收购了她的股份，韦恩接管了戈尔丁的那一半业务。而他们的合伙人关系持续不到6年，至于为何破裂，至今外界无人知晓。

在默奇森的授权下，他的一位长期秘书，名叫欧内斯婷·奥力克·凡·布伦（Ernestine Orrick Van Buren）的传记作者曾说，在一次心脏病发作之后，韦恩退出了生意。但是，据未经默奇森授权的传记作者简·沃尔夫讲，韦恩秘密购买了一批怀俄明州的石油产业，被默奇森发现了，这违背了双方共同投资的君子协定，因此他强迫韦恩解除了合作关系。为了瓜分他们的1.5亿美元，两人决定依次选择自己喜欢的业务，就像小孩子们在操场分组时一样，他们用抛硬币的形式决定谁先挑选，韦恩赢了，韦恩选了美国自由公司的石油生产部门。这一结果令默奇森痛苦非常。作为美国自由公司的总裁和最清楚其潜在价值的人，韦恩的选择很明智，默奇森认为他是通过提交一些错误的财务报表来达到这一目的的。更加糟糕的是，马塔哥达岛属于美国自由公司，因而也就成了韦恩的了。这使默奇森悲痛至极。几年后，他对自己的两个儿子说："我这辈子最大的错误就是放弃了马塔哥达岛。"

2

到 1936 年，希德·理查森已经在酒店住了 20 年之久，虽然他在沃斯堡俱乐部包租的房间非常适合他四处奔波的生活，而且他寡居的姐姐安妮就住在相邻的一间套房里，但是他渴望有一个固定的住处。默奇森刚买下马塔哥达岛，没多久，理查森也开始嚷嚷着要买岛。多年之后，有许多小道消息说他如何购买圣约瑟夫岛的故事。圣约瑟夫岛属于狭长的屏障式岛屿，长 21 英里，宽 6 英里，与马塔哥达岛的南端隔着一条海峡，退潮的时候，默奇森可以开车到对面的圣·乔岛，大家都这么叫，他催促理查森买下这座岛屿。

有一天，在默奇森家里，理查森把这件事拿出来，跟为默奇森提供贷款的银行管理人拉什顿·阿德雷说，据阿德雷回想，当时的情形是这样的：

> 希德说："你去过克林特的小岛吧，我要买一座比他的岛更好的小岛，我想向你贷一笔钱。"
>
> "你要如何担保呢？"(理查森的大部分油井已经用作其他贷款抵押。)
>
> 理查森说："好啦，我可还有好多婆罗门牛可以拿来担保的。"
>
> 恰在此时，克林特大声插话道："拉什顿对牛没兴趣，他对石油感兴趣。"我贷给了希德购买圣乔治岛的资金，希德拿出一部分石油资产作担保。[2]

价格微不足道，才 2.5 万美元。理查森收入囊中的则是一个有着激动人心的沙滩、两侧带有沙丘、林荫密布、内部点缀着仙人掌的小岛。数年来，这座小岛上的居住者只有一群牛，主人也经常不在，除了牲畜栏和篱笆，岛上仅有的建筑物就是一个破旧不堪的简易工棚。理查森憧憬的是一座跟默奇森小岛一样的带围墙的院落。"他一直没有固定的住所，而他想要在岛上建一个家。"他的外甥佩里·巴斯回忆说。那时，佩里已经进入理查森的世界里，他是理查森的姐姐安妮和已故的姐夫 E.P. 巴斯的独子，在威奇托福尔斯长大，十几岁大的时候，就已经是一名出色的水手。热情但不善社交的佩里就参加过名为沙锥鸟的湖上比赛，1935 年他在达拉斯举行的赛事中荣获冠军。1936 年春天，他回想到："希德舅舅来耶鲁大学找我，当时我已经完成工程和地质学专业的课程，即将毕业，然后跟我说道：'巴斯，你是个工程师，而我呢，想让你帮我建一套房子。'"

这是他爷俩终生合作的起点。由于丧父，佩里·巴斯就成了希德·理查森的继子，他俩的关系非常复杂，有人可能会说理查森对巴斯稍微有些虐待。据对他俩都很了解的人讲，理查森觉得老姐把他惯坏了，对于像理查森这样一位爱追逐打闹的人来说，赛艇根本算不上一项男人的运动。在他们一起合作的那些年间，巴斯很少收到理查森如拥抱他人一般的拥抱。而且理查森多年来一直直呼他巴斯，也没有给他起任何昵称，一个爱闹着玩的人讲，他以为巴斯的名字是"该死的"。这位旧交还说："希德一直对巴斯很虐待，一直都这样，他觉得巴斯太柔弱、太自傲，甚至有点自命不凡。"

理查森下决心要让外甥变得"更彪悍"，从圣乔治岛上的施工就开始了。耶鲁毕业一年后，巴斯来到了罗克波特，此地与该岛仅有一峡之隔。他的所谓"办公室"就是木兰花加满是油点的公共电话，在这儿通过电话向他舅舅汇报工作进展。理查森原本为建筑施工安排了 3.5 万美元的预算，但是，在工程刚开始阶段的一次会话中，又迅速收回了这笔钱，说是需要拿来租赁西得克萨斯的土地，"谁家的兔崽子拿着 3.5 万美元，还造不出一栋房子来？"他跟巴斯说，"但两手空空就得靠天才了。"正如那位旧交所言："这只是希德要把他变成一个大男子汉的一个侧面。"

跟理查森在西得克萨斯的做法差不多，巴斯也采用"穷孩儿化"的做法，购置的所有建材都是靠赊欠，对工人则是许诺最后一次性结算薪水。到秋天时，他已经安排人手在岛上动工，并利用混合的水泥、牡蛎壳和沙子制造了混凝土砌块。1938 年 1 月 2 日，他的手下开始打地基，到感恩节，为了建设理查森从未见过的真正庭院，佩里已经耗掉了 9.3 万块混凝土砌块。这栋建筑物在得克萨斯找不出第二个来。由来自达拉斯的奥尼尔·福特设计，住房的式样是模仿了勒·柯布西耶的船型住宅，是一栋超现代主义的建筑。为了能够扛得住岛上的飓风，房子不高，但是特别修长，仅有的装饰品是一个设计在外部的、颇引人注目的螺旋状楼梯，它从主人的起居室延伸下来，核心在客厅和门廊的结合部，利用铝合金玻璃门分开。开阔的空间则用陶器和红布家具填充。

圣乔治岛变成了理查森的私人世界，禁止外部人士的进入，少见拍客，进入这个私人世界的方式只有两个：坐船或乘飞机。他还给小岛配备了一些黑奴和一个管理牛群的牧工，随着岁月推移，这里的成员还增加了飞机驾驶员和汽车司机，这些人加在一起成了理查森的速成家庭。前文提及的那个老友曾说："我时常记起希德坐在厨房背后的员工房间里，跟黑人男仆的儿子、司机乔，可能还有一个来自罗克波特的船夫围坐在一起打多米诺骨牌的场景。"老友继续回想着："飞行员会在场，腼腆怕生的雷蒙德小牛仔经常踱着步子走开。尽管客厅里有一张扑克牌桌，但是不怎么用，希德更喜欢在员工房间玩打牌游戏。"

这里是纯爷们的世界，白天用来狩猎和捕鱼，晚上用来打牌。理查森从未结婚，没有人能够找出哪怕是一个可被视为他的生活伴侣的异性，这使得大家对他的性癖好猜来猜去，流言甚多。实际上，他的老友透漏说，理查森世界里的异性只包括那些被他文雅地称为"夜间淑女"的异性，她们通常是从休斯敦或者新奥尔良飞过来，带来一夜灵肉欢愉之旅，然后次日太阳还没起来，她们就消失在岛外的地平线。

到1938年，理查森真正渴求摆脱的可就不只是女人了。他跟飞扬跋扈的查尔斯·马什因"奉子成婚"建立起的合作关系已经开始出现紧张。马什利用基斯顿油田中他的股份收益在弗吉尼亚州北部的狩猎荒地打造了一栋富丽堂皇的英式住宅，起名为"朗俪"（Longlea），占地达1000英亩。为了追求身材高挑、一副慵懒姿态、不情愿的绝色情人爱丽丝·格拉斯，马什抛弃了妻子和儿女，来此大兴土木。在林登·约翰逊来他们这里打发漫长的周末的时候，他俩很喜欢给这位奥斯汀区域的新议员当顾问，马什在约翰逊身上砸大钱，给他提了好多建议，尽管格拉斯有时候还悄悄地把约翰逊拉到自己床上去（这是林登·约翰逊的传记作者们描述的情形）。

接着，这一年马什遭遇了一场突如其来、很是猛烈的财务逆转。其中隐情至今无人知晓。但是，从他写给理查森的一封信（保存在约翰逊总统图书馆关于马什的文件中）里面偶然提及的情况来看，似乎是当时美国国税局要求马什支付120万美元的拖欠税款。骄奢淫逸的马什手头时常缺钱，便经常纠缠在理查森的办公室外要求预付利润，可悲的是，他的大部分资产都被旷日持久的离婚案锁定了。国税局的举动引发了一场长达3年的争端，最后马什迫于无奈，只好支付了大部分拖欠税款。为了搞到这笔钱，他不得不将自己在得克萨斯州的全部报纸出售了，奥斯汀的那家报纸也不例外。另外，他还尝试着卖出他在基斯顿油田中的股份。

这件费力的差事，实际上，在罗伯特·卡罗（Robert Caro）为林登·约翰逊撰写的3卷本传记中，开场的场景中就有描述。在卡罗记载的轶事中，马什和布朗·鲁特公司的共同创办人乔治·布朗一起，在西弗吉尼亚的格林布莱尔度假地，跟约翰逊碰了一面。作为约翰逊最为亲密的两个支持者，他们正在想法提高约翰逊微不足道的立法委员的薪水待遇。据卡罗讲，马什提议签约将自己跟理查森的合伙关系移交给约翰逊。约翰逊谢绝了，因为，他觉得这种贴心的交易如果泄露出去可能会毁掉自己的政治前途。后来，马什好像是把自己的那部分股份卖给了理查森。虽然准确的价格始终没有公布出来，但是理查森大约支付给马什26万美元，外加借给他几笔巨款。笔杆子轻轻一挥，理查森就彻底控制了基斯顿油田，从而把自己现有的石油储备量几乎翻了一倍。[⊖] [3]

在与马什分道扬镳之时，年少的佩里·巴斯已经被理查森视为合伙人，在随后20年的合作中，他俩按75∶25的比例对发现的一切进行分享。理查森业已将基斯顿的收入拿来推进西得克萨斯另一些县的油田勘探，包括在著名的屠宰场的一系列石油发现。但是理查森并不会止步。1939年，紧跟着巴斯在圣乔治岛的完工，希德对他讲“该死的！巴斯，你是个地质学家，去给我找几个

⊖ 在作家詹姆斯·赖斯顿（James Reston）1989年为约翰·康纳利所写的传记《孤星》（The Lone Star）中，理查森和马什分道扬镳的故事则是另外一个版本。赖斯顿引用了一个身份不明的“在场者”的话，该人声称理查森和马什有约在先，双方曾约定，合伙人中的任何一方都可在另一方丧失完好履行他的财务责任的情况下，买断另一方的全部股份。根据这一叙述，理查森要求马什提供370万美元来开发基斯顿油田周边的租赁地；当马什拿不出这笔现金，理查森强迫他将其股份全部出售给他。“当这种可以取巧的机会在希德面前一冒出来，”这位在场者是这样说的，“他就敲诈了这个带他进入石油行当的的合作者。”

赖斯顿的相关记述并未提及马什的税务困境。此外，正如马什的私人文献所呈现的一样，他俩在此次交易之后的多年间都一直维持着亲切的书信来往。假如理查森真的“敲诈”了查尔斯·马什，那么结论却是找不到支持这种说法的相关文献，而且马什明显没表达过任何怨恨。晚些年后，马什重新具备了清偿能力，并且还收购了一系列东部地区的小报社。他死于1964年。

油田来。”那位老友如是说。跟得克萨斯州的很多石油商一样，他俩开始在路易斯安那州勘探新边界，该地正开放其海滨湿地供钻探之用。巴斯在新奥尔良州的罗斯福酒店开了一家店铺，预计该州将有一大批土地被拍卖。鉴于理查森如此节俭简朴，巴斯也专攻廉价。当理查森不愿意雇用足量的测震队伍来绘制一个区域的地质状况，巴斯就租了一架飞机，用来继续绘制能够暴露实情的路径图，办法就是通过侦查竞争对手的技术团队在新奥尔良州南部湿地地区开船经过的路径。通过这种手段，他能够搞明白其他石油公司都在勘探哪些土地。

根据家族内部的口头传说，在路易斯安那州举办的为期两天的土地拍卖中，理查森玩了一手很有型的花招。第一天，意识到竞争对手在紧盯着他的行动，理查森对一块他并不真心想要的一块土地出了一个好高的价格。次日，大家以为理查森知道一些大家都不晓得的东西，汉贝尔石油公司、德士古石油公司，以及其他石油公司将他们的大部分钱花在了购买理查森已经纳入囊中的那片土地的周围地带。既然他们入套了，理查森猛扑进来，攫取了他真正寻求的远处的那些片土地，而且是以极其低的价格拿到的。它深处新奥尔良州南部的那些小海湾中，在将来的数年间，理查森在考克斯湾和波因塔哈拉什发现了他人生生涯中第二大、第三大的油田。

但是，理查森和巴斯平生发现的最棒的油田却就在眼皮底下——他们已经控制的土地中。理查森先是在基斯顿油田的 3500 英尺处发现了第一口油井。后来多年里，钻探人员在温克勒县一路钻入更深的地层，到 1942 年年初，理查森的朋友，新闻出版商阿蒙·卡特（Amon Carter）宣称他钻探的深度已经超越了 9000 英尺。在 9200 英尺处，卡特和他的合伙人在得克萨斯州那个具有传奇色彩的艾伦伯格石灰岩层发现了最大的油砂之一。很快，西得克萨斯的石油商都争先抢后地钻探到艾伦伯格石灰岩层。理查森爷俩钻探出一口接一口的油井，而且几乎所有都发现了储量巨大的石油。“那个艾伦伯格石灰岩层简直帅呆了，”那位老友惊叹道，“那是希德的大丰收，是一口很大的油田，像头大象那么大。”

艾伦伯格石灰岩层带来的石油产量，一下子将理查森推进了独立石油商名单中的前十位。他的石油储量直逼 100 万桶，一度曾超过三大石油公司之和。“（希德）钻探了深层油井，并且发现了壮观的油田，”他朋友埃德加·欧文

（Edgar Owen）多年后回想时说道，“海湾石油公司想要买下它。海湾石油公司的杰伊·亚当斯（Jay Adams）是希德非常亲密的好友，杰伊就开始每天过来跟希德交涉购买整块地皮的租赁权的事宜……（在我记忆中啊，）希德说道：‘该死的，杰伊，我跟你说过几十遍了，我才不卖呢！’杰伊则会说：‘老弟，公司可是授权我以 8000 万美元的价格收购啊，这笔钱可是多得让人不知道怎么去花的。’希德应声道：‘不，我要做的是顶尖的巨头。’杰伊又来：‘钱太多了，也用不上不是。’希德讥讽道：‘哦，也对哈，我将变得跟那群有钱的杂种一般，并且搞些基金会哈。’就这样，杰伊搞不定希德，放弃了。希德对此从未正眼瞧过，但是他一直知道自己所做是为了什么。”

理查森，就与 H. L. 亨特差不多，跻身少数几个收购炼油厂和制造汽油的独立石油商之列。克林特·默奇森早就在得克萨斯州的休斯敦南边拣了一个炼油厂，却并不想要。一天，这两位老友在马塔哥达岛上商量起这家炼油厂的出售来，而且不带律师玩的。后来，一位助手在谷仓发现了他俩，他俩正在就一个鸡毛蒜皮的旧账争来争去，一个很旧的账。默奇森使理查森想起一件少年时的事情，当时他们在雅典市外的理查森家里打包桃子，理查森在找零钱时，占了默奇森 4 美元的便宜，而回到谷仓时间，默奇森要求他偿还，并且加利息。采用当时的利率，默奇森计算后给出的数字是，理查森那时欠下的 4 美元债款现在应该是 35 000 美元。明显是默奇森拿下了争论，因为理查森被迫买下了他的那家炼油厂。

3

尽管达拉斯和沃斯堡的努力对南方文质彬彬的文化印象带来了些许影响，但是休斯敦却依然是个给人未经加工的璞玉印象的城市，这儿的人们着迷一样地沉浸在追逐美元的疯狂里，在这里，公开摆阔、讲排场备受推崇和赞誉，可不是“容忍”二字能够描述的。这种风气的源头要从 20 世纪 30 年代说起，始于新生的石油商富豪们建造他们梦寐以求的豪宅别墅，其中颇为精美的一个要归克利福德·穆尔斯（Clifford Mooers），这位瞎掘油井的打造了一座殖民时期风格系的大厦，拿来当礼物送给他的第二任老婆，她可是位来自古巴的初次进入社交界的白富美，当然配得上水牛河湾的 100 英亩的大片土地。考虑到防洪，穆尔斯家族的大庭院带有墙壁由混凝土打造、厚达 18 英寸、由钢筋加固的特色，另外每一扇门窗都包绕在铝合金面板的保护之下。这栋大厦足以抵挡 24 英尺深的洪水，而室内安然无恙。在室外空间，穆尔斯运来数吨加利福尼亚沙子，打造了一个人工湖，还整了一个私人动物园，并特色鲜明地弄来一群澳大利亚的侏儒吠鹿和一家子企鹅。即便是给这群南极的小家伙配上了降温设备，它们还是没能撑过第一个夏天。㊀ 4

罗伊·卡伦的合伙人，大吉姆·韦斯特则挑了一栋意大利格调的豪宅来建造，地点是在市外南边的加尔维斯顿湾。乔治·斯特雷克把自己不断添丁的家族搬进了一个颇有品味的都铎王朝风格的住宅里，这栋住宅的所在地是许多石油商打造豪宅的河橡林区。斯特雷克省钱是为了科罗拉多的避暑豪宅——格伦·艾里（Glen Eyrie），一栋巨大的石质城堡，配有防御型炮塔，它由创立科罗拉多斯普林斯市的铁路大亨威廉·杰克逊·帕尔默建造于 1906 年。帕尔默去世后，这栋坐落在上万英亩的牧场、峡谷、山间湖交错之中的城堡，几经易手，无人能够承受它的维持费用。到斯特雷克将它收入囊中，它已经荒废了 13 年之久。㊁

休斯敦这批崛起的豪宅之中，最壮观的非罗伊·卡伦莫属。他打造的是一栋“大大的白房子”，当他还是个小男孩的时候就有此梦想了，占地 6 英亩，坐落在河橡林区的林荫大道顶端，恰在河橡林区乡村俱乐部下游。在大萧条期间建造这样一座豪宅，卡伦心中有些许不安和愧疚，他就对外解释说这种开销也很“市政工程”，能够给好几百市民提供工作。他把大部分的精力投入到毗连的花园上，派园艺景观师去南方腹地找寻最好的杜鹃花和茶花品种，他从路易斯安那州买了多得数不清的花卉，直到他的卖家抗议，该州官员执行了短暂的花卉贸易禁令。

卡伦豪宅内的生活，结果呢，却因为损失而刹尽风景。一边是在东部的大学受教育的 3 个小女儿都被大家视为丽人名媛，一边是长女莉莉反复无常，

㊀ 目前，该豪宅易名为“湖边小林乡村俱乐部”(Lakewood Country Club)。

㊁ 这栋城堡，斯特雷克一直持有到 1951 年，然后转售给导航会，一个宗教团体，该宗教团体后来归福音传教士比利·格雷汉姆（Billy Graham）管理。该团体将这座城堡用作暑期夏令营和休养地，此种状况维持至今。

犟头倔脑的，一门心思要去当演员。在休斯敦的家族办公室里，有7本记载了卡伦的生活和事业的剪贴簿，但提及这个长女的只有一个剪辑，在最前面，那是一张1927年新闻报纸上裁剪下来的照片，报道称她在圣安东尼奥（San Antonio）的一部戏剧里将首次出演，戏份是个舞者。4年后，1931年，莉莉跟一位姨妈去了洛杉矶，而令他懊恼的是，她去了就没回来，留在了那里。她嫁给了一个意大利人，一个想当演员、自称男爵、名叫保罗·迪·波塔诺瓦的人。生了两个孩子后，她就离婚了，并且切断了跟家族的所有联络。除了她老爹，没人知道她的行踪，她老爹也是靠雇用私人侦探做到的。“外祖父讨厌这么做，他们尝试着用各种方法接近她，”卡伦的外孙女贝丝·罗伯逊回忆道，“过了一段时间后，她变成了一个隐居者。我猜，大家也猜，莉莉病了，像是得了躁狂抑郁类的病吧。”

在他的5个孩子中，卡伦跟他高大魁梧的儿子罗伊·古斯塔夫（Roy Gustav）关系最近，大学毕业后，古斯塔夫就跟着他进入了油田，为昆塔纳公司钻探油井。卡伦为他深感自豪，家里人都叫他桑尼（Sonny），他觉得他就是天造地设的顶级石油商的好坯子。古斯塔夫和妻子育有一个小儿子，名叫小罗伊，住在他们自己的河橡林区家中。后来，1936年，那年古斯塔夫33岁，奉命去奥德格兰德河河谷的一处昆塔纳的油井钻探现场，那里靠近爱丁堡的一口油井的管道冻住了。井架是卡伦租赁的，安装在一个老式的木质基座上，由铁质管道加固。“对那个钻塔小心点，”卡伦告诫儿子道，“它可不跟我们那些钻塔一样牢靠。”

罗伊·古斯塔夫驱车南下，当他抵达后，发现施工队依旧想方设法松开管道。管道深处7000英尺的地下，他们还诉诸用一种滑轮系统来旋转着抽出困在地下的、长约1.25英里的管道。每次管道拔出来和转一下的时候，钻井都会颤动。在一个跟班跟休斯敦的卡伦汇报了进展之后，他带回了一条警告。“你爹要你从那个钻井上立即下来！”他吼道，“他说那是个旧钻井，他还说不要你冒任何风险。”

“好！我这就下来！”他吆喝着回应道。

就在那时，管道松动了一下，好像成了，罗伊检查了一下压力表，接着对钻工切斯特·克拉夫特喊道：“我觉得它松了，切斯特！把它往外拉！”滑轮系统每转一圈，管道似乎都上升几英寸，但这只是假象，实际上，正如家族后来了解到的一样，钻井当时正在陷落进泥水中。当克拉夫特将提升装置转到全速时，井架开始猛烈地震动。钻井支撑腿部的那些钢铁斜撑中有一个砰地一声松动了。“当心，切斯特，”罗伊呼叫道，“它要倒了！”

当井架轰然倒塌之时，克拉夫特跳到了一边，罗伊·古斯塔夫却没捞着机会。井架，一吨多重的、由各种钢铁交错在一起的井架，轰然坠落在他身上。片刻之后，克拉夫特在废墟之下找到了他，已经没了意识。卡伦疯一般地从休斯敦赶了过来，他儿子逗留了两天之后，彻底离世，再也没找回意识。“在南部卡尔霍恩县，我爷爷有个叫费舍尔的警长朋友，”罗伊·古斯塔夫的儿子小罗伊当下回忆道，“他也是在一场车祸中失去了一个儿子，在老爹死后，费舍尔警长来到他的办公室，你知道，他俩就那么看着对方，而后抱头痛哭起来，没说一个字，他们都是很坚强的小老头。最后，他俩擦干泪水，就又投入到工作中。这就是我的爷爷。”

4

在四个石油大亨中，只有 H. L. 亨特还需要紧抓赚钱的机会，一个都不能放过。对亨特而言，享用私人飞机、私属岛屿还是奢望。他唯一的奢侈品就是泰勒市的那栋美丽的梅菲尔德别墅了，在这里，他每天太阳还没升起来就起床了，用他的棕色食品袋打包好午餐，接着就驱车去东得克萨斯油田工作了。大约在 1934 年，最初涌起的钻井热潮结束了，亨特终于能够回家吃晚餐了，就跟他在埃尔多拉多的生活一样；晚餐后的时光是大家围绕在钢琴前面唱歌。在众儿女中，亨特跟他的儿子哈希关系最近，哈希越长越跟亨特一样，为此，他俩还在当地的一次宴会上赢得过“长得像”奖。当哈希从寄宿学校回家时，他会把所有空闲的时间跟着老爹花在油田里。1933 年，家里排行最大的玛格丽特去了弗吉尼亚州的玛丽·鲍德温学院读书，有一个名叫图婕的女家庭教师开始教男孩子们法语，邦克、赫伯特、拉玛尔每个人都要学。“我们在泰勒的那段时光，”多年后，亨特回想道，“可能是我们一家人一起所拥有过得最开心的时光之一。”

如果泰勒找不见亨特，那么，亨特很可能就在达拉斯的第二个家里，这个家就在凡尔赛大街上。法拉妮雅那时已经30岁，依然美丽如初，并且依旧像之前那样坚持说，在印象中，她嫁给了富兰克林·亨特少校。当他跟大神乔伊纳的交易登上了头条，多年后，她说道，她确实问过亨特报纸上的那个人是他吗，亨特笑答道不是啊，H. L.亨特是他叔叔，法拉妮雅的愚笨柔弱使自己总是过着独守闺房的苦日子，为了摆脱孤单，她把妹妹从法布罗哄骗过来陪她。1932年，她俩开了一家美容院，法拉妮雅管记账。又过了两年后，也就是1934年春天，她第四次有了身孕。

正是从这里，麻烦开始涌现。不知怎的，法拉妮雅得知了实情。它如何发生的成为几十年后法庭辩论的主题。法拉妮雅坚持称是一个女伴告诉她的，亨特的一位律师则宣称对质是发生在某人将玛格丽特·亨特在一场聚会上指给她之后。抛开具体情形看，法拉妮雅确实就此在凡尔赛大街的家里跟亨特当面对质起来，亨特坦承了一切。法拉妮雅一时间不知所措，逃回了法布罗的娘家，即便如此，她还是不敢跟家里诉说苦衷。所以，她又回到了达拉斯，她和亨特妥协了下来。她要求公开以“H. L.亨特夫人”的身份过日子，亨特答应了，但条件只有一个：她需要搬到长岛大颈去当H. L.亨特夫人，这是亨特在曼哈顿东30英里处的一处居所。亨特置办了一切，没几个月就去看望她一次，去的时候就骗发妻说他需要去纽约出差。1934年10月，法拉妮雅给亨特生了第四个孩子，而且是个男婴。

在这所有特务一般的惊险私生活里，法拉妮雅也并非全然是个秘密。亨特的兄弟谢尔曼就知道她的存在，只不过他一直认为法拉妮雅是亨特的一个女友。有几个亨特认识的石油商跟她打过照面，但大都不太相信她是亨特一位朋友的妹妹的说法。不过，在这件事上，倒可以折射出哈希究竟跟亨特关系有多好，明摆着的是，法拉妮雅住在什里夫波特的时候，亨特还带着哈希前去看望她，并且跟哈希解释了一切。那时，哈希是家里除亨特之外唯一知道这个秘密的。

1935年6月，法拉妮雅移居到长岛一年后，亨特决定将资产多样化，就买了内华达州的一座金矿。哈希那时18岁，19岁的玛格丽特跟着过来，在里诺城放松了六个星期，打打牌什么的。在他俩乘火车回得克萨斯州的时候，他俩坐在一起，玛格丽特看到弟弟以一种非常怪异的表情看着自己，玛格丽特多年后回忆起当时的情景说："我本以为那明显是一副假期结束了的沮丧表情。"

"玛格丽特，"哈希突然开口说，"老爸在我们之外，还有个家庭。"

玛格丽特一下子懵了。

"有这么个女人，叫法拉妮雅·泰，"哈希继续叨叨道，"老爸跟她住在一起，就跟在咱家跟老妈和咱们在一起没区别。就像是他的妻子，法拉妮雅认为自己就是他的妻子，但老爸跟我说她不是。但他们有孩子，老爸该在家却不在家的多数时间都花在了这个家庭上。"

玛格丽特以为弟弟是在搞什么恶作剧呢。

"嘿，我可没开玩笑，玛格丽特。老爸带我去见过她，是实情。"

玛格丽特惊讶的目瞪口呆。"假设他俩只有一个孩子的话，那可能是场意外，"哈希继续说道，"但是他俩可有四个孩子，这个家也是老爸谋划好的，我能从老爸对待他们和她的方式上看出来。"

"为何他会带你去看他们？"

"当时我跟老爸在一起……估计那会儿他就是想去看望他们了，所以顺便就把我也带了过去，那很方便嘛。"

"他跟你解释过这一切了？"

"你知道的，他怎么会跟我解释。"

"老妈呢？老妈知道这件事情吗？"

"我敢确定她一丁点都不知道。"

"你为何这样确定？"

"照老爸那天带我去的样子看啊，"哈希回答道，"那就像是我们二人之间的小秘密一样。"

玛格丽特顿时崩溃了。她的脑袋转个不停，试着理解这些让人难以想象的事情，唯一她能决定的就是让老妈继续蒙在鼓里了。火车驶过了内华达州，她沉默着盯着车窗外，天空开始飘洒起雨水来。

5

到 1936 年，亨特总算把从乔伊纳手中租赁到手的土地钻探完成了。整片地上大约有400口油井，几乎每一口油井都产量很大，有一个排名显示，在那些年间，亨特是东得克萨斯排名第13位的最忙碌的钻探工，甚至比一两家大公司还要忙碌。那年10月，他买断了不怎么有话语权的合伙人皮特·雷克（Pete Lake）的股份，代价是100万美元，换来的还有乔伊纳租赁合同之中的4份租约，一套钻井平台，外加一辆别克车。解除了跟雷克的合伙人关系后，每一美元的收益都滚进了亨特的账户里。就那阵子，有一个名叫哈里·赫特的传记作家估计称，亨特当时的身价已经有2000万美元，按今天的美元算，得有2亿5000万美元。

亨特开始重组公司，自己成立了一家全新的亨特石油公司。正如他投资金矿所显示的一样，他决心将自己的资产拓展到东得克萨斯之外的事业疆域中去。他雇用了更多的土地租赁交易员，把他们派往西得克萨斯、路易斯安那州、密西西比州南部，只要有石油影子的地方，他都没放过。那时，他已经将自己的管道，以及石油和天然气收集管线整合进了一个称为帕诺拉的管道公司。当他又到手一家小型炼油厂时，这家在泰勒附近提供当地化的汽油销售业务的小公司就被他起名为派瑞德石油公司。

但亨特心里最终构想的是两家这样的公司，但是公司名字他却拿不定主意，然后就请教家里人。正如玛格丽特多年后回想起的当时的会话情形，有天晚上一家人坐在家里，亨特提出了这件事情。

“帕诺拉管道公司和派瑞德石油公司一直业绩不错，”亨特说道，“你们想想，还有什么词语是以P打头的？”

哈希笑答道：“Paltry（琐事催）？ Putrid（堕落臭）？”

“这是一场商务会谈，”莱达厉声道，“不许闹着玩。”

哈希沉思了一小下，“Placid（普莱希德，平和稳）？”

亨特深思熟虑了一下，“Placid，Placid Oil(普莱希德，平和稳石油公司)……不错，还有吗？”

玛格丽特当时正在看N.布思·塔金顿（N.Booth Tarkington）的书，“*Penrod*（彭路德，塔金顿的一本小说）怎么样？”她问道。

“棒极了，”亨特说道，“看来你是要给你们的新公司起名为‘彭路德钻探公司’（Penrod Drilling）喽。”

玛格丽特惊讶的脸都白了，“我们的新公司？”[6]

亨特最后创建的两家公司都是把所有权给了孩子们。他将一些精选的资产放进了普莱希德石油公司，并且将这家公司的管控权交给了以孩子们的名义创立的几家信托基金。与此同时，他把这些年来收入囊中的十一二套钻探平台设备整合进了一家签约钻探公司，也就是彭路德钻探公司，交由孩子们全权管理。多年后，这两家公司逐渐成为亨特手里最为重要的两家公司。

在亨特家族好运连连的那段岁月里，唯一的恶性事件发生在 1937 年 3 月 18 日下午 3:05 的泰勒。当时，在新伦敦城的一所校舍下面，帕诺拉管道公司的管线爆炸了，这起发生在腊斯克县西北部的事故夺去了 294 条人命，而且多数是孩子。这起新伦敦城的灾难性事故，至今都是美国校园生活中发生的最为惨痛的人命损失，但这并非亨特公司的错误，错在管道工试图非法地将管线接入学校供暖。这次死伤事件把亨特最好的一面展示了出来，他派了几十个工人去帮助清理废墟，他自己则徘徊于医院和殡仪馆，拿出一沓沓的百元美钞塞给那些伤心欲绝的父母手中。

当他的眼光超越了东得克萨斯的限制，亨特沉思着，要再次把他的家搬到达拉斯去，他跟莱达讲，他存钱贷款的银行和长雇的律师都在那里。他带着玛格丽特一起去看房子，他俩挑选了一处房产在白石湖畔，方圆 10 英亩，距离商业区 8 英里，离克林特·默奇森的居所也就几英里的距离。即使算不上豪宅，它也有 14 个房间，是弗吉尼亚州华盛顿故居的复制品，一直到玻璃阁楼和它上面的风标都跟华盛顿在弗吉尼亚州的家一模一样。每个人都叫它弗农山庄（Mount Vernon，乔治·华盛顿的故居名）。1938 年 1 月 1 日，他们举家搬了进去，使得《达拉斯新闻》都不得不提一句，堪称“最有爱的家族搬来达拉斯的弗农山庄住了”。

亨特喜欢湖畔景观，这能帮他回望远在阿肯色州的湖边村庄的时光。跟默奇森一样，亨特的居所也给人一种乡野的感觉，点缀着山核桃树，小树林里满是松鼠和鸣禽，亨特还专门捣腾了 6 只鹿过来，让这里的乡野味儿更浓。他和莱达住在二层毗邻的两间房里。玛格丽特，现在开始在亨特石油公司的新办公室给亨特当助理。这个新办公室地处市中心的棉花交易大楼，玛格丽特认为这个房子太偏僻了，为自己可能遇不到追求者而烦躁，不过，她还是碰上了，不管怎样，不久之后她就跟亨特石油公司的会计员阿尔·希尔（Al Hill）订婚了。最小的男孩子们，邦克、赫伯特和拉玛尔，一起睡在主卧里，并将二层的洗衣运道当作滑梯玩，莱达把他们转学到达拉斯乡村日间学校。这栋房子有5个冷藏柜，而没人知道拿它们干什么用。莱达把其中一个用来放罐装食品，6岁的运动迷拉玛尔则把其中一个用作自己的足球和棒球储藏柜。

当亨特把他的第一个家庭举家迁入达拉斯后，亨特把哈希拉进来当自己的合伙人。到1938年，哈希已经21岁，亨特准备将他打造成那种明星闪耀的石油商，他觉得他肯定行。最开始，亨特让他干起了租赁彭路德的钻塔租赁的业务，但哈希真正热衷的是勘探石油。在他老爸这里学了一些基本功之后，他就开始出去自己闯了，在南密西西比钻探了一口又一口的油井，一口又一口地涌出了石油，这就是汀斯利油田。跟得克萨斯州不一样的是，密西西比州没有配定产量政策的约束，因此哈希可以把地底下的石油全都一下子抽出来卖了。到他24岁时，他手里的油井已经开始带来大约每年400万美元的收益。亨特不止一次说哈希有一种不可匹敌的天赋，他在找石油方面有种魔法般的力量。

但是哈希有自己的难题。他曾是一个异常的孩子，有阅读障碍，并且易于情绪化地笑起来。作为一个年轻人，他的行为越发怪异，有些行为颇让人费解，他笑得声音特别大，而且往往都是不该笑的场合。在一个钻探现场，他可能会捡起一块石头，然后将石头从离他人不到一英尺的距离抛过去。去打野鸭时，他会在一群野鸭刚刚露面的时候，就把打头的野鸭干掉，然后对着怒火中烧的队友放声大笑。亨特也会对他板起脸来，批评他毫无章法的文书工作，对他在购买租赁权上的支出各种找茬。哈希则公开反抗他，不论是在收购土地租赁权上，还是在晚餐后的记忆型游戏上，都不让着亨特。牌是这样玩的，每个人都研究一副牌，然后看谁记下的最多，有一两次玩牌玩得太火，他爷俩都激烈地扭打在一起了。亨特觉得哈希也是犟头犟脑的，需要用“刺激性的活动（此处指赌博）”来治一治，但是有些事情很难这样简单地去看待，就像哈希会光着脚丫，把鞋用鞋带系起来，挂在脖子上去上班。[7]还有个难解释的，有次他路过一个汽车的展示房，他看到一辆自己想要的车，然后他就用石头砸烂了窗户去取车。没过多久，亨特便开始派人24小时地看着他了。

在达拉斯一安定下来，亨特的心就跑到法拉妮雅·泰那里去了。此时，法拉妮雅正在长岛抚养膝下的 4 个孩子。尽管他只能每隔几个月才能去法拉妮雅的巢穴暖下窝儿，但是亨特对法拉妮雅的欲念却依然炽烈，正如他在信中写给她的："顺风疾驰仍觉晚，但盼不误与君约。"在 1937 年的圣诞约会的前夕他写道："此情炽烈难抗拒，身心汹涌满是爱。"

在 1939 年的秋天，亨特把法拉妮雅和他俩的小家搬到了休斯敦，这可能是因为法拉妮雅想要以"H. L. 亨特夫人"的名分的强烈愿望，也有可能是因为亨特开始对这场十几年之久的成功重婚变得过于自信，因此他不打算将法拉妮雅安置在城市偏僻的小旮旯里，转而请一位纽约的建筑师为她设计和建造了一个大大的家，不偏不倚地选址在市内最好的小区的中央地带，恰在河橡林荫大道上，往南一个街区然后直接跨过马路就是卡伦家的豪宅。法拉妮雅好像是为了声明她作为亨特妻子的权利，她申请了河橡林区乡村俱乐部，就是卡伦家族的私宅后边，申请单上写的是"H. L. 亨特夫人，独妻"。

考虑到大亨们狭小的社交圈子，被人发觉只是个时间问题，毕竟纸里包不住火。正如多年后法拉妮雅自己讲述的一样，事情发生在一个傍晚，当时声名显赫的女主人露比・马修斯（Ruby Matthews）在她家里为她举办了一个预备性的茶会派对。河橡林区的许多穿着华丽的石油商的妻子都参加了，法拉妮雅甚至还邀请了新奥尔良州的两个女伴来参加。然后，就在客人们刚刚来临的时候，电话响了。电话另一端是个女的，不愿透露姓名，"我知道你不是 H. L. 亨特夫人，"她说，"但是如果你给我 5000 美元，我就不会把我知道的散播出去。"

法拉妮雅后来宣称，在随后的几周，她收到了不下 50 个相似的敲诈电话。她打电话恳求亨特做点什么，结束这种窘状。他撇开这个话题，寄来一封信。"我懂你非常受挫和苦恼，"他写道，"而我非常抱歉，但不要因为他们徒增自己的烦恼，就算是他们之中最好的也不会成为咱们的朋友（何必在意呢）。"

随着此类骚扰电话的蜂拥而至，法拉妮雅变得神经质起来，紧张烦忧将她困扰。不管怎样给亨特打电话哀求恳求，亨特就是不来解救她于困境。她觉得自己被抛弃了，最后终于彻底崩溃了。极度的痛苦酿成了对亨特的一腔怒火，她把孩子们全都塞进车里面，然后就开车去达拉斯了，然后在"高尚的狼"宾馆开了一个套房，然后给亨特的办公室打电话。

"这些是你的孩子，也是我的，"她跟他说道，"来把他们从我手里接走吧。"

然后她就开车回了休斯敦，[8]把4个孩子，大的14岁、小的刚5岁的4个孩子丢在了宾馆。

她回到河橡林区时，发现电话响个不停。亨特恳切地向她哀求，求她把孩子接回去。她好不情愿地答应了，但是情形很快就发展到了高潮。没过多久，她就回到达拉斯，这次她要求见莱达，她要一个解决办法，她要结束这一切。亨特几乎黔驴技穷了，费再多口舌也无助于事。随后，他想到了玛格丽特，此时玛格丽特已经24岁，而且刚刚嫁给阿尔·希尔，怀着孕，正忙着监督他们家的建筑施工。亨特顺路就去了瓦萨路玛格丽特家的施工现场，然后叫她跟她走一程，上车几分钟之后，亨特开口说道："你知道法拉妮雅·泰哈？"

"对，"玛格丽特说道，"我知道法拉妮雅。"

"她来达拉斯了，"亨特说道，"她想见你。"

玛格丽特不由自主地好奇这究竟是法拉妮雅想要见她，还是他老爸想安排她去见法拉妮雅。"她就在丽石庄园宾馆呢，"亨特继续说道，"她要我娶她，而我告诉过她我不能，而且我也不会去娶她。"亨特第一次描述了他是怎么给法拉妮雅在河橡林区盖了房子，"她一直威胁要给你妈打电话。"亨特说。

玛格丽特按压住内心的怒火，她理解她老爸内心在想什么，很明显，他指望用自己怀孕在身的女儿去恳求法拉妮雅放他一马。他们开车到了宾馆。当他们进入套房后，亨特对法拉妮雅说："这位是玛格丽特。"玛格丽特矛盾地跟法拉妮雅握了下手。她们颇为尴尬地聊了几分钟，谈了下天气。

最后，正如数十年后玛格丽特回忆起来的一样，她说："法拉妮雅，我们正在聊一些鸡毛蒜皮的小事，但实际上此刻我们内心有一件非常重要的事情需要亮明了说出来。我理解你想要打给话给我母亲，请不要那样做，你会严重伤害她的。我妈在整个事件中都是一个无辜的旁观者。"莱达有高血压，玛格丽特解释道，这种惊吓很可能会让她晕厥掉。

"我不想伤害你的母亲，玛格丽特。"法拉妮雅说道。

"那么，就请不要给她打电话。"

"但我该怎么做呢？孩子们需要跟他们的老爸在一起，他们爱他。"

玛格丽特扫了一眼她爸，他侧开了双眼。

"法拉妮雅，"玛格丽特说，"我能说的只是你继续维持跟老爸的那种生活，小心翼翼地过吧。我确定你，还有孩子们一直以来被照料的还行，而且你可以继续指望这一点，靠这过完剩下的人生。但是他无法同时娶两个老婆。”

“但他已经跟我结婚了。”法拉妮雅说。

“现在，法兰，”亨特插话道，“我们讨论过了，而且你也知道我们没有领结婚证，我们所做的仅仅象征了一男一女在情感上走到了一起，但并不是法律意义上的，当时你是明白的。”

法拉妮雅好像没了魂儿似的，一下子瘫倒在座位里。玛格丽特为她感到抱歉，她走过去，俯下身，然后说：“请不要给我妈打电话。”她就闪人了。法拉妮雅再次带着忧心如焚的下场回到了休斯敦。亨特恳求她原地不动，但是她做不到。在跟亨特不明不白地过了 14 年之后，她需要一个说法。玛格丽特再次被她爸顺路带上车，“法拉妮雅又来城里了，”他说，“她要搬到达拉斯来。”玛格丽特很难相信会这样。“为什么？你不是刚给她在休斯敦盖了房子吗！”她说，“她一定是疯了！不，她没有疯。她太精明能算了。很明显她这是要让你感到威胁，要你感到自己背负重婚罪的压力。这就是即将发生的。”

“我已经提议给法兰 100 万美元，”亨特说，“她冲我大吼大叫说她不会拿她的孩子们卖钱，我并不是要把孩子们买过来，我想供养他们长大，我还能怎么做？”

次日早上，玛格丽特在弗农山庄发现汽车挡风玻璃上发现一张留言条。“在你离开之前，请来见我一下，”上面写着，“妈妈。”她在晨间起居室里找到了莱达，凝视着窗外。整整过了一分钟，莱达才开口说话。“我刚刚接到了一个法拉妮雅·泰女士打来的电话，”她说，“她说她和你老爸在 1925 年结婚了，而且一起生了四个孩子。”

“他们从未结过婚，老妈。”

“你知道这件事。”

“是啊。”

“为什么不告诉我？”

“为什么要告诉你？”

玛格丽特一整天都陪在莱达身边。午饭的时候，莱达说道：“那些可怜的孩子们，”在玛格丽特还没来得及回应，莱达又说：“你爸爸总说他的基因是如此杰出，他想要在这个世界上留下大批子孙。我确信他从未想象过会遇到这种情况。他也太天真了吧。”她提出收养法拉妮雅的孩子们，这让玛格丽特备感吃惊。

3天之后，法拉妮雅再次打来电话。莱达提出了收养，法拉妮雅拒绝了，但是态度缓和下来。最后她道歉，称莱达一定是一个非同寻常的女人。“我得出的结论就是亨特夫人是我见过的最有爱的女人，”后来法拉妮雅说，“因此我决定，除了亨特所做的一切之外，我将再也不打扰这个家庭。”

后来，莱达跟玛格丽特讲，过去就过去了，他们必须再也不能提法拉妮雅·泰。“我可不会像你那样原谅她。”玛格丽特答道。

“你必须原谅她，”莱达说道，“不要纠结那些不可能改变的事情。这对一切都没有帮助，对任何人也没有帮助，揪住不放只会让情况变得更糟。我们现在有自己的发言权，但是过了今天，接下来就再也不要纠缠这档子事。”再也没有，实际上，这就是玛格丽特最后一次听到老妈说法拉妮雅·泰。她确信她爸妈再也没谈过这件事。[9]

与莱达谈过之后，法拉妮雅放弃了与亨特达成和解的可能性。在亨特的强求下，她再次搬家，搬到了洛杉矶，这次住在圣莫妮卡俱乐部的房间里，孩子们转学到私立学校。朋友们催促她控告亨特犯有重婚罪。法拉妮雅拒绝了，说这会给孩子们造成严重的创伤。1941年12月，亨特为他俩的孩子们创立了信托基金，大多都是石油和天然气的租赁权，而这些每年才能给孩子们6000美元。这种草草了事的做法导致了法拉妮雅带着她的律师跟亨特在“高尚的狼”宾馆里来了一场大讨论，寻求一个最终的解决方案。讨论的结果是62页的协议，双方在1942年1月24日签字，约定亨特将支付法拉妮雅30万美元，外加每月2000美元，直到法拉妮雅去世为止。作为回报，法拉妮雅签署了一份声明，发誓称他俩从未在法律的意义上结为连理。

12天之后，法拉妮雅嫁给了亨特石油公司的一个叫约翰·W·李·李的员工，他在公司的主要任务就是在老板赛马时，给竞争对手设置障碍，他身材高大，英俊，性格柔韧，而且愿意娶一位美丽的有钱妇人。第二次世界大战结束之后，他们在亚特兰大郊外安定下来，跑到亨特家族的轨道之外逍遥自在起来，至少那时是的。[10]

6

H. L. 亨特这个重婚者的故事本应就此结束的，但是故事仍然没完。在他把法拉妮雅打发到乔治亚州开始新生活之后，亨特已然把一位新人接纳了进来，她是个娇小玲珑、年仅 25 岁的女人，在亨特石油公司当秘书，名叫露丝·雷（Ruth Ray）。这位丽人生就一双迷人的深绿色的眼睛，丰满的身材让男人想不注意都不行——“实打实的洋娃娃身材”，一位知情的熟人回想道，雷是个来自俄克拉何马州沙尘暴地区的大萧条时期的经济难民，这个颇有宗教虔诚劲儿的女孩子在她的小桌上会放个罐子，用来存放什一税。[11] 从大学辍学后，她在什里夫波特找了一个法律秘书的职务干，当她的老板加入到他的大客户亨特石油公司旗下后，她也跟了过来。正如亨特后来所说，有一天亨特留意到她在办公室外面等着坐公交，他就邀请她搭车去乡下兜兜风。但亨特就是亨特，很快这个丽人就怀孕了。

这次他不冒险了。没让她跟同事做任何解释，他们也猜到了，露丝就从什里夫波特消失了。亨特促动她搬进了纽约市的一间公寓里，在那里，露丝寄出了结婚声明，说她要嫁给一个军队长官，名叫雷蒙德·怀特（Raymond Wright）。亨特石油公司的女员工可不是如此就能糊弄过去的，她们下注称这位神秘的怀特先生应该过不了多久就消失在某些远方的战斗行动中。[12] 1943 年，露丝给亨特生下了他第 12 个孩子，是个儿子，起名为雷·李·怀特（Ray Lee Wright）。亨特一下子被露丝和他俩的小儿子迷住了，不能承受离开他们的感觉。这一次，对第三个家庭，他决定冒险让他们住的近一点。

他肯定是被莱达对法拉妮雅·泰的态度助长了胆量，因为他给露丝买的独栋小平房就在白石湖畔的远端，离弗农山庄只有 10 分钟的距离。跟法拉妮雅不像的是，露丝对他知根知底，包括他的住所。对此，她非常开心，很乐意成为被 H. L. 亨特包养的女人，就那么平平静静地过活着，随着时间的流逝，给亨特生了一个又一个的孩子。

\第7章

极端保守主义派的起源

事实上，战后发生的每一次激进的右翼运动都得到了得克萨斯州石油界百万富翁一族的支持。

——《国家民族政坛》(*The Nation*)，1962

1

在得克萨斯州石油界留给世界的遗产中，其中最重要也最容易被忽视的一个，就是为他们为推进右派政策和培养右翼政客提供政治资金的传统，此点尤以他们高调的激进姿态著称。自东得克萨斯发现石油起，几十年内，得克萨斯石油界的百万富翁一族将数千万美元源源不断地输送到新生的保守主义事业中，为各种保守项目提供资金支持。最初，先是从给主流的共和党智库提供资金支持，到为参议员约瑟夫·麦卡锡（Joseph McCarthy）于 20 世纪 50 年代发起的迫害赤色分子的政治运动提供赞助，再到对公开支持种族主义和反犹太主义的集团的支持，后来，发展到连宗教界的右派他们也提供资金支持的程度。确切地说，得克萨斯州的保守派在当下美国的影响力实际上可以从右翼政治的整个“得克萨斯化”过程中看到，诸如乔治 W. 布什（George W. Bush）和汤姆·迪莱（Tom DeLay）之类的人物登上了全国的显赫位置，而此种影响力的起源，可以从 20 世纪 30 年代那些难以管控的得克萨斯石油商所动员起来的各种政治势力找到踪迹。

现代得克萨斯的保守主义发轫于两个毫不相干的事件的交汇之处：富兰克林·罗斯福的新政和大萧条时期的石油发现，尤其是东得克萨斯的石油大发现。新政激怒了得克萨斯州的很多石油商，东得克萨斯的油田则为他们提供资金去对抗新政。每个石油商都有自己的痛点，但总的来看，保守主义的怒火是由一种恐惧助长的，这种恐惧源自今天所称的“大政府”之类的政治倾向、新政对现代福利国家的引入，以及深植的南方种族主义传统。“在美国找不到其他任何地方，甚至在华尔街，在密歇根州和宾夕法尼亚州的共和党老巢，我也找不出像得克萨斯州这样白热化地痛恨罗斯福先生的地方，”作家约翰·冈瑟尔（John Gunther）1944 年游历完该州之后写道，“（在那儿）我遇到的那些人都一股脑儿地认定如果罗斯福再次当选，‘那将意味着墨西哥人和黑奴将要翻天。’”

从政治上，如果并非一直从社交上看的话，四大石油巨头很轻巧地就加入了控制得克萨斯州的政治寡头圈子里。在石油之前，得克萨斯州最大的财富源自东得克萨斯的伐木业，此类行业的兴盛取决于对黑人、拉美裔和贫穷白人的剥削程度；要想在该州（诸如硫磺开采业、农业经营中）获得繁荣，此种原理同样适用。得克萨斯州的管理者监管着一种等级森严、种植园风格颇为浓厚的文化，这种文化由那些致力于从土地上收获财富，与此同时，维持这片土地上的工人的绝对服从和低教育程度的南部贵族统治。

其实，早在四大石油巨头发迹之前，他们就热爱南方腹地的风俗民情，但热爱的程度没人比得过罗伊·卡伦。虽然他是在圣安东尼奥长大的，但是卡伦更愿意将自己视作南卡罗来纳州人，因为他母亲是那里的。孩提时代，卡伦就梦想拥有一栋“巨大的白房子……一栋巨大、延展的豪宅，配有白色的门廊和柱子”，而他在河橡林区的住所就是照此建造的，由黑人完工。克林特·默奇森和希德·理查森都是东得克萨斯人，来自老南方最西部的堡垒，而默奇森有着恰好备受卡伦梦寐以求的身份：南方特权阶层的后代。

得克萨斯的石油商都对税收、劳工组织者，以及任何妄图迫使他们改变行事方式的人深恶痛绝。自从南方各州重建以来，罗斯福是试着（至少在间接的意义上试着）去固化南方的第一位总统。到 20 世纪 30 年代中期，税负开始增加。对于止赎权，房主们也受到了法律的保护，这激怒了房地产和贷款行业的利益团体。新的劳动标准以及工会的发展提高了工资水平，这导致了做生意的成本上升。贫困的家庭可以从联邦设立的就业促进管理部门找到工作机会，这使得政界老板们的权力被减弱。联邦农业计划帮助了数百万家庭，但却使他们跟地主之间原本脆弱的关系更加脆弱。几十项新生的联邦计划挤占和糟蹋了原本属于各州、市、县的土地，更糟糕的是，罗斯福政府公开地对黑人和少数族裔提供救助，这让依然时不时衷心支持白人至上主义的南方人很难接受，坐立不安。在得克萨斯人眼里，所及之处都是联邦政府在胡乱插手和干涉。

就像当时南方大部分州一样，得克萨斯州当时只有一个功能健全的政治团体，那就是民主党，而新政引发了队伍的宗派化和分裂，至今都能感受到其回响。一方是政治理论家迈克尔·林德（Michael Lind）口中的“现代派”，该派是新政的热情支持者，他们在华盛顿的代表人物是萨姆·雷伯恩（Sam Rayburn）及其于 1937 年获选总统的门徒——林登·约翰逊。另一方则是弄潮于新兴石油资本的“传统主义者”，该派到 20 世纪 60 年代还将继承一个新名字：极端保守派。

颇具讽刺意味的是，能称得上得克萨斯石油界极端保守派的开山鼻祖的那位人士，也就是 1935 年将得克萨斯石油商推上美国国家政治舞台的那位人士当时已不再属于富人之列。实际上，他已经破产，作为罗伊·卡伦的早期支持者之一，约翰·亨利·柯比这个人写照了得克萨斯财富从传统行业向石油行业的转变，就他自身而言，他是伐木行业起家的。作为东得克萨斯的伐木大王，他是老大，柯比也是这个行业的第一位百万富翁，早在石油发现之前，他就在穷乡僻壤靠锯木厂积聚了财富。为了纪念他，休斯敦将一条路命名为“休斯敦柯比路”，另外还有几十个靠伐木业起家的东得克萨斯小镇也以他之名来纪念他，柯比小镇就是其中一个。而贝斯梅则是以他女儿的名字命名的小镇，再就是他在 1925 年与其他人共同创立的休斯敦天然气公司，但是十几年后，这家公司以新名字——安然公司而变得臭名昭著。在第一次世界大战之前，约翰·亨利·柯比几乎就是东得克萨斯的土皇帝。

1860 年，柯比生于泰勒附近，到 19 世纪 80 年代，柯比还是一个不安分的乡村律师，为几家东部的木材公司做辩护律师。由于对木材行业感兴趣，柯比就把波士顿和纽约的投资者凑在了一起，随后的20年间，他就一直在做林地买卖。1901年，他收购了其他人的股份，自己控制了公司，成立了巨型的柯比木材公司，他控制的松林面积一度超过了世界上的任何个体，他还成立了休斯敦石油公司，该公司控制着柯比木材公司的石油勘探权。百年之后，《得克萨斯月刊》(*Texas Monthly*) 将之称为得克萨斯州20世纪最壮观的商业交易。

到20世纪20年代，柯比依然位居得克萨斯州的龙头老大，他还担任美国制造商协会的会长，并经常被任命为总统委任成立的各种委员会的主席，另外，他还是沃伦·哈丁（Warren Harding）总统、卡尔文·柯立芝（Calvin Coolidge）总统和赫伯特·胡佛（Herbert Hoover）总统的顾问。他在纽约的华尔道夫酒店租有多套套房，在纽约的萨拉纳克湖畔有一套名为迪克西松林的别墅。1928年，他建了休斯敦最赞的别墅，那是一栋地处市中心西侧的一座3层高的宅邸。虽然人生一直很是风光，但柯比的商业帝国却在大萧条时期崩溃了，这使得他不得不在1933年5月申请破产保护。柯比只保留了名义上的总裁身份，薪水微薄。没落使得73岁的柯比满腹怨言，罗斯福新政就成了他怨恨的靶子。多年来，柯比一直是南部关税协会的反税收组织的会长。20世纪30年代初期，他雇用其中办事最有效率的公关，此人是一位语速很快、待人傲慢、名叫万斯·缪斯的人，来创立一系列反新政的游说组织。

到1935年，多亏了万斯·缪斯，耸立于休斯敦商业区的柯比大厦成了纵横交错在一起的神秘莫测、相互联系的极端保守主义团体的家园，这些团体都宣扬白人至上主义，而且，尤其专注于击败罗斯福在1936年的再度竞选。从穿着上看，柯比的这些团体组织跟3K党大同小异，一种由公司聚成的小帮派：得克萨斯税务救济委员会、得克萨斯选举经理人协会、共和国哨兵、美国爱国者慕道者团体。此外，1935年8月，柯比和缪斯还揭开了他们最具野心的团体，宪法维持南方委员会（Southern Committee to Uphold the Constitution，SCUC)，该组织一出现，迅即被大家视为北方自由联盟的一个南方抗衡对手，一个由反抗新政的百万富翁出资，尤其由杜邦家族鼎力支持的反动组织。在奥斯汀举行的新闻发布会上，以及在休斯敦、华盛顿举行的新闻发布会上，柯比在缪斯的辅助下，代表宪法维持南方委员会宣布了很多方案，以对来年罗斯福的再次竞选制造冲击。“我们计划操控总统候选人提名，”柯比宣称。民主党的领袖对此一片暗笑。该党的全国主席詹姆斯·A. 法利（James A. Farley）对记者说道，柯比有本事将宪法维持南方委员会会议在“一个电话亭里”就搞定了。

实际上，尽管身已破产，但柯比依然对石油行业以及其他更为宽泛的商业领域保有影响力，而且他的朋友一般不仅跟他的极端主义保守观点一致，而且还真准备采取行动击败罗斯福。每个人都有自己的目的。柯比最为活跃的同盟之一就是马科·斯图尔特，他是加尔维斯顿的一名律师，在房地产行业大获丰收之后，他又见证了汉贝尔石油公司的石油发现给自己在休斯敦南部的土地财富带来的巨大增长。

作为得克萨斯州石油界推动极端保守主义进程的最早一批人，斯图尔特在 1931 年组建了一个名叫“美式至上”的组织，大多通过报刊公开信和去州内各地进行演说。几乎跟柯比招募万斯·缪斯同时，那年斯图尔特招到了一名老练的油田从业者刘易斯·瓦伦丁·尤雷来跟他协调一致，推销他个人的政治诉求。尤雷一度是印第安纳州的州立法委员，是个自学成才的地质学家，20 年前，一场发生在加尔维斯顿湾海滩上的、令人忧惧的故障使他分文不剩，而在这之前，他已经游遍路易斯安那州、得克萨斯州和墨西哥。他还担起了马科父子的政治导师的角色，到 1935 年时，他与万斯·缪斯形成了一个知识界的联盟。

虽然这些人已经够激进的，但是柯比圈内最为极端的则是乔治·W. 阿姆斯特朗，该人是沃斯堡的石油商，还拥有得克萨斯州钢铁公司，制造油田设备，另外还为得克萨斯州的公路制造混凝土支架。作为一名狂热的种族主义者和反犹太主义者，20 世纪 20 年代，他一直是 3K 党的一名高层组织者，三四十年代，他已然成长为美国反犹太主义文学的先锋承办者之一，也正是这个角色后来引起联邦调查局和反诽谤联合会对他的多次调查。1932 年竞选得克萨斯州州长失利后，阿姆斯特朗就每隔一两年炮制一本新书或小册子，还雇了一个年轻人在酒店大堂和公共汽车站进行分发。他 1938 年搞出的《长老治》(*Reign of the Elders*）是对反犹太主义恶作剧《锡安长老会纪要》的直白而露骨的支持；在该书中，阿姆斯特朗将“犹太人政”视为罗斯福受制于以罗斯柴尔德家族为首的犹太人阴谋的证据。

虽然在公开演说时，柯比对事关犹太人和黑人的言论保持谨慎温和的态度，但是私下里就没这么警觉了。在他写给阿姆斯特朗的一封信中，他将《长老治》视为“我接触到的对当今事件最引人注目的评论，它是对当下美国政治文学最伟大的贡献之作……这本著作抬高了我对你的爱国热情、你的政治哲学的完整性的崇拜之情。”㊀

阿姆斯特朗加入到石油商和南方商业人士构成的帮派中，这群人聚集在柯比反抗罗斯福的旗帜下。实际上，尽管没有历史学家如是刻画过，但是 SCUC 几乎纯粹是新兴得克萨斯石油商的产物。它的信头由孤星州（Lone Star）㊁的石油商的名人录构成，它包括罗伊・卡伦、大吉姆・韦斯特、乔治・斯特雷克，以及克林特・默奇森。这群人中至少有几个，比如斯特雷克和默奇森，并非明确的反动派，他们的加入很可能只是为了送个人情。不管怎样，没人完全理解金钱在政治中所扮演的重要角色，因此，他们对柯比的 SCUC 的支持往往很不足道。实际上，柯比筹集到的所有钱，几乎都来自北方商人和愤怒的自由联盟，包括杜邦家族的成员，大约有 9 万美元。[1] 到 1935 年，随着距总统选举还有 11 个月，以及罗斯福支持率的急剧下降，柯比的信心倍增。

“对拯救民主于那些掌控着政党机器的左翼分子之手，我们大有盼头，”1936 年 1 月 2 日，他在信中对阿姆斯特朗说，“目前的论述显示，我们有能力击败罗斯福先生的总统提名。”

在柯比筹集到的赞助中，有大约 9 万美元是来自北方的商业人士和愤怒的自由联盟。即便如此，柯比备忘道：“新政支持派已被很好地组织起来，他们有来自国库的无限资金支持……把他们从位置上挤下来，需要智慧、勇气和伟大的行动力。”

在组建宪法维持南方委员会时，柯比就希望在路易斯安那州脾气火爆的州长休伊・朗（Huey Long）的总统候选人和佐治亚州 51 岁的州长尤金・塔尔梅奇（Eugene Talmadge）联合之后，与之合并成对抗罗斯福的联盟。那年夏天，柯比、朗、塔尔梅奇开始讨论联盟事宜，但由于朗在 1935 年 9 月遭到暗杀，讨

㊀ 柯比和阿姆斯特朗的关系很铁。1923 年，阿姆斯特朗遭遇破产，柯比挺身而出，拿出 90 万美元买下了他的若干公司，然后又把它们都交还给阿姆斯特朗经营。柯比破产后，阿姆斯特朗则买下柯比的东得克萨斯农场，并将它交给柯比，还了柯比的人情。晚年时，阿姆斯特朗将柯比称为“他是我所知的最伟大的人”。

㊁ 指得克萨斯州。——译者注

论戛然而止。朗遇刺后，柯比将自己全部的赌注压在了行事谨慎的塔尔梅奇身上。这位佐治亚州的州长，一边跟记者明确表示自己还不是正式候选人，一边却接受了柯比宪法维持南方委员会第一次会议上进行基调演说的邀请。1936 年 1 月 29 日，会议在佐治亚州梅肯的邓普西酒店举行。对人们关于总统候选人提名的猜测，柯比低调应对，称宪法维持南方委员会只是一个运动，而非政党。

大会第一天，原定 3000 名左右的“代表”到场的只有一半。但他们用热情弥补了人数上的缺憾。当一个乐队演奏起南北战争时期南方邦联的代表歌曲《迪克西》(*Dixie*) 和《戴上你的灰色旧软帽》(*Put on Your Old Bonnet*)，身着满是灰尘的工作服的农民和身着褪色棉布衣服的农妇开始跺脚、鼓掌，叫嚷着鼓励发言人。他们高喊“让他们去死!”“加油!”这次会议的调子，登上了《纽约时报》的头条，调子充满了公然的种族主义。到场者发现，每个座位上都有一本名叫《佐治亚州女人的世界》的杂志，实际上，这是万斯・缪斯编辑印刷的，该杂志还特别配了一张印着埃莉诺・罗斯福在霍华德大学被黑人后备军官训练团的官员陪同的照片，特色鲜明。杂志内的社论抨击罗斯福新近在杰克逊日发表的演说。“安德鲁・杰克逊没有任命黑人当助理总检察长……在白宫安排一名黑人当保密员……并且如果安德鲁・杰克逊当选总统，他不会让异党分子和黑人来告诉他应如何管理好我们老好的美利坚合众国。”

站在南方邦联的战旗下，进行引导性发言的几位演说者谴责罗斯和新政拥护者是“社会的寄生虫”，还把一项联邦发布的取缔私刑的法案称为“无耻的专治”和“全面发动的侮辱”。柯比介绍了州长塔尔梅奇登台，并通过接入了哥伦比亚广播公司的现场直播发布评论，将塔尔梅奇称为“一个肩负着共和制使命的、头戴羽毛的英俊骑士，拒绝向独裁者卑躬屈膝，拒绝拿一个伟大民族的主权权力交换联邦政府的黄金。”塔尔梅奇不负所望，在台上号召南方人发动一场圣战将异党分子赶出华盛顿。“让他们尝尝厉害，基恩!”看台上某个爷们大声喊道。

紧随大会召开，柯比在纽约的多家报纸上拿出全版的广告来推广他的倡议。但宪法维持南方委员会击败罗斯福的努力则胎死腹中。当一名名叫雨果・布莱克的亚拉巴马州州议员对罗斯福夫人的那些照片，也就是那些后来被称为“黑鬼照片"的照片动怒时，他们遭到了一次致命攻击，1936 年 4 月，参议员委员会议召开之前，柯比和万斯·缪斯都被召唤了过去。柯比简洁地回答了"团体以柯比大厦作为总部"的问题，但是缪斯没礼貌地从"黑鬼照片"上转换话题，给人留下了不好的印象。

"你能描述一下这些照片吗？"参议员布莱克问道。

"能啊，"缪斯叹息道，"但这是一件让我作呕的差事……我是一个南方人，而且我支持白人至上主义……这是一张罗斯福夫人正去参加某个黑人的会议的照片，她左右各有一个黑人陪同。"

"你散播它们的时候没有受到任何人的胁迫？"

"是的，先生，"缪斯回答道，"但我的良心要我必须这样做……还有我爷爷，我那个曾经穿着像这样的制服的爷爷也在召唤我这样做。"他硬朗地连击自己的胸脯。布莱克问他制服是指什么，他说，"原因嘛，我的这套衣服是邦联灰。"

他这些妙语连珠的结果就是，缪斯成了 SCUC 的沉船者，他俏皮地说南方的委员会实际上正是北部的实业家出资赞助的。而这就成就了宪法维持南方委员会的葬礼。但是柯比没有放弃。刚 7 月份，他就又创立了一个团体，这个团体叫作杰斐逊派的民主党，这个新团体绞尽脑汁 8 月在底特律举办了一场对抗罗斯福的"大会"。也就一两个石油商露了个脸——大吉姆·韦斯特参加了，再就是马可·斯图尔特（Maco Stewart）狂热的助手刘易斯·尤雷，就没了。这场大会其实就是个滑稽剧，参加的是一群杂七杂八、50 人左右的前州长和前国会议员，这群人的发言着实惹人冷嘲热讽。"一群苦瓜脸的过气明星。"《时代》这样称呼他们。

得克萨斯州石油商第一次涉足总统竞选政治的尝试就这样戛然而止。罗斯福在 1936 年 11 月的胜选令柯比彻底泄气，然后他便从政治生涯中隐退了，晚年（直到他于 1940 年去世）瞎忙于他在东得克萨斯的农场。但是，柯比身后，一场运动的基本条件已就绪。这场运动的核心人物便是新生代的得克萨斯州富有的石油商：马可·斯图尔特与马可二世父子俩、大吉姆·韦斯特、博蒙特的马尔斯·麦克莱恩（Marrs McLean），以及其他一些渴望在政治中大干一场的人物。韦斯特在奥斯汀和达拉斯收购了几家报纸和一个电台，直到他于 1940 年入土[1]，他都一直努力将这些转变成极端保守主义的宣传机器。

尽管在全国政治中成为笑柄，柯比及其后来人在得克萨斯州却发展成了一支不可抗拒的强大力量。在对得克萨斯州保守主义的权威性研究专著《得克萨斯州政坛的权势集团》（*The Establishment in Texas Politics*）中，乔治·诺里斯·格林（George Norris Green）明确地将 1938 年视为石油资本支持下的极端保守主义者取得对得克萨斯政治结构控制力的年份。那年，有两个毫无保留地力顶罗斯福的国会议员，包括圣安东尼奥的那个性格暴躁的改革派人物莫瑞·马弗里克（Maury Maverick），都在大选中吃了败仗。意味更为深远的是，他们开始接管州长办公室，一个外号“软爸”、名叫 W. 李·奥丹尼尔（W. Lee “Pappy” O’Daniel）的面粉商人被推上了州长的位置。此人早就声名远播，是个电台主持人，主持“山地音乐撒粉时刻”（*The Hillbilly Flour Hour*）节目，奥丹尼尔是个小丑，并且以此为荣。他的竞选团队所搞的站点活动特色鲜明，弄了个山地音乐乐队来演奏他创作的原生态的歌曲，比如《男孩再大也要给妈妈梳头发》（*The Boy Who Never Gets Too Big to Comb His Mother’s Hair*）。当他的竞争对手忙于向选民许诺各种社会保障福利和描绘工业化的前景时，奥丹尼尔则用一种简简单单的“十诫”拿下了选举。

“软爸”奥丹尼尔的胜选在得克萨斯州开启了长达 20 年的极端保守主义治理。作为州长，奥丹尼尔化身为得克萨斯州石油界的可靠伙伴，冻结了油井的人头税，支持石油业的游说者接管铁路委员会。奥丹尼尔政府中占主导地位的是极端保守主义派，他们大多都是石油商，这其中包括他的核心经济赞助者：有马可·斯图尔特，他手下颇具反犹太主义精神的顾问刘易斯·尤雷跟奥丹尼尔保持着通信联系；还有吉姆·韦斯特，吉姆还获得了高速公路委员的提名，但这项委任遭到立法机构的温和派的封杀。石油带来的冲击，正如韦斯特的败北所暗示的，也并非没有上限。得克萨斯州的选民有着长期、强悍的进步倾向，而许多州立法委员，尤其是来自少有油井的行政区的州立法委员是尽人皆知的独立派，并且经常以封杀保守主义派的动议著称。在 20 世纪四五十年代，中间派甚至自由主义派都接连获选进入国会，但是那些能在华盛顿长久混下去的都

[1] 其父死后，韦斯特的两个儿子最终将奥斯汀市的电台卖给了奥斯汀片区的新富豪兼国会议员林登·约翰逊，在他手中，这成为巨大财富的根基。

得照顾得克萨斯州石油界的利益。此间，最为侧漏的例子就是萨姆·雷伯恩，这位议院议长虽然在1944年保住了位置，但发生在他地盘上的北得克萨斯竞争性初选却让他尝到了罕见的苦头。当时，他的竞争对手受到了反罗斯福的石油商的支持，这其中就有罗伊·卡伦，罗伊在初选中注入了10万美元，直接导致了雷伯恩的失利。在后来的政坛生涯里，即使雷伯恩支持石油商的动议，也作捏鼻状，不想跟他们有任何牵扯。“他们做的一切，”有次他抱怨道，“满满都是怨恨。”

在奥丹尼尔获选后的10年间，开启了这样一段时期：它见证了两个更为保守的亲石油界的州长接棒，见证了孤星州极端保守主义派首次超出州界的得克萨斯新方案的孵化和诞生。其中之一便是由隐秘的、名叫“基督徒美国人”的组织打先锋，该组织创立于1936年，创始人是万斯·缪斯和刘易斯·尤雷，由马可·斯图尔特的儿子马可二世提供资助。该组织的报纸是《基督徒美国人》（*The Christian American*），发行的一律是猛烈抨击黑人、自由主义者、工会组织，以及“国际化犹太人的阴谋”的文章。这家机构的影响力一直微不足道，直到1941年，当缪斯决定将它的精力全部聚焦在对抗劳工组织的扩散上之后，其影响力才开始起变化。它用几乎不加掩饰的辞令将劳工权力等同于黑人权力，而且在“软爸”奥丹尼尔反劳工的改革运动的帮助下，《基督徒美国人》的小册子和立法游说活动拿下了如下功劳：到1944年时，南部和西南部的十几个州都通过了针对劳工组织的限制性法律。缪斯和尤雷控制的这个团体，乔治·诺里斯·格林写道，“唤醒了南方，让南方认识到了劳工大军工会化的潜在危险，它比其他任何组织做得都要多。”[2]

另一个极端保守主义的新方案由来自得克萨斯东南的、野心勃勃的国会议员马丁·戴斯（Martin Dies）发起，他在1937年与他人联合成立了国会非美裔活动调查委员会。在20世纪50年代初期，这个委员会臭名远扬得很厉害。有关得克萨斯石油商对组建委员会决策的影响力，既未出现在戴斯的自传里，也未出现在该委员会的历史文献中。但是约翰·亨利·柯比跟马可·斯图尔特是好友，而且他们长期为戴斯提供经济支持，戴斯因此也被广泛视为博蒙特地区的商业和石油利益的维护者。[㊀]

㊀ 戴斯的文献表明，他与柯比和斯图尔特保持着定期的书信往来；实际上，在梅奥诊所的临终病榻上，斯图尔特还给戴斯写了一封信。

在约翰·亨利·柯比死后，在得克萨斯州极端保守主义派中，脱颖而出的领袖般的人物恰恰是罗伊·卡伦，他被大家视为柯比才智的正统继承人，到 55 岁前后的年纪时，他就开始将他的精力从石油转移到政治上去了。卡伦为得克萨斯极端保守主义事业的整个谱系提供支持，从《基督徒美国人》为反劳工组织所做的奋争，到任何针对富兰克林·罗斯福及其新政的反抗，他都支持。罗斯福从最开始就予以回击，卡伦第一次涉足全国政治是因为他在 1932 年的《休斯敦邮报》发表了一封反罗斯福的公开信。随着新政的藤蔓在 20 世纪 30 年代扩展开来，卡伦的忿怒也更加剧烈。罗斯福在 1938 年"打包"最高法院的尝试构成了卡伦的一个转折点，他一气之下给 196 个投反对票的国会议员都去了贺电。与此同时，他在得克萨斯之外的第一次政治突袭中，卡伦在《路易斯维尔信使报》(*Louisville Courier-Journal*) 拿出整版的广告来痛斥罗斯福此项企图的支持者（即肯塔基参议员阿尔本·巴克利（Alben Barkley））。对比之下，尽管他们的名字很少同时出现在同一份新闻报道中，卡伦却是"软爸"奥丹尼尔最重要的经济支持者。[3]

起初，卡伦仅是浅尝辄止，给自己偏好的候选人捐点钱之类的，给某个国会议员突然炮制一封火药味十足的信，或者直接公开发表在休斯敦的报纸上，再就是对休斯敦周边的保守主义讲演提供赞助。到了 1938 年，他为伊丽莎白·迪林（Elizabeth Dilling）举办的保守主义讲座提供资助，伊丽莎白是全国知名的反犹太主义文学界的作家，在被查明跟几个支持纳粹的组织有牵连之后，她最终被以"煽动反政府罪"的罪名进行了审讯（而后无罪释放）。柯比很喜欢卡伦，在柯比去世之前，他还跟卡伦通电报，建议他去竞选。"你在批判当下美国现状的事业中所展现的茁壮长势，让我们所有这些保守的美国人倍感振奋，"柯比这样写道。卡伦一下子迟疑和犹豫起来。"我能多做帮助其他候选人的事情，从而尽我所能使品格好的人获选，使品格差的始终败北。"他这样回复道。卡伦同样跟柯比圈子里的马可·斯图尔特和其他人也保持着密切往来；刘易斯·尤雷更是称他为休斯敦"首屈一指的反激进派人物"。

卡伦的政治觉醒，与他成长为休斯敦的公众人物分不开。它的起点再简单不过了，跟 1936 年新创办不久的休斯敦大学校长前来募资的一次拜访有关。这个刚两岁的大学看起来更像个概念，而非实打实的大学，屈指可数的几间教室开在一所高中旁边的临时建筑里。校长的来访恰恰发生在卡伦儿子去世几个月后，这使得卡伦颇为触动，校长想要做一件能够纪念罗伊·古斯塔夫的事情，他觉得休斯敦可以将一所大学用于培养劳工大军的子女。在那种四大石油巨头都不知道慈善事业是什么的年头，卡伦轰动了整个休斯敦，为休斯敦大学的第一栋教学楼捐助了 26 万美元的必须款项。后面他还追加地捐助了 9 万美元和第二栋建筑，并且他最后成了大学的主导赞助人。在他封杀的为数不多的提议中，其中有一个就是将大学重新命名为“卡伦大学”。但是，当大学的预备军官训练团的进行曲小队被命名为“卡伦步枪队”时，他却颇为激动。

卡伦的捐助是休斯敦的头版头条。1939 年，似乎是被随之而来的颂扬壮了胆，他发起了与寻求倒闭罗斯福的总统候选人的通信，这包括温德尔·威尔基（Wendell Willkie）。他们俩实际上是在威尔基的竞选团队来休斯敦进行站点活动时的一次交锋中相互认识的。当卡伦跟记者说起他写给威尔基的一封谴责他的外交政策的信件时，威尔基收到了记者的提问。威尔基打了个马虎眼，说自己不知道谁是卡伦。卡伦随后将他俩交换的信件公布了出来，证明威尔基认识自己。威尔基因此成了举国上下第一个不得不接受这位仅受过五年教育的公民的建议的国家级的政客，当然他绝非最后一个，虽然他很不待见卡伦。“你知道，上帝将所有这些石油留在地里，”威尔基嘲讽地说道，“然后，来了个在其他事情上一直一无所成的某人，而后他竟然把石油从地里搞了出来。从那一刻起，这个家伙就将自己视为从政治到衬裙无所不能的大师。”

这可唬不住卡伦，1941 年间，他就开始了一系列演说，主要是在他的孩子们上学的地儿进行演说，这些讲演里充斥着他对联邦政府扩张的谴责。随着富兰克林·罗斯福监管的一系列应急举措上升为白宫对经济的实际控制，他便日渐更加忧心珍珠港袭击之后会出现“大政府”。在 1942 年的一次华盛顿差旅中，卡伦读到了罗斯福在劳动节的国会讲演，号召更进一步地提升行政权。

盛怒之下，卡伦在华盛顿的《先驱时报》（*Time-Herald*）上购买了一整面的广告位，用于对罗斯福的讲演唱反调，他引用参议员罗伯特 A. 塔夫特的话，进攻罗斯福的演说，“这是精心策划的、有组织的行动，意在诋毁和削弱国会……试图诱导全美国人民接受他这位马背上的男人——独裁者的统治。”卡伦的公告以其对那些支持总统的国会议员的猛烈抨击收尾。“得克萨斯州的人民不要独裁者，”文章写道，“而如果你们无能通过适当的法律对某种可能的独裁主义进行约束，要知道我们这些勇敢的男儿正在为民主制的存续而打拼，那么你应该立即辞职，并允许那些爱国的人士接替你的位置，唯有如此，我们的子孙后代才可能继续享有自由的赐福。”卡伦，无论如何说，这只是刚刚热身的节奏。

1944 年，得克萨斯极端保守派被罗斯福针对石油以及其他商品的《战时价格管制法令》逼得几近发疯，鞭策之下，如山累积之中的是他们针对罗斯福发起的至今为止最为严峻的挑战。他们试图拿下得克萨斯州民主党的控制权，发誓要保留该州的投票权，以此态度应对罗斯福被四度提名为总统候选人的可能性，但这却可惜地以微弱劣势在 9 月举行的州内大会上败北。不会这么容易退缩地说，极端保守派组建了第三政党，号称得克萨斯正规军，这个政党的会员多是石油商，既包括来自较为活跃的大石油公司的游说人员，还包括诸如马可·斯图尔特二世、沃斯堡的阿奇·罗文（Arch Rowan）的独立石油商。在大选月 11 月之前的几周内，得克萨斯正规军党准备了一场精心策划好的、对反罗斯福的竞选团队的经济赞助，提供了遍布全州的 30 多个电台节目和跨越全州的报纸头版广告位。发出的信号无非宽泛地反对劳工组织，反对政府，以及公开宣扬白人至上主义，该党的立基之一居然被称为“白色人种优越性的重塑”。

正规军党遭到了彻底的失败，罗斯福轻而易举地就拿下了胜券，很大程度上，失败是由于他们拒绝支持共和党的候选人托马斯·杜威（Thomas Dewey）导致的。但是该党真正的巨大败笔，以及它那不朽的宗旨的隐喻，在于他们无法派出自己的候选人上场；得克萨斯州的石油商，正如过程所显示的，除了怨恨之外，他们几乎不能够带给美国人民别的东西。他们的失败完全就在意料之中，这是正规军党派最大的独立经济赞助者罗伊·卡伦 10 年后亲口承认的。尽管私下里他们承认他们几乎没有可能阻挡罗斯福，卡伦当时所希望的就是正规军党派能把全国的注意力吸引到得克萨斯石油商的愤怒上来；他购买了该团体的许多广告，而且还以它的名义发表过一两次演说。他遇到的苦恼就是：收到了平生第一波的死亡威胁。当一个记者问他是否有意继续为之战斗，卡伦怒气冲冲地回了句：“就说我们刚刚开始为 1948 年的大选开工吧！”

2

并非所有的得克萨斯石油商都是保守派，只不过有时看似如此罢了。有几个人，比如麦迪逊威尔的 J. R. 派顿（J. R. Parten），二战期间还在罗斯福政府中当过差，他实际上可以被称为自由主义派的人物。但是，心思放在政治上的第二大阵营的石油商之所以将金钱和服务输送到华盛顿，并不是为了意识形态，而是为了实用方面的理由，为了疏通关系。截至当时，这些人中混得最赞的要数希德·理查森，当他的同类还在政治的水池里踮起脚趾头往上看的时候，希德已经能在白宫出入，对于这种显位，他想方设法维持着，辛苦总算没有白费，这使他坚挺了 25 年，熬过了三任总统。在这个过程中，理查森助推了金钱在美国政治进程中的角色转变，就他而言，那可是赤裸裸的装满现金的纸袋。

理查森的政治参与始于他还是一个穷人的年代，那是一个周六的下午——1933 年 3 月 11 日。当时，他正跟一群朋友其乐融融地对着沃斯堡举办的胖胖牲畜现场秀看个没完，这时有人将来访的一位贵宾介绍给了他，这个 23 岁的年轻人就是埃利奥特·罗斯福（Elliott Roosevelt），他是富兰克林和埃莉诺·罗斯福的次子。这个长相英俊小伙儿虽然知识欠佳，但决心逃出他老爸的阴影，埃利奥特是罗斯福家中最可能的败家子。一周之前的那个周六，3 月 4 日，他参加了他爸在华盛顿的就职演说，然后，接下来的四天，他就突然从白宫消失了，将他的妻儿抛在身后不管。

据埃莉诺·罗斯福的传记作者讲，埃莉诺当时心急如焚，更多的是因为她自个儿完全不知道她儿子去哪里了。次日晚些时候，她才得到信儿，美联社在阿肯色州的小石城找到了埃利奥特，他当时正说要跟一个朋友一起来一次横越美国的旅行，打算先造访得克萨斯州，然后直奔洛杉矶。当记者问他是否有意在得克萨斯州买一个牧场时，他回答说："买牧场是要花大钱的，我没有那闲钱。我正在找一份工作。"

在得克萨斯州，他可是鱼与熊掌尽皆到手。他从小石城直奔达拉斯，接着又去了沃斯堡，在那儿，他参加了一个牲畜秀。后来，他在沃斯堡写道，他被介绍给了当地的石油商：

“我碰见了查尔斯•罗塞尔（Charles Roesser），他的油井给他带来了一些收益，还认识了希德•理查森，他什么也没有，因为他在钻的那些油井似乎注定全是枯井。他俩中还有一个叫克林特•默奇森的人，都因为我爹在白宫而显示出对我职业生涯的一点兴致。我隐约觉察到他们把我当作前景打量。一场真正的献殷勤应该会随即发生。”

尽管他后来著述了三本关于他家族的书，埃利奥特·罗斯福从未从细节上揭露过理查森、默奇森和罗塞尔——“我的三个石油商”（他这样称呼他们）是如何献殷勤的。而当时，他却真的忙于一场真正的献殷勤，目标沃斯堡的一位白富美，名叫露丝·高金斯（Ruth Goggins）。在他造访沃斯堡四个月后，1934 年 7 月，在他老婆提出离婚并且在内华达办完了离婚手续后，埃利奥特跟露丝·高金斯结婚了。1935 年早些时候，埃利奥特在西南广播公司找到了一份执行官的工作，夫妻俩在沃斯堡西南 7 英里处购置了一个 250 英亩的牧场。后来，埃利奥特加入了赫斯特公司的连锁电台。从一开始就很明白的是，不管怎样，他精疲力竭地要自己闯天下。

这对罗斯福夫妇成了沃斯堡社交界引人注目的成员。希德·理查森成了埃利奥特最为亲近的好友，1935 年，理查森在基斯顿油田钻出了石油，这更强化了他俩的关系。他俩的关系以及理查森政治生涯的转折点发生在 1937 年 5 月，此时总统宣布他将造访得克萨斯州，顺便看望一下埃利奥特，然后去墨西哥海湾钓一下海鲢。罗斯福的此次造访具有历史性的重要意义，因为这标志着年轻的林登·约翰逊（第 36 届总统）终于被引荐给了罗斯福总统。然而，历史学家却忽视了一段围绕罗斯福介入得克萨斯石油界的、被人遗忘的论战。

总统乘坐总统专属的波多马克号游艇来到加尔维斯顿湾，在那里，埃利奥特和希德·理查森、克林特·默奇森一起陪同，总统见到了埃利奥特后，跟他一起花了几天时间钓鱼。周三，5 月 5 日，波多马克号游艇拔锚驶往马塔哥达岛，总统上岛在默奇森的府邸吃了晚餐。次日，总统的垂钓被一场灾难打断了：德国制造的“兴登堡号”飞艇在新泽西坠毁。周五，他们又继续钓鱼。午饭时分，波多马克号游艇抛锚在圣乔治岛，尽管佩里·巴斯的施工队还在施工建设，但大家还是准备下船去瞧瞧。

"我们从波多马克号下来后，用一艘小船开往圣乔治岛，"一位名叫巴尼·法利的向导在他2002年的回忆录《垂钓于昔日的墨西哥湾海岸》（*Fishing Yesterday's Gulf Coast*）中写道，"但我们都到达对岸时，遇到了难题，我们不知道如何将坐在轮椅上的总统用小船运到小岛上，希德没有任何方法将他从船上卸下来，岛上没有停靠码头来让总统直接上岸。但是，他确实有个运牲口的筏路可以凑合着将事办妥。所以我们将运牲畜用的筏路停在路边，而后希德跟总统解释道他将这样将他推下船去。罗斯福先生顿时气爆炸了，'这是要干什么啊——希德，你是说你要把我从那个牛通道上推下去？'希德用一种和善的得克萨斯口音慢慢吞吞地回答说：'嗨，总统先生，你将是这条通道上走过去的最庞大的公牛了！'"

周六，罗斯福再次回到马塔哥达岛默奇森的大牧场吃午餐，接着他就驶往了加尔维斯顿湾，在那儿他见到了林登·约翰逊，然后在那里登上了去往沃斯堡的火车。当天晚上，理查森和默奇森，以及沃斯堡社交界的名流，都出席了以欢迎罗斯福总统之名、在埃利奥特的牧场举办的烧烤晚宴。表面上看，这是一次典型的总统出访，是总统看望自己的儿子、与得克萨斯州的新生代百万富翁接触的一个机会。直到8年后，当美国国税局的律师就税务问题对埃利奥特·罗斯福进行了为期5天的严厉盘问后，才有线索证明那天晚上其实有更多的事情在暗中进行。难题出在默奇森身上。[4]

7个月之前，1936年11月，一个联邦大陪审团针对默奇森最大的子公司中的一家进行了起诉，该子公司的管线将东得克萨斯的原油输送到休斯敦周边的各大港口，因此，大陪审团以运营热油的罪名对他进行了起诉。默奇森逃过了指控，给他写传记的那些作家也没提过这档子事。埃利奥特·罗斯福遇上的国税局审讯人员所暗示的，以及1945年11月专栏作家所写的那件被泄露出来的轶事所暗示的正是：罗斯福、理查森、默奇森3人之间敲定了一项秘密交易。很明显，国税局相信，这一切就发生在烧烤晚宴后的深夜会议。烧烤晚宴一周后，默奇森的子公司突然将它的抗辩从无罪改口称不再申辩，并且支付了象征性的17 500美元罚款。主流媒体对此并没有多想，但是石油产业的期刊却这么做了。"得克萨斯接待罗斯福总统的公司因违反热油法律而被罚款"醒目地登上了《国家石油新闻》（*National Petroleum News*）头条。8年之后，一位国税局律师在证人陈述期间，质问他是否向白宫为默奇森、理查森、查尔斯·罗塞尔说情，以谋求政府减轻对他们的处罚，国税局暗示这几个人都已因为侵犯热油法案而正在接受调查。

国税局律师：外面有一些流言，而我不知道它们是否基于事实，这些流言的大意是说理查森和罗塞尔都卷进了热油阴谋中，而你就此代表他们，你为他们跟联邦官员和其他官员，以及一个主管政府油田的内阁成员说情。

罗斯福：对于这些流言，我毫不知情。我完全不知道理查森先生和罗塞尔先生也卷入其中，并且我郑重声明我从未代表他们跟任何人交涉过。

此中的暗示是，罗斯福总统曾劝说联邦的公诉人对默奇森轻判。假如事实果真如此，很明显国税局的律师们是这么认为的，希德·理查森也肯定还上了这个人情。在埃利奥特的纳税案件的证人陈述中，理查森两次出庭作证。正如他跟国税局说的，在总统造访得克萨斯州之后，他对埃利奥特有了新的好感。“直到那时，我才有机会跟埃利奥特一起上岛，”他说，“我曾以为他有些疯狂的念想，但是在我跟他一起游历了小岛之后，我改变了对他的看法，我想这孩子内在有一些我从未发现的品质，我觉得那是令人愉快的。”

在总统造访两周后，理查森跟埃利奥特一起吃午饭，埃利奥特边吃边讲得克萨斯州电台如何好如何好，如果他有钱他就买下来，是的，前提是他得有钱。“他告诉我其中一个是一桩不错的买卖，并非向我推销这个观点，只不过是谈几句闲话罢了，”理查森说，“(所以）过了几日后，我亲自打电话给埃利奥特，并提议说我贷款给他钱，看看他能否买下那家电台。”

就在自己脱贫刚刚两年之后，理查森自己竟然给总统的儿子在电台事业中提供贷款了。1938 年 7 月，也就是总统罗斯福造访一年后，理查森贷款给埃利奥特 25 000 美元，埃利奥特将这笔钱拿来购买了一家沃斯堡的电台，KFJZ。几个月后，埃利奥特又要了两次贷款，合计 15 000 美元，埃利奥特用这笔钱又购置了一家电台，就这样，很快他就组建了自己的广播网——得克萨斯州广播网。而理查森成了埃利奥特企业的主要股东。

不管理查森跟埃利奥特的这些交易是否跟默奇森的公诉有没有关系，它们却让理查森捞到了直接进入白宫的机会。也就是在刚刚答应给埃利奥特的广播网提供投资两周后，理查森就被邀请到华盛顿跟总统谈话。他利用这次机会来对财政部长罗伯特·摩根索（Robert Morgenthau）支持的一项提议表达了抱怨，该项提案建议废除石油工业中所有重要的 27.5% 的资源耗竭补贴，理由是这项税收漏洞使石油商能够一笔划掉近三分之一的与枯井有关的成本。“理查森先生确实偶尔问过我好几次，问我是否能做些什么来阻止摩根索先生废除这项补贴，不然这将使国内的每一个独立石油商遭遇毁灭性的打击，”埃利奥特在 1945 年作证时说，“在我们交往的整个期间，他就一直对这个问题抱怨来抱怨去。”

尽管他俩谁也都没讲述过他们的交谈，理查森跟总统却相处甚好，因为理查森后面又被邀请到白宫好几次。理查森将他为总统提供的建议视作对大石油公司观点的抗衡，因为罗斯福总统不相信大石油公司。不论他给总统灌输了怎样的忠告，资源耗竭补贴原封未动，未被取消。当然，理查森也并非一概都心想事成了。理查森唯一一次被公开提及是在埃利奥特 1975 年的著作《与命运有约》中，他复述了 1940 年理查森到佐治亚州的总统温泉度假地的那次旅程。随着战争的逼近，白宫做出要封堵运往意大利的运油船的政治姿态，意大利可是理查森的主要客户之一。在为期两天的访问中，理查森拒绝对意大利停止石油供应，但这无法带给他任何好处，没过多久，海运就确实遭到了封堵。多年之后，埃利奥特明确表达了这样一种感受，他感到自己被理查森当作工具使用。“我变成了石油资本游说集团在华盛顿的一个工具，”埃利奥特·罗斯福如是写道。

理查森跟埃利奥特的关系在战争期断片了，埃利奥特接受了一项北非的军事任命，而且他的电台广播公司垮掉了。理查森的贷款从未得到偿付，最后他所得到的就是埃利奥特的一家电台，时效限制是他的余生。[㊀]整体来看，不论如何，理查森跟埃利奥特的老爹始终都保持着友善的态度。在 1941 年年中，考虑到战争状况下，国内石油的供应问题，总统请理查森和查尔斯·罗塞尔来评估一下大致的形势。他们原本预订在温泉疗养院举行的感恩节晚餐上汇报情况，但是最后一刻罗斯福被请回了白宫。

两周之后，周日，1941 年 12 月 7 日，理查森、佩里·巴斯及其新老婆南

㊀ 根据他的国税局陈词，埃利奥特对理查森的评价颇高，并且还将自己的其中一个孩子起名为理查森，但他没有透露是哪个孩子。在与作者的一次面谈中，埃利奥特的儿子托尼·罗斯福，说他相信事情的真相就是这样的，尽管他对哪个孩子叫理查森也并不真正清楚。

希·李，经过一整个早上的猎鹌鹑之后，拖着沉重的步伐走进圣乔治岛的大房子里，却发现仆人们在聚精会神地听电台广播：日本军事飞机正在轰炸珍珠港。圣乔治岛那会儿还没有电话，但是 4 天之后，周三，12 月 11 日，一艘小船从弗里波特带来了白宫发来的紧急通知。㊀当理查森想尽办法回了电话，“总统发来的通知，”佩里·巴斯回忆道，“其大意是，‘希德，我要你过来下周日跟我一起吃午餐，并跟我说说我们现在石油的状况是什么样子。我不相信哪些大石油公司的杂种们。’”

次日，理查森便坐上了驶往东方的火车。他最喜欢的一句话就是“好运胜过好头脑”，而当火车在北得克萨斯的小镇丹尼森停站时，理查森赶上了必将改变他的余生的好机会。他的律师威廉·科特里尔（William Kittrell）的一双间谍般的眼睛发现了一名军事将领，他说在得克萨斯农产品展览会上，他曾看到这位将领在士兵的护卫下前去参加。他的名字就是德怀特·艾森豪威尔（Dwight Eisenhower），而此刻他在拥挤的火车上找不到位置坐。科特里尔邀请艾森豪威尔坐在理查森的特等车厢里。结果这 3 个人就一路大侃到了华盛顿。“我觉得他是个好帮手，”理查森在 1954 年对《华盛顿邮报》说道，“有趣之处在于，我当时并没有太在意那个名字，后来比尔（科特里尔）跟我讲：‘还记得跟您一起坐特等车厢的那个伙计吧？他就是那个指挥欧洲战场的人。’”

3

在 1940 年的总统大选年，华盛顿的大多数政客，其中多数人跟国内的大众一样，对得克萨斯州的石油商究竟有多富有完全没什么概念。四大石油巨头无一得到意义重大的公共关注，即使在得克萨斯州内，也没有得到，而国内的新闻媒介也保持了对该州新生代富人的无知状态。华盛顿方面对此观感的典型侧写，可以从哈罗德·伊克斯在 1935 年 8 月呈报给总统的备忘录中看出一二，伊克斯对当时的情势做总结时，采用了这样一种说法：“（有个）趣味十足的文

㊀ 在一篇前言中，他为《得克萨斯州阿兰瑟斯县的 1993 年志》这样写道，这正是圣乔治岛的所在地。佩里·巴斯把这件事情的发生时间记录为 1941 年 12 月 7 日下午。但是，在他 1945 年对国税局进行的陈词中，理查森说这个电话是在紧跟着的那个周三拨出的。

档……被一个游走在石油界的人士递交给我，他认为这个东西您也该看一眼。”这个文档是一份得克萨斯州石油商的名单，上面记录了当年给民主党全国委员会提供过捐助的石油商的名字。

关于赫尔曼·布朗（Herman Brown），这位布朗 & 鲁特公司（Brown & Root）的联合创始人和百万富翁级的石油投资商，备忘录这样写道：“不了解这个人。”希德·理查森，此时恰在理查森发现基斯顿油田一个月前，则被描述为“债务附身，并且还在继续借钱来开发查尔斯·马什周边的土地租赁。”上头仅有两个看起来前景满满的人名：克林特·默奇森和达德利·戈尔丁。“戈尔丁和默奇森，”备忘录归结到，“（他俩）进入东得克萨斯油田时，石油才刚被发现几个月，他俩白手起家，而也就花了 3 年多一点的时间卖出的石油……就给他们带来了 500 万美元的收益。”

历史上很少见到一个人单凭自己一人便写就无上辉煌，而且是单枪匹马利用得克萨斯新富豪的那些赞助就打造出无上的政治权力来。在这种情况下，或许真有人能做到，他的名字就是林登·约翰逊，他将乘势——借着 1940 年所发现的先机，一路直抵白宫。没有任何人，即使他最受欢迎的传记作家罗伯特·卡罗（Robert Caro）也无法说出约翰逊是在哪儿或怎样得到这个天启的。实际上，表面上看，约翰逊的这种平步青云，简简单单地就从他在得克萨斯竞选时的那一小圈子商人的支持中起来了。这群人中最主要的就是希德·理查森的合伙人查尔斯·马什，正是此人将约翰逊引荐给他在奥斯汀市的邻居赫尔曼·布朗的。

这一切开始于 1940 年秋，当约翰逊开始用得克萨斯石油界的现金开启他冲顶美国权力的巅峰时，他正处于民主党国会议员第二任期。他的快车就是民主党国会委员会，主管为全国的竞选筹集资金。整个夏天，约翰逊都缠着萨姆·雷伯恩要委员会的领导权，但是民主党的领袖认为他既年轻又经验不足，不适合如此高的职位。最后到 9 月时，随着民主党的金库将近枯竭，约翰逊讨到了职位。

约翰逊那天早上离开白宫后，就开始暴打电话。他的第一个电话就打给了布朗 & 鲁特公司的乔治和赫尔曼·布朗的，他们是他的核心支持者。来自个人的捐助最高也就 5000 美元封顶了，但是到周五下午时，布朗家族就将 6 张

5000 美元的支票送到了约翰逊的桌上；就这单笔 3 万美元的捐款已经超过了国会委员会从它的主要资助者民主党全国委员会全年收到的捐款。查尔斯·马什说服希德·理查森也在周一同一天捐了 5000 美元，以佩里·巴斯的名义；马什的出版社合伙人也抽出了 5000 美元。理查森，反过来，又联系了克林特·默奇森，默奇森在周三也寄出了 5000 美元。到周六，10 月 19 日，在约翰逊暴打电话 5 天后，约翰逊已然是带着令人吃惊的 45 000 美元大摇大摆走进民主党全国委员会了。“我们在最后 3 天寄给他们的钱的数量，”他在一周之后对一个熟人写道，“要比国会议员在 8 年间从任何一个委员会收到的都要多。”

你都能看到约翰逊的脑袋上灯光闪耀，持续闪耀。正如罗伯特·卡罗所写，“政治献金有了一个新的来源，潜力巨大，它在美国轻轻作响，而掌管这个政治资金来源的人就是约翰逊。”虽然林登·约翰逊和得克萨斯石油界的关系还需要花费多年来发展，但是一旦完成，整个美国都将注意到。

THE BIG RICH

The Rise and Fall of the Greatest Texas Oil Fortunes

第8章/

战争与和平

1

1941 年 12 月 7 日周日早晨，H. L. 亨特和莱达，以及他们家庭的其他成员正在达拉斯北部的丹顿参加一次油井测试。哈希扫描各个电台，想听听天气预报，然后，他听到一则新闻闪过，是战争，恐怖的战争，但那时却很少有人知道，四大石油巨头坐拥的这些可流动性资产将带领他们赢得战争的胜利。

四大家族也尽了自己的本分。克林特·默奇森的儿子约翰第二天就立马参军了。他最后被派去缅甸和中国驾驶 P-38 式战斗机。他的弟弟小克林特则去了军官培训学校。哈希·亨特无视他老爹的恳求，也报名参军了；他被派往华盛顿，职位是担当对口中国政府的一名石油“顾问”。佩里·巴斯加入了海军，开始在佛罗里达州建造造船厂。罗伊·卡伦则在休斯敦管起了战时债券筹募，几年之前，他不情愿地接手了休斯敦交响乐团团长的职务，那家乐团常给他演奏《老黑爵》（*The Black Joe*），这是卡伦最喜欢的一首歌。有一次，为了战时债券筹募，卡伦安排了一次筹资活动，即使按照得克萨斯州的标准看，那次筹资活动也办得特别怪诞：一场专业的摔跤比赛直接插进了一场交响音乐会的舞台上，抱摔和咕咕哝哝的紧张气氛，跟莫扎特的轻柔曲风形成鲜明的对比。

四大石油巨头对当时的最大贡献并非这些干劲十足，而是他们地下的石油。单单一艘驱逐舰平均每小时就能消耗掉 3000 加仑石油。而一辆坦克则要耗费

10 000 加仑汽油，才能行驶 100 英里。仅仅一架轰炸机每小时就能用掉 400 加仑高辛烷值喷气燃料。而从一定程度上看，一支军队的效用大小直接与石油的供应紧密相连，即使回到珍珠港事件之前，这也使得克萨斯州石油成为一种关键性的自然资源。罗伊·卡伦手中的汤姆·奥康纳油田所产的石油可用于制造完美的航空燃油；战事一起，这片油田便被警戒线圈了起来，通向油田的所有道路也都被军事警察巡逻监管起来。

就在日本进攻夏威夷的同一天，得克萨斯州的石油就运抵了东海岸，其中 90% 是从休斯敦周边的港口出发通过油轮运来的，剩下的则是通过火车运来的。正是石油，而且多数石油来自得克萨斯州，给波士顿、纽约和费城供暖，并使这些城市的汽车保持运转。这使得从得克萨斯州围绕佛罗里达州的海上航线成了全国最关键的运输路线。其实战斗开始前，白宫就已经开始操心如何保护它们，而且能够光明正大地保护它们。珍珠港事件过去刚一个月，第二次世界大战的战火便烧到了北美洲，1942 年 1 月 14 日晚间，一艘德国潜水艇在长岛附近海面击沉了诺尔尼斯油轮。随后 5 个月间，又有 171 艘船舶在佛罗里达州和纽约之间被纳粹的潜艇击沉，另外还有 62 艘船舶命丧墨西哥海湾。尽管得克萨斯州的石油仍然抵达了东海岸，可不幸的是，这次它们是被海浪冲上海岸的。运抵东海岸的燃料总量下滑了 90%。消费者定量配给政策不得已而施之。天然气供应不足给华盛顿、纽约和波士顿带来打击。而在白宫内部，哈罗德·伊克斯的人手估计说，要想给那些每天打水漂的燃料补缺，那将需要 7000 节车厢——要用 50 英里长的火车才能做到。

最显而易见的解决办法是修一条石油运输管道；正如一个得克萨斯州石油商的那句双关妙语，“你搞不沉一条管道。”不幸的是，没有一个人尝试过修建这样长的石油管道——总计 1254 英里，它一路从东得克萨斯中心地带的朗维尤开始，直到费城外围最近的东部炼油厂才结束。早在 1940 年 12 月，伊克斯就开始敦促当局建设一条石油管道。而今必须建一条，并且行动要快。当有两条管线，一条供运输石油所用，这条将被称为大口径输油管线，而第二条小一点的管线，将用于运输诸如煤油之类的石油产品，这条管线则被叫作小口径输油管线。它们的大小让当时市面上的石油管道相形见绌。大多数美国石油管线都是直径 8 英寸或者更小，但是，仅大口径输油管线就将达到直径 24 英寸，小口径也 20 英寸。这两条管线的石油运输量将超过当时世界上剩余石油管线运输总量的 5 倍。将它们打造和建设好的任务落在了自由主义派的一个得克萨斯州石油商——J. R. 派顿（J. R. Parten）身上，此人在政府石油管理局已供职多年。

这两条预想中的大、小口径的石油管线，不管怎样，并未受到一致欢迎。那年春天，好些竞争性提案一下子涌现出来。美国政府调研了各种将石油横越佛罗里达州的方案，即便作为一项临时应急措施，它至少应该能够避开迈阿密南部的航线。有一个佛罗里达团队就力推一项 8000 万美元的运河项目，这样一罐罐的石油就能通过驳船漂流而下，横穿佛罗里达。但派顿心头则有个更省钱的主意，他想到了克林特·默奇森手里那条大萧条时期用来偷运热油的管线，此时，这条东得克萨斯管线已经废弃不用。派顿拿起电话给默奇森的办公室打了过去，问他这条管线能否挖出来，然后重组起来横穿佛罗里达北部。就这样，默奇森的手下就立即动手挖起来。正是他们的这条新管线在 1943 年 6 月运出了第一批石油。

打造一条从得克萨斯州直达东海岸的石油管线的争论，话说回来，依然悬而未决。1942 年 6 月，众议院的一个委员会提议修建一条长 580 英里、起于密西西比州的汀斯利区油田、终于查尔斯顿或萨瓦纳的输油管线。令派顿沮丧的是，这项法案竟然通过了。这项新动议令派顿觉察到，代表了大、小口径输油管线的反对者的危险联合，这些人不仅包括南卡罗来纳州和佛罗里达州的那些政客，还包括一个派顿 20 年前在阿肯萨斯州开赌场时就相识了的人，他就是 H. L. 亨特。正是亨特和他儿子哈希控制着汀斯利区油田的大部分，就派顿所知，该油田已经进入衰退期，一条将汀斯利区跟东海岸的港口连通的输油管线能够使亨特家族拥抱市场，但这却不能减少需求。

派顿发现，他心头的汀斯利区的输油管线只不过是亨特及其合伙人所设想的一条起于威奇托福尔斯的、比这还要大的输油管线的第一阶段。尽管亨特的一个合伙人警告说他将面临“巨大的政治压力”，派顿毅然反对这两种观点。这件事在 6 月下旬的一场意见听取会上达到高潮，会上，代表亨特输油管线方案进行论证的人有哈希·亨特，所有人之中偏偏是他。话说他可是给“中华民国政府”提供咨询的，实际上这就是一个将多数时间花在五月花宾馆泡妞玩的差事。亨特家族及其联盟表达了他们的看法，但到最后，一项受军方报告青睐的从得克萨斯州到费城的输油管线方案拿下了意见听取会。

为了建造它，派顿聘请了一个德士古石油公司的输油管线技术人员，这个人叫伯特·赫尔（Bert Hull）。赫尔飞速组建了一支 15 000 人的施工大军，他们都是些头发斑白的大老粗。他们分为 4 个小组，两条输油管线东西两端各配一个小组负责施工。这是项意义重大的任务。调研和清理的美国乡村将绵延数千英里；隧道所及之处将不仅在地下直穿密西西比河，还将直穿 200 条河川湖泊；更是将掘进 3000 英里长的深达 4 英尺的壕沟。1942 年 8 月 3 日，赫尔的施工大军铺下了第一段输油管道。全天都有来来往往的大卡车运送每节长 40 英尺、重 2 吨的输油管道，然后每节管道将被焊接在一起，沉入地下并掩埋好。赶上好天，一天时间 9 英里输油管道全能消失在地下。

那年冬天，洪水吞噬了密西西比河和阿肯色河河岸附近即将掩埋的所有输油管道。在密西西比河，赫尔的手下想方设法从河水的淤泥中拽出来数吨输油管道，然后用了刚两天的时间就全都复归原位了。阿肯色河的损失花的时间较长，害得施工队不得不把长达 7 英里的输油管道节段堆在了小石城的街道上。到 1943 年 1 月，也就是开工刚半年时，赫尔的手下就已经将大口径输油管线的两端总共吃进了 531 英里。2 月，随着施工队疯狂地加急剩余部分的施工，得克萨斯州的石油第一次通过输油管线被运到了伊利诺伊州的诺里斯城，这里有 1000 节车厢的运油火车等着将石油运往东海岸。6 个月后，整条输油管线完全竣工，然后东得克萨斯的第一批石油流进了宾夕法尼亚州马库斯胡克的阳光石油炼油厂。这可是世界上最长的管线，堪称绝伦的工程学成就。

当盟军在二战中最终取胜后，美国石油便在功臣英豪之列。正如那句话说的一样，“(盟军）正是在石油的海洋之上，游弋着，游弋着，就取得了胜利，”而且大体上看的话，这说的是得克萨斯州的石油，而得克萨斯石油的巨大份额全在四大石油巨头的掌控之中。1941 ~ 1945 年，轴心国集团生产了估计有 2.76 亿桶石油，在同一时期，得克萨斯州生产了 5 亿桶石油还要多，其中单亨特一人的东得克萨斯油田就生产了 1 亿桶。正如轴心国集团的领导人所承认的，他们无法跟同盟国的航空燃料和汽油供应相匹敌。“这是一场引擎和辛烷的战争，”约瑟夫·斯大林（Joseph Stalin）在一个祝酒词中对温斯顿·丘吉尔（Winston Churchill）说道，“我这杯酒敬给美国汽车产业和美国石油产业。”

假若这两条大、小口径的输油管线真的帮助同盟国赢得了战争胜利，它们也该为得克萨斯石油商赢得和平。1945 年，联邦政府开始对价值 160 亿美元的战时工厂和实业资产进行拍卖，而这两条管线成了投机买卖密集的焦点。对于如何处置它们，几乎每个人心里都有个小算盘。这其中，最具创意的想法是将它们转用于运输一种几十年来被石油商仅仅弃之于无形的产品，那就是天然气。这是一种存在于大多数石油储层和煤矿的富含甲烷的水汽，其实，早在 1683 年天然气就已被区别出来。尽管 19 世纪初期，英国的工厂已经用上了煤气灯，而且美国南北战争之后，燃气街灯也开始在美国的城市涌现，但天然气从未被广泛地视作传统取暖燃油的替代品。当一个叫作“骤燃 / 天然气火炬”的过程在 20 世纪 50 年代大获流行后，美国石油商浪费掉的天然气总量比适用于美国全境的天然气需求量还要大。1945 年，一位来西得克萨斯游弋的石油侦查员在某天晚上写道，夜晚游弋在油田时，感觉会像是驱车在都市——几千个天然气火炬将夜空点亮，绵延数英里方圆。有个小镇，叫丹佛市，地处新墨西哥边界的外面，因为这里有很多的天然气火炬，所以这个小镇多年间都没用到街灯。[1]

但是，恰如一战之后的景象一样，美国能源需求在二战后迅速飞涨，带来了新一轮的汽油供应不足。这又使得一轮新的石油钻探潮迅速迎面扑来。但是，到 1946 年年初，当时大、小口径输油管线正在拍卖中，国会和其他机构中便涌现出广泛的呼声，他们要求国内的电力公共服务设施至少将它们手中的部分工厂转向天然气发电。由于开始认识到天然气将比石油便宜，消费先导们瞄见了家庭供暖和家用电器时代的到来。得克萨斯石油商则瞄见了收益飞涨的大好前景。这些在得克萨斯石油的生产中一直遭到浪费的天然气产出，可不仅足以给波士顿、纽约和费城三大都市供暖，而且它们直接就是从石油喷涌而出的井下管线中冒出来的，尽管如此，这笔财富却恰恰是自纺锤顶油田和东得克萨斯油田发现以后的盲点财富，而且这种无知一直阴魂不散。得克萨斯州的每一个有头有脸的石油商开始想跟大、小口径输油管线扯上关系，将多年的盲点财富利用起来。

亨特加入了一家投标财团，默奇森和理查森加入了另一家。那年夏天，他们三个的标书，连带其他竞标者的 14 份标书，一起冲进了华盛顿。但政府需要花费更多的时间来对大、小口径输油管线进行评估，所以又在1947年2月安排了第二轮招标活动。在这个空当过渡期，一家新公司——田纳西天然气公司由于确实能够安全运输天然气而跻身于有资格租赁这两条输油管线的行列之中。当最后的交易价格揭晓时，中标者竟然是林登·约翰逊的主要赞助者——乔治和赫尔曼·布朗手下的休斯敦竞标团队，他们以1.43亿美元的价格拿下了这次招标。他们将自己的公司成为东得克萨斯公司（Texas Eastern），这家公司的发展目标就是将得克萨斯州的天然气运输到美国东北部地区。

几周之后，费城、纽约和波士顿的电力公共服务机构便宣称将广泛转向天然气。1948年9月，第一批得克萨斯天然气经由得州东部公司旗下的大、小口径输油管线抵达了费城的蒂尔曼街天然气工厂。尽管一些西南财团宣称将建造竞争性的输气管线，得州东部公司还是先人一步地挤进了纽约。1949年8月17日，纽约市长威廉·奥德怀尔（William O'Dwyer），来到了联合爱迪生公司的一家工厂，这家工厂坐落在史丹顿岛的北部海岸。在这家工厂里，一个工人一点头，市长便转动了一下阀门，就这样，第一批得克萨斯州天然气被释放进了一个储存罐中，而这些新能源将很快给羊头湾的大块烤肉、公园大道的公寓供暖提供服务。

它标志着一个新时代的来到。美国各地，成千上万的私房屋主转而使用更为清洁、便宜的天然气燃气炉和家用电器。1945 ~ 1951年，美国全境的天然气销量翻了一番。全国上下角角落落，都在铺设新的输气管线；在最大号的一批输气管道中，有一个被称作巨口径输气管线，该管线为埃尔帕索天然气公司所建，它能将得克萨斯州的天然气运送到南加利福尼亚的高速发展的城郊地带，这里很快就升格为美国境内天然气销售最大的单一市场。得克萨斯州的石油商这次可是赚得要把自己撑死的节奏，利润让人叹为观止。那些入股东得克萨斯公司的人，看准了天然气股票的潜力，当时以15万美元入手的股票不到一年之间便飞速升值到将近1000万美元。单单H. L. 亨特家族油田的天然气供应量就完完整整地占据了东得克萨斯供给东北部城市之天然气供应总量的25%。而希德·理查森家的温克勒县油田则化身为埃尔帕索天然气公司的供应基地，好莱坞和日落大道的大部分地区全都得益于理查森的天然气。除了亨特和理查森，还有一小波石油商在这笔外快中赚得可是心花怒放。

2

恰在20世纪中叶，1941年，美国的石油产出总量占据了全球石油产出总量的63%时，美国便坐上了石油产出国的王位，而得克萨斯州就是这位王者的王子殿下，其产出年复一年地领先美国诸州。1943年，当二战进入高潮期，第一波严峻挑战袭来，直指美国及其得克萨斯州所享有的这些荣耀称号。这些挑战在游牧民族控制的沙漠地带轰然崛起，大多数得克萨斯州人只从辛巴达的历险记中听说过它，这就是阿拉伯半岛。第一个知悉这个消息的人是哈罗德·伊克斯。战争期间，作为美国石油界的沙皇，伊克斯一直在忧心美国的石油用光后该怎么办。为了能够找到更多的石油，他派人调研世界的各个角落，而随着他们的研读，他们发现有少许文献资料提及了波斯湾地区那些名不见经传的石油发现：一个说是1932年在某个名为巴林的酋长国有过石油发现，一个说是6年后又在某个叫作科威特的地方也有发现石油。到1939年时，英国的船员曾真就想方设法装了满满一油轮的阿拉伯石油，而又过了3年后，随着埃尔温·隆美尔装甲军团轰然开进埃及，伊克斯觉得是时候搞清楚隆美尔所经之地的地下究竟埋藏着多少石油。这就需要一项极其保密的任务才能实现，为了这项任务，伊克斯精选了一位最不寻常的得克萨斯石油商，他就是埃弗瑞特·戴高礼（Everette DeGolyer）。

戴高礼算不上真正的得克萨斯州人，他是在俄克拉何马州长大的，而且其实他都不是个石油商。他是个地质学家，可能是当时世界上一等一的地质学家。他身材矮小，头发凌乱，硕大的脑袋中装着游移不定的才学。多年之后，他买下了《星期六评论》（*Saturday Review*），但戴高礼的名声在他还是俄克拉何马大学的本科生时就已经响起来了，那时是1910年，他找到了一口喷油井，揭开了墨西哥石油黄金年代的序幕。他继续跟人共同创立了阿美拉达石油公司，领先世界地使用垂直运动地震仪，同事跟戴高礼开玩笑说：“他为炸药而疯狂。”1936年，他搬到达拉斯，开了一家提供地质咨询的公司。当伊克斯把他聘请了，接上飞往波斯湾的一架货机时，他已然是当时石油业界德高望重的学者。

他们先是跳房子一般，从迈阿密穿越加勒比海，接着穿越巴西和非洲，最后当戴高礼到达中东地区的时候，眼前是他在西得克萨斯从未见过的荒凉之地。

“实际上，”他在考察沙特阿拉伯、科威特和巴林的中途，给妻子写道，“与我们所到的一些地方相比，得克萨斯简直就是一个花园。”但是回到地质学上，戴高礼发现的则是一种美丽的存在。他调研的越多，他就变得愈加兴奋。在跟咄咄逼人的流浪的贝都因人一起吃饭的那些日子，他认识到，这些狭小的波斯湾酋长国恰恰坐在一座石油汪洋之上，这些石油将使世界上所有已知油田都相形见绌。当他返回华盛顿时，戴高礼确信自己瞥见了未来之光。作为一个保守主义者，他估计波斯湾地区的储量在 250 亿桶石油，这一猜测在后续的调研中被继续推高到 300 亿桶。“这片地区的石油，”戴高礼的一个同行者写道，“是历史上最为壮阔的独一无二之神作。”

对全世界而言，这是巨赞的，但对得克萨斯州而言就是另外一回事了。戴高礼和其他一些人所做的一些推断猜测，激起了英美政府围绕谁应当控制波斯湾地区的石油的激烈对话。1944 年 2 月，在白宫举行的一次会议上，罗斯福总统向哈利法克斯勋爵（Lord Halifax）展示了一副他绘制的中东地区的地图。波斯湾地区的石油，罗斯福说，可以继续保持在英帝国的统治之下，而两国在科威特和伊拉克发现的一切，则应平分。但沙特阿拉伯地区，他继续说道，将作为美系大型石油公司的专属势力范围。6 个月之后，双方签订了《英美石油协定》（*Anglo-American Petroleum Agreement*），这实质上法典化了罗斯福的计划。纳粹和日本一投降，英美大公司就开始钻探石油。

独立石油商，尤其是得克萨斯州的独立石油商，一片鬼哭狼嚎。凭什么让大公司控制中东地区？他们也要分一杯羹。当这项新协定在 1945 年提交参议院表决时，得克萨斯的石油生产商便率领力压白宫撤回提案的势头反对它。但到该协定再次提交表决时，得克萨斯石油商意识到问题并不在于中东石油的控制权，而在于中东石油带来的竞争。即使波斯湾地区的石油储量只有埃弗瑞特·戴高礼预测的一半，那也将使油价急剧下降，而如果将之进口的话，得克萨斯石油商将陷入窘境。1947 年，对这项协定的抗议活动在得克萨斯全境遍地开花。就连得克萨斯的学校老师们都威胁说如果它通过了，他们就罢工。虽然协定再次被撤回，但就那时看，协定几乎是无关紧要了。

战争一结束，就迎来了势不可挡的中东石油大海啸。1947 ~ 1948 年，几乎每隔几个月就会发现一座大型的新油田；虽然最初这些石油大部分都流向了重建战争蹂躏后的欧洲，但是对那些有远见的石油商而言，这日渐增长的海啸却是直奔得克萨斯而来的。

3

对四大巨头家族而言，与20世纪40年代的前后两个10年相比，40年代是一个相当闲适的10年，这段时间，企业稳定，家庭兴旺。战争本身是利于得克萨斯的，尤其利于得克萨斯石油界的那群人。达拉斯和休斯敦兴盛起来。在航空燃料和各类化学制品需求的带动下，几十家新炼油厂和化工厂在休斯敦的东部和南部海岸建设起来，“这些炼化厂连成一条90英里长且不间断的线，”用一位倍感吃惊的作家的话来说，“恰如一家跃动不停的制造厂。”在二战期间，有一种暴利税迫使石油商将额外收入的每一分钱都再投资到对新的石油储量的探寻中去。战争结束后，窜天暴涨的石油需求，加上战后时代对天然气的渴求，把一种废弃品转化成了得克萨斯石油行业的新生利润的发动机。

希德·理查森在天然气中找到了第二桶金，在西得克萨斯，他从那令人称奇的艾伦伯格石灰岩层不仅抽出了几百万桶的新石油，更抽出了几十亿立方英尺的天然气。他把新办公地点搬到了沃斯堡的国民银行大厦的第六层，在那儿，为了组建一个法人组织，他采取了先行步骤，将他的帝国一分为二，分为得克萨斯部分和路易斯安那部分。这是家慷慨大方的公司。外头，在散乱分布在温克勒县、新奥尔良南部，以及路易斯安那州埃奥拉附近发现的新天然气田的工地帐篷，工头们都有圣诞礼物收，而他们的孩子则能盼着在高中毕业时从“叔叔希德”那里收到些礼物什么的。佩里·巴斯一从战场归来，就开始平稳地接管一切，使得理查森能去圣乔治岛玩上几个月，或者到亚利桑那州的度假胜地中打发寒冬，赌赌马，打打牌，还有就是当希德抓到机会的时候，好好训斥巴斯玩。

跟克林特·默奇森不同，理查森从没有正儿八经地多元化经营。在石油行当外，他为数不多的冒险尝试之一发生在1948年，在竞标大、小口径输油管线时，他被别人出高价击败，之后，一个名叫弗兰克·安德鲁斯（Frank Andrews）的石油商推荐他去购买一个不久即将被拍卖的战时资产，这家地处敖德萨的工厂是世界上最大的炭黑生产商，炭黑是一种跟煤烟很像的石油副产品，主要用于制造轮胎。理查森力求林登·约翰逊以他的名义介入进来，然后约翰逊来了。以 430 万美元的低价，理查森不仅掌控了这家工厂，还将在这 426 英亩土地上的其余 447 栋建筑物、员工宿舍和附属的 50 英里管线收入囊中。随后，约翰逊促使白宫将炭黑列为事关国家安全的“重要物资”，助推炭黑的价格上涨，甚至还安排政府来储备它在敖德萨生产设施的过剩库存。当理查森拿下了跟他那些竞争者的交易之后，司法部展开了一项反垄断调查，直到约翰逊的手下两度干预进来，这项调查的才胎死腹中。

兼并一顺利完成，弗兰克·安德鲁斯就建议理查森将这座大型工厂作为杠杆，用来抬高他销售给埃尔帕索天然气公司的天然气的价格。当时，理查森能从每百万立方英尺天然气中收入 2 美分，安德鲁斯建议说，他或许能够在埃尔帕索天然气公司那里撬到 4 美分，就威胁说采用其竞争对手的天然气。这项谈判一搞定，理查森就打电话给安德鲁斯，并且以一种揶揄的口吻，牢骚地大叫道，“你这个骗子，安德鲁斯！我没得到 4 美分。”安德鲁斯还没来得及回应，理查森就笑着抖搂了出来，“我 5 美分拿下！”他欢呼道。

H. L. 亨特将二战岁月花在了钻探几百口新油井上，他的足迹遍布得克萨斯州、路易斯安那州和密西西比州，他在掉头向西之前，还在佛罗里达州建立了分支，在落基山脉和加拿大抢购土地租赁权。亨特喜欢自吹自擂地说，亨特石油公司战时生产的石油总量比轴心国集团的石油产量之和都要大，而这并不真实，尽管确实很接近。他买了几十套新钻塔，最后有 65 套还多，然后，让它们日夜连轴转，一年之中，竟钻成了 300 口新油井。虽然在得克萨斯之外很难发现石油的踪影，但是亨特的新女婿阿尔·希尔敦促他首度雇用地质学家，而在他们的指导下，亨特石油公司累计斩获了一些大型的新油田。到 1946 年，公司开始每周产生约 100 万美元的自由现金流。这样，亨特就收购了亚拉巴马州塔城的一家新炼油厂，并且开始将他们派瑞德牌的石油在南部五州展开营销。

一切都运行在亨特石油公司的新办公地点外，这些办公室地处达拉斯商业区的商业银行大厦，这是亨特在 1945 年重新部署的。那些年间，总部的员工一直保持着小型化，人口很少超过几打秘书和记账的。在角落的一个办公室里，有一张大大的桃花心木的桌子，亨特就在那里办公。就他所处的那个时代而言，亨特是一个再平凡不过的管理者，沉默寡言、缺少耐心，他是个从来喜好褒奖员工的人；他唯一别于常人的地方就是对唱福音歌有嗜好，习惯脱掉鞋和袜子，然后伸着光溜溜的大脚放在桌子上。一出办公室，亨特就成了又一个 50 多岁、身着灰色套装、头戴浅顶卷檐软呢帽的秃顶的得克萨斯人。身为一个拥享 3 个分立家庭的老爷们，不出意外，他绝对能躲就躲，不公开露面，他既不加入当地的委员会，也不捐助达拉斯的博物馆和慈善机构。大多数情况下，达拉斯对他也毫不客气。1941 年，当亨特申请加入一个高档的溪谷乡村俱乐部时，他便遭到了拒绝。其实一些石油商也遭到了拒绝，实际上，要等达拉斯真正全面接纳石油暴利的幸运儿，还需要许多年。

亨特在那些年间的唯一一项业余爱好，就是那项令他肾上腺素喷涌到像发现石油一般欣喜若狂的娱乐活动——赌博。他频繁造访达拉斯周边的地下赌窟，玩玩双骰子赌博，玩玩他心爱的扑克。他在贝克宾馆常设赌局，而且他第一次开始和国内一些最为知名的玩家过招，这其中包括传奇人物印第安纳州的赌徒雷・瑞安（Ray Ryan）。他俩参与的赌博，赌注有时高达 20 万美元。亨特，就像克林特・默奇森和希德・理查森一样，不再把现金全都随身携带着，当他需要一笔钱拿来赌博用的时候，他就伸手在办公室壁橱的一个保险盒里掏一些，或者去他在第一国民银行中的另外一个保险盒里掏一些。

在 20 世纪 40 年代中期，使亨特从日常工作中分心分神的一件事就是他的儿子哈希的处境。情形悲伤得令人不堪忍受。哈希自从 1942 年年中在国会针对大、小口径输油管线进行指证后，便开始一蹶不振。之后便有一些传闻说，因为他认定罗斯福家族企图杀害他，也可能是他老爹的仇敌企图要杀害他，他变得愈加偏执。1943 年发生了一件令情形急转直下的事情，军队将他从华盛顿的政府工作岗位转调到了路易斯安那州的步兵训练营。在那儿，哈希出现了某种身体和精神崩溃状态，最后竟然被扔到新奥尔良附近的一家军队精神病医院去了。亨特从儿子在密西西比州的一位钻探合伙人那里探听到消息，说他是因为中暑才进去的。亨特慌忙赶到了新奥尔良。在给玛格丽特打电话时，他语调沉重。“哈希看起来不对头啊，”亨特说，“一个因中暑而体弱的孩子不该这么能开玩笑，这么能欢闹啊！”

他一回到达拉斯，就带着莱达找玛格丽特了，想把这事情彻底搞清楚。军方现在的说法是哈希可以因病退伍。尽管没人知道那是什么病，但是，很明显他患上了某种心理疾病。“他们建议送他去门宁格诊所评估一下，”亨特说道，“这样做好不好？”

莱达语塞，说不出话来，她转向玛格丽特，玛格丽特说：“好。”[2]

亨特带着儿子到了马萨诸塞州安多弗郊外的一家诊所，这里的医生建议采用电击疗法。哈希不肯。据哈里・赫特讲，亨特还试过自己的治疗方子。因为他认定哈希需要更多“刺激性的活动”（action，俚语），他请了一连串女人前来跟哈希滚床单。结果什么效果也没起到。亨特可不愿将自己的长子关在精神病房里，所以他决定将他带回得克萨斯去。“太好了！”哈希一听到这消息就说，“我要回油田了，那才是属于我的地方。”

不料，亨特将他安置在了泰勒郊外的家族农场，一片盛养美洲山核桃的地方，指望疗养一段时间能帮上哈希的忙。但还是没有效果。如果说非要说有什么改变的话，那就是哈希的行为表现得更加异常了。

他变得更加精神错乱，连自己老爹的秘书和自己的亲姐妹都分不清。稍微不合他的意思，他就使性子、大发雷霆。有好几次哈希对他老爹都动起了拳脚。在弗农山庄的一次早餐上，他还拿起葡萄柚向他老妈用力投了过去，将莱达的眼睛都砸伤了。亨特花了大把时间，却也只能打打电话、口述下信件，向全国上下的医院进行求助，想找到能够治愈哈希的医生。“这档子事害死老爹了，使他日渐苍老，”玛格丽特多年后回忆道，“哈希是他的掌上明珠，是他最上心的一个孩子。老爹不能也不愿他就这样子了。”

战争一结束，为了治病，亨特就带着哈希到更多的诊所去，其中至少有一家诊断出他患了精神分裂症。一个接一个的医生告诫说他已经生活不能自理了。亨特可听不进这些。哈希答应在一家诊所接受电击治疗，然而这些治疗手段依然没什么帮助。最后，在康涅狄格州哈特福德的一个治疗机构，有位医生力劝亨特考虑一种新手术，这种新手术叫作脑前额叶切除术。这是一项欧洲开发的手术，脑前额叶切除术包括将手术刀插入前额后部以切断前额叶与大脑具余部分的肉体联系。没人知道它为何和如何起作用，而且结果也天差地别，一些患者不再焦虑易怒，一些患者却变成了行尸走肉。当亨特把这件不得不去一试的手术说给玛格丽特听时，满眼泪水，“这是仅存的法子了。”他说道。

手术完成于费城，1946 年。手术将哈希从家族印象中的那个精力充沛、年轻力壮的瞎掘油井的男子汉，变成了一个对商业丝毫不感兴趣的安静少言、嗜睡的人。他变得心事重重和内向起来，一时间他上心的事情成了阅读和迈个大长步。亨特一度将哈希安置在纽约的一家精神病院，但在莱达的坚决要求下，最终又将他带回了达拉斯的家中。他们为哈希在弗农山庄临近之地购置了一套房子，在那儿他过起了清净隐居的生活。亨特用尽余生拿这件事情折磨自己，反思自己给他动手术到底对不对。到 20 世纪 50 年代时，当医生们开始制造出一些用于治疗精神分裂症的药物时，亨特的内疚感顿时起来了。“老爹确信自己犯了一个糟糕的、悲剧性的错误，”玛格丽特回想道。玛格丽特反过来将这件事归咎到家族财富上。假如他们没有进行脑前额叶切除术的资金，她推定，很可能他们就凭着运气找见其他治疗方式了。

在那之后，亨特家族之外的人基本上就见不着哈希这个人了。多年里，亨特将自己隔壁的那间办公室空置着，为他儿子留着，但他再没来上班。正相反，时不时，朋友们就会在白石湖畔看到一个削瘦、鬼影一般的他在那里转来转去，跟后来的布·拉德利（《杀死一只知更鸟》中令人发怵的神秘邻居）似的。这幕场景还将持续多年，接着一个 10 年，然后一个又一个 10 年。最后，哈希竟然活得比他父母还要长，直到 2005 年，他才以 88 岁高龄静悄悄地离世而去。

4

20 世纪 40 年代，大多数美国人依然认为百万富翁应该就像那些身居第五大道的豪宅之中、身着燕尾服、架子气十足、做着垄断买卖的人物。那会儿，虽然像亨特和罗伊·卡伦这样着装低调、不事张扬的商务人士，天天都还穿着正装去商业区上班，践行着商务人士应有的仪表和举止规范，但克林特·默奇森却不吃这一套，他粉碎了旧观念。默奇森成了美国第一批着装随意、不修边幅的亿万富翁，他也有可能是国内第一人，这比比尔·盖茨使大家接受高管不穿外套的做法要早许多年。

尽管默奇森喜欢私下里摆阔、讲排场，但他却憎恶在经商中这么干。战后，他搬进的那栋地处达拉斯市中心的办公楼，是一栋毫无特色的二层楼，而且还是与一家保险公司合用，这栋建筑物上甚至都找不见与默奇森有关的字眼，它上面仅有的装饰物就是一块写着“主道 1201”的门牌。对默奇森而言，每天都是休闲星期五。如果他约见某人的话，他就下头穿一条卡其布裤，上头一条开领衬衫。尽管他在自己办公室衣橱里放着一条领带，但那条他每天都用的领带却是用来当腰带的。如果当天没什么事，他的着装风格就直接反转成短裤、旧草帽、凉鞋了。他对袜子更是满不在乎，而他脚上穿着的袜子也总是左右不一致。他唯一的礼节留给了秘书欧妮丝汀·范·布伦（Ernestine Van Buren）。当需要她时，他不会大喊大叫，总是轻轻移步到办公室门口，小声说：“范·布伦夫人？”

在主道 1201 号的宽松气氛的掩饰下，默奇森手中那一揽子不断增长的投资组合却复杂巧妙。默奇森喜欢说：“金钱就像有机肥，你得遍地撒，才能长得好。”20 世纪 30 年代后期，他着手的多元化经营，并于 40 年代开始步入正轨。他算计着归国的士兵将激发一次婴儿潮，所以他通过收购纽约的美国亨利霍尔特出版社来投资教材买卖。他试图将他最喜欢的一家杂志，《大众机械》(*Popular Mechanics*)，收入囊中，但没能搞定，他转而收购了《田园与河流》（*Field & Stream*）。他打赌所有这些新家庭到时候将会度假玩，就买了西雅图的一条蒸汽管道、两家公交公司。照旧的是，他可不会跟石油行当说拜拜。1948 年，他安排南部联盟公司分拆了专管勘探的羽翼——德尔菲石油公司，并将之变成了一家在纽约证券交易所上市的、独立展开贸易的公司，这是默奇森管理过的唯一一家上市交易的公司，他给自己安插的位置就是德尔菲石油公司的董事长。[⊖]德尔菲公司始自一家小型团队，尽管总部坐落于距离主道 1201 号几个街区的失修大楼里，而且下面还是家女士紧身胸衣店，但它的石油勘探人员却是第一等的。他们徘徊于落基山脉和加拿大西部地区，在随后的 10 年间，他们经过勘探，发现了大量的天然气，将德尔菲公司一小撮高管，那些在默奇森坚持下持有公司股票的人，变成了百万富翁。

他进行这些投资运作，用的全是别人的钱，他从达拉斯和纽约那些热情放贷给他的银行那里就吸纳了几千万美元的资金。随着他声誉越来越大，主道 1201 号就成了一块磁铁，这片区域的每个投机商和投行专家都带着各种方案跑

⊖ 不久之后，默奇森就撤掉了他在南部联盟的最后一笔股份，这是他跟该公司最后的纽带。

来要默奇森考虑。对于计划书，他会快速地草草瞄几眼，然后就扔给他雇来的6个精明能干的青年才俊中的某人了。这个小组将会论证这项投资方案的优缺点，直到默奇森拿定主意，当然了，如果一时半会儿拿不定主意，他就会甩开双手说："我要去钓会儿鱼。"他们常常坐在野餐的桌前，啃着默奇森喜爱的蜜糖烧烤骨，就做出了百万美元的决策；他的那些助手总会随身带着钱，因为他们的老板像希德·理查森一样，兜里总是分文不带。为数不多的一次，欧妮丝汀·范·布伦撞见他动手拿钱，是因为一个流浪汉溜达进了主道1201号乞讨救济品，默奇森找到了一张10美元的美钞给了他，结果这个流浪汉跑回来要更多。但这个流浪汉身上有股味儿，尽管如此，在接下来几周，范·布伦还是看到克林特·默奇森笑呵呵地从他的办公室探出身子，将10美元的美钞拴在一根长绳的一端，晃晃悠悠悬垂给他的新朋友，这就是美国最富有的人物之一。

大多数情况下，四大石油巨头的慈善之举也就到这个程度了。H. L. 亨特经常把达拉斯慈善机构的代表和和气气地送出他的办公室。多年以后，有一位不愿透露姓名的达拉斯石油商谈到自己曾尝试着使希德·理查森关注下慈善事业。"希德，为什么你不给达拉斯捐一家儿童医院?"这位石油商在一次长途航班中提议说。理查森回应道，"假如我今天做了这件事，为何满世界的人不跑来找我要钱呢？！而我就是图个清静罢了。"似乎他那些同行倒也不会指责他这个态度。"哎哟，希德的公民责任感比一匹丛林狼强不到哪去了，"有个石油商对该作家说道，"但他是个好人。"

得克萨斯石油商中最出名的慈善家或许就是乔治·斯特雷克了，他不仅将数百万美元捐献给天主教堂，而且是公认的获得荣誉勋章最多的平信徒。1946年，教皇庇护十二世亲自授予斯特雷克一枚骑士、大十字、圣西尔维斯特勋章，这是历史最悠久、最珍贵的教皇勋章。在四大石油巨头中，唯有罗伊·卡伦凭着他给休斯敦大学的那些捐赠，算得上真正操心过慈善事业。1945年，卡伦迈入64岁时，他膝下最后的两个女儿都嫁给了退役军人，为人友善、仪表堂堂的年轻小伙，这俩女婿后来都当起了卡伦的助手。后来，他俩在落基山脉发现了最后一批零星散落的石油，不过从总体上看，卡伦已经找到了他那会儿要找的所有石油。随着时间一年一年过去，来他办公室办事的人中，想谈慈善和政治的人已经跟谈石油买卖的人不相上下。卡伦为冈萨雷斯温泉基金会提供资助，修建了一对用于治疗小儿麻痹症的建筑物，而且他很乐于这么做，这可是在得到对方的保证——跟富兰克林·罗斯福在佐治亚州的温泉撇清关系后他才这么干的。

“莉莉和我在捐款方面都是很有私心的，”卡伦 1947 年说道。他们喜欢看到自己的捐款能够有成果，这点不像那些死后才捐助的富有夫妇。“亲爱的，我们已经照料好了孩子们，”卡伦跟莉莉讲，那是橡树河畔的一个傍晚，他俩坐在大厦的起居室，一起从与余辉闪闪的游泳池上面看着夕阳坠下山去。“油井还将带来很多很多钱，其中有些我们都用不到的，”卡伦提议他们给大学来一笔大点的捐款。

“可是，医院怎么样呢？”莉莉问道。休斯敦的医疗机构和设施都在不断老化，年久失修，人员配备就更不怎么样了。好几个民间领袖还叽叽喳喳说要改善它们。卡伦觉得这个想法很不赖。次日，他就给纪念医院的一个人打了电话，告诉那人说他想要写一张 100 万美元的支票给他们。那人差点没惊喜得窒息了。卡伦接下来还给赫尔曼医院打了一通电话。这家医院也收到了一张他称之为“100 万 +”的支票。休斯敦还有一家很小的、活在挣扎线上的卫理公会派医院。卡伦第三个电话就拨给了这家医院的筹资人。那人仓皇奔跑到卡伦的办公室，然后目瞪口呆地带着一张 100 万美元的支票离开了。第二天，有关卡伦这些捐助的新闻就传遍了医疗圈子，一个圣公会教区的人夹着一套建筑施工方案就跑到了卡伦的办公室，这个教区还没有一家医院，一小时后，他就带着一张“100 万 +”的支票出来了。后来，卡伦又写了一张“100 万 +”的支票给贝勒大学医学院。

欢闹的卡伦慈善风波登上了休斯敦各大新闻媒体的头版，多年后，当休斯敦揭开全国心脏手术和癌症研究的中心时，他在那周的馈赠将被纪念为一切荣耀的起源。随后，卡伦发现自己淹没在休斯敦各个募捐者的资助请求之中。他和莉莉开始讨论是否成立某种基金会来回应这类恳请之声。卡伦想那可能就不只需要几百万美元了。1947 年，他在 3 月 27 日晚上宣布了消息，当时得克萨斯医院协会正在休斯敦的音乐大厅为他举办一场庆功会。“我打算向大家透露一个小秘密，”卡伦对人群说道，“我夫人和我正在请律师们撰写一些文书，成立一个基金会，将把产油量在 3000 万～4000 万桶左右的石油资产放进去，估计会有 8000 万美元，甚至更多吧。”

人群中忽地一阵惊讶之声，都能听得见，得克萨斯从未有一个人——整个南部也从未有过一个人捐献过这样数额的资金。卡伦对人群说他希望这笔钱能够用来资助当地的医院和休斯敦大学。两天之后，休斯敦商会的全体董事都来到卡伦的办公室，一起表达谢意。“谢谢你们的好意，”卡伦对他们说，“但是自从我宣布了那件事，莉莉和我就一直在反复考虑这件事情，然后我们稍微改了一点主意。”

顿时，商会来的人交换了下惶恐不安的眼色。

卡伦清了清嗓子，“我们决定，”他继续说道，“在调查了我们的资产后呢，我们决定将原来的数字翻一倍。”

花了好一会儿，大家才完全搞明白卡伦这话的巨大分量：1.6 亿美元，用今天的美元计算的话，将近 170 亿美元。这份捐赠，在当时，那可是全美唯一最大的一笔生前捐助。法律文书工作一完事，新成立的卡伦基金会就成了南部最大的慈善基金，仅次于福特基金会和洛克菲勒基金会，居全美第三位。基金会的捐赠活动仅限于得克萨斯州内部的项目。卡伦将余生全耕耘在了将资金投入到基金会和休斯敦大学上。当休斯敦大学的橄榄球队在 1953 年赢得了对贝勒大学的比赛后，卡伦简直乐透了，他又捐了 22.5 万美元。他最终捐掉了 93% 的资产。

关于卡伦的这款大礼的新闻成了美国的头条。一夜之间，他就被两万封邮件淹没了，多数都是求资助的。英国有一位人士在信封的收件人处写道：“休·罗伊·卡伦，得克萨斯石油大王，美国某处。”向东 2000 英里，捐助的新闻促使远在纽约和华盛顿的新闻编辑室皱起了不可思议的眉头：有人捐了多大的数字？在得克萨斯州？那里究竟发生了什么？

\第9章

新　世　界

我们早餐能吃烟熏鲱鱼吗？
亲爱的妈咪，亲爱的妈咪
这在得克萨斯是必需的
因为那里人人都是百万富翁

——Supertramp 乐队，
《美国早餐》(*Breakfast in America*)

1

第二次世界大战刚结束那几年，H. L. 亨特、罗伊·卡伦、希德·理查森和克林特·默奇森已经崛起为美国屈指可数的大富豪，但是几乎无人知晓。这可不仅仅是没多少人清楚他们到底多么富有这么简单，走出得克萨斯这个孤星州之后，几乎没人知道他们的存在。到 1948 年，尽管东得克萨斯上演了亨特历史性的交易案、卡伦欢闹的慈善风波，以及理查森跟罗斯福总统数次共用晚餐，四大石油巨头在全国有案可查的新闻报纸——《纽约时报》中刚刚攒够三条引用。卡伦博得了唯一的时报头条，那是在他宣布新基金会时，报道将他称作“前得克萨斯油田的一名劳工”。

他们的匿名状态很大程度上是20世纪三四十年代新闻界运行的一种表现。总的来说，为数不多提及得克萨斯富豪的几次都出现在石油行业的报刊杂志上，对平常的新闻人来说，这些刊物上面钻探数据反哺的那些晦涩难懂的文章，就像乌尔都语一样非常难以搞懂。国内的发行刊物，专注于华盛顿和纽约的新闻报道，只有在没有世界性的事件吸引它们的注意力时，它们才倾向于重新去发现美国中部，而过去20年间的各种事件常常将它们新闻编辑室的这种注意力勾引走。大萧条、希特勒、珍珠港，还有第二次世界大战，整整20年间满是这类事情，它们可比报道那些人影都不好够到的得克萨斯石油商在干嘛重要多了。就是没有关注，直到硝烟彻底从欧洲战场上飘散，媒体才开始步履蹒跚地意识到这些年石油产业给国内带来的深刻变革。

即使战火已灭，1945年和1946年造访过得克萨斯的许多作家也还是没能注意到该州涌动着的新财富。1947年有本名作叫《身在美国》（*Inside U.S.A.*），它是本厚达1000多页的美国生活大调查，作者是通讯记者约翰·冈瑟（John Gunther），用亚瑟·斯莱辛格（Arthur Schlesinger）的话来说就是，他这人立志于探索“一个新美国，较少被世界知晓，甚至美国人自己都不太知晓的新美国”。冈瑟在每一州上都写了几章，其中有3章花在了得克萨斯上，而他虽然注意到了得克萨斯的新产业，但对该州石油商已有多富几乎无知。实际上，冈瑟的主调恰恰与此相反——“得克萨斯州可能是地球上最富有的‘殖民地’……而且备受外来户的压榨”，这是截至20世纪20年代的陈词滥调。他调研那些“拥有”得克萨斯州的人，却对亨特、默奇森和理查森视而不见，倒是喜欢调研诸如休斯敦银行家兼地产大亨杰西·琼斯，不过，冈瑟的确注意到休斯敦“最富有的公民，而且据称是得克萨斯首富是一个石油运营商，名叫罗伊·卡伦”。

即将到来的变化发生在1948年2月一个凉爽多风的下午，当时亨特穿戴着一套棕黄色斜纹呢的成品西装和一顶浅顶卷檐软呢帽，从重商主义国家银行大楼钻出来，然后迈向了商业街的人行道上。他走在去贝克宾馆参加一场打牌游戏的路上。当他到达Ervay大街的拐角处，此处对过便是尼曼百货大楼，就停下来等红灯，突然间有个人冲过来，举起相机拍了一张照，还没等亨特反应过来，这人已经消失在人群之中。亨特继续赶路，心想说不准那人可能是想给他身后的建筑物拍一张照片。

实际上，那个拍照者是《生活》杂志派出的团队中的一员，他在达拉斯的总编阿勒纳·波利沃特（Allene Pohlvogt），几个月来一直酝酿一篇关于亨特的故事。《生活》及其姊妹刊物《财富》正准备拿出版面报道得克萨斯州经济的繁荣，而且他们听到风声说亨特及其同行变得有多富多富。然而，差不多每个身在达拉斯的人，以及几乎每个身在美国的人，都被1948年4月5日那期《生活》的头条吓到了，亨特的头像下面写道："这是美国最富有的人吗？"

当年，《财富》的4月刊更进一步生动地描绘了一幅西南部，尤其是得克萨斯每天都会冒出一位百万级石油商的图景。该文章有个较早的提法，它将四大石油巨头及其同道中人称作"大富豪"（The Big Rich）。亨特，《财富》说，他可是大富豪之中最富有的那位，而且因此很可能也是美国最富有的个体。"两家杂志却将一度逼近6亿美元的净资产值低估成了2.37亿美元。而且他们还都把他的姓氏错误地拼成"Haralson"(实为"Haroldson")。

很难去高估《生活》和《财富》带来的影响波及之广，它使得美国人看待得克萨斯州的方式发生了一个翻天覆地的大转变，尤其是他们对得克萨斯石油商的看法。得克萨斯石油的故事，实际上，可以被分为两半片：1948年之前那些无名年代，以及在这之后的时代。直到1948年4月，得克萨斯州基本上还是以牛仔、牲口和吹牛皮知名。[⊖]次日早上，你几乎可以看到东海岸上上下下的记者都抓耳挠腮，美国最富有的人？在得克萨斯？而且那边还有更多富翁？这就像是帷幕拉开，一班新演员，一群神秘的得克萨斯富翁溜达到了国家的大舞台上。他们都是些什么人？他们想要什么？对四大石油巨头来说，一切都将不同。

《生活》和《财富》杂志促使几十个作家第一次疾步赶赴得克萨斯州，许多人急于强化这样一种刻板印象——那些古怪的、新近富有起来的得克萨斯亿万富翁把百元美钞像五彩纸屑一样随便乱抛。从1948年到20世纪50年代初期，

⊖ 恰当地说，自从纺锤顶油田，公众的心智就开始将石油和得克萨斯州联系起来。20世纪20年代，围绕得克萨斯石油商，发行了几部小说，拍了少许电影。晚至20世纪40年代，电影《新兴都市》(*Boomtown*)才赢得了广泛的注意力，克拉克·盖博（Clark Gable）在其中主演了一位手腕泼辣的得克萨斯投机商。显然，《新兴都市》以20世纪20年代游侠－布雷肯里奇（Ranger-Breckenridge）的兴旺时期为背景。正如美国其余之地，好莱坞也还不知晓得克萨斯的新财富。

他们的文章挤占了那时流行的每家报刊和杂志，从《时代》和《高力》(*Colliers*)到《假日》(*Holiday*)光彩夺目的跨版页，还包括《纽约时报》一篇接一篇的报道。图书也立即涌现出来，先是1951年出版的《达拉斯的得克萨斯壮汉》(*The Lusty Texans of Dallas*)，以及同年发行的《休斯敦：巨富一族的王国》(*Houston: Land of the Big Rich*)，然后一批诸如约翰·班布里奇（John Bainbridge）所写的《超级美国人》(*The Super-Americans*)得克萨斯入门类作品就都出来了。

至少在最初，四大石油巨头还是非常精明谨慎地与那些问东问西的记者打交道。亨特只接受过一次采访，《达拉斯晨报》的采访，然后就匆匆躲到隐蔽的地方去了。然而，令州内那些珍视谨慎和品位的人感到恼火的是，许多作家找到了他们要找的那种得克萨斯人，他的名字是：格伦·麦卡锡（Glenn McCarthy）。

2

对得克萨斯石油界的百万富翁而言，在20世纪40年代，格伦·麦卡锡平步青云到国家级的想象力舞台上之前，那种阅历浅薄、生活艰苦、豪饮波本、喜好拳脚、丝毫不顾及危险的轻描淡写的形象勾勒并不存在。但麦卡锡就是这样，且过之而无不及。尽管时下没多少人记得，但正是麦卡锡及其异想天开的梦想，而非H. L. 亨特或者罗伊·卡伦，将石油给得克萨斯州带来的变化展现在了美国人的面前。麦卡锡把自己自吹自擂为得克萨斯州的象征，简明扼要地说：他喜好跟霍华德·休斯还有好莱坞的明星们勾肩搭背，他从布法罗长沼到日落大道都有一群喝喝闹闹的朋友，名声大噪至极时，他这个妄自充当得克萨斯象征的家伙还被拍了照，显摆在《时代》的封面上。

确切地说，麦卡锡的传奇故事起于纺锤顶附近，这儿是他1907年圣诞节那天的降生地。[⊖]他的父亲是一个四处奔波的油田职工和管道工，经常带着一家老小在博蒙特和休斯敦那粗糙不平的第三选区之间搬来搬去。有一段时间，格伦是霍华德·休斯家族的报童。身为斗志昂扬、强壮有力的青少年时，他在油

⊖ 有意思的是，麦卡锡有好几份高中成绩单和大学成绩单都将他的出生日期列明为1906年12月25日，可以看出长大后，他在自己的年龄上撒了谎。

田打过零工，是一名出色的青年橄榄球运动员和业余拳击手。高中辍学后，他凭借美式足球球场上的非凡造诣在莱斯研究所（现在的莱斯大学）和得克萨斯州农工大学短暂求过学，农工大学那会儿，他因为侮辱新生被开除了。到1930年，尽管名义上依然还在莱斯研究所就读，但他已经在休斯敦的一个加油气站给人加气了。

麦卡锡那会儿是个22岁的英俊小伙，有着一双黝黑的眼睛，留着跟埃罗尔·弗林（Errol Flynn）一样的胡须，他还有一撮褐色卷发，潇洒自信地挥舞在额前。这小伙拼命想吸引异性的注意力，脾气也是这个调子，他还因只要酒喝大了就对谁都敢往狠里打而知名。那年春天，他的生活一夜之间改变了，当时有个他认识的女孩停下加油，还带着一个长得漂亮的叫福斯汀·李（Faustine Lee）的女孩，她是富有石油商托马斯·李（Thomas Lee）的女儿，而托马斯·李是博蒙特杨特－李（Yount-Lee）石油公司的共同所有人。格伦带着福斯汀参加了一次舞会，然后又去了一次，此时，两人才幽会了几周，他俩就私奔了。她老爸不高兴了。麦卡锡叫她别担心，李家的钱他一分也不要。事实上，他还曾向福斯汀发誓，他要成为一名石油商。然而，直到那时，麦卡锡每天唯一所见过的石油都是罐装运来的。

这对新婚夫妇租了一个单间公寓，并睡在一张折叠床上。很快，在跟他老板起了一场争执之后，麦卡锡辞掉了工作，钱快消耗完了。1931年11月某个下着雨的上午，麦卡锡和福斯汀将他们全部的净资产摊开放在了厨房的桌子上，加起来有2.65美元，麦卡锡将这笔钱滑进口袋，就坐上有轨电车去了商业区，并且开始找工作。到晌午时，满身雨水、一脸绝望的他撞见了一个伙计，这人唆使他去了赛马场。没多少可输了，他就拿出当时家当的四分之三，下了2美元的赌注。据那个小小的家族传说，麦卡锡家族所有人都发誓是真的，他中了两场连赌法。麦卡锡那天晚上回家就把700美元抖搂在了福斯汀的面前。她的反应倒是让他很是困惑。“格伦·麦卡锡，”她说，“我们还没缺钱到这个份上呢。你把它们直接还回去。”

麦卡锡唯一懂行的工作就是加油，所以，他把眼光放在了开一家自己的加油站上。他花了好几天计算附近一个繁忙拐角的车流量，这个拐角是主路和麦高温街道的交叉口，并且在备好他的这些计算之后，他就开始每天造访辛克莱石油公司在安格尔顿郊区的办事处，他对那里的管事死缠烂打，简直就是在乞求准许他开一家加油站。经过一阵子之后，他们被麦卡锡的韧劲打动了，同意了，但是交易很苛刻：辛克莱石油公司要在汽油销售中拿走几乎所有的收益；麦卡锡可以留下他从维修汽车、销售轮胎和配件中获得的收益。

作为一名加油站经理，无论从哪一方面去解释，麦卡锡都是天造之力。为了换取洗车和加润滑油的报酬，他会早上开车送顾客去他们的办公室，然后下午用一辆已经洗好、加好润滑油的车再去把他们接回家。他每天工作 20 个小时，并且还雇了他老爹过来帮忙，以使加油站能够多开一个小时。他购入了一堆轮胎，折扣价买入，然后以两倍的价格把它们卖了出去，还摆弄二手车当副业。他声称他的加油站比休斯敦的任何一家站点卖的汽油都要多，而且他可能真的说对了。辛克莱石油公司以第二家加油站回报他，开在休斯敦西区，到 1933 年早期，结算时麦卡锡已经是每月 1500 美元了。

他的信心骤增，麦卡锡认定已经到了加入石油行业的最后时机了。有个地震监测小队当时正在分析休斯敦 – 拉波特高速路旁一个灌木丛生的地段，而麦卡锡跟着直觉，决定要拿下这块地进行钻探。他卖掉了加油站，买下了几块紧挨着的地块，还雇了一个承包商。他和福斯汀将他们大部分积蓄全砸进了开发油井上——并且全泡汤了，最后这口井凶猛喷出的除了盐水什么也没有。不畏艰险，麦卡锡将他手里最后的一千美元砸进了一个朋友的油井。这口井结果是口小型的产油井。麦卡锡卖了它，得到了 8000 美元的回报。

匆匆回到他在拉波特高速路旁的地块，他开始钻第二口井，结果却是一场大雨使得临近的一条河溢了出来，将它毁掉了。他卖掉了临近几块地的租赁权，想方设法攒够了钱，准备开最后一口初探井，但是这口井也是枯的。故事讲完了，麦卡锡尝试了 3 口井，而且准确地说，没什么值得炫耀的，除了在石油行当的这段教训之外。现金耗干净了，而且决心不从福斯汀她老爹那里借钱。他决定当一下承包商试试运气，为别人钻探油井。

既然没有自己的钻井设备，麦卡锡所能做的就是恳求一份钻井的工作。石油商嘲笑他，并把他从办公室打发走。但是麦卡锡没有放弃。他主动提议钻井只收接近成本的报酬，于是有几个瞎掘油井的汉子，无疑是考虑过他岳父大人的身份之后，给了他一个机会。他的成果令人印象深刻，即使麦卡锡没发现石油，但他钻得快，工作卖命，并且不超支。所以他的岳父大人被打动了，把他引荐给了棉花巨头 M. D. 安德森（M. D. Anderson），这人需要人手在康罗的乔治・斯特雷克油田给他钻一口井。正如他之前所做一样，麦卡锡又求又借，并且“秘密地借到”了大部分设备，然后派出他的人手，这些人干活都是奔着有口饭吃，奔着最后给开一张工资支票的承诺，他们晚上偷偷溜进林子里，卸下并盗走附近钻探现场钻井用的管道和桶。当麦卡锡付不起他的钻井设备的租金时，物主就搞了张法院禁令以保它们禁用。麦卡锡对法庭命令不予理睬，但这令安德森担忧，他带来了一位 30 岁的律师来处理这事，律师叫里昂・贾沃斯基（Leon Jaworski），后来因当水门事件的检察官而成名。

贾沃斯基驱车深入松树林，找寻这个钻探现场，而在他到达时，他所看到的恰恰点燃了麦卡锡的传奇故事：

我（M. D. 安德森）发现坐在卡迪拉克后排他常坐的位置上，他面如土灰，明显颤抖，还唾沫飞溅地说着话，从这我推测他该是刚刚目睹了某种令人恐惧的恶劣场面。最后，我才把刚刚发生的场景拼凑在一起，这个他不断用“奇迹”叨叨的事情原来是场事故。仅仅在片刻之前，一个离地面大约 50 英尺的平台就在格伦、他兄弟比尔和另外一个工人站在上面的时候坍塌了。3 个人正往下坠落的时候，格伦抓住了一个十字型铁，而另外两个抓住他。他兄弟死抱住他的腰，而第三个人死拽住他的腿。”格伦不仅把自己和另外两个人牢牢固定在了那里，“安德森唾沫飞溅地说，”他还巧妙地使 3 个人慢慢降低到了地面上。“麦卡锡遭受了摩擦灼伤，两手都有，滑落到井架上才安全，除此之外，他们毫无损伤。

当我开始质疑他的故事时，麦卡锡走过来，满是面对逆境时的镇定和坚韧，平静而严肃。他看起来有点像巴里莫尔（Barrymore）扮演的哈姆雷特（Hamlet）。当安德森介绍我们时，格伦只是低沉地哼了一声。他没说任何他杂技一般的降落，而他的举止消除了任何质疑。但是，那些牵扯其中的，以及那些见证了这件事情的人，一直重复这个故事，直到它变成了麦卡锡传说的一部分。[1]

麦卡锡最后为安德森在康罗撞上了石油，而他很快就有了一辆车、一处更大的公寓和更大的名声。“他名声传作某某人能用一半时间就钻一口井，按一家大公司钻井时间算的话，”一个叫米歇尔·霍尔布蒂（Michel Halbouty）的人回忆道，“虽然这人会对那些大大小小甚至假想的冒犯挥拳相向……但他能将戈黛娃夫人（Lady Godiva）[㊀]从马上迷下来。”跟他擅长钻井一样的是，因为有着一位在别人油井上忙来忙去却一直贫穷的老爹的人，麦卡锡更知道除非他给自己打工，不然他也不可能富有起来。到 1935 年，他有足够的钱一试，而他的岳父又把他引荐给了天赋异禀的霍尔布蒂，这人确证有着精准非凡的鼻子，能够嗅到该去哪里去找石油。

霍尔布蒂在博蒙特西部租赁了一个很小但颇有希望的地块，只是有个闹心之处：手里的租赁权 20 天内就要过期失效。如果麦卡锡到那时还没有钻的话，他连钻都别想钻。不管借助了什么法子，麦卡锡设法连骗带哄地赊购了一个钻塔，但是接下来的那周却大雨滂沱，花了 11 天才仅把钻塔拖拽到了钻探现场。到最后一天，他们把钻探摆正了，但却没法让发动机转动起来开始钻探。薄暮时分，物主的律师已经脚踏泥水，站在一边，准备午夜钟声一响就停止麦卡锡的钻探行动。晚上 11 点时，由于发动机还是死的，麦卡锡喊号子了，“好吧，小伙子们，我们要徒手开钻这个婊子养的了。”11:45 时，麦卡锡用一把重型链管钳一点一点把打孔钻头拧进泥土中。他让一个公证人站在旁边见证这件事，他们把这口油井称为练马长绳 1 号，而一周之后，它就出油凶猛，这个石油发掘井所在之地开始被称为西博蒙特油田。麦卡锡终于找到了属于自己的第一批石油。

几周之后，他们便在练马长绳 2 号井上开干了。有一天下午，正在博蒙特一家旅店中休息时，霍尔布蒂瞥见地平线上冒着烟：那油井着火了。两人飞速赶往了现场，但那已为时已晚。他们的钻塔和所有设备都已经融化掉了。其实这还不够糟糕，附近居民开始愤怒地将法律诉讼砸向麦卡锡，告他那满是烟灰致癌物的浓烟害死了他们的庄稼和牲畜。麦卡锡雇用了里昂·贾沃斯基替他在法庭进行辩护，而就在麦卡锡进行阑尾切除手术期间，贾沃斯基看起来真就要

㊀ 据传说，戈黛娃夫人（Lady Godiva）是麦西亚（Mercia）伯爵的美丽的妻子，为了向丈夫求情减免强加在考文垂市民身上的重税，她把老公惹烦了，伯爵就说如果她能裸体骑马绕行市内的街道，他就减免税收，戈黛娃夫人果真这样做了。自此，就有了一段佳话，这个故事有很多版本。此处引用意在证明麦卡锡魅力大。——译者注

动摇陪审团了，然而，麦卡锡炫耀的主调差点没把官司搞砸了。当他过来作证时，他坐着一架黑人推着的轮椅，旁听席上的人交头接耳低声道：“他还有贴身男仆！”另外，还有个体态丰满的金发护士侍候着。更糟糕的是，他还穿了一条丝绸浴袍，脖子上系着一条丝绸围巾。不管借助什么法子吧，贾沃斯基赢了官司，并且拯救了麦卡锡的事业。

麦卡锡继续撞上了一连串储量颇丰的油井，它们为他赚了将近200万美元，足够建成他梦想的房子，那是一栋7000平方英尺、圆柱风格的南部豪宅，就坐落在休斯敦商业区的南边。他现在有了一个家庭，四个女儿和即将到来的一个小男孩，并且尽管他绝非只钟情福斯汀，但他是个好爸爸，他会时不时给孩子们上演一些即兴表演，还陪他们玩摔跤。换个不那么贪图名利的人，或许就知足了，但是麦卡锡想要更多。

1939年，他拿上手头的一切就纵身投入到了一场高风险的游戏中，地点是休斯敦西南墨西哥湾沿岸帕拉西奥小镇周围。地质分析图显示这是多年间最有希望的储油构造。麦卡锡在小镇内外拿到了562块地的期权，然后狠狠借了一笔钱，购买了5套钻探设备，这花了他100万美元。他的5口井同时开钻，但那些构造满是不稳定的天然气。一口又一口油井，整整5口油井全爆喷天然气。对于麦卡锡找到的这种天然气，他却无能售卖。到他放弃时，他已损失了150万美元，而且还欠下了大量的债务。

面对破产，麦卡锡召集了一场债权人会议。其中一个被任命来监管他尚存业务的人被请上了CEO的位子，而麦卡锡跑回去承包钻探任务，指望着修补他的债务。一场战前的钻探潮正在发生，而且有个倒霉的明尼苏达州商人，这人叫弗兰克·安德森（Frank Anderson），他面临着逾期之险，在加尔维斯顿北部囤积了上千英亩要钻探，雇了麦卡锡来钻其名下的第一口油井，钻到9000英尺后却发现是一口枯井。他的合同完成后，麦卡锡正准备收拾好他钻井设备时，他拿舌头在一块最后的钻探取样上蘸了蘸，然后他告诉他的钻机长再钻200英尺。他们发现了石油，弗兰克·安德森给了他10万美元的奖金，外加一部分上涨收益，而在随之而来的两年中，麦卡锡在那片地上又给他钻了60口油井，赚了总计达150万美元，这足够还清他的债权人了。

到1942年，麦卡锡又回来钻他自己的油井了。他保持只在他熟知的区域行动，休斯敦南部和东部的沼泽地和臭虫遍地的荒野，而且他的全班人马撞上了一口又一口的自喷井。在阿纳瓦克、巧克力巴尤、安杰通、柯林斯湖、柯尔图、斯托韦尔的北边和南边，一夜之间，事情看起来就像，麦卡锡变成了得克萨斯最热门的石油勘探者。米歇尔·霍尔布蒂继而成了休斯敦最负盛名的石油商，他称麦卡锡“可能是国内土生土长的最老练的石油商，这位即兴诗人能拿起低劣廉价的东西就开钻，（而且他还掌握了）自己都没法解释的找石油的诀窍，因为它来得像安装在他的系统上的一根天线。并且他是个活塞，总愿对着月亮来一炮，试试找到石油的运气”。

在整个战争年间，没怎么大肆宣扬，麦卡锡就开了新油田，拓展了老油田，并且加肥了他那些银行账户。到 1945 年，他已经是非常富有了，他的石油储量价值 5000 万美元，今天约合 5.35 亿美元。他在休斯敦商业区购买了一栋 22 层的壳牌大厦，接着就当上了买下第二国民银行那群人的头。像每个成功石油商一样，他又搞了一处牧场，占地 15 000 英亩，就在尤瓦尔迪郊外的西得克萨斯大草原。他什么也不爱，只爱开着他的凯迪拉克车在自己的土地上狂飙，只爱减速时能够对着一条响尾蛇或者鸽子来一枪，而且他总是随身带瓶波本。

要是麦卡锡止步于此，像希德·理查森一样在打牌中闲散度日，或者像罗伊·卡伦一样对政客们评头论足玩一玩，他可能就被公认为四大石油巨头中的第五成员了。要是他只黏在石油上，事情会多么不一样啊。但格伦·麦卡锡是个有着梦想，有着那些无比宏大的、具有历史意义的、能改变世界的种种梦想的人物。不管它们是源自他苦苦打拼却收获不多的最初阶段，还是源自想超过他富有的岳父大人的渴望，抑或一些其他因素，麦卡锡火急地要比亨特家族、卡伦家族和理查森家族都更加成功和有力，登顶得克萨斯州的金字塔，火急地要拥有巨大无比的炼油厂、办公大厦以及横跨大陆的输油管线。他要造就一个传奇、一个地标，他要造就没人完成过的某某成就。而他想的越多，他计划的也就越多，他对战后美国所需绘制的蓝图也就越多，麦卡锡的梦想也就越凝结到这么个想法上：

开一家宾馆。

不是随便一家宾馆：它要当全世界最优雅宜人的宾馆，建好送给得克萨斯，当同类中的大手笔，它富丽堂皇的建筑结构将使华尔道夫、丽兹和希尔顿都逊色，它要成为纽约和洛杉矶之间最大的建筑物，它将不仅成为麦卡锡自己蘑菇般疯长的权力美得令人称奇和欢悦的象征；而且也将是得克萨斯州的象征：它将是孤星州的泰姬陵、埃菲尔铁塔或伦敦大桥。而麦卡锡，作为它的建造者和所有者，将上升为州内首屈一指的主办商，用新创建的名气和有势力的关系扩张到每一个能够构思出来的买卖中去，用新创建的名气和势力满满的关系去征服纽约和好莱坞。他将成为得克萨斯州之王。

这就是麦卡锡的梦想。他很天真地估摸着用他的石油储量拿到银行贷款该不会太难，他在1944年11月就宣布了这个项目。麦卡锡中心，正如他所称，将由他想要的宾馆、数栋公寓楼、一家影剧院，还有一家购物中心构成。登上当地头条一两天，休斯敦就没兴趣了。石油行当以外没人听说过格伦·麦卡锡。而且外头有场战争还继续打着呢。过了几周之后，这个城市就忘掉了这件事。

但是麦卡锡不可阻挡，即使当他的银行，达拉斯共和银行，对融资一事置之不理；一个经理暗示，如果麦卡锡愿意清偿他欠下的1200万美元的话，达拉斯共和银行或许会更愿意关照下这个项目。困难吓阻不了他，麦卡锡瞄向了别处。1945年夏天，当战争逼近结束时，一个经纪人使他跟美国公平人寿保险公司的一个经理人取得了联系。这是个生死攸关的选择机会。派克大街上上下下几十家纽约放款方，敏锐地意识到希德·理查森和克林特·默奇森已拿到大量贷款，他们正蜂拥着去寻找他们自己的石油商进行放贷。美国第三大保险公司，美国公平人寿保险公司，对这场石油游戏是迟到了，所以决心追赶上去。几周之前，1945年5月，该公司的管理者刚在达拉斯开了他们的第一家石油放贷办公室。它贷出第一笔贷款是42.5万美元。第二笔贷给了麦卡锡，这将是一个惊得下巴会掉下来了的2200万美元，属于美国公平人寿保险公司董事会批准过的最大的单笔贷款之一。

为了查明麦卡锡的信贷信用，美国公平人寿保险公司先是对他的业务安排了一次分析。1946年2月，该公司雇的一名石油地质学家估计麦卡锡的石油和天然气储备价值在4500万美元。根据那份报告的优势，美国公平人寿保险公司预付给麦卡锡先期2200万美元，除了300万美元，其余全都被他用到清还欠债上了。但是麦卡锡明了还会有更多贷款到手，并且快餐式差事一般，他开始将他的计划付诸行动。他将他的办公室搬到了壳牌大厦，占据了整整第六层，他还雇用了一个公关才俊，此人是休斯敦电台的老手，名叫弗莱德·纳哈斯（Fred Nahas），即使麦卡锡打个嗝这样的小事，纳哈斯都能确保它见报。得克萨斯的那些记者很快就发现麦卡锡是一种全然不同于惯于缄默不语的罗伊·卡伦或其他羞于见报的得克萨斯石油商的新物种，他留着风度翩翩的小胡子，并且长相很帅，麦卡锡正是作家喜欢的那种石油商：帅气，精力充沛，不同寻常，引人注目。

那一年，麦卡锡的准备工作像发疯了一般，而且纳哈斯宣传执行得非常效率，有时让人觉得 1946 年的休斯敦只有麦卡锡一个石油商。他们的广告战是用《休斯敦纪事报》(*Chronicle*) 的一个外展出来的对页启动的，一张长长的情人节贺卡被一幅全家福包围着。那年春天，美国公平人寿保险公司放贷结束 3 个月后，麦卡锡采取了不同寻常的一步，公开宣布了这个消息，得克萨斯石油商可从没人这样做过；他告诉记者这是“得克萨斯金融史上同类贷款中最大的一笔贷款”。略过这笔钱的大部分都拿去偿还旧债的事实不说，麦卡锡同时宣布了一项在得克萨斯 10 个县投入 3300 万美元的钻探方案，一同还宣布了建设新的天然气设施和管线的方案。

麦卡锡似乎每周都会闹出个新动静。在休斯敦东南部的威尼村子外，在阿纳瓦克油田的边缘上，他开始动工修建一个 400 万美元的工厂，将用作将石油转换成乙醛和其他化工原料。与此同时，他开始物色输油管线来收购。5 月，他宣布了参与竞标大小口径输油管线的计划。两个月之后，他继续跟进，出价 8000 万美元，他可没有这笔钱，他落标了。一周之后，报道称，麦卡锡这个打孩童时期就对航空发疯的笨蛋，正在就在里奥格格兰德河谷建个新机场一事进行商谈。12 月，他在美国东方航空公司股票事务上谋到了一个大位子，这发生在董事会主席、麦卡锡的新朋友艾迪·里根贝克（Eddie Rickenbacker）邀请他加入公司的董事会之后。

但重头戏是宾馆的破土动工，正是这事的宣布让大部分休斯敦人认识了麦卡锡旋风。它将使得克萨斯所建的一切都相形见绌。他们决定叫它“三叶酢浆草”(Shamrock)，这是《休斯敦邮报》组织了一场起名比赛后确定的，与它有关的一切将以爱尔兰式为主旋律，就餐区域有三叶酢浆草厅和翡翠厅，还有一个舞厅叫科克俱乐部（The Cork Club，Cork 为爱尔兰港市）。麦卡锡本指望能在圣帕特里克节破土，但是主持人演员帕特·奥布赖恩（Pat O'Brien）直到 3 月 22 日才能来。

那天下午 4 点 30 分，3000 人聚集在 15 英亩的施工现场，观看麦卡锡、帕特·奥布赖恩和很多政要，其中包括两名前州长，从一个布置满旗子的平台上发表演说。"我有点激动得说不出话来了，"在好几个发言者褒奖了他的远见之后，麦卡锡说道，"对我而言，这象征着休斯敦未来的伟大。"帕特·奥布赖恩对人群讲，"其余 47 个州的眼睛都盯着得克萨斯和这个项目呢。"人群起劲儿地欢呼起来，并且发展成了很暴乱的样子，当麦卡锡和帕特·奥布赖恩去拿铁锨时，他们被包围了起来，使得实际的破土仪式只得划掉。他俩被推搡进了一辆豪华轿车里。这也是事情走势的征兆。

第二天的新闻报道让人目瞪口呆，即使以得克萨斯的标准来看的话。"演说者颂扬三叶酢浆草为新时代的象征"高调地登上了《休斯敦纪事报》的头条。《邮报》的报道则献出了整个头版。《休斯敦纪事报》称这个项目"也许是得克萨斯有史以来由个人实施的最大项目"，还罗列了三叶酢浆草的特色："南方最大的郊区影剧院，可坐 1500 人……得克萨斯最大的食品市场和最大的医药市场，可能在哪儿都能排最大……满是电子配件和塑料制品……每间商铺都配有无线通信设备……有个设在二层的服务台……有个占地 10 919 平方英尺的主餐厅，名叫三叶酢浆草厅……晚上能对着举国有名的乐队跳舞……有栋能装 5750 辆汽车的 5 层楼……而且最后都会配上从舒格兰和汉伯尔就能看到的闪闪霓虹牌，而它将让城市的这片地方充满柔和的绿月光。"

然而在破土动工之前，有些人就经常唱反调。麦卡锡选定在商业区以南 3 英里建造这家宾馆，也就在他家附近的主道上。某天早上耶西·琼斯（Jesse Jones）在莱斯宾馆把他拉到一边，轻声提示他商旅人士不会在离商业区那么远的地方留宿。麦卡锡没听进去。休斯敦正在快速发展，而且即便那时没人明说，三叶酢浆草的选址也算是对战后城市化的一次豪赌。

而没人了解的是，完成三叶酢浆草和其他项目所需的现金，麦卡锡连一小部分都没有。他正指着美国公平人寿保险公司的急不可耐地求放贷来弄点现金呢。而且这是个靠谱的估计。对他手中储量的第二轮分析已经在进行之中，到1947年5月完成之时，它估计麦卡锡的石油和天然气价值6190万美元。1948年的第三轮分析更是把该数字推高到7350万美元。有这样的抵押物，美国公平人寿保险公司的董事会觉得把成堆成堆的现金推给麦卡锡也是安全的，所以贷款一拨一拨又一拨地放给他，最后达到5180万美元的总额。但这也并非没有限制条件。美国公平人寿保险公司董事会施压说服麦卡锡缩减了三叶酢浆草项目，除去了公寓楼群、购物中心、杂货店、药店和那个影剧院，只留下了那个宾馆，这还成吧，照麦卡锡看的话。尽管情况如此，但它正是他真正想要的。

施工开始，并且在1947年和1948年断断续续地进行着。三叶酢浆草正如麦卡锡期望的那般大小，一栋灰色调、花岗岩材质的庞然巨物，有18层楼那么高，并且几乎也是18层楼这么宽。建造它，不论如何是容易的部分，麦卡锡做梦都想着使三叶酢浆草开张营业在《时代周刊》《生活》以及全球范围内的报刊中有报道，这个全国性的大事，预定在1949年的圣帕特里克节开张一起来。他预想了一场好莱坞风格的盛会，特色地配上盏盏聚光灯和电影明星。不幸的是，休斯敦没有电影明星。所以，麦卡锡酝酿出了一个主意，打算主持一场同步的电影和宾馆开张一起来。要那样做，不管怎样，有必要拍一部真正的电影。

就这样，1948年3月，开业前一年，麦卡锡飞到洛杉矶，并宣布组建格伦·麦卡锡制片公司，他告诉记者说他着手拍摄一系列大手笔的电影。他的放话，来得好比《生活》将美国引向H. L. 亨特和得克萨斯百万富翁的奇异新世界一样，在电影圈引发了一阵轰动。“好个高调的入场，”有个专栏作家这样描述道，“这看起来就像麦卡锡将会用他野心勃勃的制片计划把好莱坞搞得天翻地覆。”麦卡锡接着登了上一场非凡的忙乱之旅，好莱坞的派对啊红灯区啊，跟一帮一帮的明星交朋友啊，从埃罗尔·弗林到约翰·韦恩（John Wayne）。他发现，制作一部电影，还不及勘探石油那般难。麦卡锡雇了一个导演和一个摄影师，还有经纪人招演员。他有个备好的剧本可以拍摄，《绿色的承诺》（*The Green Promise*），这是一个女孩子通过奋争拯救了她的家庭农场的故事。让麦卡锡感到开心的是，童星娜塔利·伍德（Natalie Wood）同意当领衔主演。沃尔特·布伦南（Walter Brennan）则签约饰演她老爸。

但这个电影只是个开始。三叶酢浆草的最大明星，麦卡锡从直觉上就认为，那必须是格伦·麦卡锡他自己。如果他准备在所有得克萨斯人中称王，他需要承担起这个角色来。第一步就是打扮得像样点。这样，商务正装就被他扔到门外去了，换成了休斯敦和好莱坞平分秋色的风格：黑色的太阳镜、饰有豹纹的爱斯科式领带、锃亮的皮夹克，一枚硬币大小的钻戒戴在小指上。他的举止，麦卡锡懂得，需要跟打扮配得上。在休斯敦的胖胖牲畜现场秀上，为了拿下冠军公牛，他连续两年到场并让所有人落标。由于并不满足于地方性的胜利，他进而参加了国际牲畜展览会。他太相信自己能够买下冠军公牛了，拿着写着“已卖给格伦·麦卡锡”的广告横幅就大步流星地走进了大厅。完全跟他说的一样，他花费了一个创世界纪录的价格——一头牛 12 900 美元，接着创造了第二项纪录，成了第一个买下冠军公牛的个人。

购牛轶事为麦卡锡带来了他的第一次国内头条，但是真正使他被注意到的是他对飞行的热爱。1947 年，麦卡锡购买了一架 P-38 战斗机，价格 4000 美元，他又花了 5 万美元做升级改造。然后，让它参加了从洛杉矶到克利夫兰的横越全国的邦迪克斯杯比赛。尽管有 50 架飞机参加了比赛，麦卡锡推销自己的才华保证了他预先登上了头条，他举办了一系列明星荟萃的好莱坞发布会，接着盛情邀请琼·克劳馥（Joan Crawford）来给“飞翔的三叶酢浆草”主持命名典礼，闪光灯一闪，她就让一瓶香槟在它的鼻子上名声大噪了。当麦卡锡某架飞机的引擎失火、迫使他的飞行员从 25 000 英尺的高空跳伞之后，更多的头条接踵而至，飞机失事一天之后，这个飞行员才在亚利桑那州的一处印第安人保留地上找到。当比赛的赢家——大名鼎鼎的飞行家保罗·曼特兹（Paul Mantz）在克利夫兰争抢着挤出终点线，在人群中找麦卡锡赛前跟他赌的一万美元时，麦卡锡又拿到了更多头条。

接下来那年，麦卡锡雇用了曼特兹来驾驶他那三架飞机中参赛的那架。它们拿下了第一名、第二名，还有第四名，并且后来当记者围着麦卡锡采访时，他放话说他的希望是邦迪克斯赛事 1949 年能来休斯敦举办。他们没有，但这正是麦卡锡开始经常叨叨的那种提议。在休斯敦周围，他已成为战后发展的人肉龙卷风，捐土地建新机场，举办新闻发布会，宣布慈善赠予，骑马参加牛仔节大游行，到处找关系想给城市整个专业的棒球队或者橄榄球队。在露面于这些事务之间，他收购了一家坐落于底特律的钢铁厂、休斯敦最大的电台，还有一串小报纸。每次露面和每次新闻发布会都能带来头条，而且正是头条，麦卡锡心想，将成为三叶酢浆草成功的关键。

到 1949 年 1 月，伴着酒店的开业当时只差 3 个月远了，麦卡锡开始跟罗伊·卡伦不相上下，当上了休斯敦最著名的百万富翁。他甚至玩手段在《生活》上给自己整了一篇传略。标题写道“肌肉发达的格伦·麦卡锡体现了城市的成功”。三叶酢浆草上的施工将近完工，耗资将近 2100 万美元。《绿色的承诺》已拍完，并且将于宾馆开业的次日晚上在休斯敦一家影剧院首映。市元老们（市参议员）同意以它之名组织一次夜间火炬游行。在手忙脚乱的最后那几周，对麦卡锡的关注而言，没有任何细节看似太小。当得克萨斯每一家大型的草皮供应商拒绝交付 10 英亩的圣奥古斯丁的草皮时，而麦卡锡需要种植三叶酢浆草的草坪，他们却坚持称草皮对其他顾客也是需要的，麦卡锡干脆就买下了一家供应商，用推土机装运，然后自己开种。

麦卡锡不惜开支。三叶酢浆草泳池，他放话说，是世界上最大的，它的毛巾也是世界上最大的。仅仅开业一事就花掉他 150 万美元，他把金银丝工艺的邀请函邮寄给他能想到的每一位电影明星和 CEO，然后又从 24 个其他国家邀请来很多政要。《休斯敦邮报》和《休斯敦纪事报》都在策划特刊以对。好几千棵三叶酢浆草从爱尔兰漂洋过海运过来，麦卡锡甚至说通了都柏林的一家报纸发行时也弄一个特刊给它。好几百个记者准备赶来，有的甚至是从伦敦远道而来的。

还剩 6 天时，宾馆依然没有完工。上面几层依然需要喷涂。那里每一面墙和每一处天花板都还满是湿湿的石膏。麦卡锡搬来了大量风扇进行烘干。周一，盛会举办 3 天之前，绿翡翠厅终于备好了，但当麦卡锡大步流星进去要看它的时候，他发现一个工匠刚从穹顶潮湿的石膏上漏下来，留下一个裂开的大洞。他吩咐说整个穹顶重建。将工业用加热器都拿过来烘干穹顶的湿石膏。那天晚些时候，麦卡锡去检查绿翡翠厅的照明设备，当他发现天花板上没有“针形光”来给娱乐表演者提供聚光灯之后，一个电话打出去，结果发现离得最近的这种灯具在纽约。次日早上 4 点，麦卡锡找到了一个卖家，这人说一艘货船得需要 10 天，光包装这些灯就得花掉 3 天。“别包装它们，”麦卡锡咆哮道。天一亮，他就派了一架飞机直奔纽约去了，傍晚时分，这些灯就在休斯敦了，到次日黎明时，安装就完成了。

周四，还剩两天，麦卡锡飞到洛杉矶去请他的朋友霍华德·休斯（Howard Hughes），并且最后敲定给那些电影明星制定的差旅安排。他俩于次日乘坐休斯那价值百万美元的波音同温层客机返回了休斯敦，当时那是世界上最贵的私人客机。麦卡锡思量着买下它。他和休斯在三叶酢浆草的泳池旁吃了顿薄烤饼早餐。“留着这架飞机，”休斯起身要走时说道，“飞着它转转，让我知道你的打算。”

那天上午，明星陆续抵达。麦卡锡包租了一列14节车厢的圣达菲列车，名号为“三叶酢浆草专列”，把他们从好莱坞接过来。5000多人聚成一群，主要由热捧传统流行歌曲的少女粉丝组成，他们包围了火车站，并且附近的天台上也一排排的人，等着专列抵达。当桃乐茜·拉莫尔（Dorothy Lamour）出现并亲吻了麦卡锡面颊时，女孩子尖叫起来，随着其他明星跟着出现，欢呼声爆发起来，有罗伯特·瑞恩（Robert Ryan）、安迪·迪瓦恩（Andy Devine）、艾伦·海尔（Alan Hale）、沃德·邦德（Ward Bond）、柯克·道格拉斯（Kirk Douglas）、斯坦·劳莱（Stan Laurel）、巴迪·罗杰斯（Buddy Rodgers）、鲁思·华威（Ruth Warwick）、罗伯特·斯塔克（Robert Stack）。那天下午，还有另外近50人乘坐美国航空公司的包机抵达。打他们一睁眼下飞机，几十个记者就盯了上来。正如报纸每天早上都提醒读者一样，休斯敦和得克萨斯州都没有见过像它这样的大事。

最后，这天到了。早上，麦卡锡迈着平缓轻盈的步伐穿过三叶酢浆草铺着地毯的走廊，审视一番自己的工艺成果。即便他的反对者也不得不承认他的装饰、布局和风格说明了一切。墙壁和地毯是珊瑚和石灰的色调，圆形石柱是玫瑰色和粉红色，洞穴一般的大厅，到处是洪都拉斯桃花心木镶板，最核心的地方有一幅真人大小的麦卡锡他自个儿的肖像画。外头，泳池微光莹莹，一池凯利绿的水。身着制服的看守站在水池边上，麦卡锡解释道得克萨斯农工大学学生中有个小团伙威胁说要把酱紫色的燃料倾泻到里面去。“它是世人所知的最好的宾馆，”他告诉 位记者。建筑师弗兰克·劳埃德·赖特（Frank Lloyd Wright）那周正出席休斯敦的一次大会，顺便来这里观光了一下，然后他头晕目眩地出来了。问起他对内部装修的看法时，赖特说道他一直好奇一个自动点唱机的内部看起来会是什么样子，“悲剧相关，”他说道。

夜晚临近。工作人员看似准备就绪了。身着租借来的燕尾服的报贩们不自在地挪来挪去。安保人员真的是都进行过应答发声训练的，演示了如何把他们的得克萨斯口音装进“手枪皮套”里，并且按吩咐招呼来宾“早上好，先生”，而非“您好”。体态妖媚的女孩子们也都站好了，准备将爱尔兰三叶酢浆草的小包在来宾抵达时派发出去。

薄暮时分，3000 多人聚成一群，把宾馆包围了。聚光灯的光线纵横交错在夜晚的天空，正如麦卡锡梦想它们应该有的样子。7 点钟，尖叫声从人群中滚动起来，一辆辆豪华轿车开始抵达并吐出一个个社会名流。麦卡锡的新哥们埃罗尔·弗林招手了，卢·科斯特洛（Lou Costello）步履蹒跚地走了进来，紧跟在后面来的其他人：金吉·罗杰斯（Ginger Rogers）、范·强生（Van Johnson）、卑尔根（Edgar Bergen）、范·赫夫林（Van Heflin）、索尼娅·海妮（Sonja Henie）、厄尔·威尔逊（Earl Wilson）、埃迪·里根贝克。得克萨斯人也开始大批涌进来，州长以及一拨政客、石油商、银行家，阿蒙·卡特（Amon Carter）带来了沃斯堡的一个代表团。希德·理查森带着他的侄女一起款款而来，只有霍华德·休斯没能露面。所有的男士都身着燕尾服，所有的女士都身着雪纺裙和平纹绸的裙裾、露背裙，貂皮大衣一件又一件，钻石从每一个人的脖子上滴滴答答地晃动。这天晚上是一个出入社交界的派对，不仅是为麦卡锡，更为得克萨斯石油界本身。

里头，每个人都往大厅挤，找香槟喝，演牛仔的唐红浆果乐队拿起博蒙特油商的女继承人安·扎斯特斯（Ann Justice）的拖鞋就倒酒喝起来。到 7∶30 时，公共区域就挤得水泄不通了。大家动也动不了，服务生放弃了，不再尝试着精神抖擞地在人群之中穿梭。麦卡锡的安保人员在四角休息，互换着紧张不安的扫视。2 000 人受邀，竟然有 3000 人进来，麦卡锡穿着白色的晚礼服，很是费劲地从聚集的人群中穿过去，拥挤的人群看到香槟开始减少到不够喝时，吵闹就越来越大声，他跟美国广播系统公司签了合约，直播奥布赖恩的开业致辞，8 点整将面向全国范围内的收音机听众，现场定在绿翡翠厅。原计划是在 7∶45 时通过酒店的公共广播系统宣布奥布赖恩的到来，届时人群将排成纵队去舞厅找他们的桌子就座。

但是，当麦卡锡跑过去搞宣布时，公共广播系统不干了，有几个他的服务生试图吆喝着人们去就座，但是没人动。然后没能找见奥布赖恩的人影。在最后一分钟，麦卡锡推迟了自己的登台时间，并且告诉广播网取消广播节目的第一部分。他们将和桃乐茜·拉莫尔 8∶30 登台时直播。但是到 8∶20，公共广播系统依旧不能正常工作，麦卡锡和桃乐茜·拉莫尔密议了几句，然后决定不管怎样都开始广播，不管绿翡翠厅里面有还是没有看客都开始广播。

恰恰在 8:30 时，举国电台的收听者听到了桃乐茜·拉莫尔欢迎他们来到三叶酢浆草酒店的开业盛典的声音。表演开始了的消息很快传遍了异常拥挤的大厅。混乱接踵而至。好几百个燕尾服男和皮草女开始推推搡搡要去绿翡翠厅，将许多椅子和桌子撞翻在地。大喊大叫声、诅咒声和狼嚎口哨声混杂在一起的刺耳嘈杂声爆发了，每个人都在努力找座位。在这一片吵闹之中，从桃乐茜·拉莫尔的电台里，听众除了人群的噪声之外没听到多少东西，控制室传来的诅咒声也充斥其中。

当芝加哥有个技术员愤激地电话舞厅时，听众们听到他的休斯敦通话对象大呼到：“我没法听到你！我没法听到你！”

“他们正瞎胡搞呢，”芝加哥的这个技术员嘟囔地抱怨道，现场直播中就骂了一句。

另一个技术员掺和进来：“他们正接收的所有信号净是恶骂，线上直播！”

“什么？”

“他们都恶骂着呢！”

与此同时，醉意刚上来、有点东倒西歪的人流开始走捷径，穿过绿翡翠厅的舞台，找他们的桌子。当某个晕乎乎的 NBC 制片人告诉一个主妇说他干扰了广播，这女的一把从拉莫尔手中夺过麦克风来厉声说道：“我才不在乎你这该死的广播，我要我的餐桌！”

7 分钟之后，NBC 拿下了这个节目的直播，说是技术上的问题。5 分钟后，网络回来时，无论如何，绿翡翠厅的麦克风又坏事了。拉莫尔、范·赫夫林和一个叫埃德·加德纳（Ed Gardner）的喜剧演员也加了进来，徒劳地去抓人群的注意力，但这没用，没人能听见他们。

“人都在畜牲一般地兜圈转，公共广播系统又不干，”加德纳在无线电上牢骚道，“没法博欢笑了，没法。”为了试着让人群参与进来，加德纳开始大喊明星的名字，他们在观众里呢：“到这边来，奥布赖恩，先生们和女士们，奥布赖恩！”什么作用都没起到。“我在电台好久了，”加德纳挖苦道，“但谁见过这个样子的事情呢！”

用一种喜剧化的绝望之举，加德纳开始号召来一场想象力的赛马：“今晚还有更大的一波人在圣塔·安妮塔（Santa Anita）呢，”拉莫尔恳请他停下，“现在，有更大的人群正在线上听呢，”她乞求道，“算了吧。”半小时之后，NBC的制片人放弃了，终止了广播。拉莫尔泪眼汪汪地飞速逃回了自己的套间，“我在道上碰上过平·克劳斯贝（Bing Crosby）和鲍勃·霍普（Bob Hope），但从未经历过像现在这样的事情，”她悲催地叹息道。

晚宴招待也是个喜剧。身着燕尾服的服务生在人群中迂回前进。围绕菜单这个话题，本来就有好多的炒作了，就拿一个价签说，一个作者戏称此乃“天价”：42美元一盘。正餐结果是牛肉和一种水果鸡尾酒，美其名曰“菠萝惊奇”。有些客人还是勉勉强强地接受了他们的食物。别人呢，尤其是那个主妇，当她收到菠萝惊奇时，裸露的后背被溅了，她好想压根没有这玩意。由奥布赖恩主持的典礼终于在午夜前后开始了，此环节安排滞后了3小时。就在这时，有人把市长奥斯卡·霍尔科姆（Oscar Holcombe）的椅子给偷了，害得他和他夫人在走廊里坐了整整两个小时。“这是我所见过的最差劲儿的群众场面了，”市长后来十分恼火地说道，“这简直就是不可理喻。”一位供职于《时代》杂志的记者将这场派对描述为：“地铁上下班高峰时的人潮、疯人院里的万圣节、马戏团篝火中最激动人心的特点结合在了一起。”《休斯敦纪事报》的社会板块的编辑戏称它是“一群彪悍女的精神病院”。

它确实是精神病院，但也有很多人将三叶酢浆草这场花哨非常、混沌一片、满眼钻石的开业盛典视为新得克萨斯的恰适的象征。它真就成了麦卡锡满心渴望的媒体盛事，满世界都有报道，《生活》为报道此事给它走了5页连图。“三叶酢浆草将全国的眼睛引向了休斯敦，”《休斯敦纪事报》头条如是写道。一夜之间，三叶酢浆草不仅成了休斯敦最核心的象征，而且成了得克萨斯州最核心的象征。一点也不让人吃惊的是，达拉斯的人们厌恶有关它的一切，给它起了个外号叫“该死的石头”。不过，每个写得克萨斯的记者都造访过三叶酢浆草，直到它的盛名盖过了该州的其他所有地方。大多数美国人，一个圣安东尼奥的专栏作家写道："想起休斯敦，就认为它们是三叶酢浆草酒店周围的群群泥土小屋，人们在它们的地下室中躲避那湿热的气候，每隔很长一段时间都得出来拿好几千美元对付四季风。"

酒店揭幕之后的那个上午。麦卡锡把那些门都为来宾打开了，最开始那几周，生意还是很有劲头的，来自全世界的旅者都从前门涌流进来，色眯眯地参观麦卡锡这阔气非常的"得克萨斯版的里维埃拉（Riviera，尤指法国的地中海海滨)"，这是八卦专栏的作家很快就给它造的戏称；有个英国人告诉记者说关于得克萨斯他知道的仅有三叶酢浆草和罗伊・卡伦，而他想这俩都去拜访一下。蒂娜・萧尔（Dinah Shore）和梅尔・托美（Mel Torme）在柯克俱乐部唱歌，弗兰克・辛纳屈（Frank Sinatra）预计 1 月也有演出。ABC 开始在绿翡翠厅播送每周电台秀——"来自三叶酢浆草的现场直播"。泳池成了展示柜，在这儿会有休斯敦最年轻、最漂亮并且最富有的女士来游玩和当景儿给人看。"我喜欢这儿的东西，"有人喃喃自语，"这儿有点像其他地方，一点也不像在休斯敦。"

对圈外人而言，三叶酢浆草看起来正是麦卡锡梦想中闪闪放光的得克萨斯的新象征。但在美国公平人寿保险公司的纽约办事处眼里，不管如何，他的放款人不满意。酒店在赔钱，而且赔得很快。尽管任何新的风投都应该会有赤字，但是麦卡锡的开销就是简简单单的失控了。他为一个高尔夫老手每年开支 3000 美元，全然不管他都没订课程，还为一个推广性的、名叫《预展》的杂志每年开支 50 万美元，这被麦卡锡美其名曰《纽约客》的"牛仔系"的替代版。[2] 复活节，三叶酢浆草主持了号称是有史以来最大的猎蛋活动，酒店员工花了好几天才把一万枚鸡蛋藏遍了这个不动产的所有地方。

麦卡锡在 7 月 4 日揭开了他最大的秀场活动，关于这场焰火表演，他吹嘘说将是地球人所见过最大的。薄暮时分，5 万人已经成排成排占满了三叶酢浆草周围的街道，这人群使开业那晚的那群都相形见绌；南干道的 3 条车道上全是人流，一直往后得好几英里，鱼尾型的凯迪拉克车上的家庭，皮卡货车上的家庭都开始不停地扫视苍穹。夜幕降临，各种色调的流星焰火呈弧形飞向了酒店上空，爆炸后迸溅出黄蓝绿交错的火星。"有些烟火看起来比以往放过的任何烟火都要好看，"《休斯敦纪事报》次日报道说。"它们令人心惊肉跳的'呼哧'

声听起来就像喷气式战斗机飞过，它们的呼啸声就像1000磅[一]重的炸弹坠落下来，而它们的爆裂声就像使一切荣光得到了焕发。”这场大型秀场以一系列烟火爆裂后在休斯敦上空生成了一个巨大的三叶酢浆草图案而结束。

每一天，它看起来，麦卡锡都有新玩意秀给媒体看。8月，他带上记者们游览了他的最新玩具，那架他从霍华德·休斯那里以50万美元的价格买来的波音同温层客机。内装配有一个带自来水的小吧台、两张桌子和供8人用的睡觉铺位，内部已完全是柔和的蓝色与粉红色搭配的、一反大众品味的色调。它是麦卡锡入手的第三架飞机，他将它命名为“黑脚信天翁”。就在当时，在休斯敦的胖胖牲畜秀上，麦卡锡因以1.54万美元的价格购买了冠军公牛而打破了他自己创造的美国纪录。

在他作为得克萨斯造王者的新角色里，他纵身投入到了将一只专业橄榄球队吸引到休斯敦来的奋斗之中。他赞助了一个号称“三叶酢浆草碗”的表演赛，在莱斯体育场上，NFL的那些全明星球队将在12月时相互开打，鲍勃·霍普领导了这次娱乐赛事，而后他还将揭晓新修建的一个带顶的体育场，它将足够容纳13万人就坐。麦卡锡飞向费城，赶去参加足球老板们开的一场会议，为休斯敦去陈情。他勉强把伯特·贝尔（Bert Bell）委员逼上了墙角，但是也没收获进展。后来，虽然人们窃笑起一座带顶体育场的这个想法来，但是麦卡锡仍然是赶在时代前面的。16年之后，休斯敦建成了与此类似的天体观测窗。

所有刚说过的活动，以及所有以上开支，把美国公平人寿保险公司搞得是既紧张又恼火。1949年6月30日，在三叶酢浆草开业3个月之后，它的董事会收到了对麦卡锡石油储备的第四次更新报告，这次估值总计5900万美元，从之前报告的数字下降了1500万美元，但是依然够用，刚刚够覆盖他未偿付的贷款。对美国公平人寿保险公司的管理者来说，真正麻烦的第一次预兆并非来自油田和三叶酢浆草酒店，而是来自麦卡锡于1946年在休斯敦东部开建的化工厂。它的施工预算在400万美元，最后却花掉了800万美元，这家工厂准备用一种叫作“值得初试的流程”的新技术来从天然气中把液化石油气脱离出来，并将它们转换成甲醇，以用作一种防冻添加剂。不幸的是，工厂建好了却干不了活。虽然工程师花了好几个月对设备进行修整，但是从未找到原因。麦卡锡

[一] 1磅 = 0.907千克。

先是花了好几百万美元换掉了大型机器，最后还是放弃了。

美国公平人寿保险公司第一次意识到工厂坏事了是在上一年夏天，当时麦卡锡找到公司的管理者要钱修好它。他们礼貌地拒绝了。不可阻挡的是，麦卡锡从大都会人寿保险公司那里贷到了 1500 万美元，用的是一份以他所有的与化工相关的资产的留置权和一份纸面保证，他承诺工厂将在一年之内建好并运行起来。当最后期限来到那个 8 月，不管怎样，那工厂依旧是处于不省人事的状态。因为化工厂没收入流进来，那年 9 月麦卡锡就无法偿还他欠大都会人寿保险公司的每季利息支付项了。更糟糕的是，他跟美国公平人寿保险公司的管理者讲，他也需要延期支付他们接下来的 3 次欠债。

警报拉响了，当美国公平人寿保险公司总部听到，麦卡锡宣称他在新阿姆、休斯敦西 80 英里处发现了一口新油田的消息时，公司惊到了。它本应该是让人欣喜的消息，但是开发这个油田需要花费的钱，麦卡锡没有。放款方和借款方到了相互摊牌的节骨眼：美国公平人寿保险公司坚持说，除非他偿清了他欠下的，否则不会再借给麦卡锡一个硬币；而他已经将一般的收入给了美国公平人寿保险公司。麦卡锡坚持说除非允许他去开发新阿姆，不然他就不还了。就在这段期间，他开始用新油田的股份去支付更多的三叶酢浆草娱乐表演。

面对不断堆积的财务压力，麦卡锡从一瓶又一瓶的波本里找安慰，一夜又一夜地醉酒狂欢。而当麦卡锡喝醉了，他就揍人。那年春天，休斯敦有个电台播音员起诉他，要他赔款 8.7 万美元，因为他在一场派对上殴打他。6 月，麦卡锡又跟一个 26 岁的好莱坞制片人干了起来，这事发生在柯克俱乐部，是场野蛮的凌晨近身战。这个年轻人，威廉·肯特（William Kent），当时出现在俱乐部是麦卡锡邀请的，却被结果惊呆了，当时麦卡锡指责他无礼行为的不是，然后给了他脑袋一拳。肯特一下子把麦卡锡摔倒在地，并骑到了他的胸脯上，这时 4 个块大又壮实的服务生攻击了他，并且与麦卡锡一道，开始绕着俱乐部追赶着揍他，打翻的桌子上噼里啪啦响的是奢侈的高脚杯。随着肯特顺着走廊狂奔到安全地带后，他听到麦卡锡大吼：“一个爱尔兰人就能扁死 8 个英国人，随便哪一天！”

9 月带来了迄今为止最为怪异的喧噪。麦卡锡在得克萨斯 A&M 橄榄球比赛上押了 1500 美元，但有个混淆之处，赌注登记经纪人以为麦卡锡押的是失败者，而不是胜出者。麦卡锡愤怒地把安排这场赌博的人叫了过来，这个赌徒叫拉里·鲁门斯（Larry Rummens）。当鲁门斯说麦卡锡是个骗子后，讨论结束，在这个点上，得克萨斯的新王一下子跳到了他的桌子上，并且，因为鲁门斯站在他前面，麦卡锡开始踢打这个客人的胸部，结果鲁门斯一纵身就将麦卡锡压在了身下，并且开始用他的拳头连续重击。这次冲突惹来了一套令人讨厌的头版头条，还招来了一起诉讼，鲁门斯称麦卡锡将他作为人质在酒店扣押了2天。

新闻报纸并不待见这样的冲突，赤手干架和痛饮狂欢已被视作麦卡锡那与众不同的人格面具的一部分了。麦卡锡的一些同僚，不管如何还是试着让他冷静点。罗伊·卡伦的孙子也叫罗伊·卡伦回忆他的爷爷曾带着麦卡锡走进卡伦豪宅的食品储藏室，并温和地规劝他悠着点。卡伦提点说，如果三叶酢浆草酒店被看作流氓主义的避难所的话，将不会在这儿看到好家伙了啊。“我的父亲将格伦看作是一个非常坏的家伙，”小乔治·斯特雷克回想道，“我们才不会跟他有任何过往。”

但是麦卡锡不听任何人的，即便是FBI也没辙。10月，在拉里·鲁门斯起诉他赔偿2.1万美元的同一天，麦卡锡从一个要当绑架犯的人那里收到了一张敲诈便条，这人威胁要将麦卡锡的家人绑架，除非付款5万美元。这笔钱本应放在一个附近的下水道里，麦卡锡不仅违背了FBI的忠告，而且还将一个肩带型手枪套绑在身上，顺手滑进一把38口径、塌鼻子的左轮手枪，就朝那个下水道走了去，然后扔了张写着他需要更多的时间去筹款的便条在那里。这张便条再未找见，但是次日警方逮捕了一个三叶酢浆草酒店的看门人，一个曾经的副警长，叫雷蒙德·“好伙计”·钱伯斯（Raymond “good buddy” Chambers），之所以这样称呼他，是因为他的话以“好伙计”结尾，钱伯斯后来被判有罪。

这么一折腾，麦卡锡的财务继续衰败了。尽管他贷款违约的消息还没有泄露出去，但到感恩节时，财政绷紧的谣言开始一天胜过一天。麦卡锡对这些质疑一笑置之，但是经济紧张的迹象却明摆着。也就在几周之中，他卖掉了壳牌大厦，关掉了化工厂，接着又卖掉了底特律的钢铁厂，这家钢铁厂才入手10个月。他试着把新阿姆油田卖给霍华德·休斯，但没能够出手。10月，关于麦卡锡前程的猜测向华盛顿蔓延开去，那时他被人看见悄悄进了白宫的边门，所为之事，工作人员告诉记者说是一场跟杜鲁门总统的私人会晤。3个月之后，麦卡锡把金融媒体吓了一跳，证实说他已请求联邦的重建金融公司以及总统给他签发了一笔7000万美元的一揽子贷款，这个如果批准了的话，将是和平时期拨给私营业主个体的最大的一笔政府贷款。

然而，麦卡锡否认他已身陷困境，即使流言肆虐了休斯敦，说三叶酢浆草已经是要关门大吉的节奏了。当《休斯敦纪事报》报道“场外经纪人八卦”，说他是“站在救济站的门槛儿上了，”麦卡锡一口把谎撒下去，放话说所有他的运营，包括三叶酢浆草和那个崩溃之中的化工厂，都是获利运行。“我通过调整运营来满足收益，没有难题是我不能在很短时间之内就搞定的，”他告诉一个记者。他唯一的难题，麦卡锡宣称，是来自低价的中东石油的新竞争，其时得克萨斯石油2.65美元一桶，而中东进口来的石油却正以1美元一桶出售。“每一桶国外的石油被运到美国，在得克萨斯就少产一桶，”他嘟囔道，“得克萨斯州正在尝着大部分苦头，但是国家的其他地方很快也将尝到苦头。”

休斯敦周边的没人真去相信麦卡锡即将破产。有个石油商在得克萨斯要破产？他太大了，人们说，那个三叶酢浆草酒店也太光彩夺目了，那段岁月太令人头晕眼花了，人们甚至难以想象这样一种悲观的情形。麦卡锡的传奇，事实上，继续在增长。恰好三周，在他透露了政府贷款的申请之后，他取得了终极的美国荣耀：《时代》杂志的封面。站在一个石油钻井平台下面，脚上配了双牛仔靴，戴了顶宽边高顶帽，身上的肌肉弯曲着，阿多尼斯一般的风格，头条写道：“得克萨斯的格伦·麦卡锡：纺锤顶油田起就是个巨量头条得主。”封装之内，包含了一张标题为“巨富们的土地”，标志着两年来在全美国媒体中泛滥个没完的有关得克萨斯的天花乱坠的广告宣传的峰巅。“孤星州，”它不带任何讥讽地指出，“是世界上少有的地方之一，在这里，百万富翁被季节性地孵化出来，就像五月的苍蝇。”

就当时的大多数情形而言，得克萨斯人还吃得消。

3

媒体界对格伦·麦卡锡的报道造就了一个新的文化偶像，孤星州的花花公子啊，活跃而时髦的石油商啊，当又一口自喷油井被发现时，他会乘着自己的飞机去看，旅程空挡会跟小明星们浪漫一下。在战后年间，推动此种滑稽描述的故事多数产生于好莱坞，在这儿，麦卡锡和其他富有石油商，像美国每一代的新贵一样，他们被魔力和浮华吸引了去，并且大受那些缺钱的电影制片人的欢迎，另外还有一群年轻的女演员都很是乐意傍一些得克萨斯甜爹的。正如好莱坞的一位专栏作家在 1947 年所写的一样，“得克萨斯州的大富豪（jillionaires）似乎就像飞蛾赴烛一样被吸引到了电影产业上来。”

在第一批成功入行的人群中，有个人叫杰克·拉瑟（Jack Wrather），他是一个达拉斯石油商的传人，因为厌倦了在油田的生活，他搬到了洛杉矶并于 1947 年娶到了女演员博妮塔·格兰维利（Bonita Granville）。在接下来的几年中，拉瑟用他的财富出品了 7 部电影，然后进军电视节目，最后出品了《少女》（*Lassie*）和独行侠（*The Lone Ranger*）。过了一段时间后，他收购了长滩的玛丽女王综合娱乐城，在阿纳海姆建了一家迪斯尼乐园宾馆，并且还跻身成了罗纳德·里根手下由一群政治顾问构成的“厨房内阁”的创始会员。

总的来说，得克萨斯的花花公子们带回家的女演员要比奥斯卡奖多许多。1947 年，新星简·威瑟斯（Jane Withers）跟一个敖德萨的石油商兼想当制片人的比尔·莫斯（Bill Moss）办了婚礼，在他们离婚之后，莫斯又娶了舞女安·米勒（Ann Miller）。莫斯和米勒的婚礼在加利福尼亚的拉由拉市举办，把一群越来越稀松常见的好莱坞明星和得克萨斯石油商搅在了一起，从金吉·罗杰斯到克林特·默奇森的每个人。米勒，不管如何，没法应对莫斯及其生活拼命的油商伙伴，他们的生活就是夜间在像好莱坞的西罗夜总会和达拉斯的日子国俱乐部的夜店里狂吃豪饮。“我只是没这种精力和耐心去紧跟他们的节奏，尤其是当我们去那种持续两三天的派对时，”米勒在她的自传中写道。

当米勒和莫斯离了婚，她嫁给了另一个得克萨斯石油商亚瑟·卡梅伦（Arthur Cameron），这人收购了路易斯·B. 梅耶（Louis B. Mayer）在本尼迪克特峡谷的豪宅，并且在棕榈泉外的沙漠地带建造了最大的私人地产。在他们的欧洲蜜月期间，卡梅伦从纽约珠宝商哈利·温斯顿店（Harry Winston's）那里召唤了一个人来，而且给米勒带来了 20 克拉的白钻石。然而卡梅伦毕竟是个花花肠子，米勒几年之后就离他而去，原因是她逮到他跟 17 个穿着比基尼的年青小姐一起开即兴的泳池派对。

休斯敦石油商W. 霍华德·李（W. Howard Lee）这会儿正浪漫地追求并迎娶女演员海蒂·拉玛（Hedy Lamarr）。直到他们离婚为止，他俩在河橡林区住了几年。在李娶了女演员吉恩·蒂尔尼（Gene Tierney）之后，克林特·默奇森最要好的一个朋友，达拉斯石油商福格尔森1949年在他那新墨西哥的牧场上也跟葛丽亚·嘉逊（Greer Garson）举办了婚礼。她六度获得奥斯卡奖提名，1942年，她凭借《忠勇之家》(*Mrs. Miniver*) 获得了最佳女演员奖。葛丽亚·嘉逊结婚之后，几乎完全放弃了电影事业，跟福格尔森在达拉斯过上了漫长而平静的生活，福格尔森死于1987年。葛丽亚·嘉逊变成了一位受人爱戴的慈善家，捐赠了在南卫理公会大学的葛丽亚·嘉逊影剧院，她死于1996年。

金钱，而非浪漫，是大多数得克萨斯－好莱坞搭伙关系的核心。沃斯堡有个最富的石油商，W. A. “必定”·蒙克利夫（W. A. “Monty” Moncrief）嗜好在棕榈泉过冬，在那儿他开始跟一些明星——包括鲍勃·霍普和平·克劳斯贝打上了高尔夫球。当这两个演员表达了投资一口油井的兴趣后，蒙克利夫以极少的钱分给了他们一些西得克萨斯油田的股票。接着钻探到了一口干井，蒙克利夫不得不向他的新朋友解释，并不是每一口井都能发现石油，之后他一路打出了20口产油井。照蒙克利夫的估量，数年后，鲍勃·霍普和平·克劳斯贝撤资走人时，赚了1000万美元。

演员并非得克萨斯石油商收到羽翼之下的唯一的明星。D. H. 伯德（D. H. Byrd）和一小组石油商属于第一批赞助钢琴奇才范·克莱本（Van Cliburn）的人。1951年，希德·理查森跟一个来沃斯堡传播上帝福音的年轻传道者交上了朋友，他的名字叫葛培理（Billy Graham）。理查森，尽管他的虔诚并不出名，但他很中意葛培理，于是就把他引荐给了默奇森、山姆·雷伯恩（Sam Rayburn）和林登·约翰逊（Lyndon Johnson）。当葛培理谋求从华盛顿的国会大厦开展一次电台广播的时候，他被告知不可能，理查森一通电话打给山姆·雷伯恩，就导致了一项国会特殊法案，准许葛培理在国会山的台阶上主持有史以来的第一次宗教活动。葛培理是如此地被理查森和他遇上的其他得克萨斯石油商启发，他刚起步的电影公司的头两部电影《得州先生》(*Mr. Texas*) 和《美国石油城》(*Oiltown U.S.A.*) 讲述的就是玩命消磨时光的得克萨斯人在基督那里找到了救赎，《美国石油城》是一部葛培理拿来在好莱坞首映的电影，他还在他的传教电台节目中广播，讲述了一个休斯敦石油商的皈依转变，用推广材料上的话来说，讲述了“那些创建了一个伟大新帝国的人对上帝所赐天然资源的开发和使用”。[㊀]

4

尽管那些经常搭乘喷气式飞机出行的得州花花公子们的生活多姿多彩，但是东部作家们最想要写传的石油商却是令人难以捉摸的。他的名字是小詹姆斯·马里恩·韦斯特（James Marion West jr.），尽管他在休斯敦以“银元”詹姆斯·韦斯特（“Silver Dollar”Jim West）知名。小詹姆斯·韦斯特是罗伊·卡伦过去一度的合伙人大詹姆斯·韦斯特的儿子，大詹姆斯·韦斯特死于1940年，留给他的家族价值7000万美元的地产，而这在10年后更是翻番。詹姆斯和他的兄弟韦斯利在河橡林区距离卡伦豪宅两个街区远的南部建造了家园，但是这些家族之间可以拿来比较的也就到此为止了。

詹姆斯·韦斯特无疑是休斯敦石油商中最喜欢卖弄和炫耀的。他身材圆胖，5.9英尺高，210磅重，他通常会摇摇摆摆地走在商业区的街道上，穿着牛仔靴，8英寸宽的腰带扣上不是装饰着油井架，就是装饰着跳舞的，他的招牌着装是橘色法兰绒的衬衫，他还有一把45口径的手枪，通常挂在臀部一边。他一般笑呵呵的，当然有时也会脾气坏起来，又抱怨没完又恶作剧。他还有个外号叫“银元”，是因为他有到哪里都掷银元，既给门卫和场地工作人员当小费，也给边路上的流浪汉，还给记者博个乐呵。当有个当地的工会跑到他名下的多层停车库时，韦斯特挤破警戒线，大步走向二层办公室的窗户，然后往外散发银元，搞得下面满边道上都是银元。他在他家地下室留有大量的、一架一架的硬币，有个黑人的日常工作就是给它们除尘。

乔治·斯特雷格二世（George Strake jr.）记得青春期那会还潜水到韦斯特家的泳池里找银元。“因为他经常把它们往深处扔，而且我有个耳朵老是疼，所

㊀ 在葛培理的余生中，理查森一直都低调支持，一度还赞助了在伦敦的克莱里奇的宾馆举办的晚餐会，在这次晚餐会上，葛培理向将近200个英国社会精英讲道和传福音。

以我父母不再让我去他那儿了。”斯特雷格回想道。实际上，韦斯特不把银元塞进两个大大的马鞍兜里都不出门，他要人专门给他所有的裤子缝了两个大马鞍兜。走起路来，他就叮当响，在酒店，他拿美元“侧手翻”当信用卡用，传递援手，三叶酢浆草的门卫仅仅因为帮他取卡迪拉克车就得到了3个枚银元。

韦斯特有石油商常见的玩意儿：一架DC-3飞机，一架双发比奇飞机，还有两架改造过的教练机，外加几个牧场，他喜欢说他不清楚有几处，还有几千头牛。不管谁告诉他该怎么做，都会得罪他。有次他因为自家水费账单跟人磨起了嘴皮子，他就自己钻了两口自流井，供给自己用。当他认定电费单太高了，他就买了一家大型的柴油动力的工厂来给自己供电。在跟休斯敦的城市规划委员会对着干上，他特别能别出心裁，尽管人家宣布设有挡网的网球场非法，但他还是建了个网球场，并在旁边挖了条深深的缝隙，按一下按钮，一个挡网就升起来了。如果稽查员来了，他就按一下另一个按钮，挡网就沉入地下。

韦斯特的激情，却是在警察工作上。他将大把晚上时光不是拿来驾巡逻车就是开着自己的车往犯罪现场飞奔。在他的床边，他有完全成堆的电台和电子设备，用来监控电话。他有30辆车，包括11辆凯迪拉克，一部分放在家里的6车位车库里，车库与主房通过一个长225英尺的白色瓷砖的隧道相连，还有一部分放在他在商业区的3层车库里。每一辆车都有一把短管霰弹枪、一把汤普森冲锋枪，而且在仪表盘下面还有4部电话，一个接通警用波段，另一个联通警长局，还有两个个人用。他的家里还有24部电话，车库有12部电话。韦斯特那些车中有几辆还架上了催泪弹发射筒，而他用起来也毫无顾忌。有次在某个万圣节，一群青少年来到他家，他用一团瓦斯云驱散了他们。

休斯敦警察喜欢他。圣诞节时，每一位警察上尉都会收到一张崭新的百元美钞，每一个中尉则收到50美元，每一位中士则收到25美元，还有每个巡警10美元。有个寒冬，韦斯特订购了144件欧洲羊皮大衣，然后分发给警察们。得克萨斯游骑兵队授予他一个荣誉委员和一枚金质游骑兵奖章佩戴，他用9颗大大的钻石镶嵌在周围，然后很虔敬地戴着。韦斯特几乎参加了每一次的全国警察大会，而且几乎休斯敦的每次枪战他都到场，而且经常比警察到达的还要早。他的夜间任务很少枯燥乏味。1949年5月，一天早上3∶30，他从短程旅行返回时，他在韦斯特·格雷大道上开着车就睡着了，他的凯迪拉克先是撞了一辆停着的汽车，然后在一片草坪上疾驶而过，在扎进篱笆之前，凯迪拉克还捣毁了一个水泥邮箱，惊跳醒来之后，韦斯特本想去按离合器，不想却按成了他的警报器，把街坊全吵醒了。很快，一群身着睡袍、拖鞋的人聚集到了现场，不过没人受伤。

1954 年 10 月某天晚上，那会儿市长罗伊·霍夫海因茨（Roy Hofheinz）正跟警察局长关系紧张，韦斯特听说霍夫海因茨要请 100 个朋友办派对，他就跟他最好的朋友 A.C. 马丁代尔（A.C.Martindale）打赌，赌一瓶可口可乐，说霍夫海因茨没有 100 个朋友。当韦斯特将他的凯迪拉克停在市长家的前面时，霍夫海因茨看到他们，以为他们在收集他的情报。虽然韦斯特和马丁代尔开车走了，但是市长纵身跃进他儿子的车中，然后就追出来，紧跟着他俩，直到把他俩的车牌照看清楚才放弃。两天之后，这个场景见报了，搞得每个人都很无聊。

韦斯特的历险并非全都如此无害。1952 年有天晚上，他陪着马丁代尔巡逻时，他们响应了商业区报告的一起盗窃案。一名男子打破了一家体育用品店，并拿走了一杆猎枪，韦斯特和马丁代尔在道林街发现了这名男子，马丁代尔从车上跳下来大喊道“站住！”夜贼用他的猎枪直接开火了，当一辆警察巡逻车几分钟后到达现场，夜贼已经倒地，并且流着鲜血，马丁代尔也倒地流血，肩膀和脚踝中枪了。弹道报告显示，击中马丁代尔的那些子弹来自不同的枪，《休斯敦邮报》推测说韦斯特误伤了他的朋友。尽管，马丁代尔平息了危机，他坚持说是自己不小心伤到了自己，但《休斯敦邮报》还是在头版社论拿韦斯特来说事，标题写道：让我们解除业余人士的武装吧。

许多读者持欢迎态度。实际上，这是休斯敦渐渐成熟的标志，当 1953 年《科利尔》（*Collier's*）杂志的作家最终逼迫他接受采访时，“银元”詹姆斯·韦斯特觉察到他的市民同胞已经开始将他视作让人难堪的家伙了；他懂得他是许多美国人心中所期望的讽刺画那种得克萨斯石油商中的形象，但他根本不在乎。真正让他愤怒的是邮件。公共宣传激发了一场雪崩一般的金钱求助信件，目标是几个顶级得克萨斯石油商，罗伊·卡伦一天收到一袋子，而韦斯特根本受不了，他收到的某些信件上面标注着：“（收件人）任一位百万富翁，休斯敦的就成。”

“我就是讨厌收到信！”他对《科利尔》的人说，挑衅地挥舞着一个信封说道，“这是有人从新奥尔良写给我的，并且请求5000美元。说他将用10美元上保险并且自杀，以防一年之内不能归还。这太恐怖了，不是吗？你们写的这一堆空话真是麻烦，人们认为我会给他们寄钱，或者可能送一辆凯迪拉克。告诉他们，我不会理会的。”

5

1950年2月，格伦·麦卡锡出现在《时代》的封面上，也就在三叶酢浆草酒店开业10个月之后，他已深陷财务困境之中。无力对美国公平人寿保险公司和大都会人寿保险公司任一家进行债务偿还，他正面对着不可想象的窘境：抵押品赎回权的取消，三叶酢浆草酒店的损兵折将，梦想的陨落。1950年最初几个月间，他忍受了一系列的要么他必须同意要么只能谈崩的会议，他跟休斯敦和纽约的贷方开的会都是这样。当大都会人寿保险公司对麦卡锡油气储备进行了一次新评估之后，它惊恐地发现在几个关键油田的估值几乎下降了三分之二。尽管麦卡锡指责这是外国石油带来的降价，大都会人寿保险公司的工程师们则断定说，麦卡锡油气储备的最大损失是由麦卡锡自己的管理造成的。在他着急筹备现金的忙乱中，他抽出了太多的天然气，而且抽出速度太快，使得油井的气压不能维持，致使油井产量下滑，并且有些都不产油了。审计人员揭露出财务欺诈的有力证据，搞定的油井全上了麦卡锡的账簿，连那些很难出产商业上足量的汽油和天然气的油井都算上了。产油下降的油井，不管是诞生时就很弱，还是被麦卡锡的仓促搞废了，他是瞒着贷方就抛弃了。

闭门之后，美国公平人寿保险公司和大都会人寿保险公司的执行官正在仔细考虑是否取消抵押品赎回权。他们最终决定反对取消，担心因为搞残这个得克萨斯传奇人物会带来公关噩梦，并且考虑到三叶酢浆草酒店如果运营恰当的话，或许还能带来盈利。1950年5月，麦卡锡苦心想出一桩交易，要大都会人寿保险公司支付额外的600万美元现金给他，交换他在新阿尔姆油田的留置权。但美国公平人寿保险公司没耐心了，它的董事会决定，唯一能把麦卡锡的开支管住的方法就是它自己去管，在保密中逐渐去做，这样便不会得罪麦卡锡或者得克萨斯视麦卡锡为英雄的那些人。通过几个月的秘密会谈，1951年1月15

日，双方以一份协议的签订告终，根据协议，麦卡锡不情愿地将自己对其油田、三叶酢浆草酒店以及几乎其他所有所持资产的 10 年完全控制权让渡给了美国公平人寿保险公司。麦卡锡依然可以参加运营，但是必须在美国公平人寿保险公司指派去监督他的财务审计官的警觉协助下运营。

花了 3 天不到，这项交易就破灭了。1 月 18 日，关于麦卡锡全部储量的更新报告被递到了美国公平人寿保险公司的董事会手中。它是灾难性的，储量降低了三分之一，美国公平人寿保险公司的董事会碰头并决定不再渐进地管控了，情况所致，必须对其进行立即的和完全的控制。3 月 1 日，在休斯敦的一次会议上，保险公司的执行官剥夺了麦卡锡的公司总裁职务，但保留了主席职位，并且用美国公平人寿保险公司一位矮胖的、名叫沃纳 H. 孟德尔（Warner H. Mendel）的律师接替他。效力上，孟德尔变成了麦卡锡的新老板。如果三叶酢浆草酒店想保持现状，美国公平人寿保险公司就得要麦卡锡继续出面，一份内部报告记录显示，任何暗示美国公平人寿保险公司将麦卡锡甩到一边的做法，都会引致得克萨斯人将它视为“又大又坏的缺席投票的守财奴”。孟德尔获得的授权，正如另一份报告写明的，是“去获得完全的控制权，对麦卡锡的油气资源和三叶酢浆草酒店的控制权，与此同时保留足够的自治以确保麦卡锡的合作。”

对沃纳·孟德尔而言，这就是从地狱爬出来的活。麦卡锡跟着变化走，那是因为他别无选择，他觉得美国公平人寿保险公司在对他发誓说：“别用你该死的手碰酒店。”当然仅仅这点就是全部意义。孟德尔搬到了休斯敦，每天从早上 6 点到晚上 7 点监督麦卡锡油气，并且还要每天把宾馆管到晚上 11 点。当他开始大幅削减成本时，麦卡锡抵制了，但没用，孟德尔取消了高尔夫职业运动员，灭了杂志，并且建议麦卡锡下次出现在纽约时，他或许可以询问一下市场行情，看二手私人飞机怎么卖出去。

三叶酢浆草酒店急剧地转变成麦卡锡和孟德尔之间的一场两败俱伤的战争。当麦卡锡提议花费 14 000 美元把一个好莱坞明星用飞机接来参加三叶酢浆草酒店的三周年庆典时，孟德尔说不行。在麦卡锡怒吼的抗议之后，孟德尔剪掉了 7 月 4 日的烟火表演。当孟德尔过问麦卡锡算在酒店头上的个人开支时，事态演变到了危急关头，在那个节骨眼上，麦卡锡用美国公平人寿保险公司的一份内部报告上的话来说：“威胁用身体暴力对付孟德尔，他个瘦柴。”孟德尔坚持主张，正如美国公平人寿保险公司的这份报告总结的："暴力本没有跟着发生，而且孟德尔告诉麦卡锡'对事关酒店运营事务的最终控制权的归属，别再做无谓的幻想了'。"

麦卡锡撤回了他的豪宅，他被打败了。不管他怎样使劲儿尝试，他认识到自己无法打败美国公平人寿保险公司，至少用他的拳头做不到，而且在法庭也斗不过。但如果沦落到在他自己的酒店里徒有虚名地给人当迎宾的话，他也太该死了。他依然是一个活生生的传奇。他才43岁，依然是个年轻人。既然他曾经搞成过一笔财富，麦卡锡思考，他可以再搞成一次。但是地点不会是得克萨斯了，大的油田都已经被发现了，而且接着他顿悟道：中东，他可以去那些石油进口商的游戏中把他们击溃。

1951年11月，当麦卡锡突然间在休斯敦消失之后，关于他准备踏上某种神秘的中东短途旅行的流言就散播开了。"麦卡锡正在进行神秘的石油公费旅游。"《休斯敦邮报》的头版故事写道，它揣测麦卡锡可能会奔赴埃及去雇一些肚皮舞女郎，像萨米亚·杰马勒（Samia Gamal），这人刚嫁给了一个叫谢泼德·金三世（Sheppard King III）的得克萨斯花花公子。"格伦对舞者颇为着迷和上瘾。"沃纳·孟德尔挖苦地写道，"（所以）或许他真是。"当一个记者在纽约的莫里茨宾馆追踪到他时，麦卡锡说他无法公开讲话，并解释说："我想美国政府不喜欢我讨论它的买卖。"接着就有了另一轮头条报道，现在开始暗示说麦卡锡接手了一种外交任务，或者某种政府间谍工作。不不不，这个石油商次日就对第二个记者否认了。它就是个私人买卖，而他不能讨论它。

几日之后，记者跟踪麦卡锡到了巴黎，在那儿他留宿在乔治·V宾馆，带着霍华德·休斯手下曾经的一任公关男，约翰尼·迈耶（Johnny Meyer）。在休斯敦，每天早上都会有新一轮的猜测：麦卡锡要跑去哪里呢？而且他是要去干什么呢？当一个新闻通讯社记者在开罗发现他之后，答案揭晓了，麦卡锡也承认他到那里是为了了解一下要想在中东获得一项石油特许权，前景如何，但是他不能透露具体位置。"你可以排除伊朗和沙特阿拉伯，"他的公关男小声说道。

一周之后，麦卡锡再次浮出水面，还是在开罗，正牢骚埃及的一项法律，它授权任何一家埃及石油公司必须至少由埃及人占股51%。记者不相信这旅行之外就没别的事了，反复问麦卡锡是否要去签约萨米亚·杰马勒。“我跑来这里是为了看看我们能否可以买一些土地钻探石油，”他厉声说道，“不是为了签什么舞者的。”从那里，他继续造访罗马，在那儿他停下去拜访教皇。

麦卡锡依旧不退缩。那年整个冬天，他都疯狂地忙于他想做成的交易之中。回到休斯敦，他坚称会说服埃及议会改变它的所有权法律，他宣布计划称将在拉美修建最大的酒店，这将是一栋坐落在危地马拉市价值 600 万美元的疗养院。随后，他说他在危地马拉收购了独家电视转播权。一周之后，他先是确认他正在跟委内瑞拉政府探讨一桩大型石油交易，而后说将在全美建立三叶酢浆草连锁酒店。这些还不算什么，要知道可没人觉得他这些花里胡哨的方案会有经济支撑，但麦卡锡却宣布他要开一家新的石油公司，而且他打算在纽约证交所上市并售卖股票。

对沃纳·孟德尔和美国公平人寿保险公司董事会而言，这太不像话了。他们本是要麦卡锡到能够带给他们最大利益的地方去，在酒店跟客户握握手啊，而且最为重要的是想要他把石油公司的一团乱麻解开。孟德尔给了麦卡锡最后通牒：要么全心全意全职地投入到三叶酢浆草酒店和他的油田上来，要么后果自担。麦卡锡拒绝了，孟德尔要麦卡锡交出他的股票，将他旗下公司的完全所有权彻底交给美国公平人寿保险公司，麦卡锡又拒绝了。

在那种关头，孟德尔提笔给董事会写道麦卡锡已经玩得可用性没了。他现在对酒店是弊大于利，只要还跟麦卡锡打交道，孟德尔就找不见收购麦卡锡资产的人，而这似乎又是美国公平人寿保险公司回收投资的唯一出路。孟德尔要取消赎回权，在这样干之前，他为麦卡锡制订了一项最终方案。为了交换他所有的股票以及他不再插手三叶酢浆草酒店运营的承诺，麦卡锡可以在酒店保有一个套房，而且可以预算一定数额的金钱在商务招待上。麦卡锡继续保有“赎回权”，也就是重新获得所有权的权利，前提看起来几乎不可能，因为那要偿清债务，据孟德尔估计，按照三叶酢浆草酒店当时的盈利率计算，最早也得等到 1977 年。

麦卡锡签了，因为他没得选。大家都向报界吐露乐观的调子，然而以前自始至终支持麦卡锡的休斯敦那些报纸，则跑起了麦卡锡想要拿回所有权机会多缥缈的报道。然而，大家知道结束了。在它堪称传奇的开业三年之后，它已经是穷得叮当响，三叶酢浆草酒店已经不归麦卡锡所有。对麦卡锡来说，唯一的侥幸就是那些为他的崛起唱赞歌的全美出版物倒是没注意到他的垮台。在最后的几个月，实际上，酒店周边只省下一个来自东部的作家还在打探消息。麦卡锡跟她见了一两次，然后就抛诸脑后了。她说她在写一本书，而她的大名是埃德娜·费伯（Edna Ferber）。

6

埃德娜·费伯或许是20世纪中叶美国最知名的女性小说家，作为人气十足的纽约文学沙龙的一个可人儿，作为阿冈昆圆桌文人会中诙谐机智、倔强、任性的会员，更不用说她的拉拉身份了，所有这些使她不大可能给肌肉发达的得克萨斯新富当年代记作家。自从20世纪20年代中期开始，她就有名了，当时她早期的一部小说《这么大》（*So Big*）拿下了普利策奖。至少从1939年开始，费伯就在为一部关于得克萨斯的小说而苦苦构思，那会儿她第一次周游了该州。当时，她觉得得克萨斯州太非典型了，太异国风情了，而且有点大得不好抓。她认为，这儿肯定会有个美国小说大作诞生，但不是她来写，“让詹姆斯·米切纳（James Michener）来写吧。”她跟一个朋友讲。

然而，20世纪40年代，得克萨斯都在召唤她来写一部神作。尽管费伯一直对于细节都是含糊其辞地带过，但是她却真的搞出一部得克萨斯小说的决定，跟1948 ~ 1949年关于得克萨斯的新一批百万富翁的故事热潮很搭调。“得克萨斯，”她有次解释道，“时常就从某本书、某个剧本、某本杂志、某个报纸……的某个页面猛跳出来，美国的其他地方将之视为一种梦寐以求的惊愕之物。它就是长得有点像被宠坏了的顽皮小子，它就是当今的派克笔下的捣蛋鬼……这个得克萨斯象征着一种自然的剧烈震动，奇特，戏剧化，傻劲儿十足。”她尤其对格伦·麦卡锡好奇，在她对得克萨斯的几次造访中，有次他俩相互认识了，但他俩谁也没意味深长地说起过这次会面。

然而，麦卡锡可不是被误认为狂暴的瞎掘油井者杰特·林克（Jett Rink）的原型，他就是原型，在费伯决定起名《巨人》的书中，这人占据了颇多页面。《巨人》是一个石油和放牧家族的故事，明显是以克雷伯县部落为原型，这个部落拥有着广阔的国王牧场。在书中早期的一些场景中，为了他的“征服者酒店”的盛大开业，在杂乱发展的赫莫萨城市中，杰特·林克和麦卡锡的角色把所有主要人物聚在了一起。费伯用栩栩如生的细节重现了三叶酢浆草酒店盛会，小到出了问题的公共广播系统。在书中第 49 页，杰特·林克第一次出现，那时还步履蹒跚地走向征服者的舞台，但刚到第 50 页就一拳把另一个角色打得失去知觉了。书中的每个人似乎都有一架私人飞机，并且喜欢滔滔不绝地吹嘘，书中甚至还有一个国王和女王造访的场景，此处或许参考了 1950 年温莎公爵携夫人在克林特·默奇森墨西哥牧场度过的那个周末的故事。

1952 年，《巨人》开始在《女士之家杂志》(*Ladies's Home Journal*) 上连载，那年夏天发行后，销量巨大，很快跃升到《纽约时报》畅销榜第一的位置。几周时间，这本书就把费伯对新富得克萨斯及其“油百万们”的丰富有趣的刻画带向了一个更加广泛的读者，超越了任何杂志写手。评论家，至少东部的评论家，把它全吃了进去。“《巨人》读起来不可思议——在一座绝妙、豪华的炫耀金字塔上，富豪一摞又一摞，奇迹一个接一个，”《纽约时报》有个书评家写道，“关于新新美国人，得克萨斯土生土长的寻常事，(费伯）描绘了一幅令人难忘的画卷，满是讨厌鬼和铜臭味。” [3]

得克萨斯的评论家就没有这么友好了，甚至在还没有出版之前，他们就开始猛烈抨击这本书了。“《巨人》”，有个书评家给《休斯敦出版报》(*Hudson Press*）写道，“是关于得克萨斯从不曾有过的，由畸形的、孤陋寡闻的、噱头满载、空话废话堆砌成的最庞大的巨兽。”“费伯的写法不仅土而且狂暴：这是关于得克萨斯生活的滑稽模仿作品，而不是详细的描述。”《达拉斯晨报》评论版的头条如此写道。“为了把事实全然拼凑在一起——这项艺术得克萨斯人可是很少输给别人——费伯女士只有吃棉籽油饼的份儿，”书评家隆·廷克（Lon Tinkle）写道。“她有写我们都乘着我们自己的 DC-6 飞着玩，你可能会说，首先这太让人羞愧难当了，她书中关于南得克萨斯的牧场和石油帝国的部分读起来像是一部滑稽山寨作，玩的都是些老掉牙的夸大手法。‘一头得克萨斯肉公牛。’被费伯女士写成了残疾牛……《巨人》是本陈腔滥调肆虐的虚饰之作。”

其他人都知道得克萨斯人会这么说。最后，当然是所有这些对抗得克萨斯石油百万富翁闹宴、嗜酒如命的偏见的努力都付诸东流了，很大一部分是源于里面有太多关于它的真相。多亏格伦·麦卡锡和他那些同类，《巨人》这本书，以及四年之后由伊丽莎白·泰勒（Elizabeth Taylor）和一个名叫詹姆斯·迪恩（James Dean）的年轻演员主演的电影，自 1948 年起，《生活》杂志的记者在达拉斯的街角给 H. L. 亨特来了个冷不丁的埋伏式抓拍，东部作家关于得克萨斯的新图景终于完整呈现在了世人面前。这是一种由屈尊就下造就的举止浮夸的形象，这是一种把许多得克萨斯人惹恼的卡通形象，尽管它保持了必要的阳光和乐观劲儿。

但它在这种形象上也待不久。

7

随着他的梦想一点不剩地在他面前蒸发，格伦·麦卡锡没任何心情去讨论埃德娜·费伯和她的书，冰冷地回绝了所有记者的提问。直到多年以后，他甚至不愿承认见过费伯。“我想她完全是个……”他有次说道，“完全是个妓女、卑鄙小人、告状小人、小偷。”

到 1953 年年初，麦卡锡放弃了重新控制三叶酢浆草酒店的全部努力。他在那儿还保有一个办公室，他经常在过道里冷冷地盯着沃纳·孟德尔看，还曾因为觉得某个木匠像美国公平人寿保险公司的间谍，就冷酷地把对方揍昏迷了。尽管如此，但大多数时候，他是尽量回避外部。1953 年 2 月，在对尼加拉瓜、阿根廷和危地马拉进行了几次考察探测之后，他宣布，在他在玻利维亚租赁到的 100 万英亩的土地上，将最终启动一项南美钻探方案。提到这次风投时，他努力让听众感到振奋，还带着休斯敦的记者观看他开始钻探，但那感觉就像是他被流放了。他的头三口井发现了天然气，但是麦卡锡很快就被迫关停了油井，玻利维亚没有输油管线，也就是说天然气没法运出去。麦卡锡火烧眉头，也只能干等着有人会冒出来建一条。

与此同时，美国公平人寿保险公司正慢慢拆分他的帝国。在接下来的几年里，它把油田和输油管线一点一点卖了出去，1954 年 8 月，它把三叶酢浆草酒店的管理转手移交给了希尔顿酒店，一年之后，希尔顿买断了麦卡锡的赎回权，这是他跟三叶酢浆草酒店最后的瓜葛，酒店重新命名为三叶酢浆草·希尔顿。员工们把大厅里麦卡锡的巨幅肖像摘了下来，并换上了康拉德·希尔顿（Conrad Hilton）的一幅全身像。过去这么久，这是得克萨斯大多数人最后一次看到与麦卡锡有关的东西了。麦卡锡自己，像一个现代翻版的布屈·卡西迪（Butch Cassidy），消失在玻利维亚的荒野中，发誓要带着第二桶金回来。好久好久，唯一显示他还是个活人的消息，都是隔好几个月才从南美飘过来的零星报道，恰如他在飞往拉巴斯的航班上，醉酒迷蒙中就把厄瓜多尔的一个医生揍了那件事一样，所有报道没有一条暗示说格伦·麦卡锡步伐轻柔地迈进月色，性情依旧。

\第10章

“复杂难解而又难以衡量的权力”

得克萨斯人很有趣，他们必须要有人恨才行，他们中有一大堆人都这样。

——阿拉·克拉里（Alla Clary），

萨姆·雷伯恩（Sam Rayburn）的秘书

1

1948年，大众媒体才发现超富有的得克萨斯石油商，《巨人》中浮华炫丽、常乘着喷气式飞机到处转的10亿美元级富翁的夸张形象就冒了出来，介绍全国认识了一个全新的地区典型——滑稽搞笑、傻里傻气、对人没有恶意的得克萨斯人，他们鸵鸟都敢骑，追捧好莱坞明星，还有人在休斯敦和达拉斯的人行道上撒银元，就像口袋坏了一般。这好似美国为它的动物园搞来了一只异国风情的新动物——得克萨斯石油属。花不了多久，那些色眯眯地盯着这头粗野的怪兽的人们就会发现它可不仅是有牙的，而且正有意以不可预料的方式使用这些利齿。

鲜有人知的是美国已处在新派政治思潮的诞生边缘，那就是现代保守主义，而巨富们将是传播它的一支推动力。对大多数人而言，战后保守主义的崛起很突然，据莱昂内尔·特里林（Lionel Trilling）在1950年的观察，有个观念备受推崇：在美国，“自由主义不仅是主导性的，甚至是唯一的思想传统”。按照今天的标准，1950 年的美国没有一个政客可以被称为保守派，并且，除了 1944 年创刊、127 人订阅的《人类事件》(*Human Events*) 这个 8 面版时事通讯以外，没有一家保守派媒体跟记录沾上关系。直到 20 世纪 40 年代，美国的保守派依旧受排挤，在边缘上打转，人数很少，杂七杂八的，包括一些边缘化的学者和中西部商人，从二战时的孤立主义到种族主义、反犹太主义的极端，他们都感兴趣。就它关注的这些东西而言，大众刊物就把他们视为狂人和狂热分子，不屑一顾了。

即便如此，在战后头几年，议题各有偏爱的一些团体便开始融合成一种接近连续的保守主义哲学。到 1950 年，有一系列书籍涌现出来，将包括美国保守主义在内的哲学元素铺陈开来：反劳工组织、热衷宗教、重视商业、青睐有限政府和反对民权运动。但保守派还没被大家当作一个政治团体看待，考虑到 1928 年以来孱弱不堪的共和党人还没有拿下一届总统大选，大多数保守派，尤其是南部人士，一直惶恐不安地当着民主党党员，如同斯特罗姆·瑟蒙德 (Strom Thurmond) 从 1948 年迪克西 (美国东南部各州的非正式统称) 民主党候选人中脱离出来一样显示的。保守主义需要的是一个领袖、一个先知，并且 1951 年保守主义就在一个得克萨斯石油商的儿子那里得到了这一切，这个耶鲁本科毕业生叫威廉 F. 巴克利 (William F. Buckley)，他在他的《上帝与耶鲁男》(*God and Man at Yale*) 一书中抨击无神论和集体主义。巴克利的老爹经常在墨西哥的油田工作，当他还是小男孩时，乔治·斯特雷克 (George Strake) 夫妇就照看过他。1955 年，用从他父亲、朋友和一个名叫劳埃德·史密斯 (Lloyd Smith) 的休斯敦石油商那里筹集到的资金，巴克利创办了《国家评论》(*The National Review*)，它成了保守主义思想的熔炉。直到 1955 年，保守主义渐长的呼声都还是遥远而分散的。然而，其中呼声最高的许多人士，也是来自得克萨斯。

2

当美国其他人终于渐渐明白得克萨斯石油商究竟是有多么多么保守，很多人都想知道为什么会这样。这个问题的最佳答案简单至极：新富们的深层组织充满了不安全感。恰如某个石油商在 1954 年跟一家杂志讲的那样：“我们都赚钱快，我们对其他不感兴趣。”[1]

罗伊·卡伦当然也是这么想的。1947 年夏，伴随他对休斯敦大学及当地医院的捐款而来的是报道的浪潮，卡伦开始施展自己的政治肌肉，正如他对自己拍给国会议员的电报中的称呼，他“断断续续地开火”的岁月结束了，那年他 66 岁，而且如果他想抓住阻挡“匍匐前进的社会主义”的发展的任何机会的话，那必须现在就行动。他搞出的动议，尽管被历史学者无视和调侃，但还是要对休斯敦、得克萨斯有持久性的影响，而且，在某种小的程度上，就它们构成了推动共和党向右的早期努力的一部分，因而也要对全国有影响。

然而，卡伦挑中的第一场打斗纯粹是当地事务。不巧的是，这事又让他直接跟他的长期对手起了冲突，他自己是“休斯敦先生”，对方是杰西·琼斯（Jesse Jones），这个银行业的大亨在罗斯福政府期间担任过一些职务。不止一个得克萨斯人把这场随之而来的争执视为卡伦试图撵琼斯和所谓的 8-F 套间小队下台的举动，这可是商业区那些权势经纪人构成的骨干小队，之所以这样取名，是因为他们开会就在 8-F 套间。古怪十足的是，这一切都始于卡伦家花园里那白色的爱的小诗。有天早上，他注意到它们变成了黄色，用力嗅了嗅空气，他猜到了原因：就是休斯敦边上那座新建的造纸厂的有毒烟尘惹的祸。在他的办公室，东风一起，他就能闻到臭气飘过来。他被迫关上他的窗户，“如果我相信地狱，”在休斯敦俱乐部，卡伦跟自己一个午餐伙伴抱怨道，“我会说那从造纸厂里冒出来的臭气跟地狱的缝隙里面喷溢出来的恶臭肯定很像。”

当有人提议在他心爱的休斯敦大学的东边建个新厂的时候，卡伦宣战了，恶狠狠地把一堆愤怒的信件发在了报刊上。他一度威胁说如果那些工厂不停工的话，他就离开休斯敦。听到有人说那些工厂的选址是个分区规划的问题，卡伦就开始调研休斯敦的法令，而他所发现的不仅改变了他对工厂的看法，而且转移了他愤怒的焦点。土地规划局似乎在谁可以在休斯敦的哪里修建什么的问题上有完全的控制权，而且他调查的越多，卡伦就越认识到操纵规划局的不是别人，正是杰西·琼斯。一瞬之间，工厂的事情就被抛到九霄云外了，因为从话题“有毒的臭气”开始的争论至少在卡伦心里逐渐演变成事关分区规划和个人自由的辩论。

他俩都是犟头犟脑、自尊心很强的人，卡伦和琼斯争争吵吵好几年。自打1946年的那次不和之后，卡伦就写信给琼斯：“我们的人生哲学是如此迥异，你用迫击炮、石头和钢铁建了房子躲起来，而我打造的是男子汉。”他俩的不和是新生代富有石油商——这些人是很少融入他们所在的社区的——与那些掌管着达拉斯和休斯敦的商业区的商人之间少见的公开争端。当卡伦设法促成了一桩关于休斯敦是否应该设立分区制的全民公投，积怨就开始渐长了。琼斯，加上套间8-F小队，为了维持现状而努力跟卡伦斗。卡伦也是寸土不让，在一封刊登在《休斯敦纪事报》上的信中，他写道：“至今为止，能给城市建设帮把手是很荣幸的事情，但是杰西·琼斯过去25 ~ 30年可都是一直在别处（华盛顿）待着，而且还……打算在这儿用出版影响力，以及一群纽约犹太佬的协助来管理我们的城市。”在1948年的全民公投中，休斯敦选民以2∶1的差额支持卡伦的立场。直至今日，休斯敦是美国唯一一座没有大型分区制法律的城市，这一对比很大程度上归功于一个人的努力，他就是罗伊·卡伦。

这一成功似乎给卡伦壮胆不少。整个1948年和1949年年初，一堆信件从他的打印机上喷涌而出，直抵《休斯敦纪事报》《邮报》《出版社》，甚至还有哈利·杜鲁门以及国内的每个国会议员。当时卡伦已是公众人物，被大家视为西南部最伟大的在世慈善家，他疯狂地投入到了公共生活中，到处发表演说，对休斯敦而言，正是这些演说定下了使它成为极端保守派的一个全美中心的基调。在一次演说中，他呼吁对最高法院60%的在位大法官进行弹劾。1948年10月，他对一项悬而未决的、力图将处以私刑定性为联邦犯罪的民权法律，废止人头税，还有宣布州际贸易隔离违法等进行严厉批判。“如果（这些法案）成了法律，随之而来的将是极权主义的政府。”他这样写给当地的报刊，“如果强制执行了，（它们）必然导致一个警察制的州，导致我们自由民主政府形态的终结。”[2]有时他是难以自已，正如他数落休斯敦大学的广播电台，还高声说州务卿迪恩·安德森（Dean Acheson）“是个同性恋”，电台迅即停止播送了。

有个事儿卡伦没有公开说，尽管只对那么几个关注的人而言，它很清楚，这事儿就是他对得克萨斯共和党的计划。倒霉的大老党（Grand Old Party,

GOP）在这个一党制的州里属于老二党，自从 1874 年，那些扯淡玩儿的小人物构成的骨干就从未拿下过一次州内选举。1914 年大选，共和党人到手的选票竟然比社会党的还少。谁也不清楚该党主张的是什么，它的声誉，正如政治历史学家 V.O. 基（V.O.Key）注意到的，南部的共和党一般都在“某种晦涩难解的、类似借宿状态的宗派与突破来次大劫掠中”摇摆不定。

变化从 20 世纪 30 年代末就开始了，当时有为数不少的得克萨斯石油商加入到了对抗罗斯福的党派，其中最知名的要数卡伦的博蒙特朋友马尔斯·麦克莱恩（Marrs McLean）。自从 1938 年，卡伦就断断续续地投票给共和党人，但作为一个明智的人，他还参与民主党的政治活动，因为它是得克萨斯唯一影响重大的政党。然而，早在 1938 年那会儿，卡伦就有个愿景——设想突然一下子就把共和党猛推得靠右一点，设想把那些民主党人构建成一个政党，一个被大家真的当回事儿的政党。他喜欢跟一个年轻的石油商交流他的想法，这人叫杰克·波特（Jack Porter），他的办公区与他挨着，而且这人跟他政见相同。㊀

1946 年 12 月，卡伦带着波特去华盛顿，他俩在那儿见到了共和党的新任白宫发言人，马萨诸塞州人约瑟夫 W. 马丁（Joseph W. Martin），那年 11 月共和党人一接管国会，他就取代了萨姆·雷伯恩（Sam Rayburn）。多年来，卡伦一直讨好马丁，那年秋天还给他在休斯敦搞了个赞助者，而马丁似乎也是华盛顿真正把卡伦当回事儿的少数人之一。可能是没太去期望什么吧，马丁鼓励他俩按自己的计划接管得克萨斯的政党。1948 年，有个委员会正找寻能够挑战林登·约翰逊的参议员的提名人选，而当找不到人选时，波特就自己 | 上了。

卡伦公开为他代言。那年 11 月，受到理查森、默奇森和其他石油商的资金支持，约翰逊轻松击败波特，但波特的表现远比大多数观察家期望的好。参议院的提名立马就让波特变成了最知名、最活跃的得克萨斯共和党人，尽管圈里人认为他顶多也就是个卡伦的代理。1949 年，波特启动了一项影响深远的事业来招募共和党人，集中精力搞活蛰伏的年轻共和党人组织，这变成了卡伦 – 波特政治势力的权力基础。

㊀ 波特当时已是得克萨斯私营业主圈的领导，是个先锋，跟格伦·麦卡锡一道反对 1944 年的《英美条约》（*Anglo-American Treaty*）。波特和麦卡锡继续一起给得克萨斯石油最大的游说力量提供资助，它们是得克萨斯独立石油商和专利所有人联盟。

正如杰克·波特为了取代得克萨斯大老党所做的奠基工作，卡伦决定把自己的努力推高到国家层次。1949年年末，杜鲁门提名自由主义派的一名经济学家利兰·奥尔兹（Leland Olds）担任联邦动力委员会的负责人，这引起了狂怒，卡伦和波特宣布成立了一个“草根竞选团队”，直指支持利兰·奥尔兹的15个参议员，谋求击败他们的再选努力，卡伦指称他们是华盛顿“新政 – 公平施政政治局的内部密室”。发给报社编辑和国会议员的信件、电报多得如暴风一般，却没起到什么明显的作用。至此，卡伦似乎意识到光靠话语是不会改变现状的。在美国政治里，论辩要想有分量就得附上支票，休斯敦的这位大佬还在慢慢补课。

虽然对一个大政治捐助者而言，给边远的州提供资助并不新鲜，但是随着20世纪50年代的到来，卡伦开始把实践推向一种新高度。他和波特为准备在1950年谋求连任的每一个国会议员草拟了一份清单，给其支持的候选人邮寄支票。他们的钱，数量从500美元到多达一万美元不等，而且找到了跑进几十个全国竞选团队的路子。“我估计我支持着数量相当的民主党人士和共和党人士，”卡伦告诉一个记者说，“他们中有很多都没指望我的支持，而且他们中有一些还不想要呢，但是只要他们相信我们美国的宪政体制和自由企业制度，他们就会得到资助。”[3]

卡伦寄送支票时通常会附上一本他最爱的佳作。有一本叫《我选择自由》（*I Choose Freedom*），由一名叫维克多A. 克拉夫琴科（Victor A. Kravchenko）的俄国流亡者所作，读过之后，卡伦把一张25 000美元的支票寄给了出版社——查尔斯·斯克里布纳之子公司，恳求该公司将这本书分发到全国的图书馆和学校。图书馆管理员收到了这本自动报上门来的书，上面还附有一张来自斯克里布纳的小纸条，上面写道此书乃赠送之礼，“带着一个信奉美国自由者的敬意，他希望这本书能够得到最广泛的阅览。”[4]

卡伦思来想去，认为《前路》（*The Road Ahead*）才最具影响力。它是1950年的一本畅销书，由约翰·弗林（John Flynn）创作，这个自由主义作家认为新政的政策正把美国转变成极权主义国家。卡伦把成千上万本弗林的书邮寄给了图书馆和大学，并且他俩很快就成了朋友。然而，仅靠金钱、书籍和电报还不足以扩展保守主义事业，卡伦懂得这点，他需要在思想的战场上制造战争。

1949 年年末，他和杰克·波特开始寻找一种刊物——他们能将之作为得克萨斯保守派的话语权来培养。那年 12 月，他们找上了艾达·达登（Ida Darden)，约翰·亨利·柯比（John Henry Kirby）的旧代言人万斯·缪斯（Vance Muse）的妹妹。达登，相比于他哥哥公然的种族主义，她的版本要苍白一些，她在沃斯堡开了一家名叫《南部保守派》(*Southern Conservative*）的报纸，她的种子资金大多都来自柯比的密友、3K 党的组织者乔治·阿姆斯特朗。

要想跟阿姆斯特朗打交道，1949 年可是个相当坏的年份，这个极端种族主义者跟卡伦和许多的得克萨斯石油商一样，当时正对介入公共生活的竞技场跃跃欲试。在逃避了 FBI 对他那些反犹主义小册子和书刊的调查多年之后，84 岁的阿姆斯特朗在土生土长的密西西比州的一所小型院校——杰斐逊军事学院提出了一项令人震惊的建议：将一半的矿业权交给这所院校，那可是 26 000 英亩的油田，据他估算，这项提议价值 5000 万美元。他唯一的条件，阿姆斯特朗说，就是杰斐逊军事学院必须把黑色人种、犹太人排除在外，并且得教授学生白人至上主义。校方果断把他给拒了。随之而来的狂怒登上了全国的头条，而这对得克萨斯石油商作为开明商人的形象可没有丝毫好处。

18 个月之后，1951 年夏，他收到了作家约翰·弗林的电话，约翰·弗林在全国第二大无线电台网络发起了一个项目：达拉斯自由网络。它将把美国职业棒球大联盟的赛事推广成覆盖 43 个州的新闻业务。然而，它的快速发展却把自由网络及其创始人——电台先锋戈登·麦克伦登（Gordon McLendon）带进了财务泥沼。约翰·弗林请求卡伦救助自由网络，他跟卡伦保证说麦克伦登是一个“不错的保守主义者”，而且还说如果卡伦不给援手的话，某个“激进分子”可能就把它买下来。

卡伦看准了时机。早在《福克斯新闻》化身保守派媒体领头羊 50 年之前，他就想象着把自由网络转变成类似的东西。跟麦克伦登仅仅谈了一次，而且都没怎么审查自由网络的账簿，卡伦就给了 100 万美元，获得了自由网络 50% 的控制权。他被委任为联席主席，然后他宣布了把自由网络搬迁到休斯敦的计划，而且他又投身到一项新使命中。“为了防止自由网络落到坏人的手中，我最近收购了它的控制股权，”他给自己最新的笔友，总统候选人德怀特·艾森豪威尔写道，“这可是国内第二大的电台网络，而且很快就会成为国内最大的一家。”

不过，红色旗帜立即就升起来了。纽约一家报纸报道称当地有个电台因为担心卡伦的政治立场，突然中止加入自由网络的对话，11 月，《国家民族政坛》报道称弗林接管了自由网络的新闻运营；“他的官方使命，”该杂志宣称，“是确保新闻不再有他所称的那种‘极左倾的’看法。”多年以后，不论是弗林还是麦克伦敦，都将否认弗林干过这种事情，但流言飞语却没为自由网络吸引任何它所急需的广告商。自由网络被迫退出了业务，并且在卡伦注资 9 月后就宣布破产，1952 年 5 月，他这个石油商尝试打造极端保守主义全美平台的尝试在事实上终止了。以日后所见的话，他的失败似乎是注定的，卡伦需要一个支持他的某种组织来在政坛上取胜，但是自己打造一个出来却不是出于他的本意，而且也是他本就做不到的。

而这也正是 H. L. 亨特需要好好学习的教训。

3

因慈善壮举所得的盛名给罗伊·卡伦壮了胆，与此很像，H. L. 亨特被扣上的那个非正式的“全美最富有的人”的帽子这件事也改变了亨特。所有随之而来的关注——一包一包的信件，大量的新闻采访、请求——似乎都是对亨特那些长期信念的肯定：他是一个罕见的智力超群的人、一个超人、一个有着政治抱负的大人物。在他的助手中，不止有一个人感到亨特身上冒出来了一种新的弥赛亚特质。有个助手说道：“他觉得自己就是耶稣基督再世。”

如果要说有什么是亨特发自内心深信的，那就是，他比卡伦还右翼。他不信任犹太人，认为他们的忠心不可靠，而且他觉得只要是有害于美国商业的，尤其是有害于石油产业的，都是反美国的。最初，他做的政治功课跟卡伦平齐。他写信给国会议员，在达拉斯的特殊场合做演讲，还拉进来一系列激进的右翼演说人，其中就有弗雷德里克 C. 施瓦茨（Frederick C. Schwartz）。

不像卡伦想法都是从别人写的书和文章里找来的，亨特有自己的原创的思想，并把自己想象成作家，要把这些想法出版出来。1950 年，他出版了一本名为《醒世良言》（*A Word to Help the World*）的小册子，其中他生造的那个词是建构出来的。亨特憎恶自由主义者，但却从不把自己视为保守主义者，除了他打造的商业之外，他也没什么好保守的，他喜欢说：“建设性的。”宽泛地说就是支持商业，支持消除联邦控制但国防除外，其他人则把亨特口中的“建构主义”不是称为极端保守主义派，就是唤作反动派。

很快，就像卡伦一样，亨特便开始物色一个更为广阔的平台，好在那里传播他的思想。在他的小册子里，他号召“保守主义派”组建一个“启发性事实联盟”，它的目的将是“确保所有新闻频道的新闻都得到无偏见的呈现，以使之符合公众利益。”他设想了这样一个组织，在其中，普通美国人将能获悉政治生活的“事实”——通过时事通信或者某个电台节目，而且他们还能在小型讨论组中展开辩论。他决定称它为事实论坛，并于 1951 年 6 月的一次讲演中宣布了它的成立。他的一个助手联系上了一个住在达拉斯的 FBI 特工，他知道他是该组织的主管，这人建议他雇用一个名叫丹·斯穆特的特工，丹即将退休。在长途驱车穿越东得克萨斯的一次旅程中，亨特文质彬彬地盘问了斯穆特，发现他竟然是个崇拜 J. 埃德加·胡佛的热情洋溢的人，因而确信他就是他要的人。“新政的哲学，”斯穆特喜欢说，“也正是法西斯主义和纳粹主义的基础哲学。”

在重商主义国家银行大楼，斯穆特被安排在哈希·亨特的那个旧旧的、地处角落的办公室，配了一辆奥兹莫比尔汽车、一个秘书、一些文档，除此之外，就没什么了。然后，亨特自己倒是转身消失在了长达 3 周的商务旅行。由于不确定如何推进工作，斯穆特便开始给事实论坛文件上的名字打电话，试着组建一些讨论组。因为亨特曾有提搞个电台广播，所以他就联系到一个电台广播制作人，让他给自己在达拉斯电台安排了一个每周 15 分钟的讨论节目。在第一次广播中，斯穆特以联合国为主题，在两个高中男生之间主持了一场辩论赛。“是应该让美国退出联合国呢？还是应该让联合国退出美国呢？”从他的商务旅行返回之后，亨特激动极了，马上就决定使事实论坛聚焦电台广播，剔除了搞讨论组的想法。在斯穆特的第 7 次广播之后，亨特告知他已经安排事实论坛走向全国了，节目将变成 30 分钟，从一个华盛顿的电台向一些联合电台播送。斯穆特开始往返于达拉斯与华盛顿之间，把学生换成了国会议员，并且一直主持辩论直到 1951 年结束。

1952 年 1 月，在为他负责安排嘉宾的秘书提交辞呈之后，斯穆特切换了节目编排形式，新编排变成了他的招牌。他开始对一个议题的两个侧面进行辩解，他一上来会先温和地陈述偏左的政治观点，然后精力充沛地推出亨特“建构主义式”替代方案，斯穆特早期的广播倾向于聚焦那些反抗威胁民主和宗教的主题，但是很快它们变成了公然的政治话题，直接冒出了“辩论”朝鲜战争的枝丫。“民主，”斯穆特在一次广播中观察到，“是耶稣基督教诲之下的一个政治产物，基督教精神对于我们民主的创生极其重要，我们在事实论坛中了解到，就基督教精神的基本理想在法律和政治上的表达来看，美国民主依然是人类至今为止所创造的最近乎完美的表达。”亨特听到之后，简直勃然大怒，他认为美国是一个共和国家，不是一个民主国家，而且教训斯穆特说民主是“魔鬼自身之所为”。“在一个理想的社会中，”亨特倾向于这样说，“你付的税款越多，你得到的选票也就越多。”[4]

亨特自己从未出现在事实论坛上，他更喜欢扮演斯穆特的导师和“研究助手”，按自己的方式阅览书籍和文章。很快，斯穆特开始拍摄这些节目，亨特则成立了一两家电视台广播这些节目。9 个月来，事实论坛一直都在有节制地运行之中，年运营预算也就 10 万美元。接着，1952 年的秋天，一切都发生了变化。亨特找到了一个颇富才华的新合伙人，而他们的合作将把事实论坛转变成一个全美气候的大事，他就是约瑟夫·麦卡锡。

4

尽管有一支由得克萨斯石油商组成的竞选团队为了意识形态而投身全国政治舞台，但第二支竞选团队——希德·理查森、克林特·默奇森、布朗 & 鲁特公司的乔治和赫尔曼·布朗——依然把主要兴趣放在攫取对权势人物的控制上。他们在华盛顿的大人物就是林登·约翰逊。因为从 1940 年起，这个国会议员就只对扩展自己的政治爬梯感兴趣，对其他的几乎不感兴趣，他们的竞选团队成了完美的联姻：理查森、默奇森及其他成员只能提供一样东西，而 1948 年正要竞选参议员的约翰逊也只需要一样东西来获选，那就是：金钱。

约翰逊获选了。1948 年民主党初选，他侥幸击败科克·史蒂文森（Coke

Stevenson），这次较量被罗伯特·卡洛（Robert Caro）按时间顺序详细收录在他于 1990 年所写的《升迁之道》（*Means of Ascent*）中。11 月，约翰逊完胜杰克·波特。这两次胜选背后都有大量非法资金的推动，其中多数资金来自理查森和布朗兄弟，然后就是默奇森、阿蒙·卡特，以及泰勒独立石油商哈里斯·梅拉斯基（Harris Melasky）。筹集的竞选资金都是由约翰逊的 6 名助理秘密实施的，牵头人是一个精明能干的名叫约翰·康纳利的年轻律师。不论何时需要资金，需要时往往是为了打电台广告，康纳利或其手下就会包租一架私人飞机，飞到奥斯汀、达拉斯、沃斯堡、休斯敦，如果是找理查森的话，那就得飞到圣乔治岛上的简易机场了，然后带着装有 1 万美元、2.5 万美元，某些情况下多达 5 万美元的纸袋和公文包回来。因为钱那么多，康纳利无法追踪每一笔钱的去向，所以他一度把自己藏在家里的 4 万美元放错了地方。这笔钱再没找到，康纳利猜想他把这笔钱落在送洗的一套西装里了。[5]

得克萨斯从未见过像政治献金这样的事情，其他州也没有见过。“这是现代政治的开端，”康纳利回想道，“它是一个完整新时代的黎明。”[6]石油商也这样想，而且一旦撞上某个憨厚老实又不要他们钱的政客，他们倒感到颇为惊呆。1949 年，在一次为萨姆·雷伯恩（Sam Rayburn）举办的华盛顿晚宴上，希德·理查森对发言人招手说跟他一起上厕所。几分钟之后，雷伯恩吐沫飞溅、很激动地出现了，正跟民主党全国财务委员会主席克里克莫尔·法思（Creekmore Fath）撞上。“克里克莫尔！”雷伯恩厉声说道，“你进里头去，跟他好好谈谈！”

法思打开男厕的门，发现理查森孤自一人站在那里，一脸迷惑。“有时我真的不知道萨姆怎么想的，”理查森抱怨道，他把手伸进一个裤兜里，然后取出一沓 5000 美元现金，又从第二个裤兜里摸出 5000 美元，然后他把钱这样就交给法思了。

“我该如何把这比捐款记录呢？”法思问道。

“我不知道，”理查森说，“就说巴斯捐的。”

不过，理查森找到了更加微妙的方式来追求雷伯恩。有次雷伯恩造访发言人的农场，跟他的律师一起，威廉·基特雷尔（William Kittrell），雷伯恩抱怨他那瘦如干柴的公牛，“该死，萨姆，”理查森说，“你需要来一头看起来体面的公牛。”

“好吧，我倒是瞄上了一头公牛，”雷伯恩喃喃自语道。

“听我说，”理查森说，“我也有那么一头瘦的要死的公牛，对我而言也没什么用，该死，我去，萨姆，我要你拥有它。”

“别这样做，希德。”

“哈，我就要这么干。”

雷伯恩耸耸肩，随后，理查森带着威廉·基特雷尔到一个牲畜交易商那里看，随后潦草地写了一张两万美元的支票给他，要买这人手中最赞的公牛。他让人把它送到了雷伯恩手中，附上一个便条说很抱歉把这样一个令人心生怜悯的牛送给他，盘算着雷伯恩该是看不出其中差异。“如果你胆敢把这件事情告诉雷伯恩，不论何时，”理查森警告基特里尔说，“小心我把你蛋蛋割下来，你信不信？！”[7]很快，理查森意识到他需要一种更加精炼圆滑的手法，并且于1951年就把约翰·康纳利从林登·约翰逊那边挖了来，康纳利变成了理查森的首席游说人员。

考虑到得克萨斯石油商一点一点注入华盛顿的现金，该不会用多久，他们就开始谋求这些投资能够带来效益了。鉴于得克萨斯石油界的新利润引擎，天然气，依然在联邦动力委员会（Federal Power Commission FPC）的管制之下，而1949年夏天，一名罗斯福指派的自由主义人士，名叫利兰·奥兹，获得了FPC主席的第三次提名。对得克萨斯石油商而言，在反基督主义上，奥兹可是一点都不赖，他是个抵制商业的经济学家，他有次写道只有“资本主义旧秩序的完全消逝”才能将工人从企业所有制中解放出来。“奥兹象征了他们一切痛恨之物，”鲍什·奥尔托夫（Posh Oltorf），乔治·布朗的说客，如此说道，“对他们来说，他就是那种极其令人厌恶的人，都是他的哲学惹的祸。”[8]

作为FPC主席，奥兹有权敲定天然气的价格，他已被两度提名并获肯，1940年一次，1944年又一次，但是，由新管线输送而来的天然气在需求以及利润上的爆炸式增长改变了一切。石油商们开始用信件对林登·约翰逊进行狂轰滥炸，强烈要求堵死对他的再次任命。即便那些长期以来对约翰逊持怀疑态度的罗伊·卡伦和其他一些人——1948年对其投反对票的那些人，总之吧，他们也开始恳求约翰逊做点什么。奥兹的论述“是不容置疑的证据，他不相信我们的政府形式，”卡伦在一封拍给约翰逊及其 21 个其他参议员的电报中写道。

“这件事超出了哲学范畴，”约翰·康纳利对罗伯特·卡洛说，“这件事会填补石油商的腰包，对他们而言，这件事是真正的面包和黄油问题。所以这件事将检验林登是否可靠，将证明他绝非新政派人物。这是他跟几十个石油商搞好关系的机会，能把那些从未支持过他的、对他持怀疑态度的权势非常、富有非常的人们聚拢过来。因此，对林登而言，扭转形势的办法就是：把那个家伙处理了。”

约翰逊，在连哄带骗地巧取了参议院分委员会的主席身份之后，该委员会负责审议该提名，在 1949 年 9 月 28 日的一次听证会中突袭了奥兹，听证会上，一名来自科珀斯克里斯蒂的国会议员约翰·莱尔（John Lyle），他是约翰逊的一名亲信，用从国会非美活动调查委员会借来的档案，不问细节地指控奥兹。支持得克萨斯天然气产业的检察官递交了更多档案，而奥兹，尽管对此予以愤怒的否定，也只能是仰天长叹接受命运了。“利兰·奥兹被打成叛徒了。”《休斯敦邮报》头条如是写道。其他报纸也如法炮制，一周之后，分委员会以 7∶0 否决了提名。

这是明目张胆的诽谤，但等到自由派人士认识到约翰逊所作所为之时，一切已为时太晚。罗斯福以及其他联盟支持奥兹。《国家民族政坛》把约翰逊的突然袭击描写为“由特权阶级发起的、将一名事实上太过为消费者着想者逐出公职的罪恶昭彰的图谋。”但当参议院全院以 53∶15 否决了提名后，得克萨斯州的报纸，包括之前那些攻击约翰逊太自由派的报纸，都因他拯救了天然气产业而对他大加赞誉。

参议院表决之后，约翰逊乘坐布朗 & 鲁特公司的一架飞机返回了休斯敦，从那里他又乘坐布朗 & 鲁特的一辆豪华轿车去了拉玛酒店的布朗 & 鲁特套间。在 8-F 套间里，他受到了来自布朗兄弟及其一群石油商的互相打气，随后他飞到了圣乔治岛，在那里跟理查森、默奇森和其他人待了一周。对得克萨斯石油界在华盛顿的这位朋友而言，这一圈庆功会开得还是很欢乐的。约翰逊现在踏上了通往真正的政治权力的大道，被绑上他的战车的石油商误以为他们也会吧，这是情有可原的。

5

击败利兰·奥兹第一次显示出：得克萨斯石油界所能支配的政治力量，以及得克萨斯石油界谋求实现更大目标的意愿强度。四大石油巨头投入到全国政治中的巨量资金把得克萨斯打造成了那些心怀更大抱负的美国政客的经常造访之地。有些人来时心怀嘲讽之情，尤其是那些被迫在罗伊·卡伦的讲座中当听众的政客们。所有人都盯着1952年的大选，当时几乎是每一个石油商都决意击败自由派哈里·杜鲁门推动的再选努力。第一批到达的就有乔治亚州的资浅参议员，理查森·拉塞尔（Richardson Russell），他是约翰逊的一个盟友，1949年10月，也就是在击败奥兹一周后，约翰逊造访圣乔治岛，在希德·理查森的大牧场上搞庆功会那周，就是带着他去的。在那儿，他们白天射猎鸭子、信步沙滩，晚上啜饮波本，谈论政治，石油商尝试着估量拉塞尔是否有击败杜鲁门的那两下子。他没有。

德怀特·艾森豪威尔这位诺曼底之役的大英雄，接着也来了。时间是两个月之后，也就是1949年12月，这是他数次造访中的第一次。罗伊·卡伦对艾森豪威尔颇为着迷，在纽约跟将军共进晚餐时就邀请他来。在休斯敦，卡伦一家在他们家中为艾森豪威尔举办了午宴，而在一次晚餐上，将军给卡伦一个惊喜，把自由基金会的荣誉勋章授给了他，这个荣誉原本是他未能亲身领取的。次日，在卡伦带着他游览了休斯敦大学之后，艾森豪威尔飞往了圣乔治岛，跟希德·理查森一起度周末。

11个月之后，1950年11月，艾森豪威尔应卡伦之邀来到休斯敦，到休斯敦大学做演讲。这次将军在卡伦的豪宅中过了一晚，这给了卡伦对将军一探究竟的时间，传闻他要竞选总统。他俩在客厅抽着雪茄侃侃而谈时，鉴于艾森豪威尔一直对他自己的政治野心讳莫如深，所以卡伦就使劲儿鼓励他，“将军，这个国家的人民要你来当他们的下一届总统啊，”他说，“我可以向你保证这一点……但这儿有件事情我可以跟你讲，如果你拒绝跟任何人谈论政治的话，那你一定能够获得提名并且当选。你就保持自己的本色，一名士兵。”

在造访了卡伦两次之后，艾森豪威尔都直奔圣乔治岛去看希德·理查森，希德很快就变成了他最富有的个人资助者。将军是真心喜欢理查森，而对卡伦容忍而已。有流言说艾森豪威尔在二战期间某个时候就开始跟理查森一起搞投资，理查森家的一位世交对此予以了确认。“我知道他干了什么，希德告诉我了，”这位世交说道，“在石油行当里，有个古老的游戏，你了解吧，在这个游戏中，你的朋友们可是只会对你产量好的油井进行投资，却不会投那些产量不成的油井？你懂的吧？艾森豪威尔就是这么干的，你没法证明它，但他确实这么干。”

尽管艾森豪威尔对得克萨斯的造访给得克萨斯石油商的自尊心带来了惊奇的效果，但却没给将军迈向白宫带来多大帮助。整个1951年，艾森豪威尔摇摆于是否谋求总统职位。就在他犹豫不决时，四大石油巨头加入了全国的共和党人之中，寻找合适的替代人选，那年春天，他们以为自己找到了另外一个二战英豪，道格拉斯·麦克阿瑟将军，那年春天杜鲁门刚把他从朝鲜战场美军一把手的位置上给“解聘了”。H. L. 亨特多年来一直为使麦克阿瑟成为总统竞选人而奋斗，1951年，在将军从朝鲜返回的途中，亨特、罗伊·卡伦和格林·麦卡锡都邀请麦克阿瑟造访得克萨斯。麦克阿瑟的一个助理给卡伦回信说，他会在6月份造访休斯敦。卡伦回复说那天他将出席他孙女的毕业典礼，将军的这位助理暗示说太平洋战役大英雄的造访或许更重要一些吧，卡伦回复说：“我非常仰慕麦克阿瑟将军，但是就算有一打麦克阿瑟来，我也不会对我的孙女食言。”[9]

麦克阿瑟将他的访问推迟了一天。当这次行程公布后，麦卡锡误把它当成了他自己的邀请带来的结果，他还发布了一篇报道也这样说。卡伦不开心了。当麦克阿瑟抵达休斯敦，住进了三叶酢浆草酒店，该市还搞了一场即兴游行。卡伦，身着一套白色的夏季套装，在一辆敞篷车里，卡伦坐在将军旁边的位置，麦卡锡坐在后排。有张照片捕捉到了卡伦对坐在他身后的麦卡锡冒火一瞥的镜头。然而，真正的怒火交加在将军离开之后才上演，当时是将军酒店住宿和餐馆就餐的账单23 000美元没有付清这件事给泄露出去了。当这件事情登上了报纸，麦卡锡就开始装糊涂，说自己不知情。卡伦抵达他的牧场后，勃然大怒，“这事情让休斯敦和得克萨斯太难堪了，”他咆哮道，“给我查出来账单是多少，我来付。”而且他真这么干了。（后来这桩小事在休斯敦媒体界的名流俱乐部晚宴上受到了冷嘲热讽，记者们描述说卡伦、麦卡锡以及休斯敦市长为了一张晚餐账单而争吵不休，其中滑稽的部分是市长和麦卡锡都冲着卡伦放声大喊“罗斯福！罗斯福！罗斯福！”最后，都把卡伦喊晕了。)

1951 年年末，只要说到艾森豪威尔是否会竞选总统，猜测就会遍地开花，要知道，当时他可是辞去了哥伦比亚大学校长的职务，去指挥欧洲的北约军队了。在纽约，一场征调艾森豪威尔的运动已经迅速发展起来，而且已经开始举行集会。在那些决心敦促他拿定主意参加竞选的人之中，就有希德·理查森。那年 11 月，理查森邀请了乔治·艾伦，此人是将军最亲密的一个朋友，在圣乔治岛的大牧场上讨论推动他加入竞选的办法。他们决定，他们需要跟艾森豪威尔当面去说，专门到巴黎去说。当他们登上了 1952 年 2 月初的玛丽皇后号轮船，理查森揣着两封写给艾森豪威尔的信件，一封来自克林特·默奇森，另一封来自葛培理牧师。[10]

理查森和艾伦抵达法国时，关于艾森豪威尔有何打算的猜测也达到了顶峰。在北约总部周围徘徊着一群越来越大的成功召唤者，他们加入了进去。他们之中就有著名的女飞行员杰奎琳·考克伦（Jaqueline Cochran），她带来了一盒录像带要给将军看，上面是一场征调艾森豪威尔的大型集会。当她在 2 月 11 日晚上把录像带播放给艾森豪威尔看时，考克伦后来说，艾森豪威尔变得泪眼朦胧，并且告诉她他会的，真的，他会参加白宫竞选的。有个更加合乎情理的版本是，艾森豪威尔拿定主意要归因于他的长期副官卢修斯·克雷（Lucius Clay）将军，他对自己的传记作家讲，当他俩 2 月 16 日出席了英国乔治国王的葬礼之后，他俩商议了一下，但那会儿艾森豪威尔仍然没有拿定主意。理查森和艾伦——他俩谁也没对这次行程做任何记述——陪同艾森豪威尔造访了伦敦，去了一位英国将领的家中，就在那时，克雷将军把艾森豪威尔拽到一边，并且力劝他下决定。瞥见理查森和艾伦在客厅，克雷带着艾森豪威尔进了一个前厅，他后来说，在那里，艾森豪威尔坚定地宣布了他的竞选打算。后来艾森豪威尔出来，并且把这事告诉了理查森和艾伦。既然此中情节中找不到任何记载表明理查森的操纵对艾森豪威尔的决策造成了影响，他就只能说自己是知晓这件事情的平民了。

艾森豪威尔一宣布他的参选，四大石油巨头就争先恐后地登上他的政治快车了。尽管他们需要跟麦克阿瑟和其他人分道扬镳，但是得克萨斯石油商在艾森豪威尔身上嗅出了胜利者的味道，在他与民主党阿德莱·史蒂文森（Adlai Stevenson）的竞选运动中，为了使他当选，他们清除了所有阻碍。据有人估计，理查森给这场竞选输入了 100 万美元，这还不包括为艾森豪威尔在纽约科莫多尔酒店的各种留宿，以及他在芝加哥参加共和党大会时的各种开支。罗伊·卡伦，与此同时，恳求得克萨斯州长，艾伦·希弗斯（Allen Shivers），带着民主党加入艾森豪威尔的竞选团队中。默奇森聚了一伙儿石油商，出钱雇了一家公共关系公司，沃森联合公司，这家公司搞出并分发了 60 万份看起来货真价实的反史蒂文斯的报纸，美其名曰《本土得克萨斯人》（*Native Texan*）。除了有一幅漫画把史蒂文森画的嘴脸粗暴、冲着一教室学童说风凉话之外，它的标题主要都是“阿德莱的思想助力克里姆林宫”“杜鲁门对斯大林忠诚依旧”这类的。《本土得克萨斯人》被专门邮寄给农村地带的得克萨斯社区。“不管你会怎么想，（这些农民）在平等这件事上，横竖都是反对黑人的，”默奇森告诉一个记者说，“我的报纸有点迎合这些感受罢了。”[11]

那年 11 月，艾森豪威尔获选并入主白宫，虽然单靠得克萨斯石油资金并没有把他送进白宫，但是它无疑帮了大忙。华盛顿注意到了这一点。“在 1952 年大选后，当参议员们返回了华盛顿，”罗伯特·卡洛写道，“在国会山的北面，现在有了一种新认知。在南部的得克萨斯，那里有一笔广阔的竞选基金有待挖掘，那里还有中转机构——说它是唯一也是有部分根据的。尽管约翰逊在得克萨斯石油界捐助的流向上影响重大，但也并非全然取决于他。[12] 4 年之后，一位北卡罗来纳大学校长，此人名叫亚历山大·赫德（Alexander Heard）完成了对 1952 年政治捐助的详尽研究，并且报告称当年美国最大的个体捐助者不仅不是约翰逊派的石油商，而且他甚至都不是民主党，这个人物就是罗伊·卡伦。”

1952 年大选是一个新时代的黎明，在美国政治权力之中，有一支开始流向西部地区和西南地区，而到此之前都是集中在东北地区的，并且这次随之流动的还有美国人口，尤其是流向得克萨斯。“第一次见识到国家领导力从东北向西南倾斜，大约可以追溯到 1952 年到 1954 年年中的某个时间，”西奥多·怀特多年后写道，“当帝国主义的纽约觉察到这个严肃的金融入侵，而且这个非法入侵来自得克萨斯，在那儿，有一把粗鲁无礼的石油商开始在全美上下投资国会候选人了……但得克萨斯的闯入，至少在纽约，看起来是让人无法容忍了。”[13]

由于石油商跟艾森豪威尔极其亲近，希德·理查森发现自己又一次成了白宫晚宴的座上客了。理查森，不过，对挑选菜单可没有挑选内阁成员感兴趣。（当一个白宫助手打电话邀请他前来跟总统就餐时，理查森会打趣地问道，“好啊，晚餐吃什么？”）对理查森和其他石油商而言，最为重要的岗位就是海军部长了。海军是全球最大的石油采购者，而且还管理着从阿拉斯加到科罗拉多百万英亩的储油土地。理查森说服艾森豪威尔点名一个鲜为人知的沃斯堡检察官罗伯特 B. 安德森（Robert B. Anderson），此人 10 年来一直管理着牧场主 W. T. 瓦格纳（W. W. Waggoner）的地产，1955 年安德森的土地保有权到期之际，默奇森和理查森在这些土地上将获得自然增值，当时有个餐馆服务生在一家加利福尼亚酒店发现了一封理查森落在泳池边的信封，里头是一封来自佩里·巴斯的信件。“亲爱的希德，”上面写道，“正如你将看到的，我们这个月对海军的销售可是让我们的报告大放异彩啊，”信中还列表了理查森旗下对海军石油销售额的迅速增长的每月分类账目。[14]

其他石油商照顾艾森豪威尔的私人利益的时候，心中无疑也在期待类似的暴利。总统在宾夕法尼亚州有一个农场，而在他获选之后，为了避免潜在的冲突，他把它租赁给了乔治·艾伦。艾伦，反过来，又让给了两个石油商来付农场的账单，其中就包括默奇森的好友、泰勒市的比利·拜尔斯（Billy Byers）。艾森豪威尔在白宫执政的那些年间，艾伦和拜尔斯把农场变成了一个总统疗养院，建立了一栋 3 万美元的展示性牲口棚，后来又有三个估值在 2.2 万美元的牲口棚，后来又花了 0.6 万美元美化环境，后来，所有这些都被专栏作家德鲁·皮尔逊（Drew Pearson）爆料了出来。与此同时，默奇森跟拜尔斯和沃福德·凯恩（Wofford Cain）一道，支付了一片 550 英亩大的马场的日常养护费用，这是为梅蜜·艾森豪威尔（Mamie Eisenhower）的姐夫——戈登·摩尔（Gordon Moore）做的，此人当时就靠每年 8500 美元的工资过活。默奇森在摩尔的地产上搞了一个专门饲养夺奖赛马的马厩，并且默奇森在购买一个西弗吉尼亚赛道时，摩尔帮了一些忙，为此而支付给他一大笔佣金。[15]

尽管接受了他们的金钱、他们的照顾，但艾森豪威尔私下里会严厉批评他在得克萨斯石油界的这些新朋友。“要是哪个政党敢谋求废除社会安全、失业保险，以及废除劳工法律和农业计划，你就不会再听到那个政党的消息了，”他 1956 年给他的兄弟写道，“这里有一个很小的分裂出来的团体，当然，相信他们能够干这些事情，在他们之中就有 H. L. 亨特（和）少数其他的得克萨斯石油百万富翁们……他们的人数微不足道，而且他们够蠢的。”

6

到最后让他们很懊恼的是，20 世纪 50 年代期间，那个在国家政坛上混成与得克萨斯石油界最难分开的头面人物并不是颇具政治家风范的艾森豪威尔，而是一个来自威斯康星州的、脾气狂暴的资浅参议员，约瑟夫·麦卡锡（Joseph McCarthy）。在参议院平庸无奇地供职 4 年之后，1950 年 2 月，麦卡锡闪电般闯进了国民意识之中，这一切都紧随他在西弗吉尼亚惠灵市所做的那次演讲而至，演讲中他宣称国务院已经满是共产党。[16] 这纯粹是政治把戏——麦卡锡当时正在找寻一个议题来振奋他的再选——但紧随对阿尔杰·希斯（Alger Hiss）的审判，他的控诉引发了一场全国上下的骚动。麦卡锡后来对共产党“潜伏者们”的征讨把他这个参议员改造成了全国范围内的两极分裂化人物。

四大石油巨头立即投入了麦卡锡的怀抱——希德·理查森除外。“我不知道如何在跟萨姆·雷伯恩和林登·约翰逊搞好关系的同时，”理查森告诉一个记者说，“还能跟乔·麦卡锡搞好关系。”卡伦，1948 年就跟麦卡锡会过一次面，是他第一个把乔·麦卡锡带到了得克萨斯，1950 年 9 月，在萨姆·休斯敦竞技场发表演说时，介绍了他。“在把激进左派分子和红党分子扔出这个国家的问题上，参议员麦卡锡比（其他）任何人做的都多，”卡伦公开说，“我希望 [他] 让所有那些共产党间谍一直逃一直逃，直到他们都去莫斯科报到去。”许多得克萨斯休斯敦人都赞同。达拉斯以他的名义举办了一场每碟 100 美元的募捐会，这是该州有史以来第二次举办此种集会。在休斯敦，当麦卡锡迎娶他的前研究助手简·克尔（Jean Kerr）时，一群休斯敦市民筹笔钱买了一辆凯迪拉克送他，到这时，克尔已经到事实论坛工作了，麦卡锡在得克萨斯如此广受欢迎，媒体开始把他当成该州的“第三参议员”。

在四大石油巨头之中，最初正是默奇森被麦卡锡拉成了密友。1950 年，在他俩的一位共同好友的建议下，参议员曾给他电话，请求他捐助 1 万美元来击败麦卡锡的一个竞争对手，此人是马里兰州的参议员米勒德·泰丁斯（Millard Tydings）。㊀默奇森答应了，1952 年，又支给他 1 万美元用于击败麦卡锡的另一个竞争对手。很快，他就开始喜欢指导参议员进行理财，顺便还给他一些股票上的小建议。“我支持所有愿意将那些试图摧毁美国体系的人连根驱逐出去的人，”1954 年，默奇森告诉一个作家，“接着就来了这个海军陆战队士兵，这是个脸皮厚的硬汉，我估量就是眼下发起抗击的最好工具。”[17]

不过呢，麦卡锡所带来的最为切实可见的影响落在了 H. L. 亨特的身上。当麦卡锡于 1952 年 4 月来到达拉斯做演讲时，这个演讲是由美国退伍军人协会赞助的，事实论坛更是起劲儿地宣传他的到来。亨特打电话给达拉斯运动俱乐部，找麦卡锡参议员，当时他正留宿于此，然后前来拜访了他。他俩一见如故，脱了外套，就开始玩金拉米牌游戏。那天晚上，麦卡锡接受了亨特的建议，让丹·斯穆特来介绍他。记者们很快到场——很明显是由亨特的一个助手通知的——并且因为亨特在麦卡锡的上翻领处钉了一个“支持麦克阿瑟当总统”的纽扣，他俩还摆造型拍了一张照片，第二天这张照片出现在了《达拉斯晨报》的头版上。[18]

那年秋天，他俩再次会面，而这一次讨论聚焦在事实论坛和麦卡锡正在深耕的共同的立足点上。几周之内，亨特就把麦卡锡以前的 3 个助手收入麾下：维克多·约翰逊（Victor Johnson），一位行政助理；罗伯特 E. 李（Robert E. Lee），一名前 FBI 探员，他还是麦卡锡手下最不屈不挠的调查员；还有简·科尔（Jean Kerr），也就是参议员很快即将娶回家的那个研究员。很快，这个“麦卡锡帮”就把事实论坛改造成了亨特梦想中的覆盖全美的多媒体企业。他们管理并见证了事实论坛节目的井喷，包括两个报业辛迪加的电台广播节目，还有 3 个电视节目，这 3 个电视节目是由一个电视业老手哈代·伯特（Hardy Burt）在亨特收购的一家位于纽约东第 40 街的演播室录制的。

㊀ 一个参议院分委员会后来发现默奇森给的钱，还有罗伊·卡伦的合伙人杰克·波特捐助的 5000 美元，属于未向“相应的官方机构”报告的一笔资金。因此，这笔钱就被转而用到了支付一份通俗小报，在马里兰州全境进行分发，这张小报上面有一张伪造的照片，参议员泰丁斯跟美国共产党领袖厄尔·白劳德（Earl Browder）被合照了。泰丁斯落选了。

所有的演播本质上都一样：都是主持辩论类节目，自我标榜说是致力于使一个公共议题的“双边观点”都得到广播。实际上，所有节目都抄袭自丹·斯穆特的模式，把他们所谓的辩论严重歪曲向右，即使当他们广播的观点等于对种族主义和反犹主义一纱之隔的呼吁时，他们依然强烈地支持麦卡锡。[19] 在一个节目中，举个例子，评论员反对《公平就业立法》说：“要记得当黑人被北方人和英国商人第一次带到美国时，他们可不是从自由人被贬为奴隶身份的。他们只不过是从非洲那种被自己人野蛮奴役的状态，转成了在西半球的一种宽厚仁慈的奴役状态。”

亨特邮寄给好几百个事实论坛“参与人员”的一堆书籍和小册子，更是助长了广播的火焰。与此同时，《事实论坛新闻》是一个亨特赞助的时事通讯，它号召读者购买事实论坛的资料和加入其他的右翼团体。虽然宣称发行量有 6 万，大多数文章是转载的，但是也有少数文章是原创，其中有一篇名叫“自由的心智”的文章，就是由前程似锦的威廉 F. 布克莱（William F. Buckley）写的。事实论坛每月还在它的读者中进行调查，以供麦卡锡和其他保守主义派的政客拿来炫耀，有时连调查的参与者实际上是谁都不解释的。亨特把它全然抬高成一副爱国主义的腔调，也就在它真正的观点广为人知之前，这不仅获得了领军的右翼先锋的支持，而且还获得了少数举国知名的温和派人士的支持，它的董事会成员不仅包括诺曼文·森特·皮尔（Norman Vincent Peale），还包括演员约翰·韦恩（John Wayne）。[20]

1953 年年初几个月，少数媒体评论家注意到事实论坛的新方向。其中有个就是同道中人，保守派人士 E.M. 迪利（E.M.Dealey），《达拉斯新闻》的总裁。该报一直好意地对待亨特的活动，直到有一天一个下属把一张来自亨特的 50 美元支票突如其来地拿给迪利看，调查之后，迪利发现亨特一直给报社那些写的文章讨他喜欢的记者，以及那些提及事实论坛的“写信给编辑”版面的写手们邮寄支票。顿时他就怒了，迪利不仅退回了亨特的支票，他还对新闻编辑室宣布，除非完全不可避免，绝不能在报纸中出现“亨特”这两个字。

然而，亨特可不好阻挡。有一天他直接就造访了迪利的办公室，而且还带着一个怪诞的提议，要报社把记者分成两派，激进的左派和保守派，然后让他们在重大新闻事件上分别撰写报道文章，并行报道。对此，迪利几乎是把他赶出去的。可是，随后几个月，亨特把从报纸上撕下的纸片再粘上对比的文章，用来对他狂轰乱炸，给他示范“激进的左派 VS. 保守派”这种方法是怎样运作的。一年之后，当一个杂志写手得知了这件小事，迪利让亨特吃了双管枪，说他是“潜伏的法西斯主义者”。问及时事论坛时，迪利怒吼道：“那种东西让我想起了三 K 党。”[21]

7

在铸就得克萨斯石油界的赫赫声名的所有浮华之中，好莱坞明星，政治操纵，特别是那逐渐成形的大麻烦——麦卡锡全集中到了一个地方，克林特·默奇森在拉荷亚开设的一家私人疗养院的新酒店，坐落在加利福尼亚的圣迭戈北部，多年来，克林特和他的妻子金妮（经常会有希德·理查森陪着）一直在拉荷亚过夏天，在德马尔赛马俱乐部参加纯种马比赛赌博，这家俱乐部的赛季从 7 月一直开到美国劳工节（9 月的第一个星期一）。通常，他们上午 10 点左右才会来到赛道，然后会一整天待在这儿，比赛之间，他们就喝薄荷朱利酒、吃火腿三明治打发时间，默奇森是如此喜欢拉荷亚，他还试着把地标性建筑建筑——卡萨明天酒店收入囊中，当酒店所有者拒绝出售，他就下定决心建自己的酒店。他收购了一家小镇边缘的马术学院，把它打造成了一个 55 间房的酒店，而且还把马厩改造成了环绕泳池的八个农舍式双卧室别墅。[22]

当新建的戴尔恰罗旅馆——恰罗在西班牙语里是指盛装的骑士——在 1951 年赛季开业，默奇森的石油界朋友以及他们的妻子一起蜂拥而至：艾菲和沃福德·凯恩（Effie and Wofford Cain）、艾米丽和比利·贝耶斯（Emily and Billy Byars）、朱迪和帕格·米勒（Jodie and Pug Miller）、希德·理查森。一面得克萨斯州的州旗高高飘扬，一个道琼斯股票自动收录机在大厅锵锵作响，一天的比赛结束之后，大家还会在泳池周围搓一场麻将。身着燕尾服的服务生在稀疏的人群中来回穿梭，托盘里必然有薄荷朱利酒和波本，地痞流氓是进不来的，要知道客房价格按今天算也在 800 美元。（俱乐部补充条款：不准携带宠物，而且，潜规则中还包括禁止犹太人进入。）几周之内，这永不停歇的派对就迎来了兴冲冲的电影界人士，包括约翰·韦恩、伊丽莎白·泰勒（Elizabeth

Taylor)、威廉·鲍威尔(William Powell)、吉米·杜兰特(Jimmy Durante)、蓓蒂·葛莱宝(Betty Grable),以及琼·克劳馥(Joan Crawford)。有几天晚上,克劳馥把一烧瓶伏特加干完之后,就盯着理查森目送秋波,还引发了一场小风波。

“全国每个人都知道希德是个亿万富翁啊,而且就在那阵子关于他的报道满天飞,更不用说把琼介绍给他时了,”金妮·默奇森回忆起来说,[23]“她就一直围着他打转,搞得他最后只能坐在我和艾菲·凯恩中间,这样琼就没法靠近他了。他在女人面前很害羞的,而且一点也不喜欢她们跟他调情玩,”㊀除了那些让人烦躁的女演员,理查森在戴尔恰罗还是过得非常快活的,比在其他任何地方都快活,喝着波本,泳池旁边打着牌,当艾森豪威尔手下身为美国卫生教育与福利部部长兼休斯敦女继承人奥维塔·卡尔普·霍比(Oveta Culp Hobby)被安排在毗邻的农舍式别墅时,他就开心地放声诅咒,搞得她只能恳求换地。大多数早上,在跟默奇森一起驱车前往赛道之前,理查森都会先给萨姆·雷伯恩打个电话。[24]

在着迷戴尔恰罗酒店中别样生活的那群政客之中,霍比和雷伯恩只不过是第一批而已。其他人也很快,就跑去跟默奇森和理查森热络了,其中就有艾森豪威尔及其副总统候选人,理查森 M. 尼克松(Richardson M. Nixon)。“他们跟尼克松说话的语气就像是在对一个办公室勤杂工一样,”戴尔恰罗的经理艾伦·威妥(Allan Witwer)多年后回忆说。[18]最喜欢这家酒店并且待的最久的华盛顿人物是 J. 埃德加·胡佛,他于 1952 年应默奇森邀请作客戴尔恰罗,直到 1972 年去世之前,每年夏天都会回来。他俩老爷们,在加州的募捐活动中相识,当时是 1951 年,然后变成了忠诚的好友。胡佛及其长期助手克莱德·托尔森(Clyde Tolson)会呆在 A 号平房,这是为默奇森的朋友们预留的其中一个小屋。石油商是尽可能地投其所好,有一天晚上局长提到他喜欢佛罗里达,因为在那里从宾馆出来就能从树上摘果子吃,第二天早上默奇森就在胡佛的院子里栽了一片李子树、桃树和橘子树。此外,还有一棵病恹恹的葡萄藤挂在那里,工作人员花了好几个小时才把健康的葡萄拴在蔓藤上面。

㊀ 理查森的世交说克劳馥没提前通报声就热情洋溢地跑过来追求理查森,理查森拒绝见她,结果这个女演员不得不在佩里·巴斯家尴尬地度过了一晚。“希德讨厌势利眼,”这位世交说道,“她就是特别让他嫌恶的那种人。”

胡佛可是出了名的沉默寡言，但是在戴尔恰罗酒店一起玩的石油商尽可能地让他放松下来。有一天晚上，正餐上了“智利鱼子酱”，一位达拉斯百万富翁从塔尔萨的艾克家的智利巴罗店空运过来的，希德·理查森瞥见胡佛一言不发地坐在野餐桌旁边，突然，理查森从泳池人群的另一边用震耳的声音喊道：“该死的，胡佛，把你屁股起来，给我弄一碗智利鱼子酱！”[25]（理查森也会空运食品过来，牛排、甜瓜、鱼和木炭。）

胡佛跟默奇森一样，喜欢赛马，但更让他喜欢的是戴尔恰罗酒店，有人猜，他喜欢的是能免费待在这儿。在胡佛头次造访的末尾，那次待了长达一月，艾伦·威妥回忆说：“胡佛没有一点付账单的意思，所以我找到默奇森说，‘你要我怎么做？’‘算在我头上吧。’他对我说。然后我就按他说的干了。”用今天的美元计算，胡佛的开支算起来将近两万美元，默奇森以及他后续的接班人，整整 20 年都在为他支付每一次的账单。[26]他俩甚至还在商业中一起合作过，那会儿默奇森的出版机构——亨利霍尔特出版社（Henry Holt）就承担了胡佛的作品的分销。

实际上，后来随着一切浮出水面，默奇森为这个联邦调查局局长做的可不是支付账单、出版书籍这么简单。胡佛一死，对 FBI 腐败案的调查随之而来，但在此之前，没人知道他到底给胡佛送了什么人情。“胡佛确实跟克林特·默奇森共有一家石油企业，”一位司法部检察官 1998 年确认说，“要是钻探公司钻到一口枯井，他就把钱撤回来，一切要确定的，必须是确定的，不是的话，他就撤资，管它是股票、债券，还是石油企业，这太反常了。”“胡佛，”联邦调查局前助理局长威廉姆·苏利文（William Sullivan）后来告诉一名采访者说，“他跟默奇森有约在先，只要是他投资的油井，要是他们钻到了石油，他就拿属于他的那份收益，但要是他们钻不到石油，他也不用承担成本。”结果是，到了肯尼迪执政期间，司法部着实对默奇森和胡佛的那些交易进行了调查，但是“没有足够的证据来立一桩刑事案件，”威廉姆·亨德利（William Hundley）回忆说，那时他是调查局有组织犯罪科的主管。“但这一切都是错的，他不该这样做的。”[27]

1952 年 8 月，胡佛和艾森豪威尔造访戴尔恰罗酒店同一月，乔·麦卡锡加入了进来。记者藏在外面的灌木丛里，迫使默奇森的安保人员不得不把他们轰走。晚上，绕着泳池啜饮着小酒，一边是麦卡锡谴责共产主义者在政府中的影响，一边是石油商安安静静地听着。默奇森把他说的每一句话都好好咀嚼了一番，而且很快就开始欢迎这个参议员造访他在达拉斯的家。次年 5 月，麦卡锡还加入了默奇森在他的墨西哥大牧场的周末打猎活动，接着陪着这个石油商到达拉斯石油俱乐部听演讲。默奇森后来将会坚持说他那时就已经对麦卡锡持有疑虑：“乔泄密说政府中共产党员的数量有 205 个之后，而接下来却连 35 个左右的人名都想不出来的时候，我觉得他应该公开承认他搞错了吧，但他没有——我猜他算计着那将是糟糕的战术。”[28]

无论默奇森知道与否，彼时他已经在玩火了。

第11章／

“类人猿，得克萨斯属”

1

自从全国的聚光灯第一次照到他们身上，五年来，全国媒体的指挥棒一贯都是向上挥舞，这是他们的权力在华盛顿日渐走强的关键之一。但在 1953 年夏，政治的风向变了，对得克萨斯“第三参议员”乔·麦卡锡的反共战术的抵制开始一步步增加，麦卡锡职业生涯的一个转折点就发生在那年 7 月。那会儿他有个助手发布了一篇尖刻的批评文章，控告说共产主义在新教牧师的各个层级普遍开花。即使对麦卡锡的许多支持者而言，这也太过分了。那些通常对麦卡锡持中立态度的记者终于开始质疑他的办事方法了，打一开始，四大石油巨头就被牵扯进了这场争论之中。

第一波突袭发生在 7 月 6 日，那会儿《纽约邮报》(*New York Post*) 发起了一连 4 篇文章，详细描述得克萨斯石油界对麦卡锡的支持。默奇森和亨特第一次被当作参议员的主要经济赞助者提及，《纽约邮报》暗示说他们正把麦卡锡打扮得好好的，让他当总统——这可是默奇森极力否认的看法。

“我喜欢乔·麦卡锡，”默奇森跟《纽约邮报》讲，“我对你们说啊，我觉得他已把最大可能的服务给了他的国家，他谁也不怕……我听到一些怨愤，关于他伤害的那些人，在麦卡锡的战争中，有一些伤亡也是情有可原的。他们也没办法。”

《纽约邮报》系列文章，加上默奇森非同寻常的那些无脑引述，是四大石油巨头遭受的第一波负面宣传。谴责之下，默奇森对麦卡锡的热情在随后几周之内就冷却下来，这一时期也见证了这个参议员遭到了越来越多的批评。那年 8 月，当麦卡锡回到戴尔恰罗酒店，默奇森往常那种让人不以为然的嬉皮笑脸的举止，现在看起来让他觉得粗鲁讨厌，参议员是个特能喝酒的人，早餐时，他会来一口威士忌，拿来跟他的橘子汁一起喝。在赛马的场合，他会喝个一整天，然后一杯又一杯的威士忌下肚，直到早上三四点才能喝够。醉了时，麦卡锡就开始讲一些荤段子，有时在女人面前也讲，这让默奇森很反感。有一天晚上，麦卡锡在额头上放一个玻璃弹子，叫板另一个客人看谁能保持平衡，然后把它丢进麦卡锡在这人裤子里插的漏斗里。而当这个客人试着做的时候，麦卡锡把波本酒倒进了他的裤子里。[1]

对默奇森而言，最后的救命稻草终于在某天晚上找到了，当时麦卡锡在泳池边，醉醺醺地开始辱骂他的新妻子吉恩（Jean)。麦卡锡突然起身把穿着衣服的她推进了泳池。据朋友们说，默奇森起身后一句话没说蹑手蹑脚地回到了他的平房。次日早上，默奇森派了一名侍者把便条交给参议员，命令他离开这里。“我终于有理由跟他撇清关系了，”一个朋友引用默奇森的话说道，“当他把吉恩推进泳池的时候。”[2]

在把默奇森的生活搞得不舒坦的同时，《纽约邮报》的系列文章也属于最早留意到亨特蓬勃发展的媒体帝国的一批，很快其他记者也开始到处打探消息。最固执的是本·巴格迪基安（Ben Bagdikian)，该人是《普罗维登斯日报》（*Providence Journal*）华盛顿分社社长，他偶然听到一件事：亨特的一名手下付给《日报》的又一记者 125 美元，请他来采访一次事实论坛，解释说亨特愿意拿出现金来选出“我们的同类”。该记者不仅拒绝了这个提议，他还就此事写了一篇文章，此文又被无线电通讯社采用了。巴格迪基安的整个职业生涯都是作者兼评论员，他花了数周研究事实论坛，那年 11 月他编写的 8 部分系列文章是一次疯狂的揭示，不仅把事实论坛的右翼议程表的安排呈现在了世人面前，而且还质疑它作为一家“教育”基金是否应该享有免税地位。该系列文章广受关注，这其中就有《时代》杂志，它把事实论坛的世界观刻画成“孤立主义、极端保守主义，以及麦卡锡主义”。

《纽约邮报》和巴格迪基安的系列文章又把一拨作家引到了得克萨斯，不过 1948 年和 1949 年的那一拨作家来了都是把石油商捧为自由企业的淳朴斗士，而这一拨来了是寻找好斗的右翼蠢货的。接踵而至的猛烈抨击首先在 1954 年 2 月 14 日周日版的《华盛顿邮报》爆发了，当时该报的白宫通讯员爱德华 T. 福利亚德（Edward T. Folliard）开始撰写一个分为六部分的系列文章，一段登在头版的编辑按如此写道："大型交易者，得克萨斯那神话般的金融专家，一直从他们成百万成百万的收入中拿出一部分注入到美国政坛之中……他们也按得克萨斯传统来——钱要多，事要多，人更要多。关于他们，有一点比较罕见，那就是公众对他们的动机、目的以及想法的无知。(不得不说，公众）对得克萨斯知之甚少。"在他的第一篇文章里，《孤星州把钱注入到美国各地的政治之中》(*Lone Star Wealth Pours into Politics from Coast to Coast*)，福利亚德毫不含糊地聚焦四大石油巨头，然后，周一在头版为亨特写传略，周二写事实论坛，周三写默奇森，周四写理查森，周五写罗伊·卡伦。

作为个体而言，《纽约邮报》对四大石油巨头很客气——福利亚德称呼默奇森为"天才"，并且赞扬卡伦，说他有"勇气"承认自己是保守派——即使在他们笔下，他们的观点，尤其是亨特和卡伦的观点要比希特勒还要稍微右一点。"亨特确信，"福利亚德写道，"当今世界形势，在俄国已然统治了 6 亿人口的状况下，正是华盛顿策划出来的，归功于罗斯福和杜鲁门时期……如果你不同意他的说法——好吧，你大脑有问题。"

四大石油巨头之中唯一一个对《纽约邮报》进行回应的是亨特，那个周三他召开了一场新闻发布会，那天正是他 65 岁的生日，地点是纽约的华尔道夫阿斯多里亚酒店。召开之前，就像是要确认这个石油商的资历一般，一个发言人告诉记者，说亨特的身价有 20 亿美元，而且每年税后收入还有 5400 万。当亨特慢慢悠悠上了台，他就开始大侃他孩童时期的故事。记者则拿事实论坛对他进行反问，亨特沉着冷静，说事实论坛和他自己都不是支持法西斯的、反犹太人的、反天主教的，也没有反黑人。"这些指控都有一个常见的调子，"亨特说，"就《共产主义每日工人报》(*Communist Daily Worker*）而言，他们的动机就是要把法西斯主义的帽子扣在我们头上。而对于那些负责任的媒体，我倒不认为这是他们对我们蓄意已久的诽谤，相反我觉得这是因为他们根本没有听我们的节目、不理解我们的所作所为造成的。”

在那次注定将成为麦卡锡最具争议性调查的前夕，也就是军方对麦卡锡听证会的前夕，《纽约邮报》系列文章把华盛顿搞得一团糟。两周之后，3 月 9 日，放出了为这个参议员政治生涯的结束而欢呼的电视广播，也就是爱德华 · R. 莫罗（Edward R. Murrow）在哥伦比亚电视台的黄金时段的谴责之声。在此之后，公众怒气的闸门就打开了，记者、政客，还有普通百姓，不仅全都挤上了反麦卡锡的战车，而且还打算把那些一直推动麦卡锡运动的人找出来。他们在四大石油巨头的身上嗅出了恶棍的味道。

在接下来的数月之中，从《圣路易斯邮报》（*St. Louis Post-Dispatch*）到《财富》，全都充斥着对“得克萨斯石油界如何支持麦卡锡的美国异端裁判所”一探究竟的文章。其中最富创见、最具影响力的评论文章出自西奥多 · 怀特（Theodore White）之手，并于那年 5 月刊登在现已倒闭的《记者》（*The Reporter*）杂志上。怀特是一位后来在总统竞选史研究领域成为院长级的人物，在那年冬季曾游历了得克萨斯，尽管当时诸如《华盛顿邮报》一类的报纸还尽可能地保持中立，他已开始试探性地出击了。在他那分为两部分的系列文章里，《得克萨斯：财富和恐惧之土》（*Texas: Land of Wealth and Fear*），怀特给卡伦贴上了“一个名副其实的原始卫理公会派教徒”，给默奇森则贴上了“一个成功的神经病质者”，而给亨特则贴上了“故弄玄虚”的标签，同时还在搜集新闻资料中发现“理查森那一心一意追逐财富中竟然有一种近乎僧侣的纯净”。

那年雨季，在造访过得克萨斯的作家之中，只有怀特试着清点四大石油巨头及其同类给得克萨斯带来的诸多变化，这些变化始自石油商们把第一位极端保守派州长派皮 · 奥丹尼尔（Pappy O’Daniel）极力推进州政府的 1938 年。怀特批评该州简直是一个偏执的右翼堡垒，掌管在一个备受石油资本支持的州长艾伦 · 希弗斯（Allan Shivers）手中。怀特目光所及之处似乎都在印证得克萨斯将麦卡锡主义推高到新水平的事实，不仅强制推行效忠宣誓，而且还推广一项家庭主妇政治运动，她们被组织起来，成为“细致入微女人团”的一部分，负责追捕公立学校中的激进左派分子。怀特如是写道：

在其他美国人看来，这种情绪态势其实不过是一种病态又好笑的爱好，他们小心留意着这个壮大之中的社团跌跌撞撞地走在通往成熟的大道上，想知道它会不会有违法犯罪行为：

- 数百万得克萨斯人确信他们的主要敌人是其他的美国人，并且还确信在这个时代和这一代中，尽管他们自己有繁荣，但美国却经历了一场完全的失败。
- 上从州长个人，下至主要政党的结构，得克萨斯之内的政府机器一直被一个叫不上名来的第三党派攫取着，它深陷怨恨、恐惧和怀疑之中——其核心信条之一就是“如果美国真给人消灭了，那一定是来自内部”。
- 小撮巨富之人，他们的新财富带给他们一种让人感到冒犯的、难以衡量的权力，寻求把这种态势扩散开来，以及把他们的控制扩散到合众国的所有其余地方。

美国国内那些热情而又虔诚的右派人士傲慢地叫嚣说，得克萨斯的“主权”特权是不能被干扰的，在得克萨斯政治的帝国主义做派之中，他们对自相矛盾视而不见，尽管此种帝国主义做派花钱把从康涅狄格州到华盛顿州、从威斯康星州到新墨西哥州的其他 30 个“主权”州的国内政治都干涉了一遍。

得克萨斯的这一新形象，有点石油界神秘的亿万富翁图谋对美国来一次极端保守主义的大接管的色彩，深深地影响了美国涌现的后麦卡锡时期的思维定式。而它无疑高估了四大石油巨头的能力，但这并不要紧；国民怀疑麦卡锡和新保守主义背后有一个强大的政治阴谋小团体了，而为此买单的正是得克萨斯石油商。公众观点的转变，无论是新闻报道、国会议员的评论，还是寄给编辑的信明显是来势凶猛。第一个与之交锋的是亨特，4 月 22 日，他在华尔道夫阿斯多里亚酒店举行第二次新闻发布会，这次是为了宣布他正跟一家国家电视网进行洽谈，也就是 NBC，以想在对方那里每日播出一个 15 分钟长的节目，而且节目将再次播出对一个问题的双边观点。社会主义政治学家诺曼·托马斯（Norman Thomas）愤怒地发了一封公开信表示抗议。一周后，NBC 主席大卫·萨诺夫（David Sarnoff）宣布 NBC 公司已经拒绝了亨特的提议。[3] 亨特此时发现事实论坛的每一举动都受到了严密监控。

罗伊·卡伦则对付了一次更让人发自肺腑的回应，那年春季，当媒体的兴致濒临巅峰时，他宣布：他要邀请麦卡锡来为 4 月 22 日的圣哈辛托日做演讲，地点是休斯敦港航道的圣哈辛托纪念碑前。有两个人——校报编辑鲍勃·肯尼（Bob Kenney）和后来创建该州唯一一家进步报纸《得克萨斯观察报》（*Texas Observer*）的罗尼·杜格（Ronnie Dugger）——组织了一场呼吁卡伦撤回邀请函的请愿活动。等这两位年轻人来到休斯敦递交请愿书的时候，请愿书已经长达 40 英尺，并有 1500 人签上了自己的名字。当卡伦同意接见他们，这两位学生坐在了他桌子的对面，先是静静地坐了好久，最后卡伦才转向鲍勃·肯尼。

“你是个共产主义者吗？”他问。

“不是，”鲍勃·肯尼说。

卡伦转向罗尼·杜格。“那你是个共产主义者吗？”他问。

“不是，”罗尼·杜格说。

“好吧，”卡伦说，“让我们好好谈谈这件事。”

“所以我们就开始谈，”罗尼·杜格在一次采访时回忆说，“卡伦说他不能撤回邀请函，已经太迟了，但是他理解了我们的意思，而且我们离开时气氛已经相当缓和了。在他把该死的问题解决了之后，他就是个南方的绅士了。”后来卡伦告诉一个记者说他把参议员视为“美国最伟大的人物之一”。

“因为所有这些争议，所以麦卡锡在圣哈辛托河的演讲最后搞得有点虎头蛇尾，场面悲凉。虽然报纸纷纷说那天天气很好，正好赶上孩子们也不上学，估计会有 4 万人到场。可登上高台，《纽约邮报》的一两个记者扫视了一番，在人群中数了数，只有 4200 人。卡伦，系着领结坐在麦卡锡旁边，看起来很疲劳。早在两年前，也就是他在温哥华旅游期间，他曾因肾结石而住院。这件事成了休斯敦大小报纸的头条，《出版报》的通栏大标题如是写道：“H. R. 卡伦在加拿大患重病”，当卡伦坐着担架床从飞机上被抬下来时，摄影记者正好在机场。后来，他去赫曼医院做健康检查一事也被记者报道了。此时他已 73 岁，依然像以往一般精力充沛，但是在纪念碑那天，他的灰发被清风吹得凌乱，似乎是变革之风正要吹来的标志。

2

在对四大石油巨头的政治活动的媒体报道中，贯穿其中的核心问题很简单，那就是：“他们想要什么？”全国企业界也很想知道他们想要什么。只有默奇森在石油之外大肆搞业务多元化，尽管他的投资局限在房地产行业、保险业、出版行当，而且推进得静悄悄的，但是只要四大石油巨头愿意，他们就能给通用汽车公司和美国钢铁公司带来威胁。1954 年 2 月 26 日，这些很难说清楚的忧虑就变成现实了，此时距《华盛顿邮报》系列文章发布刚一周——默奇森让华尔街大吃一惊，确认说他和理查森正要投入到美国最大的收购争夺战之中，这场仗是为了控制美国第二大铁路，也就是价值 27 亿美元的纽约中央铁路。

这是一桩很复杂的事情，当时美国历史上最大的代理权之争，挑起人是一个名叫罗伯特·杨（Robert Young）的华尔街金融家，他生于得克萨斯，为人处世精明练达，穿着一双牛仔靴，他就在交易行当中赚到了一套林荫大道的公寓，外加地处棕榈滩和纽波特的两套豪宅。杨跟一个合伙人控制着一条与之竞争的铁路，切萨皮克 & 俄亥俄州铁路。那年 1 月，为了迎合联邦双重所有权法律，也为了发动对纽约中央铁路的偷袭，杨突然跟切萨皮克 & 俄亥俄州彻底撇清了关系，不过他在纽约中央铁路公司仍然拥有占比 12% 的股份，这是该铁路最大的单一股份。当年纽约中央铁路公司的年会预定在 5 月举行，如果他想把握机会赢得股东投票的话，杨必须把他的大宗股票安排在友人之手。所以，他就给默奇森打了电话。

默奇森乐于相助，尤其是当他和杨周密安排了一揽子贷款之后，他就更乐于帮忙了，该贷款允许默奇森用从杨及其合伙人那里借的钱来购买股票。为了稀释风险，默奇森把电话拨给了身在棕榈泉市的理查森，正赶上他要出去打牌，理查森匆忙答应了，直到见报，他才意识到自己答应了一笔 2000 万美元的交易，而不是 500 万美元。“你说的这条铁路叫什么来着？”他打电话问默奇森。后来理查森拿这件事开玩笑说：“真的，克林特当时就是舌头没嚼清楚。”

这项投资把默奇森带进了鲍勃·杨的东海岸精致世界，而他却从未在这种环境中感到过自在。造访杨的豪宅时，一个男仆是默奇森到哪儿他就跟到哪儿，尽管这处西弗吉尼亚白硫磺泉镇的豪宅中装饰着杨的大姨子乔治亚·欧姬芙（George O’Keeffe）的画作，但倒洗澡水时，男仆都在浴盆旁边转悠，默奇森只好打趣说：“没关系了，你可以在外面等着，我从三岁起就能自己洗澡了。”在杨的棕榈滩豪宅蒙特瑟雷尔跟社交名流闲聊时，他想用手把三明治和一杯小茶放在膝盖上，但是那把仿古的法式座椅搞得他怎么坐都不舒服。看到他不舒服，杨问他喝点别的东西会不会更好，默奇森急忙说道：“嗯，来杯双份马提尼酒。”[4]

那年春季，关于四大石油巨头如何如何支持麦卡锡的新闻满天飞。与此同时，纽约中央铁路争夺战越发激烈凶狠，把商业媒体都吸引了过来，此事的声势迅即就把默奇森送上了《时代》周刊的封面，此时刚 5 月，就这样，他成了四年间获此殊荣的第二位得克萨斯石油商。这期杂志的头条新闻——“那些得克萨斯百万富翁们”——把重点放在了四大石油巨头的商业上，而不是政治雄心上。关于默奇森，文章写道：“在得克萨斯石油商中，（默奇森）可谓其全新一支的第一人。在石油界赚了数百万美元后，现在他开始把资金用来深化众所周知的得克萨斯野心了——买下美国的其余部分。”[5] 自由派的《国家民族政坛》恼怒了：刊文说道，纽约中央铁路争夺战的推进“基本就跟默奇森等人支持麦卡锡叫板共和党高层领导力的方式一样。”得克萨斯人文章总结道，“决心豁出去也要往前挤，挤到我们社会中那些事关权力成败的伟大的轮盘赌游戏之中去。（他们）不会甘心在后排待着的，他们坚决要做到前排中心去。”[6]

到 5 月时，对纽约中央铁路的争夺变得更加激烈。铁路公司发起上诉，要求杜绝将它的股份转交到默奇森和理查森手中，但败诉。它又诉诸州际贸易委员会，再次失败。它一直拒绝移交股份，但最终到企业年会的前夕，一名法官强制它把股份转交了，此时不祥之兆已经显现。借着默奇森和理查森的支持，杨打了胜仗。两个月之后，这俩个得克萨斯人就把他们的股份卖回给了杨，因而诱发了参议院对整件事情的一次调查。官司一打就花了好几个月，最终迫使默奇森出席了一次在纽约的庭审，在那里，他礼貌地告诉法官他不能代表理查森的观点，提到他时，他面带微笑，称他是一个“有钱的胖老头”。

3

麦卡锡命运逆转之后，四大石油巨头遭受的无情报道引发了对得克萨斯石油界的强烈抵制，而这一刺痛将在未来多年都能感受到。其实，自那之后，它的形象再没真正恢复过。我们可以从 1954 年春季处画一条直线，从那时起，之前那些把得克萨斯人刻画得喜欢玩乐、热衷冒险的记者开始把他们刻画成种族主义者、贪婪狂，以及爱搞阴谋者，再到对达拉斯得克萨斯人不是古怪就是邪恶的刻画，以及诸如《奇爱博士》(*Doctor Strangelove*) 和奥利弗・斯通（Oliver Stone）的《刺杀肯尼迪》(*JFK*) 的电影。

起码在最初，艾尔默・法德（Elmer Fudd）和西蒙・勒格雷（Simon Legree）对这一新形象的贡献差不多。默奇森登上《时代》封面上的那年 5 月的同一周，最初的预示就出现了，当时妇女全美新闻俱乐部在华盛顿的自家橄榄球场演出中讽刺了四大石油巨头。当天晚上，伴着一支乐队演奏诺埃尔・考沃德（Noel Coward）的《英格兰豪宅》（*The Stately Homes of England*)，4 名女记者跳着舞登上了全美新闻俱乐部的舞台。装扮成牛仔，炫着大把的现金，她们唱道：

我是默奇森，我是理查森，我是卡伦，我是亨特
我们的数百万美元繁殖速度像蜜蜂
在得克萨斯，金钱在树上疯长
我们就在这儿，四个全在这儿
像我们这样的多得是
都是赢了的得克萨斯儿女们
我们懂得如何让油井喷油
如何拿着现金获得胜利
除此之外，我们的教育缺少协调
尽管我们精明，而且有着好眼力
但我们政治上很保守
我们喜欢追猎卡米们
还有各色粉系激进派
但如果我们找不到卡米们
普通的自由派也可以
所以如果自由派必须离开

我们将提供现金……

因为我们是得克萨斯的百万富翁！[7]

大家喜欢拿得克萨斯开玩笑。这些玩笑话里讲得最多的就是它喜欢吹牛皮的嗜好。但 1954 年媒体对四大石油巨头的聚焦释放了一股史无前例的嘲笑与奚落热潮，那些在大家看来是文盲和粗鲁无礼的万事通的得克萨斯百万富翁成了笑柄。比如，《纽约时报》的一位评论员奚落地提议发行一本油田照片集，“对那些还没有学会怎样阅读的得克萨斯石油界的百万富翁而言，这将是一份不错的圣诞礼物。”[8]《时报》的一位作者 1955 年打趣说，“得克萨斯，就是在这样一个地方，石油界的百万富翁一夜之间就能变成颠覆性的书籍、核战争，甚至如何升天方面的专家。”[9]

在当时的电视小品节目中，关于得克萨斯百万富翁的说笑也开始大为流行。其中有一个 Mr. Peepers 节目，一群游客色眯眯地盯着白金汉宫，然后他们中有个得克萨斯人就开始讲话了：“我想知道这个他们卖不卖啊？我正想找个乡下的好地方买呢。”美国最受欢迎的笑星之一，米尔顿·博利（Milton Berle），更是在他的综艺节目中把得克萨斯变成了经常性的笑料。在有部小品里，场景设置在一个赛道旁边，博利对一个名叫查尔斯·阿普尔怀特（Charles Applewhite）的得克萨斯少年歌手询问道：“你打算赌多少钱？”

查理：“噢，博利先生，我们得克萨斯那边人人都可有钱了，赌钱多没意思，我们赌人。”

博利：“你们赌人？”

查理：“我老爹去年赌得不错，现在我都有 4 个妈妈了。”

然后，博利给查理使劲鼓气，让他开唱。

博利：“不要紧张，查理。不要把它当作在纽约歌唱，把它当作在得克萨斯的自家后院里歌唱。”

查理：“简单，在得克萨斯，纽约就是我们的后院。”

在 20 世纪 50 年代中期，可不是只有博利一个人，每一位笑星似乎都有个关于得克萨斯百万富翁的笑话文库。广播名人弗雷德·艾伦（Fred Allen）有好几个最爱的笑话。其中一个说的是休斯敦百万富翁把自己儿子的弹簧单高跷拿走了，因为这孩子在后院用它刺出了好多油井。“围绕得克萨斯的笑话取材极其广泛，从低劣卑鄙的到特别高雅的，并且一路是取材越来越多，”一位生于得克萨斯名叫史丹利·沃尔克（Stanley Walker）的纽约作家在一篇围绕该现象的特别报道中写道。“对于那些到处挖掘噱头的玩家来说，它可以说就是主矿脉，是这无限资源之中的巨富矿藏。”沃尔克建议得克萨斯人对此就一笑而过吧：“得克萨斯的公民啊……面对这种困境，必须保持冷静，虽然很难说事情会怎样……但还是可能会变得更加糟糕的。如果得克萨斯人真的忘了如何自嘲……那么上天会帮助他们记起来的。现在的状况本有可能会变得更加粗野的。”

在 20 世纪 50 年代中期，唯一没有嘲讽过得克萨斯石油界的百万富翁的那批美国人，应该就是那些在他们身上发现了一种右翼政治的不祥之兆的美国人了，这一看法很快就把一种新形象带进了百老汇舞台剧和好莱坞电影。“你们有没有注意到，在最近出的虚构小说和电视剧里，得克萨斯百万富翁都被当作恶毒的类型用了？”《达拉斯新闻》1955 年发问道。不把他们当作恶毒一派倒有点难。一本 1957 年的流行小说，《发起者》(*The Promoters*)，讲了一个诡计多端的得克萨斯石油商想方设法收购一条铁路的故事——影射了默奇森对纽约中央铁路的投标。另外还有一部 1959 年的百老汇舞台剧，《幸福小镇》(*Happy Town*)，则主要讲述了 4 个邪恶的得克萨斯石油商企图诓骗一个小镇的居民。在那部 1957 年的电影《苦雨恋春风》(*Written on the Wind*) 中，罗伯特·斯塔克（Robert Stack）领衔主演了一位喝醉的得克萨斯石油商，为了一个女孩而跟洛克·哈德森（Rock Hudson）干了起来，最后吃了枪子——《时报》评论员说这“又是一次严苛的审查……”

20 世纪 50 年代末期，得克萨斯的社论编辑放弃了对这些成见的反驳。“全美其他地方都需要一个替罪羊，”《达拉斯晨报》抱怨道，“而且这些把得克萨斯歪曲成有 1000 万沉迷于从石油或牲口中攫取财富的吹牛大王的扭曲形象不是那么容易（甩掉）的。对于那些夜店的滑稽演员、被雇专栏作家、小说家而言，以及对于凭借巨富一族把得克萨斯合并在一起，然后推动他们自己的自由议程的东部政客们来讲，得州的这种形象太重要了。”[10]

1954 年春季，得克萨斯形象在美国流行文化中开始黯然失色（被抹黑），没几个得克萨斯人再处于有利地位了。在华盛顿，针对“来自得克萨斯石油界的竞选资助”的集体反对尤为真切。事实上，为了拿下那年 11 月的中期选举，民主党已经开始对得克萨斯石油商发起试探性攻击了。5 月，《休斯敦邮报》在华盛顿的驻外记者伊丽莎白·莉斯·卡朋特（Elizabeth “Liz” Carpenter）——也就是后来的白宫新闻秘书兼撰稿人——报告称在首都流言四起，说是有“得克萨斯石油界的竞选资助”对那些反对亚拉巴马州、密歇根州和其他州的参议员的竞选团队提供支持。“流行病”一般的负面报道一点也没给四大石油巨头造成苦恼，卡朋特写道：“在华盛顿的政治沙龙里，时髦的口气是这样的，就是把全美尽可能多地方的政治趋势都归功于‘得克萨斯石油界的竞选资助’，假如你的口吻能足够神秘的话，听起来就会特别邪恶，就像是你知道内幕消息一样。”对得克萨斯的宣传是如此之坏，她推断，除非把这种风潮扭转过来，不然它就有可能给得克萨斯石油界的圣杯——油井枯竭津贴带来危险。“‘得克萨斯石油界的竞选资助’与麦卡锡参议员的关联，”卡朋特写道，“使得支持枯竭津贴的投票（看起来）就像是维护麦卡锡主义的投票。”[11]

那年夏天，四大石油巨头全都感受到了新怀疑主义带来的刺痛。对亨特而言，那就是事实论坛遭到了越来越多的攻击，这使它卷入了一场由国会主导的、针对特定基金是否适用免税地位的调查之中。当时，来自田纳西的保守派人士 B. 卡罗尔·里斯（B. Carroll Reece）主管的一个众议院小组委员会正通过盘问来“审查”共产党在洛克菲勒和福特基金会的影响力，然而，每次里斯指示这些基金会提供档案，他的民主党对手，来自俄亥俄州的韦恩 L. 海思（Wayne L. Hays）就要求事实论坛提供数据。在那年 5 月举行的听证会上，以及 9 月签发的又一次报告中，海思要求国税局对亨特的活动进行盘问。亨特的制片人哈迪·伯特（Hardy Burt）谴责海思说：“这是由共产党报纸触发的针对事实论坛进行诽谤的暴力运动。”这场口角一闹就闹了好几个月，直到一项国税局审查澄清说事实论坛存在不法行为才告一段落。

罗伊·卡伦，与此同时，则成了一些参议员的靶子，这些人可不感激他邮给竞争对手的那些支票。正如在 1952 年一样，1954 年卡伦再次成为美国政客的最大捐助者。其中有一个最直言不讳的批评者是缅因州的一个参议员，此人叫玛格丽特·蔡斯·史密斯（Margaret Chase Smith），麦卡锡的一个反对者，当时她正遭到一个政坛上的无名小辈鲍勃·琼斯（Bob Jones）不同寻常的初选挑战。那年春天，卡伦的女婿道格拉斯·马歇尔（Douglas Marshall）收到了一位缅因州编辑的来信，这位编辑写道：

在采访鲍勃·琼斯时，我问鲍勃，其中有个问题就是“他是从哪里得到经济赞助的”。他说在缅因州有两处支持，但不想透露他们的身份。我留意到，在他宣布（参选）的几天之前，你给琼斯写过信，告诉他你已经跟参议员麦卡锡谈过了，而且说将会有充足的资金支持他，外加两名公共关系专员的服务，如果她想对抗史密斯女士的话……我想了解的是，你，你的岳父卡伦先生，或者麦卡锡在得克萨斯的其他友人是否在当下的竞选中支持琼斯？……我们都相信的是这钱可不是他自己出的。”[12]

相似的情形在全美各地上演，在蒙大拿州、亚拉巴马州和马里兰州。初选之后，也就是她赢了之后，参议员史密斯成了华盛顿反得克萨斯活动的人气中心。“1954 年，H. R. 卡伦及其得克萨斯石油和天然气联营公司向缅因州注入资金，试图在政治上击溃我，”她给石油界的一个说客写道。对一个达拉斯人，她补充说道：“虽然得克萨斯石油商完全有权利支持全国共和党和艾森豪威尔竞选，但是他们做得有点过的地方是，他们竟然把钱寄到缅因州，企图用钱控制缅因州的参议院选举，企图在选谁当参议员上支配缅因州人民。你们都清楚，缅因州人民可从来没有企图告诉得克萨斯人民谁该当他们的参议员。”

卡伦却在非常坏的时机抛出了自己的授权传记《休·罗伊·卡伦：一个关于美国机会的故事》（*Hugh Roy Cullen: A Story of American Opportunity*），因此卷入了这场动荡之中。自从 1951 年格林·麦卡锡发行了他的授权传记——这是一本空无一物的大杂烩——《横木杆道》（*Corduroy Road*）后，写一本传记出来的念头就一直在他的脑海盘桓不去。两个作家好容易才对卡伦进行了详细采访，其中一人曾为《休斯敦邮报》撰写激烈的右翼社论。在设法规避了那些更为臭名远播的观点之后，他俩的书直白地讲述了他的人生故事。虽然有几个评论很和善，但许多人更偏爱史丹利·沃尔克发表在《国家民族政坛》上的那篇带有颇让人无地自容的口吻的文章。

这篇文章被冠以“类人猿：得克萨斯人属”的标题。

得克萨斯有个危险的小毛病，名字叫“卡伦症候群”，取名源自这本书的主题。其并发症状如下：

- 病人几乎总是石油商，而非棉花商、银行家、牧牛业者或者批发商；
- 他相信他的财富绝非出于运气，而是出于他自己的深谋远虑、胆量和进取心——一切皆因美式生活方式而成为可能。
- 他觉得，表达对美国的感激之情的一种方式就是加入那些志趣相投的爱国者，然后一起凑钱给乔·麦卡锡买一辆汽车。
- 虽然他可能从未上过高中，但他却在课本、关税、制胜橄榄球、编队结构、宪法、地质物理、通货膨胀以及如何摆脱赘疣上是权威。
- 他喜欢写信给在职官员和那些意在谋求官职的人，劝告或威胁他们该怎么做。哪怕只有半个机会，他就会从他那长年累积的智慧结晶中，播下布道、说教、行为准则、格言、课本、谚语和寓言来，为了同胞的利益，他自称可爱这些人了。

多亏像这样的文章，到 1954 年六七月份，愚昧无知、极端保守主义的得克萨斯石油商的新刻板印象已经牢牢掌控了美国人的想象力。最符合公众这一成见的石油商是克林特·默奇森，他尝试着扭转这一趋势。7 月 12 日，默奇森宣布他和理查森要收购他们喜爱的德尔玛赛马场，并将它改造成一个非盈利基金——男生公司，该基金将把它 90% 的收益输送给加州及其他地区的男生俱乐部；这则报道还登上《纽约时报》的头版头条，足见四大石油巨头的声名狼藉。默奇森当时正在全国着手收购另外 5 家赛马场，指望着吸引 J. 埃德加·胡佛来主管基金会，如果他退休，或当他退休的时候便可以来。

不管怎样，得克萨斯人的慈善活动遭遇了抗议的飓风。抗议之声主要来自加州的一个原教旨主义的基督徒组织，该组织告诉记者说，这个国家的青春不应该被赌博收益玷污。不过，真正的难题是国税局，它发起了一场延续多年的调查，旨在查清用于男生俱乐部的指定收益是否应该在事实上缴税。国税局的调查毙掉了默奇森在密歇根州和伊利诺伊州另外购置赛马场的计划。但是德尔玛基金会最终还是把 100 多亿美元输送到了男生俱乐部，也就是说，它花了四年就使默奇森和理查森收回了购买该赛马场的成本。这种关系一直延续到 1968 年。

然而，默奇森为争取媒体好感而做的努力，几乎没有遏制那些旨在攻击得克萨斯石油界的尖酸、刻薄之流。即便四大石油巨头真能一笑而过，但仍有不少得克萨斯州的政客担心这对该州前景带来负面影响。“全美政治正是得克萨斯声誉受损最严重的地方，”林登的一个前助手1955年在《休斯敦邮报》上撰文写道，“一些华盛顿顾问认为，对政治人物而言，如果让人知道他们把得克萨斯人算作自己的朋友，那就是‘危险的’……虽然面对起来可能是令人不快的，但是国家事务中一系列的要职或可归结为——在目前盛行的情势下——仅仅因为他是得克萨斯人，他就很难占据要职。”国会议员布莱迪·金特里（Brady Gentry）告诉东得克萨斯工商会说，这种强烈抵制将会使那些帮助该州的努力前功尽弃。“我们发现自己身处如此窘境，而促成因子之一，”金特里说道，“就是四大石油巨头一直以来所受到的巨大关注……如果继续下去的话，我确信油井枯竭税收津贴被大大削减的时刻将会到来，即使不会被完全废除的话。”

正儿八经地去分析这场强烈反得克萨斯的抵制潮流的记者屈指可数，《休斯敦邮报》的乔治·福尔曼（George Fuermann）就是其中之一。在他以“新”得克萨斯为主题、耗时6年写就的第三本书——1957年出版发行的《不情愿的帝国》（*Reluctant Empire*）中，福尔曼为大多数石油商辩护，毫不含糊地将反得克萨斯主义的兴起归咎于卡伦、默奇森和亨特的政治活动。“对得克萨斯石油界不断高涨的怀疑，使外人看来石油商都是不诚实的、诡计多端的，然而独立石油商一族的风俗习惯和（正直）也是他们的主要优点之一，”福尔曼写道。关于卡伦、默奇森和亨特，他特别提到：“他们三个，没怎么借助别人的帮助，就把得克萨斯石油界，附加上得克萨斯，搞得被全美国人都反感了。”[13]

4

1954年，反得克萨斯主义的情绪化浪潮过后的那一年并非大选年，因而四大石油巨头从公众视野中的淡出可以被视为重返正常状态，抑或巨兽寻求舔舐伤口的喘息之机。尽管他们从头条上隐退下来，然而，这并不意味着他们缩减了政治野心。正是在1955年，实际上，希德·理查森——这个早在

20 年前连生活用品都买不起的人——构想出一个妙计，这几乎代表了四大石油巨头在华盛顿影响力的巅峰：替换掉德怀特·艾森豪威尔的副总统理查德 M. 尼克松。

媒体针对得克萨斯石油界政治权势的吹毛求疵，并没有给理查森造成多大影响。不像亨特和卡伦，他可是在白宫的内部的核心层，他既在圈子内，又在艾森豪威尔的脑袋内。在那儿，没人能动他。1955 年秋，理查森碰巧结识了一群艾森豪威尔的朋友，其中包括乔治·艾伦（George Allen），此人觉得尼克松将会为总统在 1956 年的再选制造麻烦。由于尼克松性格阴郁而执拗，他有很长一段时间都不受艾森豪威尔的门下顾问的欢迎，而且艾森豪威尔自己也真怀疑他是否是副总统的料。“事实是，”艾森豪威尔告诉他的演讲稿撰写人埃米特·休斯（Emmet Hughes）说，“我注意这家伙好久了，而他就是还没成熟起来。所以我不能再去相信他是总统之材了。”在艾森豪威尔的拥护者中，白宫内外已经有人叽叽咕咕说要把尼克松从共和党的竞选名单上替换下来。可是 1955 年 9 月，艾森豪威尔突然闹了一场心脏病。一夜之间，来一次尼克松总统任期的念头变得尤为实在，这可是艾森豪威尔的多少朋友都想要碾碎的可能性啊。

他们之中就有理查森，他心中有一个适合拿来取代尼克松的完美人选，此人是他的老朋友、得克萨斯石油界的律师——罗伯特 B. 安德森（Robert B. Anderson）。当了海军部长两年之后，安德森几个月之前刚刚从国防部长助理的位置上退下来，跟他抱怨说靠一份政府薪水很难过活。在 1955 年年末的一次谈话中，理查森向艾森豪威尔提到了用安德森把尼克松从 1956 年的候选人名单上替换下来的可行性。艾森豪威尔认同安德森，觉得他会是个很好的副总统。不过有一个大难题：安德森不愿意重返华盛顿，即使是去当副总统，就算那也意味着将有一份政府薪水。

在那个节骨眼上，理查森启动了一项复杂的秘密策划，其唯一目的就是把鲍勃·安德森变成一个非常富有的人。当时一个由四家石油公司构成的团队，其中一家归克林特·默奇森所有，正在理查森名下的得克萨斯和路易斯安那州的土地上钻探油井。理查森要求这四家公司每一家都对他交往最久的老朋友转让提成费收益，这人就是曾任海湾石油公司执行官的杰伊·亚当斯（Jay

Adams)，现在他是公司设在沃斯堡的一个独立石油商。做的完全就像是个中间人，接着亚当斯会把他的收益转让给安德森。然后安德森通过把它们卖给理查森的侄子，佩里·巴斯又卖回了理查森的手中。虽然只不过就是些账面交易，但理查森的这个秘密策划却让安德森赚到了97万美元。

1955年圣诞节的几天之前，理查森乘坐一架DC-3s飞往华盛顿，机上载着为艾森豪威尔准备的牛排、鹌鹑肉以及鸭子肉。在这次造访期间，他明确表示安德森现在愿意在候选人名单上要个名额了，艾森豪威尔答应考虑一下。那年春天，在一次面对面的会晤之中，事实上，艾森豪威尔向尼克松建议让贤，然后成为内阁的一员，更好的话，他认为，是1960年竞选总统。根据他俩的传记作家说，尼克松拒绝了，而艾森豪威尔也没有忍心把他推下台去。最后，1956年6月，艾森豪威尔任命安德森为财政部部长，在这个位置上，他可成了得克萨斯石油界的不能更好的朋友了。[14]

5

在整个20世纪50年代，虽然得克萨斯石油界的基本面继续恶化：上涨的开采成本以及低价的中东石油所带来的竞争正在慢慢勒紧该产业的脖颈。但是，得克萨斯石油商在天然气领域赚到的巨额收益可不只是抵消了油价下跌的影响，还增加了总收入。很大程度上，这多亏了那位容易被左右的官员孟·沃尔格伦（Mon Wallgren)，此人取代了利兰·奥兹，当上了联邦动力委员会的主席，之后天然气价格稳步上涨，从1948年的每千立方英尺天然气6美分，上涨到1955年的10美分。得克萨斯最主要的天然气生产商有希德·理查森和H. L. 亨特，他俩眼看着他们的收益一飞冲天，而那些上市的管道公司，比如布朗兄弟的得克萨斯东方人公司，也看着他们的股票价格翻了一倍。

价格上涨的推动力是联邦动力委员会的一项规定，一方面它将独立石油商排除在天然气的控制权之外，另一方面它却允许亨特·理查森和其他人仅仅通过告诉委员会他们的成本在上涨，就可以请求涨价。然而，这使他们的客户非常不开心。到1954年，中西部各州在购买天然气时已经要比在1940年多支付40%了，它们不能再承受了：密歇根州和威斯康星州对联邦动力委员会提起控诉，要求采取保护措施防止进一步的价格上涨。当这桩事在最高法院为各州开庭时，最高法院命令联邦动力委员会管制独立石油商。当联邦动力委员会玩起了拖延策略，国会就介入了进来。1955 年年初，一项旨在废止法院判决效力的法案在众议院提出，当年 7 月该法案涉险通过。一项配套法案在参议院提出，该法案掌控着得克萨斯石油界的天然气产业繁荣的未来，并预定在 1956 年 2 月进行表决。当时已身为参议院多数党领袖的林登・约翰逊又一次把得克萨斯石油界的生死攥在了手中。

恰如其名，《哈里斯 – 富布赖特天然气法案》(*Harris-Fulbright Natural Gas Bill*) 预示着，在得克萨斯石油界，即将发生一场连华盛顿都从未见识过的政治权势的大汇集。此次风险之高前所未有：如果法案通过了，天然气的卖价预期将一年上涨 2 亿 ~ 4 亿美元，这一涨势将把西南部的天然气储量的经济价值推高到 120 亿 ~ 300 亿美元。在国会大厦的会场和走廊里，说客们四处徘徊，找寻可以拉拢过来的臂膀，这些说客都是得克萨斯和俄克拉何马的天然气生产商派来的：汉贝尔公司、菲利普斯石油公司、威廉・“杀绝”・凯克家高级石油公司，以及其他许多天然气生产商。希德・理查森的手下，约翰・康纳利在五月花酒店的一间作战情报室精心策划了这场游说活动，与他在这儿一起忙活的还有约翰逊的老友之一——议案说客艾德・克拉克（Ed Clark）。就连石油商他们自己也出面参与此事。“今天，我在这儿见到亨特了，”在五月花酒店的大厅里，得克萨斯人私下议论纷纷，“希德也来了，我看到他了。还有老头儿凯克，坐着轮椅来的。”[15]

从康纳利和克拉克起，自上而下，得克萨斯游说团意识到要打赢这场硬仗并不容易。媒体对四大石油巨头的攻击依然凶猛，而且北方的报纸已经火药味十足，它们将之视为天然气生产商的价格欺诈：《纽约时报》指称该法案“不论是在社会、经济上，还是在政治上”全是错的。公共舆论被约翰逊敏锐地看在眼里，他尽其所能地规避任何可能引起争议的辩论。到一月底时，他的这一策略似乎开始有效果了。当表决被安排在 2 月 6 日星期一，约翰逊就放心了，他已有足够的选票去拿下表决了。

接着，就在 2 月 3 日星期五，当参议院辩论周末就要收尾结束时，该法案的一名支持者——南达科他州的弗兰西斯・凯斯（Francis Case）从他的桌后突然站起来，做了一项令人震惊的宣布：“一名服务于天然气行业的说客”，他说，“造访了他在苏尔福斯瀑布的办公室，并且留下了一个内含 2500 美元现金的信封给他。”[16] 待在五月花酒店的艾德·克拉克立即就知道这意味着什么：最起码，一次参议院调查是跑不掉了；最坏，那就是法案泡汤。整个周五下午，一直到晚上，他都在五月花酒店的过道里徘徊，逮到那些说客就着急地敦促他们当晚——也就是传票下达前出城去。进入下半夜，高级轿车就开始一辆接一辆地把石油商们运往机场，私人飞机已经候在那里，等着载他们飞回得克萨斯、俄克拉何马，而就希德·理查森而言，那就是棕榈泉。

不知什么原因，尽管受到行贿指控，但林登·约翰逊还是设法使该法案在后面那周通过了。不过这一污点却绕不去。举国上下的社论全都谴责石油商厚颜无耻的腐败之举。接着，在 2 月 17 日，灾难来袭：艾森豪威尔宣布，尽管他赞成该法案，但他不能容忍凯斯一事例证的“傲慢”行径。这一无畏之举意味着将使共和党损失掉来自石油行业的数百万美元捐助，他否决了法案。“有一股强烈的恶臭围绕着该法案的通过，”他在日记中写道，这就是“那种把美国政治变得让任何遵守道德标准的人都感到沉闷乏味、沮丧至极的事情”。在写给理查森的一封信中，总统写道：“考虑到该法案通过时，满是让人怀疑的气氛，而这当然是由行业里那不负责任的一小撮人造成的，因而我没法签字。”

和气的话放一边，这却是得克萨斯石油界遭受的最糟糕的逆转，而石油商除了自己谁也怪罪不起。在艾森豪威尔投了否决票之后，对得克萨斯石油资金在整个事件中所扮演的角色进行调查的呼声接踵而至。虽然参议院成立了一个委员会调查此事，但是约翰逊阉割了这个委员会，因而它很快就解散了。不过，持久伤害木已成舟。希德·理查德图谋把副总统赶下台的时代一去不返，在艾森豪威尔的剩余任期内，理查森的政治参与被限制在了为一所总统图书馆筹集资金上。石油商开始在一切场合少露面。虽然他们在华盛顿唯一还可维持的权势只有林登·约翰逊，但是 1956 年之后，他们的角色就会逆转。当时约翰逊已经盯上了总统任期，他将领导这些石油商——而他们只要在首都还有朋友就会充满感激。

得克萨斯石油界在华盛顿的权势倾颓，正好与卡伦和亨特政治生涯的最后挣扎巧合。事实论坛在 1955 年就已经萎靡不振，当时丹·斯穆特离开了，去创办一家自己的小型媒体公司。1956 年，亨特把剩下的烂摊子关门大吉了，对此，达拉斯之外似乎都没人注意。在休斯敦，已经 75 岁的卡伦，依然偶尔去做些激情四射的演讲——在 1956 年 6 月的一次演讲中，他呼吁对整个最高法院进行弹劾——但是新闻界，即便是休斯敦的报纸，也很少把他说的当回事儿了。尽管卡伦式的极端保守主义没有消失，富有的得克萨斯石油商的政治献金也没有绝迹，但 1956 年却标志着一个时代的终结：孤星州的石油商蓄势待发，要在全国政治方向上大展身手的时代已经一去不返。再也不会有一场总统大选会让他们参与到如此之高的程度。对四大石油巨头及其州内友人而言，他们在其媒体蜜月期之内的所有花费以及享受到的所有狂热报道已被挥霍一空。之所以发生这种事情，很大程度上不仅是因为默奇森、亨特和卡伦在政治上的天真，更因为他们跟这战后的美国严重步调不一致，正如得克萨斯，战后的美国也在迅速成熟，而美国的大多数人正开始接纳新政期间诞生的公民权利和联邦权力。至于亨特和卡伦传播极端保守主义的欲望，曾使他们化身成功石油商的许多品质，如自力更生和那种倔强性情，却使他们在政治上半途而废。他们对个人操控的需要，一方面不仅致使他们无力打造持久的政治同盟，另一方面也使他们难以发现投资其他有识之士的事业的价值，毕竟他们是只投资他们自己的。这一短视，在威廉 F. 巴克利（William F. Buckley）一头热地想跟亨特搭伙这件事中被生动地刻画了出来。1954 年，巴克利筹办杂志，也就是后来变得颇具影响力的《全国评论》(*National Review*)，他找亨特投钱，亨特不给，其子邦克答应说投一万美元给他，但最后却也没兑现。通过这件事，足见事实论坛影响范围之广——巴克利不仅提议允许事实论坛从《全国评论》中节选文章，或者反过来也行，而且这颗已然在保守主义天空冉冉升起的明星的巴克利甚至同意为事实论坛撰写文章，亮相丹 · 斯穆特的节目为他助阵，条件是只要亨特愿意出钱赞助就成。然而，没什么能够撬开这个石油商的存折，他的传记作家约翰 B. 朱迪斯（John B. Judis）总结道，巴克利“太天主、太东部，而且对大多数得克萨斯右翼而言，也太过温和了”。

“我找亨特谈《全国评论》会有多好多好，而他就是什么忙也不想帮。”卡尔 · 赫斯（Karl Hess）回忆道，他是巴克利的一个融资负责人，“丹 · 斯穆特是亨特的信徒。[17] 像斯穆特这类人，他们并不真的想改变什么，他们只不过想要把祸害的原因归到那些愚昧的人头上，而巴克利真的想改变些什么。”结果，一边是巴克利一步一步把自己打造成了现代美国保守主义的王牌，而卡伦和亨特这俩（至少也算）当时的政治人物，则联名去历史的垃圾箱报道了。要是他们没有故步自封，而是积极连通过去和未来的话，他俩以及其他那些得克萨斯石油商或许最后就被大家颂扬为先知了。与此相反，历史学家正正当当地把他们视为傻瓜打发了事。

第12章

黄金岁月

今天一整天都难熬透了。先是我老婆的宠物袋鼠必须被赶出去毒死，然后不知什么人竟然把我那小矮个管家的活梯偷走了。

——对得克萨斯某石油商从一趟来自圣菲的火车上走下来所说原话的逐字引用，休斯敦，1957[1]

1

20世纪50年代早期，曾把得克萨斯石油界淹没的宣传浪潮，一直汹涌到这一10年的末期，它们激发了全国对得克萨斯巨富那奇异炫目新世界一探究竟的强烈欲望。这种好奇心大多源自诸如埃德娜·费伯的《巨人》一类作品的刺激，1956年詹姆斯·迪恩（James Dean）主演的同名电影再次助长了全美的好奇心。但富有的得克萨斯人的这些业绩简明扼要地写照了当时全国正在经历的诸多变化。有一种感觉是，美国的人口和权力正在向南部和西部转移，而得克萨斯石油商给大家提供了一个色彩斑斓的窗口，通过它就可以观察这些变化。“对纽约作家而言，得克萨斯这个话题太诱人了，”乔治·福尔曼（George Fuermann）1956年在《休斯敦邮报》上写道，“先是牛仔、六响枪和长角牛队，现在成了百万富翁了。”

不知到底有多少报界人士、杂志写手和作家想把这一得克萨斯新财富意味着什么搞清楚。原因嘛，所有这些新生代的百万富翁都在争抢着对美国权力结构能够有所把握。假若 H. L. 亨特果真是美国最富有的人，这让洛克菲勒家族往哪搁？还有杜邦家族？而亨特真比希德·理查森还有钱吗？就此而言，他难道比霍华德·休斯还有钱？对游览得克萨斯的那些作家而言，猜猜各个石油商的财富排名成了一大特色话题。西奥多·怀特（Theodore White），在其 1954 年的撰文中评价理查森“无疑是最富的美国人，也就他在达拉斯的邻居 H. L. 亨特算个例外吧，亨特可能是他在十亿美元级富翁里的唯一对手”。

为了把美国顶级富翁那令人困惑的新世界用一种结构呈现出来，有好些出版物开始编制美国最富有的人的排行榜——此可谓“持续至今，已然化身为诸如《福布斯 400》等榜单的非凡现象”的开端。在这些榜单中，打头阵的两个榜单出现在 1957 年，它们把得克萨斯石油界已然颠覆现状这一观念编撰成了现实。《女士居家杂志》（*Ladies' Home Journal*）为了搞出美国前 10 位富翁的名单，把理查森评为全国最富有的人，将他的净资产标记在 7 亿美元。默奇森，则排在了第 6 名，他对巨富会记录财产总量的观点不屑一顾。“在赚了第一个一亿美元之后，”他打趣道，“计较这些还有必要吗？搞什么鬼！”

第二个榜单来自《财富》杂志，更为综合全面，它列出了 76 位净资产超过 7500 万美元的美国人。其中超过三分之一，有 26 位发家自石油产业，这其中又有 14 位发家自得克萨斯石油。《财富》把 H. L. 亨特排在了第 4 位，紧随 J. 保罗·盖蒂（J. Paul Getty）及另外两人之后，但它把理查森贬低到了第 15 位，仅次于霍华德·休斯和洛克菲勒家族。理查森的“排名下降”是主观的，该杂志指出，如果将石油资产计算在内的话，理查森的财富超过 7 亿美元，可以匹敌作为美国首富的盖蒂。默奇森排名仅 23 位，排在两位休斯敦石油商——约翰·梅科莫（John Mecom）和吉姆·阿伯克龙比（Jim Abercrobie）之后。

所有这些报道都回响着一个信息。除了已然被大家抛到九霄云外的格林·麦卡锡这个耀眼的例外，巨富们似乎就是金钱能够买到幸福的在世版的鲜活的例子。这是因为，尽管他们遭遇了政治上的逆转，尽管事实是国内许多人并不相信他们完全值得信赖，然而有一件事响彻了所有的报纸描述和奢华的杂志文章，那就是巨富们过着一种好得不得了的日子。

2

20世纪50年代是得克萨斯石油界的黄金时期，在这个时期里，巨富们看起来就像是在金钱和财富的玩具构筑的海洋中畅游，当时任性冲动的石油商，专心想把每一个费伯式的神话带进现实，收集起飞机、牧场和艺术品来，就像是买糖果一般。在休斯敦，那个吉米·韦斯特随手向人行道抛掷银元的地方，有个石油商用百元美钞打领结，一旦有人问他为何这样做，他就会把它摘下来，然后把它抛在空中不要了，再拿另一张美钞打领结。另一个石油商则喜好骑着一头宠物狮子去见邮递员，还有一个石油商白费力地想把企鹅在一个小型冷库里养活。还有一个写信给巴勃罗·毕加索（Pablo Picasso），连色彩和风格都没说明白，只说了他的墙面面积，就说拿10幅来。有一位休斯敦石油商的老婆写信给史密森尼博物馆，问他们希望之钻卖不卖。然后还有两位石油商喜欢相互用实打实的行动嘲笑对方，他们争斗的高潮发生在其中一个去欧洲休假，另一个就在他家前院里建起了一个全尺寸的过山车。

还有个休斯敦的女富二代，经常坐飞机去巴黎，每次去时还给她的两只宠物贵宾犬另买两张头等舱的机票，给它们戴着镶有珠宝的项圈，穿着毛丝鼠皮——得克萨斯石油界的那些太太们对皮草可是上瘾得很。1951年，L. M. 乔希（L. M. Josey）家有个大牧场被大火夷为平地，《休斯敦出版报》（*Houston Press*）报道称，乔希太太扑火时竟然穿着水貂皮披肩。乔希太太看到报道很烦，就让自己的秘书给报纸写信。“你们的报道说乔希太太在与烈火作战时穿的是睡衣、礼袍和貂皮披肩，”这个秘书写道，“我们想纠正一下，乔希太太当时穿的其实是貂鼠皮草。”后来，新英格兰有一家园艺俱乐部的太太们来得克萨斯游玩，其中有一位太太问一个石油商的妻子，她是怎样保持她的杜鹃花如此生机勃勃的？“给它们施水貂粪肥，”她答道。

这么多故事从休斯敦冒出来可并非巧合，这座城市来了就是要象征新得克萨斯神话的，它似乎推崇粗俗和卖弄，正如达拉斯和沃斯堡继续死磕该州所谓的最后那一层品位。在休斯敦，石油遍地都是，石油就是一切。他们在城市的垃圾场、城市的监狱农场和自家后院都能打出一口口的喷油井来，商业区和摩天大楼像杂草一样，遍地发芽。1940～1960年，该市人口从50万发展到120

万。报纸上，专栏作家们辩论得克萨斯当下是否已有比纽约和加州（显然没有）更多的百万富翁。1954 年，奥斯卡·霍尔库姆（Oscar Holcombe）市长竟然还搞了一个发布会来宣布自己也化身百万富翁这件事。这一度看起来是真的：罗伊·卡伦的一个园艺师也投身到了石油行业中，并且最终也成了一个百万富翁。多年后回首看，当时的一位休斯敦记者乖巧地反问道："难道这里有穷人吗？"

整体上，达拉斯的巨富们过的日子要比其休斯敦的同行平淡一些。达拉斯市最能跟三叶酢浆草酒店风潮之中那次狂欢活动相媲美的就是猛犸大街上的派对了，每年一到得克萨斯大学橄榄球队在棉花碗体育场摆好架势迎战俄克拉何马捷足者队的时候，石油商 D. H. 伯德（D. H. Byrd）就会大搞各种派对。伯德，发迹于东得克萨斯，亨特第一次见大神乔伊纳时，他就在场。他是州内长角牛橄榄球队数一数二的强大推手。他送给得克萨斯大学的标志性礼物就是世界上最大的低音鼓，直径 8 英尺，大到需要花费 4 个人的力量才能搬得动它。

普通富豪要想化身巨富，一个方法就是大办派对。事实上，在 20 世纪 50 年代中期的美国，一些最受热议的盛宴就是由孤星州的石油商抛出的，他们渴望吸引人们的眼球。1952 年除夕之夜，一个名叫特维斯 F. 莫洛（Tevis F. Morrow）的、没什么名气的石油商，租下了日落大道的莫卡姆夜场来举办一场从黄昏到黎明的活动，受邀者——包括伊迪丝·皮亚夫（Edith Piaf）、富二代多丽丝·杜克（Doris Duke）和康拉德·希尔顿——都被派发了一顶 10 加仑的帽子，《时代》刊出了一张照片，上面戴着护目镜的莫洛正在接受来自女星三人组的亲吻，带头亲他的是琼·克劳馥。随后的 4 年间，好些石油商轮流举办盖过莫洛的盛宴，其中，1956 年新年夜达拉斯石油商 D. D. 费尔德曼（D. D. Feldman）抛出的派对使这种潮流达到了顶峰，他喜好抛头露面，曾一度把名字改为 D. D. 方丹（D. D. Fontaine）。为了大搞这场派对，费尔德曼把好莱坞的一家餐馆改造成了戴尔莫尼克家（Delmonico's）的翻版，上个世纪之交，戴尔莫尼克家曾火遍纽约，弗雷德·阿斯泰尔（Fred Astaire）、加里·库珀（Gary Cooper）、宾·克罗斯比（Bing Crosby）都参加了这场派对。费尔德曼告诉记者说，他之所以抛出这样一个派对来，是为了证明得克萨斯石油商跟《巨人》里描述的一点都不一样。"我想要世界看看，得克萨斯人在彬彬有礼方面也是最好的，"费尔德曼说道。一名通讯社记者对此说道："那些富有的石油商很反感电影里把他们描述为活蹦乱跳毫无修养的寻欢作乐之徒的场景，到1957年1月1日晚两点，当这场派对开始散场的时候，结果是电影看起来非常写实啊。”

3

当谈到得克萨斯石油界的那些小玩意，所有的聊天都会从牧场开始，以飞机结束。今昔如此相似，牧场之于得克萨斯人，正如汉普顿的一处居所之于纽约人，或者一栋马里布的海滨别墅之于比弗利山庄的外籍居民。牧场既可以象征奢侈，也可以象征乡土，只要它们跟马匹、公牛、小酒吧、动物头骨——多叉鹿角是必需的——以及猎枪一起拥有就好。休斯敦北边，罗伊·卡伦的篱笆牧场却是个简单之物，占地也就几百英亩，有一栋石屋，他和莉莉喜好看着鹿玩儿。有个更不一般的牧场归约翰·梅科姆的儿子小约翰所有，他在自家这片临近拉雷多的地块上放养了一群热热闹闹的野生动物，全都来自非洲野外，大象、长颈鹿、角马、羚羊和河马什么的全都有。

这些游乐休养场所大多由在巨富圈子里口碑颇好的品位之选——达拉斯的尼曼负责装修设计，正是因为这家零售商在20世纪50年代迎合了石油界富人那任性的奇思妙想，所以它赢得了全国的关注。对任何一下子暴发起来的得克萨斯人来说，尼曼都是典型的第一站，这种观念在1956年《纽约客》(*The New Yorker*)的一幅漫画里可见一斑，画中有一个得克萨斯人及其老婆，在一口喷油井的黑雨中舞蹈。“这太棒了，哈里！”老婆大叫道，“尼曼几点关门啊？我们可以去转一圈了！”尼曼家圣诞节商品目录里罗列的那些小玩意如此火爆，商店经理人每年都从沃尔特·克朗凯特（Walter Cronkite）和爱德华·莫洛（Edward Murrow）一类的供货商那里收到很多打探巨富笨笨们最近好哪一口的电话。1955年，尼曼推出了一个浑身镶嵌的满是珠宝的老虎。又一年，尼曼家推出的是“他和她情侣款美洲豹”，然后是“他和她情侣款木乃伊箱子”。再然后，因为石油商玩厌了渔船，所以就开始推出中国式帆船。顶峰那年是这家店推出了原尺寸大小的诺亚方舟复制品，完整配备了一名得克萨斯农工大学的兽医来照料一对又一对的动物，有92只哺乳动物，10只爬行动物，14条淡水鱼，26只鸟，以及38只昆虫。唉，因为价位高达588 247美元，方舟最后竟然没卖出去。

要说度假村的话，得克萨斯无人能与克林特・默奇森相比。该州其实并没有默奇森所渴望的那种开阔的空间，自有土地的数量根本不够用，所以在20世纪40年代，他开始在墨西哥西北部收购土地。虽然这场收购始于二战期间的一次小型猎场租赁，但随着默奇森造访次数越来越多，他就越是喜欢上他在“老墨西哥”（某个年龄段的得克萨斯人这样称呼这个地方）发现的这种既不为人所知，同时又充满了边疆风的生活方式。他第一次收购的是一座新岛。1944年把马塔哥达岛转手给托迪・李・韦恩（Toddie Lee Wynne）之后，默奇森没花多久就搞到了一个替代品，它就是面积达900英亩的德尔托罗小岛，地处墨西哥海岸附近，靠着坦皮科港。他运送了一群婆罗门牛，建造了一个大庄园风的、四处延展、不修边幅的豪宅，并且还把小岛改造成一个供私人垂钓和打野鸭的度假区。

虽然20世纪40年代，默奇森一直都在墨西哥购置土地，最后收购到手的多达50万英亩，其中一部分有30万英亩那么大，但据说他从未真正去转转看看，但是美国国内大卖牧场的风声也慢悠悠地飘进了默奇森新买的大牧场上来。在默奇森手中的这些地产之中，其中心特色便是阿库纳大庄园，它由6个相互连接的、占地7.5万英亩的大牧场组合而成，坐落在墨西哥北部崎岖不平的马德雷山脉上。就默奇森所述，他单枪匹马就去勘探和物色阿库纳的选址，先是在山顶的小镇租了一辆车，接着就一路开到公路终止的地点，在那个节骨眼上，他就蹭了一个农民的牛车，然后颤颤悠悠地走完了最后的12英里。抵达目的地后，他发现的是一片令人惊艳的山原荒野，片片瀑布从那些山腰处流泻下来。唯一的人工建筑是一个破败不堪的简易工棚。随后，他电话告诉他的老婆金妮：“我找到了人间天堂。”

花了一万美元，他就买下了这里的一切，然后骑马带着金妮回来了，晚上他们睡在星辰之下，第二天早上他们就为梦寐以求的房子挑选好了地址。他们把这片区域的农民全雇了来，取流水建造他们的房子和学校，而且还为豪宅和简易机场清除了地上的树木和杂草。简易机场一修建好，默奇森就往这里空运了几十名瓦匠、木匠、建筑师和建筑工人。由于默奇森想要达成的一切都只能就地建造，所以农民用胡桃木和雪松木制作了家具，建造房子的石头也是现场露天采集的。随着墙壁拔地而起，默奇森开始在这原始的伊甸园中纵酒狂欢，晚上跟那些从达拉斯过来作客的有钱人欢声笑语地、步履蹒跚地跑茅房，然后再骑着马去瀑布下面洗洗身子。最后，经过一年多的施工，房子主体部分终于建好了，共有20个房间，红色的房顶，大庄园风，布局呈马蹄铁的形状，环绕在一个巨大的烧烤坑洼周围，摇椅沿着环绕的门廊排了一整圈，九重葛和开花藤蔓爬在支撑的横梁上。

克林特和金妮还飞到西班牙，购置了古董来装饰房间。地板上全是豹猫皮和山狮皮，全是他们在牧场上射杀的，墙上点缀着漂白的长角牛头骨。一条公路修好以后，卡车便运来了几百头菜牛，一同运来的还有几十头供奶和黄油的乳牛。阿库纳的全体职员包括几十个男仆、厨师和牧人，他们住在默奇森建在田野的农舍里。1949年年末，一切将近完工时，华尔街的好友鲍勃·杨跟默奇森讲，阿库纳大庄园将会是他好友温莎公爵及其夫人逗留的完美驿站，他们想来得克萨斯看一看。

访问很快就定了下来，房子还没有彻底完工。克林特和金妮开始匆匆忙忙地进行最后一分钟的准备工作。当纽约有个八卦专栏爆料出温莎夫妇造访的消息时，他们才装修好最后一间客房。欧洲皇室即将亲自前来造访得州巨富的消息几乎成了美国每家报纸都报道的稀罕事。1950年2月，访问前的一个月，得克萨斯报纸几乎每天都有相关内容报道，《达拉斯晨报》更是拿出了半个版面给阿库纳的照片和设计图的复印件。

为昔日的英国国王备好伺候人员的任务落在了金妮·默奇森的头上。每天下午，她都跟墨西哥裔的男仆女仆们一起排练如何恰当地上茶。最难的部分，金妮说，是教他们如何讲英国话。公爵和公爵夫人不易翻译，最后，他们商定，公爵要被称为“El Rey”国王；公爵夫人，前沃利斯·辛普森（Wallis Simpson）则要称为“La Reina”女王。最后一刻，金妮用飞机从达拉斯请来了一帮朋友参加“排练派对”，在这次排练派对中，克林特的好友T. B.科克伦（T. B. Cochran）扮演温莎公爵。[2]

终于，2月4日，公爵及其夫人乘坐鲍勃·杨的一个私人列车，花费了3天才从棕榈泉赶到坦皮科，来到冈萨雷斯镇，此地距牧场30英里。默奇森的手下则在那里迎候了筋疲力尽的温莎夫妇，他俩登上了尘土飞扬的月台，陪同的还有鲍勃·杨及其夫人，以及查尔斯·库欣（Charles Cushing），他是波士顿库欣家族的一员；另外，还有纽约的社交名流伊迪丝·贝克（Edith Baker），外加150个行李箱，其中有104个是公爵夫人的，再其中包括20个硕大的扁平行李箱。大小皮包被扔进了运牛的卡车里，来客们勉勉强强挤进了客货两用车，在刚有车辙的土路上颠簸了4小时之后，他们才最终抵达阿库纳。

牧场还是维持着原生态的样子，默奇森这里既没有电话，也没有无线电，因而没法知道他的宾客是否已经到达。他派手下一名飞行员直飞冈萨雷斯，当他低矮地飞过牧场时，一卷卫生纸从飞机上掉了下来，迎风展开成一条长长的丝带，随风飘荡在地面上。一个仆人捡回了纸巾，里面有条消息："他们已经到达冈萨雷斯。"金妮和一个女伴连头发都没弄，戴着卷发夹子，妆也没化，还在厨房忙活着准备餐前点心。这时突然有人进来帮起了忙。直到男仆约瑟大喊"El Rey"，金妮才意识到温莎公爵不仅已经到了，而且是不打招呼就进厨房来了。

公爵酷爱体育运动，他似乎十分喜欢在默奇森这边度过的这一周。白天，男人们去狩猎，射杀山中的狮子、火鸡、野鸭、鸽子和鹌鹑。公爵捕获了两只火鸡，还和他的猎物一起拍摄了很多照片。为了打野鸽，他们登上默奇森的一架飞机，去了另一个牧场，在那里，默奇森用他的猎枪捕获了几十只白鸟。

女眷们这周的日子更是充满挑战，这是拜公爵夫人所赐。她像个孩子一般需要人照顾，总是把女仆派去找金妮要发夹啊，化妆品啊，她还一度要求必须把头发给理了，这不可能啊，但她坚持要剪发，金妮最后只能从她，用飞机带她到坦皮科剪发，那里的墨西哥剪发师尽了全力才把她的头发给搞定。不过，公爵夫人还是想挽回一下这种坏印象，至少改掉留给金妮的坏印象吧，炉子灭了的那天晚上，她自己跑去把手伸到锅炉下面，重新点着了引燃火种。

总之，一切还算顺风顺水的，至少到大家重新聚到德尔托罗岛，去钓最后几天鱼之前是如此。公爵和鲍勃·杨乘船出海，陪同的还有伊迪丝·贝克，引擎却突然坏了。船长没法修好它，也没有无线电进行呼救。夜幕降临。默奇森在牧场的房子里开始担心最糟糕的情况，派出手中所有剩下的船只前去寻找公爵那艘船。与此同时，没了夫人监督，公爵倒是喝酒喝得更起劲儿了，以至于醉倒在一个很不合时宜的地方，然后大睡起来。

"当你必须使用卫生间，而你面前却躺着醉醺醺的昔日英王，你会对他说什么？”伊迪丝·皮雅芙（Edith Piaf）事后问金妮。“结果我只好一大步从他身上跨进了厕所。”默奇森那天晚上一直在海边踱来踱去，夜是那么漫长而让人焦虑。不过，好在派出去的搜寻船幸好有一艘找见了发生事故的轮船，然后在黎明到来之前把公爵带回了陆上。

“我真的玩得可开了，”后来，公爵跟默奇森讲，“非常开，马达都被玩坏了，嘿嘿。”

尽管默奇森也喜欢把阿库纳作为公爵的接待之地，但在默奇森内心占有特殊地位的却是其他的休养地，尤其是他的故乡雅典镇外的那个既可以垂钓又可以打猎的俱乐部，这家俱乐部偏偏就叫Koon Kreek俱乐部，Koon Kreek象征着物质财富的对立面，为崛起于乡土的富翁提供了重新发现童年的好机会。俱乐部本身没什么，有一组由五个人工湖环抱周围，中间是一个破旧不堪的由木头建造的俱乐部会馆，这里的会员几乎是清一色的达拉斯石油商，喝着杜松子酒一起嬉闹，把成堆的炸鸡、猪脚和芜菁菜拿来当正餐吃。Koon Kreek俱乐部没有管家、男仆什么的，打领带的那类人在这儿都是没有的，只有钓鱼向导，一个小舟配有一个钓鱼向导。这是一个爷们得不能再爷们的俱乐部，会员们戴着草帽，穿着吊带工作服和大水靴，牌桌旁边是痰盂，每天一破晓，就起来去钓鲷鱼。在猎野鸭的季节，大家会退守到俱乐部设置的11个障碍物后头。默奇森到处炫耀Koon Kreek俱乐部有多好有多好。“它能使一个人返璞归真，”他说。他在附近还保留了另一处牧场——格拉达克斯牧场。

跟默奇森一样，希德·理查森对打猎也是乐此不疲，而且他俩都喜欢带着东部客人过来，然后冲他们对自家的“得克萨斯特色”自吹自擂一番。当大通曼哈顿银行的董事长约翰·麦克罗伊（John McCloy）来圣乔治岛上猎野鹌鹑时，理查森跟他说，他们将舒舒服服地坐着路虎去。麦克罗伊挥舞着一把很有年头的英式猎枪，坚持步行前往。花了也就几分钟时间，麦克罗伊就惊呼一声，被跃入眼帘的响尾蛇吓了一跳，他崩掉了这条响尾蛇，接着一条又一条，最后还是不得不坐进了理查森的汽车里。[4]

理查森在五六家牧场都有股份，圣乔治岛只是其一，其中有三家是和妹夫一起合伙。他有好几千头公牛，但是最令他感到骄傲的那些牛却并非归他所有。此处的故事涉及理查森跟作家弗兰克·多比（Frank Dobie）的友谊，此人长期任教于得克萨斯大学，是一位教授兼民俗学学者。20 世纪 20 年代，多比开始忧心得克萨斯长角牛的数量，它们可是得克萨斯的非官方象征，而数量却在不断下降。这是由于牧场主发现，被英国种牛交配了的长角牛的肉质更为优质，由此导致了长角牛数量的一次快速减少；到 20 年代晚期，幸存的长角牛又因为清除牛蜱热的需要而被大量带到屠宰场杀掉了。要是还不采取措施的话，该州的这个象征就要面临绝种了。

无论是多比还是理查森，都没有说过他们是如何搭伙拯救长角牛的，他们是如何相识的就更说不清楚了。但是到 1939 年时，他俩已经足够亲近，理查森让多比在圣乔治岛闭关写作，完成他最棒的作品之一《长角牛》（*The Longhorns*）。到那时，多比跟一个曾任得克萨斯骑警的格雷夫斯·皮勒（Graves Peeler）谈起了去墨西哥寻找稀有而纯种的长角牛，找到之后把它们带回得克萨斯的想法。多年来，这一努力一直披着一股神秘气息，之所以会这样，那是因为皮勒在 20 世纪 70 年代接受采访时很多东西已经想不起来。其实，多比的著述显示，通过同心协力的努力来拯救长角牛的这一想法来自理查森，大约在 1939 年。后来的三年间，理查森付款给皮勒，让他深入墨西哥去买这种牛，它们随后就被成群带到了靠近科珀斯克里斯蒂和布朗伍德的州立公园里。这些动物构成了所谓的“得克萨斯牛群”的核心，这可是该州半官方的一群牛。当它们被从绝境中拯救出来之后，长角牛最终成了一种很抢手的动物，它们的瘦肉是低卡路里食物的理想之选。

四大石油巨头之中，唯有亨特没有这种经营牧场的生活。就风格而言，他总是更像一个南方人，而非得克萨斯人。这并非因为他没有土地，要知道多年间亨特可是囤积了 100 万英亩未开发土地的，从佛罗里达州到蒙大拿州，他至少在 10 个州有土地。到 20 世纪 50 年代晚期，他开始努力从中谋利，从东得克萨斯的薄壳山核桃到佛罗里达州的橙子，他把一切动用起来组建了一家叫作“HLH 产品”的全新食品公司。HLH 收购了十几家加工企业，并开始在全国杂货店销售罐装蔬菜、肉制品、花生酱。尽管在后来许多年间，它着实占据了亨特的主要精力，HLH 产品却一直是个烧钱买卖，而且在某一天还给亨特家族带来严重的问题。

4

为了去自家牧场，每个名副其实的石油商都有一架飞机，而这在20世纪50年代还是个新颖的点子呢。默奇森是20世纪30年代走空运、机载潮流的先锋人物，二战之后他依然领先一步，购买了一架空军超产的DC-3飞机，并把它改造成了一架奢侈的飞机，还给它起了个“飞翔的金妮”的名字。该机原本可以乘坐30人，当默奇森在里面建了个小吧台，放了些转椅进去之后，它就只能容纳16人了。1946年，在它的处女航中，默奇森带上自己的儿子约翰和另外两对夫妇飞到了阿拉斯加州，在那儿他们租了一艘游艇，游览进口航道的沿途风光，这次游玩在当时显得太不寻常了，惹得得克萨斯报界进行了广泛的报道。“飞翔的金妮”几乎是单枪匹马就把默奇森手头那些墨西哥牧场的冰、威士忌以及其他必需品的供应给搞定了，所以默奇森一家人根本不把乘着飞机去墨西哥华雷斯吃午餐当回事。到20世纪50年代中期，默奇森又添了6架飞机，他把它们保管在达拉斯的爱田机场。

紧跟默奇森的节奏，希德·理查森也买了几架相同款式的DC-3飞机。巴斯一家开玩笑说，他之所以买第二架飞机，仅仅是因为这样他就不必被迫跟他的姐妹安妮（Annie）一起乘飞机了，他觉得她事儿太多。分给安妮用的飞机也就每年夏天载着她去科罗拉多泉市。没过多久，大量石油商就开始寻求和购买自己的飞行器，尼曼甚至在1960年圣诞节商品目录上推出了“他和她情侣版私人飞机”。最大的单翼机群可能要归休斯敦的大约翰·梅科姆所有，他有一架价值130万美元的洛克希德捷星商务飞机，外加9架其他品牌的飞机。巨富一族最为出名的飞机大派对于1959年发生在奥斯汀附近的一个牧场，当时有个名叫帕特·卢瑟福（Pat Rutherford）的石油商，专门为林登·约翰逊的到来开了一个派对，800名来宾乘坐着53架私人飞机抵达。

总的来说，巨富们倒是不怎么爱好游艇，更喜欢在需要用的时候租赁游艇。较少的例外是梅科姆，休斯敦的这位石油投机商的财富到20世纪50年代中期开始和四大石油巨头匹敌。他是纺锤顶地区一位石油钻井工的儿子，20世纪30年代中期，梅科姆开始在东南得克萨斯进行钻探，二战期间，他在加尔维斯顿湾附近钻到了大油田，接着又在新奥尔良南部钻到了巨大的华盛顿湖油田。作为巨富一族里购买一艘真正的游艇的先锋，梅科姆买了一艘315英尺大的游艇，这跟1937年富兰克林·罗斯福当时与希德·理查森和克林特·默奇森一起垂钓的那艘游艇一模一样，并把它重新命名为努马哈尔号。到手也就3个月，这艘游艇就在得克萨斯城停泊处着火和沉没了。“整艘船翻滚起来，就像头大奶牛一样。”得克萨斯城的消防主管说道。

高雅点的石油投机商还是有那么几个的，他们收集艺术品。20世纪50年代末期，克林特·默奇森的儿子约翰开始瞄上了现代艺术品，没用多久，他累积的这些艺术品就使他成了州内最大的收藏家。希德·理查森在二战期间开始购买艺术品，在他的朋友阿蒙·卡特的煽动下，理查森雇用了纽约新屋艺廊，来帮他静悄悄地组建全美最大的西方艺术品收藏处之一，它收藏的大多是弗雷德里克·雷明顿（Frederic Remington）和查尔斯·罗素（Charles Russells）的作品。[㊀]最后，他收藏了50多件弗雷德里克·雷明顿和查尔斯·罗素的作品，其中有许多陈列在圣乔治岛上。

一度，得克萨斯石油界最大的艺术品收藏家是达拉斯的阿尔杰·梅多斯（Alger Meadows），这位老牌石油投机商先是在东得克萨斯油田打开了职业生涯，到20世纪50年代时，他已是通用美国石油公司的董事长。在欧洲度假期间，梅多斯开始收集画作，并发现自己收藏得很上瘾，然后就开始款待自己想做一番伟大事业的梦想。“我一直思考，如果要想在得克萨斯州达拉斯有一个能被大家当作小小的普拉多博物馆的收藏，我该有些什么呢？”他回想道，“我或许是国内唯一能够做成这件事的呢。”在向南卫理公会大学捐献了几十幅画作之后，梅多斯拿出了50万美元购买了41个西班牙雕塑，这为该大学雕塑花园打下了基础。接着，1964年，他又花大钱，抢购了杜菲的50幅画作、莫迪里阿尼的7幅画作、马蒂斯的3幅画作、博纳尔的2幅画作、德兰的8幅画作、高更的1幅画作，以及毕加索的1幅画作。最后，他拥有了打造得克萨斯版的普拉多博物馆的材料，直到有个估价员判定它们都是赝品……当这个消息泄露出去之后，《生活》杂志给梅多斯下了定义：“可能是世界上拥有最多赝品的私人收藏者。”梅多斯并未就此放弃，他又耗费了多年把每一个赝品换成真品，最后累积了令人称奇的塞尚、雷诺阿、戈雅和普拉克的真品大收藏。

㊀ 理查森的收藏品至今依然在福特沃斯的希德·理查森博物馆展出。

"噢，我们到手了一些你们从未见过的绝美之物。"他微笑着说。

5

就像公爵夫妇和银行董事长来得克萨斯，看看这里在搞什么名堂一样，得克萨斯的巨富们也开始为同样的原因去外部的世界冒险。整个世界的旅游业全都张开怀抱欢迎这些新生的百万富翁们。1954年，优雅的法国航线公司开始推出从休斯敦到有党卫军守卫的安的列斯群岛（SS Antilles）的"得克萨斯邮轮旅游"。穿着牛仔靴，戴着宽边高顶帽的得克萨斯阔佬登上飞机之后，就像《纽约时报》报道的一样，对他们供应的酒水失望啊，他们更喜欢那种可以在吃正餐时成瓶成瓶拿来喝的波本酒，他们尤其抱怨食物这不好那不好，缺烧烤了，缺绿色蔬菜了，缺黑眼豆豆了，诸如此类。1952年7月，法国政府举办了"里维埃拉上的得克萨斯周"，有一家娱乐城用布朗斯维尔甜丝丝（一种甜瓜）加上阿比林羊肉、格林威尔蚕豆和杰克逊维尔红莓充实菜单。然后，就有一批石油商飞来办派对，惹得一家报纸牢骚道，他们来此只不过是为了狩猎法国农民的收获的。那周有一场盛大的舞会，是阿比林的石油商杰米·拉德福德（Jimmy Radford）举办的，搞出了用迷你版的石油钻井平台使香槟喷涌而出的特色。对前来给派对捧场的，拉德福德派发了得克萨斯角蛙。

巨富一族的家中女眷们往往会成群结队地去游玩。休斯敦的詹姆斯·阿伯克龙比夫人和她的四个朋友自称是"飞行五人组"，并且会定期乘坐一辆家庭飞机去加勒比海或欧洲短途旅游。圣安东尼奥的拉尔夫夫人，则更偏爱带着她的女性好友，以及赶时髦的理发师和按摩师，飞到蒙大拿州的集市牧场玩。像这样子的游玩，虽然得克萨斯的许多新富玩得起，但在美国依然很罕见，因而有点不搭调。"就我所知，我刚刚还在油田工作，"达拉斯的布鲁诺·格拉夫（Bruno Graf）夫人对《纽约客》的约翰·班布里奇（John Bainbridge）讲，"但接下来我就穿戴着我的所有珠宝，带着我的女仆在整个欧洲穿梭了。"

对巨富一族之中那些最热衷打猎的人而言，远征非洲成了航行中的一种仪式。D. H. 伯德（D. H. Byrd）跟他的密友一起打猎，他这位密友是军事飞行员，名叫詹姆斯·杜立特（James Doolittle）。伯德在他达拉斯的豪宅旁边多建了一个完整的偏房，仅仅是为了存放他猎杀的动物的头，包括跳羚、羚羊、鸵鸟、角马、剑羚、麋羚、短鼻水羚以及非洲水牛的头，外加一只苏门答腊虎和两只北极熊的头。因为靠家比较近，所以阿拉斯加和加拿大在20世纪50年代成了周末长途打猎时最受人喜欢的去处。格伦·麦卡锡垮台之前，在北达科他州维持着一大片狩猎租赁地，不仅如此，得克萨斯人对他们的鱼也是这般认真。1951年，休斯敦石油商——小阿尔弗雷德 C. 格拉塞尔（Alfred C. Glassell Jr.）在秘鲁的太平洋海岸开办了一家叫卡索布兰科的钓鱼俱乐部，毗邻着一个用于进行钓鱼比赛的地方，这里的鱼如此之多以至于它被称为“旗鱼大街”，不过会员费的最低价是1万美元。

两年之后，1953年8月，格拉塞尔钓到了一条重达1500英镑、长达14英尺7英寸长的旗鱼，这条鱼至今依然是通过鱼竿钓到的最大的一条鱼。《体育画报》（*Sports Illustrated*）把格拉塞尔放上了封面，而他与这条鱼的艰苦卓绝的挣扎——在两个小时的挣扎中，这条鱼从海水中反复跃起了49次——被叠接进了《老人与海》，这是一部以海明威的同名小说为蓝本的电影。格拉塞尔后来把他的战利品馈赠给了史密森尼博物馆（Smithsonian）。[5] 关于他的新闻报道一度把卡索布兰科变成了全球钓鱼比赛的中心，然后它把诸如约翰·韦恩（John Wayne）、吉米·斯图尔特（Jimmy Stewart）、泰德·威廉姆森（Ted Williams）以及海明威本人这样的明星钓鱼者都吸引了过来。㊀

谈及石油商对大型猎物的胃口，猎物越是异国风情就越是大受欢迎。但是就纯粹神秘之物和冒险而言，没有哪一个得克萨斯人能够盖得过圣安东尼奥的石油富二代——小托马斯·斯里克（Thomas Slick Jr）所做的那些远征之举。1938年，作为美国大学优等生学会的一员光荣毕业后，斯里克就把接下来的20年时间花在了忙得不可开交的石油勘探、艺术品收藏——他拥有毕加索和奥基夫的作品——以及业余科研上，他创办了两家分立的研究机构，都设在圣安东尼奥。他颇受这个世界上的诸多偏僻之地和尤为奇异的神秘之物吸引。大学期间，他带着耶鲁的一群伙伴前去苏格兰调查尼斯湖水怪。1956年，在去往英属圭亚那的淘钻之旅，他的飞机坠落了，迫使他不得不跟地处偏僻的外外部落

㊀ 1968年秘鲁军事政变发生后，格拉塞尔的俱乐部被迫关停。但它的会馆依旧挺立，一片废弃和衰败的样子，这位石油商打到的第一只千英镑级旗鱼依旧悬挂在岩块剥落的壁炉上头。

（Waiwai tribe）住在一起。

斯里克尤以他发起的对世界上最让人难以捉摸的灵长类动物——喜马拉雅山雪人的长途跋涉的探秘而知名。据说，正是斯里克的团队第一次发现了所谓的大雪怪的第一份物理性证据，也就是所谓的庞波切村手，这是在尼泊尔的修道院发现的一只经过木乃伊化处理的手。然而，这一发现从未得到权威鉴定。后来，斯里克还赞助了具有先锋意义的两次探险，为的是核实美国西北部涌现出的一连串关于酷似大雪怪的新发现，也就是后来的大脚怪。1962 年，他命丧蒙大拿州的飞机坠毁事件，他的调研随之戛然而止。

6

所有这些故事，从最初 1948 年的《生活》和《财富》的文章报道，到《体育画报》和《纽约客》定期爆料出来的各色文章，都把得克萨斯描绘成一个新的应许之地，它是一个只要年轻人充满干劲、胆识和一小点运气就能把自己做大成富翁的地方。虽然二战期间，北方人开始涌进该州，但是，他们的人数在 1948 ~ 1949 年的媒体报道热潮后才开始迅速增长，有钱的、没钱的一起像河水一般涌进达拉斯、休斯敦，还有就是越来越多地涌进西得克萨斯、米德兰和敖德萨外的新兴繁荣的小镇。1948 年，一个新的储油地质结构——斯普拉贝里走向被发现，而不出 3 年，这种结构就成了美国储油层的单一主打。1952 年，全美每 14 套钻井设备就有一套是用在米德兰和敖德萨附近钻探的。到 1950 年，多达 215 家不同的石油公司在这里开设了办公地点。在二战后的第一个 10 年，仅米德兰自己——1940 年时其人口才刚刚 9000 人——就扩展了 6 倍多，人口达到了 6.2 万人。

很多新来者都是东部有钱人的儿子，他们是寻求来此地成名立业的富二代、富三代。杨·格蒂斯（Young Gettys）、洛克菲勒家族和梅隆家族都来到米德兰，尽管这个小镇没有自己的大学，而且还充斥着天然气那浓重的坏鸡蛋的气味，但这里很快就搞起了哈佛俱乐部、耶鲁俱乐部和普林斯顿俱乐部。在这些野心勃勃的、毕业于常青藤大学的年轻人中间，有一个人将成为新一代得克萨斯石油商及其不久之后的新得克萨斯的象征性人物，他就是康涅狄格州参议员的儿子：乔治·赫伯特·沃克·布什。《生活》和《财富》上的报道，以及布什在海军里听朋友们讲的在得克萨斯赚钱怎么怎么容易的各种故事使布什很陶醉并神往。跟他的老婆——芭芭拉一起于 1948 年在耶鲁毕业之后，他就开车去了米德兰，为此他还拒绝了一份华尔街的发展机会，接受了家族的一个友人提供的一份工作，此人是从事石油服务的德莱赛工业公司的董事长。接下来 3 年的大多数时间里，布什忙碌在西得克萨斯尘沙飞扬的乡间小路上，从温克勒县一路跑到缪尔舒去兜售德莱赛的产品和服务。

没过多久，布什就厌倦了为他人打工。然后，在从他的一个叔叔——赫比·沃克（Herbie Walker）和家族的一些友人（其中一人是《华盛顿邮报》的所有人）手里筹集到了 50 万美元之后，他就和一个合伙人在米德兰石油大厦开设了一家办公室，用来交易石油租赁权。他在这儿有个邻居叫休·利特克（Hugh Liedtke)，他同样是在东部接受的教育，劝说他靠勘探石油这事儿才能赚到真正的大钱，所以 1953 年，在从赫比叔叔、阿斯特的一些朋友，以及洛克菲勒家族那里筹到了更多钱之后，布什把他的公司跟利特克的公司合并了，并重新起名萨帕塔石油公司，名字取源于马龙·白兰度主演的一部电影——《萨帕塔万岁》（*Viva Zapata*)。在靠近库克县的地方，萨帕塔在它的第一口井中就钻到了石油。然后又发现了 5 口油井；再然后，在接下来的 18 个月里，他又发现了 65 口油井。到 1955 年，萨帕塔每天的产油量就达到了 1250 桶，这使布什和利特克至少在账面上成了小百万富翁。

与利特克及其兄弟比尔在陆上寻找石油的同时，布什开了一个子公司——萨帕塔海上石油公司，并且通过赫比叔叔在华尔街卖掉了股票，他用这部分钱购置了两套试验性的钻井设备，设备的设计师向他们保证，采用这些设备将能够在一个新边界发现石油，这个新边界就是水下。布什把海上钻井设备租赁给了大石油公司，这是拿来在墨西哥海湾的浅水海底钻探石油的第一批钻井设备。在接下来的许多年里，萨帕塔购置了更多的钻井设备，并把它们租给更远的野外勘探者，有的到了古巴海岸之外，有的到了波斯湾海岸之外，有的甚至到了婆罗洲的海岸之外。然而，布什的成功却使他跟休·利特克和平散伙，因为利特克想集中精力在陆上钻探石油。利特克拿到了萨帕塔石油公司，布什拿到了萨帕塔海上石油公司。朋友们说，这样做合情合理。利特克在乎的只有钱，而布什瞄上了其他的山头，要去好好爬。

1959年夏天，当时他已是自己公司的CEO，布什、芭芭拉和他们的孩子搬到了休斯敦，乔治在那儿加入了休斯敦乡村俱乐部和排外的牛轭湖俱乐部。在那里，他开始交到一批未来几十年都一直关系很铁的朋友。他认识了吉姆·贝克（Jim Baker），一个普林斯顿大学毕业生，此人的爷爷创建了休斯敦的巨头律所——贝克 & 博茨律师事务所，他俩是在乡村网球俱乐部认识的。鲍勃·莫斯巴赫（Bob Mosbacher）是一个年轻的野猫井勘探者，他在南得克萨斯钻到了石油。没用多久，布什又结交了两个著名的律师朋友，里昂·贾沃斯基（Leon Jaworski）和鲍勃·施特劳斯（Bob Strauss）。他一直知道某天他会去政坛玩一玩，而有了这帮朋友的帮忙，他就开始在休斯敦的政坛小试牛刀了。

布什一这么干，得克萨斯的政治史就来了个大转折。在将近20年的极端保守主义治理下，真正的强硬派的最后一人两年前刚被从州办公机构清理出来。1957年，与林登·约翰逊最终搞定对州民主党的控制权同年，也是在这一年，得克萨斯人终于真的把自由派的一个参议员——拉尔夫·亚伯勒（Ralph Yarborough）选进了州办公机构。"老爹"奥丹尼尔和罗伊·卡伦以及麦卡锡的年代正在终结，人们说，旧年代正被新观念、新人民和新时代冲刷得干干净净。这将是"组织机构内驯服的成员"的年代，而乔治·布什正是得克萨斯的一名组织机构内驯服的成员，正是在东部接受教养的、混迹乡村俱乐部的共和党员，而他并不想改变现状，他想要的是掌控现状。乡巴佬的大粗手和成包成包的现金并不适合布什，他戴上宽边高顶帽的样子看起来很傻，而且他知道这一点。得克萨斯的那些城市里满是跟布什一样想法的身着灰色正装的董事，而他们就要把他推上他的第一个政治职位——哈里斯县共和党主席，时间是1964年。而其余的就成为历史。

如果说乔治·布什代表了得克萨斯政治的未来，那么休·利特克就是得克萨斯石油的未来。利特克在默奇森的模子下成了一名石油商，这个来自华尔街的狡诈的CEO在接下来的20年间，把萨帕塔石油公司用作攻城槌，设计和策划了一系列的合并和恶意收购，就这样缔造了鹏斯公司，这是得克萨斯最大的独立石油商之一，公司的办公室选址在休斯敦商业区的一个布满闪闪发光的玻璃的高塔里。《纽约客》的约翰·班布里奇在1959年把那些在电话和股市上"发现”石油的人称为得克萨斯的“倒爷”（wheeler-dealer），而利特克正是这类人之中的完美榜样。(“倒爷”这一标签最后广为应用，还启发了一部1964年的同名电影，这部戏谑片中詹姆斯·加纳（James Garner）主演了一个肆意挥霍的石油商。) 与布什一样，必要之时，利特克也能谦逊、淳朴起来。但不像罗伊·卡伦和希德·理查森家族，要知道这些家族可是长途跋涉在沼泽和沙漠中去寻找地下的石油的，而利特克只不过是个商人，而他的生意只不过碰巧是石油罢了。

7

然而接下来，突然间，一切都结束了。

要想说清是哪一天、哪一件事情之后，一切才结束的，可并不容易——1954年三叶酢浆草酒店的出售，围绕1956年天然气法案的躁动，1957年得克萨斯石油产量的第一次下滑——但是到20世纪50年代晚期，得克萨斯石油的黄金年代已经结束。从文本记录上看，得克萨斯对四大石油巨头的挥霍无度和政治极端主义的集体反对付出了代价。1957年,《休斯敦邮报》发布了一系列头版文章，探讨为何有那么多美国人憎恶得克萨斯。1958年，大约翰·梅科姆（Big John Mecom）和一群石油商在《休斯敦邮报》上拿出一整版广告来为得克萨斯石油界辩护，并且宣称对得克萨斯的攻击是反美国的——这是该行业范围内的受迫害妄想症的早期征兆，这一妄想症将持续几十年。

厌倦了巨富们的笨拙举动的可不止美国的其他州，得克萨斯州的新派人物——乔治布什家们、休·利特克们都直言不讳地说“银元”吉姆·韦斯特们、格伦·麦卡锡们和D. D. 费尔德曼们让人感到尴尬。到20世纪50年代晚期，尽管牧场、飞机和异域野生动物依旧受到推崇，但将它们拿来不害臊地炫耀和挥舞的旧时光却一去不返了。“20世纪50年代晚期，个人在得克萨斯的财富的物证从公众视野退隐了，而且用来喂养‘巨富’传说的轶事也越来越少。”乔治·福尔曼1957年写道，“传说已经变得极其惹人厌，得克萨斯身份成了令某些人很担忧的一种区分。”

但对得克萨斯石油界而言，真正的难题并非形象。真正的难题是它面临的经济形势。“像蜉蝣一般孵化的，”正如《时代》1950年令人记忆深刻地写道，得克萨斯财富正在快速消失。再不会有人靠着自己工作就能在得克萨斯发现一个大油田，它们已经都被找到了。到1960年，在美国大陆本土上钻探石油的成本是如此之高，个体经营者甚至承担不起打一口野猫井的费用。许多有钱的冒险钻探者开始到海外寻找，约翰·梅科姆跑到了洪都拉斯、哥伦比亚、约旦和也门，H. L. 亨特的儿子邦克·亨特则跑到了巴基斯坦。更糟糕的是，来自中东石油的竞争正在逐渐扼杀石油产业。当大公司们能够以半价购买沙特石油时，它们真看不出多少理由来买更多的得克萨斯石油了。欧洲的需求长期以来就是得克萨斯石油销售的一个根基，在1956年苏伊士运河危机需求达到顶峰，从那以后开始剧烈下滑。为了使价格上浮，铁路委员会规定得克萨斯的油田一月采油不能超过21天，它后来又一再降低该项补贴，到1962年时，得克萨斯的油井一个月就只能运作7天了。毋庸赘言，再没有人会如此努力地去找石油了。

在此期间，黄金年代的巨头们开始从舞台上走下来。希德·理查森的挚友，阿蒙·卡特——发现艾伦伯格石灰岩层的那位沃斯堡报纸出版商1955年去世了；有人说理查森自此以后就再也不是原来的样子了。得克萨斯石油的开山鼻祖——帕提略·希金斯（Patillo Higgins）1956年也挂掉了。“银元”吉姆·韦斯特则于1957年死于糖尿病。在他橡树河区的家下面的保险库里，发现了29万美元的硬币，可真是大量的银元，叫了7辆防弹车才把所有这些钱运出来。韦斯特家族数年前已将旧牧场卖给了汉贝尔石油公司，现又过户给联邦政府，用作美国宇航局人造飞船计划的新总部。在加尔维斯顿，大吉姆·韦斯特的意大利风格的豪宅变成了月球科学研究所。现在象征得克萨斯未来的似乎是外太空，而非石油。

8

没什么能比那些缔造了黄金年代的人物们——四大石油巨头的日渐黯淡更能标志黄金年代的结束了。克林特·默奇森是第一个隐退的。1956年2月，在他造访鲍勃·杨在棕榈滩的豪宅时，还有跟金妮在海利亚打发时日时，默奇森就开始抱怨他感觉不舒服。他很难保持身体平衡，而且他说话也开始吐字不清。他和金妮飞到了新奥尔良，他在那儿住进了奥克斯纳门诊。那里的医生诊断他受了一次轻微的中风，是他心脏的一个动脉的部分堵塞造成的后果。后来，默奇森去了达拉斯的贝勒大学医院，把这个动脉给清理了一下。

这次中风发出了“默奇森积极参与商业生涯的时代已结束”的信号。在接下来的数月间，尽管他还继续参与资产的日常监管，但他的记忆力开始减退，他要他的秘书监听他的电话并做笔记，以防他疏漏掉什么。这有点让人为难，而且到 1957 年时他已 62 岁，默奇森开始把越来越多的时间花在远离办公室的地方，差一点就要搬到他的东得克萨斯牧场——格拉达克斯牧场了。在那里，他穿着睡裤，双手摊开放在牌桌上，一手拿着烟，一手端着一杯咖啡，他每天早上 5 点左右一起来就跟希德·理查森打电话。“有什么提神的东西喝没有?”是默奇森经常开口说的第一句话，而且他俩会花一个小时谈论从投资到格拉达克斯牧场的桃子产量的任何事情。

1960 年，他第二次中风。在那个节骨眼上，默奇森把他最后的管理职责交给了他的儿子们——约翰·达布尼（John Dabney）和小克林特（Clint Jr.），并且真搬到了格拉达克斯牧场去，整天待在那边。在那儿，他使自己忙碌于购买牲畜，附近的十几家牧场，还买了一家奇怪的公司，有一年还搞起了连锁超市，接着又弄了好些饲养圈。他和金妮依旧会去游玩，去拉荷亚避暑，去德尔玛赌马。但在 1965 年的又遭受几次中风之后，默奇森就只好退到轮椅上了。然后，他不再飞阿库纳了，那里太冷。他们就在阿卡普尔科买了一栋建在悬崖边上的豪宅来替代它，但是没过多久，就算这个豪宅也成了负担。默奇森把人生最后的艰难岁月都花在了格拉达克斯牧场，其间，有好多天他都是坐着那辆破旧不堪的旅行车，让他的司机载着他穿梭在他买的许许多多的牧场中。最后他还是死掉了，死于肺炎，时间是 1969 年 6 月。

他们把他葬在了雅典小镇，挨着他的父母。卫理公会教堂的葬礼非常隆重，前来哀悼的人有一千人还多。林登·约翰逊和理查森·尼克松两个总统也打来电话表示吊慰。《纽约时报》把他的讣告登在了头版上面，并称默奇森是一个人的大型联合企业。“他的整整一生都致力于赚钱，”《纽约时报》写道，但这并非事实。克林特·默奇森满怀热忱地狂闹了一生，而那些被他留在身后的人都清一色地感谢有他。阿库纳的农民们用坚硬的黑檀木打造了一个 15 英尺的十字架，并把它拖拉到了牧场的最高峰，在那里，他们把它固定在岩石上，并向它鞠躬。接着，他们把老克林特的一双脏乎乎的旧靴子埋葬了，然后下山返回。

9

希德·理查森，则独个儿就把自己的暮年打发了，只身穿梭于棕榈泉雷鸟俱乐部的一处新建平房——这可是他在圣乔治岛上的僻静之所，以及他在沃斯堡俱乐部的客房之间。不管他在那里，他的日常安排很少变化。他5点钟起床，然后跟默奇森通电话，聊天免不了以其中一个说“自己已经醒了好几个小时了，就等着对方起床”开始。上午，他会懒洋洋地躺着，往往是穿着四角裤、睡衣上装、一件破旧的灰毛衣以及一件浴袍，电话之余，他会啜饮着咖啡打发时日。在棕榈泉，午饭后，他会到一个被叫作蛇坑的酒吧去玩，下午他会在那里跟这家酒吧的会员们一起打扑克，这里的会员有演员菲尔·哈里斯和雷·瑞安，也就是那个曾跟H. L.亨特玩牌的家伙。

也就有那么一点新业务需要处理吧。虽然中东石油的供大于求意味着没多大必要去钻新油井，但他反正还是钻了一些，一度还跟约翰·梅科姆合伙，一起钻了当时最深的油井，这口井在路易斯安那州沼泽地往地下钻了19 000英尺深，到头来却是口干井。市场对美产石油日渐增长的厌恶，其实，几乎把理查森的路易斯安那州的油田折腾进去。他没法把石油都卖掉，而他的租赁权，甚至包括他在新奥尔良南的考克斯湾和拉切港口的巨型油田，只在他抽取石油的状态下才有法律效力：如果油田停止生产了，这些租赁权就会无效。在20世纪50年代末，他的故交说，理查森通过达成协议，按原价把他在路易斯安那州的石油产量卖给阿什兰石油公司后，方才避免了灾难。1957年，《时代》杂志报道称，有人推测他准备套现，把他的商业帝国卖给某家大型企业。“这该死的谎言，”理查森怒气冲冲地说。

他的健康在恶化。他有高血压。奥什纳诊所的医生们要他戒酒并减少日常饮食中的食盐摄入量。他们使他戒掉了吸烟。连艾森豪威尔总统都发了一两封慰问信函给他。当他能飞回沃斯堡时，理查森似乎最开心，这时他的第一通电话必定是打给佩里·巴斯的老婆的。“晚饭吃什么？”他会问。她总是备好他最爱吃的东得克萨斯餐，番茄切片、黑眼豆豆、羽衣甘蓝和一块蹄膀。

依然，他孤寂。沃斯堡有个报业老记者，卡尔·弗罗因德（Carl Freund），记得看到理查森好多天都在得克萨斯宾馆的人行道上，跟那些赌注登记员们谈论某场赛马结果如何如何。一到周六，他会把巴斯和他十几岁的外孙希德叫到他的办公室，仅仅是为了侃大山玩，后来，在回家路上，巴斯会跟小希德讲，老人只不过就是不想自个儿待着罢了。当巴斯一家都很忙的时候，理查森就很难找到伙伴跟他一起吃晚餐。“他会变得孤单，然后他会打电话叫我，叫我来接他，”得克萨斯酒店的经理安迪·安德森（Andy Anderson）回想道，“他喜欢去一家墨西哥咖啡馆或者某个……提供肋排的地儿吃饭。但他口袋里几乎从来都不带现金，他总是靠我来付账，当然，他知道我会找他的公司报销。”[6]

在1958年圣诞节的几天前，理查森派他的DC-3飞往华盛顿去接他的律师约翰·康纳利到棕榈泉来。康纳利觉得不妙。他从佩里·巴斯处接到一个电话，佩里看到了理查森的遗嘱，令他失望的是，这份遗嘱几乎没给巴斯家族留下任何东西，而且理查森在他们那些油田中所持的股份即将划给新希德·理查森基金。在棕榈泉，康纳利陷在了理查森的安逸节奏中，不是喝喝咖啡，就是打打牌，直到过了几天后，他才提起这件事。“理查森先生，”有一天上午他说道，“你需要留一笔数量可观的钱给你的家庭和佩里的孩子们。”

理查森看上去一副震惊的样子。“我为什么要那样做？”他厉声说道，“巴斯有钱的，他能留给他们足够多的钱的。”但是康纳利不依不饶，而当理查森返回沃斯堡时，他答应修改他的遗嘱。在他的新遗嘱中，他留了200万美元给佩里·巴斯，以及佩里的四个孩子每人200万美元，另外还有圣乔治岛和几家公司的股票。然而，他在油田的股份依旧划给了基金会。

1959年9月30日，理查森南飞圣乔治岛。然后，他按原计划继续飞行，游览了一下他跟康纳利在圣安东尼奥附近购买的两个牧场。第二天中午，有个仆人发现他死在了楼上那个上头悬有他心爱的雷明顿猎枪的床铺上。他闹了一场严重的心脏病，然后在睡梦中辞世了。享年68岁。

希德·理查森在辞世之时收获了比生前任何时候都要多的头条。他的遗体被运往雅典小镇埋葬。艾森豪威尔总统送来了一个装饰着白色康乃馨的十字架，一并还为不能到场参加而惋惜。他的姐姐安妮参加了葬礼，哭成泪人。他的司机也去了，还有圣乔治岛的牧牛人、男仆及其家属，他的飞行员也参加了葬礼。佩里·巴斯站在一边，跟他的四个儿子以及萨姆·雷伯恩、林登·约翰逊和约翰·康纳利一起，观看比利·格雷厄姆致哀悼词。“他是一个忠诚的美国人，并且激昂地爱着他的国家，并且一生保持着美式的生活方式，”格雷厄姆这样说道，因为他没法过多地谈论石油、金钱，或者牲畜、打牌，尽管这些才是希德·理查森最爱的。

10

罗伊·卡伦把最后的岁月花在了更多地照看孙辈种的庄稼，而非政治或者石油上。他的年代过去了，他知道这一点。他老两口现在正值70多岁，他和莉莉把更多时间花在了休斯敦北部的牧场上，在后阳台上打打牌、玩玩多米诺骨牌，傍晚时分驱车出去看看小鹿。他们为他们的女儿及其夫君建造了家园，而且没过多久，甚至还满足了他们女婿科尔宾·罗伯逊（Corbin Robertson）的愿望，这架改装版的DC-3被孙辈们昵称为“大红”。

1957年2月，他们一大家孩子中的大多数都乘着飞机去墨西哥海湾的一个海滨去度假了，就在那时他们接到了电话。“鲸鱼群爷爷”在河橡林区的豪宅中睡着后中了风。急送到赫曼医院，卡伦逗留了4个月之久，却再也没有恢复知觉。他死于1957年6月，莉莉守着他，两年之后，她也离开了人世，事实上她就从没适应过她心爱的丈夫去世这件事。

在休斯敦，对卡伦去世的报道使此前、此后的任何石油商都相形见绌，他的去世就像某个总统死掉一般隆重。卡伦的去世占据了每个头版的角角落落，以及内部的全部版面。大多都浓墨重彩地记述他的乐善好施，倒是没人想谈他那些政治观点。确实，因为这些悲痛和充满温情的祷文，有一种认识，不管这种认识何其轻微，休斯敦已经在某种方式上从休·罗伊·卡伦已逝的年代中释怀了。一个全新的休斯敦正在绽放之中，并且还有一个新得克萨斯，而那些脾气暴躁的、老是对自由派人士和纽约犹太人发牢骚的老一辈石油商，成了令人厌烦的过气之物。大家对这个年代的回忆，恰恰是乔治·布什和休·利特克这一类的人物想要忘却的。

第13章／

崛起的儿辈

1

到 1959 年秋天时，H. L. 亨特已然 70 岁，成了四大石油巨头之中唯一一个还健在的。尽管他已经把他的企业责任移交给了助手和他的儿子们，邦克和赫伯特，而且他的儿子们当时也都 30 有余了。对亨特而言，这是一个漫长而又嘈杂的 10 年，现在活在聚光灯之下，不管准不准，他被广泛地尊为“世界上最富有的人”。不过，现在他只是纸面上的石油商了，他的手下觉得他已经失掉了对石油的所有兴趣。“他喜欢看着旧油井，然后回忆那会儿把石油搞上来时采用的旧法子，”他的外甥汤姆·亨特（Tom Hunt）回忆道，“但他从不关心亨特石油公司在没他参与的情况下干成的任何事情……虽然我们有许多月入 1 万或 2 万美元的新油井，不过对他而言，它们不是他的。”[1]

1955 年是一个转折点，亨特不仅关闭了他心爱的事实论坛，而且还遭受了丧妻之痛。莱达的去世让他很忧伤。她当时中风了，因为不相信得克萨斯的那些医院，他就把她空运到梅奥诊所，但她还是几天之内就离世了。尽管他生命中有许多别的女人，莱达却一直是亨特的珍宝。返回达拉斯的路上，他痛哭起来。“我不知道没有她的日子我该怎么过，”他说。后来亨特消失，去拉丁美洲玩了 6 个月，后来他说他在那儿研究了地方政府。有种可能是他只不过需要点时间来摆脱悲伤罢了。“自从我妈死后，老爸精神就每况愈下，”他的女儿玛格丽特回忆道。邦克试着要他打牌玩，但是他不想打。没什么能提起他的兴趣来了。

令他的第一个家庭沮丧的是，把亨特拯救过来的正是他的情人露丝・雷・怀特（Ruth Ray Wright）及其他秘密的“第三家庭”。[㊀]到那时，他和露丝在一起将近 15 年了，她是一个简单、甜美、虔诚的女人，露丝当时依旧住在草原湖大街，跟他俩一起生养的 4 个孩子在一起。他俩的儿子雷（Ray）生得神似亨特。1956 年，雷 13 岁。他俩还生了 3 个女孩，年龄从 12 岁到 17 岁不等。莱达辞世之后，露丝开始要亨特正式娶她为妻，亨特一想，那意味着关于他俩秘密相处的流言就会四起，所以他就玩拖延战术。但到 20 世纪 50 年代中期那会儿，亨特手下的一大把儿子似乎都已知晓露丝的存在了，连邦克和赫伯特都包括在内；其他儿女，特别是最年长的玛格丽特，并不知情。莱达去世后，当她在弗农山庄碰到露丝，玛格丽特还以为她是个秘书呢。但玛格丽特的老公阿尔・希尔跟亨特关系亲密，所以立即就把她从家里拽到了他们的车上。

当玛格丽特多年以后回想起那一刻时，她质问并要求知道他们为什么离开。“甜心，”希尔开始说道，“现在，我知道这事说来会让你不高兴的——”

“阿尔，”玛格丽特质问道，“发生什么事了？”

“露丝・雷，”他说道，转身面向她，“是你爸爸的，好吧，她是他的妻子，只是没有正式跟他结婚罢了。他们在一起有 4 个孩子呢。”当玛格丽特回想她当时的想法时，说道：“我震惊了，不敢相信，很是惊悸，伤心透了。当我正要质问‘阿尔，为什么你不告诉我？’时，我好像听到妈妈问我同一句话（那是 20 年前的事情了），而我的回答是：‘我为什么要告诉你呢？’”

在莱达死后，露丝和他的孩子们差不多全都搬进了弗农山庄，为亨特准备三餐，用棕色食品袋为他打包午餐，当他心情低落的时候给他唱歌听。对这一安排，一大家子里每一个人是开心的。玛格丽特，拿她来说吧，她就直接不跟他爸说任何话了。第一家庭，听玛格丽特和邦克指挥，认为露丝的家庭就是入侵者，不想跟他们扯上任何关系。露丝的家庭，尤其是青春期的雷，认为此刻正是他爸妈正式结婚的好时候。正如后来亨特所讲的故事，某天雷来到他的办公室，然后对他发号施令了。“你必须迎娶我妈，”他对亨特讲，“她是一个很

㊀ 亨特一直跟他和法拉妮雅・泰伊（Frania Tye）的“第二家庭”保持最少的联系，法拉妮雅一直居住在亚特兰大。

好、很虔诚的人，而你呢，必须迎娶她。”

不久他就这么做了，1957 年 11 月的某个周日，亨特偷偷摸摸地来到了露丝的牧师家中，他为他们举办了婚礼。而亨特第一家庭的 6 个孩子直到在《达拉斯时代先驱报》（*Dallas Times Herald*）上看到一个小短篇，才知道他们老爸又结婚了。达拉斯上下开始嚼舌头了。无人知晓亨特犯有重婚的过去，而从字里行间去读的话，很清楚的是，世界上最富有的人确实干了这么一桩事。当亨特“收养”了露丝的 4 个孩子，把他们的姓都改成亨特，达拉斯的每个人都傻眼了。亨特不在乎，他跟露丝在一起很开心，露丝现在开始光明正大地、一整天一整天地在弗农山庄跟他一起生活了。

与露丝一起的新生活改造了亨特。她认为赌博是一种罪过，而且当亨特提及他的赌注时，她又哭又闹。在他们结婚不久之后，他就完全放弃了赌博——“目的就是为了安抚她，”他说。然而，另一个动机或许是躲开一项联邦调查，该调查牵连到了赌徒雷·瑞安。被传唤到印第安纳大陪审团面前的赌徒有几十个，其中就有亨特，不过靠着他的医生给他开的喉部疾病的证明，他成功回避了出庭作证。据传，有个针对他赌博所得展开的详尽调查，不过最终连法庭都没登上去。

然而，最大的变化是亨特对宗教张开了怀抱。露丝加入了达拉斯浸信会教堂，这是南部最大的浸信会团体，并开始在弗农山庄举办祷告会。没过多久，亨特便开始跟她一起参加宗教活动，不过，后来打保票说亨特转向耶稣的却是一个名叫韦恩·朴却（Wayne Poucher）的右翼牧师。朴却说，亨特家族邀请他参加他们的晚间祷告活动。亨特说他旁观就好，但随着祈祷的时间流逝，他从他的椅子上滑了下来，并靠着朴却跪在地板上。到祈祷结束时，朴却说，亨特的脸上已挂满泪水。

后来，“我带着他去了（他的）宾馆，待了两个小时，我们一起谈论他和他的灵魂，”朴却回忆道，“结束时，我告诉他，我要带他去教堂打造他和洗礼他。”亨特被深深触动。“韦恩，我想去，”他说，“但我一直是个带着邪恶的人，而我觉得直到已经向更好而活有一小阵子之前，我不配请求上帝宽恕我。”不久之后，亨特在达拉斯浸信会接受了洗礼。“找寻上帝”，亨特后来说，“是我有生以来所做的最伟大的交易，我拿今生换来世。”

尽管到那时为止，事实论坛已经死掉 4 年。但亨特的宗教信仰迫使他把基督教精神引入了他的那些哲学，而他研究圣经越多，亨特就越觉得它掌握着解决美国诸多疾患的答案。故而，1958 年夏天，亨特宣布他要复活老旧的事实论坛组织，把宗教内容灌输到其中，重新把它命名为救生索（LIFE LINE）。尽管"救生索"发布的小册子和电台广播基本上都是亨特那些批了基督教长袍的右翼思想宣传，但"救生索"还是从很多方面领先了时代。它的新教原教旨主义和右翼政治的联姻形式，更不用提它反"大政府"、华尔街贪婪的十字军远征了，比 20 世纪 70 年代才涌现出来的基督教右翼早了 20 年。

"救生索"的办公室——配备了 20 多名穿戴整洁、面容清秀的年轻保守派，每一名都被彻底审查过——被藏在了华盛顿商业区的一栋二层楼里。亨特的人手很快就开始工作起来，售卖右翼的书籍、小册子以及每周三期的报纸——《救生索》(*Life Lines*)，尽管有了宗教相关作品的加强，但"救生索"的工作核心是它以最低费用在电台提供的 15 分钟的每日评论；但星期天的节目是免费的。通常，每次"救生索"广播的一半是由传统的赞美诗和布道组成的，不过剩下的评论部分——通常由韦恩·朴却、其他右翼牧师以及昔日的联邦调查局特工发布——却由直白的、极端保守主义的、约翰·伯奇（John Birch）风格的花言巧语组成，全是针对民主主义者、自由主义者、联合国、华尔街以及任何批评石油产业者的发自肺腑的攻击。

亨特这些想法是经典而又偏执的右翼幻想，不过实际上他的想法愚蠢但人却并非如此。亨特从不让自己的名字出现在"救生索"刊行的任何资料里，他认识到自己已经成了批评之雷的避雷针。此外，通过用基督教精神把自己包装了一下，他把不少支持过事实论坛的领军牧师和先锋人物吸引到了"救生索"的顾问团中来，其中就有约翰·韦恩。考虑到有太多的右翼组织因对黑人和犹太人攻击而削弱了它们自身的公信力，亨特警告朴却以及他手下的其他评论员，不要同时批评这两个团体。他至少有一次跟他们讲，要对某个知名的犹太人评论善意一点，这样"救生索"就会被大家给予赞美和纪念某个犹太人的美誉。[3]

然而，不管"救生索"传达的信息在今天看起来有多么愚蠢，但它在 20 世纪 50 年代，还是制造了不小的动静，尤其是在南部农村地区，那里有几十家小电台很高兴地接收它发布的减价评论。虽然《救生索》杂志 1958 年才首次刊行，但它成长稳定，到 60 年代初，它的广播就已经扩展到了 47 个州的 354 家电台。更有 50 家电台每天把它的节目播送两遍。亨特一直是“救生索”最大的支持者，不过它摇摇欲坠的免税地位还是使它从其他人那里也得到了捐助，捐助主要来自石油企业、赋予的右翼分子，以及亨特的银行——达拉斯第一国民银行，所有这些捐赠者都能从联邦所得税中扣除其所捐赠的金额。

在国税局（IRS）的指导方针下，一个“教育性”基金组织只有在它避免党徒政治评论的情况下才能享有免税地位，而党徒政治评论却恰恰是“救生索”广播的主要内容。IRS 巴尔的摩办事处发现“救生索”明显违规，但调查却毫无进展。1963 年联邦传播委员会发起了一次类似的审核，不过这次调查也很快就草草了事了，亨特把花在极端保守主义事业上的钱扣除出来的手法不仅使民主党国会议员手足无措，而且也使他们备感挫败。“恐怕再找不出一个人，”俄勒冈州参议员马蕾妮·纽伯格（Maurine Neuberger）申明说，“能比哈罗德森·拉斐特·亨特（Haroldson Lafayette Hunt）更擅长把该交税的钱拿来做右翼宣传了。”

“救生索”的崛起，与亨特再次冉冉升起为公众人物，撞在了一起。多年来，他一直给各大报纸怒发信件，20 世纪 50 年代末，他的创作量开始飙升，他开始向他的秘书口述信件，有时一天就有五六封，接着分发给从《德卢斯先驱新闻论坛报》（*Duluth Herald News Tribune*）到《亚拉巴马浸信会》（*Alabama Baptist*）挨个发信件。他开始发表演说，经常是对一些小型的宗教和右翼团体，而且没用多久就发展起来了一批今日可谓宗教右派的追随者。但即使他最最血沸腾的支持者，有人猜测，对他在 1960 年揭开的一个新项目——一本自费出版的小说也是抓耳挠腮摸不着底。

这本小说叫《美洲鸵》（*Alpaca*），它讲述了胡安·阿折罗（Juan Achala）的故事，他是一个神秘的拉丁美洲国家的公民。这本书很薄、单册的小说只有 158 页，采用的是廉价版的纸张和装订工艺。《美洲鸵》按时间记载了胡安穿越欧洲寻觅爱情和新宪法的长途旅程。它的核心是亨特对一种乌托邦主义的宪法的构想，在这样一个国度里，每一个公民都将得到与其所缴税收相一致的投票权。这本书收获了就那么零星一点的评论，而且大多还是严厉批评，不过亨特声称它在某种方式上影响了伊拉克的民主改革，普遍的反应是翻白眼和嘲笑。对他在达拉斯 Cokesbury 书店举办的新书签售会，全国的新闻读者都是吃吃地笑话他。签售会上，亨特微笑看着露丝带给他的最小的两个女儿，11 岁的伊莲（Helen）和 10 岁的施瓦妮（Swanee），她俩一鞠躬，新闻记者就开始拿着相机拍起来，接着唱起亨特写的一首小调：

橱窗里的那本书怎么卖？
那本满是智慧的小书……
橱窗里的那本书怎么卖？
我老爹写的那一本……

在《美洲鸵》之后，亨特继续在写信和邮寄上火力大开，不过已很难在极右之外找到把他当回事儿的人了。不过，当他真想制造点动静，他还是有足够的钱来搞一下的。他最有名的一次冒险发生在 1960 年洛杉矶的民主党全国会议上，当时亨特是带着击败约翰 F. 肯尼迪的提名的决心来的，亨特厌恶肯尼迪，因为他曾经发誓要对资源耗竭补贴进行“审核”。更糟糕的是，亨特深信他达拉斯的牧师——神父威廉・克里斯维尔（William Criswell）的一次布道，此人怒喝说选出一个天主教的总统就意味着“宗教自由在美国的终结”。亨特相信一个肯尼迪的白宫将在本质上成为教皇的白宫。

大会期间，有人看到亨特在林登・约翰逊和其他政要的接待室之间不停徘徊，完全是一个哀伤、看起来可怜巴巴的形象，找寻愿意听他讲的政客。不过他有个计划。大会进入高潮时，有 20 万份印有神父克里斯维尔反天主教布道的小册子出现在了全国各地的新闻报刊和新教教堂里。亨特指望用它来激发起一场反肯尼迪的抗议潮流。而它唯一激发的却是一次参议院调查。这些小册子上面找不到是谁出钱或印刷的任何信息，这明显违反了联邦竞选方面的法规。当有消息从华盛顿泄漏出来说，在这次邮寄事件的背后，确定是某个还不能确定姓名的、达拉斯石油界的百万富翁所为，亨特及其高级安保人员——曾经的联邦探员，名叫保罗・罗瑟梅尔（Paul Rothermel）消失了，事实上是溜出达拉斯，躲了起来，接下来几周就开始到西得克萨斯的宾馆到处穿梭。当亨特的大名最终被公之于众时，嘲讽之声已经日渐枯萎。“出来吧，冒牌老爹，在哪儿都无所谓了，”有个得克萨斯社论记者如此责难道。

没多久，整个风波就便全过去了，结果小册子在技术上属于合法的，毕竟——不过损害却已经造成。有点傻不拉几的右翼得州石油界百万富翁的刻板印象继续流转，而在全球看来，对达拉斯而言，对整个得克萨斯而言，H. L. 亨特都是这种刻板印象的化身。经过一段时间之后，即使在“救生索”工作的宗教评论员也开始远远地躲开他。到 1963 年，神父克里斯维尔觉得亨特极右的观点已经主宰了“救生索”的产出，而且是以牺牲宗教内容为代价的，并且他公开也这样说。同年，“救生索”最忠诚的评论员韦恩·朴却无视亨特的指示而没去公开批评一项石油立法，使得亨特迅即解雇了他。

“我以为我认识亨特先生，但是我并不认识他，”后来沮丧的朴却跟一位记者说，“没人认得他的真面目。”

2

1959 年起，四大石油巨头家族最重要的功绩将属于他们的第二代，这些野心勃勃的年轻人正在奋力挣脱他们老爹的阴影。从短期看，只有两组联手的兄弟即将引领公共生活。卡伦的女儿们，她们的财富被她们老爹的慈善之举削弱了，淡出了公众的视野，佩里·巴斯也淡出了公众的视野，此刻他已经 40 有余，面容憔悴，遗产只分了希德·理查德森的一小片。在接下来的 10 年里，巴斯在沃斯堡过着管理和照料别人的日子，抚养他的儿子们，并梦想着回归他的初爱之物——航海。他和他的老婆——南希·李（Nancy Lee）跟玛格丽特·亨特及其丈夫阿尔是密友。

就现在来看，巨富一族的斗篷落在了 5 个男人身上，他们全都 30 多或者接近 30 了：小克林特·默奇森，1959 年时刚 36 岁；他的老哥约翰，38 岁；还有亨特第一家庭的 3 个儿子，邦克 33 岁，赫伯特 31 岁，拉玛尔 26 岁。至少最开始时，最广受关注的是默奇森一家，尤其是天资聪慧的小克林特，不管怎样，此人都是当商业巨头的料，但却从未当过，人们说，小克林特长得简直太像他爹了。他继承了老克林特对数字的才智，IQ 测试得分达到了天才水平，不过他在社交上的笨拙也是天才级的。正像那些成功家庭的许多儿辈一样，小克林特花了多年时间寻找可以搞成自己事业的东西，不过当他找到时，他却大脑开了洞，就像他再也不用为生活奔波，而后来却沉沦进了巨富第二代之中最悲催的境地。

父子相像，天经地义。小克林特长得跟老克林特一样，长大后，变成了一个矮胖、滚圆的大男人，5.6 英尺高，加上平头的发型，再加上一款跟他老爹同款的牛角框眼镜，就更相像了。青少年时，他被送到了新泽西的劳伦斯维尔中学，他在那里保持了 A+ 的平均成绩，令所有教员都印象深刻，菜鸟年过去之后，该中学的校长写信给老克林特说，他儿子或许是该校历史上最聪明的孩子。二战期间，小克林特把大部分时光花在了杜克大学的海军陆战队军官培训项目中，从这所大学毕了业之后，他被麻省理工学院的数学系的硕士课程录取了，在那儿他谈论着要在学术上展开自己的职业生涯。他 1945 年结婚，娶了一个性格活泼的女孩，她的名字叫简·科尔曼（Jane Coleman），其母在雅典长大。他俩从青少年时就开始约会了，克林特在麻省理工学院就读时，他们就在波士顿定居了，1946 年时简为他生了第一个孩子——克林特三世，他们后来又添了 3 个孩子。

战后年间，小克林特让自己完全沉浸在仅由科学家和他们的方程式构成的狭隘世界里，就像他爹研究股市表格一样，他潜心钻研技术论文。一直以来，只要跟陌生人一起，他就不舒服，不过他学生那会儿起就天资聪颖。简有好多次注意到，她老公许多晚上在正餐或者派对时待在某个教授的家里，只谈数学，而其他的学生则不是互相插科打诨，就是拿杜鲁门和阿尔杰·希斯（Alger Hiss）的事儿，或者当天头条的事儿争论着玩。小克林特的不安全感可不止某个中部的美国人在东部水域游泳这么简单。它就像，像他老爹在智识上的不安全感——追求高深的词汇，追寻渊博的知识——它们深深植根在他心里，他一直有这种情结，而且总是唠叨个不停，这种意识让他无论成就有多高都无法达到他内心的期望值。

小克林特对数学造诣的梦想与追求在 1949 年年末戛然而止，当时他收到了他老爹的一个便条。“亲爱的克林特，”上头写道，“快回家吧。你的爸爸。”是时候加入家族产业了。小克林特的哥哥也收到了同样一条消息。但他兄弟两个一点也不像，不论是那时，还是将来，都从没像过。他又高又黑，对自己要求严格，约翰看起来一点也不像默奇森家族的其他人。16 岁时，他先是去了霍奇基斯，接着又去了耶鲁，珍珠港战争开打第二天，他就离校参军了。他成了一位战斗机飞行员，在中国、北非和意大利的天空中执行了50多次飞行任务。战争也给约翰带来了创伤。压抑的气氛、糟糕的伙食，使他体重锐减，到1945年年末他就退役了，此刻他几乎已在精神崩溃的边缘。老克林特接他时，给他带了一份礼物：他的个人战斗机。有个周末，约翰开着它就飞到马塔哥达岛，那时此岛已归韦恩家族所有，他在那儿突然爱上霍卡迪女子学校（Hockaday，最好的女子私立学校）一个漂亮的女孩——露易丝·甘农（Louise Gannon），大家都叫她“卢普”（Lupe）。1947年约翰一回到耶鲁，他俩就把婚事办了。就像默奇森家族的其他儿媳一样，卢普弥补了他老公所欠缺的，她不仅喜好交际，而且性格直率，非常懂生活。

次年约翰毕业后，这对夫妇回到了达拉斯，而克林特觉得他的长子依旧看起来有点焦虑不安，而且还得了哮喘病。有个周末，克林特雇了一个梅奥诊所的大夫来埃尔托罗（El Toro），对约翰进行独立观察。大夫说尽管他的神经会复原，但哮喘病好不了。约翰需要在干燥的气候下生活。回到达拉斯，老克林特就把约翰和卢普打发上了第一班去新墨西哥州圣达菲的飞机，要他们去放空一阵子。这对新婚夫妇在小镇外边买了一套小房子，而约翰，就像他老爹40年前做过的一样，也把银行柜员当作了自己第一份真正的工作。在圣达菲期间，卢普生下了他俩的第一个儿子——小约翰·达布尼·默奇森（John Dabney Murchison Jr.），大家都叫他达布尼。就像简和小克林特一样，他们后来也新添了3个孩子。

1949年，当默奇森兄弟们回到达拉斯，他们开始在主道1201跟着他们老爹当学徒了。那年约翰刚28岁，小克林特26岁。老克林特自从他俩青春期开始就不怎么在他俩身边。约翰已成长为一个待人善良、做事细致并充满才智的人，他惯于研究一个商业机会总是花很长时间，以至于有时都会把商业机会错失了。克林特，对在家发展倒是很开心，因为他从学术的限制中解脱了出来，与约翰截然相反，做事随心所欲的，并且自以为是，他惯于还没了解一个项目就把交易敲定。“我们摊上了两个截然相反的儿子，”老克林特喜欢这样说道，“其中一个下决定太快，另一个却做不出决定来。”[4]

小克林特鲁莽的性格，在他老爹看来，遮掩了他复杂的个性。到小克林特二十五六岁的时候，他这儿子发展出两种截然相反的个性，实际上，一种是面向朋友的，另一种是面向所有其他人等的。在家庭的大怀抱里，他可以是温情而幽默的，不过他花了很多年才喜欢上开玩笑和搞恶作剧。工作时，他令人不堪忍受地自负，在他有什么可吹嘘以前（指的无疑是他在 MIT 接受的教育），小克林特看起来对“自己就是达拉斯最聪明的人”这一点特信。有陌生人在周围时，他一般都寡言少语的，如果要他张嘴说话，那就会动粗口。有人问他怎么不认识过道里刚刚碰到的那个人，他回答道：“我为何该认识他啊？我昨天才跟他说了一次话。”他一点也不在乎细节，尤其是打电话的时候，他把他老爹说话噎人的本领继承了下来。对一个他不喜欢的投资人，小克林特大放厥词：“除了忠诚这一点之外，你真是跟一只狗没什么两样。”虽然他老婆简认为他的唐突是他遮掩他糟糕的羞涩的一种机制，但这么些年过来，跟小克林特聊完之后走开的外人中可不止一个嘟囔着骂他“混蛋”。

老克林特觉得，销售方面的职位或许能让他最小的儿子不这么缩手缩脚了，所以就将他安排到其中一个子公司的分部去售卖中端住宅，这片住宅恰好建在市区北部 8 英里外。这些用水泥砖打造的小住宅是老克林特在二战期间就有的一个想法，它们本来要卖给归来的战士及其家属的。为了指导他的儿子，老克林特让他跟一个热衷聚会的人物在一起工作，此人名叫罗伯特·汤普森（Robert Thompson），一度做过华盛顿的说客，自从 20 世纪 30 年代起，他就跟默奇森家族结缘了。汤普森就是他参加的每次派对的化身，是那种在桌子上就能跳踢踏舞的男士。

虽然在汤普森的教导下，小克林特并没有卖出多少房子去，准确的数字好像是零，不过他确实开始放得开了。二战期间，早婚以及埋头于书本的 MIT 岁月，使这个年轻的继承人并没有多少时间去探索生命中享乐的方面。汤普森照料到了这一点，带着他到处找酒店和酒馆玩，从带他到达拉斯东部的墨西哥湾玩潜水，到带着他到纽约的“21”俱乐部逍遥，这家俱乐部后来成了小克林特的家外家。有人揣测，正是汤普森把小克林特带向了婚外情欲的刺激之中。随着时间一年一年地飘过，克林特家的这个最小的儿子变得一门心思找这种消遣了。

老克林特想要自己的儿子把主道 1201 号用作他们自己事业的孵化器，1952

年小克林特正当 29 岁，孤掷一注地买下了达拉斯市建筑公司，花了 32 000 美元和一张期票。他把它重新命名为得克萨斯建筑公司，大家叫它太康（Tecon），他还把汤普森拽来当他的合伙人。太康起步时很小，干的是给达拉斯区域内的街区铺路的买卖，而小克林特怀抱的梦想却是把它打造成一个国际性的大型综合建筑公司。他收购了不少有竞争关系的公司，不久太康的资产就突破了 1000 万美元。小克林特开始在国外到处竞标，为了拿下可以借机给太康的服务打广告的这份美差，他在与世界七大建筑公司的竞标中中标了，代价高昂：这项合同要求太康把 200 万吨一直从小山坡到巴拿马运河缓慢崩落的泥土和岩石移除。这是一项很冒险的买卖，这份差事需要 100 万吨炸药，而且坠入巴拿马运河的任何岩屑的清除费用都将被记在承包商的头上。老克林特的手下中不止一人警告小克林特这是在拿所有来冒险。老克林特却一言不发。“要是他真拿错了主意，”他说道，“他也会学到教训。”[5]

太康不仅没在巴拿马运河的这项美差中栽跟头，而且它还在小克林特的领导下开始忙于跨越美国的住宅小区和高速路建设。与此同时，他的兄弟约翰更喜欢跟银行业和金融打交道，他把 20 世纪 50 年代的最初几年花在了收购保险公司上，当然这是在克林特的一个手下的指导下进行的。1941 年他就花费 7100 万美元收购了大西洋生命保险公司，后来他又收购了密西西比拉马尔生命保险公司，再然后又收购了田纳西州的意外伤害保险公司。一点一点地，老克林特开始把资产转给自己的儿子们，而这些资产往往是由约翰来照管的，这些年来，他一边在亨利霍尔特出版社的董事会占着一把交椅，一边还管理着老克林特多年来收购的一些得克萨斯州的乡村银行。

尽管他俩一点相似之处都没有，但约翰和小克林特的操作却无缝衔接。他俩共同拥有一家合伙制企业，默奇森兄弟公司，这是老克林特在 1942 年为他俩创建的。虽然他俩经常行走于不同的领域，而且他俩的合伙关系也没有写到纸面上，但他们的每笔投资都是平等分担的。7 年的学徒期结束之后，老克林特的第一次中风就使他们父子在组织上的安排栽了跟头。老克林特把他自己的利益转移到了北达拉斯一个模仿鸟巷的新建筑中，让他的儿子们自力更生。当然还有早先一些失策的影响，约翰在铀矿上的投资是一个完完全全的失败，不过他兄弟俩大部分的投资还是蛮积极有为的。

跟镇另一端的简约节俭的亨特家族不一样，约翰和小克林特更像他们的老爹，着迷更高大上的东西。约翰不仅开着保时捷上班，而且还驾着一架属于自己的比奇双富源飞机，当他厌倦了在爱田机场累心地进进出出之后，他便在距北达拉斯私宅两英里处的地方修建了一条简易跑道，然后他发现竟然有好多朋友都跑来想用一下，因此他就把它转变成了私人机场。随着老克林特的健康恶化，他开始嚷嚷着不想在家里的大房子住了。而约翰家的人口越来越多，三居室的家开始装不下了这么多人，所以他们爷俩就换了房子住，房子虽然换了并不代表约翰的老婆卢普对墙上挂满海鲢鳞片的酒吧间来电。她做了大规模的重新装修，将鳞片剥落下来，去掉了室外的屏风走廊，并且将这栋豪宅变成了一个更大的应接室，以供娱乐之用。没出多少时日，约翰和卢普夫妇就成了达拉斯的传奇人物，过了多少年之后，他们家的那些大场面还是会有人谈起。其中最著名的场面是约翰的 40 岁生日派对，为了这桩事，卢普从休斯敦请来了一支 120 人的交响乐队、一支全黑人的福音合唱团以及一支来自新奥尔良的迪克西兰爵士乐队。午夜时分，烟花飞舞在头顶之上，合唱团和乐手们开始高声演唱《当圣徒们阔步走进来》(*When the Saints Go Marching In*)，而好几百身着燕尾服的男士携着钻石闪亮、身穿长袍的女士翩翩起舞，香槟高举，舞至深夜。

不过，用得克萨斯风格的享乐主义调调说的话，约翰跟他弟弟比的话，这都不值一提。早些时候，老克林特在大房子对面为小克林特置办了 100 英亩的地块，请他在上面建家园，但小克林特拒绝了他老爹的这份好意。尽管这事儿让老克林特很受伤，但是就像其他事情一样，小克林特想拥有属于自己的土地，拥有属于自己的豪宅。1954 年，经过两年的找寻，他在距离他老爹的不动产 3 英里处的地方置办了 25 英亩的土地。当时简刚产下了他俩的第四个孩子，脾气变得温和了许多，尽管她说得很明白，她想从高地公园拥挤的都铎风格的三居室搬出去，小克林特还是想亲自设计新家的每一处细节和景致。

小克林特哄她说一切很快就会搞定，并且开始绘制蓝图。他愿景中的家园比他老爹的家要大许多，他打算来一栋 4.35 万英尺大小的马蹄形建筑物。房子自身就占据了整整一英亩地，由数百吨石材切割、堆砌而成，石材产自老克林特的阿库纳牧场，通过有轨车运到达拉斯。主游泳池特别大，而且完整地配有一个水下观景房，有人风趣地说道，这泳池大得“可以跑玛丽女王号轮船”了；第二个小一些的游泳池掘土建在主人套房的一侧，仅供小克林特和简使用。然后，问题来了。小克林特坚持连最细微的细节也要把关，从浴室模型的宽窄，到他种下的数百棵活橡木树的大小和形状，他都要过问。单单电子产品就耗费了好几年的工夫，并且领先于当时的技术能够用几十年的，小克林特想要一个用最新式的电子设备装配的全自动的家。家用电器可以从墙壁里进出，一按按钮就能收放窗帘，甚至连家里的吧台都配备了一款自动分液器。“我不喜欢照理吧台，”他解释道。诸如音响、光线、灯具、安保系统这些，小克林特都坚持自己来弄。据简·沃尔夫（Jane Wolfe）讲，他花了好几年来完善一个大屏幕电视，比同类产品进店销售早好些。

到 1959 年，计划已经进行了 5 年，家园依旧远未建成。而在小克林特拥有自己的豪宅之前，他需要自己的私人岛屿。他在马塔哥达岛上长大，他知道自己想要什么，又花了两年的寻觅，他把目光锁定在一处很小的、未开发的西班牙珊瑚礁岛上，它是一个两英里长的白沙小岛，环绕在蓝绿色的海水之中，地处巴哈马群岛的阿巴科斯岛东北部。它是马塔哥达岛二号，只不过缺少了响尾蛇。小克林特先是监督着修建了一条 5000 英尺上的飞机跑道、一座无线电信号塔、发电机组和几条小路，然后又建了一栋豪华的主房和 6 个偏房。老克林特觉得这孩子在这上头浪费的时间太多了，对他印象不好了。“好吧，”他嘟囔道，“我猜这个家伙接下来想要的东西就是搞一串赛马，然后再包养一个情妇了吧。”当这话传到小克林特耳朵时，他很快就给他老爹打了个电话，问他：“嘿，老爸，你知道我可以从哪里去搞一串赛马吗？”[6]

阻止约翰和小克林特追逐利润的并非他们对奢侈品的追求。直到 1957 年，默奇森兄弟在主道 1201 的办公室里，还是在老克林特全胜期的势能中忙忙碌碌。20 世纪 50 年代末，一群精明的达拉斯开发商，像特拉梅尔·克劳（Trammell Crow）都正忙着把阳光地带的住宅小区抛售出去，他哥俩紧随其后，信心十足地挤进了房地产行业。（有句玩笑话这么说的，“你知道谁建造的亚特兰大吗？”“达拉斯。”）默奇森家建的住宅小区遍布圣迭戈、洛杉矶、新奥尔良、得克萨斯和佛罗里达的郊区，它们全是由默奇森家族的公司用默奇森家族旗下的建筑材料打造而成，而且装卡车运来时走的路都是默奇森家族修筑的。“我们喜欢我们的钱进进出出，”小克林特打趣地说道。两年不到，他哥俩就把几乎所有家族投资（老克林特的加他俩自己的）的控制权巩固和整合在了一起。要是将他俩在 100 家独立公司的股份估算一下的话，他俩的资本高达 5 亿美元，从保险业、石油业、建筑业到出版业、房地产、公交线路、银行，他俩没有不投的。

有件事儿，那会儿大家往往都不知道。这件事儿就是老克林特的健康状况每况愈下，一边是他们把这当成家族秘密保护着，一边是媒体继续把他们家的商业帝国仅仅描述为他们老爹的天下。而当提及他哥俩的时候，约翰和小克林特被不待见地称为“克林特的男孩们”。然而，这一形象在 1960 年 9 月以后发生剧变，因为约翰和小克林特在全美面前被推推搡搡地挤进了一场战争。他俩的对手是一位阴沉寡言的 69 岁的小老头，他就是东海岸的实业家艾伦 P. 柯比（Allan P. Kirby)，而他们的这次较量源起于 6 年前老克林特为争夺纽约中央铁路的控制权而扮演的配角所带来的错综复杂的后果。铁路的主席是老克林特的朋友，此人名叫鲍勃·杨（Bob Young)，他从另一家公司中拿出很大一部分股份来回报老克林特。这家公司就是明尼苏达州价值 30 亿美元的投资者多元化服务公司，以 IDS 知名。这原本是一桩私下达成的交易，股份的购入价低于市场价，而后它却变成了一连串令人厌恶的股东投诉默奇森家族、鲍勃·杨及其搭档艾伦·柯比的争议焦点。

老克林特跟艾伦·柯比合不来，没多少人跟他合得来，但只要鲍勃·杨还在，他俩再怎么合不来也没关系。不幸的是，鲍勃·杨这位活泼善变的小老头已经染上抑郁症很多年，1958 年 1 月，当他在棕榈滩的冬日豪宅小住时，他拿着一把滑膛枪伸进自己嘴里，然后按动了扳机。次日，一觉醒来，默奇森家族猛然发现他们跟艾伦·柯比成了惴惴不安的搭档。随着鲍勃·杨的去世，柯比开始行动起来，以便从股东诉讼中挣脱出来。虽然成本高的离谱，要花 1000 万美元，但最难的部分却是满足原告的要求——取回老克林特手中的 IDS 股票。股份的价格升值了，不过柯比还是成功说服了老克林特，使其交回股票并换成数额相等的但不具有投票权的股份。这是结束诉讼的唯一办法。

1959 年 12 月敲定的新安排使默奇森家族在 IDS 成了少数派股东，而此刻的掌舵人却是艾伦·柯比。实际上，从影响看，柯比转身成了封建领主，而默奇森家族却发现他们深陷类似农奴的窘境，在柯比的地盘上，提心吊胆地保护着 5000 万美元的投资。事情从最开始就在恶化。几周之内，连个电话都不打，柯比就突然间把默奇森家族安排在 IDS 的高管撵了出去，这简直就是狠扇了这些得克萨斯人的耳光，不过考虑到默奇森家族在董事会没有席位，并且影响力微乎其微，他们只能仰艾伦·柯比的鼻息了。在那种恶劣的处境下，他哥俩必须决定是卖掉股票，还是为之而战。尽管他俩厌恶这样做，但他们还是准备开战了。为了拿到谈判筹码，他哥俩说服了鲍勃·杨的遗孀，跟她达成了一桩交易，从她手中收购了她在现为柯比所控制的公司的股份，这家公司是阿里范尼公司。这些普通股和优先股如果全都能够转至默奇森名下，它们将赋予默奇森兄弟阿里范尼公司大约 20% 的投票权，大约跟柯比的投票权一样多，这是一部大胆的棋。这就好比农奴闯进了庄园，并且在领主的起居室搭起了帐篷一样。

因为老克林特中风一事依然是个秘密，媒体最初认为这是老默奇森策划了这一大胆举动。“64 岁时，”一位消息不灵通的《纽约时报》记者 1960 年 2 月在撰写长文重点介绍老克林特时写道，“他必须停下脚步，以便巩固自己的商业帝国。”事实上，从最开始这就是约翰和小克林特的战斗，他兄弟俩第一次放话对柯比说，他们必须在如何运营 IDS 中享有发言权。然而，帝国主义风格的柯比就是不听。默奇森家族就把约翰·康纳利搬出来，此刻是以雇用律师的名义，请来斡旋出个解决方案，但康纳利的加入并没解决什么问题。

六个月来，这件事只是一点一点慢慢地沸腾，直到 9 月份柯比将默奇森家族的势力从 IDS 董事会驱逐了出去。约翰和小克林特立即宣战了，宣布说他们决心让阿里范尼公司的股东投票除去柯比在其自己所控制的公司的首席执行官职务。想当时这场战争不仅成了华尔街历史上最大规模的、最烧钱的代理权之争——阿里范尼公司掌管着 50 亿美元的资产，IDS 和纽约中央铁路也包括在内，而且更准确地说，自从四大石油巨头跃升到国家舞台上开始，大家就翘首期待来一场得克萨斯石油跟东部公司的较量了。这比公众的期望晚了 10 年，而且这次挑战还是由新生代发起的。在这场悬而未决的较量中，命运未定的不只是这桩交易，还有大家对约翰和小克林特是否是商界丛林的合法玩家，以及他们是否仅是他们老爹皇冠的冒牌继承者的评判。

对所有人而言，这必将是一场老派美国人物和新派美国人物的较量，这很明显。艾伦·柯比是旧资本一个纯粹的象征，柯比是沃尔沃思商店创始人的儿子，这位沉默寡言并且易动肝火的小老头在 40 年的职业生涯中做足了杠杆式投机，他将继承下来的巨额资本化作如下辉煌战绩：他是沃尔沃思商店、阿里范尼公司、纽约中央铁路以及的巨头型的纽约银行——制造商信托公司的最大个体股东。他的家族，彼时恰如今日，居住在新泽西州莫里斯敦周边的跑马乡村，家院是一栋拥有 27 室的豪宅，里面伦勃朗、盖恩斯伯勒的作品都挂了不少。艾伦·柯比不仅身强体壮、为人谨慎，而且非常有才华。他身价有 3 亿美元。

拿柯比来烘托得克萨斯人最好不过了，所以媒体把它炒得沸沸扬扬。《生活》(*Life*) 对这场发生在“两个庞大的经济界男爵——粗犷的、象征了得克萨斯牛、石油和金钱的结合的力量，与优雅的东海岸金融辛迪加力量”之间的较量非常热情。文章配图说明了一切，一辆配有 APK 1 车牌的劳斯莱斯在纽约的一处渡口阴森森地怒目而视，它象征着艾伦·柯比；一头带着默奇森家族 7L 品牌的布兰格斯公牛则把默奇森两兄弟形象化了。《生活》还发布了一张照片，在照片上，约翰·默奇森跟他的家人站在矗立在大房子的门厅的铜像旁，暗示了围绕所谓的东西之间的冲突、新旧两派美国人物之间的文化大裂口的纷繁喧闹不再像以前那般巨大了。尽管约翰是一个得克萨斯州本地人，但他也是一个耶鲁人，他所在的州也在发展。

正是对银行和金融很敏锐的约翰牵头对抗柯比。这一场代理权之争有点像是政治竞选。阿里范尼公司的股东好比选民，要是默奇森兄弟俩要想有任何获胜希望的话，迎合这些股东就是他们有必要去做的。胜算不在他俩这一边——柯比在华尔街上有几十年的、强悍的关系网，而且已经掌控着 20% 多的股东投票权。约翰准备对他来一场围攻。1960 年秋天，约翰在第 48 大道和麦迪逊大道租赁了办公室，并且把默奇森兄弟公司的许多员工都从达拉斯调到了纽约。他还从纽约聘请了几十个律师、两家独立的代理权争夺公司，以及他的副官——高盛公司知名投行专家古斯塔夫·“格斯”·利维（Gustave “Gus” Levy）来增强己方的力量。因为预期这会是一场漫长而充满艰险的较量，约翰和他的爱妻卢普搬到了曼哈顿，住进了卡莱尔酒店月租高达 17 000 美元的套间，他们把家里的 4 个孩子留给了一位女管家照料。小克林特则一周飞过来帮一两次忙。

约翰打出了这场战争的第一枪，投诉他在接管老克林特在 IDS 的股票的过程中犯有欺诈罪和共谋罪。柯比对此打哈哈，把默奇森哥俩当成大字不识几个的乡巴佬，没理会这件事。柯比手下有个人带着嗤之以鼻的口吻对记者说默奇森帝国是一辆“用胶水、细绳、松节油和风堆在一起的破车”。因为有阿里范尼公司四分之一的股票装在囊中，柯比本可以通过买入该公司的大把股票来轻松抵挡默奇森哥俩的进攻。但是，他没有。从所有的表象看，他从未想过他有必要这么做。没过多久，柯比搞出了自己的一纸诉讼，他状告老克林特在 IDS 内犯有内幕交易罪。那年冬天，约翰和小克林特都一直折腾着摆平这场公关攻势，他们配合东海岸各路记者的漫长采访，他们不戴牛仔帽、不打蝶形领结的着装倒是让记者们很吃惊。兄弟俩把他们的处境描述成来自西南部的劣势群体，并跟《纽约时报》那个不带表情的小伙讲，当他们在华尔街的走廊里发现“偷牛贼和品牌篡改者”时是多么的惊讶。

对于他们种种狂飙突进的行动，许多华尔街的斗争，像法庭审判，都是设计好了以促使双方和解的。1961 年 3 月初，距离阿里范尼公司的股东投票还有两个月，柯比同意约翰来他的公园大道的办公室进行和谈。约翰要求在阿里范尼公司的董事会享有两个席位，而柯比看起来是答应了。次日清晨的头条新闻报道“较量已经结束”的话音未落，战争就真的打了起来，因为那天当柯比拒绝了约翰用他赞赏更多一些的人选来取代 IDS 的 CEO 时，和解方案就完蛋了。从那时起，双方和证券交易委员会一起填写文书，开始为争夺股东大会的代理权积极活动。

现在，这场较量真正开始。在麦迪逊大道的战情室，约翰和他的咨询师们将美国划分为 80 个区块，并指派人手给每一个股东打电话。他和小克林特把数小时花在跟股东的通话上，耐心地向投资者解释他们将如何从大大小小各方面比柯比经营得更富有成效。与此同时，柯比聘请了私人侦探，派他们去到老克林特多年来的复杂商业交易中窥探其违法的蛛丝马迹。他们编撰了厚厚的卷宗，指控老克林特犯了各色各样的金融欺骗，从私下达成的交易——跟理查德·尼克松达成的房地产交易（此事为真），到在住宅合同上欺骗联邦政府（此事可能是假的），再到断言他跟黑手党有商业来往（此事的真实性很值得怀疑）。柯比将这些卷宗发给包括专栏作家德鲁·皮尔森（Drew Pearson）在内的记者们，德鲁·皮尔森基本上连看都没看，就告诉柯比的手下要么拿出点实打实的证据来，要么闭嘴。[㊀]但是要说只有很少指控被公开的话，它们却在华尔街传播的很广泛，而且在未来的很多年间，关于默奇森家族的这些事通常还会以谎言的形式冒出来。

经历所有这些事，约翰一周工作 60 个小时，而这些压力和长时间的体力、精力消耗开始找约翰算账了。他的体质向来不是最棒的，由于约翰的战时压力和哮喘在他的心智上从未下过线——他的精力支撑不住了。他的双眼开始肿大，烟瘾也开始上来，卢普试着周末带他到曼哈顿的艺术画廊去游玩，让他从工作上分分神，休息一下。这么一来，倒把约翰对当代艺术和前卫派艺术的热爱点燃了，并且约翰对艺术的爱，一爱就是一辈子。他开始几十幅地购买画作，然后运到达拉斯老家去。但是单靠艺术收藏还不能使他满血复活。他开始愈加担心孩子们会不认识他，最后由于担心精神崩溃，约翰返回达拉斯，整整待了 3 个星期。约翰不在纽约的空档，小克林特就尽全力过来顶上，使他们对抗艾伦·柯比的战斗继续下去。

到 4 月初，距离投票还有一个月时，兄弟俩开始撞上一些好兆头了。好几个大股东，其中包括阿里范尼公司的两个前董事，宣称支持默奇森兄弟。对抗双方都在加急迈入购票以及随之而来的投票，而且都在尽可能快地买入，这使得阿里范尼公司的股票成了自 1929 年股市崩盘以来交易量最大的股票，不过华尔街却把赌注压在了艾伦·柯比身上，他们认定柯比一定会找到某种方式击溃他的这些不知道自己是谁的挑战者。接着，在距离股东投票仅有 11 天的时候，柯比犯了一个大错。上市 32 年来，阿里范尼公司从没有宣称过要发行股票股利，但是柯比现在却要给大家伙儿发行股票股利了。这种拿着蝇头小利去讨好股东的做法简直也太明目张胆了，而这也显示了柯比的绝望。约翰立即就把这事儿发挥了一下，花钱在《华尔街日报》和《纽约时报》上购买了整个页面去渲染这件事，在其上，卡通造型的艾伦·柯比拿着一把又一把的“五美分的鸡食”抛向阿里范尼公司的股票持有者。

㊀ 柯比的侦探所获得的调查成果仍然可以在德鲁·皮尔森的私人报纸上找到，保存在得克萨斯奥斯汀的约翰逊总统图书馆。

然而，在巴尔的摩市巴尔的摩勋爵酒店召开的股东大会，却开得有点虎头蛇尾，艾伦·柯比和和气气地做了点评，但拒绝提默奇森家族的任何名字。约翰站在观众中回答了一两个问题。会后，对抗双方都对记者说他们有把握取胜。据称，计票完成要花一整个星期，结果最后竟然花了 3 个星期，而到计票完成时，消息就泄露了出来：

得克萨斯赢了。

最后的计票结果是默奇森兄弟获得了 54% 的投票，按照华尔街的标准，这可是险胜。对于约翰和小克林特而言，随后接踵而至的媒体赞誉比四大石油巨头获得的浮夸有过之而无不及。当他哥俩紧随他们老爹的脚步，也成了《时代周刊》的封面人物时，报道达到了巅峰。这种狂热劲儿很像两年前 NASA 搬来休斯敦时，成为《时代周刊》的封面人物标志着得克萨斯及其石油商形象的转折点。7 年前，老克林特在封面上还是一个戴着牧场主式的大草帽的形象，时至今日，约翰和小克林特为《时代周刊》摆造型时穿的已经是商业套装，新封面上能够标志得克萨斯的唯一标记就是那个挂着套索的天际线。据这边篇章报道：

默奇森兄弟在艾伦·柯比的老巢获胜，这引来了大家对得克萨斯州在美国经济中所扮演的角色的激动人心的关注。美国东部人依旧把得克萨斯人想象成大字不识几个的石油界的百万富翁，喜欢戴宽边高顶帽，而且他们只要来华尔街肯定是缺钱了，有些得克萨斯人还真就是这个样子……不过，在达拉斯和休斯敦，今天得克萨斯州的企业界大亨更喜欢穿布鲁克斯兄弟的商业套装，而非得克萨斯风格的皮靴，就算他的第一桶金可能来自石油（外加 27.5% 资源耗补），但其财富现在已经大多来自电子设备、房地产、保险业和航运业。而对于一名新得克萨斯人而言，得克萨斯州不再够他们玩得了。就像捕鸟猎犬一般，得克萨斯州的商人正在全美各地四处奔波，他们几乎为美国经济的方方面面贡献着资金、企业家的活力和敏锐。

在暗处待了多年之后，默奇森兄弟现在不仅崛起为“新”得克萨斯州的象征，而且也成了得克萨斯州最为人知晓的年轻一代的大富豪，这使得他们接下来的一举一动成了全美商业媒体各种不着边际的猜测的源头。约翰被任命为阿里范尼公司过渡期的首席执行官。默奇森兄弟现在掌控了 50 亿美元的新资产，这其中包括 IDS 以及全美最大的铁路。约翰跟卢普说他想搬到纽约去定居，他甚至已经看准了萨顿庄园的一处房子。他喜欢上了城市生活的方方面面，各色各样的博物馆、餐馆以及艺术。卢普抵制他这个主意，她热爱达拉斯，最核心的，她喜欢在达拉斯当屈指可数的默奇森。在达拉斯，她是贵族，但到了曼哈顿呢，她就只能当一个暴发户的家庭主妇了。在她看来，这正是争议的焦点。约翰不想当什么贵族，他想要曼哈顿带给他的平民感。最后，他们把最终决定放在了一边，约翰一边坐着飞机奔波在达拉斯和纽约之间，一边为阿里范尼公司找寻一位正式的 CEO。[7]

要是约翰觉得接下来的幸福新生活是流连忘返于艺术画廊和他在阿里范尼公司的董事会会议室得意扬扬的高位之间，那他就严重失算了，那就好像是他根本没搞懂这一切是怎么回事一样。默奇森兄弟赢得了荣耀、赞誉和一家庞杂的新金融帝国，而这个帝国里面整三分之一的天下都被死攥在复仇心重的艾伦 P. 柯比手中。事实上，自从柯比被击败那一刻起，柯比就开始了针对约翰的游击战术，他准备把约翰的每一个愿望都碾为灰尘。在代理权之争期间，约翰向股东许诺他将通过“10 旧换 1 新”的股票分拆方案将阿里范尼公司的股票进行再资本化，但是当他提议这个方案时，柯比反诉并且获得了胜利。约翰想要卖掉纽约中央铁路的股票，柯比反对他。他们最后搞得两败俱伤的代理权之争使得股票价格一直下跌，柯比借此将他的大门向各路媒体敞开，诋毁约翰在提振阿里范尼公司的股票的价格上表现无能。

“默奇森家这两个男孩子想让我把股票全卖了，”柯比跟一个记者说道，“但是我不干。这件事我可绝不会干。”他笑了起来，又加了一句：“我想说，默奇森家这两个男孩实在是太孤立无援了。”

约翰陷在了里面。为了经营阿里范尼公司，约翰徒劳地寻找着一流的 CEO，传说曾经那位借着希德・理查德森一臂之力当上尼克松的财务部长的罗伯特 B. 安德森（Robert B. Anderson）都在他的人选之列，但是艾伦・柯比的焦土政策把这家公司变成了战场，使得没人愿意来掌舵。换做更强悍一些的人，或许会维持现状，然而约翰被震住了。最后，他发现既然没办法摆脱艾伦・柯比，那就只有一种办法了。1963 年 9 月，在接管了阿里范尼公司两年后，约翰跟记者们确认说他正商谈如何卖掉公司。几周之后，他说到做到，把默奇森兄弟俩所持有的阿里范尼公司的大部分股票卖给了明尼阿波利斯市的一名投资者，而此人转身就把它们卖回给了柯比。将失掉的公司重新夺回，让艾伦·柯比得意扬扬。他这么做是为了“自豪感”，他说：“家族自豪感，就我所能记得的，直到 1961 年跟默奇森家族打起了代理权之战，我就从未吃过败仗。”

事情差不多就这样结束了，不只是约翰和小克林特跟阿里范尼公司的交易结束了，他俩在全美国的商业舞台上的短暂亮相也告一段落。尽管他们还继续投资了几十家美国公司，但是默奇森兄弟从此再也没有这样认真地冒险闯进商业丛林的聚光灯中。约翰一瘸一拐地回到了达拉斯，有谣言说他和小克林特正在为他俩手中“除阿里范尼公司之外的其他公司”做破产清算。约翰不适合当大公司的 CEO，他痛恨聚光灯，他的余生都在尽其所能地躲着聚光灯走。但他的兄弟却截然不同，小克林特依旧着火一般想要被大家注意到，约翰一回到达拉斯，小克林特就开始在成为得克萨斯州偶像的大道上飞奔了。但成就他的名声的并不是董事会会议室或者油田什么的，直到 1963 年，小克林特心中还是只有一个梦想：橄榄球、橄榄球、橄榄球。

3

20 世纪 50 年代，与生活奢靡的默奇森家族不同，或者说就他们怪异另类的老爹而言，H. L. 亨特的第一家庭过着其貌不扬的中上层的小日子。玛格丽特·亨特是一个料理家务的能手，她跟她的爱人阿尔住在高地公园，吃在布鲁克空心乡村俱乐部，玩在排外的舞蹈家跳舞俱乐部。她的姐妹卡罗琳更是活得静悄悄。单调、冷漠的赫伯特在华盛顿和李大学（Washington & Lee）拿到了一个地质学学位，加入了亨特石油公司。为人可靠、精通数字的他带领着亨特家族实现了第一次实打实的多元化经营，他在北达拉斯及其迅猛扩大的城郊地带收购了好几千英亩的房地产。赫伯特和他的爱人及其家人居住在大学公园，开着雪佛兰上下班，过着自己修整自己的草坪的生活。[8]

唯有亨特的第二个儿子追随亨特的脚步，加入了油田的买卖。多年之后，达拉斯人将会这样说：在亨特这么多的孩子中，唯有尼尔森·邦克（Nelson

Bunker）看起来像是他老爹的再临，他是一个充满了愿景、梦想、野心的人，他喜欢坦率直言，既斗志昂扬，又泰然自若，而且就像他老爹，他也有一些怪异。1926 年，邦克在阿肯色州降生时足有 12 磅那么重，邦克从未摆脱他的婴儿肥，加上多年来对垃圾食品的偏爱，他一辈子都没摆脱婴儿肥。到青春期时，他已经长出了一张大饼脸，戴着厚厚的眼镜，而后这使得不止一个作家用“长得像猪”来形容他。他最喜欢的饭是一种得克萨斯州的本地美味：辣椒盖炸鱼罐头。

因为邦克的老爹把太多的爱倾注给了哈希（Hassie），所以邦克及其兄弟受到了冷落。当邦克 12 岁时，他老妈给了他一张火车票，并且告诉他，就像哈希一样，他将被送到柯尔沃军校。但是邦克对自己的仪表并不是太在意，他从不喜欢把皮鞋擦得锃亮，也不喜欢把床单折得四角分明。当学校负责管事儿的把回绝的信函寄到了他老妈的手中，莱达只好给他整好行囊，转送他去肥城的希尔中学上学。这位邋里邋遢的小家伙儿在那里活得倒不赖，当起了校园里头的庄家，做起了掷骰子赌博和押注大学橄榄球结果的生意。某个周六，本该老老实实、积极改正过错的他却看起了比赛，这项业余爱好就害得他被学校短暂地开除了。后来，他在得克萨斯大学上了一个学期，然后就辍学加入了海军，彼时已是第二次世界大战的最后几个月，他在一艘航空母舰上清理起了甲板。

战后，邦克娶了南卫理公会大学的一个女生，在亨特石油公司找了一份工作，公司的人对他的见解平分为两派，在亨特的部下中，有一部分人觉得他在成为石油商上有实实在在的前途，其他人则认为由于他有失读症，很难说他是群雄里的最佳人选。当这位年仅 22 岁的邦克在斯库瑞县发现了一座价值 700 万美元的油田之后，H. L. 亨特把彭得路钻探公司交给他来打理，它是亨特家族的钻井承包商。但事实是邦克原本没可能上去的，可能是因为他的体重的缘故，也可能是他对工作漫不经心的态度，大家知道他嗜睡，而且喜欢在公差旅途造访拉斯维加斯，他身上总有一些东西没完没了地把他老爹弄得很烦。只要过错发生在邦克身上，哪怕是最微不足道的违抗，都能把亨特逼得脑中风，有一回，在邦克监管的牧场丢了一些种子，亨特就对他大吼了起来。根据家族传说，H. L. 亨特曾把邦克从亨特石油公司开除了，但也有可能是因为邦克自己不想在那里干了。邦克知道，作为不被自己亲爹待见的儿子，唯一能够去赢得 H. L. 亨特的爱，或者至少赢得他的尊重的办法就是自力更生地去获得成功。这意味着得发现石油，发现大量的石油。但那会儿已经是 20 世纪 50 年代。就算邦克只是想找到有东得克萨斯油田一半大小的油田，那也得是去海外找了。他先是聘请了伊利诺依大学的一名地质学教授，请他来准备一份关于最有希望发现“大象”级油田的地点的报告。这位教授的报告把中东地区、北非和巴基斯坦列为了首屈一指的候选地点，而中东地区长久以来就是被抢购的租借地，也是最有希望发现油田的地区。那时，已经 27 岁的邦克于 1953 年飞到了巴基斯坦的卡拉奇市，两年之后他跟当地政府达成了一项协议，议定沿着莫克兰海岸开启一项价值 4200 万美元的钻探计划。他把接下来的数年花在了一口又一口油井的钻探上，结果却多为干井，他的损失估计高达 1100 万美元，他的老爹对这些可提不起印象来。

1955 年，当邦克开始在巴基斯坦钻探油井时，北非国家利比亚宣布了一项钻探权拍卖。邦克立即加入了这场角逐之中，与大公司直接竞争。他入手了两大片地，一片沿着埃及国界延伸的、很有希望找到石油的海岸地带，此为“租借地 2 号”；还有一块地是在内陆 300 英里的偏远沙漠之中，此为“租借地 65 号”，地处一个名为加兰苏奥沙海的区域。邦克现行钻探了沿海的第一块地。这又是一场噩梦。他手下所有的地质学家能够拿来指引他们的只有过时的意大利语的地图。更糟的是，邦克的租借地地处托布鲁克市东部第二次世界大战的战场，这里布满了地雷，他有个手下在其吉普车撞上地雷时被严重炸伤了。到 1959 年，经过 3 年的寻找，邦克依然没有找到足以达到商业化数量以便开采的石油。雪上加霜的是，他马上就要把他信托基金的钱全都烧光了，为了使钻探继续，他把两片租借地的 15% 的股份卖给了他的兄弟赫伯特和拉玛尔。

然后，1961 年，就在他的钱将近烧光之前，英国石油公司提议在遥远的“租借地 65 号”钻探一口野猫井，开价是对所发现的任何石油都五五分成。鉴于自己已经没有能力继续独自钻探了，邦克同意了这桩买卖。这是他职业生涯里最为聪明的一次决策。1961 年 11 月，那口试探性的油井一天就生产了 3910 桶石油，这是后来被称为萨里尔油田里勘探出来的第一口自喷油井，它的石油储量最终将被估计为 80 亿～ 110 亿桶，这几乎有三个东得克萨斯油田那么大。截至那时，它成了有史以来的十大油田之一，而邦克分到的一半利润估值就接近 60 亿～ 80 亿美元，这使得他至少在票面上成了全世界最富有的人——比他老爹还要富有。

并且很像 30 年前发生在他老爹身上的那样，几乎没什么人知道他发大财了。邦克的这笔巨大的财富无论是在达拉斯，还是在别的什么地方都没有见诸头条。毕竟，那会儿还是很难说它是一笔实打实的财富。为了将石油运到市场去需要建造一条长达 300 英里的输油管线，而且这条输油管线需要横跨广阔的沙漠，直达海岸，在海岸处还需要建造一个石油港口。而英国石油公司看起来一点都不着急，邦克估摸着它是担心突然间有如此洪流一般的石油涌向市场之后会使油价急剧下滑。他不情愿地从他老爹那里连哄带骗地弄到了 500 万美元的借贷，但要等他的撒哈拉黑金矿稳定地给他带来收益，那还得再等上数年。

回到达拉斯，邦克跟他的爱妻卡罗琳住在高地公园的一栋殖民地风格的房子里，上班的话他开着一辆没有颜色的美式四门轿车，上面还装饰有一根贴有“南卫理公会大学野马队加油！”的保险杠。跟老爹一样，他的小气臭名昭著，当他在纽约坐地铁的时候，他总是会叨叨几句票怎么那么贵，而且他偏爱步入式的旅馆小间。正像他是亨特家族唯一追随亨特脚步涉足油田行当的孩子，他也是亨特家族唯一一个挤进右翼政治的孩子。

1958 年，一位印第安纳州的名叫罗伯特・韦尔奇（Robert Welch）的商人组建了一个叫作约翰・伯奇社会的组织，其核心信条包括这样一个教义：由罗斯柴尔德的银行业金融世家领导的犹太实业家正在跟俄罗斯人勾结，合谋控制世界。几乎一夜之间，伯奇分子——他们是这么称呼他们的——成了全美极端保守主义者中呼声最大的团体，而其中的最强音要数南加利福尼亚和得克萨斯州了。尽管也是同路人，但是 H. L. 亨特从未加入过伯奇主义者，当有个记者问他为何不加入时，他说：“我一直认为，他们本该加入我来着。”无论如何，邦克将伯奇主义者的教条视为己出，并且把罗伯特・韦尔奇接纳为自己的政治导师，在他自己的家中主持伯奇社会的会议，他还成了该组织最为重要的金融支持者。作为浸信会教徒，邦克还开始捐助宗教事业。

亨特家族第一位变得全美知名的是全家最小的亨特，也就是那位既害羞又文雅的拉玛尔，他的壮举使他第一个登上了全美的头条，邦克直到晚年时才变得跟他一样出名。他长得高大、瘦削，说话轻声细语的，最初他的光环被兄长们遮盖了，他少年时代就是一名个人技术统计的狂热爱好者，他还在南卫理公会大学的冷板凳上当过三线替补队员。他为人和气，大家都喜欢他，而且喜欢了他一辈子。在一次权当试验的结婚和离婚之后，他在达拉斯定居下来，而往往每到晚上，就会有人看到他在自家的私人车道上投篮玩。

就像邦克和许多得克萨斯州石油商一样，拉玛尔最喜欢的运动是橄榄球，而在 1958 年约翰・尤尼塔斯率领的巴尔的摩小马队对纽约巨人队的冠军赛之后，橄榄球领域的专业球队成了全美关注的重中之重。就像 10 年前的格伦・麦卡锡一样，拉玛尔也认为橄榄球代表了美国运动的未来，并且他日渐下定决心要给达拉斯搬一支球队来。达拉斯市先前的球队，达拉斯得克萨斯人队，在 1953 年的一个赛季结束之后就垮台了。1959 年年初，刚刚 26 岁的拉玛尔找到了芝加哥红衣主教队的老板，但对方拒绝转手球队。橄榄球联盟的其他老板也把他拒之门外，美国橄榄球联盟中的许多人都对橄榄球的前景很乐观，而出乎拉玛尔意料的是：他竟然在这个领域跟小克林特・默奇森撞个正着，他俩竟然在搞同一桩买卖。

在巨富一族的编年史中，四大石油巨头的家族很少有过严肃认真的交集，而他们有交集的地方，就像希德・理查德森和克林特・默奇森持续一生的友谊一样，相互之间的关系都是充满了友善的。毕竟，得克萨斯足够大，还是够他们一起玩的。当亨特家族以防守的架势撞上了默奇森家族，这不仅是件稀罕事，而且当这稀罕事真正发生之时——拉玛尔和小克林特争抢着为达拉斯带来一支美国橄榄球联盟球队时，整个得克萨斯州都把目光投了过来。小克林特有点基础，一直以来他都是得克萨斯人队的季票持有者，实际上他有 20 个席位，而且他还企图买下洛杉矶 49 人组，但是没能买下来。最后，1958 年，他跟对方达成协议购并华盛顿红皮队，但是当球队老板乔治・普雷斯顿・马歇尔（George Preston Marshall）谋求改变一项条款时，这个协议就谈崩了。当全美橄榄球联盟宣称将在 1961 年扩大为 14 支球队时，小克林特一改行动方针，把目光瞄准了组建新的球队上。1959 年，恰恰在拉玛尔派出他的第一批试探者去购买一支球队的时候，他开始跟芝加哥熊队的老板乔治·哈拉斯（George Halas）会面了，此人是联盟扩大委员会的主席。

当拉玛尔意识到默奇森也在这场游戏之中，他立即意识到，他很难凭自己就拿下这个特许经营权。不过，就像他老爹一样，拉玛尔也是一个创造力十足的思考者。在接连几个月的周密考虑之后，某天晚上，他在飞机上想到了答案。飞机一在达拉斯着陆，他就给他老爹的一位朋友拨通了电话，此人是名叫 K. S. “巴德”·亚当斯（K. S. “Bud” Adams）的休斯敦石油商，他也曾尝试着想把芝加哥红衣主教队买下来，为休斯敦而买。他们俩在亚当斯名下的一家休斯敦牛排餐馆吃了一顿长长的正餐，对全美橄榄球联盟种种庸俗做法各种吐槽，但是直到亚当斯开车载着拉玛尔前往霍比机场时，H. L. 亨特的这位最小的儿子才转向亚当斯，把自己的底牌揭开了。“巴德，”他说，“我正考虑创建一支新球队，你有兴趣跟我一起吗？”亚当斯回答说：“太想了啊！”

这事儿就这么简单地办成了。1959 年 8 月 3 日，代表着得克萨斯州新旧两大财富，并且因为一位著名的老爹而联系在一起的拉玛尔·亨特和巴德·亚当斯，在亚当斯的休斯敦办公室举行了新闻发布会并且宣布组建美国橄榄球联盟。拉玛尔此前一天刚过完 27 岁生日。他们宣布，这一联盟旗下恰好有两支球队：达拉斯得克萨斯人队和休斯敦油人队。过了 12 天，在好几十个老板把电话打爆之后，他们又揭幕了四支附加的特许权，分别在洛杉矶、丹佛、纽约和明尼阿波利斯。在很大程度上，全美橄榄球联盟的老板们只是窃笑。体育新闻记者很快就给这两个得克萨斯人及其伙伴儿起了个外号——蠢货俱乐部。

然而，在主道 1201 号，小克林特对此一点也没有嘲笑的意思。如果拉玛尔成功了，他的新球队将把全美橄榄球联盟的注意力瓜分不少，而小克林特还指望着从全美橄榄球联盟拿到特许权呢。拉玛尔要是办成了这件事，它将把季票的市场也分去不少，最让人糟心的是，拉玛尔正在放出话来，说是要租赁达拉斯唯一的大型橄榄球场——棉花碗体育场。小克林特火速赶到了芝加哥并且敦促乔治·哈拉斯立即授予他一个特许权。哈拉斯了解了怎么回事，然后就说服了他的委员会把特许权给了他。这条新闻在整个得克萨斯州的银幕上狂飞乱舞，包括那家地处达拉斯东南 60 英里处的牧场房子里的那台电视机，房内有个小老头正皱着眉头看着自己电视机——这是老克林特头一次听说自己的儿子的计划。

他觉得专业橄榄球是一桩傻乎乎的、赔钱的提议，而且他说了很多遍，并且很多次都是大声说的。在老克林特的心中，这只不过是他儿子无力聚焦真正有意义的商业事务的无能表现。但是小克林特正盘算着打造一些属于他自己的事业，一些他老爹不曾给过他的事业。

“这事儿够他这孩子受的，”老克林特小声说。

这看起来像是达拉斯将要有两支而非一支专业球队了，并且达拉斯将成为全美橄榄球联盟的最终决定票。不过，小克林特决心防止发生这一事态。当拉玛尔还在大学的时候，小克林特就在一场正餐派对上遇到过拉玛尔，而且他也喜欢拉玛尔。当他拿到哈拉斯委员会的许可之后，小克林特在拉玛尔的办公室安排了一次会谈。小克林特·默奇森提议将全美橄榄球联盟的 50% 的特许权给予拉玛尔，条件是他必须放弃得克萨斯人这一边的方案。拉玛尔对他表示感谢，但是他很简单地说他不能放弃他那些在即将诞生的美国橄榄球联盟中的搭档们。

竞争继续。拉玛尔和小克林特都奋力推进自己的计划。小克林特聘请了哈拉斯推荐的一位年轻的执行官：德克萨斯 E.“特克斯”·施拉姆（Texas E.“Tex” Schramm）。在体育所有权的方方面面，施拉姆为小克林特提供各种辅导，跟他强调行政管理系统的重要性，这差不多算是礼貌地请小克林特待在橄榄球决策的外围。当时，小克林特更加专注于确保从全美橄榄球联盟的老板们拿到的特许权。这需要一个全体一致的投票，然而红皮队的老板乔治·马歇尔放话说他可能会对默奇森投反对票，他说默奇森“私下里讨人嫌”。他俩之间的难题结果是小克林特·默奇森手下有一个名叫汤姆·韦布（Tom Webb）的手下静悄悄地购买了红皮队的战歌——《向红皮队致敬》(*Hail to the Redskins*)。在马歇尔把他辞退之后，歌曲词作者就怨恨在心，想把这首歌拿回来，而且是特别想拿回来。

1960 年，全美橄榄球联盟的老板们在迈阿密的凯尼尔沃思酒店聚在一堂，进行投票。在此前一天晚上的聚会中，马歇尔派了一个手风琴演奏者到乔治·哈拉斯的桌位，为他演奏《向红皮队致敬》，率直地提醒他自己意图何在。哈拉斯迅速把这位乐手派到了马歇尔的桌位，让他在他那儿演奏了《得克萨斯州的眼睛》（*The Eyes of Texas*）。次日早上，小克林特跑到马歇尔的房间，介绍了自己，并且打电话给汤姆·韦布。然后，为了马歇尔的利益，他俩在电话这一端陪着韦布玩了一把精心设计的伪装，小克林特·默奇森又是恳求又是甜言蜜语地哄韦布把战歌交换给马歇尔，但韦布就是不说话。默奇森挂了电话，马歇尔求他加把劲儿再试一次。默奇森又打了一次，再次央求韦布把歌还给他，最后默奇森好不容易放下电话，跟马歇尔说这歌版权是你的了。马歇尔迅速就转而支持新达拉斯球队的诞生了。㊀

回到达拉斯，小克林特和特克斯·施拉姆聘请了他们球队的教练，此人曾是纽约巨人队待人严厉的助手，名为汤姆·兰德里（Tom Landry），然后他们着手为球队竞选队名。默奇森坚持用“达拉斯游骑兵”，施拉姆反对，他说达拉斯已经有一个三流联盟的棒球队叫“游骑兵队”了。小克林特获胜。然后放了一份新闻稿出去，宣布了队名。然而，施拉姆不放弃，并且最终说服默奇森将队名重新命名为“达拉斯牛仔队”。小克林特花了好几年才喜欢上这个名字。5 年之后，他发布了一条新闻宣布球队的队名可能要改回“达拉斯游骑兵队”，消息立即就激起反应了。小克林特·默奇森数了数，牛仔队办公室总共接到了 1148 通电话。正如他写给达拉斯体育记者的便条，计票结果为：“保留队名，1138 票；将队名改为游骑兵队，2 票；默奇森很蠢，8 票。”

为了跟拉玛尔·亨特的得克萨斯人队竞争，全美橄榄球联盟宣布新成立的牛仔队将比预定日期提前一个季度开战，也就是在 1960 年秋天开始首场比赛。拉玛尔和美国橄榄球联盟的其他老板迅速用 1000 万美元反垄断投诉给了全美橄榄球联盟一个耳光，声称这是“阴谋破坏”。实际上，不管拉玛尔在新闻发布中说的话有多么带刺，他和小克林特还是保持了友善的竞争关系。1960 年圣诞节前的一次午宴，小克林特穿着一件鲜亮的得克萨斯红人队的运动上衣，给了拉玛尔一个大大的惊喜。一周之后，小克林特在他家举办一次聚会，然后两个朋友拽着一个 6 英尺高的包装的像礼品的盒子。小克林特走过去，解开了蝴蝶结，震惊地发现走出来的竟然是笑嘻嘻的拉玛尔。他俩的长相猛一看真有点像，小克林特不止一次被人当成拉玛尔介绍给他人。一度，当一个高高的戴眼镜的男

㊀ 小克林特似乎得到了林登·约翰逊的助手鲍比·贝克（Bobby Baker）的帮助。1973 年，贝克告诉《花花公子》说，他为克林特包办了向很有权势的田纳西州参议员埃斯特斯·基福弗（Estes Kefauver）行贿 25 000 美元一事，钱是通过小克林特的好友罗伯特·汤普森（Robert Thompson）的船运给他的。贝克控告说，基福弗随后向乔治·马歇尔施加了压力。小克林特一直否认有这么一桩事存在。汤普森则另外一番表现，多年来他都喜欢跟朋友讲起这个故事。

士出现在牛仔队的办公室，说是要找特克斯·施拉姆，新来的前台接待员问道："您是默奇森先生吗？"这位男士微笑着回答说："拉玛尔·亨特。"后来，小克林特弄了一张带有他俩名字的合照给这位女士："这是拉玛尔，而这是克林特。"[9]

在1960年的第一赛季中，得克萨斯人队和牛仔队都在可以落座75 000人的棉花碗体育场举办过比赛。无论哪支球队都没有给拉玛尔和小克林特带来他们所需要的观众数量。牛仔队向预期中的季票持有者寄出了20万封信件，只有2165人登记。而他们的第一场比赛只迎来了20 000位观众，而且出席率自第一次起就急剧减少，直到某个星期天，到场观众跌落到只有2000人。汤姆·兰德里先是被迫用全美橄榄球联盟的弃用之人组建球队，然后是用一个玩杂技的牛仔和一名艺术课教师为球队提供支持，最终牛仔队一次胜仗也没打过，整个赛季以11败加1平局收尾。12月，那场在纽约对抗巨人队的平局让小克林特非常兴奋，他在EI摩洛哥夜总会忙不迭地找得克萨斯人去说，却一个人也没找到。当他飞回达拉斯之后，爱田机场的欢迎人群也仅有两个球迷。

在一次牛仔队主场作战的比赛中，勉强有8000人到场观看，而当天下起雨来，所有人都躲到了新闻记者席下去。从小克林特的室内交椅看，整个体育场都空了。尽管小克林特使劲儿振作精神，但这却深深地刺痛了他。当纽约的餐馆老板托茨·肖尔（Toots Shor）写信跟他要在达拉斯观战对抗巨人队的票时，小克林特给他寄去了球票，另附便条一张。上头写着："以防你想带任何你想带的朋友，我把第一、二、三、四区的票也一同寄给你。"肖尔打开跟它一起的盒子之后发现这些区的票都在里面，整整1万张。[10]

第一年小克林特就赔掉了70万美元，但是拉玛尔比他的遭遇还要糟糕。对抗美国橄榄球联盟的其他新球队中，尽管拉玛尔的得克萨斯人队在赢了8场比赛，输了6场比赛，得克萨斯人队的观众人数比牛仔队更少，而且他们的票也更便宜。在年末时，有一个体育记者推断拉玛尔赔了至少100万美元。"照这种速度下去，"他总结说，"他的资金也只够他再赔一百年了。"小克林特曾经说在最初这些年间他真正享受的比赛只有一场，就是那场发生在来自费城的球队与来自匹兹堡的球队之间的较量。"这是自我加入全美橄榄球联盟之后唯一一场没有让我赔掉5万美元的比赛。"

为了赢得达拉斯球迷的心，牛仔队和得克萨斯人队对抗了长长的3年，但是他们所做的一切，甚至将拉玛尔在 1962 年赢得的美国橄榄球联盟冠军包括在内，都没能使棉花碗的座位出现售罄的情况。最后，1963 年，拉玛尔举起了白旗。他想将得克萨斯人队重新安置到一个乘坐交通工具容易抵达的城市，并且准备将他们搬到新奥尔良去，在最后的关键时刻，由于担心球迷的流失，该市市长回绝了他们球队在杜兰大学体育场打比赛的请求。尽管如此，拉玛尔反而跟堪萨斯城的市长商定了一项一美元一年的体育场租赁协议（合约期两年）。1963 年 5 月，拉玛尔宣布得克萨斯人队将搬往密苏里州，化身为堪萨斯城酋长队。

不断下滑的观众人数如瘟疫一般肆虐，美国橄榄球联盟一直不稳固，直到那年年末，当拉玛尔通过跟美国全国广播公司（NBC）敲定了价值 3500 万美元的一揽子电视广播协议，联盟的生存才有了保障。3 年之后，1966 年 6 月，他率领的美国橄榄球联盟跟全美橄榄球联盟进行了合并，并且他在这两大联盟的冠军队之间还始创了小比赛。全美橄榄球联盟的总裁皮特·罗泽尔（Pete Rozelle）想把它称为“大家伙”。不过，名字最后还是拉玛尔起的，当拉玛尔看到他的孩子们拍着一个超级球玩的时候，他的脑海里蹦出了一个再也抹不去的名字：超级杯。1967 年 1 月，他的酋长队将把第一届超级杯的胜利送给绿湾包装工队，不过，拉玛尔在美国体育历史中的地位已经稳固了，此时他 35 岁。

4

邦克·亨特是一个显著的例外，巨富一族的第二代对政治的关注并不多，尽管他们都努力地规避其父辈所造成的一切的那天正在飞速地到来。想估量四大石油巨头都给他们的孩子留下了怎样的政治遗产就会陷入究竟是鸡生蛋还是蛋生鸡的两难困境。用他们的努力——事实论坛和《救生索》，默奇森的反阿德莱的报刊，卡伦暴躁的电报——能解释如此之多的得克萨斯人变成了极端保守主义者吗？或者说石油商只不过是该州与生俱来的态度的产物之一？现实可能是：两者皆有。

不论情形如何，都无法否认的是，到 20 世纪 60 年代早期，一边是极端保守主义者不再主导州内的主要职位，另一边却是他们的人数在不断增长。远在媒体的视野之外的是，休斯敦已经成为偏执狂伯奇主义者的大本营，而达拉斯则布满了种族主义者和右翼的煽动家，他们中有许多人都是《救生索》的听众。（美国纳粹党的乔治·罗克韦尔（George Rockwell）曾经说达拉斯拥有“全美国之内最为爱国、最为拥护美国人民的人”。）正如美国一样，该州自身的政治也从他们的核心价值观偏离了出去，得克萨斯州的极端保守主义者变得难以驾驭。当乔治·布什作为一名温和派的共和党人竞选休斯敦的议会席位时，他发现愤怒的伯奇主义者在公开的集会上就对他吼来吼去。1960 年，当林登·约翰逊接受了约翰·F. 肯尼迪的要求去竞选副总统的时候，得克萨斯州的极端保守主义者谴责他是一名叛国贼。那年 11 月，在选战中，约翰逊及其夫人伯德女士来到达拉斯做演讲，他们在高贵的狼酒店遭遇到的却是一群无法无天的群众。当约翰逊走进人群，跟一名示威者交谈之后，他却被吐了口水。后来，约翰逊称它是“一个仿佛别的国家发生的暴民场景。很难相信这会发生在达拉斯，发生在得克萨斯州”。

并非所有的得克萨斯保守主义者都是右翼狂热分子，正如乔治·布什的优势地位所证实的：该州的主流保守派的人口也在增长。到 1961 年，许多得克萨斯州的保守主义者都跑步加入了共和党，这在不小的程度上归功于由罗伊·卡伦和杰克·波特在 20 世纪 40 年代发起的组织建设。实际上，那一年该州选出了第一位共和党参议员——保守派的约翰·陶尔（John Tower）。得克萨斯州共和党的党员增长与全美性的保守主义运动的到来同时发生，这一运动受到了威廉 F. 巴克利（William F. Buckley）及其同僚的推动，然而 10 年之前，这一运动在得克萨斯石油商眼中不过是星星之火罢了。至少最初，许多自由派人士分辨不清巴克利分子和伯奇主义者，他们两派都是突然间跳进了公众的视野之中，分别填补了艾森豪威尔退休之后以及 1960 年理查德·尼克松遭遇失败之后的政治真空地带。既存状况迅即做出了反应。

1961 年 11 月 18 日，在好莱坞守护神剧场的一次筹资演说中，肯尼迪总统怒斥了从极右势力发出的“极端主义的不和谐声音”。由倾向自由主义的记者占主导地位的媒体嗅出了一些新东西，随后的几星期内，媒体在《时代周刊》《新闻周刊》《纽约时报杂志》中疯狂不歇地揭露了这一新的“激进右派势力”——这个词与温和的保守派以及狂热的伯奇主义者几乎没有区别。所有这一切与

“新”得克萨斯都没有明显的联系，直到 12 月 4 日，《新闻周刊》用一名已经退休的少将装饰封面，此人名为埃德温·沃克（Edwin Walker），他在被指控向军队传授伯奇主义的教条之后就从军队自主退役了。

埃德温·沃克定居在了达拉斯，在这里通过全城讲演，他已经吸引到了一小部分追随者，而非只是口头响应。《新闻周刊》的封面的大标题“怒喝右翼：保守主义者、激进主义者、狂热的极端主义者”将他描述为一个即将成为对极端保守主义的得克萨斯人传播墨索里尼教义的危险人物。眨眼之间，也只有美国媒体的从众心理使得这一切变得跟真的似的，全美国，尤其是得克萨斯看起来好像全都充斥着右翼的蠢货。依据新闻报道，H. L. 亨特曾是埃德温·沃克的支持者之一，实际上，亨特觉得沃克应该去参加 1964 年的总统大选，回想起 8 年前麦卡锡时代四大石油巨头遭到的强烈抵制，现在媒体里的许多人开始谴责激进右派势力的“出现”是得克萨斯州石油资本的恶果。

《国家民族政坛》在其献给“激进右派势力的崛起”的特别版中，它把彻底地表明态度并如是说道：“几乎战后的每一次激进右派势力的运动都是由得克萨斯石油界的百万富翁们支撑起来的。”在《国家民族政坛》的大手笔中，所有老骨头都从它的橱柜里噼里啪啦地滚了出来：约翰·亨利·柯比、万斯·缪斯、马丁·迪耶斯、罗伊·卡伦、事实论坛、默奇森，以及在戴尔恰罗的泳池边与乔·麦卡锡相谈甚欢的希德·理查德森。依据这篇文章：

> （由于）得益于美国社会的其他部分都享受不到的免税额（《国家民族政坛》写到），得克萨斯的石油商积累了数不尽的百万美元，在某些情形下，实际上要用亿美元去衡量，并且他们成了傲慢的经济寡头，不再受普通人的影响，他们开始优越于美国普通人的需求和欲望。今天得克萨斯石油的影响渗透到了方方面面。多亏慷慨的资源耗尽补贴造就的资本累积，得克萨斯百万百万的美元已经延伸到了美国工业的每一个部门。在纽约的出版界，一转身就很容易撞见某个自己买了某家老牌期刊或者图书出版公司的股票（经常是控股股份）的得克萨斯石油商。压倒性的财富所带来的影响的确是一种崇高、强效的力量，并且这种影响力今天还在代表着激进右翼势力发挥它神奇的力量。

《国家民族政坛》在其针对得克萨斯石油界，尤其是针对亨特的案例中，夸大了实情，它谴责激进右翼势力的增长多数是亨特的责任。但是，这一篇极其相近的评论逐渐成了主流媒体报道的内容。到 1963 年，在反麦卡锡逆潮运动将近 10 年之后，得克萨斯整个州都被不公正地贴上了右翼极端主义的形象，而这曾经只是专用于刻画四大石油巨头的。当面对有关他们的讹传，尤其是那些充满黑暗的讹传时，得克萨斯人有着一种奇异的倾向，使他们去拥抱它们，而这正是“新”极端保守主义所面对的情况。极端保守主义派在该州一直是一个好争论的少数派，没多少人在乎。他们嗓门大，并且想要大家注意到他们，就像阿德莱·史蒂文森 1963 年 10 月在造访达拉斯之后所发现的一样。

阿德莱·史蒂文森本来准备以“联合国日”为题发表演说，用以支持一个备受极端保守主义者憎恨的机构。埃德温·沃克少将则发起了一个反对史蒂文森的示威运动，美其名曰“美国日”。让许多人更加沮丧的是，该州的新州长、得克萨斯石油界的老朋友约翰·康纳利在一篇公告里面也是这个调子。沃克的支持者混进了纪念剧场的观众中，准备在史蒂文森讲演时把他轰下台，同时其他人在剧场外示威和抗议，挥舞着美国国旗。后来，当史蒂文森尝试着安抚某些示威者的时候，另有一名女性袭击了他，另有一名年轻男性则对他吐了口水。当他将口水从脸颊上擦去的时候，史蒂文森喃喃自语道：“这些家伙是人还是畜生？”

这一事件被刊登在了跨越全美的头版头条上。言外之意很明显：忘记宇航员吧，忘记《时代周刊》上新近擦洗得干干净净的默奇森兄弟吧。这才是新得克萨斯，与旧得克萨斯一模一样。就在那种情况下，没有人真正考虑过如下事实：肯尼迪总统坐着敞篷的加长轿车游览达拉斯商业区的街道的行程恰好被安排在这一事件的一个月之后。

5

一个月前，在 1963 年 9 月 12 日晚上，小克林特·默奇森终于向客人们开放了他的新家，举办了派对，这场派对可以说酝酿了 10 年之久，标志着他 40 岁的生日。数百人对这一巨大的石质豪宅充满了惊叹，这是达拉斯最大的豪宅，很可能也是得克萨斯州最大的豪宅。大屏的电视机、机器人酒保、数英里隐藏在胡桃木镶板下面的电子产品——这一切对小克林特而言都是值得的。想当年还处在小学年纪的孩子们现在都已经是青少年了，不过至少在这一晚，如此漫长的等待也可以被他的老婆简不在乎（虽然简当时是要着急搬进新家去住的）。客人们对着游泳池及其水下观景房惊叹不已，目瞪口呆地欣赏着精美的装修和华丽的槲树，大家试着不去细思小克林特的牛仔队依然陷在最后一名的糟糕处境。那是一个令人惊奇的夜晚，是那种足以让人们议论多年的夜晚，是那种达拉斯人很久都难以碰上一次的派对。

6

1963 年 11 月 22 日早上，约翰 F. 肯尼迪在沃斯堡的得克萨斯酒店的套间醒来，希德・理查德森曾在这里跟他的赌友们靠侃大山消磨了不少时日。总统的一些顾问曾警告他不要来得克萨斯，但是圣安东尼奥和休斯敦的群众这两天一直欢迎他。肯尼迪和康纳利州长预定将在达拉斯商业区的街道上驶过。他们将途经默奇森在主道 1201 号的公司总部，然后直接从 H. L. 亨特的办公室的窗下经过，接着围着被 D. H. 伯德购买的得克萨斯教科书仓库开过去。

在他动身登上前往达拉斯爱田机场的短暂航程时，示威者就举着“扬基佬回家吧”和“你是个叛徒”的标志在那里等他。有一位助手把一份《达拉斯晨报》递给肯尼迪，指着占了一整面的广告给他看，广告周围是适合葬礼的黑色边框，标题是“欢迎肯尼迪先生来达拉斯”。“为何？”文章写道，“格斯・霍尔，美国共产党的领袖对你的每一条政策都大加赞赏？并且还宣布将赞助和支持你在 1964 年竞选的连任？”事后发现，这篇广告的赞助人之一就有邦克・亨特。

总统读到了这篇广告后，转向他的老婆杰奎琳，呲牙咧嘴地笑着说：“噢，看来我们今天要去疯子的国度了。”

第14章

阳光、性爱、意面与谋杀

1

中午刚过几分钟，H. L. 亨特站在办公室的窗户旁边，看着总统的车队在楼下的主道上驶过。当车队围着得克萨斯州学校存放图书的大厦开过去之后，就消失在了亨特的视野。当他们驶进迪利广场时，枪声响起，夜幕刚至，约翰 F. 肯尼迪就挂了，一个天真的得克萨斯人林登 · 约翰逊被推上了总统的席位，而得克萨斯石油界从此天翻地覆。

接下来的一片混乱中，第一个被席卷进去的石油商是亨特，当然也绝不会是最后一个。事发之后，几分钟之内他的儿子赫伯特和他的警卫科长保罗 · 罗瑟梅尔（Paul Rothermel）冲进了他的办公室。他们刚一进来，电话就响了，是一位 FBI 探员打来的，他跟亨特说鉴于他公开批评过肯尼迪总统，所以他的生命可能有危险，他建议亨特离开达拉斯避一避风头，亨特不听他的。赫伯特和罗瑟梅尔也是来督促他避一避，亨特这才态度有了变化，说他计划游一游东部。“我想我要是去华盛顿帮林登 · 约翰逊的话，会更好。”他这样说道，就好像林登 · 约翰逊跟他有关系一样，“他将会需要一些帮助的。”

两天之后，达拉斯一家夜店的老板，此人名叫杰克 · 鲁比（Jack Ruby），在达拉斯警察局总部枪杀了李 · 哈维 · 奥斯瓦尔德（Lee Harvey Oswald），但真正摊上事儿的是亨特家族。鲁比对《救生索》上针对肯尼迪的的攻击口吻很是愤漶，当他被逮捕的时候，警察在他外套的口袋里翻出了从《救生索》撕下的两页纸，上头还有拉玛尔·亨特的电话号码。尽管全美上下的社论记者对亨特不点名批评时都小心翼翼的，但是他们还是严厉地谴责《救生索》助长了得克萨斯州的“仇恨的氛围”，并且很多美国人都相信就总统之死而言，这家杂志脱不了干系。亨特开始收到死亡威胁，电话也开始在午夜响起来，甚至有人开始朝着弗农山庄开火。

圣诞节时，亨特一家成了联邦调查的焦点，后来也被纳入了沃伦委员会。一位 FBI 探员采访了拉玛尔，而拉玛尔不承认认识杰克·鲁比，显然鲁比当时意图给拉玛尔去电话，但却没打成。在随后到来的春天，特工们就“欢迎肯尼迪先生”的广告审问了邦克。虽然有几个人，其中还有一个已经定罪的狡诈之徒交待说，他们曾不止一次地看到鲁比和 H. L. 亨特在一起，但是亨特却从未受到询问。可是，亨特对沃伦委员会的调查却神经兮兮的，指示保罗·罗瑟梅尔游说 FBI 和 CIA 的熟人，以便能够监听沃伦委员会的调查进展。由于罗瑟梅尔接下来几个月内整理的备忘录如此地清晰透彻，有好多次对委员会的发现，亨特比厄尔·沃伦得知消息还早。

调查委员会于 1964 年 9 月发布的调查报告中明确地提到了 H. L. 邦克和拉玛尔，不过他们都被明确排除了犯有不法行为，以及与奥斯瓦德和鲁比有牵扯的嫌疑。在调查期间，亨特对所有的威胁不屑一顾，自家的座机号码还是列在黄页里，去商业区时连个保镖也不带。不过，无论私下里，还是公众场合，他对肯尼迪的评价都来了一个彻底的大反转，开始对肯尼迪总统大加赞誉，对其凶手严厉谴责。“一想到人们都懂，”他在一次内部纪要中这样写道，“爱国者会因此种卑鄙行为而蒙羞。”因此，“暗杀罪行决不可忘”，他发表在报纸的一篇专栏中，直接以此作为题目。[1]

尽管沃伦委员会澄清了亨特家族的清白，但这并未劝阻其他的调查者，尤其是私人侦探和专业人士，对亨特家族与鲁比、奥斯瓦德之间可能有的牵扯重新调查。其中，最投入这桩案件的要属新奥尔良州的一位野心勃勃的地区检察官，吉姆·加里森（Jim Garrison），他在 1967 年年初突然展开了对总统刺杀案的调查，加里森声称当奥斯瓦德在新奥尔良时就在策划一切。加里森很快就逮捕了当地的一位名叫克雷·肖（Clay Shaw）的商人，罪名是他是奥斯瓦德的暗中共犯之一。这些共犯，加里森不止一次说到，可能包括某些不明身份的得克萨斯石油商。每个人都知道他说的是谁。

所以亨特再次派保罗·罗瑟梅尔出场。罗瑟梅尔的任务是跟踪加里森的调查，而且要比对以往的跟踪更加彻底。罗瑟梅尔建议亨特不要造访新奥尔良，以防被加里森逮捕，因而亨特取消了他和参议员拉塞尔·朗（Russell Long）计划中的会面。罗瑟梅尔一度还将加里森的人手绘的刺杀参与者的关系图搞到手。这幅关系图是一系列由箭头和线连在一起的圆圈、方框构成，它的最上方写的名字正好是“H. L. 亨特”，其下写着神秘的注释：“由保罗·罗瑟梅尔检查过三次。”在这行字下面，写着鲁比、奥斯瓦德、达拉斯警局和大量小人物。[2] 从这张关系图看，加里森瞄准的正是亨特。事实上，倒没什么可以令亨特害怕的。当加里森最后在 1969 年将克雷·肖送上法庭的时候，亨特的名字从未提及。肖被无罪释放，此案就此结尾。

要是亨特觉得这会使其他调查止步，那他就大错特错了。事实上，20 世纪 60 年代晚期，兴起了钻研肯尼迪刺杀阴谋论的文学热潮，并且很多人公开推测亨特曾参与其中。1969 年，以一本名为《永别美国》(*Farewell America*) 的书为起点，持各色不同政见的作者推断除了其他可能性之外，亨特是为何以及如何刺杀了总统的这种可能性。这些猜测一个比一个疯狂，它们不仅流传至今，而且演变出了不同的版本，造成了一整个“石油商杀了总统”的次文学分支，近年来又冒出了大量的网站来。当今的很多猜测试图将更多的石油商牵扯其中，尤其是把克林特·默奇森牵扯进来，实在是太扯了，1963 年时老默奇森就病床在卧，没有护士帮忙连电话都打不了。在 2004 年出版的《激进的右派和约翰·肯尼迪总统谋杀案》（*The Radical Right and the Murder of John F. Kennedy*）一书中，作者哈里森·利文斯通（Harrison Livingstone）辩称默奇森、亨特、D. H. 伯德、托迪·李·韦恩（Toddie Lee Wynne）家族串通 CIA 和黑手党一起谋杀了肯尼迪。其他书籍，包括 1991 年克雷格 I. 热贝尔（Craig I. Zerbel）所写的《得克萨斯州的干系》(*The Texas Connection*) 以及巴尔·麦克莱伦（Barr McClellan）所写的《血、钱和权》（*Blood, Money & Power*），更进一步地将总统刺杀案从石油商阴谋推高到了林登·约翰逊是如何加速入主白宫的。

这就和当年说四大石油巨头勾搭上乔·麦卡锡时引起的反响一样，这类议论在流行文化中很受用。肯尼迪刺杀案发生后，几月之内，一种新的文化成见开始涌现：邪恶的得克萨斯石油商。这种成见的背后推动力是，新的反主流文化的怀疑论调，他们怀疑与企业和权势有关的一切，事实证明，这一形象比 20 世纪 50 年代出现的任何事物都更加黑暗。1973 年的电影《行政行动》(*Executive Action*)，基于阴谋论理论家马克·莱纳（Mark Lane）与人合著的小说，这部小说推想，肯尼迪是被达拉斯的一个强硬派的达拉斯石油商组成的秘社谋杀的，传说是伯特·兰卡斯特（Burt Lancaster）、罗伯特·莱恩（Robert Ryan）和威尔·基尔（Will Geer)。这种说法流传经年，当奥利弗·斯通 1991 年拍摄了《刺杀肯尼迪》(*JFK*) 后，再次浮现出来，该电影是肯尼迪刺杀案类电影的开山鼻祖。在这部电影里，一群未被公开姓名的得克萨斯州石油商人公开猜想干掉肯尼迪之后有怎样的好处。

然而，肯尼迪刺杀案只是一个开端。当时有种说法，传闻有那么一股穷凶极恶的石油商人组建了秘社，秘社的这群右翼分子接管了美国，在总统刺杀案之后，这种说法便在激进的文学作品中浮出水面，自那以后，这种说法便成了流行文学的一大主题。第一批文学和影视作品出现在 20 世纪 60 年代中期，得克萨斯的石油商不是以吓人的右翼狂徒出现，就是以詹姆斯·邦德范儿的、谋求接管世界的超级大坏蛋的形象现身。把得克萨斯石油商刻画成这样的第一批作品中，有一部是斯坦利·库布里克（Stanley Kubrick）在 1964 年出版的冷战讽刺作品《奇爱博士》，这部影片由斯利姆·皮肯斯（Slim Pickens）主演，他扮演了一个戴着牛仔帽，操着一口慢慢悠悠的得州口音的 B-52 指挥官，他热切地指望着能把“俄之穹”炸了，所以在影片结束时，有个给他的特写镜头，他乘着一枚原子弹，一边呐喊一边摇晃着帽子示意地被投向了俄国。

或许原型版的得克萨斯右翼派的恶棍的形象形成于 1967 年的一部英国电影，名叫《亿万头脑》（*Billion Dollar Brain*)，这部电影是基于兰·戴顿（Len Deighton）的同名小说。在这两部作品中，恶棍都是一个名叫基纳瑞尔·米德温特（General Midwinter）的得州石油商。“他是一个喜欢胡言乱语的右翼狂热分子，”有一个评论家写道，“是个令人难以对付的反共分子的样板。”[3] 米德温特打着蝶形领结，戴着斯泰森毡帽，掌管着一家名叫自由十字军的组织，明显是以事实论坛和“救生索”为原型，在编排的让人赏心悦目的、复杂难解的情节主线下，图谋用他海量的电脑系统去征服苏联。但是当他的入侵军在拉脱维亚湖坠入冰河，他的命运也就玩完了。

H. L. 亨特，唉，也没死，在一片惊愕之中，他眼睁睁地看着自己的名字跑马到一部部流行的阴谋论作品中去。1968 年，罗伯特 F. 肯尼迪和马丁·路德·金的被杀，使他收到了新一波的死亡威胁。一度，还有人放了一对经过训练的犬去杀他家弗农山庄的小鹿。亨特试着从争议的漩涡中脱身，唯一能做的就是乞求大家冷静下来。1968 年 1 月，他发了一篇名为“1968 年，咱们少点恨吧”（*Less Hate in* ‘68）的文章，他写道：“自由之战应该是充满了欢乐和建设性的十字军东征……是容不得只搞破坏的恨意的。”亨特甚至还资助了自由派的爱德华·肯尼迪（Edward Kennedy）去竞选总统。他还破先例地开始静候新闻媒体找他做采访，他在与《花花公子》的一次采访中试着解释他真的不是现实版的基纳瑞尔·米德温特（General Midwinter）。

虽然美国媒体界依旧把亨特视为一个值得注意的意见领袖，但是在许多得克萨斯人眼里，这个通过《羊驼》(*Alpaca*) 和“救生索”教育他们，而且在他们面前飘来飘去多少年的小老头，却是个既让人乐呵又让人厌恶的家伙。《达拉斯先驱报》（*Dallas Times-Herald*）的社论记者 A. C. 格里尼（A. C. Greene）这样写道：“要是他再多一点天资和想象力，要是他出身不是那么乡巴佬，H. L. 亨特很可能就成了全美国最危险的人。”

2

回想起来，当时的肯尼迪刺杀案成了某种先兆，预示着巨富一族黑暗时期的到来，黑暗充斥了 20 世纪 60 年代。对于得克萨斯州最富有的家族中的许多人来说，风雨飘摇的 60 年代促成了某种类似罗马帝国的景象，工业凋敝的怨声载道中混杂着人们的狂饮作乐，一边是为盔甲角斗士摇旗呐喊，一边是朋友和邻居家破人亡，家族纷争闹上法庭，相互揭短，暴露丑闻，最后还有血腥的杀戮。

伴随着北方人向环休斯敦和达拉斯郊区的大量涌入，得克萨斯州曾经一度繁荣兴旺，但是得克萨斯州的石油却逐渐走向枯竭。到 20 世纪 60 年代中期，有两股力量将得州的石油业挤压了 10 年之久，它们是上升的成本和来自中东低价石油的竞争，它们使剩下的石油生产商苟延残喘。勘探新油田意味着往越来越深处钻，而这是昂贵的，并且当时大多数的钻探者都开始勘探天然气了。20 世纪 60 年代那会儿，要钻到 12 000 英尺深，需要比钻 5000 英尺深多花 3 倍的钱，因而 1959 ~ 1972 年油田的生产成本上涨了接近三分之二。考虑到成本如此之高，深井需要带来巨大的产量才能带来收益。

1965 年，有个显眼的例子，达拉斯的独立石油商杰克·哈蒙（Jake Hamon）和一伙合伙人，在西得克萨斯的科亚诺萨天然气田，花了 275 万美元、18 个月多的时间才搞定了一口发掘井；仅钻探一口这样的探井，就要花费 175 万美元。所以，小的独立石油商根本连想都不敢想这种经费。对于大一些的独立石油商而言，这种价位使得钻探每一口深井都成了财务冒险，一口坏事，全盘皆输。1952 年还在纽交所上市的 31 家独立石油商，到 1962 年就有 15 家被收购了。1963 ~ 1965 年，有 150 多家独立石油商不是被收购就是走向了破产。当时美国都是这种气氛。正像一个石油生产商对一位名叫罗杰·奥里恩（Roger Olien）的西得克萨斯大学的教授所说："放在天然气这东西上，你会连衬衫都输光了的。"

由此可见，新的现实将巨富一族干掉一二也是迟早的事儿。倒下的是约翰·梅科姆（John Mecom）。到 20 世纪 60 年代中期，约翰·梅科姆和他的儿子，小约翰，甩开了默奇森家族，成了得克萨斯州仅次于亨特家族的、第二耀眼的大宗族。正如邦克·亨特一样，老约翰也走出了得克萨斯州和路易斯安那州，跑到远至洪都拉斯和约旦的国外去各种踩点钻探、找石油。1964 年，他的净值估计达到了 4 亿 ~ 5 亿美元，他将产业延伸到了房地产，买下了休斯敦的华威酒店、秘鲁和洛杉矶的很多酒店，鱼食加工厂，还有一大堆田园和牧场。就像拉玛尔·亨特一样，小约翰也拿着家族的财富想在体育产业中扬名立万。1966 年，他的赛队赢得了印第安纳波利斯 500 的比赛，同一年他获得了美国橄榄球联盟（NFL）的特许经营权，成立了新奥尔良圣徒队。在全美 24 支专业的橄榄球球队之中，现在有 4 支归得克萨斯州石油商所有了。

1965 年 12 月，老约翰敲定了一桩史无前例的买卖，同意购买《休斯敦纪事报》及其所持其他股份，其中包括它在巨头——得克萨斯州商业银行所持的 30% 的股份，价值 8500 万美元，很快约翰·梅科姆的名字就出现在了该报纸的发行人栏，而且是作为董事长和出版商出现的。休斯敦纪事报和得克萨斯州商业银行的办公大楼的大厅里，铺上了著名的“梅科姆格调蓝”地毯。然而，也就 6 个月刚过去，梅科姆的名字突然间就从发行人栏消失了，虽然《休斯敦纪事报》及其竞争对手《休斯敦邮报》都不对他的名字为何蒸发了作解释，很明显的是，那桩买卖告吹了。

中间出了什么岔子呢？原来是梅科姆没法凑齐收购所需的资金，他求贷款的所有地方都真把他给拒绝了。绝望之中，他胡乱拼凑的一桩交易，想把《休斯敦纪事报》卖给得克萨斯州外的一名买主，同时自己保留银行的股份和其他一些资产，但是《休斯敦纪事报》的所有人突然不干了。这是巨富一族不再如斯巨富的第一个征兆。他的帝国实际上已经深陷债务泥沼之中。对于 20 世纪 60 年代的剩余时光，梅科姆卖掉了各种各样的房地产和股票，但是无论他怎么做，他都无法扭转乾坤。

1970 年，老约翰·梅科姆申报破产。对于得克萨斯州的石油商而言，其中传出的风险信号从未如此清晰：没有人是安全的，再也没有人可以高枕无忧了。

3

能够与梅科姆破产这件事相比的只有一桩，那就是得克萨斯州的野猫井勘探者格林·麦卡锡这位大石油商的衰落旅程，不止如此，当时只要石油商读到格林·麦卡锡这个名字就会瑟瑟发抖。因为麦卡锡在三叶酢浆草酒店破产之后的生活是每一个石油商的噩梦。那可是只能依靠上帝的恩典的悲惨生活啊……

这可不是个可爱的故事。1957 年，麦卡锡拖着沉重的身体从玻利维亚返回美国，浑身青肿，衣着破旧，如果不能说他已经穷得叮当响，他也不再是富人了。由于没钱建设一条输气管线将他发现的天然气运出去，他以 150 万美元的价格将他在玻利维亚的利益卖给了一家美国公司，然后用其中大部分偿还了所欠的债务。在返回休斯敦的路上，他一脸阴沉。为了和迈克·华莱士进行网络电视会话，他还戴上了标志性的墨镜，在会谈中，他提到艾德娜·费伯（Edna Ferber）就冒火，并扬言要投诉她。

他仍然可以寻找石油的，但那是需要花钱的，而且他也无心去海外寻找油田了。他唯一有价值的资产就是三叶酢浆草酒店老化的夜总会，就是他喜爱的瓶塞俱乐部，这家俱乐部归会员所有。为了再现荣光，麦卡锡将这家俱乐部从三叶酢浆草酒店搬了出去，然后在商业区的一栋摩天大厦的顶层重新开张。然后，他成了这家夜总会的经理人，为灯火闪烁的歌舞表演主持耀眼闪亮的歌舞表演，节目里塞满了舞女和拉斯·维加斯风格的娱乐表演者，诸如糊状销售和梅尔·托美。然而，麦卡锡真正有激情的是豪饮波本。每隔几个月，报纸上就会刊登一则小条目，不是说麦卡锡跟谁动了拳脚，就是他跟谁撞了车。1960 年，麦卡锡和他女婿在比尔·威廉姆·卡朋（Bill William Capon）组织的慈善晚宴上大打出手，惹得警察都过来劝架。两年之后，一个出租车司机为另一桩拳脚事件把他告上法庭，这次拳脚是因为出租车司机不给麦卡锡挪地停车导致的，然而，这次麦卡锡胜诉。此间，休斯敦市投诉他欠缴税款，这场官司打了好几年。

到 1964 年时，瓶塞俱乐部业绩下滑。曾经有近 6000 名会员的俱乐部现在流失了三分之二的会员。俱乐部开始亏本，麦卡锡炒了那群舞女的鱿鱼。[4] 在接下来的数年之间，俱乐部的名声开始变得越发肮脏和利欲熏心。1967 年，休斯敦刑警队展开了一项调查，有顾客称麦卡锡在俱乐部主持了一次性狂欢，直接在桌面上进行了色情表演，但什么也没有调查出来。1971 年，俱乐部走向了山穷水尽，几乎没有会员了。麦卡锡扬言说他要把俱乐部关了，休斯敦耸耸肩，一副你爱关不关的姿态。1972 年，麦卡锡将自己心爱的豪宅变卖掉，就是他与自己的老婆弗斯蒂尼（Faustine）在 1937 年建造的那栋豪宅，豪宅卖给了一个开发商，开发商把豪宅拆掉，盖了公寓房。静悄悄的，几乎没有人注意到，麦卡锡一家人搬到了拉波特的郊区。格林·麦卡锡的故事，这位原来堪称休斯敦最大的野猫井勘探者的故事算是没有故事可写了。

4

始自阿拉莫，肯尼迪刺杀案成了得克萨斯州灵魂所经历的最大的创伤。没有人能像达拉斯人那样真切地感受到全世界的声讨和谴责，达拉斯人发现他们被描绘成充满了右翼极端分子的大都会，有个作者直接称它是“憎恨之城”。洪流一般的批评触发了前所未有的灵魂搜救，许多人都觉得城市被错怪了，其他人，比如得克萨斯大学校长罗伯特·麦可基（Robert McGee）在《国家民族政坛》中这样感慨道，在达拉斯出现了以得克萨斯州为中心的爆炸性的要素组合，本地有权势的右翼政客，几乎完全缺席的激进主义的左派，制度化的私人暴力，普遍的枪支所有权，这个组合简直预订了总统刺杀案。“排除掉密西西比的可能性，”罗伯特·麦可基总结说，“从某种注定的、宿命的视角看，必须是得克萨斯州，必须是达拉斯。”[5]

在20世纪60年代中期，达拉斯人为了使自己没有那么多的罪过感，几乎什么法子都用了。他们在小克林特·默奇森的达拉斯牛仔队上找到了解脱。城市之父们则寻找任何干净、新颖的东西来刷新城市的形象，他们开始为达拉斯牛仔队的每一次转身加油，尽管球队当时很一般，但他们在1964年赢得了5场比赛，棉花碗的观众开始爆棚。1965年，美国南卫理公会大学毕业生“丹迪”·唐·梅瑞迪斯（“Dandy”Don Meredith），凭借非凡的领导力带领球队取得了季末赛事的七连胜，带领达拉斯牛仔队第一次闯进了季后赛，上座率飙升了45%。11月对阵克利夫兰布朗队的票真就售罄了，一时间达拉斯牛仔队的票成了达拉斯最热门的票。成千上万的球迷开始涌现在爱田机场，欢迎从客场比赛返回的达拉斯牛仔队。

对此种景象，心理学家可能会笑了，因为达拉斯牛仔队就是他们能够找到的使达拉斯沮丧灰心的市民得以无忧无虑、毫无愧疚感地一起庆祝城市的荣誉感。1966年，达拉斯牛仔队拿下了10场比赛，杀进了美国橄榄球联盟的冠军赛，但在最后几秒钟，随着唐·梅瑞迪斯绝望之中投出的球被对手在球门区封住，对手触地得分，牛仔队输给了绿湾包装工队。倾泻而出的悲痛之情是达拉斯体育史上从未有过的。“如果说曾经有那么一支球队输得如此壮观，”一位体育记者写到，“那就是达拉斯牛仔队。”小克林特尽管也很伤心，但面对开始对他满怀期待的得克萨斯人，他耸耸肩，俏皮地来了句："好嘛，我们还没想这么快就把最爽的送给他们呢。"

然而，达拉斯和牛仔队的热恋并没有抹去他们对巨富一族的矛盾情结，当默奇森试图用大众对球队的爱来建一个新的体育馆时，他们的矛盾情结就跃入了眼帘。棉花碗体育馆已经变得破旧不堪、肮脏，而且还没有装空调的衣帽间，一排排的木质座椅要让妇女们用镊子将后面的碎片清理了才好用。更糟糕的是，它所在的美丽公园恰好地处达拉斯最糟糕的贫民区。停车区的轿车经常遭到肆意的破坏，毂盖和天线经常被搞掉，多年来数十名粉丝投诉说曾在夜间比赛出来后遭到行凶抢劫。1967 年对阵绿湾包装工队的赛事结束后，十几名赞助商遭到了控制和抢劫，有个人还挨了枪子，老婆被暴揍了一顿，还有一个人被捅了刀子。默奇森请求市政厅允许他建一家新的体育设施，但是当地的政客太了解默奇森家族和亨特家族对城市的贡献了，贡献太少了，就毅然地拒绝了他。"下地狱吧他，"在和小克林特会面之后，一个政客如此谩骂道，"默奇森家族给达拉斯干过什么呢？"

1966 年，当小克林特想知道他自己是否就这样陷在棉花碗体育场了时，情势发展到了极限。达拉斯市犟头犟脑的市长，埃里克·琼森（Erik Jonsson），是新兴的得克萨斯仪器电子集团的创始人，出生于北方，对石油家族的继承人非常鄙夷，觉得他们热衷于混迹豪宅和私人岛屿，却鲜见他们对公共事务有热情。琼森提议改造棉花碗体育场，小克林特说光改造不行啊，那年的晚些时候，他把欧文市西部郊区 3 条高速公路交界的 90 英亩地块收入囊中。1967 年 1 月，他宣布计划修建"世界上迄今最好的橄榄球体育场"，只要欧文市出钱他就干。

许多人都觉得小克林特在说大话，但达拉斯市却来了兴致，7 月，市议会抛出了一份价值 2900 万美元的体育场馆改善公开集资案。市长琼森约见了小克林特，最后一次请求牛仔队留在达拉斯。

"要是你把牛仔队迁离了美丽公园，"琼森一针见血地问，"你想让我们把什么放那儿？"

默奇森一下子得意地笑了："放一家电子厂怎么样？"

默奇森并非虚张声势，1967 年圣诞节前夕，欧文市宣布它可以发行足量的收益债券，筹资并修建一座被默奇森称为得克萨斯体育场的建筑。它将与美国其他的体育设施不同，而且是由默奇森亲自操刀设计，这次还毫不拖延。他想要牛仔队在户外打比赛，也本应该在户外打比赛，但是得克萨斯的炎炎烈日烤得观众耐不住。他对此的解决方案是，在赛场的顶上来一个巨大的孔洞。无论暑天、雨天还是下雪天，带球还是传球，橄榄球运动将在户外举行，球迷们则在阴凉处观看比赛。因为电视在球队的全国知名度提升方面很重要，默奇森安排座位时采用了最适合电视摄制的方式，座位一行行顺势而下，而且还改善了球迷的视线，之前这可是棉花碗的球迷经常抱怨的事情。

但是使这一体育场的设计出现革命性变化的是小克林特引入的豪华包厢，在得克萨斯体育场里被大家叫作“环形包厢”，因为它们恰好环抱了场地。178套包厢，每套占地16平方英尺，它们被直接销售给了巨富一族及其大公司的同行们。“您在得克萨斯体育场的个性版阁楼，”销售宣传册上如此着墨道，“可以当作您的第二套居所、湖边家园或牧场使用。”每一个包厢的价格是每年5万美元，外加12张季票。随着高端球迷增加了地毯、家具、调酒柜桌、音响和电视，价格一般涨到了原来的3倍。想当年，这些包厢成了牛仔队的一项重要的收入来源。因而，在随后的30年间，每个橄榄球队的老板都想要豪华包厢，全美拆了再建的有几十家。

落成之后，得克萨斯体育场总共花费了2500多万美元，有四分之一是小克林特掏的腰包。为了收回投资成本，球票价格暴涨，加上季票持有者必选的体育馆债券，一个家庭要是想购买4张像样的球票的话，就得需要支付4200美元，换算成当前的美元，大约有1.2万美元。球迷们很是震惊，有人开始给得克萨斯体育场起外号叫“百万富翁的绿茵场”。《时尚先生》（*Esquire*）是这样描述当时大家对这事儿的流行反应的：“您想来两张达拉斯牛仔队的球票啊？看样子您最近钻到石油了哦。”尽管铁杆球迷和报社的社论记者们要求降价，但小克林特拒绝降价，而且他的做法还真是对的。

他太了解达拉斯了。1971年10月，自从体育场开张营业之后，得克萨斯体育场每个星期天的球票都是销售一空。环形包厢成了得克萨斯州几十家阔佬、阔太们必须到手的战利品，就像全美电视摄像机第一年经常捕捉到的镜头一样，他们大多戴着钻石、穿着貂皮大衣前来观看比赛。小克林特将离球场50码[㊀]线

㊀ 1码 = 0.9144米。

的最佳观景处的包厢留给了自己，体育场开馆的第一场比赛时，林登·约翰逊及其夫人伯德·约翰逊（Bird Johnson）就是坐在这里陪他一起看比赛的，与他们一起品尝着得克萨斯州的著名美食，花生酱和果冻三明治，这一切默奇森看在眼里，满心欢喜却不动声色。体育场的一切很完美，感觉就是很完美。当有人问他为何顶棚是敞开的，他回答说："这样，上帝就能照看着他的球队打比赛了。"

对默奇森而言，幸运的是，得克萨斯体育场的开张营业，刚好生逢其时地邂逅了牛仔队作为全美橄榄球联盟的一流球队的崛起。有了像防守截锋鲍勃·理利（Bob Lilly）和喜欢嚼着烟草进攻的后卫沃尔特·加里森（Walt Garrison）这类好球星的带领，汤姆·兰德里（Tom Landry）的球队每年的季前赛打得都很突出，但是到季后赛时却都是折戟沉沙的样子。他们在 1971 年 1 月拿到了最好的成绩，牛仔队以 16∶13 的比分输给了首次参加超级杯比赛的巴尔迪摩小马队。唐·梅瑞迪斯退休后，他的位置先是由资深教练克雷格·莫顿（Craig Morton）取代的，然后在 1971 年赛季之初，又被满身能量的海斯曼奖得主罗杰·斯托巴赫（Roger Staubach）所接替。在脾气暴躁的年轻后卫杜安·托马斯（Duane Thomas）的协助下，斯托巴赫率领牛仔队在这一年取得了九连胜，并且季后赛打得更是一路风卷残云，将达拉斯队推到了第六届超级杯中最有希望战胜新奥尔良的迈阿密海豚队的球队的位置。这是堪称传奇的一年，高潮到来时，牛仔队以 24∶3 的比分惊爆了所有人的眼球，这一胜利开启了他们作为全美职业橄榄球联盟最受欢迎的球队的时代。

牛仔队所代表的可不仅仅是橄榄球玩得卓越。凭借球队棱角鲜明的四分卫、身段丰满的拉拉队、闪闪发光的新体育场，以及无人能敌的电视收视率，他们化身成为大众心目里的"美国队"。他们不仅成了疗愈得克萨斯之痛的"红白蓝三色解药"，并且在那个充满了越南战争、吸毒成瘾的嬉皮士和查尔斯·曼森（Charles Manson）的年代，它也成了美国之痛的解药。洪流一般的胜利，将仇恨之城、杰纳勒尔·米德温特、"老爹"奥丹尼尔以及戴着斯泰森毡帽的右翼煽动者这些形象洗刷得干干净净。取而代之的是面目焕然一新的得克萨斯州，而这一转变要归功于孤星州的偶像人物——小克林特·默奇森。格伦·麦卡锡曾经谋求用三叶酢浆草酒店来打造他的"新"得克萨斯州，小克林特则用精神上的化身——达拉斯牛仔队达成了目标，他成了所有得克萨斯人的“精神之王”。

但少有人明白他的王冠戴得多么摇摇欲坠。人家格伦·麦卡锡曾经是设想用自己的地位打造一个企业帝国，但小克林特却早已厌倦了做生意。他最渴望的是好好享受人生，而这却成了他的悲剧。

5

就像老克林特·默奇森在巨富一族第一代中所立之功名，小克林特为那些想要体验摇摇欲坠的60年代的新一代得克萨斯州花花公子们设立了标准。这是一个转型的时代，无论是对美国而言，还是对20世纪50年代那整整一个阶层的富二代富三代们而言，这都是一个不拘礼节的新时代。经典的案例是沃斯堡的卡伦·戴维斯，他爹肯尼斯·“臭小子”·戴维斯（Kenneth “Stinky” Davis）可是拥有40亿美元石油设备的，其成就如此之大，多亏了罗伊·卡伦这样的大客户的提携，卡伦·戴维斯的名字就是因为罗伊·卡伦才有的。卡伦·戴维斯虽然一直想成为约翰·默奇森那样的人物，但他却一直鲜为人知，直到1968年他与老婆离婚，他一直在他父亲的公司担任经理。真就在一夜之间，卡伦·戴维斯和一位27岁的离婚女普里西拉·维尔伯恩（Priscilla Wilborn）混在了一起，这女的可是生活放荡得不一般，其实，他俩就像沃斯堡版的穷苦白人尼克和诺拉·邓恩（Nick and Nora Dunn），只要他们的精力和信用卡允许，他们就在伦敦、巴黎、里约热内卢和巴黎之间飞着玩个够。

但是，象征沃斯堡市衣冠楚楚的上层阶级的偶像是行事妥当的佩里·巴斯家族，沃斯堡可从未有过像卡伦和普里西拉一样的风景。从普里西拉打网球的瑞奇利乡村俱乐部到石油俱乐部，这些都成了沃斯堡有钱人的谈资：普里西拉给卡伦·戴维斯买的黑色真皮西装啦，她一时兴起在达拉斯一家餐馆里给他来的OS啦。曾经有一度，普里西拉把她的发型剃成了一枚心形，并染成了紫色。卡伦和普里西拉就这样用一轮又一轮的丑闻把沃斯堡惊呆，直到1975年，在他俩分居之后，一个蒙面人冲进戴维斯大厦枪杀了普里西拉的新男友。卡伦因为谋杀罪而被审讯，直至今日，事实上，他依然是因为谋杀罪而受审讯的最有钱的美国人。这一审讯登上了全国头条之后，他被无罪释放，然后他像一名再生的基督徒一样度过了余生。

可是，用得克萨斯风格的享乐主义标准看，世上的卡伦·戴维斯们完全没法和小克林特相媲美。整个 20 世纪 60 年代期间，他成堆地购买住宅和玩物，他在新奥尔良的法语区有一套三居室，在曼哈顿有一套原来归亚里士多德·奥纳西斯所有的五层独立洋房，他老婆简到纽约购物时会住在那里；另外，他在公园大道还有一套价值 400 万美元的、配有阁楼的房子，小克林特和他的那群亲信们曾和几十个年轻女子在那里上过床；他在世纪之城还有一套阁楼房，这样他们在洛杉矶经停时便可以继续玩乐。如今，他乘着一架湾流喷气式飞机飞来飞去，机舱内部的装饰材料都是斑马真皮。要是友人来访，其实他们经常来，他还有一两架飞机给他们运送行李。在西班牙沙洲上，他还购买了一艘 85 英尺长的柚木游艇，这艘游艇名为“流逝的晨曦”。要是汤姆·兰德里不与教练们一起在海岛上那一片片高耸的棕榈树下排兵布阵的话，他们就会乘着游艇去出海捕鱼。过了几年，小克林特玩腻了游艇，就把它卖给了弗兰克·西纳特拉。

这是一种很美的生活，得克萨斯州式的生活。传说有一天，小克林特开车去得克萨斯体育场的路上，他的捷豹抛锚了，然后他像什么也没发生一样，径直走到路边的一家商店里，给办公室拨了电话就叫了一架直升机来，完成了余下的路程。在纽约的阁楼房，他还正式聘请了一位名叫哈里·休斯（Harry Hughes）的管家，当默奇森和他的伙伴叫他的名字时，休斯（就像听到“hurry”一样）非常紧张。尽管休斯是一位美食厨师，但是克林特瞧不上他做的饭菜，他宁愿到阳台来个烧烤牛排。在纽约，他每天都会去“21”酒店吃中餐，他竟然最终说服店主把辣椒加到了菜单上。由于在曼哈顿找不到一家称心如意的烧烤店，他就自己开了一家，开在了第 49 大道上，名叫达拉斯牛仔队烧烤店，然后他接到警告说他违反了全美橄榄球联盟的规定，然后他很不情愿地将名字改成了牛仔烧烤店。他最喜欢的塔马利饼、黑豆汤、玉米脆饼和辣椒，这家店当然全都有，只不过这些食品经常被莫名其妙请来的意大利大厨搞混了。几年后，牛仔烧烤店喜庆地被烧烤排骨店托尼·罗马美食屋的一家分店替代了，这家店是克林特在迈阿密发现并买下的，然后拓展成全美连锁店的。

成了“美国队”的主要老板后，不论是尼克松总统，还是克林特·伊斯特伍德（Clint Eastwood），默奇森现在可以与任何头面人物交朋友。要是说有什么使他与其父辈那一代不同的话，那就是他选择不像他们一样。J. 埃德加·胡佛、约翰·麦克罗伊（John McCloy）、霍华德·休斯都不是他的菜，小克林特偏爱那种更接地气的伙伴，可以一起拼拼酒量的伙伴，笑话由他们来讲的伙伴，以及知道如何找些愿意向他们求欢的女人的伙伴。有些人说这群家伙就是马屁精，他的妻子简渴望小克林特多结交的是像约翰和卢普·默奇森夫妻俩接触的那类朋友，因而她把他们视为垃圾。太康公司的鲍勃·汤普森依旧在默奇森身边，他是那种随时准备跑到桌子上跳舞或开车送女孩回家的主儿。洛杉矶的比尔·唐纳根（Bill Dunagan）也成了小克林特密不可分的好友，此人一度当过广告经理，他陪同小克林特参加好莱坞的聚会，把他介绍给丹尼斯·霍珀（Dennis Hopper）与其他明星认识。当小克林特来纽约时，他的贴身好友就换成了斯宾塞·"斯平尼"·马丁（Spencer "Spinny" Martin），他的工作包括在小克林特带着妹子去 21 酒店开房时，给他打掩护。

在这些伙伴的热情簇拥下，小克林特性情大变。尽管他在陌生人面前脾气依然暴躁，但是当他跟那些伙伴儿们在一起时，他就跟换了个人似的，非常喜欢搞各种恶作剧，做无聊透顶的事情。有一次，当鲍勃·汤普森出差在外，人不在达拉斯时，小克林特就从太康公司叫来了一辆起重机，扑通一声往他的游泳池里丢了一艘 40 英尺长的快艇。还有一个好友把旅行轿车停在爱田机场，回来取车时却发现里面放着一只咆哮的黑豹，这是小克林特送给他的惊喜。达拉斯的体育记者布莱基·谢罗德（Blackie Sherrod）主持了一个点评牛仔队的报纸专栏，某天晚上回家，他惊讶地发现自家楼梯上拴着一头活山羊，而且羊身上附着一张便条，上面写着"简直惹烦我了"。当然，有时他的好友们也报复一下他。纽约市市长罗伯特·瓦格纳（Robert Wagner）也是小克林特的好友，有一次，小克林特在 21 酒店用完午餐之后，醉晕了过去，汤普森趁机把他装进了一口棺材里，还叫了救护车把他送到格雷西大厦，过了一些时间，当瓦格纳返回时，他惊恐地发现，小克林特竟然脖子上围着一个黑色花圈，呼噜噜地在办公室里睡起了大觉来。

其他时候，小克林特酒量大这事儿，可以在他对杂技和特技的奇怪嗜好上看出一二。去 21 酒店时，他会围着桌子，端着酒杯，在地上翻筋斗，站起来时还会让其他人来看看他有没有洒了杯中酒。在“飞翔的金妮”号飞机上，甚至当飞机机身处于坡度最大的起飞角度时，他都会表演翻滚特技，虽然这引得机组人员掌声连连，但却让飞行员们恼怒不已。有一天夜里，他和简留在白宫过夜，林登·约翰逊很是震惊地发现，小克林特跑到了林肯卧室的外头拿大顶。总统气急败坏地问道：“克林特，你这是干什么？”小克林特回答说，他从小就渴望在白宫玩一玩拿大顶，这些就是得州之王常有的杂耍，就像一个发育过度的孩子。小克林特还喜欢参加化装舞会，多年来，各式各样的奇装异服他都穿过，而且总能让他那群狐朋狗友捧腹大笑。在他 48 岁生日时，他扮演了一名嬉皮士，其他时候还扮演过牛仔、飞行员、喜剧明星 W. C. 菲尔兹（W. C. Fields）。

小克林特最臭名远扬的那些恶作剧是以橄榄球联盟的其他球队的老板为取笑对象的。他的竞争对手红人队以他们的中场表演引以为豪。1961 年 12 月有次比赛，红人队准备安排圣诞老人出场，在比赛的前一晚，小克林特和鲍勃·汤普森安排人手把整个绿茵场撒满了鸡饲料，盘算着在红人队的中场演出之时放 200 只鸡出来，让他们出糗。不过，他们的这个破坏活动走漏了风声，传到了红人队管理层那里，所以这个阴谋也就泡汤了，用小克林特自己的话来说就是，“鸡被逮捕了。”当乔治·马歇尔向理事皮特·罗泽尔投诉此事之后，他却落得遭遇陌生电话的狂轰滥炸的下场。每次他拿起话筒来，气得够呛的马歇尔听到的都是咯咯哒咯咯哒的鸡叫声。马歇尔被气爆了，要求罗泽尔把所有电话叫停。他们确实没再打陌生电话来轰炸他。但是，当牛仔队去华盛顿访问时，小克林特却雇了一个人穿着巨型的鸡装在场地周围游行示威。

很多达拉斯人发现这些事情很讨人爱，尤其是当地的体育记者，还有那些想跟小克林特把关系搞得越来越好的人，在西班牙沙洲上懒洋洋地打发周末，他们可有热情了。小克林特呢，反过来却很是羡慕，他其实一直是个有深度的人，比其他人认为的要深邃多了，在西班牙沙洲，他可以一直盯着大海看好几个小时，或者沉浸在工程杂志里，更让他的那些狐朋狗友们郁闷的是，他甚至还会沉浸在雪莱和拜伦的诗歌里。他就是那种因为太害羞而不好意思把聪颖的评论说出来的人，但他却喜爱把它们变成文字写下来。他记下了五六千条短小精悍却粘性十足的文字，其中有很多只有一句话。大多都是暖人心扉和好心依旧的，记录的都是他无法当面向对方表露的感觉，另外一些则是可以把玩和搞笑的。

内华达州有个参议员指责默奇森的一家工厂排放出来的石灰石粉尘太有害了。小克林特对此的回应是："我见过的最大的奶牛就是在石灰石粉尘的环境下养大的，当然，它产崽那天乳头全掉了。"有位记者说他有着"130 磅重的预科班中卫"般的身材，对此他的回应是："看到你在达拉斯牛仔队专栏发的文章，我觉得你写的实在是太狗屎了，我体重 142 磅好不好。"还有一个电台主管把他描述成商业新气象，与此同时，这位主管却对另一个 NFL 球队骂骂咧咧。小克林特对此来了句："你一定是中魔怔了。"小克林特还和爱德华·肯尼迪保持了长期的通信，并且他俩的信每一个字都是用盖尔语写成的。

不论是从默奇森写下的妙语，做过的恶作剧来评价他，还是从他对得克萨斯系一切的热爱来评价他，他给人的感觉就是，他是一个生活的奴仆。不过，无论是搞恶作剧玩，还是 43 万平方英尺大的石质别墅、私家岛屿和牛仔队，它们都没有女人那么让小克林特上瘾。他喜欢年轻漂亮的女人，到 20 世纪 60 年代时，他花在一夜情缘上的时间和精力已经多得数不过来了。其中，有很多女的是达拉斯的鲍勃·汤普森、洛杉矶的比尔·杜纳根，还有纽约的斯平尼·马丁给帮手联络的，小克林特竟然把这当成了家常便饭。

牛仔队参加客场比赛时乘坐的是布兰尼夫航空公司的飞机，这家公司的总部就在达拉斯，而这却使该公司的空姐成了他的猎物。在 20 世纪 60 年代初，小克林特甚至还跑去参加她们的毕业典礼，他坐在后排，寻找征服对象。数年后，他的某位好友兼作家简·沃尔夫（Jane Wolfe）说："毕业典礼结束后，小克林特会指出几个女孩，然后派人去要她们的号码。"因为他是牛仔队的老板，所以通常他都能如愿以偿。他花在应该让哪些空姐在牛仔队的包机上工作的时间特别多。克利夫兰布朗队的老板阿特·莫德尔曾和小克林特及其好友布拉德福德·韦恩（Bradford Wynne）一起看大学校际的橄榄球比赛，让莫德尔印象深刻的是，这哥俩虽然都花了很多时间做笔记，但是他却发现，他俩记下的不是球员的名字，而是布兰尼夫航空公司空姐的名字。

默奇森特别好色。"不论哪个空姐被他见到了，他都想搞到手，"他的一位亲信这样跟简·沃尔夫说，"他很喜欢这些空姐，为了她们，他甚至不再乘坐私人飞机，而是转乘商务舱。"这还不算什么，就连他出席美国小姐选美大赛时，他都让好朋友帮他搞她们的电话号码。电视上看到的女演员，他也要搞到对方的号码。在成为全美名人之前，他玩过的牛仔队拉拉队队员得有一两个队。尽管特克斯·施拉姆通常都是用球探来跟踪和分析橄榄球运动员的，但小克林特却是让鲍勃·汤普森、斯平尼·马丁和鲍勃·杜纳根来追踪女人。默奇森的一位秘书回忆说："杜纳根先生差不多每五分钟就给默奇森打电话汇报这个那个女人的信息。"几乎天天晚上，还有好多个下午，尤其是在旅途中，躺在小克林特床上的女人换了一个又一个，这种时候他可不喜欢被打扰的。长久以来，默奇森家族一直是理查德·尼克松的支持者，1968 年尼克松入主白宫后，他和小克林特每周都联络一两次。小克林特的一个情人跟简·沃尔夫讲，曾有一次她和小克林特正在森楚市阁楼的床上做爱，这时尼克松打电话给他，小克林特喊到："告诉他我马上来。"但是，直到小克林特和他情人完事，他才和这个自由世界的大总统回电话。

很多年前，小克林特的妻子简就知道他对婚姻不忠。要是他能够保持谨慎，她还是会选择容忍。小克林特的兄弟约翰，是一个很顾家的好男人，他很痛恨小克林特的不检点，但是小克林特的名气越大，牛仔队比赛打得越好，他就越不在意其他人怎么看。这么多年来，他夫妇俩的几十个共同好友都曾看到他与别的女人鬼混在一起。简有位闺蜜在机场看到小克林特和别的女人在一起，而小克林特的狐朋狗友又看到了这个闺蜜，他就告诉小克林特他被逮着了，而小克林特却厉声说："你倒是跟她讲少管闲事啊。"为了减轻自己的痛苦，那些年简把大多数的时间花在了慈善上，她经常为当地的艺术组合忙活，可是每当她搞个晚会什么的，都会引发小克林特是来还是不来的议论纷纷。即便小克林特真的到场，如果没人强烈邀请，他也懒得说两句话。后来，他的行为变得更加粗野，简只好自己来，怜悯她的朋友就开始问她了："克林特哪去了？"

到 20 世纪 60 年代末，简把难以压抑的怒火转化为疯狂的购物瘾。身材娇小的简虽然已经 40 多岁，但她依然是个性感的金发女郎。小克林特喜欢"收集"女人，她的嗜好却是疯狂买鞋子。在尼曼精品百货店，她有一个 10 万美元的循环账户，有人说她曾把这么大的账户都透支过，害得小克林特派了一名会计去市中心送支票，一次就花掉了 16.8 万美元。简囤积了 400 多双鞋子，她觉得，到纽约的邦威泰勒百货店买东西，一次花个 5 万美元，把某个设计师的全部产品一个不落地收入囊中，也不算什么。相比之下，小克林特的日常衣橱里放着的不过是几十套浅蓝色（牛仔队队服色）西装与白短袖衬衫，这使他很难理解妻子的做法。他还试着不给她买单了，但是没起到作用。小克林特冷嘲热讽地感叹："简在购物方面简直就是黑带高手啊。"

然而，购物也救不了他们的婚姻了。1972 年秋，牛仔队拿下超级杯冠军 10 个月后，芝加哥的一位熟人给简打电话抱怨小克林特抢走了他的女朋友。简彻底没辙了，只能拿出离婚来威胁他。"克林特，你偶尔来几次外遇，我忍，"她跟他说道，"但是，成千上万的女人，叫我怎么忍！"默奇森虽然很吃惊，但还是答应了跟她离婚，没有和她争吵。1973 年 1 月，他俩达成了协议，有人说他给了简 1000 万美元，外加在曼哈顿萨顿区的一套独立洋房。不过，对这个得州新国王来说，难过的日子才刚刚开始。

6

20 世纪 60 年代和 70 年代初，默奇森兄弟代表了大富豪的两个侧面：奢华之中有沉稳，高尚之中有低俗。现实中，与约翰同类的人要远远多于与小克林特同类的人。在 1968 年出版的那本《得克萨斯人》（*The Texans*）中，已经数不清这是写巨富一族的第几本书了，戴维·内文（David Nevin）辩称，"谦逊而平和"已经是巨富一族的新特征，"他们使某些曾经突兀地作为得州特色的东西变得不再入眼，难以流行，就像他们当时购入 5 万朵山茶花，只为妆点婚礼的草坪，他们每年 10 月跟俄克拉何马州较量之后还会举办热闹的聚会，还会一整车厢一整车厢地跑去混迹好莱坞影视圈，等等，这些都过去了。"

但戴维所言并非全部真相，小克林特就是个反例。事实上，大多数主流媒体依旧执迷于那些飞逝于浮云中的神话，它们大多数还觉得那些腰缠万贯的石油商在黑色的石油浴里跳舞和打拼呢。但是，对于得克萨斯的花花公子而言，他们看到的却是几十个石油家族过得滋润而又平静的生活。其中，最循规蹈矩的家族要数罗伊·卡伦的后代了。在他们挚爱的老爹离世后，他那三个忠实的女儿，仍然带着她们的老公住在橡树河家里，他们慷慨捐献，而且还加入了博物馆和医院的董事会。其中，最为人知的要数卡伦家的女婿柯斌·罗伯逊

（Corbin Robertson），他依旧活跃在休斯敦大学，这所大学的橄榄球场就是以他的名字命名的。然而，他只不过想要别人知道那是他贡献的，但是他并不想出名。20 世纪 60 年代，记者好不容易逮着他想采访一下，他火大地来了句："别打扰我们！"

实打实地说，没有人会想到，卡伦家族竟然也会冒出个花花公子来。但是，他们家藏着一个秘密，直到 1964 年这个秘密找上了家门口，他们才感到晦气。这哥们的名字叫恩里科·迪·波塔诺瓦（Enrico di Portanova）男爵。他是罗伊·卡伦的那个失踪的女儿（莉莉）和她 1932 年在洛杉矶所嫁的意大利男爵的孩子。莉莉跟这个男爵离婚后，里奇·迪·波特诺瓦随父在意大利长大，他生得温文尔雅，人高马大，满头浓密的黑发，胡子跟自动铅笔的笔芯那么粗，他在罗马卖过珠宝，多数时候日子都过得挺甜蜜滋润的，追过女演员，开着玛莎拉蒂到处逛了，他把从卡伦家每月给的 5000 美元花的分文不剩。多年来，罗伊·卡伦对这位公子漫无目的的生活方式很是气愤。20 世纪 50 年代，卡伦写信回绝了里奇他爹要他多给点零花钱的要求，卡伦的话让里奇他爹目瞪口呆："找些合法的可以让里奇干得投入的生意给他做，他不能这样混社会，再多贵族朋友也无用。"

鉴于他是在罗马长大的，所以，他从来都没有见过那些远在得克萨斯州的阿姨、舅舅和表兄妹。对于卡伦家族的资产规模，里奇·迪·波塔诺瓦更是没有概念。1961 年，琢磨着他那群意大利朋友说的（现在他收到的）"那些零花钱"就是鸡毛，不值得一提，他真动身去休斯敦打探个清楚了。转了一圈返回时，他收获的只是昆塔纳一位会计师盛气凌人的训斥。"他们像对待外国佬一样对待我，这使我烦透了，我也是卡伦家族的一员，不是什么被收养的表亲。"多年后，迪·波塔诺瓦跟一位作家说道。

1964 年，已经 32 岁的男爵再次回到休斯敦。与之前不同的是，这次他住了下来，并打定主意要搞清楚卡伦家族有多少钱，昆塔纳值多少钱，他该如何拿到自己的份额。与他一道来的，正是他身着华伦天奴服装的漂亮妻子——柳巴。柳巴曾是南斯拉夫[一]女篮队的球星，并且 20 世纪 50 年代末，她还一度是意大利电影届的童星。由于他们夫妻俩习惯了意大利里维埃拉地区的生活，休斯

[一] 南斯拉夫于 2003 年改名为塞尔维亚和黑山（简称"塞黑"），2006 年，"塞黑"解体。

敦的闷热、酷热让他们难以忍受，更不用提还得去建在高速公路两侧的拥挤而肮脏的购物广场买东西。他俩搬进了橡树河区的伍德庄园的一栋独立高层建筑里，然而这也改变不了他们对这个平庸之城的感叹，因为晚上随便到哪儿，遍地可见的都是烧烤和孤星啤酒。为了让柳巴出去散散心，里奇买了一只猴子给她，就这样，伍德庄园的邻里，在安静的深夜，仿佛会听到掺杂着猴子的尖叫声的篮球运球声。

实际上，卡伦家族没怎么欢迎他们俩口子，在办了一次紧张的欢迎晚宴后，卡伦家族几乎就再没跟他俩碰面。“老妈当时为他俩办了一次聚会，我那会儿大约 14 岁，我们对他们很友好，只是我们没有多少共同点。”威尔赫米娜·罗伯逊（Wilhelmina Robertson）的女儿贝丝回忆说。由于波塔诺瓦深信他应该得到卡伦家族财富的更大份额，所以他就不停地写信、打电话给昆塔纳，然而大多都是有去无回，杳无音信。昆塔纳的经理拒绝向男爵透露关于公司或地产方面的信息。后来，波塔诺瓦只好在休斯敦市中心设了一个办事处，用作将来拿法律来打官司的前线指挥室。然而，律师还没请到，卡伦家族就送了一张 84.1425 万美元的支票过来。卡伦家族或许是想借此息事宁人，但他们错了，里奇觉得这简直就是贿赂他，支票起到的作用完全与卡伦家族的预期背道而驰。里奇不仅很高兴地收了这笔钱，而且预感他只会拿到更多。

为了应对卡伦家族，里奇需要做的就是把自己的事务打点妥当。有位律师建议他首先得把他母亲的遗嘱改了。因为当时的情形是，一旦莉莉·克兰茨（卡伦·迪·波塔诺瓦）去世，她所有的资产都将归卡伦家族所有。里奇及其弟弟乌戈将落个一无所有的境地。这事不好办，里奇叹了口气。

我们对莉莉的生平所知甚少，大约知道她结婚后就没再回过得州，也没再参与过家族的生活。所以，休斯敦有人以为她早就死了。她亲爹罗伊·卡伦都是雇用了私人侦探后，才查到她的踪迹。实际上，自打 1955 年以来，莉莉一直住在纽约时报广场的汽车旅馆，这家旅馆是纽约最贫困地区的一家小旅馆，可见莉莉并未依靠罗伊·卡伦为她设立的信托基金过活。人们大多可以在路上撞见她，她的形象一般是，上身穿着黑大衣，脚上穿着沉重的黑皮靴，外加一顶黑色的帽子，手提个购物袋。她会跑去波道夫·古德曼精品店买外套，但不知为何原因，她喜欢把纽扣剪下来然后换上曲别针。旅馆的员工很照顾她，其中原因可能是她偶尔会给 1000 美元的小费，不过旅馆员工和她之间的对话基本也是通过她锁着的门进行的。莉莉吃的几乎全都是可口可乐和甜味儿奶油，当 1965 年里奇和她在分离几年之后再见面时，她体重达到了 400 多磅，而且腿上还长了脓疮。

迪·波塔诺瓦寄来“将改变其母亲的遗嘱”的通知后，卡伦家族的律师出马了，他们表示将通过质疑莉莉的精神状况来设法阻止她修改遗嘱。由此，双方开始在法院唇枪舌剑。直到 1966 年 8 月，在纽约一家银行的会议室里，在双方认可的三位精神分析学家的检查下，结果发现莉莉心智健全。检查结束后，莉莉迅速签署了文件，为里奇和他依然住在意大利的弟弟乌戈创立信托基金，4 个月后，莉莉去世了，给两个儿子留了 520 万美元的遗产。

然而，里奇才刚刚起步，他的第二步行动牵涉他的弟弟。比里奇小 3 岁的乌戈·迪·波塔诺瓦和他的母亲长得很像，胖得很病态，细长的头发，浓密的黑胡子。乌戈和他们的老爸一起住在索伦托，乌戈多数时候都是躺在床上，偶尔也尝试一下绘画。如果里奇能说服意大利的法院让他成为乌戈的监护人，那么他将能够控制两倍于仅凭自己所能从卡伦家族获得的钱。不过，要做到这一点，他必须证明乌戈的精神不正常，就像前面卡伦家族试着证明莉莉精神不正常一样。当年 10 月，就在莉莉在纽约接受讯问两个月后，一位意大利法官在一名心理医生的陪同下，来到他们的别墅“看望”了乌戈。法官看到罗伊·卡伦的外孙光着脚，穿着浴衣，在一个堆满了书、满是垃圾的盒子、点唱机、照相机和艺术品的屋子里游荡，房间里凿子、钳子、镊子都有，乌戈还堂而皇之地说他在制作一个“耶稣·基督”，乌戈接着还讨论了他对黑格尔哲学的兴致，但转而又批判《圣经》不道德。最后，法官裁定乌戈疯了。

在准备工作就绪后，1967 年年初，里奇发动了酝酿已久的法律进攻。他的律师已经说服休斯敦的一名法官也同样裁定里奇和他的父亲担任乌戈的监护人。同年 2 月，律师们要求卡伦家族每年支付给乌戈 12 万美元，结果他们胜诉了。一个月以后，里奇这边的律师要求乌戈同样得到里奇所拿到的 84.1425 万美元，一周之后，迪·波塔诺瓦的律师们向卡伦家族所委托的乌戈财产的监护人发了一份法律通知，要求对方全面详细地告知卡伦家族的财富情况。

法律上获胜之后，里奇和柳巴开始放松下来，进行庆祝。由于那只猴子，他们被撵出了伍德庄园，不过鉴于一笔一笔的新款入手，他们现在可以活得有格调了。他们在休斯敦纪念馆区域买了一套住宅，位于桑德林汉姆 8828 号，占地方圆两英亩，这里距离乔治·布什和芭芭拉·布什家只有几个街区。他俩还雇了全员来照顾他们的马匹，其中包括一名来自意大利的马夫弗朗哥·内奇。但是，休斯敦没有任何东西可以让柳巴欢心，她给休斯敦的外号是“地狱”，并且越往后，里奇花越多的时间跟他的一个名为约翰·布莱弗（John Blaffer）的新朋友一起玩，布莱弗的老爹是第一代石油富豪，但是他却是个不争气的儿子，尽管他老爹是汉伯尔石油公司的创始人之一。

约翰·布莱弗熟悉石油行业，因而他的看法对里奇的事业很宝贵。布莱弗指出，要是里奇他老妈的不动产是征收钻探费用的，那么里奇也应该获得采矿权。但是，对男爵来说，布莱弗的真正价值是，他拿得克萨斯式的享乐感染了男爵。虽然布莱弗是一个有妻室的人，但是他在南部邮局橡树路还有一套由他的情妇来打理的公寓楼。实话说，那里可住着十几个石油商的情人，这个情人窝里还住着谢帕德·金（Sheppard King）的前妻兼埃及肚皮舞明星——格洛里亚·金（Gloria King），她们一并也进了里奇的社交圈。

这里是性解放、多姿多彩的 60 年代的核心地带，南部邮局橡树区的派对往往从下午 5 点就开始了，次日曙光洒照时都不见得能开完。这里简直就是得克萨斯版的里维埃拉，它把那些玩命地挥霍人生的大都市人群和恩里科男爵吸引了过来。当他们需要来个小假时，布莱弗和里奇就乘坐他的私人飞机去打猎，去旅行，或者飞到阿卡普尔科去过龙舌兰满满的周末。里奇玩得超开心，他自己还搞了一架塞斯纳飞机，如果一夜放纵不羁之后，醒来没有什么要紧事可做，他就和布莱弗一起坐着飞机去新拉雷多，然后在凯迪拉克酒吧来一顿畅饮到醉的午餐。

这类寻欢作乐之举害了男爵的婚姻。虽然两人 1967 年有过一段暂时的分手，但后来又和解了，而且那年里奇还带着柳巴去了蒙特卡罗以求挽救他们的婚姻，但柳巴不仅直接在那里睡了一个男人给他看，而且一怒之下，冲出他们住的酒店，直接上了好莱坞制片人山姆·施皮格尔（Sam Spiegel）的游艇。但是施皮格尔和他的一队人马，包括男星柯克·道格拉斯在内，正在开往卡普里的路上。在游艇上，柳巴先是自己哭着给男爵打电话，然后让柯克·道格拉斯给男爵打电话劝说男爵再次接纳她。“柯克，你别管这档子事，”男爵说，“我觉得我们没法在一起了。”

那年 9 月，迪·波塔诺瓦回到休斯敦就提起了离婚，然后静观卡伦家族对他的控告如何作答。如果顺利的话，很快他可能将入手几千万美元的新财富，到那时为止，他一直是没输过官司的。他在桑德林汉姆路的清冷的家里待不下去，就跑去南部邮局路橡树区办派对，其中一位参加者是他的新欢，此人是橡树河一带的漂亮妹子，她叫桑迪·霍沃思（Sandy Hovas）。桑迪身材丰满，她在拉马尔中学读书时，人称“床上便桶”，没多久，他俩就合二为一了。

然后，一切突然间来了个大转弯。1967 年 10 月 28 日，傍晚前后，格洛里亚·金和一个名叫诺玛·克拉克的友人正来找里奇讨论即将举行的夜晚派对的安排事宜，当时，格洛里亚有事出去了一下，诺玛·克拉克和里奇坐在客厅里，毫无预兆地就听到了一声枪响，男爵的意大利马夫弗朗哥·内奇摇摇晃晃地进了客厅，胸部的枪伤血流不止，随后倒地昏迷了过去。这时，一个身着褐色夹克的高个男子大步追了上来，手里端着 45 口径的自动枪挥舞着，大吼道：“我要把你们这群王八蛋全灭了。”

迪·波塔诺瓦刚刚准备求饶，此时格洛里亚·金突然从前门走了进来，持枪的那个男性示意她走到迪·波塔诺瓦和诺玛·克拉克那边，然后拿出一副手铐把两个女人铐在了一起，接着他命令男爵把墙上的三个保险柜打开。打开之后，却发现里面没什么东西，失望透顶的持枪男子骂骂咧咧地从男爵的钱包里拿走了 350 美元现金，然后把诺玛·克拉克手上的 16 克拉的钻戒撸下来就逃跑了。

警方推测，这才不是一桩糟糕的入室抢劫案，因为虽然朋友们都知道男爵的两个保险柜的位置，但是这个男性劫匪却知道第三个保险柜的位置，很明显，这是一桩有预谋的犯罪。一个名叫保罗·尼克斯的警探查出了一个告密者，他告诉警方，劫匪收到的指令是“杀死那个意大利佬”。尼克斯确信弗朗哥·内奇之死纯属意外，劫匪要杀的人是男爵。只不过没有几个人把休斯敦人内心的猜测说出来：希望把男爵送去见上帝的只有一个家族。

与此同时，卡伦家族却始终保持沉默，回绝了一切采访。卡伦家没人理会迪·波塔诺瓦，更别说跟他有什么社会交往了。贝斯·罗伯逊说：“要是有人老是找你打官司，通常这会使你尽可能地离他远一点。”

11月中旬，正值雇凶谋杀的绯闻满天飞的时候，保罗·尼克斯逮捕了一位名叫卡尔·托马斯·普雷斯顿的人，此人是个刚刚刑满释放的海洛因瘾君子。在一排人之中，男爵、格洛里亚·金和诺玛·克拉克指称他正是事发现场的劫匪。普雷斯顿因为谋杀弗朗哥·内奇被起诉犯有谋杀罪，候审期间又被证明犯有私藏海洛因罪，最后他被判终身监禁。无论是在当时，还是在眼下，得克萨斯州的《禁毒法》都不是摆在那儿给人看着玩的。然而，普雷斯顿拒绝告密，他说要是他交代了，他的命就没有任何价值了，鉴于普雷斯顿保持沉默，关于谋杀案背后的真凶是谁的流言飞语也就只能说是未经证实的怀疑罢了。

就在这当口，男爵的离婚案骤然升温。虽然他已经以每月给柳巴 5000 美元作为临时离婚赡养费，还提出了庭外和解的方案：他给柳巴 2.5 万美元，外加每月 3000 美元的赡养费，再加上一辆 1966 年款的福特牌野马轿车，但是，柳巴对里奇马上就要继承的财产有多少太了如指掌了，所以，她当然希望拿到更多。1968 年 4 月，里奇逃避了反诉。他带着桑迪·霍沃斯去了罗马，他们在那里租了一套豪华住宅，这套住宅带有两个阳台，他们在 75 英尺长的客厅摆满了古董。后来，当爱德华·康登把他心爱的玛莎拉蒂撞了树，他也只是跟他的这位业务经理康登和秘书薇薇安·弗林表达了一下伤感之情。

“玛莎拉蒂被撞坏的悲剧收到了，”1968 年 10 月里奇给康登写到，“……那帮愚蠢的美国农民竟然把我这么美的机器开到又平又丑还没铺好的路上去……你竟然允许一个得克萨斯人来开玛莎拉蒂，这就跟允许一只狒狒来拉斯特拉迪瓦里斯制作的小提琴一样……请让薇薇安帮忙把我的貂皮大衣和军用防水大衣一并打包邮给我，天气开始转凉了。亲爱的，如果你自己喜欢穿的话，你就自己穿，我们所有 40 岁以上的人都要穿貂皮大衣。”

现在，迪·波塔诺瓦账户上的金钱开始滚滚而来了，其中有他妈妈的遗产，也有康登以他的名义所做的明智投资。尽管他的离婚诉讼还在拖累他，但他还是来了一次大手笔的购买，他在棕榈泉买了一处别墅，在罗马的郊区买了一处农场，还买了一架直升机、一架“空中之王”比奇飞机、一艘快艇、两辆玛莎拉蒂、一辆兰博基尼、一辆劳斯莱斯。另外，他还买了 5 匹英格兰赛马，以及 4 匹罗马赛马。他给每套别墅都雇了仆人，休斯敦那栋还雇了一位秘书，另外他还有两名全职飞行员，他还为快艇雇了一位船长。1969 年 3 月，他写信给康登："我渴望在不久之后，我就可以像我老爸一样有地位，然后可以只管考虑生活中最美好的事物，阳光，做爱，意大利面……"

迪・波塔诺瓦过得很开心，这使得他都无心去出席卡尔・托马斯・普雷斯顿的谋杀案审判。虽然格洛里亚・金指证他，但是辩护律师还是清楚地暗示，枪杀佛朗哥・内奇的另有其人。最后，陪审团相信了普雷斯顿谋杀案当晚的不在场证明，他说自己那天晚上在亚利桑那州，而这只是托辞，但他还是被无罪释放了。该案不仅一直没有侦破，而且普雷斯顿的背后主使，如果真的是有人雇凶谋杀的话，主使是谁却始终没有搞清楚。

里奇并没特别关注这桩事。生活还不错，实际上是太好了，好得使他几乎放弃了从卡伦家族攫取更多金钱的努力，并且卡伦家族也用尽浑身解数来遏制他上法院去告。卡伦家族的律师已经顺利地把案件从哈里斯乡村法院转移到了州法院。无疑是担心案件会在休斯敦搁置太久，里奇接受了庭外和解，不然还得再等上几年。卡伦家族允许里奇担任乌戈所得财产的受托人，并且给了他一定的控制权。不过，卡伦家根本不对他透露任何账目信息。加上赛马、玛莎拉蒂以及由阳光、性爱和意大利面带来的美妙生活分散了他的注意力，所以里奇举起了白旗。

只是暂时而已。

第15章/

水门事件，得克萨斯风格

1

亨特一家人行事古怪，少有花花公子。整个 20 世纪 60 年代，家族成员都没有起过大的争执，不过，也快发生了。1968 年，79 岁的亨特依然被誉为世界首富，尽管几乎可以肯定的是，这言过其实。当年，《福布斯》杂志评估他为美国六大富豪之一，而且还首次把邦克·亨特列入了前 10 名，估计他的身价在 3 亿 ~ 5 亿美元。1969 年，记者杰克·安德森（Jack Anderson）写道，出了达拉斯，H. L. 亨特“已然成了精力十足的得州大亨的象征，这些得州大亨挥舞着 1000 美元一张的纸币，买貂皮大衣送给女人们，貂皮大衣脏了就扔进凯迪拉克里”。可是，现实和他的描述之间有巨大的差距。

事实上，亨特过着艰苦朴素的日子，依然坚持每周六、周日自己开着车上下班，每天中午吃自己带去的盒饭。回到弗农山庄，傍晚时分他会拿着胡萝卜去喂养他的鹿，或者牵着露丝的手一起坐在阳台上看夕阳，他俩还经常唱他俩最喜欢的歌《就是普通百姓》（*Just Plain Folks*）。1965 年，他已把家族所有的办公室搬进了市中心的第一国民银行新建的摩天大厦。亨特石油公司占据了整个第 29 层，亨特把他的旧家具搬进了一个位于角落里的办公室，隔壁是一个门上镶着“哈希·亨特”的房间。

到 20 世纪 60 年代，亨特已经不再追求石油方面的成就，甚至当第一家庭的信托基金运营的普拉西德石油公司在路易斯安那州发现了储量丰富的黑湖油田时，（虽然可能正是这次发现使第一家庭的 6 个孩子成了亿万富翁）亨特石油公司在 60 年代也没发现储量可观的油田。作为替代，亨特将精力集中在写作、政治和新颖的保健品上，特别是芦荟这种植物草本衍生物，他觉得芦荟有神奇的疗伤功效。然而，这些事情都对他提高自己在达拉斯周边的社会地位没有帮助。

有件事特别能说明这一点，这事儿是《晨报》的年轻记者瑞纳·佩德森（Rena Pederson）采访他的饮食起居时发生的。最开始，一切看起来都很正常。亨特和露丝一起坐在弗农山庄的餐厅里，一边亲切地陪她侃大山，一边吃着杏、枣、山核桃，说多么多么好吃，偶尔还喝上几口橙汁和肉汤。“我钱特别多，”亨特若有所思地来了句，“因而他们叫我亿万富翁健身怪人。哈哈哈……”

突然，没有任何预兆，他就摔在地板上，开始发疯地围着桌子爬行。他转了一圈又一圈，惊得目瞪口呆的瑞纳·佩德森问他这是在干嘛？亨特说，这是在玩他自己最喜欢的健身活动：爬行。“我特别喜欢爬行！”亨特一边绕着桌子爬，一边说。

“别爬得太快啊。”露丝恳求道。

“慢点，放慢速度，”佩德森的摄影师说，“我想给你来一张照片。”《晨报》上刊登的正是这张照片，“世界首富”四肢着地在餐厅里绕着桌子爬行，爬尽兴了之后，亨特欢呼道：“过瘾。”

哲学家亨特在信誉上的缺憾，他拿文学做了弥补。整个 20 世纪 60 年代，他继续向各家报纸疯狂写信，主题几乎全是已经验证过的极端保守主义。当亨特留意到嬉皮士的反文化运动崛起之后，他发给报刊的信的标题跟着成了“我们能够让时光倒流”。他还为一个企业联合专栏撰文，另外还一个劲地与威廉 F. 巴克利（William F. Buckley）到参议员威廉·富布莱特（William Fulbright）等人没回音地辩论，他还到处分发没多少想要的政治背书，并且他还抛出新思路和术语来描述它们。他觉得，自己是一个“自由主义者”，反对他的人都是“反自由主义者”。他称东部的精英群体为“费边主义者”。在创作高峰，亨特的专栏文章登上了 36 家日报、22 家周报，主要发表在南部刊物上。1964 ~ 1974 年，他在出版《羊驼》之后又自费出版了 10 本著作，其中有些是他专栏文章的合集。其中包括一本名为《亨特遗产》（*Hunt Heritage*）的家族史，以及他自己对《羊驼》故事的自嘲：《再访羊驼》(*Alpaca Revisited*)。然而，他的任何作品都没有在文坛上引起轰动。

与此同时，“救生索”依然还在发展。虽然一些国会议员针对它的免税地位起了争执，要知道，在伍德斯托克和美莱村屠杀事件期间，它还继续播放混合宗教和右翼思想的内容，1969 年，依然有 500 家电台在播送它的节目。

尽管亨特不断向外部世界扩散消息，可是随着时间的推移，他越来越多地退回到他自己的世界里，他对孩子们的建议置若罔闻，但是他倒是相信自己的保镖保罗・罗瑟梅尔和约翰・卡灵顿，他俩的办公室就在亨特办公室的左右。鉴于罗瑟梅尔在有关肯尼迪遇刺的调查中的作为，他成了亨特不可缺少的一位得力助手，多年来，他和卡灵顿成了亨特的好帮手。帮助监管着信托基金对所有三个家庭的派发，管理着亨特的食品公司，HLH 产品公司，甚至还为亨特去追讨别人欠他的赌债。

也可能是因为年龄大了，也可能是因为政治气候的转变，也可能是因为肯尼迪遇刺后媒体的批评浪潮，到 20 世纪 60 年代中期，亨特开始变得越来越偏执和多疑。到后来，亨特开始觉得到处都是威胁，从嬉皮士和左翼政客，到他自己公司里的雇员。有次，利比亚政府威胁要把亨特家的油田国有化，亨特竟然要求罗瑟梅尔混进一群利比亚交换生里去，亨特担心他们可能会暗杀他。不过，真正的威胁来自内部。

2

在 20 世纪 60 年代的大部分时间里，亨特家族最让人头疼的问题是家族的食品生意。HLH 食品公司于 1960 年成立，截至 1968 年，HLH 公司总计亏损 3000 万美元，这个公司越发成了亨特及其第一家庭的孩子们之间的心病。并且，自从亨特决定与露丝结婚，收养了她的孩子后，他跟第一家庭的关系就再也没恢复到从前的样子。邦克和赫伯特劝说了他好几次，让他把 HLH 公司关了，但他不听他们的。后来，他们之间的关系变得非常坏，赫伯特甚至都不理亨特了。

1969 年 3 月，状况恶化到了极点。当时，亨特石油公司在 29 层的会议室召开年度会议，那年 HLH 公司看起来又要亏掉 1200 万美元，加上亨特石油公司没有发现新油田，亨特石油公司在石油储备上每月的收益已经下降到 100 万美元，刚好能够补上 HLH 公司的亏损额。财务总监约翰·古德森在会上说，要是不采取措施，HLH 公司有导致亨特石油公司破产倒闭的风险。古德森说："必须立即停止这些损失。"[1]

尽管亨特没多大反应，但是拉玛尔和赫伯特却反应强烈。他俩力主组建一个四人委员会来检查 HLH 公司的问题，作为董事会成员，他俩选择由他们的表弟汤姆·亨特来牵头处理这件事。其实，自从 20 世纪 40 年代以来，汤姆就一直供职于亨特石油公司，当赫伯特与他老爹 H. L. 亨特交恶之后，汤姆和亨特的关系比亨特跟他两个儿子的关系还要好。这种信任极其重要，因为大家都知道 HLH 公司是一个敏感话题。亨特的所有政治活动（包括"救生索"）都与 HLH 公司有关，并且监管这家公司的正是亨特手下的两个心腹，也就是那俩贴身保镖——罗瑟梅尔和卡灵顿。最开始，当汤姆审查这家公司的财务报表时，他看不出有任何问题，这家公司经营着 15 家工厂，每一家工厂看起来都运行得不错。虽然看起来如此，汤姆还是决定要下去突击检查一次。当他前去加利福尼亚州的奥克斯纳德市的一家工厂检查时，他什么都没看到，那里没有一条生产线，根本就不是一家工厂，有的只是一个空厂库。又过了几周，他又发现了一两个相似的工厂。即使其中有几家运营之中的公司，它们也不是开工不够，就是设备老旧，就拿宾夕法尼亚的那家工厂来说，它连污水管道都没有。

回到第 29 层的会议室，汤姆和他的董事会成员一起回顾了这次调查，并敦促关闭那些工厂。可是，由于罗瑟梅尔和卡灵顿打包票跟亨特说，他侄子反应过激，所以亨特就是不干。此时，汤姆感觉到其中有蹊跷，当他越是深入地研究 HLH 公司的财务状况后，他越是留意到一系列奇怪的交易。在这些交易中，罗瑟梅尔和卡灵顿不仅拿到了某种形式的回扣，甚至更有几十笔交易来自汤姆闻所未闻的公司。虽然汤姆还没有把这些事情完全弄清楚，但是他越来越发现，他是在调查一宗大型谋私贪污案。当他把这个疑虑透露给赫伯特和拉玛尔之后，他俩也开始充满了质疑。

他们三个的质疑和不安，引发了一次少见的第一家庭成员全面出面干预事件。1969 年 6 月，第一家庭的 5 个比较积极的孩子，邦克、赫伯特、拉玛尔、玛格丽特和卡罗琳，他们一起跑到了拉玛尔在 29 层的办公室里开会，赫伯特主持会议，他跟他老爹说，HLH 公司亏损极端严重，要完成薪水发放的任务，亨特石油公司唯一的出路就是贷款。并且赫伯特已经跟第一国民银行交涉过此事。但让他震惊的是，35 年来，这家银行头一次拒绝了亨特家族的贷款请求。这简直就是耻辱，而赫伯特觉得这种糟糕的尴尬处境或许能够惊醒他们的老爹。赫伯特说："食品公司明显管理得非常乱，并且问题不只是出在管理上，其中还存在偷盗问题，我们必须对此进行调查，以遏制住局势。"

亨特问赫伯特怀疑谁。"现在，我们还没有发现任何证据，但我们认为，跟这家公司运营关系最为密切的罗瑟梅尔和卡灵顿肯定涉嫌偷窃。"

"好吧，你得拿出证据来，"亨特说，"保罗·罗瑟梅尔救过我的命，他不可能参与这种事情。"[2]

随后几周，汤姆·亨特又进一步地研究了 HLH 公司的财务状况，可是他疑虑之中的骗局的复杂性完全超出了他的研究能力。更加糟糕的是，罗瑟梅尔和卡灵顿开始不断向 H. L. 亨特抱怨此事，亨特竟然要汤姆别妨碍 HLH 公司的运营，让他把调查局限于文书工作。汤姆又对邦克和赫伯特呼吁，但是他俩又都忙于自家的事务，最后，邦克说那还是雇用伯恩斯侦探社吧，他跟汤姆这样回复："伯恩斯侦探社是家全国性机构，他们可以迅速抽查工厂，也许他们能够迅速把这件事情搞明白。"[3]

雇用了伯恩斯侦探社之后，汤姆就把 HLH 公司的事情放在了一边，开始和亨特、赫伯特一起为亨特石油公司对阿拉斯加北坡地块的投标做准备。他们是由五家公司组建成立的财团，盖蒂石油公司和阿美拉达公司也参与其中，他们一起准备投标 2.5 亿美元，但是亨特石油财务状况如此恶化，迫使赫伯特和邦克只好动用他们的信托资金来凑够他们一大家子的份额。然后，就在那年秋天的招标前夕，汤姆给赫伯特打电话，跟他交代了一个惊人发现，他说他发现自己的电话有一根似乎是连到另外一个办公室的电话线，这应该是一根连通到别的办公室的"跨接线"。汤姆确信有人在窃听他的电话，以便随时掌握 HLH 公司的调查情况。

11 月 14 日，周五，邦克和赫伯特正在商讨如何应对此事，这时罗瑟梅尔和卡灵顿突然递交了辞职信。后来，亨特家的律师们说，大约就在同一时间，HLH 公司丢失了好几箱文件。当汤姆得知之后，他爬到 29 层，发现除了一台打印机，与 HLH 公司相关的几乎所有财务文件都不见了。然后是紧接着的下周三,一个曾经与罗瑟梅尔和卡灵顿关系密切的助理，约翰·布朗给 H. L. 亨特打电话说他也要辞职，“要是你们家的亲戚，尤其是汤姆，不停止干涉的话……”亨特问汤姆如何处理，他跟亨特说让他辞，然后亨特照办。

这三个人走了之后，加上文件不翼而飞，明摆着说明就算真的有谋私和贪污行径，现在想查出个所以然来也是太难了。当时，伯恩斯侦探机构已经侦查该案有好几个月了，还是没有发现任何实际的具体问题。邦克意识到，必须更加严肃地对待此事，他回想起了他与老朋友的一次谈话，这人是拉玛尔在美国橄榄球联盟的合伙人，名叫巴德·亚当斯（Bud Adams)。亚当斯说他曾经通过雇用私人侦探窃听嫌疑人的电话来揭穿他自己组织中的一起侵吞回扣案。邦克给亚当斯打了一个电话，了解到那个侦探的名字，此人叫克莱德·威尔逊(Clyde Wilson)，威尔逊是休斯敦最好的私人侦探机构的头面人物。

一个星期过后，威尔逊公司的老大来到达拉斯，这位老大担任过得克萨斯州副警长，名叫 W. J. 埃弗里特。在邦克地处高地公园的家中客厅里，他听邦克讲述着这一难题。邦克跟他说他想监听罗瑟梅尔、卡灵顿、约翰·布朗外加另外三个雇员的电话。埃弗里特是一个身材又矮又胖、一本正经的人，留着平头。他说也许有一种更简单的方法。但是邦克说不，他想窃听他们几个，他想让他老爹相信是这些人背叛了他，唯一的办法就是让亨特听到他们的声音。埃弗里特只好同意，但是存在一个问题，当巴德·亚当斯采用窃听去调查他的雇员时，那会儿窃听是合法的，但是到了 1968 年后，上升为法律的《综合犯罪法》明文规定“窃听是违反联邦法律的犯罪行为，并且最高可以判四年监禁”。后来，据埃弗里特自己承认，他当时并没有告诉邦克这一点，他说他自己当时说的是：“亨特先生，这样干的话，要是我们被发现了，那不管是刑事方面，还是民事方面，都可能会遇上麻烦事。”

据埃弗里特讲，邦克跟他说，他们家族可以应付法律方面的任何后果，让他放心去干。然而，据邦克自己交代，这番话他从来都没说过。不管怎样，W. J. 埃弗里特那天在离开邦克家的客厅时，他承诺说他会跟克莱德·威尔逊商量一下，然后给他答复。过了几天，埃弗里特带着一个电子设备方向的下属回到了达拉斯，他俩在罗瑟梅尔和卡灵顿所在的郊区住宅周围的街道上好好转了转，想了解一下落实这项工作的大概情况，结论是这事儿风险不仅很大，而且在技术方面也很复杂。埃弗里特跟邦克说："有点费事。"但是，他又向邦克保证他们肯定能够做好。邦克同意后，埃弗里特带着一个三人组回到达拉斯，1969 年 11 月下旬开始工作，而且他们还绕远去赫伯特的家里拿走了 2000 美元的服务费首付款项。

随后的几个星期里，虽然先后还有一些侦探参与了亨特家族的这件事，但主要的窃听人员一直是威尔逊供职的这家私人侦探机构的最出色的两位侦探：一个是 20 多岁的电子天才帕特里克·麦卡恩及其助手乔恩·凯利。行动的组织者是麦卡恩，为了做好这件事，他装配了一些微型发射器，把它们贴在电话线上之后，这些发射器就会向附近的接收器发送信号。安装很简单，只要爬到附近的电话亭上，就可以安装好。难办的部分是放置蓝宝调频接收器。麦卡恩把接收器和录音机一起放到被染成迷彩色的公文包里，然后，他和凯利把鞋油涂在脸上，夜深人静时把手提箱扔进被窃听的对象所住住宅附近的灌木丛里。凯利后来回想说："真的就跟拍电影一样，而且我们演得也很投入。"[4]

但是，这些设备都需要日常维护，主要是需要更换电池和磁带，所以侦探们必须得留在那个区域，加上经常换地方会引起怀疑，所以他们就住在附近的宾馆里。最开始，一切都很顺利。一个星期之后，麦卡恩开始把录音内容播放给赫伯特听，但最初的那些录音几乎没有价值。不过，到了第二个星期，他们开始听到一些有价值的线索，他们听到他俩提到了"腿肉切割工"，然后他们又听他俩提到了一个"大粑粑"。所以，赫伯特给了侦探们更多钱，想收获更多线索。

到第三个星期的时候，也就是到 12 月中旬的时候，邦克也加入进来。他的热情比赫伯特还高，当他听到录音带里说"藏在墨西哥的黄金"时，他一下子就来了兴致。侦探们再次告诫他们哥俩，说这样做很危险，他们已经听到风声说罗瑟梅尔已经在向休斯敦警察部门的人了解威尔逊侦探社的情况了。所以，邦克就问乔恩·凯利，要是他们被人发现了，他会如何处理，凯利跟邦克说，他在自己的车里放了一桶硫酸，可以用来销毁证据。凯利后来交代说："我对车里放有硫酸的事撒了谎，但是这样听起来让他俩放心，并且邦克真的觉得这样办才好。"

到了圣诞节，他们才罢手。后来，W. J. 埃弗里特跟邦克说，他不想再继续窃听了，因为警察圈子里已经流言纷纷，他觉得罗瑟梅尔肯定在搞他们。可邦克就是不想放手，最后，埃弗里特只好说服他把窃听对象从 6 个缩减到 3 个，现在起他们只监视罗瑟梅尔、柯里和约翰·布朗。与埃弗里特一样，帕特·麦卡恩认为，他们最好不要再把公文包藏在灌木丛里。他说可以把公文包藏在租来的车辆下面，把车停在被监听对象的附近路面，然后用报纸盖住，定期更换租来的车，以免引起怀疑。

当新的安排妥当之后，1970 年 1 月上旬，麦卡恩回到休斯敦，让 25 岁的乔恩·凯利在郊区带着另一名侦探继续监视罗瑟梅尔等人。凯利经常在三个被窃听的对象的住宅之间走动，因为他需要到租来的车下取回磁带。虽然一切进展顺利，但是出于某种原因凯利发现自己越来越担心。有次，他留意到一辆车的轮胎上多了一个白色粉笔做的标记，这说明有人在留意所停车辆的活动情况。当他以"柯克兰"为代号给赫伯特打电话汇报这种情况时，他建议停一段时间再监听，但赫伯特不理会他的担心，告诉他说这很可能只是一名交通警察做的。

后来，1970 年 1 月 16 日傍晚，他的搭档开车到理查森市郊区罗瑟梅尔家附近的一条小路，然后让凯利下了车，让他好把停在那里的一辆租来的野马车开回去。这次他又发现了粉笔标记，凯利爬上了驾驶座，刚发动引擎就看到了警车。警车恰好就停在他身后的车道，车上的那名巡警似乎正在点烟。

凯利驾车走开时，小心翼翼地把车速限制在 25 英里 / 小时，但巡警还是在后面跟了上来，在路口拐角处，巡警打开了闪光灯，停车标志就露了出来，凯利停下后，巡警乔治·泰勒就从车上下来了，走近了凯利的车，凯利下车跟他打招呼。恰如几个月后搞明白的，泰勒的好奇心并不是意外，罗瑟梅尔的一位邻居留意到了赫伯特·亨特聘来的侦探们的换车规律，并把这桩事情告诉了理查森市的警方，对许多家庭财产纠纷案有经验的警方一秒没用就明白了这是私人侦探的惯用手法。"我们一直在留意这辆车，请告诉我们，你们在干什么。"泰勒告诉凯利说。

凯利没有撒谎，而是闭口保持沉默。泰勒把手伸进了野马车内部，把车后座上的报纸掀开，发现了一个公文包，他在公文包里找到了一部扬声器和一部录音机。

“你是不是在窃听别人？”泰勒问。

凯利依旧不说话。

“你是私人侦探吗？”

“是的。”

“你是在调查离婚案？还是别的案件？”

“我觉得您还是跟我的律师来谈吧。”[5]

随后，泰勒陪着乔恩·凯利来到了理查森市的监狱，他被以嫌疑人的名义收押。其实，这桩事情本来可以到此为止的。只是理查森市的警方也不傻，明白窃听现在是违反联邦法律的罪行，加上他们在凯利的车里发现的磁带播放时出现了“H. L. 亨特”的名字，因此他们把这桩事情汇报给了美国联邦调查局。当赫伯特得知这件事之后，他立即给在境外忙土地投标的邦克打了电话，“哈，这与我们没关系。”邦克来了句。

“这事明摆着比你想象的严重多了，我们可能在这方面违法了。”赫伯特说道。

亨特家族的这哥俩随后采取的行动成了联邦调查局调查的核心，而且这次调查似乎也预示了三年之后的水门事件：首先是窃听，然后是瞒天过海。后来，美国政府辩称赫伯特抢先销毁了一批录音带。当凯利从监狱里被保释出来以后，赫伯特和亨特石油公司的一位律师，同凯利以及他的律师一起谈了谈，就跟凯利及其律师后来所说一样，赫伯特对他们说，他们“一点也不用担心”，事情已经“搞定了”。“亨特家族在美国司法部有一位友人，赫伯特说凯利需要做的就是聘请一名叫查尔斯·特斯莫的律师，费用由亨特家族承担，特斯莫会走他们家族的那位司法部友人那条路，然后摆平此事。”凯利答应了，1970 年 3 月，凯利被捕两个月后，他和特斯莫一起出现在理查森市的法庭上，特斯莫成功地撤销了联邦对嫌疑人的指控。后来，亨特家族承认支付了聘用特斯莫的高额费用，但从来没有承认这是隐瞒真相的做法。

联邦调查局着手介入此事，可调查了几个月也没有取得任何进展。侦探们没有一个配合的，至少最开始时没有。与此同时，亨特家族对罗瑟梅尔团伙施加了更大的压力，经过一年多的操劳，纽约的一家侦探社最终找到了一条很充分的理由来控告这个重大的贪污案。1970 年 11 月，就在凯利被捕 10 个月后，亨特家族对罗瑟梅尔、卡灵顿、约翰·布朗提起了诉讼。罗瑟梅尔马上就做出了回应，他指派他的妻子控告赫伯特侵犯他们的隐私，然后，罗瑟梅尔打出了一张王牌，鉴于他在 H. L. 亨特身边干了将近 15 年，有些内幕他是知道的，所以，在他接受《休斯敦纪事报》的采访时，他就开始把自己知道的一些事情透露出来，对亨特家族还以颜色。

首先是哈希的心理问题，其次是法拉妮雅·泰伊，最后是赌博以及 HLH 公司把变质的食品拿到贫民窟商店去销售的事情。罗瑟梅尔坚持声称他所有的“附带的交易”都是得到了 H. L. 亨特本人的明确同意的。不仅如此，他还辩称整个窃听案与他们所谓的贪污案没有关联，正相反，这些都是因为亨特的遗产问题。罗瑟梅尔说，是他说服亨特修改遗嘱把更大的遗产份额分给露丝及其儿女，亨特哥俩对他的控诉属于报复行为。不管怎样，这一长串真假难辨的指控所起到的作用正是罗瑟梅尔预料之中的，亨特家族被迫走到谈判桌前。1971 年 5 月，双方庭外和解，相互都撤诉了。并且双方还约定，以后再也不公开讨论此事，所有的法律文件也被封存起来。

就在此时，当亨特家族以为这个丑闻会自然而然消失在公众视野之时，联邦调查局直接插手进来。1971 年 5 月 12 日，达拉斯法院的大陪审团起诉乔恩·凯利、帕特·麦卡恩违反了联邦法律，犯有窃听他人的秘密罪。虽然两个人仍然是由达拉斯一流的律师代理上诉，并且据凯利交代费用也都是亨特家族出，他俩也在大陪审团面前保持沉默，就算到了 8 月法庭审讯时，他俩也没提供证词，但是最后大陪审团还是判定他们有罪，两人在当年 9 月被各判 3 年监禁。在整个过程中，凯利和麦卡恩都一直保持沉默。

后来，凯利说他俩之所以保持沉默，是因为亨特家族聘请的律师向他们保证，他们服刑期间每月都会拿到 1250 美元，条件是他们保持沉默。当时的难题只有一个，凯利不想去坐牢。当他意识到如果能够与检察官达成协议，或许他可以躲过刑罚后，凯利未采取行动，之所以如此，事实上是因为凯利想得到更好的出价，不论是亨特家族出价高，还是联邦出价高，他准备和出价最高的合作。亨特家族对凯利紧追不放，在凯利上诉而获得人身自由时，亨特家族还通过一位名叫 E. J. 哈德森的商人朋友给凯利安排了一个月薪 700 美元的保安工作。

联邦检察官料到他们会这么干，1971 年 12 月，他们开了价，承诺给凯利免于进一步起诉的权利，要求量刑法官罗伯特 M. 希尔劝说凯利作证。鉴于有了亨特安排的稳定的工作，以及亨特聘请的代理律师，凯利拒绝作证。罗伯特·希尔法官以蔑视法庭的罪名传唤了凯利，并强烈要求凯利重新聘请一位律师。凯利看明白了希尔法官的意思，不再聘请查尔斯·特斯莫为他辩护，而聘请的新律师却是休斯敦律师界绝顶聪明的神级人物——珀西·福尔曼（Percy Foreman）。福尔曼律师的出名之作便是为刺杀马丁·路德·金的凶手詹姆斯·厄尔·雷（James Earl Ray）做辩护。在得克萨斯州本地，他还以“眼尖”知名，要是客户没有现金的话，他还可以接受珠宝首饰、艺术品、汽车和房屋，甚至连快艇他也收。所以，尽管乔恩·凯利什么也没有，但是珀西·福尔曼并不介意，他让凯利力所能及地支付给他一笔服务费即可。在福尔曼拿到了凯利从朋友那里借到的 1000 美元首付款之后，福尔曼直接就把电话打给了凯利的雇主 E. J. 哈德森（E. J. Hudson），说他可能需要更多一些的费用，比如 5 万美元。亨特家族买了单，而当时乔恩·凯利根本就不知道律师究竟打的什么算盘。

与此同时，检察官那边也不断加大压力。1972 年 1 月 14 日，检察官起诉了 W. J. 埃弗里特。五天之后，帕特·麦卡恩与检察官达成了豁免协议，上交了一盘录有邦克·亨特谈论窃听问题的磁带。珀西·福尔曼又打电话给 E. J. 哈德森，再次“伸出援手”，承诺说他可以“控制”凯利和埃弗里特，当然要价可不便宜，要亨特家族再给他 5 万美元。哈德森把这个消息转达给了邦克，邦克只好答应，他拿起一张信纸，草草写了一张 10 万美元的欠条。哈德森在会计那里领到钱，然后把钱带给了福尔曼。哈德森在日记中写道：“之所以付钱给福尔曼，是因为这可以使邦克和赫伯特免于被起诉……凯利还在控制范围之内，而麦卡恩已经脱离控制。”珀西·福尔曼言出必行，当凯利询问他是否可以与政府达成协议时，福尔曼跟他说，亨特家族可是有门道找黑手党杀手帮忙的。轻信了福尔曼的凯利听到他说：“要是你死了，政府想帮忙也找不到你人了。”

3

在傍晚的夜幕下，飞机一架又一架地掠过圣安东尼奥东部的百慕大地带的上空，然后降落在农场宽大的跑道上，轰轰隆隆地停了下来。小克林特和约翰这两个默奇森家族的两兄弟，乘坐的正是他们老爹的“飞翔的金妮”号。这是一架由螺旋桨提供驱动力的白色飞机，要是拿去和别的石油商的闪闪发光的私人新飞机相比的话，这架飞机肯定算古董了。邦克·亨特和他老爹 H. L. 亨特乘坐的是一架从飞机推销员那里租来的里尔飞机。

最后，在黄昏片刻，轰轰隆隆地飞来的是带有总统标记的直升机。飞机降落的地方是约翰·康纳利的庞大农庄，这个农庄位于弗洛里斯维尔镇外，几年前，他用希德·理查森给的钱拿下了这片地，通过这些年来的努力，这片地已经逐渐扩大到了 3000 英亩，其中有相当大的一部分是从默奇森家族那里买过来的。当天晚上，一串串的灯光在别墅周围栽种的橡树上闪闪发光，中庭则摆满了满是白菊花的花盆。康纳利当天身着衬衫，系着饰扣式的领带，他用篷车把尼克松总统及其夫人帕特从下机地点接了过来，然后，总统夫妇被引领到了一座用石头打造的房子里。里头忙活着的是康纳利雇用的墨西哥仆人，他们正在忙着准备烧烤晚会，在人工挖掘出来的坑里，烤着一大块一大块的里脊肉和一个个的玉米。尼克松夫妇悠哉悠哉地在人群中飘来飘去，有时候与人驻足握手，有时候拍拍某个石油商的后背示好。布朗 & 鲁特公司那位满头白发的乔治·布朗微笑着和总统握了握手。佩里·巴斯也从沃斯堡赶了过来，就连卡伦家族的柯斌·罗伯逊（Corbin Robertson），也在摆脱了他家里那位难缠的意大利表兄之后，从休斯敦赶过来了。当晚出席的还有银行家、报纸出版社的商人、律师，以及其他一些人，格伦·麦卡锡的老顾问也来了，大家之所以聚在一起，为的就是一起合力来帮助尼克松连任总统。

尽管从表面上看，这只不过是一次普通的竞选资金募集活动，但是在那个温暖的 4 月，这个夜晚却特别具有象征意义。原来那位得克萨斯州石油产业的头面人物林登·约翰逊已经找不见人了，这位前总统闹了心脏病之后，虽然正在积极康复，但他已经不可能再受欢迎了。自从他在“伟大的社会”福利项目中流露出对主流的民主观念的接纳，已经使他与石油界的友人疏远开来。替代他的人正是康纳利，康纳利最开始是因为从圣乔治岛成袋成袋地往外运送现金出名的。康纳利后来当上了州长，然后现在又当上了美国财政部部长，再后来，他离开政坛之后，得克萨斯州石油界的人士就开始请他来当律师，因为他们对他特别有信心。在过去的20年中，作为尼克松所属的民主党的负责人，康纳利成了得州财富的后卫，然而，政治游戏的场地已经从民主党转换到保守派的共和党这边。不久，康纳利也将加入共和党。对于这位满头银丝的老哥来说，这次有点像是首次抛头露面，不过已经有流言说他有可能取代斯皮罗·阿格纽（Spiro Agnew）。那天晚上，还有不少人表达了指着他在1976年自己去参加总统竞选的想法。

那天晚上的皮库萨农庄，成了转型期间的得克萨斯州的完美缩影。那天晚上到场的有老派的人物，亨特、乔治·布朗、国王牧场的鲍勃·克莱伯格（Bob Kleberg），还有穿了一件超难看的绿格子夹克的前州长艾伦·席渥斯（Allan Shivers）；以及新派人物有H. 罗斯·佩洛特（H. Ross Perot）、得州仪器公司的埃里克·琼森（Eric Jonssen）以及3个月前拿下超级杯冠军的默奇森兄弟。农场的跑道上，停着一架又一架的飞机，那天晚上跟埃德娜·费伯笔下的得克萨斯州很像，就像她笔下的得克萨斯所有人都打着飞机来参加杰特·林克的聚会那个场景。当然，这里的“所有人”是指那些拥有的现金、家畜、小麦、石油等总价值超过一亿美元的人。

只不过当时没有人抢座，也没有出现扩音器坏了的状况，更没有打架斗殴，以及踩踏事件。每个人表现得都很自然体面，篝火晚宴办得很好，那些穿着布克兄弟家的燕尾服套装前来参加晚会，吃着烧烤，端着高脚杯喝着香槟的石油商和大经理们在草坪上坐了一圈，他们向尼克松总统随便提了一些有关越南战争、价格控制方面的简单问题。尔后，康纳利陪同尼克松去了牧场的一个围栏，康纳利在那儿把牧场里骑着银鬃马的骑手指给总统看，向他讲述他们的骑术。尼克松玩得很开心，若有所思地说：“咱们是大国，它造就大人物。”他看了原野好大一会儿，然后说：“我想我现在知道得克萨斯应有的样子是什么了。”

皮库萨农庄的那个晚会，不禁让人浮想联翩，让人想到得克萨斯石油界曾经办过的好多次聚会。有人可能想到了三叶酢浆草酒店，我觉得它事实上与另一场聚会有更多的相同之处，尽管几乎没多少人记得那次聚会，因为那次聚会本来就不是公开的，少有人知道。说的正是 1937 年沃斯堡的那次总统烧烤聚会，当时希德・理查森、克林特・默奇森与富兰克林・罗斯福很有可能做了一笔秘密交易。其实在很久之前，在理查德・尼克松与克林特、希德一起围坐在戴尔恰罗泳池喝威士忌的那会儿起，在随后的几个月，尼克松就开始从这些石油商手里拿到几百万美元的竞选赞助，而且他可比富兰克林・罗斯福总统更喜欢听别人的建议。有一两个人后来说，那天晚上的某个时间，是真的，他们不小心看到邦克・亨特跑到尼克松耳边说话，这事可能压根就是瞎编乱造，也可能这事是在华盛顿发生的，也说不准。

但是不论它是怎么发生的，邦克・亨特和司法部长的一位助理还是会面了，这位助理叫理查德・克兰丁斯特（Richard Kleindeinst），这件事就发生在亨特的另一个盟友参议员詹姆斯・伊斯特兰（James Eastland）的密西西比牧场，邦克想达成一桩交易。他觉得他可以给司法部提供有价值的消息，当时以色列总理果尔达・梅厄（Golda Meir）马上访问纽约，这搞得美国联邦调查局紧张兮兮，加上邦克在利比亚的成功也已经使邦克收到了阿派恐怖组织的威胁，所以，邦克・亨特一边从事正常的石油业务，一边着手积累出了一个有关法塔赫组织的活动情况的庞大卷宗。所以，他跟司法部说，要是尼克松政府撤销对窃听案的控诉，据说这话是通过克兰丁斯特传过去的，他可以向政府提供法塔赫组织在美国的一个特工名单。邦克说他们达成了协议，但是由于尼克松深陷自己的窃听案丑闻，而且越陷越深，所以不凑巧的是尼克松背弃了这份协议。

然而，不管出现了何种情况，针对邦克和赫伯特的联邦调查依然在进行。皮库萨农庄那晚的烧烤聚会之后，灾难降临了，在 E. J. 哈德森为凯利私下安排了保安工作后，凯利在上班时不小心看到了哈德森的日记，日记中揭穿了凯利自己的律师珀西・福尔曼是如何出卖自己的。一气之下，凯利不仅立刻解雇了福尔曼，而且还和政府达成了以作证为条件来使他自己从中脱身的协议。

1972 年 6 月 24 日，凯利和帕特・麦卡恩在达拉斯的大陪审团面前坦白了他们所知道的一切。9 个月之后，联邦检察官们才搞定他们的工作，明摆着是因为邦克・亨特与白宫的关系，所以才拖了这么久。最终，1973 年 2 日，在凯利从一条安静的郊区小道上被捕 3 年后，大陪审团指控是邦克和赫伯特犯有窃听罪。

而这罪名要是成立的话，H. L. 亨特的这两个儿子最高将面临四年监禁的惩罚。

4

20 世纪 70 年代初，尽管 HLH 公司揭开的阴谋使得邦克·亨特陷入越来越深的家庭纷争里面，但是他也开始树立起专属于自己的形象。1961 年，他在利比亚的大沙漠中发现的萨里尔油田（Sarir Field），这让他成了全球最为富有的人之一。不过，他花了 6 年时光才使这个大油田盈利。虽然邦克一再敦促英国石油公司建一条直达港口的输油管线，但是英国石油公司的高管们出于担心萨里尔油田海量的石油一旦输入市场，就有可能导致石油价格快速下跌，所以他们一直拖着，直到 1965 年 12 月才修好这条 320 英里长的输油管线。可是，由于在税收问题上跟利比亚政府发生了摩擦，所以，直到 1967 年 1 月，石油才从大沙漠里流出来，而这又多花了一年的时光。

尽管如此，使邦克头疼的问题才刚刚开始。在英国石油公司的管控下，输油管线的日输油总量被限制在 10 万桶，这连邦克期望之中的四分之一都达不到。更让邦克气愤的是，英国石油公司的高管们对外还一直贬低萨里尔油田的生产潜能，他们有一次甚至对一家行业内的纸媒讲，萨里尔油田的“日产量永远也不会大于 15 万桶”。由于邦克打定主意要在撒哈拉沙漠里勘探到更多的石油，所以他故意透露给了《石油与天然气》（*Oil & Gas*）一些数字，出面澄清说萨里尔油田的日产量是英国石油公司所给数字的 3 倍以上。当英国政府发现他们持有一半股份的英国石油公司竟然这样搞，他们就在上议院严厉批评了英国石油公司，邦克的这个点子收到了预期中的效果。过了几个月，英国石油公司就把日产量增加了几乎两倍，超过了 30 万桶，然后邦克进一步施压，而且也得逞了，最后萨里尔油田的日产量成了每天 47 万桶，而这个数字可是他老爹亨特旗下所有油田加在一起之后的总产量的两倍。1970 年，邦克每年从撒哈拉沙漠地区的油田拿到的利润为 3000 万美元，加上他享有的外国税收抵免待遇，这使得他的全部收入都是免税的。

虽然看起来他很忙，其实他的生活过得悠哉悠哉，大多数情况下，他都是早上 10 点前后，从地处高地公园的龟溪岸边的住宅起床，这套住宅是法式风格的，带有殖民地时期的气息，妆点着英国的骏马图。11 点前后，邦克就直接到市中心吃午饭，他通常是和赫伯特一起去石油俱乐部。在发现萨里尔油田之前，他一直是在右翼政客圈子里默默无闻，也向乔治·华莱士捐过钱，也给约翰·伯奇的事业提供过赞助，但是转变发生在萨里尔油田，发现这个大油田之后，邦克的生活变得壮阔起来。他先是购买土地，跑到俄克拉何马、得克萨斯州和蒙大拿州买入农场，尔后，他又跑到澳大利亚内陆收购了数百万英亩的牲畜养殖基地，最后他拿到了 500 多万英亩土地，在这些土地之上跑着 2 万头牲畜，这使邦克一跃成了全球最大的夏洛莱牛的养殖者。在对阿拉斯加北坡的一次投标之后，他中标并成功入手安克雷奇市中心房地产，这使他成了该市最大的房主。不论如何这些只是投资而已，邦克真正的激情所在是纯种马。

早在 1955 年开始，邦克就开始玩赛马，但直到萨里尔油田投产之后，他才真正放手玩起来，他在美国的肯塔基州、爱尔兰、法国、新西兰收购了大批马厩，聘请了一流的驯马师，他跑到世界各地去竞拍骏马。赛马使邦克·亨特显示出了他最出色的一面。他对赛马的血统和赛道的熟悉指数一点也不比华尔街分析师对股票的熟悉指数差。虽然邦克其貌不扬，与赛马圈的名马的主人们也不善于交际，甚至其中有些人还经常拿他的得克萨斯口音开玩笑，但是邦克在赛马上却是个天才，他和骑师、培训师、马倌们聊得倍儿精彩。作为拥有赛马的人物，他的与众不同之处在于，为了参加欧洲锦标赛，他彻底退出了肯塔基赛马会以及美国的其他赛事。同时，由于欧洲是监管在利比亚的油田的好地方，因此，邦克后来在伦敦、巴黎和苏黎世花的时间也越来越多。

1967 年，就在萨里尔油田投产时，他入手的赛马加扎拉二世在法国 1000 基尼赛和橡树大赛中拿到了冠军。与此同时，邦克·亨特以创纪录的价格收购了小马驹模糊贵一半的股份，而这为他将来的成功奠定了基础。这个模糊贵在凯旋门大赛等 4 项欧洲赛事里拿到了冠军，一跃成为 1968 年最佳赛马。与模糊贵交配的那匹母马生产了邦克旗下最出色的赛马，这匹马叫达利亚，它不仅为邦克拿下了 1973 年英国、法国赛事的冠军，而且还是所获奖金超出 100 万美元的赛马。邦克的马厩在多年之中，还培养出了其他大赛的冠军，包括 1976 年爱普森赛马会的冠军爱慕颇锐、1978 年冠军艾克赛乐，以及 1979 年的欧洲赛事的冠军翠林。

尽管如此，直到 1969 年邦克 43 岁的时候，他在达拉斯以及达拉斯以外的其他地方都仍然少为人知。1969 年 5 月，当他为在国际舞台上占有一席之地的最后准备后，他和爱妻卡罗琳在伦敦的克拉里奇酒店为 500 位来宾举办了一次盛大的聚会。这次聚会他聘请了 3 支乐队，其中伍迪·赫尔曼交响乐团也来了，这使得英国媒体的八卦栏目都跑来报道此事。后来，邦克发现庆祝活动举办的有点太操之过急了。就在聚会 3 个月后，年仅 27 岁的陆军上校奥马尔·穆阿迈尔·卡扎菲（Muammer Gadhafi）领导的政变把利比亚国王伊德里斯推下了台，而新人卡扎菲的上台和掌权给邦克在利比亚运营的西方世界的石油公司带来了麻烦。卡扎菲是一位尚武的民族主义者，由于他的反复无常，没过几个月，他就开始要求利比亚政府在油田中占据更大的份额，对外国商人来说，他的每一次讲话后面都藏着一个潜在的威胁，虽然这个词他没说出口，但这个词却是每个石油商的噩梦：国有化。

刹那间，邦克突然发现自己被卷入了一场国际关系的漩涡里。而他的世界观深受约翰·伯奇的教条的影响，这使他始终相信这个地球上是有着阴谋团伙的，不论是牵扯犹太人、三边委员会、罗斯柴尔德家族，还是邦克和他老爹一致认同的祸根洛克菲勒家族，它们都不是邦克心里最大的敌人，也不是全部，现在在他假想的敌人列表里，突然又添加了利比亚军事人员带来的威胁，以及因为卡扎菲宣传的泛阿拉伯主义的自豪感而激起的各类恐怖分子带来的威胁。然后，他开始收到巴勒斯坦的激进组织发给他的死亡威胁，不过他很小心谨慎，雇了警卫和私人侦探机构来保障自己的安全，当他出差时，他都在好几个航班订好几个座位来为自己打掩护。由于利比亚形势的急转直下，没过多久，美国中央情报局就来拜访他，谋求在他的办公室里安插间谍。后来，据邦克透露，他虽然后来感到后悔，但还是 3 次都拒绝了中央情报局。

尽管卡扎菲对西方国家的石油公司的罪恶疯狂抨击，但是他采取行动的节奏却很慢。可是大大小小的石油公司还是忧心最糟糕的情况出现，所以它们开始团结起来采取行动。1971 年 1 月，曾经长期为希德·理查森效力、精通金融的、现在为洛克菲勒家族效力的约翰·麦克罗伊起草了一份名为《利比亚生产者协定》的防守协议，大家把它称为“安全保障网”。根据这一协定，所有在利比亚从事勘探、开采石油等业务的公司，7 家大型石油公司全都包括在内，同意结成统一战线，以与卡扎菲提出的任何条件进行谈判。要是出现最坏的情况，签署协定的某家公司被利比亚政府收归国有，那么签约各公司同意从其他渠道提供石油以抵消该公司的损失。虽然邦克对洛克菲勒家族及其纽约律师的参与抱有警惕和疑虑，但他还是勉强签了字，因为他也需要这一保障。

最后，在摆了两年架势和威胁之后，卡扎菲采取了行动，在 1971 年 12 月接手了邦克的合作伙伴英国石油公司在利比亚的业务。卡扎菲宣称，英国石油公司的罪孽在于英国政府曾经在两伊战争的边界冲突中，选择支持伊朗，而伊拉克才是卡扎菲的盟友。卡扎菲命令邦克接管英国石油公司的业务，出售他们的石油由于需要遵守《利比亚生产者协定》，邦克对卡扎菲回以“恕难从命”。对此，卡扎菲采取了报复行动，他将邦克的钻探技术人员驱逐出境，然后派利比亚人来接手他们的工作。到 1972 年 11 月，卡扎菲又施加了新的压力，他要求所有外国的石油公司需要把 51% 的股份转让给利比亚政府。深受利比亚人支配的邦克想达成一笔交易，他派了律师到的黎波里，提议用两年的产量来收购他的股份，卡扎菲听后大怒，说他不会为自己国土上产出的石油支付一分钱的，一个月后，他关停了邦克的石油生产。

邦克原本可以拯救自己的，但是与其他石油公司不同的是，他竟然从来没有想过要对卡扎菲的要求让步。美孚石油公司和其他西方石油公司都曾拿出部分利润在利比亚的城市里捐款建设学校和医院，而邦克坚决拒绝这么做，他想把利润全都留给自己，而他的这一做法使他在的黎波里找不到任何朋友。卡扎菲为了表明自己的态度，他对第二个目标动了手，他宣布把意大利国家石油公司 51% 的股份收归国有，与此同时，他再次向邦克重申了自己的态度和要求。卡扎菲发来的电报明确提出要上交 51% 的股份，否则将全部收归国有。然而，邦克对这一要求却漠然视之。

与妥协和让步恰恰相反的是，邦克聘请了约翰·康纳利去代表他谈判，康纳利当时已经辞去尼克松政府的财政部长的职务。虽然康纳利是以肯尼迪、约翰逊和尼克松总统的知己的身份前去说情的，但是卡扎菲只是给了邦克一个缓冲期。1973 年 5 月 17 日，就在邦克和赫伯特在达拉斯的窃听罪名被起诉两个月后，康纳利辞去了邦克的律师职务，转身成了尼克松的白宫顾问，一周之后邦克的油田再次被关停。

最后，同年6月11日，卡扎菲和埃及总统安瓦尔·萨达特、乌干达总统伊迪·阿明一起举行了一场新闻发布会宣布将邦克的油田收归国有。卡扎菲把这一举措称为“在美国冷漠而傲慢的脸上来了一记耳光”。邦克则是在办公室里接到电话的，放下话筒后，他只说了一句骂人的话。㊀ 6

也就几个小时的时间，原本每年带给邦克3000万美元收入的大油田一下子就消失了，加上未来的产量的话，估计这一次邦克的损失有42亿美元。但是，他也只能怪自己，要是他曾经舍得对卡扎菲的要求让步的话，或许也是可以逃过这一劫难的。而西方的其他石油公司就是退一步海阔天空。在宣誓要团结一致对付卡扎菲之后，其他公司却交出了自己的部分股份，从而能够在利比亚继续从事石油业务。对此，邦克很生气，既生卡扎菲的气，又生所有其他人的气，更生亨利·基辛格的气，请他帮忙干预他都不来，当然他还生别的石油公司的气，因为这些石油公司的妥协退让直接把他给出卖了，说来让人匪夷所思，他特别生洛克菲勒家族的气，他猜测正是该家族在幕后操纵了这一切。卡扎菲将邦克从利比亚驱逐出去，又搞了一连串诉讼案件，经过很多年才彻底解决这些诉讼案，这些诉讼围绕的核心是反垄断，堪称当时最大。邦克·亨特于1974年春季对德士古、美孚、壳牌、海湾石油公司以及另外九家国际石油公司提起诉讼，要求它们赔偿他130亿美元的损失。同时，英国石油公司则控诉邦克，要求他把7600万美元的欠账还清。㊁ 7

㊀《纽约时报》报道邦克·亨特的油田被利比亚政府国有化的标题是这样写的：将邦克·希尔国有化会造成40亿美元的损失。从这个标题可以看出这件事有多轰动。

㊁ 邦克想方设法从利比亚政府那里获得了2000万美元的补偿金，用于弥补他被迫放弃的油田设施。

\第16章

最后的繁荣

1

截至 1973 年，得克萨斯州的石油业依然萧条如故，一下子就萧条了 20 年。在这个新的由阿拉伯人统治的石油世界中，得州已经没人关注了。让人出乎意料的是，石油业的救星竟然是邦克·亨特的大仇人，对，正是利比亚那位独裁者——奥马尔·穆阿迈尔·卡扎菲。事实上，不管是在达拉斯，还是在休斯敦，没有人会预料到竟然是卡扎菲拯救了得州石油业。1973 年 10 月，叙利亚联合埃及攻打以色列，发动了赎罪日战争。当时，美国和荷兰站在了以色列这边，崇尚武力的卡扎菲恳求阿拉伯国家组建的石油输出国组织欧佩克（OPEC）对这两个国家进行抵制，欧佩克真就这么干了。然后，6 周内，阿拉伯国家的石油出口价格就从每桶 17 美分上涨到了每桶 5.4 美元。

然而，对普通老百姓而言，欧佩克这一举动带来的几乎就是噩梦。从飞机票到塑料袋，只要能想象到的一丝依赖石油的产品的价格都开始飞速往上涨。约莫几周时间内，原本像氧气一样唾手可得的石油已经开始供应不足了。到处停着一辆辆的福特、雪佛兰，好几百万的美国人压抑着满腔愤怒排队等待加油。但是，对得克萨斯州而言，石油禁运却象征了好运，是实实在在的福音。一下子，大家谈论的话题都成了如何在美国勘探到更多的石油。跟两次世界大战之后出现的石油供应缺口一样，欧佩克的这一轮石油禁运诱发了全美范围内的大规模石油勘探热潮，特别是在得克萨斯。

1974 年，西得克萨斯的野猫井勘探活动就大幅上涨了 20%，这才用了一年时光，而整个得州的完工井增长了三分之一。所有的大型石油公司都将大量的资金投在了石油勘探上。1976 年的数量是两年前的 3 倍。竞争将土地租赁的价格也推到了天上，在西得克萨斯占地好几千英亩土地的得克萨斯大学宣称土地租赁的报价上涨了 900%。不断高涨的土地租赁价格，突然让近海的石油勘探活动显得更加可行，所以，对着墨西哥湾的浅海地带一眼望过去，到处都是从海里建起来的钻井平台。

在整个 20 世纪 70 年代中期，眼巴眼望地想发现石油的人大量涌进了得克萨斯州。其中有些人是得州石油商的儿子，比方说哈佛大学商学院的乔治 W. 布什，这些人本来毕业后是要走父辈的道路的，布什毕业后就组建了自己的野猫井勘探队，名叫阿卜斯托，然后在自己的家乡米德兰市钻探起石油来。

回到华盛顿，政界的人士都开始忙着给埃克森、美孚等大型石油公司的高管和执行官们写信，恳求他们出来说说为何石油公司坐收暴利，公民这头却要排队受苦，多花钱都很难排队买到汽油。国会议员亨利·“铁铲”·杰克逊（Henry “Scoop” Jackson）发明了一个当时特流行的词，“下流的利润”。不过，这次没有人谴责得州的石油商。所有人都知道，问题出在那些大型石油公司身上，卖油的是它们，正是这群大公司的扶摇直上，使那些得州的石油商成了街边小店一样的存在。虽然在后来的水门事件中，得州的默奇森家族以及别的石油商卷了进去，像索亚公司的休·利特克就被“逮住”，当时他运了一飞机的现金到华盛顿，为尼克松连任添砖加瓦，但是这次却没人责备得州石油。

这很像得州的巨富一族走过了一个完整的轮回，然后再次回到与大众的类似 1948 ~ 1953 年的蜜月期。那会儿，他们是可爱的、被社会视作无害的只是行事怪怪的暴发户。20 世纪 70 年代，得克萨斯州的石油商在大众眼里变得越来越无公害了。而且，他们倒成了娱乐元素，这个特征不仅可以在有关亨特家族的各色肥皂剧里找到，而且娱乐界还拍了一部描写“巨富一族圈子里的戏剧性的世仇”的《达拉斯》（*Dallas*），这也是围绕亨特家族来的，它还成了当时收视率最高的电视连续剧。在巨富一族的圈子外，得州石油界的新人王是 J. R. 尤因（J. R. Ewing）。

对于得州的现实版的石油商而言，由 1973 年的石油禁运带来的好日子达 5 年之久。他们不仅在石油钻探方面颇有收获，而且他们的利润也在迅速增加。到 1978 年时，好景升级成了盛景。在把伊朗的国王推翻之后，阿拉伯世界的石油出口就被打乱了，这让油价一飞冲天，1979 年平均油价先是上涨到 12.64 美元一桶，然后是 21.59 美元一桶，再然后突破了 30 美元这条线。最后，令人意想不到的是，油价竟然在 1980 年飙到了每桶 34 美元。短短 7 年时光，油价暴涨了 2000%。

截至当时，世界上从来没有发生过这样的转变，价格、需求、钻探和利润全都上涨的破纪录。即使在得克萨斯州，也没有发生过这样的大转变。突然，所有人都想挤进来做石油买卖。就连在大型石油公司供职的地质学者们都开始辞职出来单干，独立勘探石油，医生和牙科大夫也加入进来，这几乎是新版的 20 世纪 50 年代。

20 年来头一次，新兴的百万富翁在得克萨斯州的角角落落又一度遍地开花。其中有一个叫克莱顿 · 威廉姆斯（Clayton Williams），他是一位来自米德兰的石油商，他家的钻井架上还悬挂着得克萨斯农工大学的校旗，他还时不时去搞选美比赛。另外还有一个叫西比尔 · 哈林顿（Sybil Harrington）的石油商，他是富豪阿马里洛的儿子，此人后来成了大都会歌剧院贡献最大的资助者。另外，他还为林肯中心举办的十多场大型表演活动提供资助。那个逝去的黄金时代似乎再度回到了得克萨斯。艾伯林有一个叫“凯迪拉克” · 杰克 · 格里姆（“Cadillac”Jack Grimm）的石油商，“凯迪拉克”的外号是他的朋友邦克 · 亨特给起的，他模仿汤姆 · 斯利克竟然砸钱组建了寻找大脚怪和尼斯湖水怪的探险队。其实，说话啰里啰嗦的格里姆还曾在 1976 年的世界扑克锦标赛上拿到过亚军。另外，他还曾因为再三组建探险队搜寻泰坦尼克号的海底残骸而成为全球要闻。1981 年，他用深海潜水器拍摄了一张照片，发誓说这就是泰坦尼克号的螺旋桨。（实际上，并非如此）他的另一次探险活动则跑到了土耳其亚拉拉特山，为的是寻找诺亚方舟的遗迹，最后探险队带着一块长木头就回来了，格里姆告诉大家这就是诺亚方舟的一部分。（然而，故事本就是假的）再后来，他还试图寻找沉没在大西洋海底的亚特兰蒂斯岛，当然也是没有结果。

2

得克萨斯州的石油业复兴了。但四大石油巨富依靠石油赚生活费的日子早已一去不返。到 20 世纪 70 年代初期，亨特家族特别是默奇森家族的产业已经完全多元化了。1965 年，约翰和克林特把他们老爹开在主道 1201 号的总部搬了出来，搬到了新建的 50 层楼高的第一国民银行大厦的第 23 层，需要再往上走 6 层才能到亨特那层。头一次，两个家族开始一起坐电梯，一起开个玩笑什么的。而在这个大厦的顶层，恰好是赫伯特·亨特当年曾担任过会长的达拉斯石油俱乐部的所在地。

达拉斯没几个人知道默奇森家族在做什么，阿勒格尼公司崩解之后，默奇森兄弟几乎从公众视野里消失了。遥想当年，小克林特的牛仔队还风靡全球时，默奇森兄弟公司的接线员在接听电话时会轻声说："7416031。"事实上，除了牛仔队以外，就没什么可聊的了。尽管达拉斯周边人人都说约翰和小克林特有多么出色，他们的资产这些年间却并没有太大变化：人寿保险买卖、建筑业、房地产买卖依然是家族的商业帝国的根基，跟数年前一样。

小克林特 1972 年的离婚，成了默奇森家族动乱不定的年代到来的信号。虽然小克林特为牛仔队建了一栋崭新的总部，但是跟他做的其他投资一样，他不干涉任何日常管理活动，他放权给特克斯·施拉姆、人事主管吉尔·布兰特和教练汤姆·兰德里，让他们仨把自己的魔力充分发挥出来，而且他们确实干得不赖。小克林特的微笑成了奖杯的经典伴侣，更成了满身热汗的鲍勃·利利、罗杰·斯托巴克的标配，一时间，这成了达拉斯体育版的景象。就在牛仔队从一个冠军冲击到另一个冠军的同时，广大读者所不知道的内情是，牛仔队的这位老板的私生活完全失控了。对于小克林特而言，一落座就来 6 瓶冰镇沃特加完全不是事儿，到了 20 世纪 70 年代，在加州最前卫的那群伙伴的鼓励和怂恿下，小克林特又开始尝试着服用娱乐性药物。他最开始只是时不时来点大麻，后来竟然对可卡因上瘾了。他的一位情人如此说道："他之所以需要毒品，原因正是床事，没有可卡因，他连性爱都做不来了。"[1]

小克林特知道自己出了问题，而且他跟不止一个朋友说他必须少喝一些了。而且他也开始在约女人鬼混方面收敛起来，因为小克林特发现，没有了老婆被他骗着玩，出轨和情事不再那么令人刺激了。索性他就把自己的精力集中在了几个情妇那里，正好是在这段时期，他在洛杉矶买了一辆捷豹、一套比弗利山庄的别墅。然后，到了 1974 年，他的救星出现了，她的名字是安妮·布兰特，那会儿她刚跟牛仔队的人事主管吉尔·布兰特离婚。安妮聪颖而专注，身材娇小，皮肤浅黑，留着小短发。她曾有过艰辛的过去，小时候生活在俄克拉何马州，父亲是一个四处周游的销售员，母亲是一位酒鬼子，她老妈 16 岁后离家出走，21 岁时就已经有了两个孩子和两任前夫。安妮是一个律师秘书，先是嫁给了布兰特，然后又跟布兰特离婚，在她和小克林特约会时，她也只有 34 岁。

大家还没来得及议论，他俩突然就结婚了，1975 年 6 月，他们在默奇森的别墅举行了一场小型婚礼，此时安妮离婚一年都不到。等达拉斯的大大小小的圈子最终发现刚离婚不久的安妮竟然嫁给了小克林特，这位新默奇森夫人惹来一片唏嘘之声。达拉斯的那群贵妇还是偏向简，不过，简也已经嫁给了当时来帮她装修的一位家居设计师，在纽约定居了下来，她们责备安妮跟她们的品位超级不搭。但安妮完全跟简不是一路人。在一些事情上，安妮吃醋得很，任何会把小克林特从她身边带走的事情，她都很恼火，很鄙弃。小克林特原先的那些密友被屏蔽在了小克林特生活圈的外围。更加严重的是，安妮有暴力倾向，要是克林特趁周末想方设法偷着溜出去鬼混了，后果会让人毛骨悚然的。安妮不仅会反抗，而且会动粗，甚至会大吵大闹着就把小克林特咬了，而且一闹就闹好几天。

安妮知道她的行为深深源自她的不安全感。不论赶赴哪一场派对，还是参加牛仔队的哪一场活动，她都会把好多的时间花在担心该穿什么上。她陷入了忧虑之中，当她的一个女伴建议她来参加达拉斯基督徒女士俱乐部时，安妮真的就加入了这家俱乐部。新婚还不到一年，安妮就化身为一名再生的基督徒，投入到了一连九个月的治疗活动之中，她立志将自己的一生和婚姻献给上帝。所以，她把一瓶瓶沃特加和一袋袋可卡因全从大豪宅里扔了出来，被她从林径豪宅里“扫地出门”的还有她老公的那些狐朋狗友。尽管小克林特遭遇了她对他热情爆满的宗教救赎，成了安妮翻着白眼的暴力调教对象，但是安妮还是执着地纵身投入到跑遍达拉斯，把她能够找到的经常去教堂做礼拜的基督徒找来，让他们对小克林特敞开心扉，把小克林特整个儿邀请到耶稣·基督里来。“我甚至把细枝末节的小事也交给耶稣，”她跟《人物》杂志的记者说道，“比如，当我找停车位的时候，我也会向耶稣祈祷。”

私生活的湍流和混乱，使小克林特无力把精力聚焦在默奇森兄弟公司上。20世纪70年代一点点过去，除了最复杂、经常也是风险最高的房地产交易之外，他对其他产业越来越提不起兴致。在默奇森家族进行了半个世纪的成功投资之后，小克林特从未真正觉得他们家族的产业会出什么问题。不过，他的兄弟约翰·默奇森，依旧用心掌舵着默奇森兄弟公司这艘航母，是真正的脊梁。而小克林特呢，跟人一起握握手，一起吃顿饭，甚至在撒泡尿时，就把大把大把的钱投了出去，把大笔资金投在了他很少花时间研究的项目上。更糟糕的是，一边是安妮请来一大群人，苦口婆心地向他灌输艰苦的修行生活，一边是商业生活里全是嘴巴溜得不行的马屁精，他们向他许星星许月亮的，但小克林特就喜欢他们跟他说这些东西。8% ~ 10%的靠谱的回报率令他厌恶，到了20世纪70年代，他开始对那些不能许诺3倍以上的回报率的投资开始连理都不理了。

他把1000万美元投到了俄克拉何马州的一家工厂，他们宣称要把牲畜的粪便转换成天然气，小克林特将它称为，通过厌氧过程回收热量的工艺（Calorific Reclaimation Anaerobic Process，CRAP）。但是，这个工艺从未起作用。他还将5000万美元投在了一家名叫最佳系统的电脑公司，在这家公司为牛仔队开始研发一个用于排名和分析大学橄榄球队员的软件之后，这家公司又将业务拓展到了医疗保健软件的开发之中。小克林特以为他能把它打造成一家整合在一起的软件管理公司，好跟罗斯·佩洛特的跨城巨头公司EDS一决雌雄，但他这次真的想多了。当特克斯·施莱姆在基韦斯特买了一个小码头，小克林特就答应投21 000美元进去，把它打造成一处五星级的疗养胜地——600所独立出售的公寓环抱着一处豪华的高尔夫球场。因为他跟他老爹一样常年现金短缺，所以，要是小克林特错过了一次利息收入，施工拖延，借钱的那些人最后就被他取消抵押赎回权了。

就算在房地产上取得了进展，也被粗制滥造的手艺糟蹋了，但长久以来，有关工程方面的细节，小克林特的下属总是对他骗来骗去的。有件事特别能说明这一点，当时小克林特在华盛顿特区的乔治敦有一个名叫希兰德尔的项目，这是他的新朋友洛·法里斯·贝尔利的创意，原本计划要建 200 处房产，最后只建成了 30 处，第一批住户逢人就抱怨说，他们家盖的房子不仅房顶漏水，而且门总是卡壳。但是，法里斯和其他人还是拿着各种凭证从默奇森兄弟公司骗取越来越大的开支，当会计质问他们这些钱都是用来做什么的，小克林特潦潦草草地写个“埋单”了事。“小克林特，”默奇森家族的一位长期律师亨利·吉尔克里斯特根据自己的观察说，“只要小克林特拿对方当朋友，他就撇开家人和家族顾问的监督，把钱抛给他所谓的朋友，而且没法阻止他这么干。”

约翰·默奇森可跟小克林特不是一路人。小克林特没有的优点，约翰全都有，约翰不仅做事成熟、稳重，善于处世为人，品貌俱佳。他和卢普现在已经成了达拉斯倍受人尊重的上流人士，经常举办市里最优雅的派对。约翰的远见跟克林特的那些点子很不像，他追求的与世上的其他英雄略同，他尤其对艺术、博物馆和民生项目感兴趣。20 世纪 60 年代，约翰和卢普就跑到纽约，买下了米洛斯和罗森博格思的大房子，过上了让达拉斯的上流社会羡慕嫉妒恨的生活，这着实让达拉斯的上流社会黯然失色。当达拉斯也开始成熟起来，约翰的品位就已经不是被看做追求新奇了，而是更加被看成是顶尖、前沿的，他化身成了达拉斯艺术博物馆的驱动力，1972 ~ 1978 年，他先后担任了这家博物馆的主席和总裁。“所有人都服他的气，”达拉斯的一位市民领袖回想道，“要是他在公园委员会说点什么，突然间大家会说，’对啊，说得太对了，为什么我没有想到呢？这也太简单了吧。’” [2]

到 20 世纪 70 年代早期，约翰的直觉告诉自己，要想搞好投资的话，就需要避开自己的弟弟。所以，约翰破天荒地独立了出来。当时，达拉斯的北部地带和郊区地带开始进入飞速发展期。1972 年，约翰和一位开发商将老克林特以前用于放牛的牧场拿来建房子，他俩投入了 2.5 亿美元，用于打造一处集居住、办公和零售于一体的项目，这个项目被他们叫做曲木，虽然这是约翰头一次和小克林特以外的人士合作如此大的项目，但项目搞得无比成功，这使他的名气一下子蹿了上去。尽管如此，约翰和小克林特都没有真的将生活重心放在默奇森兄弟公司的日常工作上。他们放任公司自动运行，虽然兄弟俩这样干的方式有所不同，随着时光的飞逝，约翰越来越多地喜欢和卢普出去旅游。夫妻俩跑到拉霍亚避暑，跑到佐治亚州的新农场拥抱秋天，冬天时就去韦尔晒太阳。这中间，他们小两口还会跑到澳大利亚去，在他们于悉尼港口购置的新家里娱乐，也有可能飞到巴黎逛街，飞到冰岛钓鱼，飞到肯尼亚去给大象拍照，通常他们一去这些地方，就会逍遥很久。这使得他俩的 4 个孩子只能留给保姆照料。

不论是他们小两口在得克萨斯、韦尔，还是大老远跑到了澳大利亚的悉尼去，他们的小日子过得很爽，他俩举办的派对和聚会不仅能够把得克萨斯州本地的精英吸引过来，而且连美国国家一级的人物，如福特总统，都跟他俩一起滑过雪。另外，得克萨斯州议员劳埃德·本斯顿以及本州政界的其他人士都是他们在自家豪宅举办的各种活动的常客。他们举办的派对和聚会，恰如他们以前在 20 世纪 70 年代中期组织的打鸽子的狩猎游戏一样，将美国东海岸生活的别致与得克萨斯州本土生活的乡村风结合在了一起。当时，参加他们举办的格拉道克斯打鸽子游戏的，可都是开着一架又一架的私人飞机过来的，男的酷酷地带着大猎枪，女的身着乡村范儿的华服。打猎之前，大家都会聚在几个硕大的帐篷下面，然后享受丰盛的烧烤午宴，烤鱼啊，青豆啊，谷物面包啊，还有桃汁饮料等，然后，汉子们会跑到灌木丛中，对准那些专门放出来供玩家射着玩的鸽子们开枪，傍晚时，他们会再回到帐篷之下，搞一个狩猎庆功宴，庆功宴会一直开到凌晨。

如果小克林特没有将自己的债务放到默奇森兄弟公司的资产负债表里去，约翰甚至都不会注意到小克林特那一系列糟糕的投资项目。约翰的这个老弟之所以能混到那个地步，学、靠的都是他们老爹那一套拿着别人的钱发大财的本事，所以小克林特也是经常借钱套利。实际上而言，与小克林特以前追求女人的那种劲头很像，他深信自己能够拿到比银行还要高的回报率，所以小克林特像当初追女人一样热衷借贷一笔又一笔的新款项。他的一位私人律师回想到："借钱之于小克林特，就好比一场很刺激、很挑战的游戏。尽管很多商人都是先看准了机会，算好了所需资金，然后才去做融资，但小克林特跟他们是反着的，他是先把默奇森兄弟公司的资产抵押了，然后直接拿着融到手里的 2000 万美元去找投资项目和机会。很多人会觉得这很荒唐，可是多年来，小克林特一直是这么玩的。"

尽管贷款的游戏规则在 20 世纪 70 年代起了新变化，但是小克林特的老毛病还是照旧运行。回到老克林特发家致富积累财富的那一会儿，利率低到 2% 或 3%，但是到了 20 世纪 70 年代，高涨的油价已经带来了严重的通货膨胀，利率也跟着蹿升到了 18% ~ 20% 的地步，1977 年时利率这么高，可把默奇森兄弟公司玩坏了。他们不单单要支付更多的贷款利息，并且还要承担更高的抵押，甚至当时的利率已经高到很多美国人买不起一座新房子的水平，这种低迷的经济趋势给默奇森兄弟公司带来了沉重打击。首先，小克林特在华盛顿、基韦斯特的几个大项目都被被迫停工，加上他的现金流运转很慢，他欠银行的钱就开始还不上了。更糟糕的是，因为约翰和小克林特都得到过老克林特的“花钱就如同对植物施肥一样”的哲学教诲，所以他们兄弟俩谁的手头也没有多少闲余资金。这种状况发展到 1977 年，他俩的助手几乎每个月都得费好大的劲才能筹到偿还银行贷款的钱。

约翰的私人律师开始反复提醒他，鉴于小克林特所有交易动用的都是兄弟俩共有的资金，所以一旦出现了某些非常糟糕的情况的话，他老弟很可能会把默奇森兄弟公司拖垮掉。由于约翰经常不待在办公室里，所以长久以来，他老弟拿钱投资时，都是问都不问他一句直接投出去。虽然约翰过去跟小克林特说不要再这么干，他也答应不再这么干，但小克林特实际上阳奉阴违，总是说自己下一笔钱就能把前面所有的不良交易的坑填上，但这种层次的谎言就像儿戏，最终是要被拆穿的。对此，默奇森兄弟公司的一名经理人回想时评论道：“小克林特会跟约翰这样说，‘约翰，再给我一些时间，我们马上就会出现转机的。只要下一笔交易做成功了，以前那些破投资没什么的。’”

1977 年，小克林特说的话越来越靠不住了。默奇森兄弟公司的很多投资结局都惨兮兮的。加上当时的华尔街赶上了一次可怕的大熊市，他们兄弟俩手里的几家大公司跟着倒了大霉。1969 年，兄弟俩还把泰康的一家名叫森泰克斯的建筑公司上市了，本来公司的股票一度大幅上涨，但华尔街的萧条气氛直接把森泰克斯公司的市值从 1.46 亿美元降到了 2200 万美元。这场景恰如争夺阿勒格尼公司时一样，情势把约翰压得疲惫不堪。约翰不仅重新染上了烟瘾，而且即便在自家的豪宅中，他也经常凝视着窗外、深深陷入沉思，然后卢普就那么看着他。约翰心里很明白，不论他怎么说怎么做，都改变不了他的老弟，而且，就算有什么法子，也是为时已晚，损失已经摆在那里。约翰的首席顾问很费解，就问约翰为何不跟小克林特解除合伙人关系呢？约翰对此给他的回答是："那可是我老弟啊。"

尽管约翰口头上一次又一次地说他要解散默奇森兄弟公司，小克林特也一次又一次地央求他不要这么做，但是他们的投资模式就是很相左，他们几乎在所有事情上都没法异口同声。所以最后他们还是解除了合伙人关系，导火索是约翰不再对小克林特名下的最优系统计算机公司提供资金投入。但是，小克林特就是不放弃这个项目，没过多久，约翰借机要求从中独立出去。这件事打开了一个非常复杂的解体时期，之所以来得复杂，是因为有好几百个投资项目需要确定到底该归约翰所有，还是该归小克林特所有。对此，律师们评估之后说，要完全确定可能得需要 3 年的时间。不过，他们兄弟俩最后还是约定在 1981 年 10 月前把双方的合伙关系予以解除。

后来，兄弟俩和好了，并许诺一切照旧执行。但是，约翰很是感觉愧疚。其实，默奇森兄弟公司是老克林特在 1942 年创立的，而且他们兄弟俩一直也是地位平等地合伙经营着这家公司。由于分家，约翰觉得自己把他老爹最伟大的创造与遗产葬送了，并且还担心如果由着小克林特来，迟早会会出事。可是，回过头来，约翰又渴望自己能够决策自由，而财务报表只要扫一眼，他就觉得这些工作没什么乐子可言。所以，他那二分之一的资金池还是被划了出来。在他接手的那些公司里，拿最优系统计算机公司、托尼・罗马、泰康这类公司而言，其中有很多都因为错综复杂的银行留置权而被死死地控制在银行手里，就算他可以疯狂去玩，但由于那些公司都正命悬一线，他玩不起这种没有乐趣的危险游戏。

本来，默奇森兄弟公司的解体可以缓解一下默奇森的家族危机的。相反，它却诱发了一个新问题。因为兄弟俩的孩子们等着继承遗产已经等得不耐烦了，所以这个问题就从默奇森家族的第三代人身上蹦了出来。从 1949 年起，老克林特为 8 个孙子、孙女中的 8 个人创立了 3 项基金，他们的资金是交由托管公司代为管控的。由于约翰和小克林特是基金的执行人，他俩就拿基金的钱买了股票，把其中 80% 的资金都投入到了他们共有的森泰克斯建筑公司，本来股市崩盘前股票还价值 1.5 亿美元，崩盘后就只剩下几千万美元了。本来到孩子们

25 岁时，信托基金就应该发钱给他们的。但是，小克林特的大儿子克林特三世到 1971 年 25 岁时，什么也没从基金会拿到，约翰的大儿子小约翰·达布尼当然也是一样。可是，当时 7 个孙子、孙女里已经有 6 个都 25 岁以上了，问题就是，他们谁也没从爷爷为他们创立的信托基金中拿到过一毛钱。

最后，大家发现问题出在，默奇森兄弟公司已经将信托基金当成他们兄弟俩的存钱罐了。只要兄弟俩一缺钱，他们就把信托基金里森泰克斯公司的股票直接拿来抵押，尽管他们兄弟俩这种做法是不道理的，甚至有可能触犯法律。当公司的律师搞明白怎么回事之后，他们兄弟俩开始尝试着要他们 7 个孩子签一份文件来确保默奇森兄弟公司不违法，其实，克林特三世 25 岁时，律师们就评估过处境。但直到有了这份文件，约翰和小克林特才得到了 7 个孩子的同意。问题已经解决，至少兄弟俩是这么认为的，所以他们俩在 20 世纪的整个 70 年代依旧把信托基金里的股票用作抵押品。

话说回来，要是约翰和卢普夫妇能够多给孩子们一些关心的话，可能信托基金的问题就真的化解了。问题是他们俩对孩子太不关心了。20 年来，他们夫妻俩花在环游世界逍遥的时间，要比花在抚养 4 个孩子身上的时间多得多。孩子们对此非常怨恨。“约翰对抚养孩子的看法很呆板，他觉得抚养孩子必须完全是家庭教师的责任，并且他还讨厌孩子们打搅到自己的生活，”他们的一位朋友回忆说。但他的大儿子小约翰是一个神经紧张的人，跟他的兄弟姐妹一样，约翰甚至不相信自己的老爹是爱他的，所以他对约翰都有些憎恶。“我爹妈很少和我们待在家里，他们俩都不想单独和我们待在一起，他们身边围着的都是一些名人好友，这些人才能让他们感兴趣。”小约翰回忆说。

小约翰在科罗拉多大学毕业后，1975 年就来默奇森兄弟公司公司工作了，那会儿他内心积聚的愤怒进一步升级了。要是他觉得工作能够拉近他与他老爹的关系的话，他就错了。“一般情况下，约翰会把他的大儿子叫到一个房间，然后说‘过来看一下这些文件，了解一下我们的生意’，这就是小约翰（从他老爹那里）得到的全部经商指导。”默奇森兄弟公司的一位行政人员回忆说。就算当他老爹住在自家豪宅的时候，小约翰也只能靠 1.8 万美元的薪资过活，当他老爹周游世界时就更不用说了。所以，他与他的堂兄弟克林特三世一起讨论过这件事，1977 年，他们小哥俩同时向自己的老爹提这件事情，含蓄地说他们在滥用家族的信托资金，当然还要求拿到遗产。小约翰把这件事说完之后，约翰话也没说，就起身走出了房间。因为他厌恶家里起冲突，他搞不懂为何小约翰不能像克林特三世一样顺服。其实，当小克林特听到克林特三世提这件事情，他觉得自己的儿子太混蛋了，直接就骂了克林特三世。当然，彼时小约翰和克林特三世也都无力违抗自己的父亲。

到了 1979 年 6 月 14 日晚上，无论是命悬一线的生意、疯狂增加中的债务，还是默奇森兄弟公司的解体、孩子们对信托基金使用权的恳求，一样都没解决。但是，约翰的哮喘病却发作了，一周前他还跟卢普刚刚去巴黎观赏了巴黎航空展，一回到达拉斯就旧病复发了。病发当场，他正在得克萨斯州州长威廉·克莱门茨的家里给一群支持者做演讲，但因为他一直咳个不停，还抽搐，所以就从台上走了下来，直到他缺氧了，克莱门茨赶紧把他送到了一辆巡警车上，并叮嘱警官赶快把他送到急诊室。当约翰在车上病情加重后，他就爬到车后座想躺下来，警车这时闯了红灯，刚好就被一辆过来的汽车撞到了一侧。这使约翰的心脏病犯了，丧失了意识。尽管救护车很快把他送到了附近的一家医院，但过了一小时，约翰就告别世界了。

约翰死的时候才 57 岁。虽然约翰在事发当时的前几个月，已经开始研究皈依天主教，但是真正受洗的却是他的尸体，当他的尸体在那张床上受洗之后，他便被以天主教的仪式安葬在了他老爹的坟墓旁。尽管当时的讣告都尊称他是达拉斯牛仔队老板的哥哥，但是没有哪一条提及一个少有人知的事实：约翰和小克林特一样，对牛仔队拥有完全相同的所有权。之所以没有新闻提这一点，因为当时没有人懂得唯有约翰才是将家族的商业帝国联合在一起的中坚力量。要是没有约翰，默奇森家族早就走到尽头了。

3

如果提及如何不走多元化道路，默奇森家族可谓是其中的首席代表，但是如果一个得州商人想要找一个把多元化搞出名堂的光辉典范，其实不出得州也能找到。这里要提到的就是在得州西部的沃斯堡若隐若现的现象，希德·理查森的外甥佩里·巴斯及其儿子正在将他们的蜻蜓般的财富打造成大猛犸。对巴斯家族而言，20 世纪 60 年代的状况很糟糕，佩里和他的爱妻南希·李生活得很低调，他们住在郊区的韦斯托福山，根据他舅舅希德·理查森的遗嘱，佩里领到了“自 1939 年起，他们发现的所有油田的 25%”，这其中包括地处新奥尔良南方的考克斯湾和波因塔哈拉什的大型油田。在 1968 年生成的一份内部财务报告显示，佩里的净资产为 2500 万美元，这还不到默奇森兄弟公司净资产的 5%。佩里的 4 个儿子也拿到了油田的股份，估值大约有 2500 万美元，这使得巴斯家族的资产达到了 5000 万美元，仅仅半个“单位”，因为有钱的得州人把 1 亿美元当作一个单位。他们当然很富有，但是如果按照得克萨斯州的标准的话，他们可算不上巨富。

到 20 世纪 60 年代，佩里对油田没了兴致，然后他就去找了一些自己感兴趣的东西。之前他是在希德·理查森的阴影下长大的，这让他养成了沉静、严谨、不善言辞的作风，但是自从理查森去世后，他便开始放松下来，逐渐变得外向。当他的那几个儿子从安多佛和耶鲁毕业回家之后，他们发现自己的老爸像是换了个人一样，现在他不仅变得讨人喜欢，而且跟人聊起天来很是自在，并且他甚至开始给当地的慈善机构做演讲了。“以前我不懂伶牙俐齿有多重要，”佩里在圣乔治岛的一次晚宴上这样谈到，彼时的圣乔治岛已经成了巴斯家族的私人静养之地。佩里和南希·李特别享受去佩里多年前在海边建的家里躲避飓风，这所房子连 1961 年的卡拉飓风都挡住了。佩里有一次曾骄傲地说，希德舅舅这所房子遭受的唯一一次破坏是，疾风把一只海鸥吹进了关紧的窗户里。

虽然佩里在 20 世纪 60 年代并没有发现储量显著的石油，但是据家族的人讲，正是佩里为家族后来用一笔交易敲定的那件大事奠定了基础。基斯顿油田、西得克萨斯那些杂七杂八的油井，外加路易斯安那州的大油田——希德·理查森的所有油田现在都归属希德·理查森基金会控制，除了偶尔发一下奖学金，这家基金会很少做其他的。但是，一直以来，佩里对希德舅舅留给他的遗产份额很是不满，所以他非常想拿回自己对油田的控制权。20 世纪 60 年代中期，大通曼哈顿银行提出佩里需要的钱，银行可以贷给他，只要不超过 5000 万美元就成，不过这笔贷款要以油田来抵押。佩里坐镇希德·理查森基金会董事会，实际上他就是基金会的老大，尽管如此，佩里家族和基金会的任何交易，更不用说如此大额的交易，都会有被视为公然的左手换右手的自我交易。佩里把这项提议抛到了董事会成员的面前，发现他们还是蛮听他的话的，然后他就跑去寻求得克萨斯州司法部长的准许。司法部长这边一发话，已经得到大通曼哈顿银行贷款支持的佩里就把希德·理查森的所有油田收购到了手中，连一分钟的时间都没花就完成了交易。几年后，也就到 1970 年，美国国会就通过了一项法律，把此种行为判定为内部交易。

不论如何，还清大通曼哈顿银行的贷款，可是把巴斯家族在 20 世纪 60 年代最后几年的现金流全给榨干了。到 1969 年 4 月，当佩里的长子小希德从斯坦福大学商学院毕业返回沃斯堡之后，佩里家族终于还清了贷款，这一年小希德 27 岁。正是在那时，佩里把小希德叫到自己的办公室——沃斯堡国民银行大厦 12 层的角落里，佩里告诉他说，他们家所有的一切现在交由他来管理了。石油公司被更名为巴斯兄弟企业，价值 1.2 亿美元。因为大通曼哈顿银行的贷款已经结清，公司的税前现金流已经达到了 100 万美元。“你想怎么干就怎么干，”佩里跟小希德说，“我要去环游世界了。”而且他真就这么干了，他跑到他的朋友泰德·特纳（Ted Turner）那边当起了领航员，特纳当时可是奔着赢美洲杯去的。后来，佩里·巴斯就再也不要家族财务里的重大发言权了。

单从照片上看的话，希德·巴斯可一点也不像艰苦奋斗的石油商——就是他的舅老爷希德·理查森可能选来管理家族财富的那种人。小希德身材修长，一头金发，头脑聪明，希德·巴斯喜欢用油料做油画，在他爸妈家里的莫奈的画作旁边，挂着好些幅他自己的油画。（“那一幅画吗？”佩里喜欢戏弄地来一句，“噢，那是一幅希德·巴斯。”）希德第二热衷的是股市，当他还是一个小男孩的时候，他就开始玩股票了，而且他确定他在斯坦福大学学习的现代证券投资，正是他可以拿来做大家族财富的钥匙。所以，从他老爸那里接手之后，他干的第一件事就是对巴斯家族经营的石油产业进行了一个自下而上、底朝天的评估，然后，这更加使他对自己的判断深信无疑了。当时，已经没有了作为一名石油商的天时地利，中东的低价原油正在要这些产业的命。虽然巴斯兄弟公司在西得克萨斯州和路易斯安那州的雇员规模已经有 500 名，但他们也只是做到收支相抵。

要是想搞投资的话，希德深知他需要很有才华的人在他周围为他出谋划策，为此他构思了一个由 5 名顾问组成的小组，大家围坐在会议室的桌子旁交换点子。在他第一批招募的人手中，有一位是他在斯坦福大学的精力充沛的同班同学，此人也是沃斯堡人，名叫理查德·雷恩沃特（Richard Rainwater），当时正处于 25 岁的好年纪。雷恩沃特在沃斯堡市的黎巴嫩社区长大，来自中产阶级，他老爹有印度血统，所以给他起了雷恩沃特的名字。当巴斯雇用他时，雷恩沃特当时正在达拉斯为高盛兜售股票。这是希德·巴斯做过的一个最明智的决定。他很快发现，雷恩沃特根本就是一个股市之神，就像一台充溢着想法的投资发电机。“我本来要雇用 5 名顾问的，”希德跟朋友玩笑说，“但是当理查德加入了，很明显我都不需要再雇另外 4 个人手了。”

他们成了不太搭的团队，在相邻的办公室办公，两人的秘书是同一人。希德，穿着整洁，头脑博学，喜欢穿萨维尔大街的定制西装；雷恩沃特，个头比较高，黑皮肤，说话直白，直戳要点，喜欢穿能够禁得起风吹雨打的工作装，喜欢戴着收藏的绣有趣味标语的棒球帽。希德对他们俩肩负的责任以及经验的欠缺很不安，他们不知道如何搞定买卖，不知道如何谈判。他们又选了另一个斯坦福大学的同班同学，约翰·斯库利（John Scully），让他来负责股票交易。约翰·斯库利在头几年就为他们赚了 2000 万美元，他们最大的一笔投资，是投了几百万美元在教堂炸鸡连锁店。

“我想投靠谱的公司，配有靠谱的管理者的公司，并且坚持投长线的。”巴斯跟雷恩沃特说。

“你听起来就像是沃伦·巴菲特。”雷恩沃特回应说。

“谁是沃伦·巴菲特?”巴斯问。雷恩沃特一直在收集这位鲜为人知的奥马哈投资者的文章，然后拿来跟巴斯一起分享，巴斯看过之后几乎全背了下来。很快，他们俩开始阅读本杰明·格雷厄姆（Benjamin Graham）和华尔街的其他大人物的作品。用投资哲学的话来说，希德·巴斯只在一个重要的方面与华尔街的智慧持不同看法。传统的智慧是，一份现代证券投资组合，应该用一堆股票、债券或者房地产来实现完全多元化，越是能把任一领域出现的亏损弥补情况就越好。然而，希德想要投资较少的项目，每个多投钱，以此来赚大钱。“你在生活中也就只有那么多好点子，”他若有所思地凝视着雷恩沃特说，“那为何不把你的钱投到你最有信念的地方去呢?”

希德的另一个想法是风险投资，他推理，最大的投资回报只能从“把家族的钱投入到创业公司”中来。在他们合作的第一年，巴斯和雷恩沃特就在当地寻找有前途的本地公司去投资。他们最后精选出来 3 家，包括一家经营冷冻食品业务的意大利餐馆、一家制作电话设备的达拉斯工厂。可是，没过几个月，3 家公司全都举步维艰了。在此期间，雷恩沃特承担了巴斯和华尔街之间的联络人的角色，他定期去高盛参加那些由在全美巡游、谋求筹资的公司举办的路演活动。1970 年，他参加了风投资本家戴维·邓恩（David Dunn）举办的一次演示活动，当时邓恩正在试图筹资创立一家新的电脑公司。雷恩沃特对此印象深刻，他邀请邓恩到沃斯堡一起吃午餐。

邓恩将自己如何识别创业公司并管理其投资清晰地展示给巴斯看，巴斯不仅听了进去，而且听得特别入迷。锁定那些曾经成功的人，不要问他们之前没有做过的事情，避开新产品，紧跟试水过市场的产品和真货。就这么 3 条原则，却成了巴斯的秘诀。后来，邓恩告诉巴斯，他希望巴斯能投资他的新电脑创业项目。“我们不会投你的，”希德·巴斯笑着回答说，“因为你以前没有成功地做过这件事情。”

几个月之后，当邓恩的主要投资人撤出之后，他的新创业项目破碎了。在那个节骨眼上，巴斯就把他聘请来运营家族的新风险投资部了。邓恩的第一项任务是前去评估巴斯和雷恩沃特已经投资了的 3 家公司。他回来之后，到了巴斯的办公室就一直摇头。当希德问他们的投资有价值吗，邓恩粗犷而沙哑地说道：“我从来没见过把这么多钱投入到如此没有天分的人手中。”这话让巴斯和雷恩沃特很震动。他们给了邓恩 800 万美元去创立一家被他们称为艾丹达合伙人的风险投资基金，并把总部开在圣迭戈。这一招绝了。在接下来的十年之中，邓恩投资了数十家计算机创业公司，其中包括存储科技公司和最佳计算机公司。到 1980 年，最初投入的 800 万美元在他手里就变成了 2 亿美元。

接下来的 4 年，巴斯跟雷恩沃特静悄悄地玩股市，他们拿到的回报还算不出来，但却不能称奇。他们兀自工作起来，只有他们俩。巴斯告诉雷恩沃特，他们所聘用的任何员工都将只负责提供创意，然后他们俩再自己检视这些创意。每天晚上他们俩会在办公室碰头沟通他们学到了什么。日积月累，他们就变得自信起来。到了 1973 年 10 月，中东石油禁运的消息传了过来，11 月 2 日，巴斯出差在华尔街的返程路上，很是惊恐万状，他确信石油短缺很快就会将股市推向自由坠落的深渊。他告诉雷恩沃特，他要把他们的股票 5 天之内全都卖掉。雷恩沃特差点气的中风，但是他们还是把股票全卖了，除了当时已经很大的教堂炸鸡公司之外，他们从其他所有公司全撤资了。

巴斯决断撤资的那一天，道琼斯工业指数在 921，一年不到就跌到了 574。他和雷恩沃特觉得自己是天才啊，他们的自信心一飞冲天。与此同时，石油的价格开始上升，很快就将巴斯手里的油田的现金流变成了原来的 5 倍多。20 世纪 70 年代中期，巴斯兄弟公司每月都会贡献 1000 万到 1500 万美元的现金供巴斯和雷恩沃特投资玩。这就是投资成功的完美配方：低价的股票，成吨成吨的闲余现金，接近傲慢的自信。整个 20 世纪 70 年代中期，巴斯和雷恩沃特都在以清仓甩卖的价格收购股票，很快他们就积累到了足够的钱，把他们各家的公司也收购了：1976 年，他们收购了美国阿尔法阿尔法公司，接着又收购了拥有 22 家连锁酒店的小型的匹克连锁酒店公司。到 1978 年时，他们最大的单笔投资是斯佩里·哈钦森公司，一家位于威斯康星州的经济补助票制作商。

出了沃斯堡，这两位年轻有为的得州人还鲜有人知。渐渐地，希德在沃斯堡的名气越来越高。他和他的爱妻安妮加入了沃斯堡艺术博物馆的董事会，安妮是巴斯在耶鲁大学读书时约会的一个印第安纳波利斯的苗条妹子，安妮是一股慈善旋风，她把自己的时间花在了少年联盟、范·克莱布恩基金会、沃斯堡交响乐团、沃斯堡乡村日校，这所日校是佩里·巴斯帮助创建的，这样他的孙子孙女就不用跑到东部上寄读学校了，就像他的子女跑到东部上学一样。1972 年，在韦斯特沃新社区，在原来的 8 英亩林地上，希德和安妮落成了他们的梦想之家。这处家园是由纽约著名的建筑师保罗·鲁道夫（Paul Rudolph）设计的，有一位作家写道，它就是“得克萨斯州最漂亮的房子，外观静谧而洁白，它以一系列的长方体逐个叠加的样子耸立出尖顶，边缘精彩的突出来，就像悬臂式的小桥”。安妮又花了几百万美元设计周围的景观，配置上很正式的花园。虽然很忙活，她还是生了好几个女儿。

1973 年，希德的心思开始转向慈善。虽然巴斯家族每年都给沃斯堡的 3 家博物馆和其他组织好几百万美元，但是正如希德跟他老爹所说，沃斯堡市真正需要的是找回它往昔的牛仔小镇的风光。在他看来，商业区不仅很可悲，一条条的大街上全是前面配有挡板的门面，然后就是像麻子一样散布的色情影院。

希德买下了两条街，然后就启动了一项重建工程，时机赶得正好，当时沃斯堡最大的一家不经营石油业务的公司——无线电器材公司的 CEO 查尔斯·坦迪（Charles Tandy）宣布了一项远比这壮阔的转型计划。他俩很快就联手了，当他们于 1980 年完成这一工程时，希德也买下了市中心的一块长条地带，并将它完全现代化了。他在里面创建了一栋沃辛顿酒店，请保罗·鲁道夫设计了两栋玻璃特色的摩天大厦，一栋有 38 层，另一栋有 34 层，这两栋玻璃大厦是沃斯堡市中心的新地标，玻璃材质的墙体反射着太阳光，在数英里以外就能看到，然后巴斯兄弟公司的总部搬进了这两栋大厦。不过，跟风的公司却很少，有好几年时间，这两栋大厦有一半都是空着没人用的。

到 20 世纪 70 年代末的时候，希德和安妮已经升到了沃斯堡市第一夫妇的位置。安妮开上了劳斯莱斯银云，希德则买了一架私人飞机。安妮开始跑到纽约去给自己的形象贴金，然后某家时尚杂志就把她推了上去；她还成了巴黎歌剧院美国支援团的一员，当纽约的一家芭蕾舞表演团来沃斯堡市举办了演出之后，安妮和希德还趁机搞了一次前所未有的谢幕派对。巴斯家的靓丽豪宅，加上收藏的那些艺术品，把当时世界上最伟大的芭蕾舞演员米凯亚·巴瑞辛尼科夫（Mikhail Baryshnikov）、皮特·马丁斯（Peter Martins）还有席瑟·瓦茨（Heather Watts）的眼球都惊爆了，他们都不敢相信眼前的这些是真的。几年后，马丁斯回想时说道："一切都太难以置信了，虽然我们知道他们是超有钱的年轻人，但是到达他的别墅时，还是不敢相信自己的眼睛，进去之后竟然有交响乐团在现场演奏，那场面……"他实在是找不出可以形容的词来了。

但是，巴斯夫妇在沃斯堡市地位的上升也没能躲开树大招风的情形，而且他们夫妻俩都没有意识到这个问题。1973 年的某个深夜，当他们夫妻俩来车库停车时，希德猛然发现车库屋顶上站着两个黑衣人，他俩下车之后，那两个黑衣人跑到他们身后，掏枪就把车后的玻璃打碎了，歹徒要求他俩趴在地上，虽然这让希德很害怕，但真正让巴斯担心的是他的两个小女儿和保姆，她们都在楼上，不过，正好是她们突然触发了报警装置，才使得希德和安妮获救。两个歹徒就这样跑了，并且从未落网。打这件事之后，希德安装了防盗门，一天 24 小时全都有人手看着。后来，当记者问起巴斯为何故意避开大众时，他的朋友们就会拿那天晚上的经历解释。

20 世纪 70 年代的后几年，巴斯和雷恩沃特的投资利润率一直在稳步上升。1978 年，为了拓展业务，他俩又雇用了一位华尔街天才，此人名叫蒂姆·泰勒（Tim Tyler），他为巴斯创立了一家交易大厅，用来运营复杂的股票套利业务。在蒂姆·泰勒的运营下，他们第一年就收获了 800 万美元的盈利。虽然如此，巴斯兄弟公司也遇到了难题，事实上就是兄弟关系。1968 年，希德的弟弟艾德在耶鲁大学毕业后，先是到美国海岸警卫队服军役，然后又去了新墨西哥州，艾德在那里设计并建造房屋，制作陶器，还加入了一个名叫协同农场的反传统团体，传说这是一个极端组织。另外，在希德的这些兄弟姐妹之中，跟希德走得最近的是他最小的弟弟，李。李是 1956 年出生的，生来一幅修长的身材，他对希德大哥最为彬彬有礼，他在 80 年代中期加入了巴斯兄弟公司。虽然希德比他大了 15 岁，不过他俩脾气很相投。希德就像对待自己的亲生儿子一般关爱他。

但是，最使希德操心的是家里的老三，罗伯特·鲍勃·巴斯。鲍勃比他小 3 岁，虽然生得一表人才，但长大之后有点少白头，依然有些孩子气，喜欢戴无框的眼镜。他只跟一个妹子约过会，然后他们俩就结婚了，这个妹子叫安妮，是沃斯堡市一位会计师的女儿。当地人都叫她小安妮，把希德的老婆叫安妮。鲍勃和小安妮是在他老爸老妈为他过 13 岁生日、办派对时相遇的，从此这对小冤家就再也没有分开过。他们俩的关系超级甜蜜，当鲍勃还是耶鲁大学的学生的时候，他就恳求父母让他和安妮结婚了。虽然巴斯家族的其他人表面上都像是对家族的财富不以为然，但是希德觉得鲍勃很喜欢钱，而且特别喜欢什么东西都是自己的。1974 年，当鲍勃来巴斯兄弟公司报到之后，希德原本是要给他一些事情做的，但是鲍勃只是像个老板一样坐在自己的办公室，偶尔处理一下跟房地产买卖相关的事情。

巴斯的其他弟弟觉得，鲍勃对希德全权接手老爸当老大很有成见，并且鲍勃几乎就从没有邀请过希德到自己的家里作客。不过，鲍勃对自己的老爸老妈也不是很亲，就算他老妈跑来给他送圣诞礼物，鲍勃也不怎么把老妈请到家里待会儿。在 70 年代的头几年，他们兄弟俩在公司时处理关系还算慎重，虽然也时不时闹矛盾，但总体上还可以和平相处。其实，从希德的角度看，这对于他的大好生活而言，算不了什么。可是，到了 1979 年，一切都发生了变化，巴斯家族和和气气的旧时代一去不返了，马上到来的 80 年代，对于他们而言就是一个新时代。当年，希德已经 38 岁，而不论是他的婚姻、资本、合伙人，还是他的声名、家族，这所有的都将面临一场改变。

4

当年，H. L. 亨特的去世将他的 3 个家庭 13 个子女常年来积累的压抑释放了出来，宛如苏联和南斯拉夫解体之后的景象。但一切来得并不痛快，这主要是因为亨特的遗嘱。在为亨特举办完葬礼的第二天，达拉斯的一家遗嘱检验法庭确认了亨特的遗嘱：任何胆敢违反亨特所立遗嘱的家族成员，都将一无所获。亨特把大部分遗产给了他的爱妻露丝，包括那套弗农山庄的别墅以及亨特在亨特石油公司持有的 80% 的股票，这些股票在当时的市值有 1.25 亿美元。这不禁让亨特的第一家庭很是沮丧。然而，这并不是最让人目瞪口呆的，真正让人震惊的是，亨特指定的唯一遗嘱执行人并不是邦克、赫伯特、拉玛尔，而是露丝 31 岁的儿子，雷·亨特（Ray Hunt），他可谓亨特家族的这场闹剧的新面孔。

雷是 1943 年出生的，正是他的出生标志着亨特和露丝秘密生活的起点。出生时，他的名字原本叫雷 – 莱特（Ray–Wright）。到他 14 岁时，莱达·亨特去世，亨特把第二家庭搬到了弗农山庄的别墅去住，随后他就被改名为雷·亨特了。雷生得金发、蓝眼睛，帅气，且受人欢迎，在他考上南卫理公会大学之前，他还担任过达拉斯圣马克预科学校毕业班的学生会主席。从南卫理公会大学一毕业，他就把婚姻问题解决了，然后在 20 世纪 60 年代加入了他老爹的亨特石油公司，当起了公司的副总裁。但他颇受挫折，他与亨特虽然走得不近，但是相处得还算融洽，但是邦克和赫伯特就不一样了，他们既拒绝他参与他们所做的买卖，也从不邀请他到自己的家里去。

因为他被排挤在公司的事务之外，除了领点薪水以外，什么也干不了。所以，1969 年，雷开始自己单干，他在达拉斯北边的列易斯维尔买下了一处度假用的牧场。他也是很有野心，这点和亨特家族的其他人一样。想得大，做得也大，他先是进军了商业不动产买卖，又在 1974 年提出了商务区发展史上最大规模的发展规划，把整个达拉斯都震惊了。在他的提议中，他要打造一系列各色风格的建筑群，既要有办公大楼，又要有剧院，还要有一个名叫重聚中心的娱乐活动中心，而且在它的上面他还打算打造一个巨大的舞厅。亨特去世之后，雷成了“第三”亨特家族的老大。他的大姐姐朱恩（June）早已开始了她漫长的基督教演唱家和励志演说家的生涯。他的二姐，海伦，是一个家庭主妇。他最小的妹妹，丝旺尼（Swanee），结婚后，就跟她的爱人一起经营着专为备受情绪困扰的失常者服务的疗养院。他们不论谁，都跟第一家庭没多少往来。

尽管过去相互之间没有往来，但是现在雷成了 H. L. 亨特遗嘱的第一执行人，他发现自己突然间卷入了第一家庭的日常生活之中。现在，他代表他老妈控制的亨特石油公司，是家族每一个人的财务的保护伞式的组织，它监管着每一个孩子的信托基金、投资的资金流动及其相应的文件记录工作，它就是家族办公室。雷搬进了他老爹设在角落的套间，开始试着搞清楚亨特石油公司到底是干什么的、怎么运行的。在亨特葬礼之后，最为忙乱的几周内，雷有一大把需要与邦克、赫伯特一起商讨的事情。让他懊恼的是，虽然他同父异母的两个哥哥都在第 29 层有办公室，但是他们俩谁都不接他打来的电话，很明显这是在闹脾气。既然这么些年来，亨特的第一家庭对雷这个人都不管不问的，他们怎么会承认他是亨特家族的新老大呢？

与此同时，邦克和赫伯特可是分秒必争地将他们的权益跟雷的权益划分得一清二楚。邦克及其兄妹一边占有亨特石油公司 18% 的股份，另一边却掌控着远比这大得多的普莱希德石油公司，而且他们的信托基金掌控着彭路德、钻探设备子公司。那年秋天，当他们的老爹在医院的病床上苟延残喘时，邦克和赫伯特就对美国第一大食用糖精炼公司大西联合公司进行了一次罕见的恶意收购，在双方经过简短的司法交锋之后，他们在次年 1 月就成功地控制住了大西联合公司。这可是亨特家族第一次收购一家上市公司，华尔街的很多人都很好奇为什么，从这可能导致的监管和舆论后果看，不应该这么干啊。接着，1975 年 1 月，就在他们老爹去世 6 周后，邦克和赫伯特终于迈出了将他们的业务从亨特石油公司分离出来的第一步，他们创立了一家新公司，亨特能源公司，前期勘探工作的预算就高达百万美元之多。他们甚至都懒得跟雷说一声，但雷还是发现了这件事情，然后雷就更想去找他们俩谈谈了。

雷的一条消息，在 2 月初的时候，跑到了邦克的办公桌上，这次邦克看了。“雷想见我们，”他跟赫伯特说，带着那种嘲讽的口吻。“好吧，那我想我们还是去见见他吧。”[6]

他们来到角落里雷的办公室，邦克和赫伯特通知他们这个同父异母的弟弟说，他们正在将第一家庭监管的所有事务从亨特石油公司搬到亨特能源公司，这家新公司将占用第 25 层普莱希德石油公司原来的办公空间，邦克和赫伯特把他们的办公室也搬了下去。无论怎么看，这场会面都很有礼貌。邦克和赫伯特对雷接手他们老爹的亨特石油公司总裁的职位没说什么，他们也答应保留他们在董事会的席位。其他方面则是照旧。他们甚至还答应给对方回电话。

不过，真正使两个家庭走到一起的，至少在公众看来如此，是为邦克和赫伯特的窃听案做的准备。这桩案件在 1975 年 9 月开庭，地点是多风的西得克萨斯拉伯克市，这里是得克萨斯理工大学的故乡。好消息是亨特的两个助手包括约翰·卡灵顿已经被判了邮件欺诈罪，证明了他们的贪污罪行，所以尽管窃听这件事在技术上违法，但是有情可原。7 月时又传来了一条坏消息，邦克和赫伯特及其 4 名律师被通告，涉嫌让他们派去的窃听者封口，所以他们又多了一项妨碍司法的指控。

然而，真正的问题在于他们哥俩没有真正可辩护的理由。他们可以说自己不知道窃听违法，而这在刑事审判中等于没说。他们仅剩的唯一的抗辩理由就是，菲尔·希斯可考普（Phil Hirschkop）很不情愿地对怀疑他们的记者所讲的那句话：邦克和赫伯特是被 CIA 陷害的。希斯可考普辩称，这全然是报复之举，报复在利比亚时邦克对中央情报局求助的拒绝。尽管在一开始，希斯可考普觉得这桩案件更多的是形式上的，没什么实质上的纠纷。但是 H. L. 安保人员保罗·罗瑟梅尔已经给记者们灌输了一个理论：第一家庭和第二家庭在内战，窃听这件事完全就是用来蒙骗雷这一边，好让他们继承不到任何东西的。

希斯可考普需要让陪审团相信窃听是为了揭露贪污，为贪污案提供证据，而且他确保了雷和他的老妈露丝，以及他的 3 个妹妹出席审判，以显示家族的团结。与此同时，希斯可考普非常需要邦克和亨特从他们长年以来的保护伞中走出来，有个能让西得克萨斯的陪审团接纳的形象，使大家能够相信他们俩是穿着牛仔靴、开着破旧的雪佛兰、星期天会跑去为牛仔队喝彩助威的汉子。兄弟俩很配合，轻松地就获得了记者们的支持，还写了辩护所需要的那种“他俩可真是朴素啊”调调的文章。赫伯特微笑着讲起了小时候喂鸡的经历，邦克则拿着自己的体重自黑。《达拉斯晨报》新闻记者所写的那篇文章，在审判的前夕发布了出来，记者称自己被他们的“乡村风和轻松幽默……所打动，他们朴质的风度让人很难相信他们俩竟然就是全世界最富有的人。”[7]

1975 年 9 月 17 日，陪审团开始选人陪审，法庭里坐满了亨特家族的人，人数跟备选的陪审员几乎一般多。亨特家族的兄弟们、同父异母的兄弟们、堂表兄妹们、家眷们、孩子们，所有能对着记者的摄像机笑一下的人都来到了拉伯克市。H. L. 亨特的遗孀，露丝，被一个记者描述成“一个和蔼的奶奶”，露丝对媒体说她很确定她的继子们都是无辜的。希斯可考普申请并得到准许，让她坐在法庭里。在法庭论辩的休息期间，雷和邦克、赫伯特、拉玛尔谈笑风声，他们也确保自己在跟法庭人员交谈时保持微笑，而且他们都是一直穿着牛仔靴的。《纽约时报》的记者可不是得克萨斯人，所以就说他们穿的是摩托靴。与此同时，亨特家族的家眷们一个个对着记者的闪光灯笑个不停。《达拉斯晨报》上刊登出来的照片上大标题写着“亨特窃听案成了一场家族情事”。一位观察者说道：“他们确实不像富人啊。”

在证人面前，邦克和赫伯特一点也没有否定窃听的事实。他们雇用的窃听人员之一，W. J. 埃弗雷特（W. J. Everett）坚持辩称他告诉过邦克和赫伯特窃听是违法的，但是他们不承认有过这事。赫伯特是当时的明星，他一边解释着自己这么做是为了保护他亲爱的老爹，一边就落下了热泪。证人们都说他们兄弟俩品格有多好多好，尤其是达拉斯的两位牧师、E. J. 霍勒布（E. J. Holub）说服了陪审团，霍勒布不仅是得克萨斯理工大学的校友，而且身高马大的他曾经可是为拉玛尔的堪萨斯酋长队打过球的。在录了一星期的口供后，陪审团花了 3 个小时就给出了如下裁决：无论怎么看，他们都是无罪的。当邦克搀扶着赫伯特走出法庭时，他告诉记者他为普通的得克萨斯人请不起像亨特家族聘请的好律师而感到遗憾。㊀

对于整个亨特家族而言，这都是一个闪亮的时刻。它不仅是自他们家族 40

㊀ 亨特家族此案的胜诉使他们在接受“妨碍联邦司法公正罪”的审判中赢取了主动权。8 个月之后，检察方答应了一桩非常慷慨的和解方案。他们撤销了对赫伯特的指控，邦克交了 1000 美元，也没做更多申辩。

年前击败大神乔伊纳之后最为显著的胜诉，而且还说明亨特家族的这两个达拉斯分支是可以和平共处的。但是暖光难存却易逝。H. L. 亨特可是还有另外一个家庭的，亨特的这些孩子只是隐约记得这个为亨特成立别个家庭的女人，6 个星期之后，1975 年秋天，她终于现身了，并把亨特家族告上了法庭。

5

这件事说来话长。H. L. 亨特这位差不多被人忘干净的第二个“老婆”法拉妮雅·泰伊自从第二次世界大战之后就搬到了亚特兰大去住，并且嫁给了亨特的一名手下，约翰 W. 李，所以她现在名叫法拉妮雅·泰伊·李。自从 1942 年跟亨特分了之后，他们夫妻俩就用当时从亨特那里得到的钱在卡姆里斯的郊区买了一块名曰花田的房产。当时的法拉妮雅还是个漂亮的 40 岁小妇人，为了融入亚特兰大的社会，她在花田举办了好多风光的派对。后来，他们又增添了 747 英亩农庄。然而，法拉妮雅搞社交的念想被传个没完的流言飞语断掉了，大家都知道她曾经是亨特的情人，很明显流言是从那个长岛来的女人开始的，她在二战前就知道法拉妮雅这个人了。1957 年，法拉妮雅和李离婚之后，她搬到了安斯利公园社区的一栋都铎式的新家，然后再也没结婚。朋友们都讲，她总是念叨着要是某天她和亨特“复婚”了。

法拉妮雅把她给亨特生的 4 个孩子全养大成人了。1975 年，当他们突然在亨特家族的舞台上登台亮相时，这几个孩子没有一个是闪亮的。她的长子霍华德已经 48 岁，是一名自由机械工程师。霍华德的妹妹当时也 46 岁了，嫁给了一名医生，生了 7 个孩子。然而，跟她那位同父异母的哥哥哈希·亨特（Hassie Hunt）一样，她也为精神疾病所累，她得的应该是一种精神分裂症，她也接受过电击治疗。她的第二个女儿海伦是亨特的掌上明珠，跑到纽约想去当一名女演员，前途未就之后她又回到了亚特兰大，嫁给了一个房地产开发商，为他生了一个儿子，不过她在当地的剧场里很活跃，她创立了亚特兰大剧院女士联合会。1962 年，在欧洲游历了一个月后，她和她的丈夫在一场坠机事件中丧生，与机上的 126 人一起死在巴黎郊区。

由于他们说不清道不明的婚姻身份，法拉妮雅所有的孩子在某种程度上都承受着家族身份认同的痛苦，尤其是他们最小的孩子，休。休生下来的时候叫理查德·休（Richard Hugh），这些年来他先是把自己的名字改为宿 R. 李（Hue R. Lee），然后他又改成了宿·理查德·李（Hue Richard Lee），最后改成了休·李·亨特（Hugh Lee Hunt）。他肩膀很宽大，头脑聪明，虽然他是一个没有安全感的小伙子，但还是考上了哈佛大学商学院，不过后来又辍学回到了亚特兰大，然后他用自己手里微不足道的钱把自己打拼成一位房地产开发商。虽然 4 个孩子都有亨特的信托基金，但都是一些小钱，一年也就发个 6000 美元。霍华德和休多年来跟他们的亲爹之间的交往也是零星的，通常也是为了借钱。海伦从高中毕业后，H. L. 亨特送了她一件貂皮大衣，但亨特能给的也就这么多了。当第一家庭提到法拉妮雅的这些人员时，他们称他们为“李家那几口子”。

无论怎么看，正是休·亨特说服了他老妈通过某种法律诉讼的途径去争取利益。他们一家人谈论了这件事情好多年。法拉妮雅对这件事的热情也是潮起潮落。她自己可是已经 70 岁了。好多年以前，亨特就告诉她他们的结婚记录已经被销毁了。她和约翰·李还专门跑到坦帕去检查，并且得以确认。尽管如此，休还是向母亲施压，可能他们找的地方不对，莱达的那些孩子现在可都是亿万富翁了。为什么法拉妮雅的孩子们不能这么有钱？休再次把他老妈带到了坦帕的法庭，但是他们还是找不到任何关于他们俩婚姻的记录。休说，没关系，他们作为夫妻生活的事实就在那里。

法拉妮雅聘请了一位律师，1975 年 11 月 11 日，在她与“富兰克林·亨特上校”在坦帕市拉丁区的小平房里相互交换了婚姻誓约 50 年之后，她带着她的孩子们在路易斯安那州向亨特房产提出了两项指控。在第一项指控中，法拉妮雅向什里夫波特法院申请被宣布为亨特的“假定的”合法妻子，她要求得到与亨特在一起期间亨特所得所有财产及其所产生的收益的一半，这正好是亨特拿下东得克萨斯油田的那时候，它产生的资本量最后滚雪球成了数十亿美元。在法拉妮雅于巴吞鲁日提出的另一项指控中，休要求法院将他和他的兄妹认定为 H. L. 亨特的合法继承人。

对于亨特家族而言，唯一的好消息是这件事没有人注意到。除了《早间新闻》在有线服务中报道了一下，媒体就没有注意到这件事。

6

到了1976年，除了邦克在利比亚遭遇的逆境，H. L. 亨特在达拉斯的两个家庭的孩子们，以及他们所控制的所有企业都史无前例地繁荣起来。最该感谢的是当时上涨的油价，亨特家族可能成了世界最为富有的人。靠着他们的奇思妙想，他们或一起投资或单独行动投资了近200个合伙人和公司，从煤矿、食用糖到沙基披萨连锁店都有投资，他们持有的房地产估值在10亿美元。普莱希德石油公司在邦克、赫伯特的指导下由专业化的经理人运营，普莱希德非官方的主席玛格丽特·亨特·希尔是亨特实体产业最大的独立法人，普莱希德旗下的石油储量高达40亿美元，每年创收3.5亿美元。亨特家族的钻探设备外包公司彭路德则由赫伯特运营，它为海内外的客户提供钻探设备，是一家全球化的公司，它的资产高达5亿美元。据传闻，亨特家族雇用了8000多人。他们的净资产徘徊在60亿到80亿美元，轻松把排在后面的美国富有家族——梅隆家族和洛克菲勒家族甩在后面。

亨特家族唯一一个跑到石油产业外头赚钱的是拉玛尔。拉玛尔联合创立了美国橄榄球联盟之后，摇身一变成为美国最成功的体育界的企业家。拉玛尔依然掌管着堪萨斯市酋长队，他们为他拿下了1970年的超级碗杯，不过拉玛尔从1967年就转向了新的体育事业，他与人联合创立了第一家专业网球联盟，网球世锦赛（World Championship Tennis，WCT）。世锦赛先是变革了体育运动，然后又变革了业余的体育组织。在拉玛尔的监管下，世锦赛开启了第一次赚大钱的联赛，它发明了“7分决胜”规则，并在很短的时间内把网球打造成了今天由大量观众加油助威的观赏性运动项目。不过，拉玛尔也不是一出手就大获成功。他还在达拉斯启动了一家专业橄榄球特许经营联盟，名叫龙卷风，但是这家联盟没成功。他还试着从旧金山市购买恶魔岛，心想自己能把这个岛转型为一个购物和观光景点，但旧金山海湾区一抗议，这个项目就胎死腹中了。

尽管第一家庭极为不愿去承认这一点，但是20世纪70年代家族里干得最成功的是雷。他不仅将他老爹的亨特石油公司重整得焕然一新，而且这家老公司也与他的重聚工程一样革新了商业区的面貌。跟希德·巴斯一样，雷也雇用了一批外部人士来帮助亨特石油公司实现现代化的流水线工作模式，变革公司的结构，将他老爹的那些房地产项目和农牧业务整合在一起，然后他解散了臭名远扬的 HLH 食品公司。把家族产业收拾好之后，雷就开始集中精力寻找新油田。1976 年，通过在一家财团占股 15%，他在北海收获了第一块油田，这家财团第二年就开始动工钻探了。这口发掘井来得凶猛，揭开了一个石油储量估计会高达 5 亿桶的新油田。亨特石油公司所占股份最开始被估值为 2 亿美元，油价一上升，亨特石油公司所占份额的估值就上升到了 10 亿美元。达拉斯不止一个石油商评论到，雷继承了他老爹的好运气。

雷的成功使自己很振奋，然后他雇用了几十个新油田勘探者和地质学家，开始在全球各地租赁地皮，主要集中在北海和墨西哥湾。3 年时间不到，他就使亨特石油公司的员工变成了原来的 4 倍多，更使公司的离岸租赁地从 10 万英亩增长到了 100 万英亩，将旗下油田的估值从 1 亿美元推到了 10 亿美元还多。这么多年来头一次，亨特石油公司再一次成为国际石油产业界的大玩家。

雷不但是一个石油商，更是一个真正的房地产开发商。雷在沃斯堡市的各个郊区累计购置了好几百英亩的土地，准备施展拳脚。与邦克、赫伯特和家族的其他人不同，很快就接近完工的重聚工程，不仅将雷打造成了达拉斯的明星，而且使大家把他当作一位诚恳的市民领袖，商会、美术馆、南卫理公会大学校友会等，都请他加入他们的董事会。让达拉斯欢心的是，雷身上散发着亨特家族其他人从未没有的人格光辉，他不仅待人友善，而且平易近人，心怀市民，而且还相当现代范儿。继承他老爹在《救生索》上未竟的媒体遗志，雷创立了一份专为达拉斯而生的新杂志，《 D 》杂志，这份光鲜亮丽的杂志立即就受到了富人的欢迎。达拉斯上层爱上了他，达拉斯最好的乡村俱乐部张开怀抱邀请他的加入，就连那些很排外的俱乐部，诸如狂野年代、舞蹈家、托钵僧这些不让雷的同父异母的兄弟姐妹加入的俱乐部，现在都盛情期待雷的到来。《时代》杂志在 1977 年的一份人物特写中更是将他鼓吹为“美好版的亨特”，很快《商业周刊》(*Business Week*) 和其他出版物都跑来给他唱赞歌。雷的一位同事告诉《时代》杂志：“(晚上) 最后一个出电梯的是他，最后一个出大厅的也是他。”

雷越来越广受达拉斯社会的热拥，因此想拿到第一家庭的尊重就更难了。雷的老妈露丝认真而用心地将两个家庭联合在一起，她先是为赫伯特的几个女儿在弗农山庄举办了她们人生的第一次派对，然后又邀请第一家庭到 H. L. 亨特的怀俄明牧场去野营和打猎，然而，第一家庭对她的这些示好理都不理。雷的一个妹妹是这么评价两个家庭之间的关系的："我们（两个家庭之间）也就只剩下在婚礼和法庭上见了。"雷的崛起使得两大家庭之间的关系更是雪上加霜。他的人气惹得邦克憎恶。因为第一家庭依然占有亨特石油公司 18% 的股份，尽管公司在雷的手里经营得很成功，但是他们还是瞄到机会就说雷的管理这不行那不行。他们说，雷不仅太年轻了，而且经验也不够，他根本就不懂石油生意好不好？北海油田？那简直就是新手遇上的狗屎运。

1977 年年初，这些愈加恶化的憎恶最后终于撕破脸公开化了，邦克和第一家庭要求雷把他们在亨特石油公司的股份收购了，跟雷彻底分家。这件事的催化剂是重聚工程。第一家庭指责雷从亨特石油公司拿着甜心贷款去解决施工过程中遭遇的短期资金短缺问题。雷对他们的指责予以否认，说"贷款"是他将自己的一位房地产合伙人整合到亨特石油公司的架构之下的内部正常事务。不管这件事详细来讲是怎么回事，邦克和雷的律师无法就股权买断价格达成一个双方都满意的共识。18% 的股份在当时的账面价值可是高达 1 亿多美元，像这样的资金，雷当时说就是掏不出来。

然而，真正的难题是美国国税局（IRS）。自从他老爹去世之后，雷的税务律师就在为亨特资产继承所面临的巨大遗产税进行协商。遗产税究竟有多大主要取决于 H. L. 亨特的油田在其死亡时估价几何。雷的律师当时正一再强烈要求按最低的估值来计算遗产税。此刻要是在亨特石油公司内部出售股份的话，那将会使估值涨一大圈。通过奋力争取一个最高的收购价，第一家庭可以间接地搅局雷跟美国国税局的遗产税谈判。邦克和赫伯特尤其想趁机给雷多放点血，正反都是露丝从自己和遗产里掏钱上缴遗产税。为了做到这一点，邦克再次请来了约翰·康纳利，康纳利告诉雷的律师讲，雷准备来硬的，直接拿着亨特石油公司更高的估值去找国税局。

1977 年，亨特家族的这两个家庭就一直为这件事争吵个没完，双方的关系变得更差了。最后，双方在当年 12 月份终于达成一个和解方案。雷同意将一批资产，包括北达科达州的输油管线和一些用材林地，整合成一家新的子公司，然后第一家庭可以拿股份来控制这家新的子公司。这个和解方案成就了两大家庭之间最终的财权分离。而雷最关心的一点是，现在邦克、赫伯特、拉玛尔终于一劳永逸地跟他再没有半毛钱的关系了。同月，重聚工程象征性地完工了，就跟搞庆祝一样。圣诞节前夕，雷轻轻打开开关，55 层高的重聚塔生平第一次用其闪烁的灯光拱卫起了大厦的曲面圆顶。

对于雷·亨特来说，这是标志性的一刻。在多年的工作之后，达拉斯有了崭新的天际线，而且还多了一位亨特家族的新老大，他看起来可是真正关注城市和民生的。然而，雷的工作任重道远、远未结束。不过，应对法拉妮雅·泰伊的时候却到了。

7

作为其父遗嘱的执行人，应对法拉妮雅·泰伊·李及其律师的任务落在了雷的肩头。当时没人真的想要这两个指控会上法庭解决，毕竟整件事都很让亨特的名声与遗产蒙羞与难堪。问题成了该给“李家那些人”多少钱，才能把他们打发走。法拉妮雅的律师想要他们拿出 1 亿美元了事，雷和他的律师对此直接拒绝。

开庭定于 1978 年 1 月 9 日，在什里夫波特的联邦法院进行。雷料想到了最糟糕的情况：媒体前来围观，一把年纪的法拉妮雅对着媒体和法官哭诉，讲述她是如何被狼心狗肺的 H. L. 亨特灌酒、请吃饭和哄骗的，又是如何被他藏起来包养，最后惨遭抛弃的，亨特在达拉斯的孩子们成了亿万富翁，为什么她和亨特生的李家这些孩子却要租房住。为了应对她可能赢得的同情，雷非常需要第一家庭的成员到场出席什里夫波特的庭审，就像当时他们为邦克和赫伯特的窃听案所做的一样，好使外人看起来他们还是团结一心的。邦克告诉他别指望他们会来。尽管如此，当邦克的那些兄妹想明白如果他们不到场的话，他们丢的将不只是他们老爹留下的遗产，而且还可能自己也赔好几百万美元进去，所以他们答应了雷，去现场露个面。

出现在证人席的法拉妮雅，完全就是亨特家族所担心的那种样子：这是一位满头银丝、走路摇摇晃晃的老奶奶，她用打颤的声音跟 6 位陪审员讲述了，1925 年她是如何被富兰克林·亨特上校疯狂追求和献殷勤的，然后他们又是如何在坦帕“结婚”的，他们在什里夫波特那几年是怎么一起生活的，她在 1934

年又是如何发现亨特的另一个老婆的，接着她又是如何接受了亨特的分手，并在 1942 年逃出得克萨斯州的……法拉妮雅坚持说，她之所以答应和她的“丈夫”分开，是因为亨特承诺他将照顾他们的儿女，并且把他们包含在遗嘱里面。

“他对我承诺，他将在自己的遗嘱里给我妻子的名分，承认娶过我，他们是他的儿女，并且他还承诺将留给我与第一家庭同样多的遗产。”法拉妮雅说。

在亨特家族律师进行的交叉审问的整个过程中，法拉妮雅一口咬定她说的是真的，领着这些律师对她进行交叉审问的是当时为邦克和赫伯特在拉伯克市辩护的菲尔·希斯可考普，他问为何当时签署了没有提及他们的婚姻的分手协议，法拉妮雅回答说：“我是为了不让亨特先生犯重婚罪才签的，好吗？我是为他的人生做了贡献的。”

“你是说当时你发了誓之后所说的并非事实？”

“对。”

“你那么做难道不担心吗？”

“那会儿我这么做是为了我心爱的男人，恋爱中的女人不是什么哲学家，也不像你们这么懂法律。”

“他们知道真相，对吗？”

“是啊，”法拉妮雅作证说，“但是他们做了很多牺牲的，当时我不只是为他考虑，我还需要为我所有的孩子考虑。”

她的一番诉苦为她赢得了无数同情，然后法拉妮雅的律师们紧接着又对亨特家族的辩护来了几次尖锐的回击。他们请法庭传唤了亨特曾经的助理约翰·卡灵顿出席作证，他证实说 H. L. 亨特确实在私下里承认娶了法拉妮雅为妻。接着，他们拿出来了他们的秘密武器，法拉妮雅和她的儿子休在坦帕的法院里找到的婚姻登记，上面明白地写着他们是在 1925 年结婚的。但笔记的褪色让人觉得这是一场阴谋。在发现了它并由双方律师确认之后，有人将它从法院的登记手册上割了下来。亨特家族找来了笔迹专家，此人辩称这条登记与相邻的登记的笔迹不同，它有可能是伪造的。亨特家族试图确认墨迹的年代，但是他们没法确认，因为褪色褪得厉害。

两天的庭审之后，邦克准备和解，在休息期间，他和他的兄弟姐妹在法庭外跟雷这边的一家子人愉快交谈，就像他们在拉伯克市时一样。但是，这次没有什么公开场合下的拍背示好，以及什么牛仔靴可以抵消法拉妮雅在陪审团心里激起的同情的力量。菲尔·希斯可考普把法拉妮雅的一位律师拉到一边，建议说亨特家族有可能想和解。罗杰·弗里奇（Roger Fritchie）说法拉妮雅有可能愿意将她索求的金额从 1 亿美元降低到 2500 万美元。

法拉妮雅的律师团队 1 月 13 日在法庭陈词结束的当天中午，希斯可考普提出了和解方案。他说，亨特家族愿意给法拉妮雅 350 万美元，但他们不会承认她是亨特的妻子。希斯可考普要求法拉妮雅的律师在当天的 5:30 给他答复，之后他将撕毁这项提议。5:30 来了又去，法拉妮雅的律师却什么信都没回。

那个周末，法庭休庭了，第一家庭四散而去。拉玛尔带着他的老婆诺玛（Norma）去了迈阿密观看克林特·默奇森的牛仔队对阵丹佛野马队，当时第 11 届超级碗正在进行中。只有雷留了下来研究当周的证词记录。他读得越多，他感觉越糟糕，法拉妮雅的诉讼看起来无懈可击。到了星期天晚上，当大家再次聚首会议时，雷说他愿意把和解的金额提高到 1000 万美元，并且承认法拉妮雅是亨特的妻子。然而，第一家庭受不了这些。他们授权希斯可考普提出更高的和解金额，但是拒绝承认法拉妮雅的名分。

星期一，双方携其律师一起聚集到汤姆·斯塔格（Tom Stagg）的内庭，协商一个和解方案。之所以法拉妮雅愿意就更好的条件与他们和解，主要是因为斯塔格法官发布了几条对亨特家族有利的裁定。在其中，斯塔格法官裁定陪审团认为，推定之中的亨特承诺，并未包含将法拉妮雅和她的儿女写进遗嘱的意思，原因是她无法找出独立的证人为她作证；作为结果，她在经济上的索赔的计算，应该限制在 1925 年到 1934 年他们作为夫妇一起生活的这段时间。

花了几个小时，一切就结束了。法拉妮雅答应接受 750 万美元，这个金额是 H. L. 亨特这一大家子在 1942 年时财产的一半，这笔钱将从亨特留给达拉斯的两个家庭的信托基金中支付。反过来，法拉妮雅需要终止两项指控。虽然事情已经明朗，她确实曾经是亨特的妻子，但是她不能被承认为亨特的妻子。后来，法拉妮雅在走廊里拉住了邦克。“我只是想要你们知道我对此没有什么不好的感受，”她说道，“我一直喜欢你们这些孩子的。”[8] 邦克勉强回了一个微笑。

过了一个月，雷回到了什里夫波特，把一张 750 万美元的支票带过来。然而，当他到了斯塔格法官的内庭之后，他遭遇了一个粗鲁的意外：法拉妮雅不干了。实际上，僵局是她的儿子休造成的。法拉妮雅以及她与亨特的其他儿女全都签署了和解方案，但是出于大家都不理解的原因，休拒绝签署。又过了十个月，他才再次来到什里夫波特现身来说个为什么。大家聚集到了法官的内庭，雷把双方的律师都叫来了。休似乎无法解释他的反对，但是在法官斯塔格的提问面前，亨特家族的律师含沙射影地说，他这是想保留他挑战他同父异母的所有兄弟姐妹的继承权的权利。亨特家族反驳说，法官应该强制休签上他的名字。

然后事情就在那儿搁置着，对于这场家族闹剧而言，这个最终的结局却没有盖棺定论。突然，几乎没有任何预兆地，亨特家族发现他们自身卷入了一场接近经济上的核爆炸的危机之中。无论是它为世界市场注入的恐慌而言，还是就它所波及的范围和目标，及其背后所需要的史无前例的胆识而言，亦或就它所激发的不折不扣的得克萨斯味道的怪异而言，这场危机跟世界以往见过的危机都不一样。

危机就出在邦克和他的白银投资上。

第17章

白银期货枭雄

1

20 世纪 70 年代，不管怎么说，邦克·亨特都算得上是世界首富。实际上他在 60 年代末就当过一阵子首富了。当时的石油价格达到了历史最高点，通货膨胀导致银行利息水涨船高。整个得克萨斯州每天都有新的百万富翁诞生。在沃斯堡，毕业于耶鲁和斯坦福的希德·巴斯和理查德·雷恩沃特通过实践证明，即使最小的石油业务也能通过现代多样化的投资策略赚钱。但是邦克和他弟弟赫伯特并没有经营石油业务，而是把资本投入到了其他领域。

多年来他们一直在推行业务多样化，投资领域涉及食糖和地产。邦克很有远见，善于制定战略方向；赫伯特则擅长处理细节，负责把哥哥的想法付诸实践。实际上，邦克的想法说好听点是与众不同，说难听点简直是愚蠢偏执。总之，邦克没有理会华尔街大师们的投资建议。这位在得州大学只读了一个学期的老兄，不知怎么疯狂迷信起犹太人和洛克菲勒企图颠覆世界的阴谋论，并由此总结出了独特的投资方向——白银。

至于后来白银投资是怎样开始的，几乎每一个亲历者都有不同版本的叙述。纽约商品交易所有个交易员叫阿尔文·布罗德斯基，此人声称他是最早游说邦克投资白银的，当时是 1970 年。但是邦克在预科学校的一位同学以及达拉斯的两位白银经纪人表示，邦克是在他们的引导下才对白银产生兴趣的。或许这几位都向邦克做过推荐，因为白银当时是很热门的投资目标，交易价格正处于历史最低点。要了解邦克为什么会听从这些建议，首先要说明一下他的世界观。邦克和他父亲一样，坚信整个世界正在走向崩溃。犹太人、洛克菲勒分子、俄国人、嬉皮士……人人都准备毁灭世界，毁灭邦克的生存之地。洛杉矶古币交易商布鲁斯·麦克纳尔是邦克的朋友，两人在 20 世纪 70 年代相识。布鲁斯称："邦克始终认为俄国人会跨过落基山脉进攻美国，他对此深信不疑。"

究竟邦克的世界观源自于暴发户内心深处的不安全感，源自于父亲的政治观点亦或是别的什么原因，这一点我们无法得知。不管是什么原因，反正他和世界各地的大富豪们都有同样的焦虑。无论是中东的犹太富翁还是南美的独裁者，数百年来他们都喜欢把钱投资到那些看得见摸得着、可以抵御通胀的目标上，如钻石、白银、黄金或是其他可以保值的东西。这样一来，即使家国变故或是世界经济突然崩溃，他们也不必担心资产会化为泡影。只不过邦克似乎是这群富翁当中最为偏执的一个。随着 20 世纪 60 年代美国社会形势的日渐混乱，他开始把大量个人财富转化为有形投资，甚至包括在利比亚油田取得的利润。

一开始，白银只是邦克投资的众多目标之一。他从 1970 年开始少量买入，当时的白银价格正处于历史最低水平，每盎司 1.5 美元。在兄弟赫伯特的帮助下，他们在随后的 3 年中逐渐加大买入量，通过华尔街一家名为巴奇集团的经纪公司以白菜价买进了 5000 盎司白银。随着买入量的增加，白银价格开始稳步上升，1973 年翻番达到每盎司 3 美元。这时赫伯特读到一本书，杰罗姆·史密斯的《七十年代的白银投资利润》(*Silver Profits in the Seventies*)。杰罗姆曾为多家看衰经济前景的金融报刊供稿，他认为当今世界即将面临经济和政治崩溃，对冲风险最安全的投资目标是黄金和白银。杰罗姆称富有的投资者应积极购买这两种产品并存放到瑞士银行，以防俄罗斯对美国的大举入侵。

邦克并没有读过这本书，实际上他从来都不喜欢读书。但根据赫伯特的说法，他觉得这个投资建议非常宝贵。用今天的眼光来看，他们兄弟俩简直是在一字不漏地执行杰罗姆的投资策略。1973 年年中，他们利用多家经纪公司做掩护，开始在纽约市场大量购买白银合约。持有这种合约的人可以以特定的价格购买白银。期货游戏的特点是没有人购买真正的白银，买入合约是为了对赌白银未来价格的走势。简单地说就是，如果你在 12 月以 10 美元的价格买入，白银价格随后涨到 12 美元，你就赚了 2 美元。如果买入之后白银价格跌到 8 美元，你就赔了 2 美元。亨特兄弟的投资和别人唯一的不同之处在于，他们购买的白银合约数量非常巨大——1973 年 12 月购入 2300 万盎司的合约，随后又下了几笔更大的订单。截至 1974 年年初，邦克和赫伯特总计买入了 5500 万盎司的合约，约占全球白银总量的 9%。现在他们已成为世界上拥有白银最多的人，就连政府都无法比肩。

这还不算什么，更让人吃惊的事情还在后面。别的期货投资者只买卖合约并不交割实物，他们兄弟俩则完全不同，居然把这些合约统统换成了真金白银。这些银锭取出之后，以现金计算当时价格高达 1.75 亿美元。这件事过去几年后，邦克的一名手下向国会委员会透露了当时转移白银的整个过程，但是邦克和赫伯特对此说法并不承认。根据这名手下的描述，亨特兄弟从老家达拉斯的农场挑选了 12 个彪形大汉，每人发一把步枪，分成 3 组搭乘 707 转机去运货。这 3 架飞机在晚上出发，分别降落在芝加哥和纽约，12 名大汉手握步枪严阵以待，接收从两地交易所用一队武装汽车运来的 4000 万盎司银锭。完成装货，飞机连夜起飞跨过大西洋，第二天早上降落在苏黎世，再通过武装车队押送到银行。在全副武装的保镖守护下，这些银锭被送到 6 家瑞士银行。（另外 1500 盎司白银据说被存放在芝加哥和新泽西的仓库中）

关于这次秘密飞行还有一个小插曲，不过很多调查者都认为这是杜撰出来的故事。据说拉玛尔・亨特曾随机一起飞行，当时银锭在货舱前后两端均匀排放，中间留出很大一片空间，机长决定装入一只锁在笼子里的马戏团大象。在飞越大西洋时，飞机突然一阵颠簸快要失去控制，原来那只大象的鼻子缠到了控制襟翼状态的电线。拉玛尔和一位助手马上赶到货舱，往笼子里扔进一只轮胎，发现新玩具的大象松开了电线，终于让所有人化险为夷。

邦克每次收购白银都行踪诡秘保持低调，但是运送储藏全球 9% 的银锭实在是纸包不住火，这件事没过多久便流传到了坊间。到 1974 年年初，市场上已经到处是谣言。全球白银交易市场都很好奇，这个尼尔森・邦克究竟是何许人也？他要这么多白银干什么？这些问题谁也不知道，但是人人都想弄清楚。如果这么多白银被抛售，市场价格马上会跳水。目前各交易所认为亨特兄弟会继续买入，此时白银的价格已经涨到了每盎司 6 美元。

就在这时，1974 年 4 月，邦克终于在纽约商品交易所第一次公开露面了。当这个大腹便便，身穿蓝色西装，戴着高度近视眼镜的男人穿过走道，探头研究眼花缭乱的交易产品时，大厅里忙碌的交易员几乎都停下工作朝他望去。离开交易所之前，《巴伦周刊》一位财经记者拦住邦克问有何投资建议。邦克说："只要不是报纸，买什么都能赚钱，但是要记住长期持仓。不喜欢黄金，你可以买白银、钻石或黄铜。千万别碰媒体，谁都能用好印刷机。"或许没有几个人能理解这番话有何深意，邦克也没有进一步解释。实际上，此次访问交易所之后邦克很长时间都没有在白银市场出现过。

随后几个月，亨特购银事件的风波逐渐平息。白银价格开始下滑，跌了 1 美元，然后是 2 美元，最终跌至每盎司不到 4 美元。身在达拉斯的邦克很郁闷，怎样才能让价格再涨上去呢？他开始低调访问欧洲和中东，邀请主要白银交易商赴宴，一起商讨相关问题。当时白银市场上最重要的供应商是一个阿布扎比交易商，名叫哈吉·阿斯拉夫。在伦敦的一次午宴上，阿斯拉夫告诉邦克推高银价很简单，只要说服富有的阿拉伯人购买就行。

邦克觉得这是个好主意。1975 年 3 月他乘机抵达伊朗首都德黑兰，准备游说伊朗王收购白银。如果双方能够联手，他们就能把白银价格推向新高。这次会见是由邦克读预科时认识的一位伊朗王子安排的。遗憾的是，这位王子到机场接邦克时带来了坏消息，伊朗王不在国内。不得已，邦克只好和伊朗财政部长胡萨恩·安萨里进行商谈。安萨里对邦克的建议根本不感兴趣，他微笑着听完邦克的说明，和他握手告别，然后把整件事忘得一干二净。

有些气恼的邦克离开伊朗去了巴黎，花了几天时间给自己选马。在马场他碰到了一位阿拉伯酋长，这让他突然有了灵感，为什么不在沙特阿拉伯试试运气呢？他连忙给认识沙特皇室的朋友打电话，对方答应为他安排一次和国王费萨尔的面谈。不过，这位朋友建议邦克耐心等上两三个星期，因为他之前的伊朗之行已经传到沙特皇室，如果急于安排会面会让沙特国王感觉比伊朗低人一等。但是这次会面安排并没有实现，就在几天后费萨尔遇刺身亡。

中东之行两战皆负，邦克又回到了原来的起点。有一点是毋庸置疑的，他需要更多人购买白银，这样才能把价格拉起来。这件事不能仅凭自己，因为成本实在太高。就在这一年，美国的商品交易所经过多年的无序发展后终于迎来了联邦管理机构——美国商品期货交易委员会成立了。委员会做出规定，每个企业买卖期货合约的数量开始有限制。为寻找可靠的合作伙伴，邦克和赫伯特把目光转向了 1974 年年底刚刚收购的西部糖业公司。在他们的指挥下，西部糖业的一家下属公司开始从场外购买各种商品和金属，包括食糖、黄铜、黄金和白银，特别是大量的白银。仅 1976 年 6 月一个月，这家公司就买入了 2100 万盎司的白银合约。但是让邦克兄弟感到泄气的是，市场上的白银价格就是徘徊不前。当年 8 月白银价格上涨到每盎司 5.2 美元，但年底又跌到了不到 4 美元。

就在这时，刚成立不久的美国商品期货交易委员会找上门了，询问邦克到底控制了多少白银。邦克的回答很蹩脚，称自己并没有搞投资，只是购买白银用于和菲律宾政府进行复杂的易货交易。简而言之，他表示购买的白银是用来交换食糖的，但这笔交易并没有实现。在答复询问的过程中，邦克的律师提出了一个更加令人担心的问题。西部糖业是一家上市公司，无论公司股东还是证交所都不愿看到其子公司存在大量非法交易白银的行为。为此，邦克和赫伯特决定全部回购西部糖业的市场流通股，现在他们可以为所欲为了。

兄弟俩的第二步启动于 1977 年春，利用西部糖业对美国最大的，位于爱达荷州凯洛格市的银矿公司——阳光矿业发起恶意收购。他们很快便以 2000 万美元收购了这家公司 28% 的股份，此举击垮了阳光矿业管理层，最终同意亨特兄弟继续收购公司的剩余股份。对阳光矿业的收购不仅让亨特兄弟控制了 3000 万盎司的白银，还使他们名正言顺地成了白银的商业用户，从而避开了交易所对最大购入量的限制。

至此，亨特兄弟通过曲线方式实现了自己的投资策略。他们一方面积极买入白银，另一方面也涉猎其他产品的投资。1977 年 1 月，邦克决定投资大豆。天气变化是促使他做出这一选择的主要原因。邦克深受新墨西哥气候学家伊本 · 布朗宁的观点影响，布朗宁预测南美洲的气候变化很快会导致全球大豆减产。根据布朗宁和其他学者的预测，亨特兄弟开始大量买入大豆期货合约。当时联邦政府规定个人购买大豆合约的数量不能超过 300 万蒲式耳，当年春天邦克和赫伯特就控制了 600 万蒲式耳的大豆，另外还以子女的名义购入 800 万蒲式耳，共计拥有美国大豆三分之一的产量。他们的行为推动了大豆价格从每蒲式耳 6 美元涨到 10 美元，实现约 1 亿美元的账面利润。

这种行为简直是对法律规定赤裸裸的挑战，1977 年 4 月，美国商品期货交易委员会要求亨特兄弟把大豆持有量减持到 300 万蒲式耳，否则后果自负。亨特兄弟只卖出了 200 万，仍持仓 2200 万蒲式耳。面对这种情况，美国商品期货交易委员会决定把事实公布于众，一方面对兄弟俩进行起诉，另一方面向媒体透露了他们操纵市场的行为。邦克恼羞成怒，向记者表示政府纯粹是无理取闹。他说很多投资人都是抱团采购以躲开限购量的规定，但政府只盯着他们不放。邦克表示："老实说政府整我们是想拿我们做替罪羔羊。我们是保守派，而他们是社会党或自由党人。他们要想整谁，随便找一个莫须有的罪名就能达到目的。"

1977 年 9 月，美国商品期货交易委员会起诉亨特兄弟的案子在芝加哥开庭。最终，亨特兄弟为此付出惨痛的代价。法官判定他们的确违反了联邦管理规定，但并没有要求任何赔偿。法庭认为美国商品期货交易委员会的处理方式有误，它不应禁止亨特兄弟购买更多大豆合约，而是应当起诉他们企图垄断市场，这种行为明显违反谢尔曼反托拉斯法。可以说这个法庭建议非常有先见之明，因为后来的调查表明亨特兄弟的确准备垄断大豆期货市场。

2

"垄断市场"是一种违法行为，通常指一组投资者秘密地大量购入某种商品以达到操纵市场价格的目的。这种经济犯罪行为最为罕见也最具风险，它不但需要巨额资金的投入，而且随时都有出现失败的可能。全球白银市场此前曾被一位孟买金融家垄断过，此人名叫楚尼拉尔·萨拉亚，在 1907 ~ 1912 年间带领很多印度王侯大量购买白银，挤压其他投资者。当时萨拉亚等人囤积的白银数量之多，以至于其他投资者为满足保证金贷款需求必须购买白银时，他们可以漫天要价。最终，这件事还是在英国政府的干预下才得到解决。

现代反托拉斯法的出现完全禁止市场垄断行为，任何两个独立实体秘密联手进行市场采购均违反该法案。（律师曾警告邦克西部糖业的市场购买行为很容易被认定为违法，正是这个原因导致西部糖业逐渐退出亨特兄弟的投资计划）但是邦克在收购大豆合约时并没有想过什么反托拉斯法、联邦规定或交易限制，他觉得这些不过是每个投资者都会敬而远之的“官样文章”。

截至 1978 年，亨特兄弟已经坐拥“银山”5 个年头了。但此时的银价一直徘徊在 6 美元左右，跟邦克 1974 年年初访纽约商品交易所时的价格差不多。不管他怎么努力，银价就是无法继续提高。其实邦克已经不必继续持仓了，如果当时全部卖出亨特兄弟可以获得数亿美元的利润。但是和达拉斯橄榄球队老板小克林特·穆奇森的风格一样，邦克认为银价只翻了两三倍就出手太没意思。他需要的是一次大获全胜，把市场搅得越乱越好。

1978 年 10 月 1 日，机会终于来了。这一天邦克正在巴黎郊外参加一场赛马拍卖会，有人向他介绍了一个皮肤黝黑、瘦瘦高高，大约 30 多岁的商人纳吉·纳哈斯。纳哈斯在黎巴嫩出生，在埃及长大，在巴西生活，是多位希望在南美进行投资的沙特阿拉伯酋长的中间人。他在沙特有一位客户名叫穆罕默德·福斯托克，此人不时会和沙特王子法赫德·本·阿卜杜勒 – 阿齐兹一起搞投资。这位 36 岁，说话有些结巴的阿齐兹王子当时负责管理沙特的国内安全部队，更重要的是，他还是沙特王位的第二继承人。这天在巴黎郊外，邦克、纳哈斯和福斯托克一开始讨论的是赛马，后来不知怎么话题转到了白银投资。没想到这两个中东人一拍即合，答应为邦克穿针引线，他们都觉得阿齐兹王子会对这个计划感兴趣。

邦克也兴奋起来，他在《梅尔斯金融》和《能源报告》杂志上选了几篇白银牛市分析的文章，翻译成阿拉伯语并复印了 50 份，寄给了沙特的主要投资商。几乎与此同时，时任美国财务部部长的约翰·康纳利也向邦克介绍了一些沙特关系，康纳利当时正在帮助这些沙特商人对美国投资。这些人中有一个 30 多岁的年轻人，名叫卡里德·本·马福兹，其家族控制着沙特最大的银行——吉达国家商业银行。还有一位名叫加斯·法兰恩的中间人，是个非常精明的商人。虽然这两个人的名片上没有透露，但知情人称他们正是沙特王储阿齐兹的业务代表。这位王储是个大胖子，喜欢到处赌博，在沙特担任许多要职，其中包括沙特央行行长。

由于美国法院无法向沙特王室发送传票，其后发生的故事我们不可能完全得知。但是有一点是可以肯定的，邦克就是在这段时间成功建立了国际白银投资联合体。从 1978 年冬到 1979 年冬，白银价格在通胀和利息不断走高的双重作用下终于开始上涨，先后达到每盎司 6.5 美元、7 美元和 8 美元。邦克和沙特王室是在这个阶段合谋垄断市场的吗？尽管每个当事人都坚决否认，但事实就像秃子头上的虱子一样昭然若揭。1979 年 7 月 1 日，邦克和赫伯特在百慕大群岛注册成立合伙公司，合伙人包括卡里德·马福兹和加斯·法兰恩的法定代表，而马福兹和法兰恩又是沙特王储法赫德的代表。很快，这个名为国际金属投资公司的合伙企业开始大量购买白银期货，在很短的时间内就积累了 4300 万盎司的白银合约。加上亨特兄弟手上原有的 5500 万盎司，这个小集团使邦克和赫伯特间接控制了全球 12% 到 15% 的白银供应。

就在这个小集团展开收购的同时，阿齐兹王子的代表纳吉·纳哈斯也进入白银市场投资了。通过大陆谷物公司经纪人诺顿·瓦图克管理的几个账户，纳哈斯共购入 4200 万盎司的白银合约。随后，纳哈斯购买的白银合约被转入六家神秘的阿拉伯贸易公司。一时间市场中谣言四起，富可敌国的阿拉伯人正在紧随邦克对白银抄盘，希望通过草船借箭大捞一把。

然而奇怪的是，当整个阿拉伯世界似乎已经知晓一切的时候，远在华盛顿的美国商品期货交易委员会还完全蒙在鼓里。在 1979 年 7 月 27 日委员会的一份会议记录中，我们可以看出当时该机构并不清楚亨特兄弟到底有何意图。

调查专员大卫·盖特纳说：“我能问一个关于亨特兄弟的问题吗？我们发现他们每一周都会大量购买各种期货，包括白银、大豆油、牲畜等。你觉得他们这样做是在闹着玩儿吗？就像我们没事儿玩大富翁或斗地主。难道这是有钱人流行的新游戏？”

市场主管约翰·米尔克说：“人家玩儿的可大多了。我查看了芝加哥和纽约交易所的白银持仓情况，发现他们手里的头寸高达 4.75 亿美元。”

盖特纳：“这么多钱！”

米尔克：“是啊，好多钱。”

盖特纳：“有钱人真是闲得无聊，人家买白银就像咱们买白菜。”

一周之后，关于国际金属投资公司和纳哈斯、瓦图克等人的白银投资报告开始在华尔街出现，但是一开始并没有引起人们的关注。到了 8 月第三周情况发生变化了，国际金属投资公司的白银收购引发了热捧，市场价格应声大涨首次破十，在 8 月 31 日达到每盎司 10.61 美元。等美国商品期货交易委员会的工作人员过完劳动节假期回来上班时，才发现关于神秘买主的谣言在期货市场已经闹得满城风雨。大多数交易商认为这是亨特兄弟所为，但问题是即使是他们也没有能力买入这么多白银。那么背后暗中支持他们的是谁呢？最有可能的就是沙特人。于是，美国商品期货交易委员会的律师开始调查国际金属投资公司的所有人。然而即使找到了幕后操纵者，委员会也并不清楚该怎样做出应对。在委员会 9 月 7 日的会议中，与会人员甚至争论是否有必要对这家公司进行调查。有人表示："调查了也不一定有答案，有答案也不一定真实。就算答案真的是亨特兄弟或沙特政府在幕后操纵，接下来你能怎么办？"也有人持反对意见："这是一场经济战争，沙特到底有没有垄断市场？如果不给我们一个交代那就必须退出市场。"

针对国际金属投资公司的所有人结构，交易委员会律师又进行了长达两个星期的调查，结果赫伯特·亨特承认了家人对市场投资的参与。与此同时，邦克和诺顿·瓦图克及其客户纳吉·纳哈斯在巴黎碰了两次头，据说是在商讨如何统一两大集团的白银收购策略，看来他们是想继续保持一致步伐。整个 9 月份，亨特家族和沙特王室的白银收购仍在继续，导致银价继续攀升，10 月 1 日达到每盎司 17.88 美元。在那段时间里，只要诺顿·瓦图克一走进纽约商品交易所大厅，白银价格就会应声上涨 50 美分。到 10 月中旬，美国商品期货交易委员会的调查终于有些眉目了。他们发现幕后操纵白银市场的有两大巨头，一个是亨特家族，另一个是诺顿·瓦图克的"大陆集团"。直到这时，芝加哥和纽约两大白银交易所的官员才意识到噩梦的出现：他们已经没有任何可以交易的白银了。

这时的亨特兄弟及其盟友控制了纽约商品交易所 62% 的库存白银，加上芝加哥期货交易所 26% 的白银以及此前存放在苏黎世的银锭，他们已经形成了市场挤压。如果继续收购的话，他们很快便会控制全球的白银市场价格。芝加哥期货交易所官员恳求赫伯特停止白银收购，赫伯特答应了。但是几天之后交易所发现白银采购再次出现井喷，调查发现收购人不是亨特兄弟本人而是他们子女控制的账户。为此，邦克收到美国商品期货交易委员会传唤，专门赴华盛顿对自己的行为做出说明。在征询过程中邦克表现得很理性，他说亨特家族并没有垄断市场，他的确认识几个沙特商人，但是合谋垄断市场？这可太离谱了！

他最讨厌在市场中给别人制造麻烦了。

委员会感到很满意，至少当时挺满意的。但是芝加哥期货交易所不干了，发表声明说准备把白银合约购买量限制在每人 300 万盎司，凡是持仓超过这个数额的必须在 1980 年 4 月之前减持。邦克对此表示愤怒抗议，他抓住交易所一位官员的领子大喊：“你敢动我试试?”发誓要到法庭抗争到底的邦克四处宣扬，声称这是一场东部权势集团炮制的新阴谋。与此同时，邦克和沙特方面并没有停止脚步，仍在继续买入白银。受此影响，每盎司白银价格先后涨至 20 美元、25 美元、30 美元，直到 1979 年最后一天达到令人难以置信的 34.45 美元。在短短 4 个月内，白银价格增长了 4 倍多。

直到这时，芝加哥期货交易所、纽约商品交易所和美国商品期货交易委员会才意识到大事不妙。全球最大的商品交易所纽约商品交易所首先发难，在 1 月 7 日宣布准备将白银合约的个人持仓数量限制在 1000 万盎司。在达拉斯的邦克听到消息后愤怒不已，他对记者说：“我不是投机商，也不是市场操纵者，只不过是白银的投资者和持有人。”

邦克应对纽约商品交易所的措施是继续购买白银，以 5 亿多美元的成本购入 3200 万盎司。这一做法使得白银价格继续飙升，超过每盎司 40 美元，然后在 1 月 17 日达到 50 美元的新高。至此，亨特兄弟持有的白银合约价值约 45 亿美元，其中近 35 亿美元是投资利润，甚至超过了得州老四大石油家族（包括亨特家族在内）一辈子的经营利润总和。根据美国商品期货交易委员会一位调查人员的个人估算，亨特家族及其沙特盟友现在共控制了个人交易市场中 77% 的白银，用不了多久他们就会掌握全球所有的白银。

1 月 21 日，纽约商品交易所开始招架不住了。成群的新买家涌进市场抢购白银，后来他们发现其中很多人都是纳吉·纳哈斯在沙特的朋友。把全球商品市场控制权拱手让给投资财团，这种天方夜谭的事竟然真的马上就要发生了。为了控制局面，纽约商品交易所宣布了针对白银交易史无前例的限购令。市场决定禁止白银买入，只允许投资者卖出，而且卖出白银的对象必须是经过交易所批准的团体。第二天，芝加哥期货交易所紧随其后也推出了类似规定。邦克在达拉斯听到消息后气的直捶桌子，愤怒地宣称这是无耻的抢劫。当局改变游戏规则只不过是因为他取得了胜利。

邦克说的没错，但问题是他已经无力回天。纽约商品交易所一旦宣布严格的限购令，他和赫伯特就会被彻底套牢。他们无法继续买入白银，但又不能卖出白银，因为这样会导致市场恐慌和价格下跌。限购令出台的第二天，即 1 月 22 日，白银价格狂泻至每盎司 34 美元。接下来几周，白银价格稳定在 30 多美元的位置，然后在 2 月底跌至 30 美元。此时亨特兄弟的故事已成为世界各地商业媒体的头版新闻。邦克故作镇定，到处参加访谈提醒投资者关注即将出现的白银价格反弹。在接受著名主持人芭芭拉·沃尔特的访谈时邦克简直做足了表情。当时，沃尔特问他到底持有多少白银，邦克的回答是："我真没算过，我从不计算自己有多少钱，那样会带来厄运，而且品味不高。"（亨特兄弟始终否认垄断白银或其他商品市场，他们称自己的操作只是对可靠商品的可靠投资。）

但是在镜头之外，邦克就没那么乐观了。实际上，他正急于努力提高白银价格。他曾寄希望于科威特和巴林的酋长，这些酋长以前跟着他买过白银，以 50 美元的价格售出套现，盈利后准备继续做多海外市场。但是随着白银价格的狂泻，这个想法落空了。3 月初白银市场价格跌至每盎司 30 美元以下，然后一路跌至 3 月 14 日的 21 美元。在短短 45 天的时间里，邦克和赫伯特的账面损失已经超过了 20 亿美元。这时亨特兄弟突然发现了一个问题——他们没钱了。

3

白银的持有成本很高，一般的投资者根本无力承受。要存储这么多白银，每年的成本就需要 300 万美元。但这个还不算恐怖，更吓人的是资本成本。搞期货投资的人都不用现金交易。亨特兄弟几乎所有的期货买入都是用保证金完成的，即从银行借贷的资金以及处理交易的经纪公司的钱。邦克和赫伯特用早期购买的白银申请抵押贷款，以此支撑和沙特王室展开的疯狂收购。随着银价的不断上涨他们的抵押物价值不断攀升，亨特兄弟可以借更多的贷款买入更多的白银合约。换句话说，只要白银一直涨下去，他们堆积如山的银行债务就根本不是问题。但是如果白银价格下跌，他们的抵押物价值就会缩水。跌得越厉害，邦克和赫伯特就必须拿出越多的个人身家来补窟窿，支付贷款的持有成本，这个过程即追加保证金。截至 3 月中旬，仅亨特兄弟其中一家经纪商巴奇公司要追加的保证金就高达每日近1000万美元。

不光是银价下跌的问题，他们的其他资产也出现了危机。在银价和油价高涨那几年，邦克和赫伯特展开了挥金如土的肆意收购。他们买入过全球海事、潘恩铁路、芝加哥第一国民银行等公司数百万的股份。邦克参加过芭芭拉的访谈节目后，股市盛传亨特兄弟有意收购得克萨斯石油公司。邦克酷爱赛马，买起名马就像瘾君子购买香烟。截至1979年为止他拥有700多匹纯种赛马，建有全球最大的马场。邦克还热衷于搜集古币，曾耗资5000多万美元购买古希腊和古罗马硬币。赫伯特也是古币收藏迷，他关注的是拜占庭时代的古币，在这方面投入的资金和邦克不相上下。此外，兄弟俩还收藏了很多艺术作品，买下很多农场庄园和商业地产。

谁能想到，从1980年1月到3月中旬，在仅仅不到100天的时间里数亿美元的资产就从邦克手中蒸发了。每个星期银行和经纪公司都要求追加抵押物，邦克只能借更多的贷款拆东墙补西墙，包括在3月初向瑞士银行申请的2亿美元贷款。但形势并没有得到缓解，随着银价的继续走低，他必须筹集更多的现金维持几个月前买入的白银合约。实际上，如果时间来得及邦克完全可以取消这些交易，美林证券和其他金融机构当时还肯为亨特兄弟提供信贷，但过了3月14日他们就毫无机会了。3月14日美国金融行业出台新的规定，美联储主席保罗·沃尔克为遏制史无前例的通胀率，要求美国银行实施信贷紧缩特别计划以削减贷款规模。他特别提出："特别计划主要针对为投机性持有商品或重金属提供的融资。"沃尔克的要求是否直接针对亨特兄弟并不重要，重要的是这一政策的效果，自此，任何美国银行或经纪行连一分钱都不敢贷给他们。

这才是最糟糕的消息。白银期货投资就像一台呼啸前进的机器怪兽，充足的资本是保证每个活塞运转自如的润滑剂。现在没有了润滑剂，这台怪兽只能轰然倒坍。不过邦克并没有慌乱，至少一开始还很镇定。得知消息几个小时后他就登上了去往欧洲的飞机，欧洲国家，特别是瑞士，总是乐意向他提供贷款的。然而郁闷的是，他在一周之内跑遍了巴黎、苏黎世、法兰克福、波恩和日内瓦，各处传来的都是令人沮丧的消息。显然沃尔克已经警告欧洲各国，如果不听从美国的建议，欧洲银行只能独自承担白银市场失控的后果。于是各国银行纷纷行动，就连瑞士银行也断然拒绝邦克，看起来形势非常不妙。

3 月 17 日，周一，就在沃尔克宣布紧缩贷款 3 天之后，亨特兄弟的现金流断链，他们第一次无法满足巴奇追加保证金的要求。巴奇董事长哈里·雅各布同意再为他们延期两天，但两天之后的 19 号邦克仍然无法追加保证金，只能交付银块来偿付债务。到周五的时候，邦克的形势已经非常危急。如果让市场了解到真相，银价马上会一泻千里。现在要想稳住形势只能依靠奇迹了，邦克需要马上筹集到几亿美元，否则他将无法满足下周一新一轮追加保证金的要求，无法支付欠白银生产企业英格哈德公司的巨额到期债务。为此，邦克和纳吉·纳哈斯周六乘坐私人飞机来到沙特城市吉达，准备说服阿齐兹王子为其提供资金。

邦克在吉达会见了阿齐兹的儿子费萨尔王子和几位沙特银行家。邦克表示银价只是暂时走低，只要筹集到两亿美元就能让市场起死回生。但是这番话并没有打动王子，现在他个人持有的白银合约也在亏损，整个沙特王室都在被催缴追加保证金。沃尔克的新政告诉他们邦克已经彻底玩完，他们现在自身尚且难保，如果亨特临死要拉个垫背的，他们是断然不会伸出援手的。

邦克一脸失望地回到巴黎，事实表明他们周一肯定无法满足追加保证金的要求。整个周末他都在构思最后的救命稻草，即华尔街投行德崇证券设计的，通过销售白银抵押债券筹集资金的方案。3 月 25 日，正当邦克积极为这一方案做准备时，赫伯特从达拉斯打来电话，称经纪行在催缴另一笔 1.35 亿美元的追加保证金。他说巴奇公司同意代为支付，但发誓这是最后一次帮助亨特兄弟。邦克想了很久，最后通过拉玛尔向赫伯特转达了 3 个字："放弃吧。"

第二天赫伯特转告巴奇，称亨特兄弟无法满足保证金的继续追加。为筹集所需的现金，巴奇通知他们必须卖出手上持有的银块。3 月 26 日，亨特兄弟开始以亏损价格抛售价值一亿美元的银块。与此同时，巴奇通知美国商品期货交易委员会称，亨特兄弟有可能在次日的交易中损失 8600 万美元。这笔钱亨特兄弟拿不出来，巴奇公司也拿不出来。

一家重要华尔街投行可能倒闭的消息一时间甚嚣尘上。这种恐慌很容易导致全球金融市场的大规模瘫痪。在华盛顿，保罗·沃尔克以及证券交易委员会和财政部的官员连忙举行紧急会议商讨对策。此时的邦克已经登上从巴黎回国的飞机，离开之前他给美联社办公室留下一封信，称亨特家族拥有超过两亿盎司的白银，其中相当大一部分准备以白银抵押债券的形式在市场上出售。当这封信的内容传送到美国时，白银交易商马上明白了一切，原来所谓的投资神话不过是邦克的南柯一梦。当天白银的闭市价格跌至每盎司 20.2 美元，周三白银被大量抛售，闭市价格达到 15.8 美元。

巴奇公司董事长哈里·雅各布也蒙受了巨大损失，它借给亨特兄弟的每一分钱都是从别人那里借来的，银价下跌让巴奇公司也耗尽了现金。雅各布恳求纽约商品交易所关闭白银交易市场，结果被对方拒绝了。他给沃尔克和美国商品期货交易委员会打电话，警告称如果银价跌至每盎司 9.85 美元，根据信贷协议其他银行会要求巴奇偿付贷款。如果巴奇完了，华尔街会跟着陷入恐慌，整个美国金融系统会陷入危机。沃尔克为此召开了紧急会议，会议一直持续到深夜，凌晨两点时他遗憾地表示无能为力。市场会继续开放，委员会对此无权干涉，设置政府管理机构的初衷无法预料会遭遇如此巨大的金融危机。现在的问题是涉及的部门虽然很多，但谁也拿不出有效的拯救方案。更糟糕的是谁也不清楚邦克那边面对的是什么情况，现在只能寄希望于上天了。

次日，1980 年 3 月 27 日，星期四，这一天即华尔街历史上有名的“白银市场黑色星期四”。在开市 90 分钟后的早上 8 点，赫伯特来到一个收费电话旁，给聚集在美国商品期货交易委员会的同事打了个电话。他说鉴于市场形势不断恶化，亨特家族决定不再通过卖出白银的方式偿付债务。他敦促美国商品期货交易委员会关闭市场，强令所有白银合约持有人以周三闭市价格每盎司 15.8 美元进行交易。按照赫伯特的想法，亨特家族通过出售白银可获得 25 亿美元，支付所有债务之后仍可以实现 10 亿美元的利润。赫伯特警告如果市场继续开放将会带来灾难性的结果，他说：“整个亨特家族将会被淘汰，我们会彻底破产。”

9 点 30 分，美国商品期货交易委员会召开了紧急电话会议，参加会议的 9 个人各自都有不同的观点。谁也不知道到底发生了什么情况，不知道亨特家族是不是真的赔光了所有资本。谁知道这是不是他们为了垄断市场搞的新把戏呢？没人知道亨特家族破产会造成怎样的影响。

在会议中有人问：“他们不是还有油井吗？可以拿来做抵押啊。”

“他们已经把所有资产都拿去做抵押了。”有人回答。

“你怎么知道？”有人反驳道。

当交易开始时，华尔街交易大厅内充斥着各种传闻。亨特家族无力缴付 10 亿美元追加保证金，巴奇公司无力缴付 10 亿美元追加保证金。美林证券和亨特兄弟的其他债主，如芝加哥第一国民银行，都可能会倒闭。面对这么多吓人的消息，交易商只有一个选择——拼命卖出白银。截至中午时分，恐慌性抛售导致白银的市场价格跌至每盎司 10.8 美元。全球市场的连锁震荡也波及了股票市场，导致大盘直线下降，达到 5 年来的最低点。随后市场又有传言称亨特家族起死回生正准备卷土重来，导致股市价格回到当日开盘水平。出乎所有人的意料，当天的白银期货价格挺住了，闭市价格维持在 10.8 美元。

这次市场风波是自 1929 年股市崩溃以来最大的单日波动。令人称奇的是华尔街竟然挺住了，巴奇公司也挺住了。更令美国商品期货交易委员会惊奇的是，亨特家族也挺了过来。世界各地的交易商，从华盛顿到巴黎和波斯湾，大家都紧张得透不过气，紧盯着屏幕在想："有没有跌停？"但是没人知道答案，这种紧张的沉默一直延续到第二天开市才算结束。第二天一早市场反应平静，所有人终于放下心中的巨石，当日白银闭市价格为 12 美元。在美联储，正当沃尔克和同事们准备松一口气时，突然又传来了一个坏消息。原来，亨特家族以 6.5 亿美元购买英格哈德公司 1900 万盎司白银的合约将于周一到期，他们必须按时支付。如果英格哈德公司起诉他们支付违约，亨特家族只能宣告破产。更糟糕的是，亨特家族在未来几周还有 9 亿美元的白银合约债务需要偿付。如果他们违约白银市场就会崩溃，黑色星期四上演的大恐慌将会继续并迅速扩展到其他市场。

可以说，这时全球金融市场的未来就取决于英格哈德公司和亨特家族如何取舍了。为此，英格哈德公司高管于周六飞抵达拉斯与赫伯特和拉玛尔会面，拉玛尔也曾悄悄投资过不少白银。邦克未能出席会面，他当时正在外地。英格哈德公司首席执行官米尔顿・罗森塔尔在会面中开门见山，表示亨特家族要么周一全额支付欠款，要么宣布破产。赫伯特不得已带着罗森塔尔清点了家族拥有的所有资产，包括所有的油井、农场和邦克的每一个马场。最后他说，所有这些资产都已经抵押给了别人，整个家族再无任何现金。换句话说，亨特家族已经完蛋了。第二天邦克回来了，但明显还没有倒过来时差。他长叹一声，说了一句恐怕只有得州石油大亨才能说出的话："10 亿美元也能难倒英雄汉啊！"

事已至此，谁都知道贷款是唯一可行的解决方案。但这笔贷款可不是小数目，至少需要 10 亿美元。说来也巧，或许是亨特家族命不该绝，那个周末恰巧美国主要银行的经理，包括以前为他们提供过贷款的银行，都在佛罗里达州伯克莱顿市参加美联储城市银行家协会年会。保罗·沃尔克作为发言人也参加了此次会议，他在会议中对提出援助方案的想法表示试探性支持。周日，英格哈德公司高管和亨特家族飞赴佛罗里达，参加当晚 10 点举行的磋商会议。沃尔克在回房睡觉前，特别嘱咐各银行经理准时叫醒他参加会议。当会谈深入到午夜时，沃尔克穿着西裤和睡衣也加入了讨论。

拯救方案终于在日出前出炉了。亨特家族同意向英格哈德公司支付 850 万盎司白银以及在加拿大西北波弗特海油田资产 20% 的利息。英格哈德公司债务解决之后，接下来要解决的是亨特家族剩余债务的问题。现在谁也不想为他们提供新贷款，但不提供贷款，巴奇和其他贷款银行就有可能倒闭。在沃尔克的敦促下最后各方终于达成了救援方案，这个方案让亨特家族付出了高昂的代价。为获得 11 亿美元贷款偿付白银合约债务，亨特家族几乎抵押了普拉希德石油公司的全部资产，包括在北美的 114 处生产中的油井，在路易斯安那州最好的油田，以及在北海油田最优质的地块。亨特家族案曾一度成为美国历史上金额最大的金融救助案。

作为家族牺牲的回报，邦克的大姐玛格丽特·亨特·希尔要求邦克和赫伯特把所有个人资产抵押给普拉希德公司，包括兄弟二人所有的赛马、农场、古币，外加邦克名下 400 万公顷的油气租约，7 万头牲畜，以及他们小到收音机、除草机和水冷机等各种生活用具。虽然这样做让邦克兄弟感到很丢脸，但他们也毫无选择。各种媒体对他们的报道也开始偃旗息鼓。幽默画报把邦克的形象画成一只猪，拼命往肚子里灌白银。《新闻周刊》把邦克当作封面人物，拿他讨厌的约翰·欧文并排对比。

不管怎么说，亨特家族总算挺了过来。谢天谢地石油价格没有跌，尽管这一番折腾增添了不少新债务，但整个家族的能源业务表现得还不错。只要石油价格继续上涨，邦克和赫伯特就知道一切都会好起来。可是，石油价格又能坚挺多久呢?

\第18章

经济萧条

“你怎么从树上解救得克萨斯州的石油大亨？”

“割断绳子。”

——这是20世纪80年代中期流传于美国达拉斯城的一则笑话

1

到1982年，得克萨斯州石油产业尽情享受了10年来稳定的高油价所带来的收益。生活很美好——超乎想象的美好。然而，得克萨斯州的经济繁荣并没有一直持续下去。如以往一样，问题在远离得克萨斯州之外的地方率先爆发。10年中暴涨的石油价格迫使世界各地的公司开始抢占更便宜的能源，从而导致一场大规模的煤炭业和核动力工业的复苏，这两种能源在20世纪80年代都是作为石油的主要的竞争对手出现，石油占世界能源消耗的比重开始下降，从1978年的53%下降到1985年的43%。早在西方国家要求其市民节约能源（诸如关掉不用的灯等）时，石油需求量已经缩减。1975年美国立法要求汽车的燃油效率增加一倍，这使得美国每天的石油消耗减少了两百万桶，石油的需求量缩减得更严重。然而，真正的致命因素是1978 ~ 1982年的经济大萧条。失去控制的通货膨胀迫使美国联邦储备委员会在货币政策上实行前所未有的限制，这直接把利率推至新高，进而阻碍了政府和企业支出，使美国和欧洲大部分地区陷入了 50 年来最严重的经济衰退。

所有这些因素（来自其他能源的竞争、节约能源、恶化的世界经济）使石油的需求量大幅度下降，这直接导致至 1983 年年初世界上的石油生产国不得不考虑之前从未想过的举措——降价。2 月，英国北海石油的价格降低 3 美元，至每桶 30 美元。尼日利亚政府随之威胁要加以报复。一个月以后，石油输出国组织欧佩克成员国的石油部长们在伦敦召开了一次会议，宣布了他们历史上的第一次降价，将价格削减了 15%，至每桶 29 美元。

在得克萨斯州，钻头开始停止运转。在美国，那些曾经大举借贷来钻探昂贵的深油井的投机者发现他们的抵押物的价值在下降。银行开始收回贷款。有一些 20 世纪 70 年代新兴的投机者开始破产，或者像乔治 W. 布什的公司那样更名为布什勘探公司，挣扎着进行了强制性合并。得克萨斯州石油大亨们的失败，也导致银行的衰落。1983 年 10 月，就在石油输出国组织欧佩克降价 8 个月后，美国最大的独立银行米德兰第一国民银行倒闭了。在接下来的 10 年里，得克萨斯州最大的 10 家银行中有 9 家相继倒闭。

得克萨斯州石油产业作为美国经济的引擎，发出噪音，随之熄火，并伴随着一系列事与愿违的激烈的冲突开始走向衰亡。

2

1979 年 6 月，约翰 · 默奇森去世后两周，他 31 岁的儿子小约翰 · 达布尼搬进了他在默奇森兄弟公司的办公室。对于这些住在 23 楼的人来说，这需要惊人的勇气，但是小约翰只是刚刚起步。他的第一个举动就是给他的叔叔克林特发送了一份便条："我希望默奇森兄弟公司尽快解体，我想得到自己的信托基金。"

克林特只是假笑了一声，然后将便条揉为一团扔进了垃圾桶里。"我们暂且称其为达布尼（Dabney）文件吧。"他自言自语地说。[1]

如果说约翰的死对于默奇森家族来说是一个打击，那么这个事件的后续影响则更加糟糕。在他的葬礼后没几天，小约翰与其母亲卢普作为遗嘱的共同执行人，已经开始接手他父亲的事务。多年来，虽然家族内分歧日益恶化，但表面一直覆盖着一层温情脉脉的面纱。在此期间，他揭掉了这层面纱。作为一名商人，在行业中小约翰还是一名新手，但是他充分认识到，若置之不理，克林特的投资会令他们全部破产。他希望家族的财富能够摆脱他叔叔的觊觎，但是他最想获得的是父亲的遗产，这种想法由来已久。

无法或说不愿意与克林特发生直面冲突，小约翰绞尽脑汁来获取影响力。他从放在桌子上的一叠文件中找到了主意。每一项投资和贷款——每一项从默奇森兄弟颁发出去的重要文件——都需要两个签名，从 1979 年的夏天开始，小约翰拒绝签字。在几周内默奇森兄弟这台高速运转的引擎就开始出现问题。小约翰签署的是备忘录，一份又一份的备忘录，所有这些备忘录都标注以引起他的叔叔的注意，并要求他的叔叔解除对信托基金的管理。克林特似乎将这些备忘录都一份份地扔进名为达布尼的文件夹中。

小约翰自己怀疑不经过一番争夺，克林特是永远不会放弃那部分信托基金的。因为其中太多的股票已经被默奇森兄弟公司用作抵押物，不仅如此，克林特还需要每一份可用的资产来克服持续不断的现金流问题。在小约翰看来，只有一个办法了。在夏秋交替的时候，他开始在达拉斯游说最好的律师，希望寻找到一位勇敢的律师来起诉克林特·默奇森。让他沮丧的是，一位律师也找不到。这不仅仅是因为有一半的达拉斯律师都是为默奇森兄弟公司效劳。对于任何一位准备在达拉斯开启一番事业的人来说，起诉达拉斯牛仔队的所有者都无异于自杀。经过了好几个月让人泄气的面试，小约翰最终雇用了奥斯汀北部乔治敦的一位无名的乡村律师开始了他的诉讼。

时至秋天，23 层的气氛已经变得严峻。克林特和小约翰相互之间已经不说话了。默奇森兄弟公司的每一位员工，从秘书到克林特曾经的得力助手、爱唠叨的卢·法里斯（Lou Farris），都站在克林特这一边。为了避免被看到与小约翰交谈，人们更少进他的办公室了，否则将被视为离失业不远了。随着他的侄子不断制造妨碍，克林特的愤怒与日俱增，最终他转而求助唯一一位有可能控制小约翰的人，小约翰的母亲卢普。

克林特告诉卢普，她的儿子正在扼杀默奇森兄弟公司。他保证，只要他有足够的自由来运作，每一件事，包括资金流问题、债务、信托基金，所有这些事情都会及时解决。克林特恳求卢普让小约翰看清时局。她尝试了，但是小约翰并不领情。几个月以来，克林特一直在尽力说服他的嫂子，直到他的嫂子接受他的观点就是合乎情理的决定。克林特宣称，如果小约翰还执迷不悟，他将不得不更换继承人。一旦他的侄子被驱逐出默奇森兄弟公司，卢普将会失去一切。卢普逐渐变得筋疲力尽，她对家族的经济状况一无所知，她几乎无法收支平衡。但是在克林特的坚持下，她开始寻求律师的帮助，但是让她感到意外的是，律师们都站在克林特这一边。

发生在默奇森兄弟公司的冷战一直持续到第二年，在 1980 年的秋天，卢普最终向克林特妥协，她与三位成年的女儿一起提出诉讼，要求更换遗嘱继承人，取消他儿子的继承资格。小约翰非常震惊。当消息刊登在报纸上后，在达拉斯这是默奇森家族以外的人第一次知道该家族内所发生的纷争。一夜之间，小约翰发现自己不仅仅被他的母亲、姐妹、叔叔和其他堂表亲抛弃，甚至大多数达拉斯的权贵人士都对他敬而远之。小道消息从家族内部通过他们的朋友传播到任何一个对此有兴趣的人的耳中。小约翰已经丧失了理智，情绪不稳定，他把钱都挥霍在豪车和脱衣舞女身上等。这些流言蜚语没有一个是真实的，但是又有什么关系呢？当小约翰想要在布鲁克·霍洛（Brook Hollow）用餐时，其他的成员竟然都离开了。他对于家族成员丧失了耐心，他以一些有悖常理的举动作为回应。一天晚上他将一次特别的约会带回了家中，一位脱衣舞女迈着猫步穿过布鲁克·霍洛的餐厅时，几乎什么也没穿，只穿着一件缀有流苏的黑色皮质比基尼。

小约翰完全被孤立了，但是他决心找回公正。他雇用了著名的休士顿刑事律师理查德·“赛马”·海恩斯（Richard “Racehorse” Haynes），并且在 1981 年的 2 月起诉了克林特和他的 4 个子女，要求享有信托基金中的自己的份额以及 3000 万美元的损害赔偿。就像许多爱说笑的人所说，这是电视剧《达拉斯》的现实生活版。然后，就像卡伦家族一家和迪·波塔诺瓦纠纷高潮时发生的情况一样，事情变得诡异。在卢普针对小约翰的诉讼接近 4 月的开庭日期的时候，有一天晚上，她和一位朋友在回到家中时遭遇了两位拿着手枪的蒙面人。她的朋友被五花大绑并堵住嘴扔进一辆奔驰的家用轿车中，卢普则被塞进后备箱中。当她的女儿芭芭拉晚点赶到的时候，她和她的两位朋友也被五花大绑并塞住嘴，然后被关在了一间起居室里。在蒙面人来开门之前，他们在房子里徘徊了整整 4 个小时。后来，卢普发现除了丢了很少的几件珠宝，其余物品几乎没有丢失。

这是一起怪异的入室行窃。两位闯入者使用了一台双向的无线电设备与外界交流，似乎他们在接收指示。尽管没有证据支撑他的猜测，小约翰的律师私下里怀疑克林特是幕后黑手。卢普对于即将到来的审判另有想法，并且小约翰开始相信，他的叔叔策划了整件事情，目的就是希望卢普将责任归咎于她自己"失去理智"的儿子，进而重新燃起她的怒火。没有任何人被逮捕。

此次抢劫事件给卢普留下了心理创伤，但是审判如期进行，并于 4 月在达拉斯当地法院开庭。小约翰出庭了，似乎已经为这场辩论做好了准备，但是，在挑选陪审团成员的第一天，卢普的一名律师发表了一个慷慨激昂的谴责，他称小约翰是一个忘恩负义的儿子，为了得到他不应得的财产危害家庭，小约翰感到震惊。小约翰后来说，他原本希望自己被描述成天真的，甚至是幼稚的，但是这样的攻击动摇了他的这种想法。卢普的律师推测，小约翰的痛苦更多地是因为储蓄减少的缘故，他要承担近 18 000 美元的律师费，很难相信他会有足够的钱来支付给他的律师。不管怎样，他就在那天晚上发起和解谈判，并在黎明完成这笔交易。表面上看，这等同于小约翰的全盘投降。他放弃了作为他父亲遗产的共同继承人。相应的，卢普同意给他 300 万美元。小约翰对此的自我合理化解释为，这是他筹集资金进行真正重要的战斗——对克林特提出兑付属于他的信托基金的诉讼的唯一途径。他雇用了新的律师并投入工作。

尽管克林特因为摆脱了他的侄子松了一口气，但是却没有庆祝的心情。在他的哥哥去世的这两年里，他的财务状况每况愈下。利率居高不下，房屋开工率低，每个月偿还银行贷款都像是打一场硬仗。这无助于克林特弄清在默奇森兄弟公司投资组合中成百上千的贷款与投资，管理从来都不是他的强项。"我们知道贷款到期的唯一方法是银行来通知。""记住了一个，然后所有的这些贷款都跳了出来，我们试图找到办法来偿还这些贷款。"1979 年，克林特借了 700 万美元在比佛利山庄开始了一项名为"巅峰"的奢华的地产开发项目，但是两年后，少量已经完工的房子仍旧没有销售出去。他不得不又借了 300 万美元来支付第一批贷款的利息，然后又新增了第二批抵押贷款。

然而，更为严重的打击是石油价格的下跌，这威胁到了克林特摇摇欲坠的金融体系中的最后一个筹码。他剩下的所有石油资产严重缩水。正如房地产一样，银行开始要求更多的抵押物来抵消下降的估值，几乎所有的克林特的抵押物都已经承诺给了别人。有一段时间他的资产负债表是随着柯比的休斯敦探索公司股票的上升浮动的，这是由一些发家于石油公司的投机分子公开组建的，比约翰·亨利·柯比早了数十年。1956 年，老克林特从柯比的房地产公司中购买了控股权。因为他们向公众许诺发现了一个新的天然气田，柯比的股份在 1981 年年初一跃涨到 45 美元，克林特毫不犹豫就增加了另外一项大的贷款。但是，当这个天然气田没有如期产出时，股市崩盘了，在几个月之内就跌到了 13 美元。克林特眼睁睁地看着数亿美元的损失，随之而来的是银行愤怒地要求他为贷款提供更多的抵押物。

经历了这一切，克林特仍然保持着乐观的心态，并向他的员工们保证，一旦利率下降，一切都会好转。1982 年，他决定继续激进地套取了数千万美元的新贷款，用来开始或收尾在棕榈泉、新奥尔良和美国南部地区其他城市的投资项目。这些钱大多数来自其他州的银行，不同于达拉斯的银行，这些银行对于克林特实际面临的困难毫无所知。他开始悄悄地去拜访纽约、圣路易斯和孟斐斯的银行。他使用的是达拉斯牛仔队的名片。克林特在亚特兰大的一些中间市场银行与凸眼的巴克斯（Bucks）和布巴斯（Bubbas）谈论橄榄球，顺利拿到一两千万来支付月底就要到期的其他银行的贷款。然而，随着时间的推移，消息传开了，他开始在灰色区域寻求资金。据他的律师之后披露，在他最后求助的借款方中，有一位叫作赫尔曼 K. 毕比（Herman K. Beebe）的路易斯安那银行家，他众所周知的合作伙伴中包括新奥尔良黑帮老大卡洛斯·马塞罗（Carlos Marcello）。1985 年毕比因银行诈骗罪被判入狱一年。

在 1981 年年初，当克林特的财务状况已经濒临危机时，他信仰了上帝，这也许是在意料之中。安妮只是逐渐感化了他。他已经连续好几年陪同安妮去教堂做礼拜，并在她的坚持下宣誓戒酒，可卡因和多个情妇的日子现在只是一个消逝的记忆。1978 年，安妮开始在豪宅举办读经班，克林特就坐在团队的边上，半听半唱。最后，他动了下椅子，开始提问题。1981 年，克林特去见安妮的牧师，奥伦·格里芬（Olen Griffing）。格里芬所在的谢迪格罗夫教堂位于欧文市，是一个开车30分钟就能到的与世隔绝的地方，克林特从来没有听说过这个地方。该教堂的基层成员是由信仰正统基督教的骨干人员组成，他们用方言交谈和唱歌。

格里芬早已料到了克林特会来。随着克林特的财政紧缩，克林特偶尔会问他有关信仰的问题，包括有一次在西班牙海滩进行的一次长时间的讨论，他对于一个人如何获得“救赎”感兴趣。现在，克林特表示他准备将他的生命献给基督。格里芬怀疑是安妮说服了克林特，但是克林特否认了。1981年秋天的一天，格里芬开车去了克林特的豪宅。克林特穿着他的泳裤打开了门。接着这两个人一起精神饱满地跳进了游泳池。当克林特准备完毕，格里芬将他按到水下给他施洗礼。接下来12月的一个周末在谢迪格罗夫教堂举行了正式的洗礼，安妮就站在一旁。遵循神的旨意，你所有的罪过都会被带走。当然，牧师并不知道克林特到底犯下多少罪过。

克林特自己一清二楚。当他阅读《圣经》的时候，这些罪过给了他很大的压力。他深信他必须偿还这些罪过。很明显，在1981年年中的某个时刻，主曾经送来支票。实际上，在最后两年里，克林特已经知道了事情不妙。他的步伐已经变得不稳定，有的时候，他难以保持平衡。1982年早些时候，他在牛仔队的一次飞行赛程中摔倒并断了两根肋骨。当他开始一摇一摆的走路时，正如他自己所说，朋友们以为他酒瘾又犯了。最后，克林特去做了检查，检查显示，他患有罕见的退化性神经疾病，叫作橄榄体桥脑小脑萎缩（OPCA)。与帕金森相关，OPCA属于“帕金森升级版”的几种疾病之一，因为这些疾病攻击整个中枢神经系统，从此，克林特就真的“摇摆”了。医生告诉他，在将来，也许一年，也许五年，他将要忍受“颤抖”，一开始比较轻微，随后会越来越厉害。最终，他将失去说话的能力，然后离开人世。没有人可以预测他将会活多久。

检查出这种病的时候，克林特已经58岁，他淡然地接受了这一事实。但是他内心知道自己为什么会生病。在克林特被诊断出OPCA后不久，他的儿子罗伯特后来回忆了克林特在豪宅中研读圣经的场景。一个参加者突然问克林特他是否知道是什么导致了他的疾病。“我认为，”克林特回应道，“是因为我过去的罪过。”[2]

3

小约翰不会原谅、也不会忘记克林特曾经对他做过的一切。1981年的10月，几乎是在克林特在他的游泳池里接受洗礼的同一时间，他的侄子的律师取得了第一次胜利，他们说服了一家达拉斯法庭判决克林特在约翰的信托资金所持有的最佳系统公司的股票中解禁600万美元。小约翰仍然想要获得剩下的2400万美元。12月，他试图利用和解要约来获利。粗略地讲，他主动提出，如果克林特解禁他的信托基金中剩下的2400万美元，他就放弃3000万美元的索赔。接着，小约翰亮出了他的王牌。他的律师已经说得很清楚了，如果克林特拖着不解决问题，他将随时准备着公开克林特的财务状况的细节。克林特的律师的回应是，如果小约翰真的这样做了，那么无疑将会掀起一场通过新闻媒体进行个人攻击的疯狂之举。克林特所有的贷款银行对他的财务状况都只知道一小部分；如果他们认识到克林特面临的所有财务困境，这将引发诉讼狂潮。因为每一家银行都希望赶在前面取得自己的合法权益。默奇森兄弟公司无论如何也无法应对这一切。这意味着破产。

克林特承受着疾病和银行催债的双重压力，花了一年的时间艰难地做出了决定。1983年4月，他最终放弃了，他决定交给小约翰2400万美元，并将已故哥哥的资产债务转移至自己名下。他知道必须这样做，但是他最大的恐惧似乎是他那摇摇欲坠的财务状况被报纸曝光。他可以看到巨大的默奇森王国，老克林特的遗产，得克萨斯州第二大家族的财富，将会因他的愚蠢而毁于一旦。然而，向他的侄子屈服，对于平息家族的紧张关系没有任何帮助。一旦小约翰得到了他的信托基金，他的妹妹们同样想得到这笔钱。卢普也会开始吵着并最终要将她的财产从默奇森兄弟公司的合作关系中脱离出来。在卢普和克林特这两个家庭之间连续召开多次的会谈，数十名律师和会计将会挤进23楼的会议室。

对于克林特来说，这是难以承受的悲哀。总的来说，这些会谈都是彬彬有礼的，但是每一个参与其中的人都知道，如果无法得出某种形式的协议，他们将会涌进法庭，几年内都会登上丢人的新闻头条。“每个人都会威胁说要起诉其他人，”曾经参与会议的一个人回忆到，“这些人早已忘了自己是一家人。”1983

年年底，综合结算的大致框架已经出炉。所有的孩子都将得到他们的信托基金。卢普将会获得约翰剩余投资的大部分的控制权。克林特带着一堆债务、一批彻底负债的公司和一叠来自愤怒的银行和达拉斯牛仔队的催款单离开了谈判桌。对于那些私交不错的人来说，克林特似乎只能从还拥有美国之队——达拉斯牛仔队这件事情上获得安慰。只要他还拥有达拉斯牛仔队，他就仍旧是克林特·默奇森。

尽管克林特知道他们所表达的意思，但是数字是残酷的。起初，他只是自己预估了他的球队的实际价值。1983 年年初，正值他与小约翰周旋的时候，他秘密试探了他的一位朋友。很快，这位朋友就愿意出价 4000 万美元。克林特将钱推到一边，“谢谢，”他说，“但是你知道，卖掉达拉斯牛仔队就相当于卖掉我的孩子。”当出售球队的传闻见诸报端的时候，克林特的人不情愿地证实了这些消息，漫不经心地谎称可能是要处理约翰的房产。

现在，克林特已经明显病了。颤抖已经开始，他的手开始发抖，他开始使用手杖，他的生意更加惨淡。最终，在 1983 年的春天，克林特把特克斯·施拉姆（Tex Schramm）叫到了自己的豪宅。两人有着 24 年的交情，施拉姆是达拉斯牛仔队唯一的一位总经理，他非常喜欢克林特，因为他不像许多其他的球队的老板那样，克林特从来不干涉他的工作。达拉斯牛仔队即使不再像 10 年前那样强大，但仍是蓬勃发展。20 世纪 70 年代，达拉斯牛仔队参加了 3 次超级碗杯赛，并在 1978 年夺冠，但是 1979 年赛季退役以后，美国之队明显已经达到顶峰。事实上，它们的衰败是伴随着克林特的衰败开始的。1980 ~ 1982 年，达拉斯在 NFC 冠军赛中三连败。然而，达拉斯牛仔队的形象作为美国最著名的体育特许经营权一如既往的强大，他们唯一的竞争对手是纽约扬基队。克林特的队员们仍然会突然出现在电影和电视秀以及大量的广告里，汤姆·兰德里（Tom Landry）代言美国运通，查理·沃特斯（Charlie Waters）和 D. D. 刘易斯（D. D. Lewis）为百威啤酒代言，兰迪·怀特（Randy White）为达能代言。

那天在豪宅，克林特向施拉姆透露了消息：是时候卖掉球队了。他归咎于他的健康，施拉姆处理接下来的拍卖。出价者从各个地区涌来，但是克林特希望达拉斯牛仔队能够留在得克萨斯州。1983 年年底，施拉姆与一个团队达成了一份初步协议，该团队由石油大亨 H. R.“屁股”·布赖特（H. R.“Bum”

Bright）领导的 11 位达拉斯投资者组成。出价者给了牛仔队 6500 万美元，外加 2500 万美元的得克萨斯州体育场租赁费，这可能是迄今为止给美国球队出的最高价。小约翰作为家族代表，仍然拥有牛仔队的一半股份，他提醒卢普，克林特可能试图降低牛仔队的标价，进而获得更多的体育场租赁费，而这一部分的费用为克林特一人控制。他的担忧在最后几个月有所缓解，但是在 1984 年 3 月 19 日，这项协议最终通过了：达拉斯牛仔队，20 世纪 60 年代曾经黑暗时代的救世主，20 世纪 70 年代曾经象征着一个新的得克萨斯州，曾经一度使克林特·默奇森成为得克萨斯州人的国王，再也不属于克林特了。得克萨斯州报纸花了大量篇幅赞扬克林特的丰功伟绩，几乎奉他为得克萨斯州圣徒。但是，没有一个字提到克林特的那些饥饿的借贷银行是如何迅速地吞下其拍卖收益来弥补他欠下的债务。

在这最后难堪的几年里，似乎每一次克林特达成一笔拯救自己的交易，都会引发更多的麻烦。1978 年的解散协议招致了小约翰的攻击，与小约翰的庭外和解招致了与卢普以及她的女儿们的争吵，卖掉牛仔队也是如此。他至少一年以前就已经无法偿还债务。第一场诉讼在 1983 年 11 月份就开始了，克利夫兰银行控告克林特在一项微薄的 400 万美元的贷款中拖欠 200 万。一周以后，一家巴黎的银行控告要回 400 万美元。1984 年 3 月，正当牛仔队被卖掉的时候，阿肯色州的一家储蓄和贷款机构起诉要回 2000 万美元。短期内另一家机构催要 2500 万美元。[3]

牛仔队被出售以后，法律保护坍塌了。随着克林特失去了最后一笔良性资产，数十家银行才发现默奇森集团已经所剩无几，竞相要求得到剩下的财产。花旗银行起诉，美林证券公司起诉，甚至克林特自己所有拥有的银行之一，华泰银行也加入了起诉的行列。一直到 1984 年的劳动节，几乎每一天都有一宗新的起诉案。克林特再也无法反击，他已经坐上了轮椅，他已经不去办公室了。当律师需要他时就会去他的豪宅。到圣诞节的时候，即使是这种方式都受威胁。令他们感到惊恐的是，克林特的律师们发现，在争夺现金的过程中，克林特自己提供贷款抵押物，这意味着，银行不但可以取消默奇森兄弟资产的抵押物赎回权，也可以取消克林特家里的抵押物赎回权，包括他的车子，他的庄园——所有一切。12 月初，一家沃斯堡银行不顾一切地要收回 970 万美元，放出公告，计划拍卖克林特豪宅周围的24英亩的土地。在一次法庭听证会上，大家才知道，16家银行中，只有一家具有土地留置权的资格。只有一条由克林特的律师申请的禁令允许他可以继续留在自己家里过圣诞节。

在他的豪宅，克林特坐在他的轮椅上，目不转睛地等待着。正如他的医生所预测的那样，他正在逐渐失去语言能力，随着一系列的冬季风暴给达拉斯盖上一层银色薄冰时，他永久地失去语言能力了。他的那些债权人，索要的金额已经接近1.75亿美元，债权人们开始致电他在斯隆·凯特灵的医生，要知道他还能活多久。但是，即使克林特的身体垮了，他的头脑仍然是清醒的。他重新雇用了一名律师菲利普 I. 帕尔默（Philip I. Palmer），并且在帕尔默的帮助下，他设计了一个大胆的救助计划。这项计划成功与否取决于那温暖的回忆——有关他父亲那些交情最久的朋友们的回忆。帕尔默将电话放在了向西30英里的玻璃摩天大厦里。然后，为了让这项计划起作用，他们邀请了律师代表他那30多位债权人于2月1日星期五在他的豪宅召开会议。

那天，太阳从《公民凯恩》那副软塌塌的宣传幕布上升起。体衰但是仍旧警觉的大人物克林特孤独地守在他那巨大的豪宅里；他那数以百计精心挑选的橡树和杜鹃花灌木丛被包裹在无人在意的冰层中；身穿黑色西服开着宝马和奔驰行驶在光亮的私人车道上的人，当他们第一次看到达拉斯的香格里拉时惊呆了。他们几乎都听说过巨富，但是很少有人这么近距离地看见过巨富所过的生活。不止一人只是摇了摇头。这是怎么做到的？

在克林特的豪宅里，所有人聚集在客厅。他们看着一位仆人将坐在轮椅上的克林特推进来。他没有说话，他不能说话，菲利普·帕尔默代他说话。律师们倚在他们的椅子上，帕尔默宣布，克林特已经暂时同意救助方案，大规模注资并计划开发或出售默奇森兄弟公司在达拉斯最大的8处房地产。帕尔默透露，克林特的救援者不是别人，正是希德·理查森的侄孙鲍勃·巴斯（Bob Bass）。这一刻真是百味杂陈。早在44年前，正是老克林特·默奇森借给希德·理查森贷款，帮助他度过了大萧条时期最艰难的几年。现在，老克林特的儿子坐在他的轮椅上，才彻悟希德·巴斯（Sid Bass）和他的兄弟们已经实现了他没有实现的目标，当巴斯兄弟们在华尔街股市和高科技初创企业投资时，他正在吸食可卡因。

现在，显然是巴斯兄弟们报答老克林特多年前的恩惠的时候了。有一位鲍勃·巴斯的人也在场，当律师们分为小组的时候，他们追问这个人这项救助方案是否属实。从他的回答中，大家总结为这是不可能的，一切似乎都还停留在讨论阶段。一位债权人的律师提出，克林特应当被强制破产。其他一些人反对，他们担心如果他设法恢复经营所产生的后果。后来，每个人都试着与克林特握了手，祝愿他早日康复，在布满冰晶的大树下开出了克林特的私人车道，没能解决任何问题。几天之内，不出大家的意料，巴斯家族救助的承诺就像西得克萨斯的海市蜃楼那样烟消云散。一周以后，在花旗银行的带动下，有三位债权人忍无可忍了。他们向达拉斯联邦法庭提出诉讼，要求默奇森兄弟公司按照《破产法》第 7 章申请破产。经历了这件事以后，克林特再也没有其他选择了。1985 年 2 月 22 日，他的律师要求法庭将请愿书转换成自愿破产并按照破产法第 11 章办理。一切都结束了。

在接下来的几个月里，达拉斯法庭里的秘书室里逐渐填满了大量的卷宗，这些资料白纸黑字毫不留情地显示，曾经不可一世的默奇森王国已经被一波又一波的债务淹没。对很多人来说，这简直不可思议，克林特是如何能够在这么久的时间里一直逃避着灾难的到来。所有债务人的索赔，针对默奇森兄弟公司和克林特个人的都有，最终超过 11.5 亿美元。克林特的资产，包括西班牙海湾和豪宅，估值大约仅为 7100 万美元，他手头上的现金有 4876.66 美元。

第二年，当那些律师们清算他的财产时，克林特仍旧坐在他的轮椅里沉默着。他的房地产卖出了约 3 亿美元，其余还有 5000 万美元。这就意味着所有的债权人借给默奇森家族每一美元只能收回 20 美分。克林特在得州体育场的套房卖得 920 000 美元。豪宅以 1400 万美元卖给了一家房地产开发商，这家开发商打算将其周围的土地细分成很多家庭住宅。对于克林特来说，最后的耻辱是在 1986 年 10 月的现场旧货出售，他和安妮在搬出去之前被迫忍受这一切。他们把他推进拍卖的地方，他坐在那里，目光呆滞，投标人来拍拍他的手。他们中的有些人眼里噙着泪水。然而，拍卖一开始，这种伤感的氛围就结束了。

这些参加拍卖的人对克林特那 12 英尺高的镶嵌象牙的红木餐桌寄予厚望。“这张桌子，”一位叫作佩里·伯恩斯（Perry Burns）的拍卖商向大家宣布，“是专门为默奇森家族定制的，估值 25 000 美元。”[4]

第一位出价100美元。

“我无法相信，”伯恩斯说。“在过去20年里，每一位拜访达拉斯城市的重要人物都曾在这张桌子上用过餐。让我们严肃一点出价，来个6000美元吧。”

竞价微升至500美元。

“这是历史，”伯恩斯恳求着。“我们正在谈论历史。”这张桌子最终以2900美元被拍卖。

克林特的艺术品拍卖的情况并不比这张桌子的情况更好。

一组丛林风格的绘画和挂毯，价值在4000 ~ 12 000美元，被以平均500美元的价格出售。甚至他收藏的牛仔队的纪念品都没有激起大家的拍卖热情。伯恩斯举起了一本剪贴簿，里面有克林特参加1971年超级碗杯的入场券，它上面有许多当时选手的亲笔签名。“看，”伯恩斯说，“这里有罗杰·斯托巴克（Roger Staubach）、鲍勃·丽莉（Bob Lilly）、凯文·希尔（Calvin Hill）和托尼·弗里奇（Tony Fritsch）——所有人的亲笔签名。你们绝对不能错过这个。”

有人出价25美元。

“你是在开玩笑吧，”伯恩斯说。

“50美元，”另外一位喊出了这个价格。

伯恩斯做了个鬼脸。“噢，我多么希望石油还在流淌啊，”他说道。

达拉斯这座奉行阿谀奉承和崇拜英雄的城市，对失败者不感兴趣。这是一次冷漠的告别，那一年很多得克萨斯州原本很富有但是被迫破产的人都经受了同样的冷漠，包括曾进入房地产行业的约翰·康纳利，休斯敦的开发者哈罗德·法伯（Harold Farb），以及著名的心脏外科医生登顿·库尔利（Denton Cooley）。由于默奇森拍卖一直持续了整个11月——一直贯穿了整个冬天，其中有几天甚至允许公众漫步在豪宅中——克林特最终被推出了自己的家门。他和安妮穿过大街，来到一所很小的房子，这房子比他们曾经住过的豪宅的客厅大不了多少。克林特在这所房子的小卧室里度过了余生，由一位护士照顾，当他需要帮助的时候只能摇铃铛，他衰弱得很快。1987年3月，他感染了肺炎被送进了医院。到那个时候，他已经是一名植物人了。安妮和他的孩子们定期去看望他，但是除了等待无能为力。3月29日，周日，小约翰出现了，握着他叔叔的手原谅了他。克林特的眼睛睁开了，但是仍旧不能说话。第二天晚上，他去世了。

在克林特去世的第二天，晨间新闻发表了一篇社论，感谢他给达拉斯带来了牛仔队，并登载了关于他生平的两篇文章，仅此而已。像克林特·默奇森这样大人物的时代已经结束了。得克萨斯州还要继续前进。3天后，当克林特的很多老朋友离开他的追悼会时都感到迷惑不解，他们都有点摸不着头脑。追悼会在圣心教堂举行。安妮一直在张罗着。汤姆·兰德里以及其他人念了悼词，但是唱主角的却是传教士奥伦·格里芬，他穿着一件白色西装，站在一个树脂玻璃讲台前。他一直在提及“克林特教友”。有人在演奏一首吉他独奏，当克林特的朋友们互相交换目光的时候，一班女孩穿着长袍出现了，她们跳了一段舞蹈。

这是克林特晚年岁月里很难为大家所知的一面，在这些人里，很少有人听说他已经信奉了上帝。很明显，传教士奥伦·格里芬早已知道。“我一点也不感到惊讶，”格里芬一度这样说，他的眼睛看向天空，“如果克林特教友此刻能在这里，他一定也在宝座前跳舞，高喊‘伟大的耶和华！’”对于那些见过这个得克萨斯州人曾经的国王在“21”酒店的桌子间翻跟头的人，见过他在一个公共厕所筹得百万美元贷款的人，知道他在7天里睡了7个女人的人，知道他曾经乘坐一架漆着斑马条纹的喷气式飞机飞向他私人岛屿的人来说，这样的追悼会根本不是人们纪念他的方式。

4

尽管在20世纪80年代早期石油价格飙升，但是股票市场并没有随之上涨。这造成的后果是几乎所有大型石油公司的石油和天然气储量都保持在每桶30美元，它的实际价值远远超过了它们所持有的股票的市值。分析家称这种现象为“价值差距”。不久，精明的美国投资者们就会意识到，能够最便宜的获得石油储备的地方不再是北海的海底，而是纽约证券交易所。

在第一批认识到这一点的得克萨斯州石油大亨里面，有一个人最特别。他的名字叫作T.布恩·皮肯斯（T. Boone Pickens）。出生于1928年且只比邦克·亨特小两岁的皮肯斯是一位地质学家，不安分并且顽固。他离开了墨守成规的菲利普斯石油公司，在他的家乡阿马里洛建立了一家独立的石油公司，他命名这家公司为梅萨石油公司。皮肯斯从堪萨斯州的天然气中掘到了第一桶金，但是他真正的才华在于他把握住了资本市场。1969年，早在敌对的收购者们还在互相斡旋的时候，他就已经完成了对雨果顿的收购，这是一家比梅萨石油公司大得多的天然气制造商。

在20世纪70年代，皮肯斯都在全国各地开采石油和天然气，但是到了1982年，他突然意识到，美国石油公司的价值已经彻底地贬值了。皮肯斯发动对城市服务公司的第一次进攻。城市服务公司是美国排名第18位的石油公司，规模是梅萨石油公司的3倍。城市服务公司的回应是向梅萨石油公司发出了收购要约。正在那时，海湾石油公司强势跟进对城市服务公司发出他们的收购要约，迫使城市服务公司的高管们将公司卖给西方石油公司。皮肯斯带着3000万美元的利润撤出了这次收购争端。在接下来的几年里，皮肯斯先后向菲利普斯、海湾和优尼科3家石油公司提出收购要求，但是从来没有实际购买，都是在股票上赚了钱。他把他的进攻隐藏在“股东权利”这样的民粹主义措辞中，从某种程度上来看，他俨然成了一位平民英雄。不久，他就成了最新的登上《时代》杂志的得克萨斯州石油大亨。

在闪闪发光的新沃斯堡总部，行政办公室中装饰着贾斯培·琼斯（Jasper Johns）、希德·巴斯和理查德·雷恩沃特（Richard Rainwater）的作品，这些办公室引人注目。最近几年他们一直都很忙，从美国航空公司收购了一系列度假酒店，然后累计持有了几个上市公司的股份并以更高的利润销售给管理层；他们仅从与蓝铃公司的一项不太引人注意的交易中就赚到了6000万美元。接着，在1981年，雷恩沃特正要离开华尔街一位银行家的办公室，当电梯门关闭的时候，银行家插话了：“你应该看看马拉松石油公司！”

马拉松石油公司是美国排名第17位的石油公司，每年有80亿美元的收入。希德对这家公司非常了解，每一位得克萨斯州石油大亨也都非常了解这家公司。正是马拉松石油公司，后来改名为堪萨斯中部石油公司，于1926年在米德兰的南部参与发现了巨大的叶茨油田，这一次的冲击开启了西得克萨斯租赁的时代。马拉松石油公司此后一直都从这个油田开采石油，开采量超过8亿桶，地下仍有12亿桶。“这就是一个巨大的石油洞穴，”巴斯告诉雷恩沃特，“我的意思是，你只要打开龙头，石油就会喷涌而出。”在产量好一点的年份中，叶茨油田可以出产 2500 万桶石油和天然气，按照一桶石油 30 美元计算，这意味着该油田每年创造 7.5 亿美元的收入，并且马拉松石油公司在世界各地都有油田。然而，当希德自己计算的时候，其股票的价值仅有 38 亿美元。“真是荒谬，”希德哼了一句。

1981 年年初，他们开始购买马拉松石油公司的股票。等到巨头美孚公司的高管们开始看到同样的差异值，并吵着要在秋天收购马拉松石油公司时，巴斯和雷恩沃特已经累计持有马拉松石油公司超过 5% 的股份，价值 1.48 亿美元。此时联邦法规要求巴斯向美国证券交易委员会（SEC）正式告知他所持有的股票的份额。马拉松石油公司的高管们担心恶意收购，并为此感到恐慌。一个月后，他们将马拉松石油公司卖给了美国钢铁公司。一旦这项并购完成，巴斯和雷恩沃特带着 1.6 亿美元的利润离开，其利润值是他们当初投资额的两倍还要多。这是他们迄今为止做的最赚的一笔生意。当巨额收益收入囊中之后，巴斯感叹：“哇哦，让我们再干一笔吧！”

他们开始在每一家不同规模的石油公司中寻找机会，甚至他们持续买入和卖出几十个非石油公司的股票。收购狂潮推动股票市场越走越高，甚至较小的投资都能带来可观的回报。巴斯家族将他们在一个叫作阿姆法科的公司的股票出售给了该公司的管理层，换回了 5000 万美元，数额小到媒体几乎没有注意到。随着收购数量开始增加，巴斯和雷恩沃特第一次发现他们已经处在“交易流”中，这是任何一个华尔街交易员头脑发热、挥金如土时都会经历的一刻。

他们下一个庞大的投资目标是德士古石油公司，1984 年，该公司发现自己已经成为泛滥的收购交易的目标。巴斯和雷恩沃特购买了数百万美元的股份，最终累计持有了德士古石油公司几乎 10% 的股份。随后，他们又将这些股份卖给了德士古石油公司，赚到了 4 亿美元的利润。在他们卖掉这些股份的同时，雷恩沃特已经选好了他们的下一个目标：沃尔特・迪士尼公司。迪士尼已经被纽约投资商索尔・斯坦伯格（Saul Steinberg）盯上了，他得到了雷恩沃特的一位在华尔街工作的朋友的支持，这位朋友就是垃圾股大师迈克尔・米尔肯（Michael Milken）。在一年以前，雷恩沃特就已经得到了一处佛罗里达的房产机构，当迪斯尼询问想要购买这处房产机构的时候，他们之间通过协商最终达成了一项交易，巴斯家族同意以阿尔维达公司两亿美元的股份与迪士尼做交换，这些占到了迪斯尼总股份的7%。这是迪斯尼高管们以友好方式得到大量股票的一种方法。

希德研究了迪士尼公司的财务以后，他感到失望。这家公司每年都在亏损。其电影工作室几十年来没有一点成绩。其主题公园已经年久失修。不过，雷恩沃特已经做足了功课。他强调，迪士尼是一支被低估的股票。股价在55美元的范围内波动。但只要将主题公园13美元的门票价格增加一倍，这笔门票收入将直接被记为利润，这样就能够使迪士尼公司变成100美元一股。加上适当的营销手段和广告宣传，他告诉希德迪士尼有可能价值达到200美元一股。

1984年夏天，在巴斯家族得到第一批股份之后6个月，迪士尼的管理层买下了索尔·斯坦伯格。但是不久，购买迈克尔·米尔肯的事宜刚刚尘埃落定，迪士尼公司就遭到了更多的攻击。华尔街套利者伊凡·博斯基（Ivan Boesky）累计持有了迪士尼股份的大量的股票，他后来因为一桩臭名昭著的内部交易丑闻锒铛入狱，掠夺成性的投资商艾文·雅各布（Irwin Jacobs）同样也持有了迪士尼的大量股票。迪士尼的高管们之前喜欢希德，常与他见面，现在转向巴斯求助。在一系列的闪电般的操作后，巴斯和雷恩沃特用他们从德士古石油公司赚来的4亿美元的利润买通了博斯基和雅各布斯，卖给了他们迪士尼股份中具有决定性的18%的股权。他们买入的股票越来越多，接近25%的股份，总价值达5亿美元。在仅仅6个月里，他们就已经实现了对这家公司的有效控制。很快，巴斯就推动公司雇用一名新首席执行官迈克尔·埃斯纳（Michael Eisner），随后在迈克尔·埃斯纳执掌迪士尼的几年里，该公司变成了世界上最强大的娱乐公司之一。到了20世纪90年代初期，巴斯家族在迪士尼的5亿美元股份的价值已经涨到了令人惊愕的28亿美元。

这是希德的最高成就。用了仅仅16年，在20世纪最大的投资市场里，他和雷恩沃特已经将巴斯家族的财富从5000万美元增加到了大约50亿美元甚至更多。在迪士尼这个投资中，希德孤注一掷，他将会在多年内一直保持着最大的股东地位。不言而喻，迪士尼的这笔投资标志着希德退出了其他的大笔投资。事实上，他的所有资本几乎都投在了迪士尼的股票中。雷恩沃特不久以后就辞职了，搬到了希德楼下的办公室，开始单干，他一直是华尔街历史上最成功的投资商之一。

然而，希德的“退出”是苦乐参半的，因为当他有效控制迪士尼的时候，他被迫分割了他父亲的遗产——巴斯兄弟企业。巴斯四兄弟中的每一位都将走他们自己的路。分割遗产这件事几乎都是由他的兄弟鲍勃引起的。鲍勃和安妮似乎想要脱离家庭走自己的路。鲍勃从小信奉卫理教，后来成为了沃斯堡老会的一名长老。他拒绝用家里的安保人员，更喜欢自己的保镖。鲍勃和安妮成为了热心的自然保护者——并领导了一场当地的反对扩建高速公路的斗争，这一壮举得到了巴斯家族的支持。

多年来，鲍勃一直被要求肩负起巴斯家族的责任，然而后来希德和雷恩沃特事无巨细，已经没有什么事留给鲍勃来做。在连续数年鲍勃要求自行管理财产后，1983 年希德最终同意分拆巴斯兄弟，此时，鲍勃建立了他自己的公司，并开始了他的第一个大型投资项目。从 1983 ~ 1985 年，他花费了三年最好的时光，最终实现了分拆，但他们面临税收问题，根据 1983 年的法律，分拆巴斯家族广泛的投资，要求兄弟每个人缴纳数亿美元的税。希德说服了得克萨斯州议员劳埃德·本特森（Lloyd Bentsen）起草法案改变税收法律，但是毫无帮助。然而，最后一项有利的国税局的裁定达到了同样的目的。经历了家族资产分拆后，希德和鲍勃相互之间再也不说话了。4 个兄弟平分了家产，将所有财产加起来每人都获得超过 10 亿美元。

排行最小的李在沃思堡市经营石油公司。排行老二的兄弟埃德 1979 年从新墨西哥州返回，开发了一个市区的商店和办公区域，并将其命名为圣丹斯广场，强化了他对环保事业的承诺。在分拆家族财产的时候，埃德已经被《纽约时报》誉为美国环境研究最大的个人赞助者。在他多种多样的项目中，有位于波多黎各的 1042 英亩的雨林保护区，位于加德满都的背包客酒店，一艘 82 英尺高的海洋研究船，一个位于法国南部的 20 英亩的研究农场，在澳大利亚内陆地区 900 平方英里的牧场，以及在他的母校耶鲁大学开设的价值 2000 万美元的生物圈研究所。他同时兼任世界野生动物基金会、纽约植物园、非洲野生动物基金会、珍·古道尔野生动物教育和保护研究协会的董事会成员。

这些年来埃德一直被诟病的是他无法摆脱约翰·艾伦（John Allen）的影响。约翰·艾伦是他曾经在新墨西哥州希纳吉亚牧场遇到过的一位未来主义者。埃德对于这些指责从不理睬，但是他的很多工作都是艾伦那些奇思妙想的延伸，包括一项构建独立的生物圈的计划，这样人类文明能够在核爆大屠杀后重现。埃德最引人注目的项目是这样的一个生物圈，被称为生物圈2号，它是建在亚利桑那沙漠的一组庞大的玻璃建筑，1989年，一组“生物圈2号居民”将过上两年与外界没有任何接触的生活。

与此同时，鲍勃·巴斯拿走了他从巴斯财富中分得的那一份，开启了作为一个激进的华尔街投资者的短暂的职业生涯，在20世纪80年代末他推出了一系列的恶意收购计划和杠杆收购。他和安妮仍然是活跃的历史保护主义者。他们购买了尤利西斯S. G. 格兰特从前的乔治城大厦并在华盛顿安了家。他们与家族其他人的关系、特别是与希德的关系从来没有修复过。

而希德的多数时间是待在纽约，1983年6月，他花费了525万美元购买了形状不规则的第五大街的公寓，这在当时创下了记录。它的豪华在整个曼哈顿都是众所周知的，装饰着精美的法国古董，餐厅里摆着一排莫奈的画，客厅里有两副巨大的罗思科作品和一系列的马蒂斯作品。第二年，希德被任命为大都会艺术博物馆的董事会成员。安妮成为纽约芭蕾舞捐助者的领导者，这一直持续到她与一位讨厌的创意总监发生了争吵。他们也许可以在之后的岁月中一直过着这样的生活，环游世界，收藏最精美的艺术品，但是在1986年，希德爱上了一位名叫默西迪丝·凯洛格（Mercedes Kellogg）的有夫之妇。在这次桃色丑闻中，他们两人都离开了自己的配偶，这让八卦专栏作家忙碌了好几个月。

离婚以后，希德给安妮的赡养费据说有4.5亿美元，希德娶了默西迪丝，从新闻头条转向低调奢华的私人生活。穿着白外套的管家在每一所房子里走来走去，一架猎鹰喷气式飞机依主人的心情而定，经常在周末等候在巴黎、罗马、里约，希德·巴斯登上了希德·理查森所无法想象的高原，遥至一个得克萨斯州人可以到达的遥远的温克勒县的荒原中。事实上，对于很多人来说，他的生活就是一种充满现代气息的幻想，是一种沃尔特·迪士尼可能会虚构出来的生活，一副无止境的画面：私人飞机、总统晚宴以及与纽约的作家、艺术家、政治家共同度过的碰撞智慧火花的夜晚。当然，这并不是完美的——希德将会告诉你这一点——但是故事的尾声还在继续，这结局已经远好于小克林特·默奇森的结局。

或者说，他的结局也已远远好于邦克·亨特的结局。

5

20 世纪 80 年代，逐渐从邦克的白银交易的闹剧中带来的财务和情绪打击中恢复过来，H. L. 亨特其他几个孩子开始分道扬镳。有的兴旺，有的衰败。在白银交易中损失大笔金钱的拉玛尔，于 1981 年解散了他的足球队飓风队，随后数年，他不断与竞争激烈的网球圈中的人士争吵，由于世界网球锦标赛的合并和解散，他也放弃了这项运动。虽然他仍然掌握着堪萨斯酋长队，但是他的鼎盛时期已经一去不复返。多年后，他的妹妹卡罗琳，一个曾经默默无闻的达拉斯家庭主妇在离婚后重新振作起来，在一座位于龟溪的大厦开了一家豪华的达拉斯旅馆。不久以后，她就开始在世界各地购买和建造旅馆。雷·亨特，最终在家族那错综复杂的关系中获得了自由，开始继续打造亨特石油公司。1981 年，在全球勘探石油的冒险中，他在北海发现了石油。随后，根据遥远的中东国家也门政府的相关规定，他签署了一份钻探协议。在接下来的 20 年里，亨特石油公司从也门的砂质土壤中抽取了数十亿桶的石油。

促使亨特家族第二代人分崩离析的因素——从情感和财政上说是因为邦克和赫伯特为了逃避白银交易危机而借用的价值 11 亿美元的巨额贷款。抵押物为普莱希德石油公司，而它仍然属于 6 位兄弟姐妹的委托资产。只要石油价格一直上升，这样做就不会引发非议。20 世纪 80 年代初期，普莱希德石油公司估值在 22 亿美元，是贷款的两倍。但是在 1983 年石油价格开始下跌之前，玛格丽特和其他兄弟姐妹意识到，如果最坏的情况发生，比如邦克和赫伯特拖欠贷款，那么银行就会追着普莱希德石油公司要钱，这将让“毫不相干的”兄弟姐妹们损失数百万美元。

玛格丽特开始切断她与普莱希德石油公司、邦克和赫伯特所有的财务往来。在整个 1982 年至 1983 年年间，家庭律师都在致力于将玛格丽特、卡罗琳以及哈希所持有的股份与邦克和赫伯特的股份分割开。最后，这 3 个人带着普莱希德石油公司一些最有前景的油田离开了。邦克和赫伯特为了摆脱多年可怕的传言——都不得不于 1980 年在国会面前就白银交易作证——努力摆脱 11 亿美元债务的限制。玛格丽特和卡罗琳从普莱希德石油公司带走的油田使得原本的公司规模更加缩小，每个月用来支付给银行的现金越来越少。起初，在1982年，兄弟俩在减少债务负担上取得了一些成功，通过将石油资产出售给刘易斯石油公司筹集了4.1亿美元。后来，通过将股票卖给其他公司，包括路易斯安那土地和勘探公司和海湾资源公司，他们又筹集了1.61亿美元。邦克原本打算卖掉更多的资产，但是银行财团的管理合伙人，纽约的摩根担保信托公司坚持要求他们必须拿出新的抵押物来代替任何他们想要卖掉的资产。邦克说服了其他银行解除与摩根担保信托公司的合作，并且他成功了，取而代之的是信孚银行和达拉斯共和银行这两家银行，它们提出的要求似乎更加合理些。

然而，邦克面临的形势刚刚有所缓解，油价就开始下跌。彭路德钻探公司首先觉察到了股市的动荡。彭路德钻探公司出租钻井平台，但是，石油价格的下跌意味着所有大型石油公司冻结或缩减勘探新油田直到价格稳定再行动。过了几个月，彭路德钻探公司越来越多的钻井平台闲置了下来。邦克的公司背负着4亿美元的债务，1983年年底，邦克要求银行提供更好的条件，包括5700万美元的新贷款。银行同意了，但是要求他提供更多抵押物。邦克和赫伯特勉强同意了，交出了位于理查森郊区、北部中心高速公路沿线的476英亩的土地。新贷款的第一笔还款日期一直延迟了1985年5月。目前，彭路德钻探公司似乎是安全的。

然而，坏消息接踵而至。亨特的石油公司至少还正常运行着，邦克和赫伯特的糖帝国正在倒塌。这家公司从1974年收购西部制糖公司起步，之后几年里不断扩张，随着对其他公司的收购，公司越做越大，最终做成了一家控股公司，并命名为亨特国际能源公司，即众所周知的HIRCO。自从软饮料行业决定开始使用玉米和人工甜味剂代替糖来对可口可乐、百事可乐等饮料调味后，HIRCO公司感到措手不及，多年来持续亏损。20世纪80年代早期，糖的价格一直在下跌。当HIRCO的供应商们因为糖价下跌要求签订新合约时，亨特家族拒绝并进行了起诉。他们之间的生意结束了，邦克试图卖掉制糖工厂，但是没有人感兴趣。

1985年3月，HIRCO的糖子公司申请破产保护，资产仅为1.75亿美元却负债2亿美元。一个月以后，HIRCO总公司也申请破产。6个月后，一位联邦法官收回了亨特手中对所有业务的控制权，并让一位达拉斯受托人进行监督。据保守估计，制糖业务已经花费了邦克和赫伯特超过 10 亿美元。

自始至终亨特家族都在设法继续维持。普莱希德石油公司和彭路德钻探公司仍旧庞大并持续运转，即使在最灰暗的时刻，邦克和赫伯特也从来没有面临过发生在克林特·默奇森身上的事情。1983 年，他们将所有的办公室搬到位于达拉斯市区的新的感恩塔。邦克仍然有能力飞行环游世界，去加州和欧洲观看他的赛马比赛。1985 年，据福布斯杂志评比，他仍旧在世界财富排行榜上位列第 19 位，虽然他的净资产只是 10 年之前的一小部分。当他为尼加拉瓜反政府游击队（该组织是由一名叫作奥里弗·诺斯（Oliver North）的白宫助理秘密资助的）捐款时，他仍然时不时地会出现在新闻头条。总体来说，亨特家族保住了。如果不是因为巨额的债务，并且大多数债务都被计划用来应对白银救助，他们也许就能渡过难关。但是，在每一次转折时，白银始终都会困扰着他们。1984 年年底，美国国税局起诉了邦克和赫伯特，追讨与白银相关的两亿美元税款。紧接着 1985 年 3 月，历经 5 年的联邦调查，最终，商品期货交易委员会投诉了亨特兄弟，正式指控他们非法合谋垄断白银市场。他们花费了数年出售所有的白银。当最后一块白银终于卖掉，邦克和赫伯特已经损失了数十亿美元。

与此同时，1984 ~ 1985 年，石油价格继续下跌。到 1985 年中期，普莱希德石油公司和彭路德钻探公司，作为支持亨特帝国的两大支柱，正处在应对银行债务的边缘。彭路德钻探公司的钻井中仅仅一半在工作，与 10 年前高度繁荣的时期相比，那些钻探设备的需求还不到一半。仅 1984 年一年，损失就已经达到了一亿美元。邦克和赫伯特继续出售普莱希德石油公司的部分资产，但是所得的现金有一半仍旧在支付剩下的白银债务。再也没有足够的现金可以用来购买新油田来代替卖掉的油田，这样下去普莱希德石油公司将会衰败直至死亡。最后一线生机是一项冒险的计划，邦克和赫伯特盯上了墨西哥湾的绿色峡谷，分析家相信，这个区域储藏着数十亿桶的石油。邦克相信，如果普莱希德石油公司能够在墨西哥湾的深水中发现石油，也许能够找到生存之路。

然而，到了 1985 年中期，普莱希德石油公司和彭路德钻探公司告诉银行，他们迫于形势无力偿还债务。邦克和赫伯特恳求能够获得更多时间，但是银行拒绝了。它们已经看到了兄弟两人是如何失信于制糖公司的借贷银行，因此不再相信他们。银行要求邦克和邦克偿还贷款，并不在意还贷的钱从哪里来。“它们并没有觉得有什么不好，”邦克曾经回忆到。“它们说，‘如果普莱希德石油公司无法偿还，那么就从亨特家族的其他人那里拿钱来偿还。’”

1985年年底，当石油价格迅速下滑时，亨特兄弟与银行之间的谈判过程已经非常紧张。1986年，石油价格就像一块石头一样不断下沉，最终在这年夏天跌到了每桶12.88美元。在一片恐慌中，银行财团要求越来越多的抵押物。邦克和赫伯特几乎都回绝了。他们坚持认为，如果有希望在绿色峡谷开采到市场需要的大量石油，那么他们需要的是更多的现金而不是更少。

随着石油价格直线下降，普莱希德石油公司没能在第一个还贷日3月27日还款；2个月以后，彭路德钻探公司同样也错过了还贷时间。5天以后，银行提前收回借款。邦克和赫伯特已经没有时间了。3周以后，他们已经到了破产的边缘，他们提交了一份针对23家不同的银行、涉案金额达36亿美元的起诉，起诉这些银行欺诈性地计划“拆解和摧毁”普莱希德石油公司和彭路德钻探公司。一个月以后，银行反诉邦克、赫伯特和拉玛尔，要求他们立即偿还总额超过13亿美元的贷款债务。

1986年8月底，当普莱希德石油公司依据《联邦破产法》第11章（主要用于破产保护）申请破产保护时，整个事件被捅到了联邦法庭。全国各地的律师成群地来到达拉斯旁听这起案件的审理。在长达一年多的法律辩论中，银行要求立即偿还他们的贷款。亨特的律师要求将偿还贷款的时间延期，给普莱希德石油公司一个机会在绿色峡谷发现石油。银行的多次申请均获法院支持，亨特家族在1986年12月份撤换掉了从波士顿聘请的律师，雇用了名叫史蒂芬·萨斯曼（Stephen Susman）的达拉斯律师，这位律师的几次申请开始赢得法院的支持。

1987年中期，萨斯曼加入到会谈中，目标是解决所有诉讼并制定偿还银行贷款的进度表。但是，对于亨特兄弟来说，这已经太晚了。石油价格已经暴跌，等待他们的是巨额的贷款。赫伯特是最先倒下的，他于1987年7月22日提交破产保护。邦克已经竭尽所能地拿出了他的财产来偿还贷款，但是银行要求他用剩下的股份来抵扣普莱希德石油公司欠下的贷款，他别无选择。最终，在1987年12月，正如全国各地数以百计无家可归的石油商人那样，邦克紧随赫伯特的步伐，提交了破产保护。拉玛尔在同一时间也提交了破产保护，他卖掉了位于达拉斯北部的豪宅，举家迁往高地公园更小的房子，距离邦克的住所不远。所有亨特兄弟的主要资产制糖公司、彭罗德公司和普拉希德公司都处在破产保护中，现如今三兄弟只剩下自己。

亨特兄弟和银行之间的斗争将会持续更久，但终将会虎头蛇尾的结束。故事已经结束了，至少对于邦克和赫伯特来说是这样的。很快赫伯特将会开始出售他心爱的古董硬币。邦克将会被迫开始出售他的爱马。在仅仅 10 年间，“归功于” 20 世纪最轻率的财务计划之一，两兄弟已经从世界最富有的一群人沦落成世人的笑柄。

6

就像 20 世纪 50 年代末得克萨斯州石油黄金时代的终结一样，没有正式通告宣布，大富豪时代就走向了尽头。当然，得克萨斯州还将继续前进，但是一些事情已经消亡，没有人能够具体明确是那些事是在什么时候发生的。有人认为是亨特家族的破产，有人认为是克林特·默奇森的破产，还有人认为是约翰·康纳利破产后糟糕的拍卖。事实上，结果并不是伴随着某个独立事件而来的，而是由几十个小的灾难性的事件引起的。如果一定要选一个日期，很多人将会选择 1987 年 6 月 1 日的午后，当吊车的破碎球第一次砸向新乐酒店的墙壁的时候。

这件事的发生是多年发展的结果。在其辉煌时期，这家酒店曾经接待过从艾森豪威尔到里根等 6 位美国总统。20 世纪 80 年代早期，这家酒店很少住满，曾经有弗兰克·西纳特拉（Frank Sinatra)、米尔顿·伯利（Milton Berle）和李伯拉斯（Liberace）出席的盛大晚会早已被年青人的乐队为高中生演奏的舞会所取代，这些青年来自梨园市、赛普里斯以及休斯敦满是沙砾的南部。游泳池还在那里，仿佛还保持着格伦·麦卡锡刚离开时的样子，但是科克俱乐部早已不复存在了，穿着燕尾服的石油业的百万富翁和明星们也都被那些惹人喜爱的退休人员所代替。1985 年 12 月，希尔顿酒店宣布将其出售给不断扩张的得克萨斯医疗中心，该医疗中心有一半的设施都堆在酒店附近，等着被安置在空闲的地方。它们对外宣称，新乐酒店将要关门，然后将拆除所有建筑，取而代之的是一个停车场。

附近一个名为“拯救新乐酒店”的社团成立了，他们要拯救酒店。1986年3月16日的那个周末，圣帕特里克节的前一天，他们当中的九百人沿着南部主干道游行，然后转到霍尔库姆，人群散开来围成圆圈包围了这座古老的酒店。有一个人穿着一件写着“拆掉新乐酒店就像拆掉阿拉莫”的T恤衫。电视摄像机不停的记录着，当地的记者穿梭在人群中，快速地在他们的笔记本上写着。这场游行曾经一度引起过轰动。一位记者采访了一位穿着黑色西装的老人。他的话语震撼着现场的人群。

这人正是格伦·麦卡锡。

那时他将近80岁，已经认不出来他昔日风光的形象，他佝偻着背，穿着破旧，几十年来喝野火鸡威士忌所受的摧残，使他的脸颊已经凹陷。他和妻子芳汀，多年来一直住在拉波特的郊区，纵使没有被休斯敦遗忘，至少已经被抛弃了。“拆除它是愚蠢的，”当记者记下他的话语时，麦卡锡愤怒地说。“那些决定将它拆毁的人已经失去了理智。这是一个全世界闻名的地标。当它建成的时候，休斯敦只是一个小城市。”[5]

在6月新乐酒店被关闭的那个晚上，麦卡锡没有去参加大型守夜活动。这是一个令人伤心的夜晚。一位老妇人在大厅里痛哭，中年人们带着他们的孩子穿过游泳池，指给他们的孩子看自己还是男孩时曾经游泳的地方。午夜之后，当最后一名游客乘着电梯下楼时，顶层的套房中传出了一曲用风笛吹奏的小夜曲。拍卖3.5万份包含麦卡锡记忆物品的那一天，麦卡锡没有到场，这些被拍卖的东西包括数以百计的新乐酒店的毛巾和衣服，以及数以千计的新乐酒店的餐具。有一个人买下了整个餐厅，并以新乐咖啡厅的新名字在一家休斯敦的购物中心重新开业。

从那以后直到1987年5月末，拆除房屋的施工队到达现场，整个建筑一直都空着，大门紧锁，发着霉，他们并没有安装爆炸装置让它在震耳欲聋的巨响声中轰然倒塌，而是决定使用破碎球，一片区域又一片区域，一次又一次的敲打，就像失意的阿特拉斯的拳头打击在巨大的花岗岩外墙上。一共花费了几个月的时间才将整栋建筑拆毁，直到12月所有工人才离开，只留下一片废墟。

一个月以后，格伦·麦卡锡切除了肾脏。医生将他推出了圣卢克医院的手术室，芳汀将他安置在了一家护理院，在那他延续了一年的生命。最后，在1988年12月26日，就在他81岁生日的第二天离世了。尽管他们要试着向更年轻的读者解释他曾经是怎样一个人，但报纸上称赞他为“得州巨人”。1000人参加了他的追悼会，一位来自新乐酒店辉煌时期的酒吧歌手为他演唱了《你永远不会独行》和《伦敦的空气》。他们将他安葬在了休斯敦的格伦伍德公墓，紧邻霍华德·休斯的公墓。“他是一个强势的人，有关他的酗酒和打斗的故事确实是真实的，在伟人中没有像他这样性格的人。”他的一位老朋友对记者说。“他是一个男人，他可以为此感到足够地骄傲。我从不认为会有第二个他这样的人，过去没有，以后也不会有。”

结　　语

20 年。距离最糟糕的时代的结束已经 20 年了，小克林特·默奇森的去世，亨特的破产，当时，得克萨斯州的银行的资金链似乎每个周一都会崩溃，休斯敦和达拉斯的办公大厦空空如也，他们称之为“一览无余”建筑。那是一个巨富们最终土崩瓦解的时代。当然，得克萨斯州活下来了，正如亨特家族、巴斯家族、卡伦家族和默奇森家族中的一些人那样活下来了，但是今天一切都不同了。四大家族里没有一个人在商业或政治舞台上占有一席之地。当乔治 W. 布什（George W. Bush）在 2001 年进入白宫的时候，他们中的一些熟悉的名字开始出现在总统的餐桌上。事业仍然蒸蒸日上的雷·亨特就是其中之一。2007 年，亨特石油公司获得了一个利润丰厚的特许开采权，在伊拉克北部开采石油。希德·巴斯，他的家族和亨特家族一起一跃成为布什最大的财务支持者，被拍到与总统、劳拉·布什（Laura Bush）以及英国女王在一起。

然而，今天的亨特家族和巴斯家族以及所有剩下的人只不过是居于富人之列。尽管得克萨斯州有丰富多彩的文化历史，但说句实在话，它仅仅只是一个州。它还有其他值得炫耀的地方吗？那些石油大亨曾经很了不起吗？对于一名得克萨斯人来说，答案是有的。对于很多本土的得克萨斯州人来说，他们一定觉得在从家族到企业帝国的转变过程中失去了什么。也许是一点自信，也许是一点骄傲。就像是贵族的爵位已经被不知名的富豪统治所取代，所有这一切都非常干净利落，却缺乏了一些喧闹的得州生活乐趣。或许我们可以称这是州的成熟，就像许多人说的一样；或者称这为得克萨斯州最终进入现代化时代。这也许只是一个养子的怀旧，但是我认为这只是让人有点难过而已。

这本书是得克萨斯州一个时代的祭文，那时我还太年轻，只亲身经历了那个时代的动荡结局。但是，对于那些经历过整个时代的人来说，大富豪时代，特别是20世纪50年代的黄金时代，是一个得克萨斯州似乎要赶上它的竞争对手纽约或加利福尼亚州，成为一个经济、政治和文化中心的时代。它当然曾经产生过影响，特别是对一些政治圈子，在这些圈子里得克萨斯州的政治家们甚至一些石油大亨们仍然可以经常大声地发表自己的观点。石油大亨T. 布恩·皮肯斯（T. Boone Pickens）领导了孤星州商人，于2004年创建了对抗约翰·克里（John Kerry）的快艇组织。乔治W. 布什是靠着大笔的石油资金入主白宫的，而这些钱大多数来自得克萨斯州。根据一项统计表明，布什收到的能源公司和公司高管的竞选赞助是阿尔·格尔（Al Gore）的15倍。"来自石油和天然气的钱，"《纽约时报》在2000年写道："已经成为乔治·布什政治生涯中必要的润滑剂。"

但是，作为文化或科技领域的先行者，得克萨斯州从来没有完全兑现那些在1948年后蓬勃发展期间所提出的承诺，那个时候，无论你对他们是爱还是恨，四大石油大亨似乎已经蓄势待发，准备在美国引发真正的改变。如果他们能够早15或20年在他们刚刚开始变得富有时崛起，也许就真的能够引发真正的改变。但是到了20世纪50年代，美国正在发生改变，最杰出的石油大亨们，其中有很多是出生于19世纪，他们并没有改变。最后，保守派政治风气成为主流，大多数的得克萨斯石油大亨们也趋于保守，不声不响地成为了从巴里·戈德华特（Barry Goldwater）到约翰·麦凯恩（John McCain）这样的政客们的一个更可靠的竞选资金来源。

石油在得克萨斯州仍然占据重要的地位，但是再也不是其时代精神的主导。那些为寻找石油和天然气而运转的钻井，从1981年的1318座下降到了10年以后的311座，即使世界石油价格已经升至历史新高的今天，得克萨斯州的钻井的数量也只回升到900座左右。到了20世纪90年代中期，石油和天然气行业的税收收入只占到得克萨斯州财政收入的7%，还不到20世纪70年代后期的四分之一。在炼油上，得克萨斯州仍然占主导地位，墨西哥湾的那些大型工厂仍然比阿拉伯半岛之外的任何其他地方生产更多的汽油和石油副产品。与其说是石油收入，不如说对石油工业的领悟促成了得克萨斯州今天的增长。正如纺锤顶油田的高产井喷涌出的强大油流教育了第一代得州石油大亨们那样，此后的岁月造就了一个现代国际化的石油大亨阶层，其中有很多人今天可以在尼日利亚、印度尼西亚乃至伊拉克沙漠的油田中看到。尽管国家经济衰退就在眼前，休斯敦和大部分得克萨斯州地区今天却在繁荣发展，这并不是因为地下埋藏的石油，而是得益于工程师和管理者们多年来积累的经验。

“在 40 英里半径内几乎没有任何的石油和天然气生产的休斯敦，” 2008 年，市长比尔·怀特（Bill White）告诉《石板》（*Slate*）杂志，“其发展的推动力是这里积累的知识。”

由于石油储量缩减，得克萨斯州发现了新的财富来源，在布满荆棘的道路上成功地走了很远。和 50 年前相比，如今的得克萨斯州城市化程度和教育程度都更高。在世界《财富》五百强企业中，将总部设在得克萨斯州的企业数量比美国其他州都要多。在 20 世纪 90 年代中期，得克萨斯州的经济复苏中心是奥斯汀，在那里，有一名叫迈克尔·戴尔的得克萨斯州大学的学生创办了一家电脑公司，凭借着这家电脑公司，他将这个地区变成了一个富裕的硅谷。戴尔是新得克萨斯州的名片，至少是商界所推崇的象征物。在休斯敦和达拉斯仍然有很多富有的石油大亨，但在慈善晚宴上，紧邻他们而坐的是同样很多的富有的电子和工程行业的首席执行官们。当《福布斯》杂志在 2007 年公布美国富豪榜时，得克萨斯州的首富甚至不是石油大亨，该州首富是迈克尔·戴尔，得克萨斯州最富有的石油大亨丹·邓肯（Dan Duncan）排名第 39 位。在四大家族里，毫无悬念，巴斯家族仍旧是最富有的。罗伯特·巴斯（Robert Bass）凭借着 55 亿美元资产位居第 57 位，希德和李排名第 117 位，资产 30 亿美元，埃德拥有 25 亿美元，排名下降至 165 位。唯一登上榜单的亨特家族成员是雷，凭借 40 亿美元位居第 82 位。默奇森家族和卡伦家族没有人能再次入选这张榜单。

令人吃惊的是，人们如此之快地遗忘了那些曾经创造过这一切的人。当格伦·麦卡锡在 1988 年去世的时候，《休斯敦邮报》的标题中称他是“乐天派”，这与他的实际情况相距甚远。今天，除了在东得克萨斯和米德兰的石油博物馆以及纺锤顶油田，你得花一番时间才能找到有关大富豪们的遗迹，三叶酢浆草酒店早已不复存在，牛仔队也离开了得克萨斯体育场，并在阿林顿找到新家，小克林特那里程碑式的设施可能将被拆毁。老克林特于 20 世纪 30 年代建造的宅子现在已经不复存在了，正如小克林特的豪宅一样，为了给新的住宅小区腾出空间，它们都被夷为平地。

巴斯家族留下了更多的印迹，首先是希德·理查森大学的建筑和青年营。

这个家族大多数可见的遗产都被保留在小镇沃斯堡，小镇大部分的复兴都得益于巴斯家族所提供的资金。于2006年过世的佩里·巴斯享年91岁，曾经也为他的母校耶鲁大学捐赠了数百万美元。今天，该大学设有一个佩里R.巴斯分子和结构生物学中心。他的儿子罗伯特捐赠了1300万美元整修了耶鲁图书馆，现在更名为巴斯图书馆。在达拉斯，雷·亨特的团聚中心仍旧决定着中心城区的天际线形状，他同父异母的妹妹卡罗琳在龟溪的豪宅仍旧是当地最好的餐厅之一。20世纪60年代，在休斯敦，卡伦家族在中心城区的边缘地带建造了一座摩天大厦，卡伦中心。家族办公室仍旧在那里，位于很高的楼层上。奥斯卡·怀亚特，这个脾气暴躁的石油商最近被认定犯有行贿萨达姆·侯赛因的罪行，在罗伊·卡伦的老宅子里住了40年。如今又有一位新的石油大亨搬了进来，邻居们都说他是一个很好的人。

自从恩里科·迪·波塔诺瓦男爵（Baron Enrico di Portanova）20世纪70年代末再次向卡伦家族提出法律诉讼，令其最后一次卷入争端以来，卡伦家族已经淡出了公众的视野。当时，那是美国有史以来最大的遗嘱认证案，占据了《华尔街日报》的头版。可惜的是男爵彻底地输掉了这场官司。2000年，他在休斯敦死于肺癌。他那在阿卡普尔科有着28间卧室、装饰有阿拉伯式风情的花饰的豪宅，曾经用于拍摄詹姆斯·邦德（James Bond）的电影《杀人执照》（*License to Kill*），几年前就已经被出售，价格是2900万美元。罗伊·卡伦最杰出的女婿柯斌·罗伯逊（Corbin Robertson）在1991年去世。他的儿子小柯斌即大家所熟悉的“柯比”，经营着昆塔纳（Quintana）公司并将业务扩展到私募基金行业，购买了一系列与能源相关的公司以及几家西弗吉尼亚州煤矿公司。

在沃斯堡市，李·巴斯（Lee Bass）仍然经营着家族石油方面相关的业务，其核心仍旧是希德·理查森在西得克萨斯和路易斯安那的油田，路易斯安那油田在卡特里娜飓风中遭到了重创。作为一位受人尊重的公民领袖，李在2005年以16亿美元卖掉了他叔祖父最后的资产，一个西得克萨斯管道公司；讽刺的是，购买者南方联盟公司是克林特·默奇森多年前建立的公司。埃德·巴斯涉足房地产行业。罗伯特·巴斯仍旧是一名积极的投资者和慈善家。据合伙人说，他仍旧疏远希德。希德将自己的时间平均分配在沃思堡市的家里和纽约的第五大街。圣乔治岛，现在更名为圣何塞岛，仍然是巴斯家族的私有休息寓所。和巴斯家族成员的其他几个校友一样，理查德·雷恩沃特，现在居住在南加州，是美国出类拔萃的投资家之一。

很多默奇森的孙辈子女依旧待在达拉斯地区。小克林特的儿子从破产的废墟中搜寻到了一些家族资产，并悄悄地将它们经营至今。他们与家族另一边的成员没有多大关系。约翰·默奇森的遗孀卢普，几年前就已经过世了。简·默奇森·哈伯（Jane Murchison Haber）在达拉斯和纽约的志愿者活动中继续活跃了好几年，并于2001年离世。小克林特的第二任妻子安妮还在世，居住在东得克萨斯，在那里，她建立了一个致力于宗教作品和诗歌的网站。不久前，小克林特的儿子伯克出版了一本食谱，这是基于他童年在西班牙沙洲（很久前就已被出售）度假的经历写作的。

当我与伯克和他的兄弟罗伯特交谈的时候，他们担心我可能会深入研究他们父亲生活的庸俗方面，尤其是他吸毒的过往，这是他们极力否认的。他们都热爱自己的父亲，并且希望读者们知道，无论他曾经犯下怎样的错误，他都是一位杰出的、思维敏锐的人，一位慈爱的父亲，一直鼓舞着他们。“在他生命最后的一段时间里，他做出了一些不好的决定，并且听从了一些别有用心的人的建议，”罗伯特告诉我。“但是他始终是一位讲信义的人，一言九鼎。”

H. L. 亨特的很多继承人在达拉斯仍旧很出众。子辈、孙辈以及重孙辈，一共有一百多名后代。多年来积极参与市民志愿活动，受人爱戴的玛格丽特·亨特在2007年去世了；她的一位孙子现如今正在起诉他的父亲和叔叔们，为了获得更多的遗产份额。哈希·亨特在2005年去世。拉玛尔·亨特在体育界活跃了好几年，在1996年与别人合伙建立了美国职业橄榄球大联盟，并且拥有其中的两处特许经营权，他于2006年去世。他的妹妹卡罗琳·亨特拥有一系列时尚的酒店，净资产估计有6亿美元。H. L. 亨特和露丝生的女儿之一，斯旺尼·亨特，是克林顿总统派驻奥地利的大使，并在哈佛大学肯尼迪政府学院建立了妇女和公共政策项目。她的妹妹琼仍然是一位传教士，在达拉斯拥有自己的广播电台。法拉妮雅·泰伊·李在2002年过世，享年98岁。在20世纪80年代初期终于接受了与亨特家族的和解后，她所有的孩子都已经去世了。

普莱希德石油公司和彭路德钻探公司都在20世纪90年代被出售了，邦克曾经徒劳地起诉阻止出售普莱希德石油公司，宣称这并不是他的父亲想要的，最后败诉。大家都说邦克和赫伯特从石油价格的暴跌到愚蠢的炒银共遭受了约有 50 亿美元的损失。经过数年的法律纠纷，兄弟俩最终在 1994 年解决了与政府间的纠纷。他们都同意上缴大约 1.4 亿美元的罚款和补交税款，这其中有部分钱交给了纽约州，因为那里的一个陪审团判定他们犯有密谋垄断白银市场的民事指控罪名成立。在陷入公司和个人破产的困境后，邦克被迫卖掉他的许多资产，包括他的圈 T 牧场和纯种赛马。仅仅在 1998 年的某一天内，他就出售了 580 匹赛马，价值 4700 万美元。

这不意味着兄弟俩很快就需要慈善救助。邦克摆脱了他的法律困境以后还有 1.75 亿美元的净资产，这是由于有一份私人信托基金没有被债主控制；赫伯特的财产估计也在相同的范围内。他们俩人都再次投身商海，不过这一次他们分开单干了。赫伯特给它的新公司取名为“石油猎寻”公司，他的家族一直经营该公司至今。邦克同样拥有一家小型的石油公司，到 2000 年，他已经将这家公司经营得足够好，并重新开始购买赛马。到 2004 年，他拥有大约 80 匹赛马。他和赫伯特现在都已经 85 岁左右了，继续在达拉斯平静地生活着。

很难知道 H. L. 亨特或克林特・默奇森或罗伊・卡伦将会怎样看待今天的美国。他们也许会恨它，众所周知，美国对他们的评价不是很高。毫无疑问，当他们看到一位真正的保守派，而且还是一位得克萨斯州石油大亨出身，主宰白宫 8 年，他们的心将会感到安慰。他们所形成的保守情感可以追溯到 20 世纪 30 年代，汇合成一条奔涌向前的保守主义河流，首次帮助罗纳德・里根（Ronald Reagan）入主白宫，然后是乔治・布什，然后是他的儿子，并把汤姆・迪莱（Tom Delay）和迪克・阿米（Dick Armey）以及菲尔・格兰姆（Phil Gramm）这样的棘手的麻烦制造者安插进国会。不是得克萨斯州的石油资金将他们中的任何一位送进白宫的办公室，不是单靠金钱，而是所有那些与石油相伴的一种积极向上的得克萨斯州精神长期以来所赋予该州的力量，使它没有像密西西比州或者亚拉巴马州一样沦落。得克萨斯州的石油以及某种程度上就是四大家族所带来的真正的国家实力也是整个美国直到今天仍在应对的一种力量。

注　　释

第 1 章　“下头有东西……”

1. Daniel Yergin. *The Prize: The Epic Quest for Oil, Money & Power* (New York: Free Press, 1991), 86–89.

第 2 章　溪滨学家

The principal source for this chapter is Roy Cullen's authorized biography, *Hugh Roy Cullen: A Story of American Opportunity* by Kilman and Wright. Additional material was drawn from an unpublished manuscript by Ed Kilman, held in the Cullen family archives in Houston, as well as various newspaper articles that accompanied Cullen's gifts to the University of Houston in 1937 and at his death.

1. Cited in Diana Davids Olien and Roger M. Olien. *Oil in Texas: The Gusher Age, 1895–1945* (Austin: University of Texas Press, 2002), 9.
2. Kilman and Wright, 130.
3. Cited in "Lillie and Me," unpublished manuscript, held in Cullen family storeroom.
4. Unpublished Kilman manuscript.
5. Kilman and Wright, 141–42.

第 3 章　希德·理查森与约翰·克林特

The principal sources of information about Clint Murchison's early years are his authorized biography, *Clint*, by his longtime secretary, Ernestine Orrick Van Buren, and *The Murchisons* by Jane Wolfe. The story of Sid Richardson's early years is taken from several magazine articles published in the 1950s, especially "The Billionaire Bachelor" (*Collier's*, 1954); a biographical essay published by Richardson's longtime secretary's son, contained in archives at the Henderson County Historical Society; land and deed records in Ward, Winkler, and Henderson Counties; plus the recollections of a longtime family friend.

1. Wolfe, 31.
2. Van Buren, 40.

第 4 章　大重婚者与大繁荣

The principal source for information about H. L. Hunt's early years is Hunt's self-published *Hunt Heritage*. Additional information is drawn from *Texas Rich* by Harry Hurt and *H.L. and Lyda* by Hunt's oldest daughter, Margaret Hunt Hill. Information about Hunt's relationship with Frania Tye is derived from Hurt, with several scenes derived from Hill. Background on Dad Joiner and the East Texas field is taken from many sources, notably *The Last Boom* by Michel Halbouty and James Clark. The best summary of Hunt's dealings with Joiner is Hurt, augmented by contemporary newspaper reports.

1. Hunt, *Hunt Heritage*, 88.

第 5 章　大福大祸的年代

Information in this chapter was derived from a variety of sources. The story of Murchison's work in the early 1930s is taken from Van Buren, *Clint*; Wolfe, *The Murchisons*; and *Southern Union* by N. P. Chesnutt. Information about Cullen and West's sale to Humble was found in *History of Humble Oil & Refining Company* by Henrietta M. Larson and Kenneth Wiggins Porter. The story of the Tom O'Connor field is told in Kilman and Wright. Information about George Strake and the Conroe field is derived from a 1956 commemorative booklet written by Patrick O'Bryan, as well as interviews with George Strake Jr. The story of Sid Richardson's work during the Depression is derived from a variety of sources, including Van Buren and land and lease records filed in Winkler County. Information about Richardson's various loans is taken from Winkler County records. Information about Richardson's relationship with Charles E. Marsh is derived from unpublished correspondence between the two men contained in the Marsh papers at the Lyndon B. Johnson Presidential Library.

1. Van Buren, 100.
2. Ibid.
3. James Presley, *Saga of Wealth: The Rise of the Texas Oilman* (New York: G. P. Putnam's Sons, 1978), 116.

第 6 章　大富豪

Information in this chapter was derived from a variety of sources. The story of Murchison's life during the 1930s is taken from Wolfe and Van Buren. The story of Richardson's life during the 1930s is taken from the recollections of "The Old Friend," as well as Van Buren. Perry Bass's recollections of St. Joe's are taken from *Aransas; The Life of a Texas Coastal County* by William Allen and Sue Hastings Taylor. Richardson's home is described in *The Architecture of O'Neil Ford* by David Dillon. The story of Cullen's life during the 1930s is taken from newspaper clippings contained in the Cullen archives; interviews with his grandson, Roy Cullen; as well as Kilman and Wright. Information about Hunt is principally derived from Hurt and Hill.

1. Wolfe, 101.
2. Van Buren, 283.
3. David Dillon, *The Architecture of O'Neil Ford* (Austin: University of Texas Press), 1999.
4. Fuermann, *Reluctant Empire*, 38.
5. Hill, 115–17.
6. Ibid., 110.
7. Hurt, 134.
8. Hill, 211–13.
9. Ibid., 214–16.
10. Hurt, 128–30.
11. Ibid., 133.
12. Ibid.

第 7 章　极端保守主义派的起源

Information in this chapter is derived from a variety of books and Texas archives, including the George W. Armstrong papers at the University of Texas Arlington; the Maco Stewart papers at The Rosenberg Library in Galveston; and the John Henry Kirby papers at the Houston Public Library. Biographical information on Kirby is taken from contemporary accounts as well as *John Henry Kirby* by Mary Lasswell. Kirby's activities with Vance Muse are described in *The Establishment in Texas Politics* by George Norris Green, as well as numerous magazine and newspaper articles. The story of Richardson and Murchison's dealings with the Roosevelts is derived from IRS depositions contained in the Westbrook Pegler papers at the Herbert Hoover Presidential Library.

1. Cited in William Anderson, *The Wild Man from Sugar Creek*.
2. Cited in correspondence, George Armstrong papers, University of Texas Arlington.
3. Letter, Lewis Valentine Ulrey to J. Frank Norris, April 25, 1938, contained in Maco Stewart papers, The Rosenberg Library, Galveston, Texas.
4. Cited in Barney Farley, *Fishing Yesterday's Gulf Coast* (College Station: Texas A&M Press, 2002).

第 8 章 战争与和平

Information in this chapter is drawn from Hill, Hurt, Van Buren, Wolfe, Kilman and Wright, and other books, as well as contemporary newspaper articles. Work on the Inch lines is described in Don Carleton, *A Breed So Rare: The Life of J. R. Parten, Liberal Texas Oil Man, 1896–1992* (Austin: Texas State Historical Association, 1998) as well as in Christopher J. Castaneda and Joseph A. Pratt, *From Texas to the East: A Strategic History of the Texas Eastern Corporation* (College Station: Texas A&M Press, 1993). Everette DeGolyer's Middle Eastern travels are described in Yergin and in Lon Tinkle, *Mr. De: A Biography of Everette Lee DeGolyer* (Boston: Little Brown, 1970).

1. Cited in Richard Goodwin, *Texas Oil, American Dreams: A Study of the Texas Independent Producers and Royalty Owners Association* (Austin: Texas State Historical Association, 1996).
2. Hurt, 219.

第 9 章 新世界

Information in this chapter is derived from contemporary newspaper and magazine articles, as well as Wallace Davis, *Corduroy Road: The Story of Glenn H. McCarthy* (Houston: Anson Jones Press, 1951). The story of McCarthy's dealings with Equitable are taken from reports in the Equitable archives in New York. Biographical information about Edna Ferber came from Julie Goldsmith Gilbert, *Ferber: A Biography of Edna Ferber and Her Circle* (Garden City, N.Y.: Doubleday, 1978).

1. Cited in Leon Jaworski, *Confession and Avoidance: A Memoir* (Garden City, N.Y.: Doubleday, 1979), 54–55.
2. *Houston Chronicle*, Sept. 26, 1950.
3. *New York Times*, Sept. 28, 1952.

第 10 章 "复杂难解而又难以衡量的权力"

Information in chapters 10 and 11 is taken from a variety of contemporary magazine and newspaper articles, as well as books cited below.

1. "Texas Business and McCarthy," *Fortune*, May 1954.
2. *Houston Chronicle*, Oct. 29, 1948.
3. Kilman and Wright, 270–71.
4. Kilman and Wright, 281.
5. *The Nation*, Nov. 3, 1951.
6. Hurt, 151.
7. Jerome Tuccille, *Kingdom: The Story of the Hunt Family of Texas* (Washington: Beard Books, 1984), 229.
8. Ibid., 231.
9. Caro, 274.
10. Ibid.
11. James Reston, Jr., *Lone Star: The Life of John Connally* (New York: Harper & Row, 1989), 162.
12. Ibid., 163.
13. Caro, *The Means of Ascent*.
14. Kilman and Wright, 293.

15. Cited in George Norris Green, *The Establishment in Texas Politics: The Primitive Years, 1938–1957* (Norman: University of Oklahoma Press, 1979), 147.
16. Drew Pearson papers, LBJ Presidential Library.
17. Jack Anderson, *Washington Expose* (Washington DC: Public Affairs Press, 1967), 214–16.
18. Cited in Louise Galambos, and Daun Van Ee, ed. *The Papers of Dwight David Eisenhower: The Presidency: Keeping the Peace* (Baltimore: Johns Hopkins University Press, 2001).
19. "Texas Business and McCarthy," *Fortune*, May 1954.
20. Hurt, 158–62.
21. *Fortune*, May 1954.
22. Wolfe, *The Murchisons*, 186.
23. Reston, 166.
24. Anthony Summers, *The Arrogance of Power: The Secret World of Richard Nixon* (New York: Penguin Books, 2000), 85.
25. Reston, 167.
26. Summers, *Official and Confidential: The Secret Life of J. Edgar Hoover* (New York: G.P. Putnam's Sons, 1993).
27. Ibid., 188.
28. "Texas Business and McCarthy," *Fortune*, May 1954.

第 11 章 "类人猿，得克萨斯属"

1. Wolfe, *The Murchinsons*, 200.
2. Ibid., 201.
3. *New York Times*, April 23, May 2, and May 9, 1954.
4. Wolfe, 214–15.
5. *Time*, May 22, 1954.
6. *The Nation*, March 22, 1954.
7. *Houston Post*, May 23, 1954.
8. *New York Times*, Aug. 18, 1952.
9. Ibid., March 20, 1955.
10. *Dallas Morning News*, Nov. 3, 1961.
11. *Houston Post*, May 9, 1954.
12. Thanks to the Margaret Chase Smith library for this correspondence.
13. Fuermann, *Reluctant Empire*, 50.
14. Robert Sherrill, *The Accidental President* (New York: Grossman Publishers, 1967), 271; *The Washington Post*, September 22, 1970.
15. Caro, *Master of the Senate*, 663.
16. The payment would eventually be linked to a lobbyist representing Superior Oil of Houston.
17. John B. Judis, *William F. Buckley, Jr: Patron Saint of the Conservatives* (New York: Simon & Schuster, 1988), 120.

第 12 章 黄金岁月

Information in this chapter is derived from a variety of sources, including Hurt, Hill, Van Buren, Wolfe's, *The Murchisons*, Kilman and Wright, as well as John Bainbridge, *The Super Americans* (New York: Holt, Rinehart and Winston, 1961).

1. Undated article by Stanley Walker in *The New Yorker*.
2. *Dallas Morning News*, Oct. 26, 1956.
3. Wolfe, *The Murchisons*, 150.
4. Kai Bird, *The Chairman: John L. McCloy. The Making of the American Establishment* (New York: Simon & Schuster, 1992), 431.
5. *Houston Post*, Dec. 5, 1964.

6. Cited in James Presley, *Saga of Wealth: The Rise of the Texas Oilman* (New York: G.P. Putnam's Sons, 1978), 219.

第 13 章 崛起的儿辈

Information in this chapter is derived from Hill; Hurt; Van Buren; Wolfe, *The Murchisons*; and contemporary newspaper and magazine articles, especially those in the *New York Times*, *Life*, and *Time*.

1. Hill, 261.
2. Ibid., 251.
3. Hurt, 182.
4. *Time*, June 16, 1961.
5. Wolfe, *The Murchisons*, 168.
6. Dick Hitt, *Classic Clint: The Laughs and Times of Clint Murchison Jr.* (Plano, Tex.: Wordware Publishing, 1992); Hitt, 42.
7. Wolfe, *The Murchisons*, 270–71.
8. Hurt, 184.
9. Hitt, 82.
10. Ibid., 85.

第 14 章 阳光、性爱、意面与谋杀

Information in this chapter is derived from Hurt and Wolfe's *The Murchisons*, as well as contemporary newspaper and magazine articles. The story of the Di Portanova-Cullen feud is derived from depositions and filings at the Harris County Courthouse and especially John Davidson, "The Very Rich Life of Enrico Di Portanova," *Texas Monthly*, March 1982.

1. Hurt, 238–39.
2. Ibid., 240–42.
3. Cited in Don Graham, *Cowboys and Cadillacs: How Hollywood Looks at Texas* (Austin: Texas Monthly Press, 1983).
4. *Houston Chronicle*, Jan. 28, 1964.
5. Cited in Warren Leslie, *Dallas Public and Private* (Dallas; SMU Press, 1998).
6. Wolfe, *The Murchisons*, 344.
7. Ibid., 345.
8. Ibid., 286.
9. This scene is elegantly described in James Conaway, *The Texans* (New York: Popular Library, 1978).
10. *Wall Street Journal*, Sept. 6, 1983.

第 15 章 水门事件，得克萨斯风格

The principal source for this chapter is Hurt, augmented by contemporary newspaper accounts, especially in the *Dallas Morning News*.

1. Hurt, 277–78.
2. Ibid., 281–82.
3. Ibid., 284.
4. Ibid., 293.
5. Hurt, 296.
6. Fay, 23.
7. Hurt, 424.

第 16 章 最后的繁荣

The primary source materials for this chapter are Hurt; Wolfe, *The Murchisons*; and personal interviews.

1. Wolfe, *The Murchisons*, 353.
2. Ibid., 360.
3. Ibid., 371.
4. Ibid., 373.
5. Ibid., 378.
6. Hurt, 354.
7. *Dallas Morning News*, Sept. 14, 1975.
8. Hurt, 391.

第 17 章　白银期货枭雄

Information in this chapter is derived from Hurt, contemporary newspaper and magazine articles, and especially Stephen Fay, *Beyond Greed: The Hunt Family's Bold Attempt to Corner the Silver Market* (London: Penguin Books, 1982).

1. Cited in Bruce McNall, with Michael D'Antonio, *Fun While It Lasted* (New York: Hyperion, 2003).
2. Cited in Fay, 110–11.

第 18 章　经济萧条

Information on Clint Murchison Jr. in this chapter is derived from Wolfe, *The Murchisons*, and from contemporary newspaper accounts, especially those in the *Dallas Morning News*. Sections on the Bass family were taken from personal interviews augmented with press accounts. The story of the Hunt family's travails and the Shamrock's demise were taken from personal interviews and contemporary newspaper and magazine accounts.

1. Wolfe, *The Murchisons*, 389.
2. Ibid., 410.
3. Ibid., 411.
4. *Dallas Morning News*, Oct. 25, 1986.
5. *Houston Chronicle*, March 17, 1986.

华章经典·经济

书名	作者	ISBN	价格
共享经济：市场设计及其应用	（美）埃尔文 E.罗斯	978-7-111-52435-9	49.00元
金色的羁绊：黄金本位与大萧条	（美）巴里·艾肯格林	978-7-111-51973-3	69.00元
自由选择（珍藏版）	（美）米尔顿·弗里德曼 等	978-7-111-42278-5	49.00元
生活中的经济学（珍藏版）	（美）加里·贝克尔	978-7-111-42200-6	49.00元
不平等的代价（珍藏版）	（美）约瑟夫 E. 斯蒂格利茨	978-7-111-42617-2	49.00元
增长的极限（珍藏版）	（美）德内拉·梅多斯	978-7-111-42426-0	42.00元

推荐阅读

书名	作者	ISBN	价格
金融危机简史： 2000年来的投机、狂热与崩溃	[英]鲍勃·斯瓦卢普 （Bob Swarup）	978-7-111-51779-5	49.00
这次不一样： 八百年金融危机史（珍藏版）	[美]卡门M.莱茵哈特 （Carmen M.Reinhart） 肯尼斯S.罗格夫 （Kenneth Rogoff）	978-7-111-39155-5	59.90
布雷顿森林货币战： 美元如何统治世界	[美]本·斯泰尔 （Benn Steil）	978-7-111-45130-3	69.00
巴塞尔之塔： 揭秘国际清算银行主导的世界	[美]亚当·拉伯 （Adam Lebor)	978-7-111-47393-0	69.00
金融投机史	[英]爱德华·钱塞勒 （Edward Chancellor）	978-7-111-40431-6	59.00
华尔街投行百年史	[美]查尔斯R.盖斯特 （Charles R.Geisst）	978-7-111-41639-5	59.00
货币政治： 汇率政策的政治经济学	[美] 杰弗里 A. 弗里登 （Jeffry A. Frieden）	978-7-111-53472-3	49.00
货币放水的尽头： 还有什么能拯救停滞的经济	[英]简世勋 （Stephen D. King）	978-7-111-52984-2	39.00